"十三五"国家重点出版物出版规划项目

经济科学译丛

中级微观经济学

理论与应用 / 第12版

Intermediate
Microeconomics
and Its Application

Twelfth Edition

Walter Nicholson
沃尔特·尼科尔森 / 著
Christopher Snyder
克里斯托菲尔·西迪尔

连洪泉 等 / 译
周业安 连洪泉 / 统校

中国人民大学出版社
· 北京 ·

图书在版编目（CIP）数据

中级微观经济学：理论与应用：第 12 版/（美）沃
尔特·尼科尔森，（美）克里斯托菲尔·西迪尔著；连洪
泉等译.-- 北京：中国人民大学出版社，2024.1
　（经济科学译丛）
　书名原文：Intermediate Microeconomics and Its
Application，12e
　　ISBN 978-7-300-32370-1

　Ⅰ.①中… Ⅱ.①沃… ②克… ③连… Ⅲ.①微观经
济学-教材 Ⅳ.①F016

中国国家版本馆 CIP 数据核字（2023）第 237974 号

"十三五"国家重点出版物出版规划项目
经济科学译丛
中级微观经济学：理论与应用（第 12 版）
沃尔特·尼科尔森　克里斯托菲尔·西迪尔　著
连洪泉　等　译
周业安　连洪泉　统校
Zhongji Weiguan Jingjixue：Lilun yu Yingyong

出版发行	中国人民大学出版社			
社　　址	北京中关村大街 31 号	**邮政编码**	100080	
电　　话	010 - 62511242（总编室）	010 - 62511770（质管部）		
	010 - 82501766（邮购部）	010 - 62514148（门市部）		
	010 - 62515195（发行公司）	010 - 62515275（盗版举报）		
网　　址	http://www.crup.com.cn			
经　　销	新华书店			
印　　刷	涿州市星河印刷有限公司			
开　　本	787 mm×1092 mm　1/16	**版　　次**	2024 年 1 月第 1 版	
印　　张	47.5 插页 2	**印　　次**	2024 年 1 月第 1 次印刷	
字　　数	980 000	**定　　价**	138.00 元	

总　序

自新中国成立尤其是改革开放 40 多年来，中国经济的发展创造了人类经济史上不曾有过的奇迹。中国由传统落后的农业国变成世界第一大工业国、第二大经济体，中华民族伟大复兴目标的实现将是人类文明史上由盛而衰再由衰而盛的旷世奇迹之一。新的理论来自新的社会经济现象，显然，中国的发展奇迹已经不能用现有理论很好地加以解释，这为创新中国经济学理论、构建具有中国特色的经济学创造了一次难得的机遇，为当代学人带来了从事哲学社会科学研究的丰沃土壤与最佳原料，为我们提供了观察和分析这一伟大"试验田"的难得机会，更为进一步繁荣我国哲学社会科学创造了绝佳的历史机遇，从而必将有助于我们建构中国特色哲学社会科学自主知识体系，彰显中国之路、中国之治、中国之理。

中国经济学理论的创新需要坚持兼容并蓄、开放包容、相互借鉴的原则。纵观人类历史的漫长进程，各民族创造了具有自身特点和标识的文明，这些文明共同构成了人类文明绚丽多彩的百花园。各种文明是各民族历史探索和开拓的丰厚积累，深入了解和把握各种文明的悠久历史和丰富内容，让一切文明的精华造福当今、造福人类，也是今天各民族生存和发展的深层指引。

"经济科学译丛"于 1995 年春由中国人民大学出版社发起筹备，其入选书目是国内较早引进的国外经济类教材。本套丛书一经推出就立即受到了国内经济学界和读者们的一致好评和普遍欢迎，并持续畅销多年。许多著名经济学家都对本套丛书给予了很高的评价，认为"经济科学译丛"的出版为国内关于经济理论和经济政策的讨论打下了共同研究的基础。近三十年来，"经济科学译丛"共出版了百余种全球范围内经典的经济学图书，为我国经济学教育事业的发展和学术研究的繁荣做出了积极的贡献。近年来，随着我国经济学教育事业的快速发展，国内经济学类引进版图书的品种越来越多，出版和更新的周期也在明显加快。为此，本套丛书也适时更新版本，增加新的内容，以顺应经济学教育发展的大趋势。

"经济科学译丛"的入选书目都是世界知名出版机构畅销全球的权威经济学教材，被世界各国和地区的著名大学普遍选用，很多都一版再版，盛行不衰，是紧扣时代脉搏、论述精辟、视野开阔、资料丰富的经典之作。本套丛书的作者皆为经济学界享有盛誉的著名教授，他们对于西方经济学的前沿课题都有透彻的把握和理解，在各自的研究领域都做出了突出的贡献。本套丛书的译者大多是国内著名经济学者和优秀中青年学术骨干，他们不仅在长期的教学研究和社会实践中积累了丰富的经验，而且具有较高的翻译水平。

本套丛书从筹备至今，已经过去近三十年，在此，对曾经对本套丛书做出贡献的单位和个人表示衷心感谢：中国留美经济学会的许多学者参与了原著的推荐工作；北京大学、中国人民大学、复旦大学以及中国社会科学院的许多专家教授参与了翻译工作；前任策划编辑梁晶女士为本套丛书的出版做出了重要贡献。

愿本套丛书为中国经济学教育事业的发展继续做出应有的贡献。

中国人民大学出版社

序　言

我们很高兴能够推出《中级微观经济学：理论与应用》的第 12 版。总体来看，这一版本比前面的版本做得更好。我们保持同样的基本框架和主题，但是在某些可能的地方改善了资料的呈现方式。最终结果是每一章均有几十处细微完善的地方，但是大幅修改了关于不确定性、成本和信息不对称等几个章节的内容。本书脉络更清晰，版式更美观，内容更有趣，也更明白易懂。所有的修订均旨在提高本书的功效：将中级微观经济学讲清楚和明白。

这一版本的一些更加重要的变动如下：

● 改进了第 4 章有关不确定性的内容。在之前的版本中我们在正文中介绍风险和保险的两个模型，现在我们在正文中关注收入效用曲线，而在附录中呈现一个两阶段模型的改进版本。这一变化可使这一章内容更加紧凑，学生也更容易理解。

● 扩充和明晰了第 7 章有关成本概念的讨论。我们使用学生很可能感兴趣的例子（大学入学）来仔细地解释了会计成本、经济成本和机会成本什么时候一致和什么时候不同。我们增加了有关沉没成本的讨论，把它作为固定成本的一种特殊情形，它对于后面的策略性承诺和期权价值至关重要。我们把成本函数的规模经济特征与规模报酬相联系，并把它们作为生产函数的特点放在前面章节中进行介绍。

● 改进了第 15 章有关信息不对称的内容。通过精炼语言和重新画图，我们在砍掉几乎一半内容的同时阐明了道德风险和逆向选择的含义。我们希望这可以鼓励教师在课堂大纲中增加相关主题。

● 在大部分章节中增加了数值例子。第 15 章和其他不少章节已经增加了不少有助于学生理解的无价的数值例子。

● 在每章末增加了新习题。为确保学生对每章要点的掌握，一些章节增加了相关新习题。我们努力让这些习题容易理解，以帮助所有不同水平学生掌握基本知识点。

● 增加了一些微积分脚注。在不影响没有微积分背景的学生顺畅通读全文的情形下，脚注的内容可以为好学的学生展示怎样通过数学推导得到一些重要结果。

我们相信本书中的应用专栏有助于增强学生对经济学的兴趣，所以我们在这一版本当中投入大量精力修改它们。我们更新了所有事实、图表和政策。对于前面版本的一百多个应用专栏，我们保留了绝大部分主题，因此教师能够看到他们最爱的应用专栏内容仍然会出现在本版当中，但是我们重写了几十个应用专栏，增加了更多探究性专栏问题，更换了新的市场和引人入胜的发展结果作为案例研究内容。这些例子主要包括：

- iPad 的推出；
- 新的航空定价方案；
- 水力压裂技术之争；
- 对金融、公用事业等的多种多样的市场管制；
- 网络的一分钱拍卖；
- 卫星电视和流媒体服务。

我们希望这些应用专栏可以向学生展示成熟的应用经济学的宽泛主题范围。

致教师

我们致力于以绝大多数教师期待的方式来安排本书结构。我们以非常标准的方式安排结构，具体顺序为需求、供给、完全竞争、垄断、不完全竞争，此后覆盖了生产要素市场、信息不对称和外部性等内容。教师可以根据他们的偏好做出两个重要的决定。第一个是决定是否涵盖不确定性和博弈论。我们把这两个主题放在本书前面（第 4 章和第 5 章），它们正好处于需求曲线之后。把它们放在这样一个靠前位置是想要向学生提供一些他们在后续章节当中可能发现有用的分析工具。但是某些使用者可能会认为在课程中过早涉及这些主题会让学生分心，因而可能更乐于把它们放在后面。但是不管怎样，它们应该被放在关于不完全竞争的章节（第 12 章）之前，因为这一章会广泛使用博弈论概念。

第二个必须做出的决定是关于行为经济学的新章节（第 17 章），我们把这一章作为最后一章，因为它偏离了整本书所使用的分析范式。我们意识到许多教师可能并没有时间或者并不倾向于涵盖这个新增主题。我们建议这类教师在学期结束时讲授相关内容，以便学生意识到经济学并非干巴巴的，而是会随着新思想的提出、检验和精炼而持续演变。另一个建议是，可以在消费者选择、不确定性和博弈论的相关章节当中提及一些相关的行为经济学主题。

我们两人均充分享受在过去那些年里与本书使用者的通信。如果你愿意，我们希望你能够让我们知道你对这一版本的看法，以及你关于改善它的建议。我们的目标是提供一本能够适应每位教师的具体风格的书。我们已收到的反馈确实有助于我们形成这一版本，我们也希望这样一个反馈过程可以持续下去。

致学生

我们相信任何微观经济学课堂最为重要的目标，均是让这一学习材料有趣以使得你想要进一步学习经济学并且在你的日常生活中使用经济学工具。基于这一理由，我们希望你能够阅读大部分应用专栏并思考它们会怎样与你的生活息息相关。

但是我们也想让你意识到经济学的学习并非只是有趣的"故事"。微观经济学有着非常清晰的理论体系，它发展了两百多年，旨在理解市场运作。如果你想要"像经济学家一样思考"，那么你将需要学会这一理论内核。我们希望本书能够以引人入胜的形式以及许多辅助学习材料协助你抵达彼岸。对向本书提出意见的学生来信，我们将一如既往地欢迎。我们相信，在过去的这些年里，通过回应学生的意见和批评，本书已经实现了不可估量的改进。我们期待你们继续提出宝贵意见。当然，溢美之词也是受欢迎的。

沃尔特·尼科尔森
克里斯托菲尔·西迪尔

目　录

第6篇　市场势力

第 8 篇　市场失灵

第 1 篇

导　言

经济学是一门研究人类一般生活事务的学问。*

——阿尔弗雷德·马歇尔，《经济学原理》，1890

第 1 篇仅仅包含第 1 章，作为全书的背景知识。在这一章中，我们将概述供给和需求的一些基本原理。如果你已经学过经济学原理课程，那么本篇的许多内容会看起来似曾相识。这一概述非常重要，因为供求模型是本书后面所涵盖的许多材料分析的起点。

经济学中几乎所有的领域都广泛运用数学工具。尽管本书中所运用的数学并不难，但第 1 章附录还是提供了一个简明的数学知识摘要，这些知识是你必须了解的。在初等代数课程中通常会涵盖大多数基本原理。最重要的是代数方程和与这些方程相关的图形之间的关系。因为我们会在书中大量运用几何图形来进行分析，所以在进入后面章节的学习之前，确保你已经理解了这些材料是至关重要的。

---

* 该句中文出自马歇尔.经济学原理：上卷.北京：商务印书馆，1964：23。——译者注

第1章　经济模型

你每天必须与价格打交道。例如，当计划乘坐飞机出行时，你将面对令人眼花缭乱的价格以及时间限制。一次跨国飞行可能花费200美元至1 200美元不等，这取决于你的价格信息的来源。怎么会是这样？当然，航空公司运送每位乘客的成本是相同的，那么为何乘客支付的价钱会差别如此之大呢？

或者，考虑你在餐厅用餐时购买的啤酒或白酒（假设你满足对年龄的限制）。你可能将为啤酒或白酒支付至少5.95美元，而这在酒吧只需花费不超过1美元。怎么会是这样？为什么没有人阻止这种极端的价格？为什么餐厅不提供更好的交易？

最后，考虑一下住房价格。在2004—2007年间住房价格急剧上升。在诸如加利福尼亚州和佛罗里达州南部等高需求地区，往往住房的年均收益是25％甚至更多，但是这些增长并非可持续的。从2007年下半年开始，住房需求停滞，部分是与更高的抵押贷款利息相关。到2012年年中，住房价格已经急剧下滑。在许多地方下滑甚至超过了50％。你能够怎样解释这样的剧烈波动？经济模型能否描述这些剧烈的价格变动，或者在大众心理的课堂上研究这些是否会更好？

如果你对这些问题感兴趣，那么微观经济学正好就是你要选择的课程。如本章导言中的引文所述，经济学（特别是微观经济学）是关于"一般生活事务"的研究。即经济学家把诸如机票价格、住房价格或者餐厅菜单作为感兴趣的话题，进行深入研究。为什么呢？因为了解我们世界的这些日常特征，有助于了解生活在这里的人们的福祉。经济学研究可以看透电视上的杂音和政客的热议，这些杂音和热议往往会掩盖而非启发讨论的议题。我们的目标是帮助你了解影响我们生活的市场力量。

1.1　什么是微观经济学？

正如你在经济学原理课程中所学到的，**经济学**（economics）被正式定义为"研究稀缺资源在其备择用途中如何配置的一门学问"。该定义强调世界上没有充足的基本资源（比如土地、劳动力和资本设备）去生产人们想要的每一种东西。因此，每一个社会均必须明确或者含蓄地对如何利用它们的资源进行选择。当然，这种"选择"并不是由对每个公民生活进行详细规定的全能独裁者做出的。与此相反，资源配置是由许多参与各种各样经济活动的人的行为决定的。这些行为往往涉及某些市场交易。乘坐飞机出行、购买房屋或者购买肉类只是人们所做的无数事情中的三件，这些事情对他们以及整个社会来说都具有市场结果。**微观经济学**（microeconomics）就是研究所有这些选择以及由此产生的市场结果如何满足人类基本需求的一门学问。

当然，任何一个真实的经济系统都太过复杂，以致难以将其细致地描述出来。想想有多少产品可以在典型的五金店买到［更不用说在家得宝（Home Depot）购物广场买到了］。锤子或螺丝刀是如何制作的，以及每家商店出售多少产品，这显然是不可能详细研究的。不仅是因为这种描述需要花费很长时间，而且是因为似乎也没有人在意这类琐事，特别是在所搜集的信息无法用于其他地方的时候。基于这一逻辑，所有经济学家都为他们希望研究的各种活动建立简单的经济**模型**（model）。这些模型可能不会特别符合实际，至少对于捕捉如何售卖锤子的细节的能力来说的确如此；但是，正如科学家利用原子模型或建筑师利用建筑模型一样，经济学家利用简化的模型来描述市场的基本特征。当然，这些模型是不切实际的。但地图同样也不切实际——它们没有展示每一所房屋或每一个停车场。尽管缺乏"现实主义"，但地图能帮助你看到全景，并带领你去任何想到达的地方。这恰恰是一个好的经济模型应该做到的。你将在本书中遇到的那些经济模型有着广泛用途，即使你起初可能认为它们有一些是不切实际的。分散在整本书中的应用性内容将企图展现模型的实际用途，但是它们也能够表明微观经济学的许多研究方法可能有助于你们理解影响你们生活的经济事件。

1.2 一些基本原理

微观经济学的大部分内容探讨的是一些基本原理如何被应用于新环境。我们可以通过检验一个经济模型来说明一些问题，该经济模型你应该早已熟悉——**生产可能性边界**（production possibility frontier）。该图形显示了一个经济体在一个时期内（比如说一年）可以生产的不同数量的两种产品。图 1 - 1 显示了一国经济资源所能生产的两种产品（比如食物和衣服）的所有组合。例如，能够生产 10 单位食物和 3 单位衣服，或者 4 单位食物和 12 单位衣服。食物和衣服的许多其他组合也能够被生产出来，图 1 - 1 显示了所有这些组合。在边界上或边界内的任何一种组合均可以被生产出来，但由于没有足够的可利用资源，边界外的食物和衣服的组合不能被生产出来。

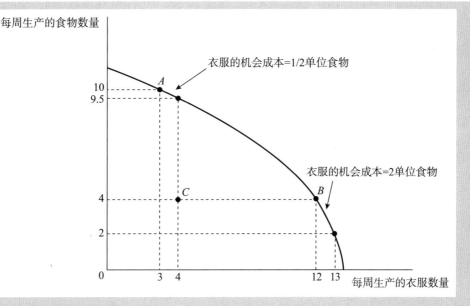

图 1 - 1 生产可能性边界

生产可能性边界显示了一定数量的稀缺资源可以生产的两种产品的不同组合。它也显示了减少一种产品的生产数量以多生产 1 单位另一种产品的机会成本。由 A 点和 B 点的比较可以看出一种产品在两个不同产量水平处的机会成本。B 点和 C 点的比较表现出无效率。

这一简单的生产模型说明了 6 个原理，这些原理对微观经济学的每个研究情形是通用的：

● 资源是稀缺的。食物和衣服的某些组合（如 10 单位食物和 12 单位衣服）在给定可用资源的条件下是不能实现的。我们可能不能拥有我们想要的一切东西。

● 稀缺性涉及**机会成本**（opportunity cost）。也就是说，多生产一种产品必然会减少其他产品的生产。例如，如果该经济体每年在 A 点生产 10 单位食物和 3 单位衣服，那么多生产 1 单位衣服将"花费"1/2 单位食物。换句话说，增加 1 单位衣服的产量则意味着必须减少 1/2 单位食物的产量。

● 机会成本递增。某一特定产品产量的增加通常伴随着机会成本的增加，因为存在报酬递减规律。尽管我们在后面才会解释确切的原因，但图 1 - 1 清楚地说明了这一原理。如果衣服的产量每年增加到 12 单位（B 点），1 单位衣服的机会成本将从 1/2 单位食物上升到 2 单位食物。因此，经济行为的机会成本不是不变的，而是随着环境而改变。

● 激励很重要。当人们做经济决策时，他们将考虑机会成本。只有当行动的额外（边际）利益超过额外（边际）机会成本时，他们才会采取所考虑的行动。例如，假设经济体在生产可能性边界上的某处运行，此时 1 单位衣服的机会成本为 1 单位食物。然后任何一个人均可以决定他或者她是喜欢更多的衣服还是更多的食物，并按该比率进行交易。但是，如果衣服有 100% 的税收，放弃 1 单位食物只能交换到 1/2 单位衣服，那么你可能选择吃得更多，而穿着去年的衣服。或者假设一位富有的叔叔为你的衣服支付 1/2 的费用。现在出现的情况是看起来额外的 1 单位衣服现在只需要花费 1/2 单位食物，因此即使真实的机会成本（如生产可能性边界所示）没有改变，你可能也会选择穿得更好。本书中的大部分内容都在探讨在这种情况下出现的问题，即人们没有认清他们行为的真正机会成本，因而采取了从整体经济学角度来看并非最佳的行为。

● 无效率涉及真实成本。一个经济体在它的生产可能性边界内运行被称作"无效率"——稍后我们将对该术语做出更精确的解释。这就是说，生产 4 单位衣服和 4 单位食物（图 1-1 中的 C 点）会被视为对这一经济资源的无效率使用。这样的生产将造成 8 单位衣服的损失，因为这些衣服原本可以和 4 单位食物一起被生产出来。当我们研究为什么市场可能产生这种无效率时，牢记这一点至关重要：这些损失并非纯粹概念上的，也不仅仅只是研究人员才关心的。这些是真实的损失，它们涉及真实的机会成本。避免这些成本将使人们的境况变得更好。

● 市场是否运行良好很重要。大多数经济交易通过市场进行。正如我们所看到的，如果市场运行良好，它们可以提高每个人的福利水平。但当市场表现糟糕时，它们可以向经济体强加真实成本，即它们可以导致经济体在其生产可能性边界内运行。将市场运行良好的情况从运行不好的情况中区分出来是学习微观经济学的主要目标之一。

> **? 小测验 1.1**
>
> 考虑图 1-1 中所示的生产可能性边界：
>
> 1. 为什么这条曲线被称作"边界"？
> 2. 这条曲线是凹形的。假如曲线的形状是凸形的，衣服生产的机会成本会增加吗？

在下一部分，我们将展示如何运用这些基本概念来帮助理解一些重要的经济话题。首先，在"应用 1.1：自然界中的经济学？"中，我们将展示稀缺性问题和它所涉及的机会成本是多么普遍。这些基本原理看来甚至能够帮助我们解释狼和鹰的选择。

应用 1.1

自然界中的经济学？

稀缺性是自然界的主要事实之一。确实，在自然环境中研究稀缺性的影响往往更加容易，这是因为自然环境没有现代人类社会那么复杂。为了试着理解稀缺性对行为产生的压力，经济学家和生物学家使用的模型有许多相似之处。现代生物进化论的创始人查尔斯·达尔文十分熟悉 18 世纪和 19 世纪主要经济学家的作品。他们的思想有助于达尔文提高其在《物种起源》中的见解。这里，我们来看一看经济学原理在自然界中是以什么方式阐述的。

寻觅食物

所有动物在它们日常觅食时都会消耗时间和能量。这从很多方面向它们提出了如何最有效利用这些资源的经济问题。生物学家已经发展了动物觅食行为的一般理论，该理论在很大程度上借鉴了经济学的概念，即权衡利用不同方式寻找食物的（边际）收益和成本。[a]

下面我们用两个例子来说明觅食的"经济"方法。第一个例子是生物学家在研究猛禽（鹰、雕等）如何捕食时发现，一只鸟在特定区域捕食的时间长度取决于食物在该区域的分布以及到另一地点的飞行时间。这些捕食者清楚地意识到花费时间与精力在一个区域捕食与利用同样资源在其他区域捕食之间存在一个权衡取舍。可获取食物类型以及鸟类飞行模式等因素可以解释所观察到的捕食行为。

一项与捕食行为有关的观察表明了一个事实，即没有动物会待在一个特定的区域直到那里所有的食物耗尽。例如，一旦大部分猎物被抓获，鹰将会飞去别处。类似地，在对蜜蜂的研究中我们发现，它们在离开之前通常不将一朵花的所有花蜜都采下。最后一滴蜂蜜并不值得蜜蜂为其花费必要的时间和精力。这种对边际收益和边际成本的权衡，正好是一个经济学家要精确预测的。

稀缺性和人类进化

进化论是查尔斯·达尔文最伟大的发现。后来的研究旨在证实他的观点，即物种经过长期的生物进化，以适应不断变化的自然环境。在此过程中，稀缺性扮演了重要的角色。例如，达尔文的许多结论来自他对加拉帕戈斯群岛上的雀的研究。他发现这些鸟类的进化方式使得它们能够在那个相当荒凉的地方繁衍生息。特别是它们长出尖硬的爪子和喙，从而能够打开在干旱时期的唯一食物来源即坚果。

甚至可以说，经济型活动的进化导致了人类的出现。大约 5 万年以前，智人（Homo sapiens）和尼安德特人（Neanderthals）进行了激烈的竞争。尽管智人最终胜出的事实通常被归因于他们优越的智力，但一些研究表明这可能得益于优越的经济组织。具体来说，我们的祖先比尼安德特人更擅长专业化生产和贸易，智人能够比尼安德特人更好地利用可获得的资源。[b] 因此，亚当·斯密的观察表明，人类有"以物易物的倾向"，这可能反映了人性进化的一个有价值的方面。[c]

思考题

1. 假设动物为了有效利用稀缺资源而有意识地选择最优策略，这种假设有意义吗（见本章后面弗里德曼关于台球选手的讨论）？

2. 为什么一些公司发展而其他公司衰退？说出一家因不能适应不断变化的环境而导致灾难性结果的公司的名字。

a. David W. Stephens and John R. Krebs, *Foraging Theory* (Princeton, NJ: Princeton University Press, 1986).

b. R. D. Horan, E. H. Bulte, and J. F. Shogren, "How Trade Saved Humanity from Biological Exclusion: An Economic Theory of Neanderthal Exclusion," *Journal of Economic Behavior and Organization* (2005): 1-29.

c. Adam Smith, *The Wealth of Nations* (New York, Random House, 1937), 13. Citations are to the Modern Library edition.

1.3 微观经济学的用处

微观经济学原理已经被应用于人类行为研究的各个方面。将一些基本想法应用到新问题上所获得的见解具有深远意义。例如在第11章中，我们看到一位经济学家由于对迪士尼乐园游乐项目定价方式的欣赏，发展出了对空中旅行、捆绑销售以及互联网连接这些复杂领域定价方式的理论见解；在第15章中，我们将看到另一位经济学家如何尝试理解二手车定价。由此产生的"柠檬"定价模型为市场中可获得的信息会如何影响诸如医疗保健和法律服务等重要产品的定价提供了令人惊讶的洞察力。因此，个人必须小心地试图列出微观经济学方法的使用方式，因为每天都会有新的用途诞生。

对微观经济学用途分类的一种方法是看运用它的人们的类型。在最基本的水平上，微观经济学对人们的生活有各种各样的作用。理解市场运行可以帮助你决定未来的工作、做出大型购买（如住房）决定或者制定重要财务决策（如退休）。当然，经济学家并不能比其他任何人更好地预测未来。事实上也有经济学家做出灾难性决策的传奇例子——可能最能够说明这一情形的是最近由两位获得诺贝尔奖的经济学家提出的"对冲基金"的崩溃。但是学习微观经济学可以帮助你对生活中必须做出的重要经济决策进行概念化，这通常可以带来更好的决策。例如，"**应用1.2：你值得把时间用在这里吗？**"说明了机会成本的概念有助于阐明上大学是否为一项真正好的投资。类似地，我们在第7章关于自置居所的讨论应该对你决定拥有或租赁房屋哪个是更好的选择有所帮助。

商业上也常用到微观经济学工具。任何企业均必须试图理解它的产品需求的性质。固执地生产没有人需要的产品或服务的企业很快将发现自己面临倒闭。"**应用1.3：百视达的崛起和没落**"说明了一家企业为了应对竞争是如何不断调整其做生意的方法的。正如该专栏所表明的，来自微观经济学的一些最为基础的概念能够辅助理解变化是否起作用以及为什么那家企业可能最终会消失。

企业也一定关心它们的成本；对于这个话题，微观经济学发展了许多应用。例如，在第7章中我们将关注对航空公司成本的一些研究，尤其关注西南航空公司为什么能在美国占领如此广阔的市场。正如任何一位曾经乘坐这家航空公司飞机的人所知，公司对保持低成本的努力近乎病态；尽管乘客可能感觉自己有点像行李，但是他们通常能够以一个非常具有吸引力的价格准时到达目的地。微观经济学工具可以帮助你理解这种效率。它们也可以帮助你探索将这些效率引入如在欧洲空中旅行这种有名的高成本市场所产生的影响。

微观经济学还可以经常被用来广泛评价政府政策问题。在最深层次上，这些考察关注某种法律和管制是否有助于或有害于总体福利。例如，2008年金融危机引发的一个重大反思是金融市场应该怎样发挥作用以及是否需要新形式的政府管制。正如我们将在后面的章节中所看到的，经济学家已经开发了大量富有想象力的方法来解决如下问题：通过构建这样一个管制可能会怎样影响消费者、工人和企业？这些模型往往在采取还是废除重要政策的政治争论当中发挥重要作用。在本书的后面，我们会看到许多例子。当然，大多数政策问题具有两面性，经济学家和其他人一样，也会受到诱惑，为了迎合特定的观点而歪曲自己的论点。微观经济学知识的确提供了一个基本框架（也即一种共同语言）来使得许多讨论得以在其中进行。它也可以帮助你从自私的论据中找出好的论据来。在我们的许多应用专栏中我们包含了一个"政策挑战"，我们希望它能够简洁地概述在制定政府决策过程中必须考虑的重要经济议题。

应用 1.2

你值得把时间用在这里吗？

你们中那些在大学教育中学习微观经济学的人可能为上学付出了相当大的代价。我们有理由怀疑这笔支出在某种程度上是否值得。当然，大学带来的许多利益（如对文化更好的鉴赏力、友情等）并没有货币价值。在这个应用中，我们询问以美元计算的成本花费是否值得。

正确衡量成本

在典型的美国大学中学生每年支付的学费、杂费、住宿费和伙食费约为 22 000 美元。所以有人会认为四年大学的"成本"是 88 000 美元。但至少从三个原因来看这是不正确的，所有这些原因都来自对机会成本概念的简单应用：

● 住宿费和伙食费夸大了大学的真实成本，因为无论你是否上大学，这些成本大部分都会发生。

● 只包括自付费用，因而遗漏了最重要的上大学的机会成本——你参加工作可能获得的收入。

● 大学费用是分不同时间段支付的，因此你不能把 4 年费用简单加总而得出全部费用。

上大学的成本可以根据以下因素进行调整。首先，住宿费和伙食费每年花费约 9 000 美元，因此学杂费只有 13 000 美元。为了决定失去的工资这项机会成本，我们必须做出一些假设，其中之一是如果你不上学，每年可以挣到 20 000 美元，而打零工只能挣到 2 000 美元。因此，与损失的工资相联系的机会成本约为每年 18 000 美元，这将每年总成本提高到了 31 000 美元。如我们将在第 14 章中所讨论的，我们不能简单用 4×31 000 美元计算，必须考虑到其中的一些支付将在未来进行。总之，这一调整将使总成本约为 114 000 美元。

因上大学获得的收入

最近的许多研究表明大学毕业生比没有受过高等教育的人能挣更多的钱。一个代表性的研究结果是，上大学的人比其他条件不变的群体的年收入高出约50%。我们再次假定没有受过高等教育的人每年收入为20 000美元，这表明高等教育带来的收入每年能多10 000美元。看看这项投资，上大学带来了每年9%的回报（即10 000/114 000≈0.09）。这是一个比较有吸引力的回报，超过了长期债券（约为2%）以及股票（约为7%）。因此，看起来你的确值得将时间花在上大学上。

收益会持续吗？

这些计算并没有让人特别惊讶——大多数人知道上大学能让人受益。事实上，美国人上大学的规模迅速扩张，这可能是对这种乐观统计数据的反应。令人吃惊的是，接受大学教育人群的大规模增长看起来并没有降低这种投资的吸引力，即使是在2008—2009年经济衰退之后普遍疲软的劳动力市场。一定是某些原因使得对受过高等教育的工人的需求与其供给保持一致。这些可能的原因成为许多研究的主题。[a] 一个可能的解释是某些工作随着时间的推移会变得更加复杂。这个过程因为计算机技术的采用而加速。另一个解释是美国的贸易模式可能使受过高等教育的工人受益，因为他们大量受雇于出口行业。无论是什么解释，对这类工人需求增加的一个效应是美国和其他国家工资不平等趋势的加大（参见应用13.3）。

政策挑战

美国政府为许多学生提供贷款和助学金以便他们能够上大学。如果上大学是如此好的投资项目，为什么还需要这样的贷款？对于那些考上私立学校而学费是公立大学学费三倍的学生而言，政府是否应该为他们提供更多的贷款？我们通过计算发现，由于私立大学需要更高学费，所以上私立大学的回报明显小于上公立大学的回报。你认为它实际上是对的吗？是否应该由承诺的回报率决定政府的贷款数量？

a. 相关讨论请参见 D. Acemoglu, "Technical Change, Inequality, and the Labor Market," *Journal of Economic Literature* (March 2002)：7-72。

应用 1.3

百视达的崛起和没落

多年来，百视达（Blockbuster）是世界上最大的视频出租公司，在美国和许多国外市场经营零售店将近2 000家。由于拥有VCR和DVD播放器的家庭与日俱增以及人们看电影的方式发生了变化，该公司在20世纪80年代和90年代早期快速增长。然而，到20世纪90年代后期；随着提供家庭娱乐内容的技术的演变，该公司开始面临与日俱增的复杂挑战。最终该公司在2010年申请破产，于2011年被迪思网络（Dish Network）全部合并。在这个应用专栏当中，我们来看一看居民娱乐需求的微观经济学（结合不断变化的技术）是怎样使得百视达不可能在它已选择的商业模式当中继续经营下去的。

挑战 1：内容可获得性

百视达面临的第一个挑战直接来自消费者对电影和相关娱乐产品的需求性质。VCR 和 DVD 的出现明显增加了家庭观看的可能性。但是消费者对于这一方式的成本非常敏感。起初内容供应商（也即电影工作室和电视网络）不太乐意向百视达过多提供它们的版权内容，它们害怕这样做将会大幅减少它们能够直接从消费者处获得的收益。结果，供应商对录音带和 DVD 收取高额费用，并且只给百视达提供较少的副本。对消费者来说，这导致了高成本：一方面是由于直接的租金费用，另一方面是由于内容可选择性较小所带来的挫折。为了解决这些问题，在 20 世纪 90 年代中期百视达与主要内容供应商谈判达成了收益共享合约。这些鼓励了供应商以更低的价格提供更多受欢迎产品。租赁服务需求迅速增加，因为消费者发现租用它们的成本已大幅下降。

然而，收益共享合约确实给百视达构成了巨大威胁。在这样的合约条件下，内容供应商确实有向其他零售商提供类似交易的动机。该公司曾帮助建立了一个确实有利于最终消费者的许可合约，但是也形成了竞争加剧的途径。

挑战 2：奈飞的创新

最初从百视达模式的收益共享合约中得到最多利益的企业可能是新兴的通过邮寄租赁（rent-by-mail）的企业：奈飞（Netflix）。通过邮寄租赁以两种方式再次减少了消费者的成本。首先，因为 DVD 是直接送到门口的，所以时间成本明显减少。这消除了前往录像租赁商店的需求。奈飞拥有的第二个优势是它在一些中心地段提供 DVD。这意味着它比任何一家百视达商店都拥有更大的存货。消费者能够用他们自家计算机方便地搜索到这一存货，所以这一搜索成本明显更低。百视达试图通过提供一个通过邮件租赁选项来与奈飞竞争，但是这一选项并没有取得成功，部分原因在于企业自身害怕这样一个邮寄选项会削减它自家商店的地位。

挑战 3：流媒体

高速网络服务的普遍可获得性对百视达租赁模式构成了第三个也是最后一个挑战。一旦电影或者电视节目能够直接流入家庭，消费者获得影片或者电视节目的时间成本基本上下降至零。在屏幕上的搜索选项进一步减少了找到个人想要的东西的成本。此外，新竞争者诸如亚马逊和 Hulu 视频网站威胁到已建立的视频经销商。举例来说，奈飞试图从它 2011 年的流媒体运作中分离出它的邮寄租赁业务，其最终目标大概是终结邮寄选项业务。但是消费者的反对，使奈飞在短短几周内反而进入尴尬状态。百视达对于新流媒体技术的反应甚至更慢，最终在 2010 年 9 月申请破产。但是这并没有终结公司的演化传奇。迪思网络收购百视达肯定是有原因的，百视达可能会以某种形式重新出现，将零售网点、流媒体以及内容卫星传送等结合起来。

思考题

1. 约瑟夫·熊彼特使用术语"创造性毁灭"来指消费者需求和最终在市场经济中实现这些需求的企业之间不断变化的关系。用百视达 25 年的历史来描述这一过程再好不过了。

一般来讲，你认为这一过程有没有改善总体经济福利？

2.这一例子所讨论的已出现的许多变化是由于消费者获得租赁的时间成本减少了。对于这些成本你会怎样赋值？对时间成本的考虑会怎样影响总体租赁的相对价格？如果时间成本在消费者中因人而异，那么它会怎样影响消费者对各种各样的租赁方式的选择？

1.4 基本的供求模型

俗话说："你的宠物鹦鹉甚至都能学习经济学——只要教它用'供给和需求'来回答每一个问题。"当然，这个故事往往有更多的内容。但是经济学家趋向于坚持认为，市场行为通常可以通过对某一产品的偏好（需求）以及生产该产品所包含的成本（供给）之间的关系来解释。价格决定的基本**供给-需求模型**（supply-demand model）是经济学原理中所有课程的主要内容——事实上，它可能是你在经济学原理课程中学习的第一个模型。我们在这里快速回顾一下该模型。

1.4.1 亚当·斯密和看不见的手

苏格兰哲学家亚当·斯密（1723—1790）通常被认为是第一个真正的经济学家。在《国富论》（于1776年出版）中，斯密考察了在他那个时代不容忽视的经济问题，并试图为理解它们而开发经济工具。斯密最重要的发现是，他认识到所观察到的由市场决定的价格系统，并不像多数其他作者所臆想的那样混乱无序。斯密认为价格是一只强有力的"看不见的手"，直接把资源配置到最有价值的活动中去。价格的重要作用在于它能告诉消费者和企业哪些资源是有价值的，因而促使这些经济当事人在如何利用这些资源的问题上做出了有效率的选择。对斯密来说，正是有效利用资源的这种能力为一个国家的财富提供了最根本的解释。

因为斯密认为价格在指导一个国家如何利用资源的过程中具有重大作用，所以他需要发展一些关于这些价格如何被决定的理论。他提供了一个非常简单但只是部分正确的解释。因为在斯密的那个时代（在某种程度上，甚至现在），生产产品的主要成本是与包含在产品中的劳动相联系的，因而对他而言，接受劳动价值理论仅是一小步。例如，根据《国富论》的解释，如果猎人捕捉一只鹿花费的时间是捕捉一只海狸的两倍，那么一只鹿应该能交换两只海狸。由于捕捉一只鹿包含了额外的劳动成本，因而鹿的价格较高。

斯密对产品价格的解释由图1-2（a）加以说明。价格为P^*的水平线说明可以生产任何数量的鹿而不影响其相对成本。相对成本确定了鹿的价格（P^*），其价格可以用海狸来衡量（一只鹿的成本是海狸的两倍），可以用美元来衡量（一只鹿花费200美元，而一只海狸花费100美元），还可以用社会所用的其他任何单位来显示其交换价值。只有当生产鹿的技术改变时，它的价值才会发生改变。例如，如果该社会开发出更好的跑步鞋（这种跑步鞋有助于捕捉鹿，但对捕捉海狸毫无用处），那么捕捉鹿的相对劳动成本将会下降。现在一只鹿将交换 1.5 只海狸，图中所示的供给曲线将会向下移动。然而，由于缺乏这种技术改变，鹿的相对价格将保持不变，这反映了生产的相对成本。

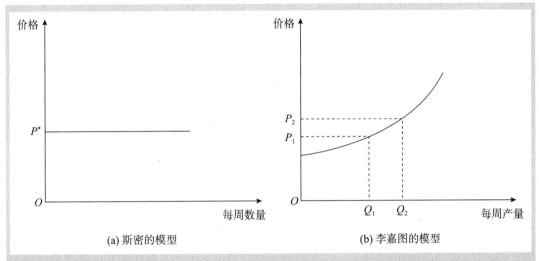

(a) 斯密的模型　　　　　　　　　　(b) 李嘉图的模型

图 1-2　价格决定的早期观点

对亚当·斯密来说，一种产品的相对价格取决于相对劳动成本。如图（a）所示，相对价格将为 P^*，除非一些因素改变了这种成本。李嘉图在此解释上增加了报酬递减概念。在图（b）中，随着产量从 Q_1 上升至 Q_2，相对价格也将上升。

1.4.2　大卫·李嘉图和报酬递减

19 世纪早期是经济学界存在大量争议的时期，尤其是在英格兰。那时最紧迫的两个问题是，国际贸易是否对经济有负面效应，以及工业增长是否危害耕地和其他自然资源。这些问题同样是现在美国的政客们所讨论的主要问题，这足以证明，经济问题不存在过时一说。对早期争论最有影响力的贡献者之一是英国金融家和评论家大卫·李嘉图（1772—1823）。

李嘉图认为劳动和其他成本将随着某一产品生产的扩张而上升。他主要从关注当时英格兰土地扩张的方式中得出这种见解。随着肥力较差的新土地被投入使用，生产额外的谷物自然需要更多的劳动（除了种植庄稼外，还要挑出石子）。因此，谷物的相对价格将会上升。类似地，随着猎鹿人将某一特定地区的鹿捕杀殆尽，他们寻找猎物必须花费更多的时间，因而鹿的相对价格也将会上升。李嘉图认为成本递增的现象相当普遍，我们现在将他的发现称为**报酬递减**（diminishing return）规律。这样一个一般化斯密供给概念如图 1-2（b）所示，在图形中随着生产产量的增加，供给曲线向上倾斜。

李嘉图的解释所存在的问题在于，它实际上没有解释相对价格是如何决定的。尽管报酬递减概念完善了斯密的模型，但这也不过是说明，相对价格并不仅仅由生产技术单独决定。相反，李嘉图认为，一种产品的相对价格实际上可以是任何东西，这取决于它的产量。

为了完成他的解释，李嘉图依赖的是生存观点。例如，如果一个国家目前的人口需要 Q_1 单位的产出以维持生存，图 1-2（b）显示其相对价格将为 P_1。伴随着人口的增长，这些生存需要可能扩张到 Q_2，该必需品的相对价格将上升到 P_2。李嘉图认为生存必需品相对价格的上升是由报酬递减导致的，该观点为 19 世纪 30 年代和 40 年代英国人口增长的许多担忧提供了基础。它在很大程度上对沉闷科学（dismal science）一词在经济学研究中的应用负有责任。*

1.4.3 边际主义和马歇尔的供给-需求模型

与许多担忧者的担心相反，食物和其他必需品的相对价格在 19 世纪并没有明显上升。与此相反，随着生产技术的进步，价格趋于下降，人们的福利水平显著提高。结果，生存对于解释特定产品的消费总量不太可信，经济学家认为有必要发展一个更为一般的需求理论。在 19 世纪后半期，他们把李嘉图的报酬递减规律应用到这项工作中。正如报酬递减意味着多生产一单位产品的成本随产量的增加而上升一样，这些经济学家也认为，人们对最后一单位产品的支付意愿会减少。只有以更低价格向个人提供产品，他们才愿意消费更多的产品。通过关注购买者的最后或边际单位的产品价值，这些经济学家最终发展出一套全面的价格决定理论。

这些想法最清楚的表述首先由英国经济学家阿尔弗雷德·马歇尔（1842—1924）在他的《经济学原理》一书中提出，该书在 1890 年首次出版。马歇尔说明了需求和供给是如何共同决定价格的。马歇尔的分析可以通过图 1-3 中熟悉的交叉图进行说明。

和前面一样，横轴显示了一段时间内（比如说每周）购买的产品数量，产品的价格由纵轴表示。标有"需求"的曲线显示了在每个价格上人们愿意购买的产品数量。该曲线的负斜率反映了边际主义原理：由于人们愿意为最后一单位产品支付的价格越来越低，他们只愿意在较低的价格上购买更多的产品。标有"供给"的曲线显示了多生产一单位产品的成本随着生产总量的增加而递增。换句话说，供给曲线向上倾斜反映了边际成本递增，正如需求曲线向下倾斜反映了边际价值递减。

---

* "沉闷科学"一词据说是苏格兰作家、评论家和历史学家托马斯·卡莱尔（Thomas Carlyle）最先使用的，当时马尔萨斯悲观地预测人口增长快于食物增长，因而人类社会注定会步入无休止的贫穷和苦难。卡莱尔针对这种观点，用该词来嘲讽经济学研究。——译者注

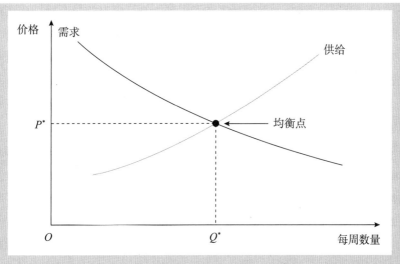

图 1 - 3　马歇尔供给-需求交叉图

马歇尔认为需求和供给共同决定产品的均衡价格（P^*）和数量（Q^*）。供给曲线的正斜率反映了报酬递减（边际成本递增），而需求曲线的负斜率反映了边际效用递减。P^* 是均衡价格。其他任何价格不是导致剩余就是导致短缺。

1.4.4　市场均衡

在图 1 - 3 中，需求曲线和供给曲线相交于点（P^*，Q^*）。在该点，P^* 是**均衡价格**（equilibrium price）。即在该价格上，人们希望购买的数量 Q^* 恰好等于供给者愿意生产的数量。由于需求者和供给者都对这一结果满意，没有人有动力去改变他或她的行为。除非发生了能够改变这一状况的某些事情，否则

> ### ？ 小测验 1.2
>
> 另一种描述图 1 - 3 中均衡的方法是，在（P^*，Q^*）处，供给者和需求者都没有任何动力去改变其行为。用均衡的概念解释如下问题：
>
> 1.（P^*，Q^*）产生于供给曲线和需求曲线相交处，为什么该事实暗示了交易双方均对结果感到满意？
>
> 2.为什么图中没有其他的（P，Q）满足均衡的概念？

均衡（P^*，Q^*）将继续保持。我们在本书中将遇到许多关于各方力量的平衡如何导致持续的均衡结果的阐述，这是第一个。为了将这种均衡力量的性质概念化，马歇尔运用了一个剪刀的类比：正如剪切过程中剪刀的双刃共同起作用一样，需求和供给的力量也是共同起作用形成均衡价格。

1.4.5　非均衡结果

然而，马歇尔所预想的市场力量顺利运作会在许多方面受挫。例如，政府要求定价高于 P^*（可能因为 P^* 被视作"不公平、恶意竞争"的结果）的法令将会阻止均衡的建立。随着定价高于 P^*，需求者将购买少于 Q^* 的产品，而供给者将生产

多于 Q^* 的产品。这将导致市场上生产过剩——许多农产品市场具有这种典型特征。类似地，将价格定在低于 P^* 处的管制措施将导致短缺。在该价格处，需求者将希望购买多于 Q^* 的产品，而供给者将生产少于 Q^* 的产品。在第 9 章中，我们将关注在这里发生的许多情况。

1.4.6 市场均衡的改变

只要不发生改变需求和供给关系的事情，图 1-3 中所示的均衡就可以保持不变。然而，如果其中一条曲线发生变动，均衡将会发生改变。在图 1-4 中，人们对产品的需求增加。此时，需求曲线向外移动（从曲线 D 移至曲线 D'）。在每个价格水平上，现在人们希望购买更多的产品。均衡价格上升（从 P^* 上升至 P^{**}）。这一较高价格不仅使企业提供更多的产品，而且限制了个人对产品的需求。在新的均衡价格 P^{**} 处，供给和需求在这一较高价格上再一次达到均衡，产品的需求量恰好等于其供给量。

供给曲线的移动也影响市场均衡。图 1-5 说明了供给成本增加（如支付给工人的工资增加）的效应。对于任何产量水平来说，供给曲线 S' 的边际成本均超过供给曲线 S 的边际成本。供给曲线的移动造成该产品的价格上升（从 P^* 至 P^{**}），消费者对价格上升的反应是沿着需求曲线 D 减少需求量（从 Q^* 至 Q^{**}）。当沿着需求曲线移动时，图 1-5 所描绘的供给曲线移动的最终结果取决于需求曲线和供给曲线的形状。

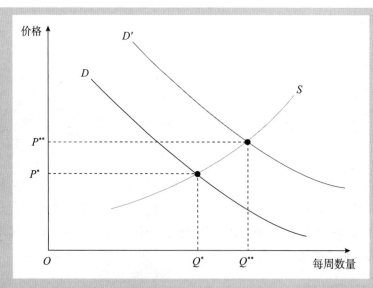

图 1-4 需求增加改变均衡价格和均衡数量

如果由于对产品有更多的购买欲望而导致需求曲线向外移至 D'，$(P^*，Q^*)$ 将不再是均衡点。均衡发生在点 $(P^{**}，Q^{**})$ 处，此时曲线 D' 与曲线 S 相交。

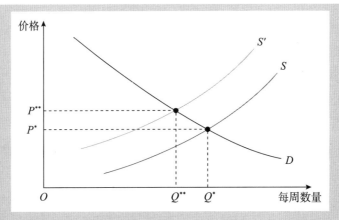

图1-5 供给变动改变均衡价格和均衡数量

成本上升将使供给曲线上移至 S'。这将引起均衡价格从 P^* 上升至 P^{**}，并且数量从 Q^* 下降至 Q^{**}。

你应该熟悉马歇尔的供给-需求模型，因为它为经济学原理提供了大部分核心内容。实际上，该模型中提及的边际成本、边际价值和市场均衡等概念为你在本书中即将学习的大多数经济模型提供了起点。"应用1.4：博诺的供给和需求"说明了即使是摇滚明星，有时也可以正确理解这些概念。

小测验 1.3

供给曲线和需求曲线说明了，当其他条件不变时产品价格和供给量或需求量之间的关系。请解释：

1. 什么因素可能使需求曲线或供给曲线移动，比如说计算机？

2. 为什么计算机价格的改变不会使两条曲线发生移动？实际上，如果前述所有因素都不改变，该价格会改变吗？

应用 1.4

博诺的供给和需求

2002年，爱尔兰摇滚明星博诺（Bono）[*] 在美国财政部部长保罗·奥尼尔（Paul O'Neil）的陪同下前往非洲，这一不可思议的旅行引发了许多关于经济学的有趣对话。[a] 特别令人好奇的是博诺表示，美国最近通过的农业补贴对非洲苦苦挣扎的农民造成了伤害——这是奥尼尔在每一站都试图反驳的指控。简单的供求分析表明，总的来说，尽管博诺忽视了一些很好的观点，但他确实具有更好的论据。

非洲出口统计

图1显示的是非洲生产的某种典型作物的供给曲线和需求曲线。如果该作物的世界价格（P^*）超过没有贸易时的价格（P_D），该国将成为这种作物的出口国。出口总量由 $Q_S - Q_D$ 给出，即出口为作物的生产数量和国内需求量之差。许多非洲国家都是这种作物的出口国，这是因为它们具有大量的农业人口，以及适合多种类型农作物生产的好气候。

---

* U2 的主唱。——译者注

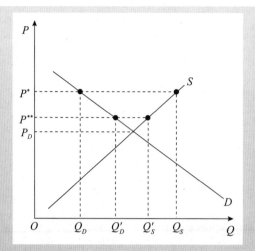

图1 美国补贴减少了非洲的出口

美国的农业补贴使农作物的世界价格从 P^* 下降到 P^{**}。非洲国家的出口数量从 $Q_S - Q_D$ 降低到 $Q'_S - Q'_D$。

2002 年 5 月，美国对美国农民采取了大幅增加农业补贴的计划。从世界市场的角度来看，该计划的主要影响是降低世界农作物价格。这在图1中表现为世界价格降至 P^{**}。价格下降使得作物生产数量减少至 Q'_S，需求量增加至 Q'_D。农作物出口将显著减少。

因此，博诺的观点基本上是正确的——美国农业补贴确实损害了非洲农民的利益，特别是那些出口行业的农民的利益。但他应该指出非洲的食物消费者也确实能从降价中获益。他们可以更低的价格购买更多的食物。实际上，对美国农民的部分补贴已经转移到非洲消费者手中。因此，不论农业补贴对非洲人民是否有意义，他们对非洲人福利的影响均是不明确的。

非洲农业贸易的其他壁垒

美国和欧盟的农业补贴每年总共近 5 000 亿美元。毫无疑问，它们对非洲出口具有阻碍作用。也许更具破坏性的是，许多发达国家采取了大量特别措施来保护受青睐的国内产业，如美国的花生、日本的大米以及欧盟的牲畜和香蕉。由于贸易扩张是非洲经济增长的主要方法之一，因此这些限制值得认真审查。

政策挑战

为什么美国和欧盟国家会补贴农业产出？通过这样一个项目（可能降低食物价格或者提高农民收入），这些国家试图达到什么目标？对农作物价格的补贴是否为实现这些目标的最好方法？

a. 这次旅行的详情请参见 2002 年 5 月期间《经济学家》的各种刊物。

1.5　经济学家如何检验理论模型？

并不是所有模型都和马歇尔的供给-需求模型一样有用。学习经济学的一个重要目标是从好模型中区分出不好的模型。两种方法可被用来进行这种经济模型检验。一方面，**假设检验**（testing assumption）关注模型的基本假设；另一方面，**预测检验**（testing prediction）被用来判断模型能否正确预测现实世界中的事件。本书用两种方法来试图说明模型的有效性。我们现在来简单看一看这两种方法的区别。

1.5.1 假设检验

对经济模型进行假设检验的一种方法可能是从直觉开始。模型的假设看起来合理吗？不幸的是，这个疑问本身就充满问题。因为对某个人来说合理的假设对其他人而言可能是荒谬的（例如，试着与非经济专业的学生讨论市场是怎样运行的）。

也可以用经验证据对假设进行检验。例如，经济学家经常假设企业在经营过程中是追求利润最大化的——事实上，本书中的许多讨论是基于这个假设的。当用现实世界的数据来直接检验该假设时，你可以向经理发放问卷，询问他们是如何做决定的，以及他们是否确实试图使利润最大化。这种方法已经被用了很多次，但其结果如同许多民意调查一样，往往难以解释。

1.5.2 预测检验

一些经济学家，如米尔顿·弗里德曼，认为一个理论不能仅仅通过其假设检验。他们认为所有理论都是基于不现实的假设——理论的本质要求我们做出不切实际的假设。[①] 这些经济学家认为，为了判断一个理论是否有效，我们必须看它能否解释和预测现实世界的事件。任何经济模型的最终检验均要看它是否与经济自身事件相吻合。

弗里德曼对这一想法给出了一个很好的例子。他询问：什么理论能解释台球高手的杆法？他认为物理学上的速度、动量和角度的定律形成了一个合适的理论模型，因为如果台球运动员遵循这些定律，那么他们必然能够击中。如果我们问这些运动员是否能陈述这些物理学原理，他们毫无疑问将回答他们不能。弗里德曼认为这没有关系，因为物理学定律对击球给出了非常精确的预测，因而它作为理论模型是有用的。

回到企业是否追求利润最大化的问题上来，间接的方法是通过假设企业追求利润最大化来试图预测企业的行为。如果我们发现我们可以预测企业的行为，那么我们可以相信利润最大化假设。即使这些企业在问卷上说它们确实没有要最大化利润，理论仍然是符合逻辑的，就像台球选手否认物理学定律的知识并没有使得这些定律是不对的。这两种情形的最终检验标准是理论预测现实世界事件的能力。

1.5.3 实证-规范的区别

与经济模型有效性应该被检验这一问题相关的是，应该如何运用这些模型。对一

---

① Milton Friedman，*Essays in Positive Economics*（Chicago：University of Chicago Press，1953），Chapter 1. 另一个强调现实假设重要性的观点来自 H. A. Simon，"Rational Decision Making in Business Organizations，"*American Economic Review*（September 1979）：493 – 513。

些经济学家来说，唯一合适的分析在本质上就是实证分析。正如物理学分析一样，他们认为理论应该扮演的正确角色是如实地解释现实世界。按照这个观点，发展关于世界应该怎样的规范理论是一项经济学家没有比任何人都更具特殊技能的工作。对于另外一些经济学家来说，**实证-规范的区别**（positive-normative distinction）并不十分明确。他们认为经济模型总是有应该被承认的规范结果。"**应用1.5：经济学家曾在任何事情上达成一致吗？**"显示，与人们通常认为的相反，经济学家在适合实证分析的许多问题上能达成一致意见。经济学家们就关于应该做什么的规范问题却很少能达成一致意见。在本书中，我们主要用经济模型的实证方法来解释现实世界的事件。书中的应用更详细地探求这些解释。你应该可以自由地使模型适用于你认为值得追求的规范性目标。

应用1.5

经济学家曾在任何事情上达成一致吗？

对普通大众来说，经济学家看起来似乎是完全令人困惑的。在许多对话中，他们忍受着尖锐玩笑的讽刺打击。我们最喜欢的一些是：

1.如果让世界上所有经济学家聚集在一起，他们将永远无法做出决定。

2.换一个灯泡需要多少经济学家？两个——一个旋转灯泡，另一个不断地说："朝另一个方向旋转。"

实证经济学与规范经济学

这些玩笑传达了经济学家从来不能在任何事情上达成一致的观念，但这种观念产生于无力区别对待经济学家所争论的实证和规范问题。经济学家（和其他人一样）经常反对政治问题，因此，他们可能发现自己处在受争议政策问题的对立面。经济学家也可能对经验问题持有异议。举例来说，他们可能对某个具体效应的大小无法达成一致意见。但在基本理论问题方面，分歧要小得多。因为大多数经济学家使用同样的工具，他们趋向于使用同样的语言，而且实证问题方面的分歧本来也少很多。

调查结果

一项经济学家调查支持该结论，表1描述了其中一个调查样本。表1表明美国、瑞士和德国的经济学家对诸如关税或租金控制的效应等实证问题达成一致的程度很高[a]；对宽泛的规范性问题存在许多分歧，比如政府应否进行收入再分配或作为最后贷款人。对于这类政策问题，经济学家的观点与其他公民一样受到同样的政治力量的影响。[b]

表1　三个国家中同意各种主张的经济学家的百分比（%）

主张	美国	瑞士	德国
关税降低了经济福利	95	87	94
弹性汇率制对于国际贸易是有效的	94	91	92

续表

主张	美国	瑞士	德国
租金控制降低了住房的质量	96	79	94
政府应该进行收入再分配	68	51	55
政府应该雇用无业人员	51	52	35

资料来源：B. S. Frey, W. W. Pommerehue, F. Schnieder, and G. Gilbert, "Consensus and Dissension Among Economists: An Empirical Inquiry," *American Economic Review* (December 1984)：986 - 994. 百分比代表 "大致同意" 或 "有条件同意" 的比例。

思考题

1. 2012 年总统大选对税收政策进行了大量讨论。其中尤为突出的是关于提高资本收入（即股息和资本收益）的最高税率的讨论。经济学家之间对提高税率是否明智存在很大分歧。请列出一些你可能认为大多数经济学家都会同意的有关提高税率的声明，然后列出一些你可能会有很大分歧的说法。你能否找到任何证据来支持你的结论？

2. 如表 1 所示，绝大多数经济学家认为关税会降低经济福利。然而，许多来自低收入国家的经济学家认为，如果没有关税保护，他们的本土产业将永远无法发展到与世界其他国家竞争的水平。你如何协调这两种观点？这些经济学家的分歧是关于实证问题还是规范问题的？

a. 该调查还趋向于显示，在许多经济效应的可能规模方面经济学家们容易达成一致。综述请参见 Victor R. Fuchs, Alan B. Krueger, and James M. Poterba, "Economists' Views about Parameters, Values, and Policy," *Journal of Economic Literature* (September 1998)：1387 - 1425.

b. 可阅读 Daniel B. Klein and Charlotta Stern, "Economists' Policy Views and Voting," *Public Choice* (2006)：331 - 342.

小 结

本章为你开启学习微观经济学之旅提供了一些背景知识。你对大部分来自经济学原理课程中的材料应该都相当熟悉，这并不令人感到惊讶。在许多方面，经济学研究用一套越来越复杂的工具重复考察同一问题。本书将向你展示更多的工具。为了建立考察的基础，本章带你回忆了许多重要概念：

● 经济学是关于稀缺资源在其备择用途中如何进行有效配置的研究。由于资源是稀缺的，人们必须对如何利用它们做出选择。经济学家发展了理论模型来对这些选择做出解释。

● 生产可能性边界简单说明了一个经济体可以提供的各种产出选择。由于资源是有限的，该曲线清楚地显示了任何经济体的界限。多生产一单位产品意味着必然少生产其他产品。其他产品产量的减少衡量了这一产品额外产量的机会成本。

● 资源配置最常用的模型是供给-需求模型，该模型是由阿尔弗雷德·马歇尔于 19 世纪后期发展的。该模型通过人们愿意买的数量和企业愿意卖的数量之间形成的均衡，说明了价格是如何决定的。如果需求曲线和供给曲线移动，会形成实现市场均衡的新价格。

● 证明经济模型的有效性是困难的，并且有时也会引起争议。有时，一个模型的有效性可以通过它是否基于合理的假设来确定。然而，更多时候模型是通过它们对现实经济事件的解释程度来判断的。

复习题

1. 在经济学家看来，当且仅当资源拥有一个正的价格时，资源才是稀缺的。由定义可知，没有正价格的资源就不是稀缺的。你是否赞成这一说法？或者"稀缺"这一术语是否传达出其他的意思？

2. 图 1.1 显示的生产可能性边界是凹形的（这一形状被称为凹形，是因为它就像洞穴入口的一部分）。请解释一下为什么这一形状与增加衣服产量的报酬递减概念相一致。换言之，描述一下为什么生产更多单位的衣服的机会成本会随着产量的增加而增加。如果衣服产量的报酬递减并不存在，那么生产可能性边界将会是什么形状？如果由于采用更大编织机器扩大生产，衣服产量经历报酬递增，那么生产可能性边界将会是什么形状？

3. 为什么蜜蜂会认为在它们光顾过的每朵花上留下一些花蜜是符合它们的利益的？你能想出一些导致类似结果的人类活动吗？

4. 古典经济学家纠结于"钻石与水的悖论"，他们试图解释为什么水非常有用但是价格很低，而钻石对生活不是特别重要但是价格很高。斯密是如何解释水和钻石的相对价格的？李嘉图的报酬递减概念是否对该解释提出了一些质疑？你能用马歇尔的供给-需求模型解决这个问题吗？如果在马歇尔模型中水对需求者来说是非常有用的，那么你是怎么知道的？

5. 马歇尔的模型认为，价格和数量是由供给和需求相互作用同时决定的。利用这种见解，解释下段文字中的错误之处：

> 橘子价格的上升减少了购买者的购买数量。这种减少本质上降低了生产者的成本，因为生产者可以只使用最好的树。因此，价格会随着成本的降低而下降，最初的价格上升是无法持续的。

6. "今年每加仑汽油卖 4.00 美元，去年每加仑卖 3.00 美元。但是消费者今年购买的汽油比去年购买的汽油要多。这一证据清楚表明，当价格上升时人们减少购买的经济理论是不正确的。"你同意这种说法吗？请解释。

7. "需求曲线向外移动总是导致产品总支出（价格乘以数量）增加。另外，供给曲线外移可能会增加或减少总支出。"请做出解释。

8. 住房倡导者经常声称："负担得起的住房的需求远远大于供给。"用供给-需求图来说明你是否能理解这句话。具体来说，请阐明一个正确的解释可能取决于对"负担得起"这个词的准确定义。

9. 实证经济学理论发展中的一个重要概念是"可反驳性"——一个理论为真，除非能找到一些证据来证明它是错的。用这个概念来讨论是否可以想出证据来反驳以下理论：

- 弗里德曼声称，台球运动员打球时运用了物理学定律。
- 理论认为，企业经营是为了最大化利润。
- 理论认为，需求曲线向下倾斜。
- 理论认为，采用资本主义制度使得穷人的生活变得更加悲惨。

10. 以下是四位经济学家讨论是否应该提高最低工资时的对话：

经济学家 A："增加最低工资将减少少数民族青少年雇用量。"

经济学家 B："增加最低工资是对私人劳资关系的无端干扰。"

经济学家 C："增加最低工资将增加一些非熟练工人的收入。"

经济学家 D："增加最低工资将使高工资工人获益，并可能得到隶属工会的工人的支持。"

哪些经济学家运用实证分析得出他们的结论？哪些经济学家运用规范分析得出他们的结论？哪些预测可以用经验数据进行检验？可以怎样进行这种检验？

习 题

注意：这些问题需要借助第1章附录的数学材料。因此，它们主要是数值型问题。

1.1 以下数据代表橙汁供给曲线上的5个点：

价格（美元/加仑）	数量（百万加仑）
1	100
2	300
3	500
4	700
5	900

以下数据代表橙汁需求曲线上的5个点：

价格（美元/加仑）	数量（百万加仑）
1	700
2	600
3	500
4	400
5	300

a. 画出橙汁的供给曲线和需求曲线上的这些点。确保价格位于纵轴上，数量位于横轴上。

b. 这些点像是排列在两条直线上吗？如果是的话，算出这些直线的精确代数方程。（提示：如果这些点确实排列在直线上，你只需要用每条线上的两个点来计算直线。）

c. 用 b 问的结论计算当橙汁的市场价格为零时橙汁的"超额需求"。

d. 用 b 问的结论计算当价格为每加仑 6 美元时橙汁的"超额供给"。

1.2 马歇尔将均衡价格定义为需求量等于供给量时的价格。

a. 用习题 1.1 中的数据说明 $P=3$ 是橙汁市场上的均衡价格。

b. 利用这些数据解释为什么 $P=2$ 和 $P=4$ 不是均衡价格。

c. 画出你的结果，并说明供给-需求均衡与图 1-3 所示类似。

d. 假设橙汁的需求将增加，以至于在每个价位上人们愿意多购买 300 百万加仑的橙汁。这将如何改变习题 1.1 中的数据？这将如何移动你在 c 问中所画的需求曲线？

e. 当需求增加时，橙汁市场新的均衡价格是什么？在你的供给-需求图中呈现这样一个新均衡状态。

f. 假设现在佛罗里达州的霜冻使得在习题 1.1 中的每个价格下供给减少了 300 百万加仑。供给的这一变化如何影响习题 1.1 中的数据？它会如何影响在该习题中计算出的供给曲线？

g. 鉴于在习题 1.1 中的新的供给和需求，这个市场中的均衡价格为多少？

h. 请解释为什么 $P=3$ 不再是橙汁市场的均衡价格。该市场的参与人如何知道 $P=3$ 不再是均衡价格？

i. 请你画出对应这一供给变化的图形。

1.3 习题 1.2 中的均衡价格为 $P=3$。因为在这个价格下需求量等于供给量（$Q=500$）。人们可能想询问市场是如何达到这个均衡点的。现在我们来看两种方式：

a. 假设一个拍卖人在从 1 美元到 5 美元的整个价格区间内叫价（美元/加仑），并且记录每个价格下的橙汁需求量和供给量。然后他或她计算需求量与供给量之间的差额。请求出计算结果然后描述拍卖人怎样知道均衡价格是什么。

b. 现在假设拍卖人叫出习题 1.1 中的不同数量。对于每个数量，他或她会问："对这个橙汁量你愿意每加仑支付多少钱？""如果你生产这么多橙汁，每加仑你会收取多少钱？"并且记录下这些价格。利用习题 1.1 中的信息回答拍卖人的这些问题。他或她如何知道什么时候达到了均衡？

c. 你能想到本习题的 a 问所述的市场是如何运作的吗？是否存在按照 b 问所述运行的市场？你认为为什么会产生这些差异？

1.4 在不少地方，我们已提醒你马歇尔"旋转坐标轴"的选择，即把价格放在纵轴并把数量放在横轴。本题显示你怎样选择坐标轴是没有多大差异的。假设需求量为 $Q_D=-P+10$，$0 \leqslant P \leqslant 10$，供给量为 $Q_S=P-2$，$P \geqslant 2$。

a. 为什么在这个例子中 P 的可能值是受限制的？限制价格 P 会对 Q 施加怎样的限制条件？

b. 在（马歇尔的）供给-需求图上画出这两个方程。使用这个图来计算这个市场中的均衡价格与均衡产量。

c. 把价格放在横轴并把数量放在纵轴，画出这两个方程。使用这个图来计算这个市场中的均衡价格与均衡产量。

    d. 对比 a 问与 b 问的结果，你得出了什么结论？

    e. 你能否想出你更偏好 a 问而不是 b 问的任何一个理由？

    1.5   本习题需要同时解出决定价格和数量的需求方程和供给方程。

    a. 考虑需求曲线形式

$$Q_D = -2P + 20$$

其中，Q_D 是产品需求量，P 是产品价格。画出这条需求曲线。同时画出供给曲线的图形

$$Q_S = 2P - 4$$

其中，Q_S 是供给量。确保 P 在纵轴上，Q 在横轴上。假设 a 问、b 问、c 问中所有的 Q_S 和 P_S 都是非负的。P、Q 为何值时这些曲线相交？即何处有 $Q_D = Q_S$？

    b. 现在假设在每个价格处，个人需求增加 4 单位，也即需求曲线移至

$$Q_D' = -2P + 24$$

画出这条新的需求曲线。当这条新需求曲线与旧供给曲线相交时，P、Q 的值为多少？即何处有 $Q_D' = Q_S$？

    c. 现在假设供给曲线移至

$$Q_S' = 2P - 8$$

画出这条新的供给曲线。当 $Q_D' = Q_S'$ 时，P、Q 的值为多少？当我们在本书后面部分讨论供给曲线和需求曲线的移动时，你可能会想到这个简单问题。

    1.6   澳大利亚的税收是通过公式

$$T = 0.01 I^2$$

计算得到的，其中 T 代表用千美元衡量的税收负担，I 代表用千美元衡量的收入。用这个公式回答以下问题：

    a. 当收入分别为 10 000 美元、30 000 美元和 50 000 美元时个人需要上缴的税收是多少？这些收入水平的平均税率是多少？在哪个收入水平处税收负担等于总收入？

    b. 画出澳大利亚的税收曲线。用你画的图来估计 a 问中各税收水平的边际税率。同时在图中标明这些收入水平的平均税率。

    c. 澳大利亚的边际税率可以通过计算 a 问中人们的收入多增加一美元时所需要负担的税收来更精确地计算出来。对这三个收入水平做这种计算。将你的结果与基于澳大利亚税收函数斜率 $0.02I$ 的微积分计算出的结果进行比较。

    1.7   以下数据显示了所假定经济体中一年的生产可能性：

X 的产量	Y 的产量
1 000	0

续表

X 的产量	Y 的产量
800	100
600	200
400	300
200	400
0	500

a. 在图上画出这些点。它们会出现在一条直线上吗？什么是直线型生产可能性边界？

b. 请解释为什么 $X=400$、$Y=200$ 或者 $X=300$、$Y=300$ 的产出水平是无效率的。在图中标示这些产量水平。

c. 请解释为什么 $X=500$、$Y=350$ 的产出水平是该经济体不能达到的？

d. 在这一经济体中，多增加一单位产量 X 的机会成本用 Y 产量表示是多少？这一机会成本是否取决于所生产的产量水平？

1.8 假设一个经济体的生产可能性边界由以下等式来描述：

$$X^2+4Y^2=100$$

a. 为了描绘出该等式，先计算它的截距项。如果 $Y=0$，X 的值为多少？如果 $X=0$，Y 的值为多少？

b. 计算这条生产可能性边界上的另外三个点。画出其边界，并说明它具有椭圆形状。

c. 用 Y 衡量的 X 的机会成本在经济中是始终不变，还是依赖于产出水平？请解释。

d. 你将如何计算该经济中用 Y 衡量的 X 的机会成本？对该计算举出一个例子。

1.9 假设习题 1.8 所述的经济体中的消费者希望消费相等数量的 X 和 Y。

a. 为实现这一目标，每种产品各应生产多少？在生产可能性边界图上标示出这个生产点。

b. 假设该国加入世界贸易，并决定只生产 X。如果它可以在世界市场上用一单位 X 交换一单位 Y，X 和 Y 可能的消费组合是什么？

c. 倘若消费可能性如 b 问所描述，该国的消费者最终将做出什么选择？

d. 如果国际经济制裁阻止该国的所有贸易并要求该国回到 a 问所描述的位置，那么你将如何衡量国际经济制裁给该国带来的成本？

1.10 考虑函数 $Y=X \cdot Z$，X，$Z \geqslant 0$

a. 画出这一函数 $Y=4$ 的等高线。这条线与图 1A-5 中的 $Y=2$ 的等高线相比如何？解释一下任何相似性的理由。

b. 直线 $X+4Z=8$ 与 $Y=4$ 的等高线相交于哪里？（提示：解出 X 的方程，并把它代入等高线当中。你将只得到一个点。）

c. 除了 b 问确定的一点之外，在 $Y=4$ 的等高线上是否还有其他任何一点能够满足这一线性方程？请解释你的推论。

d. 现在考虑方程 $X+4Z=10$。它与 $Y=4$ 的等高线又相交于哪里？这一解与你在 b 问中所算出的解相比如何？

e. 在 d 问所定义的方程中是否有一些点所得到的 Y 值大于 4？（提示：图形方法可能会有助于你解释一下为什么这一点会存在。）

f. 你能否想出任何类似于这个问题的计算所用的经济模型？

第1章附录　微观经济学中使用的数学工具

19 世纪晚期，数学开始被广泛应用于经济学。例如，马歇尔 1890 年出版的《经济学原理》就包括了一个冗长的数学附录，这使他的论据比该书本身得到更为系统的发展。现在数学对于经济学家来说是必不可少的。他们借助数学的帮助，从模型的基本假设可以有逻辑地推导出假设的结果。若没有数学，这个过程将更加冗杂，并且不太精确。

本附录回顾了一些代数的基本概念。我们还讨论了这些概念在经济学研究中的应用。我们这里所介绍的工具将贯穿本书剩余部分。

1A.1　单变量函数

代数的基本元素被称作**变量**（variable）。我们可以将这些变量标为 X 和 Y，并能赋予其任何数值。有时根据一个特定的函数关系，一个变量（Y）的值可能与另一个变量（X）相关。这种关系用**函数记号**（functional notation）表示：

$$Y=f(X) \tag{1A.1}$$

这读作 "Y 是 X 的函数"，意味着 Y 的值依赖于给定的 X 的值。例如，如果我们用 X 表示每天摄入的卡路里，用 Y 表示体重，那么方程（1A.1）表示摄入食物的数量与个人体重之间的关系。方程（1A.1）的形式还表现了因果关系。X 是一个**自变量**（independent variable），可能被赋予任何值。另外，Y 的值完全决定于 X；Y 是一个**因变量**（dependent variable）。该函数记号传达了 "X 是 Y 的起因" 的意思。

X 与 Y 之间的准确函数关系可能呈现出多种多样的形式。两种可能形式如下：

1. Y 是 X 的线性函数。此时：

$$Y=a+bX \tag{1A.2}$$

a 和 b 是任意常数。例如，如果 $a=3$，$b=2$，该方程将被写作：

$$Y=3+2X \tag{1A.3}$$

我们可以对方程（1A.3）给出一个经济学解释。例如，如果我们用 Y 表示企业的劳动成本，用 X 表示被雇用劳动时间，那么方程可以记录成本和被雇用劳动时间之间的关系。此时，固定成本为 3 美元（当 $X=0$ 时，$Y=3$ 美元），工资率为每小时 2 美元。例如，一个雇用6劳动小时的企业将产生15（＝3＋2×6＝3＋12）美元的总劳动成本。表1A-1说明了对于各种 X 值，该方程的其他数值。

2. Y 是 X 的非线性函数。这种情况包含了许多可能性，包括二次方程（包含 X^2）、高阶多项式（包含 X^3、X^4 等）以及如那些以对数为基础的特殊函数。所有这些函数都具有这样的性质：X 的给定改变量会因 X 数值的不同而对 Y 产生不同的影响。这与线性函数截然不同，线性函数中 X 的给定改变量常常引起 Y 的一个固定数量的改变。为了了解这一点，考虑二次方程：

$$Y = -X^2 + 15X \tag{1A.4}$$

在该方程中，当 X 的值在 -3 和 6 之间时，Y 的值如表1A-1所示。注意，当 X 每增加1单位时，Y 的值会先迅速上升但随后下降。例如，当 X 从0增加到1时，Y 从0增加到14。但是当 X 从5增加到6时，Y 只从50增加到54。这看起来像李嘉图的报酬递减看法——随着 X 的增加，Y 增加的能力减小。[1]

表1A-1 线性方程和二次方程中 X 和 Y 的值

线性方程		二次方程	
X	$Y=f(X)=3+2X$	X	$Y=f(X)=-X^2+15X$
-3	-3	-3	-54
-2	-1	-2	-34
-1	1	-1	-16
0	3	0	0
1	5	1	14
2	7	2	26
3	9	3	36
4	11	4	44
5	13	5	50
6	15	6	54

1A.2 绘制单变量函数图形

当我们写下 X 和 Y 之间的函数关系时，我们总结了关于这种关系所需要了解的一切。从原则上讲，本书或其他运用数学的图书可以只用这些方程来完成写作。然而，其中一些函数的图形非常有用。图形不仅使我们能更容易地理解特定理由，它们还可以取代那些必须出现的数学记号。由于这些原因，本书大量地依靠图形来发展经济模型。我们在这里先来看一

---

[1] 当然，对于其他非线性函数来说，X 的增加可能导致 Y（例如，考虑 X^2+15X）数量的增加。

些简单的绘图技巧。

图形是展示两个变量之间关系的一种简单方法。通常来说，因变量（Y）的值在纵轴上表示，自变量（X）的值在横轴上表示。[①] 图 1A-1 用这种形式画出了方程（1A.3）。尽管我们用黑点只标出表 1A-1 所列出的函数上的点，但该图描绘了 X 的每一个可能值对应的函数值。方程（1A.3）的图形是一条直线，这就是它被称为**线性函数**（linear function）的原因。在图 1A-1 中，X 和 Y 既可以是正值，也可以是负值。经济学中用到的变量通常只取正值，因此我们只要用到第一象限。

1A.2.1 线性函数：截距和斜率

图 1A-1 中两个最重要的特征是图形的斜率以及它在 Y 轴上的**截距**（intercept）。Y 轴上的截距是当 X 等于 0 时 Y 的值。例如，如图 1A-1 所示，当 $X=0$ 时，$Y=3$；这意味着 3 是 Y 轴上的截距。[②] 在方程（1A.2）的普通线性形式中：

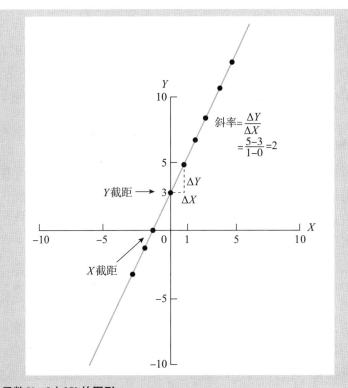

图 1A-1　线性函数 $Y=3+2X$ 的图形

　　Y 的截距为 3；当 $X=0$ 时，$Y=3$。直线的斜率为 2；X 每增加 1，Y 将增加 2。

$$Y=a+bX$$

---

① 在经济学中并非总是遵循这一习惯。因变量有时在横轴上表示，如需求曲线和供给曲线的例子。此时，自变量（价格）在纵轴上表示，因变量（数量）在横轴上表示。

② 我们也可以找出函数在 X 轴上的截距，它被定义为当 $Y=0$ 时 X 的值。对于方程（1A.3）来说，很容易看到当 $X=-3/2$ 时，$Y=0$，这就是函数在 X 轴上的截距。方程（1A.2）中普通线性函数在 X 轴上的截距为 $X=-a/b$，正如通过替换方程数值可以看到的。

Y 轴上的截距为 $Y=a$，因为这是当 $X=0$ 时的 Y 值。

我们定义任何一条直线的**斜率**（slope）为沿着直线运动时，Y 的改变量与 X 的改变量的比率。斜率可以用数学形式定义为：

$$\text{斜率} = \frac{Y \text{ 的改变量}}{X \text{ 的改变量}} = \frac{\Delta Y}{\Delta X} \tag{1A.5}$$

记号 Δ（"德尔塔"）意味着"改变量"。对于图 1A-1 所示的特定函数，其斜率等于 2。你可以从虚线清楚地看到，给定 X 的改变量，Y 的改变量是 X 的改变量的两倍。表 1A-1 说明了相同的结果——随着 X 从 0 增加到 1，Y 从 3 增加到 5。结果：

$$\text{斜率} = \frac{\Delta Y}{\Delta X} = \frac{5-3}{1-0} = 2 \tag{1A.6}$$

很显然，这对于表 1A-1 中的其他点来说也是正确的。直线上任何地方的斜率都是一样的。通常来说，对于任何线性函数，其斜率均由方程（1A.2）中的 b 给出。直线的斜率可能是正的（如图 1A-1 所示），也可能是负的（在从左上向右下倾斜的直线中）。

一条直线的斜率也可能为 0，即直线是水平的。此时，Y 值不变；X 的改变量将不会影响 Y。函数将为 $Y=a+0X$，或者 $Y=a$。该方程用一条与 Y 轴交于 a 点的水平直线（平行于 X 轴）表示。

1A.2.2 斜率的解释：一个例子

原因（X）和效应（Y）之间的关系的斜率是经济学家试图测量的最为重要的事物之一。因为斜率（或者与此相关的弹性的概念）从数量角度表明，一个变量的微小（边际）变化会怎样影响另一个变量，它是构建每个经济模型的宝贵信息。例如，研究者发现一个代表性家庭在每周所吃的橘子数量（Q）可以用方程表示为：

$$Q = 12 - 0.2P \tag{1A.7}$$

式中，P 是单个橘子的价格，用美分表示。因而，如果一个橘子的价格为 20 美分，那么这个家庭每周将会消费 8 个橘子。如果价格上升至 50 美分，那么橘子的消费数量将下降为每周 2 个。[①] 另外，如果橘子是赠送的（$P=0$），那么该家庭将每周消费 12 个。拥有了这类信息，农业经济学家将有可能去评估一个家庭将会对诸如冬季结冰或者是增加橘子的进口量等可能影响橘子价格的因素做出的反应。

1A.2.3 斜率和测度的单位

需要指出的是在对方程（1A.7）的介绍当中，我们需要小心和精切地声明数量 Q 和 P 是怎样测度的。在一般的代数课程当中并没有出现这一主题，因为 Y 和 X 并没有具体的物理意义。但是在经济学当中，这一主题至关重要——一个关系的斜率将取决于变量是怎样测度的。例如，如果橘子的价格是以美元来测度的，那么在方程（1A.7）中所描述的相同行为将

---

① 需要注意的是，这一方程只有对 $P \leqslant 60$ 才有意义，因为橘子的消费数量不可能为负数。

会被表示为：

$$Q = 12 - 20P \qquad (1A.8)$$

可以注意到在 0.20 美元的价格上，该家庭每周仍会消费同样的 8 个橘子。而在 0.50 美元的价格上，他们只会消费 2 个。然而，由于改变了 P 的测度方法，这一斜率是方程（1A.7）的斜率的 100 倍。

改变 Q 的测度方法将同样会改变两者的关系。如果橘子消费数量现在是以每箱 10 个橘子来测度，而 P 表示这一箱橘子的价格，那么方程（1A.7）将会变成：

$$Q = 1.2 - 0.002P \qquad (1A.9)$$

这一方程仍然表示如果每箱橘子价值 200 美分，那么该家庭每周将会消费 8 个橘子（也即 0.8 箱）；如果每箱价值 500 美分，则消费 2 个橘子（也即 0.2 箱）。注意，在这一情形下，改变了 Q 的测度单位将同时改变方程的斜率和截距。

> **小测验 1A.1**
>
> 假设每周从新泽西州捕捞的比目鱼数量为 $Q = 100 + 5P$（Q 为以千磅为单位的比目鱼数量，P 为每磅的美元价格）。请问：
>
> 1. 在此方程中，截距和斜率的单位是什么？
>
> 2. 如果捕捞到的比目鱼用磅来计量，价格以每磅多少美分来计量，那么该方程将如何改变？

由于经济学关系的斜率依赖于所使用的测度单位，所以对于经济学家来说并没有一个非常方便的概念来总结行为。相反，他们通常采用弹性，它没有单位。第 3 章将会介绍弹性的概念，然后在全书其他部分中使用它。

铭刻于心　马歇尔陷阱

在第 1 章中，我们描述了英国经济学家阿尔弗雷德·马歇尔在画需求关系图形时，选择把价格放在纵轴上，把数量放在横轴上。尽管这一决定从许多经济学意图来说是明智的，但是一百多年来它对于学生来说是一个梦魇，因为他们总习惯于把"自变量"（在这一情形中也即价格）放在横轴上。当然，方程（1A.7）很容易用 P 表示为：

$$P = 60 - 5Q \qquad (1A.10)$$

这一方程甚至有经济学含义——它表明给定家庭已消费一定数量，对于多增加一单位橘子的边际支付意愿。举例来说，这个家庭如果消费量是每周 8 个，那么它乐意为每增加一个橘子支付 20 美分。但是把价格作为因变量并不是我们考虑需求的一个通常做法，即便这就是马歇尔怎样画图的情形。通常最好还是坚持写出需求的初始方法[也即方程（1A.7）]，但是记住坐标轴是颠倒的，并且在做出关于改变斜率或者截距的论断之前，你需要三思。

1A.2.4　斜率的改变

在这本教科书中，我们经常对改变一个线性函数的参数（即 a 和 b）感兴趣。我们可以用

两种方法做到这一点：我们可以改变在 Y 轴上的截距，或者我们可以改变其斜率。图 1A-2 显示了函数

$$Y=-X+10 \tag{1A.11}$$

的图形。

该线性函数的斜率为 -1，在 Y 轴上的截距为 $Y=10$。图 1A-2 也显示了函数

$$Y=-2X+10 \tag{1A.12}$$

我们将方程（1A.11）的斜率翻倍，从 -1 变为 -2，并将其在 Y 轴上的截距保持为 $Y=$ 10。这导致函数图形绕着 Y 轴截距而变得更为陡峭。总的来说，函数斜率的改变将引起图形旋转，Y 轴截距值不变。由于当 $X=0$ 时线性函数呈现出它的 Y 轴截距值，所以改变斜率将不会改变该点的函数值。

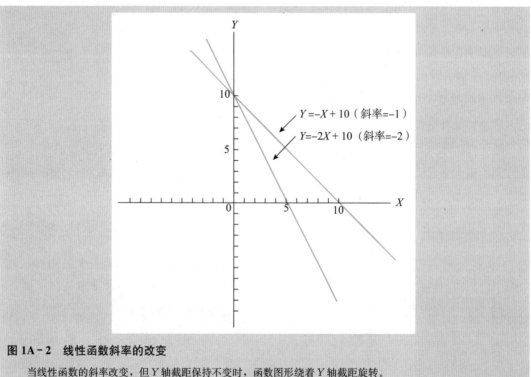

图 1A-2 线性函数斜率的改变

当线性函数的斜率改变，但 Y 轴截距保持不变时，函数图形绕着 Y 轴截距旋转。

截距的改变 图 1A-3 也显示了函数 $Y=-X+10$ 的图形。它说明了常数项改变带来的影响，即只改变在 Y 轴上的截距而斜率保持为 -1。图 1A-3 显示了

$$Y=-X+12 \tag{1A.13}$$

和

$$Y=-X+5 \tag{1A.14}$$

的图形。

1

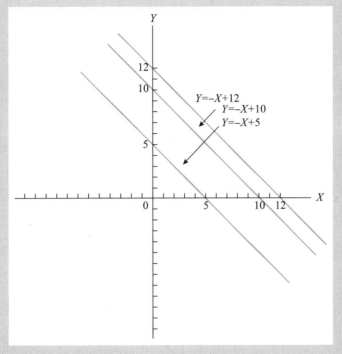

图 1A-3 线性函数 Y 轴截距的变化

当函数的 Y 轴截距改变时，函数图形上移或下移，并平行于其他图形。

三条直线是平行的；它们有相同的斜率。Y 轴截距的改变只使得直线上下移动。它的斜率没有改变。当然，Y 轴截距的改变也使 X 轴截距发生了改变，你可以看看这些新截距。

我们在本书的许多地方说明了经济的变动如何用斜率和截距的变化来表示。尽管经济情境会发生变化，但是这些变化的数学形式是图 1A-2 和图 1A-3 所表现出的通用形式。"应用 1A.1：美国房地产网站 Zillow. com 是怎样做到的？"采用这些概念描述了线性函数用于评估房产价值的一种方式。

？小测验 1A.2

在图 1A-2 中，随着图形斜率从 -1 变为 -2，X 轴截距从 10 变为 5。请问：

1. 如果斜率变为 $-\dfrac{5}{6}$，图 1A-2 中的 X 轴截距将会发生什么变化？

2. 通过比较图 1A-2 与图 1A-3 中的图形，你可以学到什么？

应用 1A.1

美国房地产网站 Zillow.com 是怎样做到的？

美国房地产网站 Zillow.com（建于 2006 年）为美国居民住宅提供了实用的估计价值。因为它累计评估了超过 7 000 万套居民住宅，所以该网站无法像传统房地产评估师那样研究每套住宅的细节。与此相反，该网站使用最近出售的住宅数据以及计量技术评估住宅价值（P）和那些能够从公共资源当中获得的房子特征（比如面积，X）之间的关系。

一个简单的例子

例如，美国房地产网站 Zillow.com 可能确定了某个地段的住宅价值遵循这一关系：

$$P = \$50\,000 + \$150X$$

这一方程表明在这一地段的住宅价值 50 000 美元（对于该地块来说）加上每一平方英尺 150 美元。因此，一套面积为 2 000 平方英尺的住宅将价值 350 000 美元，而一套面积为 3 000 平方英尺的住宅将价值 500 000 美元。图 1A 表示出这一线性关系。使用这一关系，美国房地产网站 Zillow.com 能够在它的数据库中预测出每套住宅的价值。

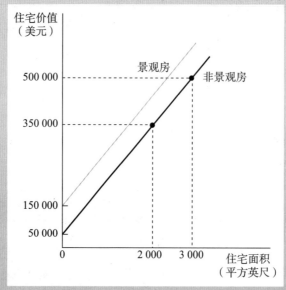

图 1A 住宅面积与其市场价值之间的关系

利用最近的房屋销售数据，Zillow.com 可以计算出住宅面积（X，以平方英尺衡量）与市场价值之间的关系。如果住宅为景观房，面积和住宅价值的整体关系将上移 100 000 美元。

地段，地段，地段

美国房地产网站 Zillow.com 必须密切关注的一个因素是所评价的住宅所处的地段。正如任何房地产中介都将会告诉你的，地段往往在住宅定价中是所有因素中最重要的。因而，对整个美国或者即使是相当大的城市采用上面的方程来估计房价和面积的关系，这并非合适做法。与此相反，公司必须缩小它的范围，集中于住宅的单位面积价值可能预期保持不变的地段。在特别令人满意的地段，住宅每平方英尺可能售价 500～1 000 美元甚至更多，并且地块价值也可能超过 50 000 美元。

美国房地产网站 Zillow.com 不能预见什么？

美国房地产网站 Zillow.com 估值方法存在的第二个问题是实际的住宅价值可能取决于美国房地产网站 Zillow.com 没有拥有的数据。例如，房地产评估数据库可能并没有住宅是否拥有一个好景观的信息。例如，如果拥有一个好景观会使一个地块价格提高 100 000 美元，那么景观房的关系将如图 1A 的浅灰线所示。因此，美国房地产网站 Zillow.com 将会系统性地低估这类房子的价值。

美国房地产网站 Zillow.com 有多精确？

正如前面所提及的，美国房地产网站 Zillow.com 的估计可能并不准确，事实上，该网站通过比较它的估值和实际售价分析其准确性。举例来说，在 2012 年后期，它的数据显示，所有销售有 30% 是在该网站估计值的 5% 之内，有 80% 是在该网站估值的 20% 之内。报告的精确性会因美国不同城市变化很大，部分原因在于数据可获得性的差异。例如，该网站报告称它对波士顿的估值是相当精确的，而对迈阿密的估值则有相当大的误差。

思考题

1. 美国房地产网站 Zillow.com 在估值时是否应该消除那些住宅售价看起来相当高或者是特别低的数据？

2. 你能够想出美国房地产网站 Zillow.com 的最近估值在波士顿明显精确于迈阿密的任何理由吗？

1A. 2. 5 非线性函数

绘制非线性函数也是简单的。图 1A-4 显示了

$$Y = -X^2 + 15X \tag{1A.15}$$

的图形，X 为相对较小的正值。黑点用来标示表 1A-1 中的具体数值，尽管函数的定义域为 X 的所有值。图 1A-4 中的凹形图形反映了该函数的非线性性质。

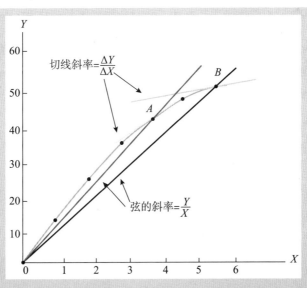

图 1A-4 二次函数 $Y = -X^2 + 15X$ 的图形

二次方程 $Y = -X^2 + 15X$ 具有凹形——曲线切线的斜率随着 X 的增大而减小。这种形状反映了边际报酬递减的经济学原理。从函数到原点的弦的斜率显示了 $\frac{Y}{X}$ 的比率。

1A. 2. 6　非线性函数的斜率

从定义上来说，非线性函数的图形不是一条直线，它的每一点的斜率并不相同，而非线性函数在某一特定点的斜率是该函数在该点切线的斜率。例如，如图 1A-4 所示函数在 B 点的斜率为该点切线的斜率。正如图中所清楚显示的，此时函数的斜率随着 X 的增大而减小。X 增加时报酬递减的图形解释是对事实的一种视觉说明，在对表 1A-1 的讨论中我们已经指出该事实。

1A. 2. 7　边际影响和平均影响

经济学家对 X 对 Y 的影响规模很感兴趣。有两种不同的方法可使这个概念精确。最常见的是**边际影响**（marginal effect），又称边际效应，即 X 的微小变动所引起的 Y 的变动。对于这种类型的影响，重点集中在函数的斜率 $\frac{\Delta Y}{\Delta X}$ 上。对于图 1A-1 至图 1A-3 所描述的线性方程来说，其影响是不变的——用经济学术语来说就是对 X 的所有值来说 X 对 Y 的边际影响都是不变的。对于图 1A-4 描绘的非线性方程来说，这种边际影响随着 X 的增大而减小，报酬递减和边际影响递减是同一意思。

有时经济学家谈到 X 对 Y 的**平均影响**（average effect），又称平均效应。这时，他们指的其实是 $\frac{Y}{X}$ 的比率。例如，如第 6 章所示，劳动的平均生产率，比如说，汽车的平均产量用总的汽车产量（如每年 10 000 000 辆）与总雇用劳动力（如 250 000 名工人）的比率来衡量。因此，平均产量为每名工人每年生产 40（＝10 000 000÷250 000）辆车。

在图中表示平均值比表示边际值（斜率）要更加复杂。为了做到这一点，我们取图上有趣的一点（比如图 1A-4 中的 A 点，它的坐标为 $X=4$，$Y=44$）并画出弦 OA。OA 的斜率则为 $\frac{Y}{X}=\frac{44}{4}=11$——我们想度量的平均影响。通过比较 OA 的斜率与 OB 的斜率 $\left(=\frac{54}{6}=9\right)$，我们容易发现图 1A-4 中 X 对 Y 的影响也随着 X 的增大而减小。这是该函数中报酬递减的另一个反映。在后面的章节中，我们将说明在许多不同环境中边际影响和平均影响之间的关系。"应用 1A.2：'单一'的税收是累进的吗？"说明了在关于修改美国个人所得税的辩论中是如何提出这个概念的。

> **应用 1A. 2**
>
> ## "单一"的税收是累进的吗？
>
> 自从 1913 年《美国联邦个人所得税法》（FIT）颁布以来，有关公平的争论就没有停止过，特别是关于税率是否公正地反映了人们的支付能力。从历史角度来看，FIT 具有急剧上升的税率，尽管在 20 世纪 70—80 年代有所缓和。最近，一些人提出了具有单一税率的"固定统一税"（flat tax），以此作为解决多重税率造成的复杂性和不利经济刺激问题的方法。这些想法被抨击为不公平，因为它们将取消普遍的累进税率结构。

累进所得税

公平税收的提倡者通常认为所得税应该是累进的，即他们认为较富裕的人应该将其收入的较大部分用来缴税，因为他们更有能力这样做。注意该主张是富人应该按比例支付更多，不仅仅是更高的税额。为达到这一目标，法律制定者已经打算使用边际税率递增的税收计划。即一个人的收入越高，对其额外收入将以越高税率征税。图1A用线 OT 描述了这些递增的税率。[a] OT 各部分递增的斜率反映了递增的边际税率结构。

固定统一税

累进的税率结构非常难以管理。例如，累进税率使得人们抵扣所得税变得困难，因为常常不清楚应该使用何种税率。同时，为了公平对待那些收入波动很大的人，一种累进税率结构通常需要基于这些人若干年的收入流平均数进行计算。一种可以避免这种问题并且具有累进税收性质的方法是，使用单一税率体系（即所谓的"固定统一税"）和初始个人免税额。图1A中线 OT' 说明了这样一种税收。此时，税收计划提供的初始免税额为25 000美元，然后对剩余收入使用25％的固定统一税率。尽管该结构不具有递增的边际税率，但它仍然是累进的税率结构。例如，每年赚50 000美元的人将他们12.5％的收入 $[0.25 \times (50\ 000 - 25\ 000)/50\ 000 = 0.125]$ 用于支付税收，而收入为150 000美元的人将他们近21％的收入 $[0.25 \times (150\ 000 - 25\ 000)/150\ 000 = 0.208]$ 用于支付税收。

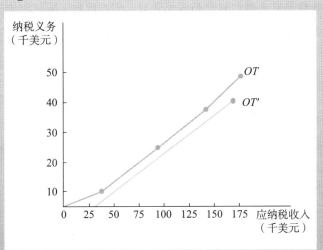

图1A 累进税率与固定统一税率的比较

线 OT 显示了当前税率下的纳税义务。线 OT' 显示了提议的固定统一税率下的纳税义务。

固定统一税的普及

许多东欧国家已经引进固定统一税。爱沙尼亚1994年带头采用，并很快被立陶宛和拉脱维亚所效仿。许多其他国家也紧随其后，包括俄罗斯、格鲁吉亚、塞尔维亚和乌克兰。这些国家独特的地方在于，它们的政府结构最近都进行了重大变革，这使得一些关于如何征收所得税的新想法成为可能。

政策挑战

美国已经拥有单一税。最低税负制（Alternative Minimum Tax，AMT）允许收入当中有 45 000 美元免税额，而余下部分征收 28% 的单一税。最低税负制比通常的个人所得税拥有更低的扣除和抵免。使用最低税负制替代当前的个人所得税是否为一个好想法？这一税收是否为足够累进的？你认为哪类群体将会支持这样一个替代方案？哪类群体将会反对这一替代方案？

a. 在计算应纳税所得额时确实允许各种抵扣。因此，图 1A 没有反映总收入和所缴税额之间的关系。

1A. 2. 8　微积分和边际主义

尽管这门微观经济学课程不要求你掌握太多的微积分知识，但应该清楚的是，我们提到的许多概念最初都由数学的这一分支发展而来。特别是，许多经济学概念是基于变量 X 的微小（边际）变化对另一变量 Y 的影响。从你的经济学原理课程中，你应该熟悉其中的一些概念（如边际成本、边际收益或边际产量）。微积分为更精确地定义这些想法提供了一种方法。例如，在微积分中，数学家发展了函数导数的概念，它被简单地定义为当 ΔX 变得非常小时，$\dfrac{\Delta Y}{\Delta X}$ 比率的极限。该极限记为 $\dfrac{\mathrm{d}Y}{\mathrm{d}X}$，被称为 Y 关于 X 的导数。在图形方面，函数导数等于它的斜率。对于线性函数来说，导数是一个常数，而不依赖于所使用的 X 值。但是对于非线性函数来说，导数值的变化依赖于所考虑的 X 值。在经济学术语中，导数提供了记录 X 对 Y 的边际影响的方便速记法。

? 小测验 1A. 3

假设每小时采摘的葡萄（G，用磅来计量）与被雇用的工人数量（L，用劳动小时来计量）之间的关系为 $G=100+20L$。

1. 第 10 名工人额外采摘多少葡萄？第 20 名工人呢？第 50 名工人呢？

2. 当雇用 10 名工人时，平均产量是多少？雇用 20 名工人呢？雇用 50 名工人呢？

微积分在经济学中最重要的用途可能是研究正式的结论，这些结论是从经济当事人寻求某种最大化的假设中推导出来的。所有这些问题达成同样普遍的结论——因变量 Y 在使得 $\dfrac{\mathrm{d}Y}{\mathrm{d}X}=0$ 的 X 值处达到它的最大值（假设存在最大值）。为了说明原因，假设该导数（斜率）大于 0。那么 Y 不能达到最大值，因为 X 增加事实上将成功地使 Y 增加。或者，如果函数的导数（斜率）为负，减小 X 将使 Y 增加。因此，只要其导数为 0，X 就处于其最优值。当一个人为了寻找导致 Y 值最小的 X 值时，类似的解释同样适用。

考虑该原理最著名的应用。把 X 当作企业产出的数量。企业出售这些产出获得的利润取决于生产多少，并被记为 $\pi(X)$。但利润被定义为收益和成本之差〔即 $\pi(X)=R(X)-C(X)$〕。现在将最大化原理应用到利润上，可得：

$$\frac{\mathrm{d}\pi(X)}{\mathrm{d}(X)}=\frac{\mathrm{d}R(X)}{\mathrm{d}X}-\frac{\mathrm{d}C(X)}{\mathrm{d}X}=0 \text{ 或者} \frac{\mathrm{d}R(X)}{\mathrm{d}X}=\frac{\mathrm{d}C(X)}{\mathrm{d}X} \tag{1A. 16}$$

这就是说，为了使利润达到最大，企业生产的产出水平应该使得收益关于产出的导数（即边际收益）等于成本关于产出的导数（即边际成本）。这种以微积分为基础的利润最大化方法最初由法国经济学家古诺于19世纪早期使用。它是展示利润最大化含义"边际收益等于边际成本"的一种更简单、更精美的方法，而不是你在经济学原理课程中可能遇到的组合图形和直觉。尽管本书不会使用许多以微积分为基础的解释，但这种数学工具是现代经济学家建立大多数模型的主要方法。

1A.3 二元或多元函数

经济学家通常关心多于一个变量的函数，因为经济结果总是存在多种原因。为了理解许多原因的影响，经济学家必须解出多变量函数。一个二元函数可以用函数记号表示为：

$$Y = f(X, Z) \tag{1A.17}$$

该方程说明 Y 的值取决于两个自变量 X 和 Z 的值。例如，一个人的体重（Y）不仅取决于所摄入的卡路里（X），还取决于这个人的锻炼量（Z）。增加 X 使 Y 增加，增加 Z 使 Y 减少。式（1A.17）中的函数记号暗示了在吃东西与锻炼之间可能存在权衡取舍的可能性。在第2章中，我们将开始探索这种权衡取舍，因为它们是个体和企业所做选择的核心。下面的例子提供了这一过程的第一个步骤。

权衡和等高线：一个例子

下面我们举例说明多个变量函数之间的权衡。考虑如下函数

$$Y = \sqrt{X \cdot Z} = X^{0.5} Z^{0.5}, \ X \geqslant 0, \ Z \geqslant 0 \tag{1A.18}$$

考察这个函数。当然，不出意外的话，它将会是我们在全书当中在简单情境下说明权衡时所用到的一个函数。[①] 然而，我们在此将只考察这一函数的一些数学特征。表1A-2显示了 X 和 Z 的一些数值通过这一函数形成的 Y 值。这一函数的两个有趣的事实如表所示。首先，请注意如果我们保持 X 不变，比如说 $X=2$，那么 Z 增加时 Y 也会增加。举例来说，当 Z 从1增加至2时，Y 值从1.414增加到2。当 Z 进一步增加到3时，Y 则进一步增加到2.449。但是随着 Z 进一步增加，这些增加的规模会变小。用经济学的话来讲，这表明了如果我们让 X 保持不变，Z 值增加所获得的边际收益递减。因而，如果我们关心的 Z 是成本，那么我们会谨慎地购买更多它，相反，会考虑增加 X 以增加 Y。这正好是引导我们讨论居民和企业最优化行为的权衡问题的直觉知识。

表1A-2 满足 $Y = \sqrt{X \cdot Z}$ 的 X、Z 和 Y 值

X	Z	Y
1	1	1.000
1	2	1.414

---

① 从形式上来看，这一函数是柯布-道格拉斯函数的具体形式，我们将会用它来估计消费者和企业的选择。

续表

X	Z	Y
1	3	1.732
1	4	2.000
2	1	1.414
2	2	2.000
2	3	2.449
2	4	2.828
3	1	1.732
3	2	2.449
3	3	3.000
3	4	3.464
4	1	2.000
4	2	2.828
4	3	3.464
4	4	4.000

等高线

表 1A-2 所展现的第二个事实是不同的 X 和 Z 的组合可以得到同样的 Y 值。举例来说，当 $X=1$、$Z=4$ 时，或者当 $X=2$、$Z=2$ 时，或者当 $X=4$、$Z=1$ 时，我们均有 $Y=2$。确实，可以得到 $Y=2$ 的数值，它看似存在着无穷的 X 和 Z 的组合。研究这无穷多个组合将会是学习 X 和 Z 之间权衡的一种有价值的方法。

我们可以采用两种方法来检验权衡。第一种方法是代数方法。如果我们设定 $Y=2$，那么我们通过求解方程（1A.18）即可得到 X 和 Z 必须满足如下关系：

$$Y=2=\sqrt{X \cdot Z}，或者 4=X \cdot Z，$$
$$或者 X=\frac{4}{Z} \qquad (1A.19)$$

> **小测验 1A.4**
>
> 考虑图 1A-5 中 $Y=3$ 的等高线。
>
> 1. 如果 Z 从 9 减为 3，为让 Y 等于 3，X 将不得不增加至多少？
>
> 2. 如果 Z 继续从 3 减至 1，为让 Y 等于 3，X 将不得不增加至多少？
>
> 3. 用数字表示你对问题 1 和 2 的答案的逻辑。然后计算一下，如果 Z 为 9 和 1 之间的任何一个整数，为让 Y 保持等于 3，X 将不得不等于多少。

正如许多其他组合一样，我们上面所显示的所有这些组合均满足这一关系。实际上，方程（1A.19）准确地显示了为保持 Y 等于 2，我们应该怎样变动 X 和 Z 的数值。

另外一种在多元函数中考察权衡问题的方法是画出**等高线**（contour line）。它们显示出了可得到给定的 Y 值的 X 和 Z 的各种组合。"等高线"这个术语源自制图者，他们也采用这类线条在两维图形当中显示海拔高度。举例来说，一条标示为"1 500 英尺"的等高线显示出在地图位置的精确高度是高出海平面 1 500 英尺。与此类似，一条标示为 $Y=2$ 的等高线表明了在因变量的值为 2 时的所有 X 和 Z 的组合。图 1A-5 表示了 $Y=1$、$Y=2$ 和 $Y=3$ 这样三条等高线。在这个具体图形当中，等高线是双曲线。正如我们从方程 (1A.19) 所看到的，它表示的等高线是 $Y=2$。

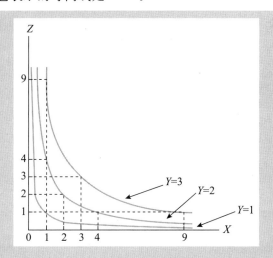

图 1A-5　$Y=\sqrt{X \cdot Z}$ 的等高线

函数 $Y=\sqrt{X \cdot Z}$ 的等高线为直角双曲线，它们可以通过使 Y 等于不同的值来求取，如令 $Y=1$、$Y=2$、$Y=3$，然后画出自变量 X 和 Z 之间的关系。

铭刻于心　　沿着同一条等高线的权衡变化

小测验 1A.4 的计算表明，为保持 Y 等于 3，随着 Z 减少一单位，X 必须增加，它就像沿着 $Y=3$ 的等高线移动。当 Z 从 9 变动到 8 时，X 只需要变动很小的数量；而当 Z 从 2 变动到 1 时，则需要 X 变动很大的数量。这一结果具有普遍性——权衡是沿着一条等高线不断变化（除非它是一条水平线）。因此当你求解许多经济学问题的权衡问题时，你需要清楚地声明你的起点在哪里。

1A.4　联立方程

在经济学中经常使用的另一个数学概念是**联立方程**（simultaneous equation）。当两个变量（例如，X 和 Y）由两个不同的方程联系起来时，有时可以求解出同时满足两个方程的一组 X 和 Y 值，虽然不总是如此。例如，很容易看出这两个方程：

$$X+Y=3$$
$$X-Y=1$$

（1A.20）

具有唯一解：

$$X=2$$
$$Y=1$$

（1A.21）

联立这些方程可以确定 X 和 Y 的解。单独一个方程不能确定任何变量的具体值——其解依赖于所有的方程。

1A. 4. 1　联立方程解的改变

询问在这些方程中 X 的改变将如何影响 Y 的结果是没有意义的。这两个方程只有唯一的 X 和 Y 解。只要所有方程均保持不变，其解 X 和 Y 的值就不会发生改变。当然，如果方程本身改变了，那么它们的解也将发生改变。例如，方程组

$$X+Y=5$$
$$X-Y=1 \tag{1A.22}$$

的解为：

$$X=3$$
$$Y=2 \tag{1A.23}$$

只改变方程组（1A.20）中的一个数字就会导致完全不同的一组解。

1A. 4. 2　画出联立方程

图 1A - 6 描绘了这些结果。方程组（1A.20）中的两个方程是相交于点（2，1）的直线。该点是两个方程的解，因为它是同时在两条线上的唯一点。对于方程组（1A.22）来说，改变该方程组中第一个方程的常数项提供了一个不同的交点。此时，两条直线相交于点（3，2），这是新解。即使只有其中一条线发生移动，X 和 Y 也会产生新的解。

> **?** **小测验 1A. 5**
>
> 当经济学家考察一个特定的影响时，他们用其他条件不变的假设来保持其他一切不变。该假设是如何在联立方程中反映出来的？具体地讲：
>
> 1. 请解释图 1A - 6 中所描述的变动如何表示其他因素的变动。
> 2. 请解释图 1A - 6 中所描述的变动如何发生于现实世界的供求环境中。

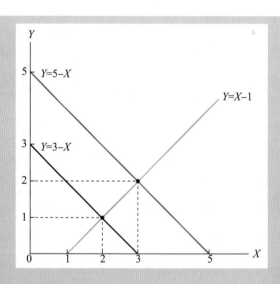

图 1A - 6　解联立方程

线性方程 $X+Y=3(Y=3-X)$ 和 $X-Y=1$ 可以联立求解得到 $X=2$，$Y=1$。这个解通过两个方程图形的交点表现出来。如果第一个方程改变（变为 $Y=5-X$），其解也将改变（变为 $X=3$，$Y=2$）。

图 1A-6 中的代数图形和图 1A-3 及图 1A-4 中的供求图形的相似之处是明显的。两条曲线的交点在代数中被称为"解",在经济学中被称为"均衡",但在这两种情况下,我们都在寻找适用这两种关系的点。图 1A-4 中需求曲线的移动明显地类似于图 1A-6 中联立方程组的变动。在这两种情况下,其中一条曲线移动导致两个变量都有新的解。如果我们可以计算出一种产品的供给曲线和需求曲线的代数形式,这个例子就可以说明我们应如何对市场进行预测。"应用 1A.3:供给和需求能够解释不断变化的世界油价吗?"对这类分析提供了一个体验。

应用 1A.3

供给和需求能够解释不断变化的世界油价吗?

世界市场的原油价格波动相当大。自从 2000 年以来,价格有时为每桶 30 美元以下,有时又是每桶 130 美元以上。这样剧烈的波动使得许多人指控石油价格是被"投机者"所"操纵"的,当石油价格上升时则启动刑事调查。经济学家普遍并不特别认同这样的论断,即石油市场存在"作弊",与此相反,他们试图通过标准的供给-需求分析去解释价格变动。在本应用专栏中,我们将展开这类分析。我们用投机效应的一些思想作为结束语。

一个简单的模型

在本书的前面版本中,我们引进了世界原油市场的一个简单的供给-需求模型。模型的起点是要意识到原油市场确实是世界性的。由于所交易的产品基本上在各地是一样的,各类套利行为将会确保这一产品以单一世界价格进行交易。如果我们用 P 表示这一价格(美元/桶),用 Q 表示原油数量(百万桶/天),2001 年我们的模型采用如下形式:

$$\text{需求:} Q = 85 - 0.4P$$
$$\text{供给:} Q = 55 + 0.6P \tag{1}$$

同时解这两个方程可以得到:

$$85 - 0.4P = 55 + 0.6P \Rightarrow P^* = 30, Q^* = 73 \tag{2}$$

这非常接近 2001 年普遍的价格——原油以每桶 30 美元的价格进行交易,而每天所生产的数量接近 7 300 万桶。[a]

增加原油的需求

在 2001—2008 年,原油价格稳定上升。可能单个最为重要的原因是全世界对石油产品的需求与日俱增,特别是来自诸如中国、印度和巴西等快速发展中经济体的需求。这一需求的增加通过简单地移动需求曲线就能够被纳入我们的简单模型。如果我们假定世界需求每年增长 4%,那么 2008 年的需求曲线将向外移动,变为

$$Q = 112 - 0.6P \tag{3}$$

需要注意的是，我们可以只是变动原来需求函数中的常数项而完成这一移动。图1A显示出了这一移动。如果我们现在再一次求解供给-需求均衡，我们可得到 $P^* = 57$，$Q^* = 87$。从我们的供给-需求模型得到的预测结果，我们估计出了需求增加会怎样影响2008年的世界市场。

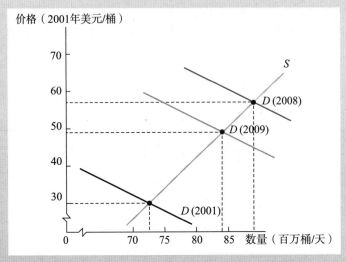

图1A 世界石油市场

模型预测，2001—2008年需求的增加将使相对价格从30美元提高至57美元。2008—2009年期间需求略有下降。

评价预测结果

我们对2008年原油产量的估计结果相当接近它的实际产值——我们的模型预测出每天会生产8 700万桶，而实际产量每天接近8 600万桶。然而，粗略一看，我们的价格预测似乎很离谱——我们的模型预测价格是57美元，然而实际的价格则高出40美元（每桶是97美元）。然而，在放弃我们的预测结果之前，我们需要确保大家明白我们的价格意味着什么。在所有微观经济学模型中，画在纵轴上的价格变量应该是实际价格，也即它记录的应该是所建模的东西与其他东西的相对价格。因为我们模型的初始设定时间是2001年，因此价格是2001年价格水平下的57美元，并不是记录在报纸上的在2008年价格水平下的97美元。由于原油市场的世界性特质，如果我们想要对比预测价格和实际价格，我们必须考虑两个因素。首先，美国在2001年和2008年之间的总体通货膨胀是23％。其次，因为石油价格是以美元标价的，我们也必须考虑到这样一个事实，即在2001年和2008年间美元的国际价值下降了大约35％。因而最终我们应该把97美元向下调整大约40％［因为1/(1.23×1.35)≈0.60］，以便把它调整至我们模型所构建的2001年价格。通过这样一个调整可得到2008年的实际价格大约为每桶58美元——它非常接近我们57美元的预测值。

大衰退中的油价

始于 2008 年金融危机的世界大衰退使得石油需求紧缩。然而，这一紧缩不应该大大改变图 1 显示的情形。例如，2009 年原油需求下降 5%，这将会使需求曲线移动至 $Q=106-0.4P$（如图 1A 所示）并且新的市场均衡将是 $P^*=49$，$Q^*=84$。这一数量预测再一次非常接近 2009 年流行的值，但是价格看似偏离了。我们只预测到价格下降 8 美元，然而 2009 年原油的名义价格下跌多于 35 美元，跌至每桶 60 美元。无疑，这一下跌的部分原因是 2009 年美元走强，因为美国货币已经变成担心经济的人们的避风港。但是下跌幅度看似超出了简单应用供求逻辑所预测的范围。

原油市场的投机行为

正如许多产品一样，原油价格的波动远大于只考虑供给和需求基础所预期的结果。举例来说，尽管 2012 年每桶原油的平均价格是 94 美元，但是在这一年当中价格可高达 110 美元，可低至 79 美元。因为决定供给曲线和需求曲线位置的因素（钻井成本或者是消费者收入）只会随时间推移缓慢变化，所以起作用的必然是其他因素。其中一个可能性在于市场价格受到投机行为的影响。对这一术语给出一个准确的定义是困难的，但是本质上投机行为是对赌产品价格而非为了它的用途进行买卖。举例来说，如果有人认为未来六个月里原油价格将会上升，就可以在今天买入一罐原油并待价而沽。

投机、均衡价格和政治态势

经济学家普遍质疑这类投资行为是否能影响长期的均衡价格。在第 9 章，我们将会简要地检验这一信念的理由。我们将会得到的要点是，虽然投机行为无疑会使得价格围绕着均衡价格上下波动，但是没有理由期待这种活动会将价格推向任何特定的方向。然而，每当主要产品价格上涨时，政客和专家学者还是不能不责备投机者（尽管他们很少将价格下跌归咎于投机者）。例如，在 2009 年随着衰退导致油价下降，市场在 2012 年逐渐回复到它的早期均衡价格每桶 94 美元。因为这一价格上升发生在选举年，政客再次因为价格上升而责备"投机者"。一个广泛报告的研究做出这一论断（精确到荒谬的程度），投机行为使得 2012 年初的每桶原油价格提高了 23.39 美元。[b] 大量国会委员会开始展开调查，希望抓住投机者的投机行为。如果以过去为鉴，那么它们将可能会发现，原油市场的投机活动是非常合法的，并且对长期价格几乎没有多大影响，如果非要说它有影响的话。

思考题

1. 石油输出国组织（OPEC）国家控制了近一半的世界原油。我们简单的供给-需求模型可以怎样考虑这一组织的运作？

2. 2010 年利比亚卡扎菲政权的终结使世界原油产量每天减少了将近 150 万桶。你应该怎样使用简单的供给-需求模型去预测这一供给的减少对世界石油市场的影响？

a. 在此均衡处，原油的短期需求价格弹性为 -0.16 [$=(-0.4)\times(30/73)$]，短期供给价格弹性为 0.25 [$=0.6\times(30/73)$]。这些数据与研究世界原油市场的经济学家在实证研究中的估算相吻合。

b.《福布斯》杂志在 2012 年 2 月 27 日讨论了这一预测结果。

1A.5 实证微观经济学和计量经济学

我们在第 1 章讨论过，经济学家不仅关注如何对经济运行建模，他们也必须考虑通过观察来自现实世界的数据，提高所建立模型的有效性。为了达到这个目的所使用的研究工具就是计量经济学（从字面上理解，就是"经济学的计量"）的研究范畴。因为本书中所出现的许多应用都是取自计量经济学的研究，并且计量经济学在经济学的各个领域中越来越重要，所以在此我们要简单地讨论一下这个学科的内容。更深入的探讨当然是包含在完整的计量经济学课程里。但是，讨论一些关键问题有助于我们理解经济学家是如何从他们的模型中得出结论的。在这里，我们重点讨论两个与计量经济学相关的主题：（1）随机影响；（2）其他条件不变假设。

1A.5.1 随机影响

如果现实世界的数据与经济模型能完美契合，那么计量经济学将会是一门十分简单的学科。比如，假设一个经济学家对比萨饼的需求（Q）是价格（P）的线性函数，形式如下：

$$Q = a - bP \tag{1A.24}$$

式中，a 和 b 的值将由数据决定。由于任意一条直线都可以由它上面已知的两个点决定，所以研究者们只需要：（1）找两个不同的地方或者两个不同的时间段，同时保证其他条件都一样（我接下来会讨论这一点）；（2）把 Q 和 P 的观察值记录下来；（3）把经过这两个点的直线计算出来。假设需求方程（1A.24）在任何时间和地点都保持不变，在这条直线上其他点都可以精确地计算出来。

但是事实上，没有一个经济模型能够如此完美精确。相反，真正获取到的 Q 和 P 的数据会散布在"真实的"需求曲线附近，因为存在着各种各样影响需求的随机因素（比如人们在某天可能会特别喜欢吃比萨饼）。这种情形正如图 1A-7 所示。对比萨饼真实的需求曲线用直线 D 表示，但是研究者们并不知道这条直线。他们能观察到的只是这些点。研究者们所面临的问题就是如何从散布的这些点来推断真实的需求曲线。

从技术上来讲，这是**统计推断**（statistical inference）的一个问题。研究者们使用各种各样的统计技术来分析所有影响比萨饼需求的随机因素，并试图推断出 Q 与 P 的真实关系到底是什么。讨论为达到这个目的所使用的技术超出了本书的范围，但是看看图 1A-7 也能明白，没有一条直线可以完美地拟合图中所有的点。相反，为了找到一条能与大多数点接近的直线，我们不得不做一些折中的处理。仔细考虑问题中所出现的随机因素种类也能帮助我们设计出所要使用的技术。[①] 本书中的一些应用也描述了研究者们是如何选择统计技术来达到他们的目的的。

———————

① 在许多问题中，普通最小二乘法统计技术是运用最广泛的。这种技术方法是选择使得各个点与直线间的平方差之和尽可能小的那条直线。

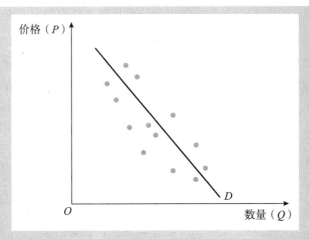

图 1A-7　从现实世界数据中推断需求曲线

即使在其他条件不变假设有效的情况下，实际数据（如图中的点所示）也会因随机影响而与需求曲线 D 不完全吻合。必须使用统计程序来推断需求曲线 D 的位置。

1A.5.2　其他条件不变假设

所有经济理论都采用其他条件不变假设。在现实世界中，当然，许多东西是变化的。比如，如果图 1A-7 中的数据来自不同的星期，那么诸如天气和比萨饼的替代品（汉堡包）的价格在这段时间内保持不变几乎是不可能的。类似地，假如这些数据来自不同的小镇，那么影响比萨饼需求的所有因素在每个小镇都完全一样也是不可能的。所以，研究者们应合理地考虑到图 1A-7 中的数据点并不是完全在一条需求曲线上。这些点可能是在不同的需求曲线上，所以强制性地把它们拟合到一条曲线上的尝试可能是错误的。

小测验 1A.6

达美乐比萨雇用你使用 10 大城市 24 个月的价格和数量数据来估计需求曲线。这里是你可能用于估计需求曲线的两种方法。解释一下为什么每种方法均可能是错误的。

方法 1：在一个图形中画出 240 个数据点的散点图，然后小心地画出通过这些数据点的拟合线。

方法 2：画出 10 条不同的需求曲线，每个城市 1 条需求曲线。用需求曲线仔细地拟合每个城市的数据。计算这十个图形的平均斜率，并用它来估计比萨饼的需求怎样与价格相关。

为了解决这个问题，必须做到如下两点：（1）数据必须是在影响需求的其他条件不变的情况下搜集的；（2）在分析中要采取适当方法去控制可测度变量。尽管做这些工作的概念框架简单明了[①]，但是仍然存在许多实际操作上的问题。最重要的是要度量影响需求的所有因素事实上是不可能的。比如，考虑如何度量广告对比萨饼需求的影响这个问题。你能度

[①]　为了控制影响需求的可度量的其他因素（X），方程（1A.22）所给出的需求方程必须经过修正以使其包括其他因素，方程变为 $Q=a-bP+cX$。一旦 a、b、c 的值都确定了，研究者在研究 Q 和 P 之间的关系的时候，就可以保持 X 的值不变（其他条件不变假设）。X 的改变会改变 $Q-P$ 之间的整体关系（也就是说，X 的改变会使需求曲线发生移动）。

量出广告投放的数量、广告的受众数量和广告的质量吗？理想的状态是我们可能想要度量人们对广告的感知程度——但是没有精心设计和细致的调查，你怎么可能做到呢？最终，研究者会不得不在他们所搜集到的数据中做一些折中的处理，这也使得其他条件不变假设是否被严格执行出现了不确定性。许多有关经济模型可信度检验的争议也正是因这一点而起。

1A. 5. 3　外生变量和内生变量

在任何一个经济模型中，区分由模型所确定的变量数值和来自模型外部的变量数值是至关重要的。那些由模型确定数值的变量被称为**内生变量**（endogenous variable，又称"内部变量"），那些数值来自模型外部的变量被称为**外生变量**（exogenous variable，又称"外部变量"）。在许多微观经济学模型中，价格和数量是内生变量，而外生变量则是所考虑的外部具体市场的一些因素，这些变量往往反映宏观条件。为了说明这一区别。我们回到方程（1A. 22）所设定的联立模型，但是改变符号以使 P 和 Q 分别表示某种产品的价格和数量。这两个变量的数值由供给和需求共同确定。市场均衡也受到两个外生变量 W 和 Z 的影响。W 反映了正面影响需求的因素（比如说消费者的收入），而 Z 反映了向上移动供给的因素（比如说工人的工资）。我们这一市场的经济模型可以写为：

$$Q = -P + W$$
$$P = Q + Z \tag{1A. 25}$$

在我们具体化 W 和 Z 的值后，这一模型会变成具有两个方程和两个未知数的模型，因而能够求解出 P 和 Q 的数值（均衡解）。举例来讲，如果 $W = 3$，$Z = -1$，那么它就跟方程（1A. 22）一样，其解为 $P = 1$，$Q = 2$。与此相似，如果 $W = 5$，$Z = -1$，那么这一模型的解为 $P = 2$，$Q = 3$。注意这里的解法。首先，我们必须知道这一模型的外生变量数值。其次，我们把这些数值放入模型中然后求解内生变量的数值。这就是所有经济模型的实际运作原理。

1A. 5. 4　简化形式

如果你想要多次求解用不同外生变量表示的内生变量数值，那么有一条捷径。把方程（1A. 25）的第二个方程代入第一个方程，我们可得到

$$2Q = W - Z \text{ 或者 } Q = (W - Z)/2$$
$$P = Q + Z \text{ 或者 } P = (W + Z)/2 \tag{1A. 26}$$

你可以检查一下，把前面使用的 W 和 Z 值代入方程（1A. 26）当中，将会同样得到我们在前面段落中已得到的准确的 P 和 Q 的数值。

方程（1A. 26）也被称为方程（1A. 25）结构方程的简化形式。它是用外生变量表示模型中的所有内生变量，不仅是一种有用的做出预测的方法，而且相对于结构方程来说，估计简化形式也有计量上的优势。然而，我们在本书中并不探讨这一主题。

| 铭刻于心 | 怎样知道什么时候问题得到解决？ |

　　许多开始学习微观经济学的学生经历的一个挫折是他们并不知道什么时候他们已经得到一个问题的合适解。在这一过程当中对内生变量和外生变量进行区分可以帮助你。在你识别出哪个变量是由模型外部决定，哪个变量是由模型本身决定之后，你的目标通常是求解内生变量（也即价格和产量）。如果模型中外生变量的明确数值（也即企业投入成本的价格）已经给定，那么模型中所有内生变量的方程解将包含明确数值。另外，如果给定的只是外生变量的符号，那么方程解将是简化形式，在其中每个内生变量只是这些外生变量的函数。任何无法解出模型当中每个内生变量的"解"的解决方案，都是不完全的。在本书中，我们将会指出学生有时会犯这类错误的一些情形。

小　结

　　本章回顾了你在以前的数学和经济学课堂上应当很熟悉的一些内容。以下结论在本书余下的章节中将会用到。

　　● 线性方程的图形是一条直线。这些直线可以由它们的斜率和在 Y 轴上的截距描述出来。

　　● 斜率的改变会使得函数图形围绕 Y 轴上的截距旋转。X 轴或 Y 轴上截距的改变会使得函数图形平行移动。

　　● 非线性函数的图形是曲线，它们的斜率随着 X 值的改变而改变。

　　● 经济学家通常使用包含两个或更多变量的函数，因为经济结果是由许多原因导致的。这些函数有时候可以通过等高线在二维图中画出来。这些曲线表明了在保持因变量数值不变情形下所做出的权衡。这在确定内生变量数值的联立方程当中则特别困难。

　　● 联立方程组可以决定满足所有方程的两个或更多变量的值。这种方程组的一个重要应用体现在供给和需求如何决定均衡价格上。

　　● 检验经济模型通常需要来自现实世界的数据和恰当的计量经济学技巧。在所有这些应用中最重要的一个问题是确保正确运用其他条件不变假设。

需　求

存在一个普遍适用的需求规律……需求的数量随着价格的下降而增加，并随着价格的上涨而减少。 *

阿尔弗雷德·马歇尔，《经济学原理》，1890

第2篇描述了经济学家如何就人们的经济决策建模。我们的主要目标是推导马歇尔的产品需求曲线，并说明为什么需求曲线大多向下倾斜。"需求规律"（价格和需求量向相反方向移动）是微观经济学的核心构件。

第2章描述了经济学家如何处理消费者的决策问题。我们首先定义了效用的概念，这代表了消费者的偏好。该章的后半部分讨论了消费者如何决策，以将有限的收入花费在不同的产品上，以获得尽可能大的满足感，也就是说，最大化他们的效用。

第3章研究当收入变化或者价格变化时，人们如何改变他们的选择。这使得我们推导出个人的产品需求曲线。第3章也举例说明了个人选择模型的一些其他应用。这些个人需求曲线能够加总得到已熟悉的市场需求曲线。第3章也会使用弹性方法去测度市场需求怎样对收入或者价格变化做出反应。

---

* 本中文引文基于以下版本并略做改动："就可得出一个普遍的需求规律……需求的数量随着价格的下跌而增大，并随着价格的上涨而减少。"参见马歇尔.经济学原理：上卷.北京：商务印书馆，1964：118-119。——译者注

第2章 效用和选择

每天你都必须做很多选择：什么时候起床，吃什么，花多少时间用于工作、学习和休息；是买点东西还是把钱省下来。经济学家研究所有这些选择，因为种种选择行为影响着整个经济体的运行方式。在本章中，我们就来关注可用于这一意图的一般模型。

经济学中的**选择理论**（theory of choice）是从描述人们的偏好开始的。这要求我们全面地列举出一个人对他或她可能做的任何事情的感受。但他或她并不是想做什么就可以做什么，在各种可能的选项面前，他或她还要受到时间、收入和其他很多因素的约束。因此，选择模型就是要刻画这些约束条件如何影响人们基于自身偏好所做出的选择。

2.1 效 用

经济学家使用**效用**（utility）这一概念对人们的偏好进行建模。我们定义效用为一个人从他或她的经济行为中获得的愉悦感和满足感。这一定义很笼统，在后面几节我们将给出更精确的定义。我们将讨论一个消费者仅从两种产品中获得效用的简单情形。最终我们要分析这个人如何将收入在两种产品之间进行分配，但首先我们要对效用本身有个更透彻的理解。

2.1.1 其他条件不变假设

要识别出所有影响一个人满足感的因素，估计需要最富想象力的心理学家来研究一辈子。为简单起见，经济学家只关注基本的、可量化的经济产品，看人们如何就这些产品做出选择。经济学家当然知道多种因素（审美、爱、安全感、嫉妒等）都会影响行为，但他们在模型中假定这些因素都是固定不变的，对这些因素不进行具体研究。

多数经济分析基于这种**其他条件不变假设**（ceteris paribus assumption）。我们能够简化一个人的消费决策分析，通过假设其满意度只受所考虑的在不同产品之间做出的选择行为的影响。所有影响满意度的其他因素都假定保持不变。这样，我们可以分离出影响消费行为的经济因素。缩小关注面并不意味着影响效用的其他因素不重要，我们只是假定这些因素恒定从而使得我们可以在简化情形中研究选择。在第 17 章，我们也会从一个更为宽泛的视角来考察可能影响消费者选择的一些行为的话题。

2.1.2 消费两种产品的效用

本章主要研究一个人如何选择两种产品（在大多数情况下我们可简称为 X、Y）的消费数量。我们假定此人从这两种产品中获得效用，且效用的函数形式为：

$$效用＝U(X，Y；其他因素) \tag{2.1}$$

这个函数意味着一个人某段时间从消费 X 和 Y 中所获得的效用大小依赖于 X 和 Y 的数量及其他因素。其他因素可能包括容易量化的东西，比如消费别的产品的数量、工作的小时数、花在睡眠上的时间。其他因素也可能包括难以量化的东西，比如爱、安全感和自我价值感。这些其他因素出现在式（2.1）的分号后面，因为我们假定，当考察一个人在 X 和 Y 间做出选择时，它们并没有发生变化。如果其他因素中的某个因素发生了任何变化，从消费一定量的 X 和 Y 中获得的效用可能会大不相同。

例如，本章几次提到如下例子：一个人要决定一周之内消费多少汉堡包（Y）和饮料（X）。虽然我们的例子选了两种微不足道的产品，但分析结果是很一般化的，可以适用于任意两种产品。在分析汉堡包和饮料的选择问题时，我们假定所有其他影响效用的因素均不变。天气、此人对汉堡包和饮料的基本偏好、此人的运动模式以及其他一切在分析中均假定不发生变化。比如，如果天气变得更热，我们可以预期饮料会变得相对更有吸引力，我们希望从我们的分析当中消除这类影响，至少暂时地消除。我们通常把式（2.1）的效用函数写作：

$$效用＝U(X，Y) \tag{2.2}$$

这里隐含一个共识，即默认其他因素保持不变。所有经济分析都要施加这种其他条件不变假设，这样才能研究所选择的少数几个变量的关系。

2.1.3 度量效用

你可能认为经济学家将会试图测度诸如效用这样一个基本概念，也许可以让心理学家参与这一过程。大约 100 年前，大量经济学家确实研究这一主题，但是他们遇到了几个困难。这些困难中至关重要的问题是在试图比较不同人的效用测度结果时出现的。经济学家（也包括心理学家）无法想出一个能够适合许多人的单一幸福量表。在"应用 2.1：钱能买到健康和幸福吗？"中，我们看一下解决这一难题的一些最新尝试。但是，最终似乎没有一种通用方法，可以对某一选择给一个人带来的效用与它给其他人带来的效用进行比较。今天，经济学家大体上放弃了寻找一个通用的效用指标，与此相反，他们使用并不需要测度效用的简单模型来解释实际上观察到的行为。这将是本书采用的一种方法。

应用 2.1

钱能买到健康和幸福吗?

尽管直接度量效用不太可能，经济学家还是曾想尽办法去估计它。也许最广泛使用的就是年收入。就像那个老笑话所说的："即使钱买不到幸福，它至少可以买到你想要的任何悲伤吧。"尽管如此，经济学家仍然有兴趣开发更多的衡量幸福感的替代指标，这个应用将介绍其中的一些研究。

收入和健康

一个人的健康当然是他或她的效用的一个方面，收入和健康的关系已得到广泛深入研究。事实上所有这些研究都得出共同的结论：收入高的人更健康。比如，比较同样年龄的男性，收入最低的四分之一人口平均要比收入最高的四分之一人口大约少活七年。类似的差异也体现在各种疾病的发生率上，高收入群体心脏病和癌症的发病率要低很多。显然，钱似乎可以"买到"健康。

对于为什么更高收入可以"买到"健康，经济学家们很少达成一致意见。[a] 标准的解释是更高收入使人们能获得更好的医疗服务。但是，这样一个假说与如下事实相违背，即在拥有广泛全民医疗保险制度的国家，收入与健康之间的联系依然存在。这些发现让一些经济学家质疑收入和健康的确切因果关系。健康是否可能影响收入而不是反过来呢？例如，健康会影响一个人能够工作的种类或数量。类似地，大量健康方面的开支会阻止一个人累积财富和人力资本，从而减少他从这一财富中得到的收入。因此在很多经济现象中，从现有数据分解出收入和健康的确切关系确实困难。

收入和幸福

描述收入和效用关系的一种更一般的方法是，让人们用一个数字来表明他们有多幸福。尽管人们的回复差异很大，数据还是能揭示一些规律。在现实的每份调查中都显示更高收入人群报出的幸福度比更低收入人群高。比如，经济史学家理查德·伊斯特林（Richard Easterlin）用 4 分制度量了美国人的幸福程度。他发现年收入在 75 000 美元以上的人平均幸福度为 2.8，而那些年收入在 20 000 美元以下的人的平均幸福度在 2.0 以下。[b] 其他国家的调查结果也表现出相同结果。

幸福数据的一个特点是，随着人们经济状况的改善，他们并没有得到那么多的幸福。伊斯特林认为，这主要是因为人们的欲望随着人们变得富有而上升。

女性日益下降的幸福感

许多关于幸福的研究关注这样一个令人困惑的事实，即女性的幸福感在最近几年看似下降了，尽管她们可获得的社会和经济机会与日俱增。举例来说，史蒂文森（Stevenson）和沃尔弗斯（Wolfers）发现，在各种各样的调查中，美国和欧盟国家女性的主观幸福感相对于男性来说显著下滑。[c] 这两个学者检验了这一下滑的各类可能理由，但是发现数据并不支持提出的许多解释。他们提出一个类似于伊斯特林的可能性——随着女性在许多不同领域中可获得机会的增加，她们的欲望也随之扩大。因而，所测度到的主观幸福感下滑的福利含义是模糊不清的。

思考题

1. 因为更高的收入使人们可能消费先前买不起的成捆产品，他们的境况必然会变得更好。难道这不就是我们想要知道的幸福吗？

2. 最近几年经济学家使用各种各样幸福感的指标对国家进行排名。这些指标包括了人类发展指数（在其中美国排名第4）和幸福星球指数（在其中美国排名第114）。你能从这些大相径庭的排名中看出什么吗？在网上查阅一些资料，并就哪些（如果有的话）是衡量一个国家公民幸福感的可靠指标形成自己的观点。

a. 对该内容更详细的讨论参见 James P. Smith, "Healthy Bodies and Thick Wallets: The Dual Relationship between Health and Economic Status," *Journal of Economic Perspectives* (Spring 1999): 145-166。

b. Richard A. Easterlin, "Income and Happiness: Toward a Unified Theory," *Economic Journal* (July 2001): 465-484.

c. Betsey Stevenson and Justin Wolfers, "The Paradox of Declining Female Happiness," *American Economic Journal: Economic Policy*, 2009, 1 (2): 190-225.

2.2 关于偏好的假定

为了给我们的效用研究提供基础，我们需要对行为做出三个看似非常合理的假定。当我们说人们做出一个理性和一致的选择时，这些假定就可以为我们提供一个我们所要表达内容的简单的分析框架。

2.2.1 完备性

当面临两个选择如 A 或 B 时，一个人可以说他偏好 A 胜过 B，或者偏好 B 胜过 A，或者认为两者同样有吸引力，这看起来是合理的。换句话说，我们假定人们不会因为犹豫不决而裹足不前，也即他们能够说明他们真正的偏好。这一假定排除了寓言故事中的情形，即驴发现它自己半身处在一捆干草和一袋燕麦之间，由于他不知道应该选择哪一边，最后饿死了。

通过假定人们能够对呈现在他们面前的任何可能选项做出偏好判断，我们能够

稍微扩展这一例子。也就是说，我们将假定个人具有**完备偏好**（complete prefer-
ence）。对于所呈现的任何两个选项，人们总是能够说明他们偏好哪一个。

2.2.2　传递性

除了假设人们能够清楚和完备地说明他们的偏好外，我们也可能希望这些偏好
表现出一些内部一致性。也就是说，我们并不希望一个人会对自己喜欢的东西说自
相矛盾的话。通过假定**偏好的传递性**（transitivity of preference），可以正式化这一
假定。如果一个人声称"我喜欢 A 胜过 B"以及"我喜欢 B 胜过 C"，那么我们能
够预期他或她将会说"我喜欢 A 胜过 C"。相反，如果某个人陈述相反的情形（"我
喜欢 C 胜过 A"），那么将出现绝望的困惑。经济学家并不认为人们会有这种困惑，
至少不会持续存在。当然，在某些情形中人们所面临的选择可能是非常复杂的，从
而做出传递性选择可能超出了任何人的心智能力。在第 17 章我们将会看到这些情
形的一些例子。

2.2.3　多多益善：定义一个经济产品

我们所做出的关于偏好的第三个假定是人们偏爱更多产品而不是更少产品。在
图 2-1 中，深色阴影区的所有点都比数量为 X^* 的产品 X 和数量为 Y^* 的产品 Y
好。从点（X^*，Y^*）向深色阴影区域的任何点移动都能使福利得到明确改善，因
为在这个区域内，这个人可以得到更多其中一种产品而不必放弃另一种产品。这里
我们给出经济学意义上的"产品"的定义：给人带来正收益的东西。[①]　根据这一定
义，产品多多益善。图 2-1 中浅色阴影区域的产品组合显然不如组合（X^*，Y^*），
因为它们所提供的这两种产品都变少了。

这三个偏好假定足以证明我们
前面介绍的简单效用函数。换句话
说，如果人们遵从这些假定，那么
他们将做出的选择会与参照这一函
数所做出的选择相一致。值得注意
的是，经济学家并不说人们在做诸
如购买哪个品牌的牙膏的决定时会
参照这一函数。相反，经济学家假
定人们拥有相对定义明确的偏好，
并且做出的决策就好像他们参照这
样一个函数一样。

> **？ 小测验 2.1**
>
> 详细说明完备性假定和传递性假定是
> 如何体现在图 2-1 中的：
>
> 1. 如何对该图中的所有点运用完备性
> 假定？
>
> 2. 如果已知图 2-1 中问号区域内一
> 个具体产品组合优于组合（X^*，Y^*），如
> 何应用传递性来对该区域内其他点的偏好
> 进行排序？

样一个函数一样。回想一下第 1 章中弗里德曼的台球运动员比方——物理学定律能

[①]　在本章的后面，我们描述了关于有害产品的理论——产品越少越好的理论。这类产品包括有毒有害的废弃物、
苍蝇和笔者不喜欢的利马豆（lima beans）。

够解释台球运动员的击打行为，即便台球运动员并不懂得物理学。与此相似，效用理论能够解释经济选择，即使没有人在他或她的脑海中实际上呈现这样一个效用函数。经济学家是否已考虑到人们头脑中想着什么东西，这已是最近几年某些争议的主题。"应用 2.2：经济学家是否应当在意大脑是怎样运作的？"提供了这一争论，以供我们先睹为快。

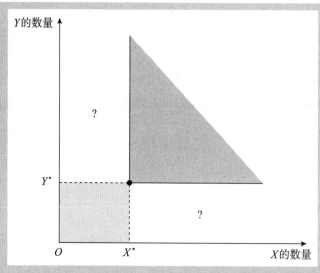

图 2-1 产品多比少好

深色阴影区域内的 X 和 Y 产品组合无疑要优于组合（X^*，Y^*）。这就是为什么产品被称为"好东西"（goods）的缘故，消费者对任何一种产品都希望拥有更多而不是更少。浅色阴影区域内的 X 和 Y 产品组合都劣于组合（X^*，Y^*）。而那些标有问号的区域则或许优于（X^*，Y^*）或许劣于（X^*，Y^*）。

应用 2.2

经济学家是否应当在意大脑是怎样运作的？

效用理论纯粹是经济学家的一个发明。当非经济学家考虑人们买东西或者接受工作的决策时，他们不太可能从效用最大化角度描述这些行为。与此相反，非经济学家认为人们的选择会受到各种各样的社会和心理因素的影响，而且有时可能根本无法解释某一决策。一些科学家甚至认为，决策主要受大脑中化学相互作用的影响，而这些与经济学家的模型没有特别关系。

关于效用的争论由来已久

经济学家对效用的含义以及效用最大化已经争论了一百多年。举例来说，19 世纪的经济学家埃奇沃斯认为，心理学家最终将会发明一个机器，它能够测度快乐（他称这一装置为"快乐测量仪"），由这一仪器得到的结果将可为解释选择提供一个清楚的基础。其他经济学家嘲笑快乐测量仪的主意，声称它既不实用也无必要。对他们来说，效用模型完全

2

可以很好地预测人们的经济行为，因此完全没有必要对这种行为背后的心理提出更完整的理论。[a]建立埃奇沃斯的仪器最终被证明是不可能的，效用理论者似乎已胜出。但是人们仍然担心，多了解一些有助于理解经济行为的心理学和神经学知识可能会很重要。

多年忽视之后，经济行为和心理学之间关系的研究兴趣已经开始回归，主要原因是经济学家已经发现很难使用简单的效用模型来解释某些行为。在第 17 章，我们将会详细地研究一些挑战。在此，我们来看一下两个例子。

自我控制和健身房会员资格

人们似乎为他们想要使用的当地健身房支付了更多的费用。在 2006 年的文章中，德拉维尼亚（DellaVigna）和梅尔门迪尔（Malmendier）[b]调查了 7 000 名健身俱乐部成员连续三年的行为。他们得出的结论是，绝大多数购买年度会员卡的会员如果是为每次去健身房而付费的话其境况会更好。总体来看，选择这种现收现付制合约的人将会节省 60% 的费用。传统理论将很难解释为什么人们会选择这样一种不经济的年度合约。从表面上来看，只有通过引进诸如短视（可能那些选择年度会员制的人会认为他们将会更频繁地去健身房健身）或者是自我控制的需求（年度会员制会强迫人们去健身房健身）这样的心理学概念才能解释这类行为。如何通过调整效用模型来解释这类行为，这是当前研究的一个重要领域。

不关注全价

大量证据表明，当人们做出一些经济选择时，人们真的没有付出过多的注意力。很多时候，决策往往是在匆忙之中做出的，或者在进行购买时消费者的思想可能集中于其他事情。举例来说，在一个易趣网上购买 CD 的实验研究中，侯赛因（Hossain）和摩根（Morgan）[c]发现，相对于拍卖一个产品的价格来说，购买者并没有过于在意运输和装卸成本，即使这些成本在产品的总价格当中占有很高比例。对于产品价格各个方面同样缺乏注意力也出现于各类产品当中，诸如酒精饮料、医疗服务和度假套餐。人们有时很难清楚地考虑价格——它可能需要耗费成本来搜集和评价相关信息。关于效用模型应该怎样修正以考虑这样的成本这一主题的研究数量与日俱增。

思考题

1. 对于管理者来说，把东西摆放在杂货店货架上是一项非常重要的工作——他们试图把可盈利产品放置于能够吸引注意力的地方。如果人们在他们的购买行为中是效用最大化者，那么这一做法难道不浪费时间吗？

2. 你曾经做出过哪些非理性的经济决策？为什么你会做出这些决策？你能否为它们提供一个理性的解释？

a. 具体讨论，可参见 D. Colander，"Edgeworth's Hedonimeter and the Quest to Measure Utility," *Journal of Economic Perspectives*（Spring 2007）：215 - 225.

b. S. DellaVigna and U. Malmendier，"Paying Not to Go to the Gym," *American Economic Review*（June 2006）：694 - 719.

c. T. Hossain and J. Morgan，". . . Plus Shipping and Handling: Revenue（Non）Equivalence in Field Experiments on eBay," *Advances in Economic Analysis and Policy*（2006），2：1 - 27.

2

2.3 自愿交换和无差异曲线

当人们必须放弃一定量的一种产品以得到更多的另一种产品时，感觉如何？这可能是研究偏好和效用的最重要的动因。图 2-1 中打了问号的区域很难与（X^*，Y^*）点做比较，因为一种产品变多了，另一种产品变少了。从（X^*，Y^*）点移动进这些区域是否会增加效用并不清楚。为了研究这种情况，我们需要别的工具。因为放弃一些某种产品（比如货币）来得到更多另一种产品（比如糖果棒）导致了交换和有组织的市场的产生，这些新工具将成为经济学中需求分析的基础。

2.3.1 无差异曲线

为了研究自愿交换，我们使用**无差异曲线**（indifference curve）的概念。这样一条曲线表示对一个人来说效用相同的两种产品的所有组合；也就是说，无论他或她拥有这条曲线上的哪个点所代表的产品组合，他或她都觉得没有差异。图 2-2 的横轴代表一个人在一周之内消费的饮料的数量，纵轴表示同一周内这个人消费的汉堡包的数量。图 2-2 的曲线 U_1 包括了让此人感到同样快乐的汉堡包和饮料的组合。比如曲线表明，6 个汉堡包和 2 瓶饮料（A 点）、4 个汉堡包和 3 瓶饮料（B 点）、

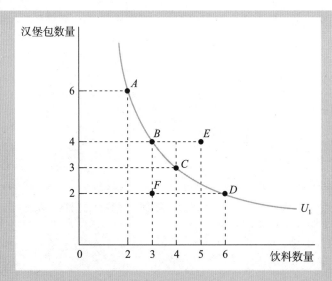

图 2-2　无差异曲线

　　曲线 U_1 描绘了能够向消费者提供相同效用水平的汉堡包和饮料的组合。曲线的斜率刻画了消费者自愿交换的情况。从 A 点移动到 B 点，消费者必须放弃两个汉堡包以换取额外的一瓶饮料。换句话说，这一阶段的边际替代率大致为 2。U_1 下方的点（比如 F 点）提供的效用水平低于 U_1 上的点，U_1 上方的点（比如 E 点）提供的效用水平高于 U_1 上的点。

3个汉堡包和4瓶饮料（*C* 点），都会让此人觉得同样开心。U_1 上的点提供相同的效用水平，因而他或她并不认为 U_1 上的某点优于其他任何点。

无差异曲线 U_1 类似于地图上的等高线（正如第 1 章附录里所讨论的）。它表明这些汉堡包和饮料的组合具有相同"海拔"（即数量）的效用。U_1 右上方的点意味着更高水平的满意度，优于 U_1 上的点。*E* 点（5 瓶饮料和 4 个汉堡包）优于 *C* 点，因为两种产品都更多。就和图 2-1 一样，经济学上"产品"的定义在这里确保了组合 *E* 相对于组合 *C* 而言更受欢迎。类似地，根据传递性假设，组合 *E* 也优于组合 *A*、*B* 和 *D*，以及 U_1 上的其他任何组合。

而 U_1 下方的汉堡包和饮料组合，因为它们提供更低的满足感，就不那么受欢迎。与 *C* 点相比，在 *F* 点处两种产品都变少了。无差异曲线 U_1 的斜率为负（也即曲线从图形的左上角延伸到图形的右下角），意味着一个人放弃一些汉堡包的同时，他或她必须增加一些饮料以保持效用不变。沿着 U_1 的移动代表一个人可以自由进行的交易。有了 U_1 的知识，就可以消除图 2-1 中问号区域的模糊性。

2.3.2 无差异曲线和边际替代率

当一个人从 *A* 点（6 个汉堡包和 2 瓶饮料）向 *B* 点（4 个汉堡包和 3 瓶饮料）移动时，会发生什么？这个人的效用不变，因为两个产品组合位于同一条无差异曲线上。在 *A* 点他或她会自愿放弃 2 个汉堡包来再换 1 瓶饮料。U_1 在 *A* 点和 *B* 点之间的斜率因此大约为 $-\frac{2}{1}=-2$。也就是说，*X*（饮料）增加一单位时，*Y*（汉堡包）要相应地减少两单位。我们把这个斜率的绝对值叫作**边际替代率**（marginal rate of substitution，*MRS*）。因此，我们可以说在 *A* 点和 *B* 点之间饮料对汉堡包的边际替代率是 2：基于他或她目前的情况，这个人愿意放弃 2 个汉堡包以换取 1 瓶饮料。在进行这个交易时，这个人用饮料替换他或她的消费组合中的汉堡包。按照惯例，我们主要研究 *X* 增加而 *Y* 减少的交易。

2.3.3 边际替代率递减

MRS 会沿着曲线 U_1 变化。在像 *A* 这样的点上，此人汉堡包数量很多，相对更愿意用它们去交换饮料。而在像 *D* 这样的点上，此人有太多饮料，所以不情愿再拿出更多汉堡包去换饮料了。人们越来越不愿意换掉汉堡包，这反映了一种观念，即任何一种产品（这里指饮料）的消费都可能被推得过高。这一特点可以在从 *A* 到 *B*、从 *B* 到 *C*、从 *C* 到 *D* 时所发生的交易中看出来。在第一次交易中，放弃 2 个汉堡包得到 1 瓶饮料——*MRS* 是 2（我们已经讨论过了）。第二次交易是放弃 1 个汉堡包得到 1 瓶饮料。这次 *MRS* 降到 1，反映了对放弃汉堡包换取饮料的递增的不情愿。最后，对于第三次交易，从 *C* 到 *D*，此人愿意放弃 1 个汉堡包，但却要 2 瓶饮料作为回报。这次 *MRS* 是 1/2（此人愿意放弃半个汉堡包以得到 1 瓶饮料），与上次交

易的 MRS 相比又有所减小。因此，MRS 随着饮料（见横轴）的增加而递减。

2.3.4 平衡消费

MRS 递减这一结论基于人们更偏好均衡的消费组合而非不均衡的消费组合这一思想。[①] 这个假定在图 2-3 中被准确地描述出来，图 2-2 中的无差异曲线 U_1 在这里又画了一次。我们的讨论在此只关心两个极端消费选择 A 和 D。当消费 A 时，此人得到 6 个汉堡包和 2 瓶饮料；消费 D（2 个汉堡包和 6 瓶饮料）可以使此人感到同样满足。现在考虑一个位于这两个极端之间的产品组合（比如说 G）。在 G 点（4 个汉堡包和 4 瓶饮料），相比极端组合 A 或 D，此人获得更高水平的满足感（G 点在曲线 U_1 的右上方）。

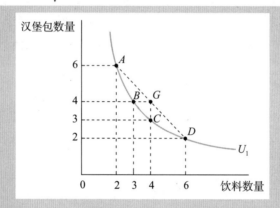

图 2-3 平衡消费是合意的

消费组合 G（4 个汉堡包，4 瓶饮料）相较于消费组合 A 和 D 更受偏好。这是边际替代率递减假设的结果。当消费组合沿着曲线 U_1 朝右下方移动时，这个人放弃汉堡包的意愿逐渐减弱，曲线 U_1 将表现出凸的形状。结果，连接 A 点和 D 点的线段上的所有其他点均位于曲线 U_1 上方。类似 G 点这样的消费组合将比曲线 U_1 上的消费组合更受偏好。

---

① 如果我们假设效用可测度，我们可以用另一种思路来分析 MRS 递减。我们引入产品 X 的边际效用这一概念（标记为 MU_X）。边际效用定义为多消费一单位 X 带来的效用增加值。这个概念只有在效用可度量时才有意义，所以不像 MRS 这么有用。如果一个人必须放弃一些 $Y(\Delta Y)$ 才能得到一些 $X(\Delta X)$，效用的改变量为：

效用变化 $= MU_Y \cdot \Delta Y + MU_X \cdot \Delta X$ （ⅰ）

它等于增加 X 所获得的效用减去减少 Y 所失去的效用。既然效用在同一条无差异曲线上不变，我们可以由上式得出：

$$\frac{-\Delta Y}{\Delta X} = \frac{MU_X}{MU_Y}$$ （ⅱ）

在无差异曲线上，其斜率的负值是 $\frac{MU_X}{MU_Y}$。根据定义，这就是 MRS。于是我们有

$$MRS = \frac{MU_X}{MU_Y}$$ （ⅲ）

举个有数字的例子，假设多拥有一个汉堡包带来 2 单位的效用（$MU_Y = 2$），而多拥有一瓶饮料带来 4 单位的效用（$MU_X = 4$）。因为此人愿意放弃 2 个汉堡包来换得 1 瓶饮料，所以现在 $MRS = 2$。如果我们假设随着 X 替代 Y，MU_X 降低而 MU_Y 增加，上式表明我们在 U_1 上沿着逆时针方向运动时，MRS 会减小。

满足感增加的原因从图 2-3 上很容易看出。连接 A 点和 D 点的线段上的所有其他点都在 U_1 的上方，G 点是其中之一，还有许多其他点。只要无差异曲线遵循 MRS 递减规律，它就会是条凸形曲线，如图 2-3 中那样。在两个效用相同的极端组合之间的任意一种平均组合都会优于极端组合本身。

> ### ❓ 小测验 2.2
>
> 无差异曲线的斜率为负。
>
> 1. 解释为什么经济学意义上的"产品"的无差异曲线斜率不可以是正的。
>
> 2. 解释为什么图 2-2 中的 E 点和 F 点的 MRS（无差异曲线斜率的绝对值）如果没有其他信息的话就算不出来。

边际替代率递减（或凸的无差异曲线）假定反映了人们在消费选择中更偏爱多样化的观念。

2.4　无差异曲线图

尽管图 2-2 和图 2-3 上都只画了一条无差异曲线，但在第一象限中其实包含着很多条类似的曲线，每条都对应着一个不同的效用水平。因为每个汉堡包和饮料的组合都必然产生某一水平的效用，因此每个点都必然有一条（且只有一条）无差异曲线穿过它。我们前面也说过，这些曲线类似于地形图上的等高线，每条代表着"海拔"与别条不同的效用。在图 2-4 中，这些曲线中的三条被画出来并被标记为

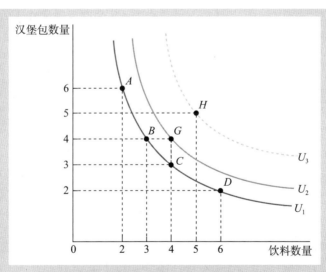

图 2-4　汉堡包和饮料的无差异曲线图

正象限由无差异曲线所填充，每一条无差异曲线都刻画了不同水平的效用。我们列举了三条无差异曲线。U_3 上的产品组合优于 U_2 上的产品组合，而 U_2 上的产品组合优于 U_1 上的产品组合。这是对产品多多益善的简单反映，通过对比 C 点、G 点和 H 点就可以看出来。

U_1、U_2 和 U_3。这只是构成一个人的整个**无差异曲线图**（indifference curve map）的无数条曲线中的三条。就像一个地形图里会有很多条等高线一样（每条代表一个海拔），效用水平的渐变也可以刻画得很精细，我们可以用效用水平间距很小的无差异曲线簇来做到这一点。为了绘图方便，我们的分析一般只涉及少数几条间距较宽的无差异曲线。

图 2-4 中的无差异曲线标志没有特殊含义，只是为提示我们，当我们从 U_1 上的产品组合移动到 U_2 上的产品组合，然后移动到 U_3 上的产品组合时效用是递增的。我们已经指出，没有精确的方法可以测量比如说 U_2 所对应的效用水平的数值。类似地，我们无法测量一个人由消费 U_2 上的产品组合转变到消费 U_3 上的产品组合时，效用增加了多少。我们只能说此人移动到更高的无差异曲线上时效用增加了。也就是他更愿意处于更高的无差异曲线而不是更低的无差异曲线。这个图告诉了我们这个人对这两种产品的偏好。尽管效用概念看起来很抽象，但是市场营销专家们已经实际运用了这些理念，正如"**应用 2.3：营销中的产品定位**"所示。

应用 2.3

营销中的产品定位

效用理论在实践中的一个应用是在营销领域。公司希望开发一种吸引消费者的新产品，就要赋予这种产品能够与竞争者相区别的属性。综合考虑消费者的愿望和让产品具有新属性的成本，进而对产品进行审慎的定位，是关乎新产品能否获利的重大问题。

图形分析

考虑早餐麦片的例子，假设消费者只在乎两个麦片属性——口味和酥脆度（见图1）。右上方是效用的增加方向。假设一种新的早餐麦片有两个竞争对手——品牌 X 和品牌 Y。营销专家的问题是如何定位新品牌，使其比品牌 X 或品牌 Y 为消费者提供更多的效用，同时使新麦片的生产成本保持竞争力。如果市场调查表明，典型消费者的无差异曲线与 U_1 相似，那么可以通过将新品牌定位在 Z 点来实现这一目标。

iPad 的引进

苹果公司在 2010 年引进 iPad（在 2011 年引进 iPad2），这在历史上代表着一个最为成功的营销活动。假设便携式电脑设备的消费者看重两个特征：（1）便携性和（2）综合性。在引进 iPad 之前，这样的消费者有两个极端选择。他们可以选择巨大且笨重的笔记本电脑，这可以提供综合的电脑应用功能，但是很难携带。或者，消费者也可以选择方便携带的智能手机，但是它只有很小的屏幕，只提供有限数量的应用功能。iPad 正好处在这两者之间。它相对轻便（特别是自从它能够连上手机网络之后），有大屏幕，并且提供了数以千计的精美应用程序。这样一个平板电脑在它上市第一天一下子就成功售出 30 万台，而在随后两年内则售出 5 000 多万台。很明显，这一产品的定位是正确的。

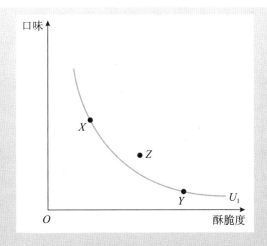

图1 产品定位

市场研究指出，X 和 Y 两种麦片对消费者是无差异的。一种新品牌的麦片定位于 Z 点则表现出好的市场前景。

赛百味

赛百味（其主要产品自然是潜艇三明治）在全球拥有约 35 000 家餐厅，是世界上最大的连锁餐厅。在过去 15 年里该公司的增长让它的老牌竞争对手麦当劳和汉堡王都显得黯然失色。这一成功可部分归结于消费者对快餐特许经营特征的评价不断变化。在此用一个双特征图足以说明它。当考虑在快餐店就餐时，假定消费者看重两个特征：（1）服务的速度和（2）食物的质量。尽管赛百味往往并不能够达到麦当劳所承诺的服务速度，但是它却从改变消费者对质量的态度中获利颇丰。具体来说，赛百味的"食得鲜"口号以及各种蔬菜配菜已使许多消费者认为它能够比传统的汉堡店提供更健康的食物。通过把自己定位在大型汉堡连锁店和传统餐厅之间，赛百味已为大多数消费者提供了改进效用的选择。

思考题

1.在这一应用专栏中我们对产品定位的讨论没有考虑提供各类特征给消费者的成本。假定消费者将不得不为所讨论的各种特征相关成本付费，你将如何建立一种理论，以确定哪些定位选择会取得成功？

2.汽车制造商为它们的买家提供了"选项套餐"。大多数汽车制造商提供相对少的具体套餐，每个套餐提供一个事前确定的附加配件。举例来说，一个"内饰套餐"可能包括真皮座椅、增强型内饰、特殊音效或者视频系统以及附加的电机控制席。为什么汽车制造商要以套餐方式提供选择，而不是允许消费者根据自己的需要选择具体的选项？

2.5 描述特定的偏好

为了说明无差异曲线可以被用来描述不同类型的偏好，图 2-5 展示了四个特例。

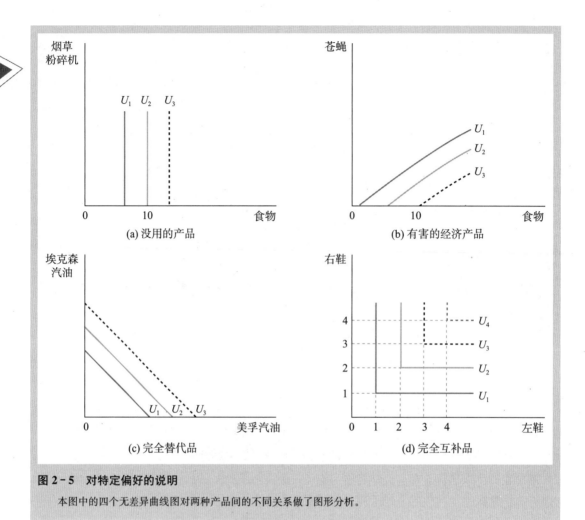

图 2-5 对特定偏好的说明

本图中的四个无差异曲线图对两种产品间的不同关系做了图形分析。

2.5.1 没用的产品

图 2-5（a）画的是一个人关于食物（横轴）和烟草粉碎机（纵轴）的无差异曲线。因为烟草粉碎机完全没用，多买一些也不会增加效用，因此这个人只能通过得到更多食物来享受更高水平的效用。比如垂直的无差异曲线 U_2 表明，不管这个人有多少烟草粉碎机，只要他或她有 10 单位食物，他或她的效用就是 U_2。

2.5.2 有害的经济产品

图 2-5（a）中描述的情形隐含没用的产品并不会带来损害的假定——有更多没用的烟草粉碎机并不会带来什么问题，因为不喜欢的话可以随时把它们扔掉。然而在某些情况下，这种自由处置就难以做到了，某种产品的增加会带来麻烦。比如图 2-5（b）给出了食物和苍蝇的无差异曲线。当食物消费恒定在 10 单位时，随着苍蝇数量的增加，效用减小。因为苍蝇的增加会减小效用，一个人甚至可能愿意放弃一些食物（比如去买苍蝇拍）来减少苍蝇。

2.5.3 完全替代品

图 2-2 到图 2-4 中凸的无差异曲线反映了消费时人们喜欢多样化。然而，如果我们考察两种本质上完全相同（至少有同样的功能）的产品，结论就不一样了。在图 2-5（c）中，我们画出了一个人关于埃克森和雪佛龙的汽油的无差异曲线簇，因为买家不相信电视广告所吹嘘的两种汽油成分不同，他理智地认为是汽油都差不了多少，因此，他总是愿意用一加仑埃克森汽油换一加仑雪佛龙汽油——在无差异曲线上任一点处 MRS 都是 1。图 2-5（c）中的无差异曲线都是直线这一点反映了两种产品的完全可替代性。

2.5.4 完全互补品

在图 2-5（d）中，我们描述了两种产品必须一起使用的情形。这个人自然会愿意将左鞋（横轴）和右鞋（纵轴）成对买来使用。比如，若他现在有三双鞋子，再给他几只右鞋不会提高他的效用［和图（a）中的情况做比较］。类似地，只给他左鞋也不会增加他的效用。不过，多给他一双鞋子倒的确可以增加他的效用（从 U_3 到 U_4），因为他喜欢将这两种产品配对使用。任何两种产品有着很强互补关系的情形都可以用类似的一簇 L 形无差异曲线来描述。

当然，这些简单的例子仅仅略微提及能够被无差异曲线说明的多种偏好形式。在本章的后续部分中，我们将利用更为现实的其他例子来帮助我们解释所观察到的经济行为。因为无差异曲线图刻画了人们对他们可能选择的产品的基本偏好，这就为研究需求提供了重要的第一要件。

2.6 效用最大化：初步考察

经济学家认为，当一个人面临从许多可能选项中做出选择时，他会选择能产生最高效用的选项——我们称这一假定为效用最大化。正如亚当·斯密 200 多年前所说的："我们不要怀疑有哪个人不懂得为自己考虑。"[1] 换句话说，经济学家假设人们都知道自己想要什么并且都会做出与自己的偏好相吻合的选择。本部分将简单论述人们是怎样做出选择的。

2.6.1 选择受到约束

效用最大化问题最重要的特点是人们买什么、买多少要受到收入的限制。在一个人可以买得起的产品组合中，他或她将选择最符合心意的。最合意的产品组合不一定可以让他或她无比幸福，这个人可能还是身陷困窘，但这已经使其有限的收入

---

① Adam Smith，*The Theory of Moral Sentiments*（1759；reprint，New Rochelle，NY：Arlington House，1969），446.

得到最合理（效用最大化）的利用了。用有限的收入能够买得起的其他产品组合给他或她带来的效用将更低。正是收入的有限性使得消费者的选择成为一个经济学问题：在不同生活需要上配置稀缺的资源（有限的收入）。

2.6.2 一个直观的实例

考虑如下问题：一个人要获得最大的效用，应该怎样在两种产品（汉堡包和饮料）上配置收入？回答了这个问题就可以洞悉微观经济学方方面面的基本思想。现在我们先给出基本结论。给定在两种产品上所花收入的数量，为了实现效用最大化，此人应该花光这些钱，并选择使得两种产品的边际替代率等于其市场价格之比的产品组合。

这个命题的第一部分很容易理解。因为我们假定越多越好，一个人显然应该将全部预算花在这两种产品上。当然也可以选择扔掉钱，但这显然不如把钱用来买东西。另一种考虑是把钱存起来，我们将来会一并考虑储蓄和购买产品的决策。这一更为复杂的问题将在第 14 章讨论。

命题第二部分的推导要更复杂。假设一个人目前消费的汉堡包和饮料组合的边际替代率为 1；他或她愿意用一个汉堡包去换一瓶饮料。同时假设汉堡包的价格是 3.00 美元，而饮料的价格是 1.50 美元。它们的价格之比是 1.50 美元/3.00 美元＝1/2。此人只要放弃半个汉堡包就可以再买一瓶饮料。在这种情况下，此人的 MRS 不等于产品市场价格之比，我们可以找到产品的其他组合来提供更高的效用。

假设此人少吃一个汉堡包，节省出 3.00 美元。他或她现在可以以 1.50 美元的价格再买一瓶饮料，效用和以前一样，因为 MRS 是 1。然而还剩 1.50 美元没花，他或她可以用它来买饮料或汉堡包（或两者的组合）。增加的消费较最初情形而言，显然会增加此人的幸福感。

这些数字是随意假设的。当一个人选取了一个产品组合，其 MRS（它显示了这个人乐意做出的交易）不等于价格比率（它表明了市场中能够做出的交易）时，就可以类似地通过改变消费组合来改善效用。这样一个再分配会一直持续，直到 MRS 和价格比率相一致，此时最大效用值也就达到了。我们现在给出一个更为规范的证明。

2.7 效用最大化的图示法

为了在图中展示效用最大化的过程，我们先来看怎样画一个人的**预算约束**（budget constraint）线。从这条约束线可以看出哪些产品组合是买得起的。从这些组合中再选出使效用最大的产品组合。

2.7.1 预算约束线

图 2-6 画出了一个人能买得起的两种产品（不妨称其为 X 和 Y）的组合，此

人有一笔数目固定的钱，可以用来购买这两种产品。如果将全部现有收入花在产品 X 上，可以买到的 X 的数目记为 X_{max}。如果将全部现有收入用来买 Y，可以买到的 Y 的数量记为 Y_{max}。连接 X_{max} 和 Y_{max} 的直线代表使用现有全部资金可以买到的 X 和 Y 的组合。预算约束线下方的阴影部分的产品组合也是负担得起的，但是它们使得一部分资金没有用完，所以这个消费者不会选择这些点。

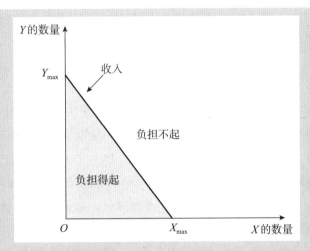

图 2-6　两种产品时的消费者预算约束集
　　消费者能够负担得起的 X 和 Y 的消费组合由三角阴影区域表示。如我们通常假定的那样，如果消费者对每种产品都偏好多优于少，三角形的外边界则表示消费者将所有可用资金都花费在 X 或 Y 上时的相关约束。该直线边界的斜率为 $-\dfrac{P_X}{P_Y}$。

　　预算约束线的负斜率表明要想买更多 X，就得削减 Y 的购买。斜率的具体数值依赖于两种产品的价格。如果 Y 贵而 X 便宜，直线会相对平坦，因为少买一单位 Y 可以买到更多单位的 X（一个人如果决定少买一身品牌西装，可以多买很多双袜子）。反过来，如果每单位 Y 相对便宜而 X 较贵，预算约束线会较陡峭（如果没有甜甜圈，你只能多买一小部分美食）。所有这些关系用代数知识来讲就更精确了。

2.7.2　预算约束的代数表达

　　假设一个人有 I 美元用来买 X 或 Y，P_X 是产品 X 的价格，P_Y 是产品 Y 的价格。花在 X 上的总金额等于 X 的价格乘以购买数量（$P_X \cdot X$）。类似地，$P_Y \cdot Y$ 代表产品 Y 的支出。因为所有收入均须花在 X 或 Y 上，我们有：

　　　　花费在 X 上的金额＋花费在 Y 上的金额＝I

或者

　　　　$P_X \cdot X + P_Y \cdot Y = I$　　　　　　　　　　　　　　　　　　　　　(2.3)

　　方程（2.3）是图 2-6 中预算约束线的代数表达式。为研究这一约束，从这个

方程中解出 Y，得到预算约束线方程的标准线性形式（$Y=a+bX$），如下：

$$Y=-\left(\frac{P_X}{P_Y}\right)X+\frac{I}{P_Y} \tag{2.4}$$

"尽管方程（2.3）和（2.4）表示的是同样的意思，但是方程（2.4）和它的图形之间的关系稍微容易描述一些。首先，注意到预算约束线在 Y 轴上的截距是 I/P_Y。这表示如果 $X=0$，那么这个人拥有这笔钱以及在 Y 价格下所能够购买的最大数量。举例来说，如果 $I=100$ 美元，每单位 Y 价值 5 美元，那么所能够购买的最大数量是20（$=I/P_Y=100$ 美元/5 美元）。"现在考虑方程（2.4）的预算约束线的斜率，它等于 $-P_X/P_Y$。这一斜率表明购买一单位 X 的机会成本（按产品 Y 计）。这一斜率是负的，因为这一机会成本是负的——因为这个人的选择受到他或她可获得预算的约束，购买更多的 X 意味着可能购买更少的 Y。这一机会成本的价值取决于产品的价格。如果 $P_X=4$ 美元，$P_Y=1$ 美元，那么预算约束线的斜率是 -4（$=-P_X/P_Y=-4$ 美元/1 美元）——多购买 1 单位 X 要求少购买 4 单位 Y。价格不同，这一机会成本也将不同。举例来说，如果 $P_X=3$ 美元而 $P_Y=4$ 美元，那么预算约束线的斜率是 -3 美元/4 美元 $=-0.75$。也就是说，在这样的价格水平处，多购买一单位 X 产品的机会成本是 -0.75 单位的 Y 产品。

2.7.3 一个数值例子

假定某个人有 30 美元花在汉堡包（Y）和饮料（X）上，并且假设 $P_Y=3$ 美元和 $P_X=1.5$ 美元。那么这个人的预算约束线将是

$$P_X X+P_Y Y=1.5X+3Y=I=30 \tag{2.5}$$

解方程可得到 Y 等于

$$3Y=30-1.5X \text{ 或者 } Y=10-0.5X \tag{2.6}$$

注意方程再一次表明这个人在他或她的收入为 30 美元时，由于汉堡包价值 3 美元，所以能够购买的最大数量汉堡包是 10 个。这一方程也表明了多购买一瓶饮料的机会成本是汉堡包购买数量将会减少 1.5 个。

铭刻于心　死记公式导致的错误

在经济学中当首次遇到公式时，学生通常会认为他们不得不背公式。这会导致不幸。举例来说，如果你死记预算约束线的斜率是 $-P_X/P_Y$，那么你很有可能会混淆哪个产品是 X 和哪个产品是 Y。你最好是写下方程（2.5）的预算约束线的形式，然后解出其中一个产品的数量。只要你记住把你所解出来的产品放在纵轴（Y 轴）上，你就能避免许多麻烦。

2.7.4 效用最大化

一个人可以买得起的 X 和 Y 的组合全部落在图 2-6 的阴影三角形中。从这些组合中，他或她会选择能提供最大效用的组合。预算约束线和无差异曲线簇一起使用可以展示效用最大化的过程。图 2-7 描述了这个步骤。此人选择如 A 这样的点就不理性了，他或她明明可以花掉没花完的钱去得到一个更高的效用。类似地，如果他或她位于 B 点，则可以通过重新配置开支获得更大的效用。这是一种 MRS 和价格比率

小测验 2.3

假设一个人有 100 美元可用于购买飞盘和沙滩球。

● 如果飞盘的单价为 20 美元而沙滩球的单价为 10 美元，画出此人的预算约束线。

● 如果这个人决定花 200 美元（而不是 100 美元）来买这两种产品，你的图会怎样变化？

● 如果飞盘和沙滩球的价格分别翻倍，变成 40 美元和 20 美元，总支出是 200 美元，那么你的图形会怎样变化？

不同的情形，此人可以通过少买 Y 多买 X 移动到一条更高的无差异曲线（比如 U_2）上。D 点是不可能实现的，因为收入不够多，无法购买那个产品组合。显然，效用最大化的位置在 C 点，选择组合 X^* 和 Y^*。这是无差异曲线 U_2 上可以用 I 美元买到的唯一组合。C 点是无差异曲线和预算约束线的唯一切点。此时所有资金均被用完，且

$$预算约束线斜率＝无差异曲线斜率 \tag{2.7}$$

或者（忽略两斜率为负这一事实）：

$$\frac{P_X}{P_Y}=MRS \tag{2.8}$$

我们最初列举的数字例子被证明是一个一般的结果。对于一个效用最大化问题，MRS 应该等于产品的价格比率。从图上看，如果这个条件不满足，此人就可以通过重新配置支出来改善福利。[①] 你可以试试其他几个此人能买得起的 X 和 Y 组

---

① 如果我们使用本书 2.3 节中的脚注的结果，假定效用是可测度的，那么方程（2.6）可以得到一个不同的解释。因为

$$P_X/P_Y=MRS=MU_X/MU_Y \tag{ⅰ}$$

是一个效用最大化条件，所以我们有

$$\frac{MU_X}{P_X}=\frac{MU_Y}{P_Y} \tag{ⅱ}$$

多消费一单位产品的额外效用与它的价格的比率对于每种产品来说应该是一样的。每种产品对于每一美元支出应该提供相同的额外效用。如果不是这样的话，那么通过把资金从每一美元提供相对低水平边际效用的产品转移到提供高水平边际效用的产品中去，总效用水平将会提高。举例来说，假如消费额外一个汉堡包将会得到 5 单位效用，而消费额外一瓶饮料将会得到 2 单位效用，那么如果购买汉堡包，每单位效用的成本是 0.60（＝3÷5）美元，如果购买饮料，则每单位效用的成本是 0.75（＝1.50÷2）美元，购买汉堡包很明显是购买效用的更为廉价的方法。因此，这个人将会购买更多的汉堡包和更少的饮料，直到每种产品获得的效用都是一样的为止。只有出现这一情形，效用才是最大的，因为不能够再通过改变支出来进一步提高效用水平。

合，它们的效用都比 C 点组合低，所以切点 C 是唯一能使此人达到 U_2 的可行组合。对于一个非切点（比如 B 点）而言，因为预算约束线穿过无差异曲线（见图中 U_1），一个人总可以设法提高效用。在"应用2.4：门票倒卖"中，我们检验这样一种情形，即短缺会导致这一条件不能成立的情形，因而形成了从额外交易中获益的可能性。

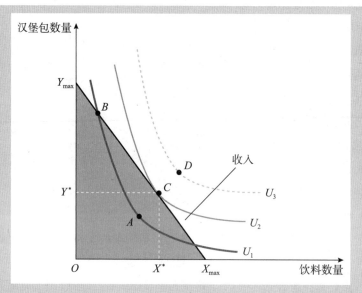

图2-7 效用最大化的图形证明

C 点表示在既定预算约束下，此消费者能够达到的最大效用。因此组合 (X^*,Y^*) 是消费者在可用购买力下的理性选择。这一组合有赖于两个条件成立：所有预算都被花费出去；消费者的心理替代率（边际替代率）等于市场上交易的产品价格比率 $\left(\dfrac{P_X}{P_Y}\right)$。

应用 2.4

门票倒卖

大型音乐会或者体育赛事的门票往往不是被拍卖给出价最高的人。相反，主办方往往把大部分门票以合理的价格销售出去，然后以先到先得的方式或通过限制每个购买者可购买的门票数量来配给由此产生的过剩需求。这种配给机制为在二级市场上以更高的价格进一步出售门票创造了可能性，即门票"黄牛"（倒票）。

图形解释

图1画出了倒票的动机，比如美国橄榄球超级碗大赛的门票。给定消费者的收入和门票报价，他或她本来想买4张票（A 点）。但全国橄榄球协会限制每人只能买1张票。这一限制使消费者的效用从 U_2（如果可以自由购票所享有的效用）降到 U_1。注意到选择1张票（B 点）不符合效用最大化的相切原则——在给定票价的情况下，消费者想买的票

不止 1 张。事实上,这个沮丧的消费者现在愿意以高于普通票价的代价去再买几张超级碗门票。他或她不仅愿意以官方价格再买 1 张票(因为 C 点在 U_1 上方),而且愿意放弃一定量其他产品(取决于线段 CD 的长度)去买这张票。看起来此人是非常乐意向"黄牛"出一大笔钱的。比如,1996 年亚特兰大奥运会重大赛事的门票经常以 5 倍于面值的价格售出,2012 年超级碗比赛的转售门票在"巨人队"和"爱国者队"的死忠球迷中每张售价近4 000 美元。

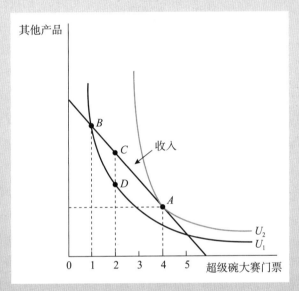

图 1　门票配给导致"黄牛"

考虑到消费者的收入和票价,他或她偏好购买 4 张票。当只能购买到 1 张票时,效用水平跌落至 U_1。此人愿意放弃线段 CD 长度的其他产品来以原价换取第二张票。

反倒卖法

大多数经济学家对倒票抱相对宽容的态度,认为这是在一个自愿购买者和一个自愿销售者之间的自愿交易行为。然而,国家和地方政府一般不这么看。很多地方立法管制倒票价格,或严禁在场馆附近倒票。这类法律一般以倒卖"有失公平"作为理由——也许认为票贩子赚取了不应得的利润。然而这种价值判断看起来过于苛刻。票贩子的确提供了某种有价值的服务,使得对门票价值看法不一的人进行交易成为可能。这种交易也方便了临时情况发生变化的人们。禁止这类交易可能导致资源浪费,因为有些座位可能会空着。反倒卖法的主要获益者可能是代理售票点,它们可以获得类似垄断地位,成为人们获得门票的唯一途径。

政策挑战

反倒卖法只是阻止个体从事自愿交易的各种法律之一。其他例子包括禁止某类药物销售,选举中出售个人选票是非法的,或者是禁止出售人体器官。阻止某类自愿交易往往给出的一个理由是这样的交易可能会损害第三方。这是禁止这类交易的一个很好的理由吗?可能伤害到第三方的效应能否解释前面所提及的各类例子?如果不能,这类交易为什么要被禁止?

2.8 使用选择模型

这个效用最大化模型可以用来解释几种常见的现象。比如图 2-8 给出了一个收入相同的人花钱方式不同的例子。在图 2-8 的三个小图中，每个人面对同样的预算约束。然而，图（a）中饥饿的乔明显偏好汉堡包。他决定将 30 美元收入的大部分用来买汉堡包。口渴的泰瑞莎则决定将 30 美元的大部分用来买饮料。不过，她也买了两个汉堡包，因为她觉得需要一点填肚子的食物。渴极了的埃德，如图（c）所示，只想要全流质的饮食。他将全部 30 美元用来买饮料才能获得最大的效用。虽然如果他有更多钱，他可能也会买点汉堡包，但在现在的情况下，他太渴了，放弃一瓶饮料就会产生巨大的机会成本。

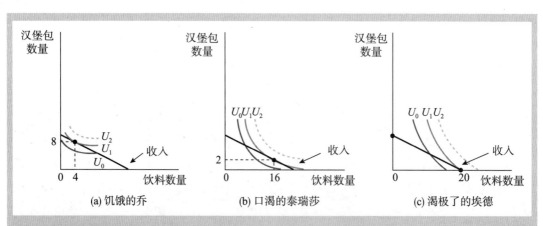

图 2-8 偏好差异导致选择差异

本图中的三个消费者有相同的预算约束集。他们有 30 美元可供花费，汉堡包的单价为 3 美元，饮料的单价为 1.5 美元。由于他们对两种产品有不同的偏好，他们选择了不同的消费组合。

图 2-9 再次展示了本章介绍过的四种特殊的无差异曲线簇。现在我们给每种都加上一条预算约束线，并用 E 标记效用最大化选择。从这些图中我们可以得出一些明显的结论。图（a）表明一个以效用最大化为目标的人不会购买没用的产品。效用要尽可能大就必须只购买食物。此人没有理由去购买没用的烟草粉碎机，因为

这会带来机会成本。图（b）也会得到类似的结论——这个人不会花钱去买苍蝇（如果真有一家卖苍蝇的店的话）。

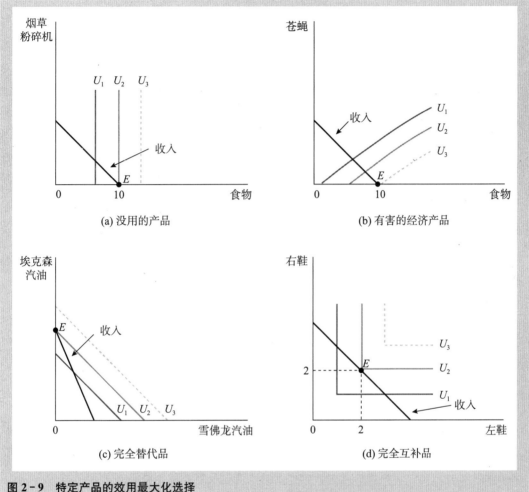

图 2-9 特定产品的效用最大化选择

本图中的 4 个小图重现了图 2-5 中的特定无差异曲线。效用最大化点（在每个小图中由 E 点表示）体现了图中产品的特定关系。

在图（c）中，这个人只买埃克森汽油，虽然埃克森和雪佛龙是完全替代品。图中相对陡峭的预算约束线意味着雪佛龙这个牌子的汽油更贵，所以此人选择只买埃克森的汽油。因为产品完全相同，最大化效用者当然应该买便宜的。人们总买没有注册专利的处方药，只在打折超市购买品牌家庭日用品，这些都是同一类行为。

图（d）描述的效用最大化行为表明人们总是以双为单位买鞋。偏离这个模式将导致要么多买了左鞋，要么多买了右鞋，但单只鞋不提供效用。在涉及互补品的类似情形中，人们往往一起购买这些产品。别的衣服饰品类（手套、耳环、袜子等等）也主要是成对购买的。很多人都有自己喜欢的调配饮品（咖啡和奶油，杜松子酒和苦艾酒）或做三明治（花生酱和果冻，火腿和奶酪）的方式；而且人们很少在买

> **小测验 2.5**
>
> 图 2-8 和图 2-9 表明效用最大化的条件在处理某些特殊情形时应当得到修正。
>
> 1. 请解释如果在图 2-8（c）和图 2-9（c）所示的边界问题中，某种产品的购买量为零，那么效用最大化条件应该怎样变化。并用此解释为什么本书作者从来不买利马豆。
>
> 2. 对于完全互补品，如图 2-9（d）所示，效用最大化条件又是什么呢？如果左鞋和右鞋单独出售，其价格比率变化会使你改变成对购买这一决定吗？

车、音响或洗衣机时按零件去买，而是把这些复合产品看成各种部件的固定安装组合整体购买。

总的来说，以效用最大化为目标的选择模型可以灵活地解释人们为何做出各种选择。因为人们面对预算约束，他们必须审慎配置收入以得到尽可能多的满足感。当然，他们不会像本章一样事事作图去分析。但这个模型准确描述了人们充分利用已有资源改善效用的观念。我们将在"**应用 2.5：富叔叔的诺言值多少钱?**"中看到这个模型如何在一个著名案例中得到运用。

应用 2.5

富叔叔的诺言值多少钱?

发生在纽约的哈默诉西德维案（Hamer v. Sidway）是 19 世纪最离奇的案件之一。侄子威利控诉叔叔没有兑现诺言：如果侄子在 21 岁之前不抽烟、不喝酒、不赌博，叔叔就付给他 5 000 美元。这个案子中无人否认叔叔在威利 15 岁的时候的确做出过这个承诺。相关的法律争议是叔叔的承诺是否构成明确的"合约"，并可在法庭强制执行。考察这个离奇的案件对如何用经济学原理来澄清法律争议具有指导意义。

画出叔叔附加条件的承诺

图 1 画出了威利的两种选择：X 轴上是犯错（就是抽烟、喝酒、赌博），Y 轴上是在其他东西上的花销。听任威利自由选择，他会选择 A 点——既会犯错也会有其他消费。这样他将得到效用 U_2。他的叔叔让他选择 B 点——给他价值 5 000 美元的其他东西，但条件是"犯错"=0。显然，这个附加条件的承诺带来比 A 点更高的效用（U_3），所以威利应该接受条件，并在青少年期间不犯错。

当叔叔食言时

当威利来为他的禁戒索要 5 000 美元报酬时，他的叔叔说他会把钱存放在银行账户里，当威利懂得理智地花钱时，就可以拿到这笔钱了。但叔叔死了，遗嘱里没有提到这笔支付，所以威利一分钱也没拿到。5 000 美元打了水漂的后果在图 1 中标为 C 点，这是威利将自己全部的钱只花在正当事项上的效用。

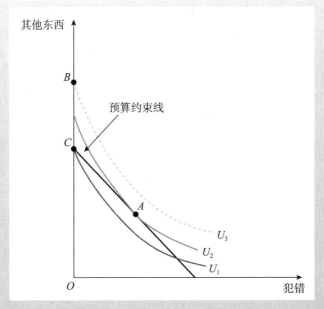

图 1 威利的效用和他的叔叔的承诺

出于他自己的意愿，威利将选择 A 点并得到效用 U_2。他的叔叔的诺言将他的效用水平提升至 U_3。但是，当他的叔叔食言时，威利得到效用 U_1（C 点）。

威利上法庭

威利不情愿就这么算了，所以就叔叔的遗产提起了诉讼，声称他和叔叔定过一个协议，并且他应该得到支付。这个案子中的主要法律问题是威利和叔叔所谓的协议中的"对价"。在合同法中，A 方承诺为 B 方做某事，只有当实际协议已达成时才具有强制性。这种协议达成的一个标志是 B 向 A 支付了某种形式的对价以使协议生效。尽管这个案例中威利对叔叔并没有显而易见的支付，但法庭最终判定威利的 6 年禁戒生活在此扮演着这种支付的角色。显然，叔叔为了看到一个不做坏事的威利而剥夺了他的为所欲为的快乐，这在本案中已充分构成对价。经过一番争辩，威利最后还是拿到了钱。

思考题

1.假设叔叔的继承人提出补偿威利，使得威利得到像青少年时可以百无禁忌地生活一样的效用，在图 1 中画出他们需要补偿的钱数。

2.如果要求叔叔通过支付问题 1 中的金额来补偿威利，能否激励叔叔坚持原先的协议？这就是损害赔偿原则可能会怎样影响缔约双方完成交易的意愿的一个例子。

一些数值例子

在使效用最大化概念化的过程当中，图形是有用的，但是在解决问题时，你有时将需要使用代数公式。这一节将提供怎样解决这类问题的一些看法。

完全替代 涉及完全替代的问题很容易求解——你所需要做的是依据给定的效

用算出哪种产品相对不昂贵。当产品是同质的时（埃克森石油和雪佛龙石油），这很简单——消费者将会选择把他或她的所有预算花在最低价格的产品上。[①] 如果埃克森石油的花费是每加仑 3 美元，雪佛龙石油的花费是每加仑 3.25 美元，那么他或她将只会购买埃克森石油。如果油费预算是 30 美元，那么将会购买 10 加仑。

当产品是完全替代但并不同质的时，故事会稍微复杂一些。假定某人把苹果汁（A）和葡萄汁（G）视为他或她口渴时的完全替代品，但是每盎司苹果汁提供 4 单位效用，而每盎司葡萄汁提供 3 单位效用。在这一情形当中，这个人的效用函数将是

$$U(A, G) = 4A + 3G \qquad (2.9)$$

这一效用函数是线性的事实，意味着它的无差异曲线如图 2.9（c）中的直线所示。如果苹果汁的价格是每盎司 6 美分，而葡萄汁的价格是每盎司 5 美分，一眼看上去这个人将只购买葡萄汁。但是结论需要考虑不同饮料所提供的效用差异。为了决定哪种饮料才真正是不太昂贵的，假定这个人有 30 美分可花。如果他或她把它全部花费在苹果汁上，那么只能购买 5 盎司，方程（2.9）显示这将会带来 20 单位效用。如果这个人把 30 美分全部花在葡萄汁上，那么将能购买 6 盎司，效用将是 18。所以，在考虑了效用差别之后，苹果汁实际上是更好的购买对象。[②]

完全互补 关于完全互补的问题也容易解决，只要你记住所购买的产品与另一产品需要固定一个比率。如果左鞋和右鞋每只花费 10 美元，一双鞋将花费 20 美元，那么这个人将会把他或她关于鞋子的支出花在成对上。当他或她有 60 美元时，将会购买 3 双鞋。

当互补关系并非一比一时，计算将稍微复杂一些。假设某个人一直在电影院以每袋 2.50 美元的价格购买两袋爆米花。如果电影票本身花费 10 美元，那么这一组合将是"电影票 + 爆米花"花费 15 美元。在每月电影预算是 30 美元的条件下，这个人每个月将只看两场电影。

可看一下电影情形的代数表达。首先，我们需要一种方式来构建电影（M）和爆米花（C）的效用函数。这样所得到的函数为

$$U(M, C) = \min(2M, C) \qquad (2.10)$$

式中，"min"表示所给出的效用是由括号当中两项的最小值所决定的。举例来说，如果这个人只看电影但是没有买爆米花，那么效用是零。如果他或她看了一场电影买了 3 袋爆米花，那么效用是 2——多出一袋爆米花并没有提高效用。为了避免这样的无用支出，这个人将消费满足 $C = 2M$ 的组合，也就是说，每场电影两袋爆米

---

① 如果产品花费一样，那么消费者对于购买哪种产品是无差异的。他或她也可能会通过扔硬币来决定选择。

② 另外一种可用方法是 2.7 节脚注中的方法。此时，$MU_A = 4$，$MU_G = 3$，$P_A = 6$，$P_G = 5$，因此，$MU_A/P_A = 4/6 = 2/3$，$MU_G/P_G = 3/5$。因为 $2/3 > 3/5$，所以花费在苹果汁上的每一美元所提供的效用大于花费在葡萄汁上的每一美元所提供的效用。

花。为了找出实际上应该购买多少，你现在可将这一组合代入这个人的预算约束线中：

$$30=10M+2.5C，或 10M+5M=15M=30，因此 M=2，C=4 \qquad (2.11)$$

要注意到这一解法确保了效用最大化，因为我们预先施加了两种产品的固定关系。它允许我们把电影和爆米花视为预算约束线中的单个产品，因此很容易找到方程的解。

一个中间立场的情形　许多成对产品既非完全替代品，也非完全互补品，因而，它们之间的关系允许一定的替代性，但并非像在埃克森和雪佛龙例子中所显示的非此即彼的这类关系。经济学家面临的其中一个挑战是寻找涵盖这些情形的效用函数。尽管它能够变成一个非常数学化的话题，但在此我们只描述一个简单的中间立场的情形。假设某个人只是消费 X 和 Y，并且效用是以我们在第 1 章附录中所检验的函数给出的：

$$U(X，Y)=\sqrt{X \cdot Y} \qquad (2.12)$$

从前面的讨论中我们知道这一函数有着合理的无差异曲线形状，所以它是一个学习的好例子。为了显示这一函数的效用最大化，首先我们需要确定这一无差异曲线所表现的 MRS 是怎样依赖于所消费的每种产品的数量的。不幸的是，对于许多函数来说，确定无差异曲线的斜率需要应用微积分。所以 MRS 往往是给定的。在这一情形当中，MRS 如下所示[①]

$$MRS(X，Y)=Y/X \qquad (2.13)$$

效用最大化要求方程（2.8）成立。让我们再次假定 Y（汉堡包）花费 3 美元和 X（饮料）花费 1.50 美元。那么效用最大化要求

$$MRS(X，Y)=Y/X=P_X/P_Y=1.50 美元/3 美元=0.5，所以 Y=0.5X \qquad (2.14)$$

为得到最后购买的数量，我们需要引进预算约束。所以让我们再次假定这个人有 30 美元可花在快餐上。把效用最大化条件代入方程（2.13）的预算约束线［方程（2.5）］可得到

$$30=1.5X+3Y=1.5X+3×0.5X=3X，所以 X=10，Y=5 \qquad (2.15)$$

这一方程解的一个特征是，这个人正好将他或她一半的预算（15 美元）花费在 X 上，将一半的预算花费在 Y 上。不管收入是多少，也不管两种产品的价格是多少，这一条件均是成立的。结果，这一效用函数是非常特殊的情形，它并不能解

---

① 这一结果可以推导出来，因为边际效用只是这一函数的（偏）导数。因而，$MU_X=\partial U/\partial X=0.5\sqrt{Y/X}$，$MU_Y=\partial U/\partial Y=0.5\sqrt{X/Y}$，所以 $MRS(X，Y)=MU_X/MU_Y=Y/X$。

释真实世界中的消费模式。这一函数（正如我们前面所指出的，我们将它称为"柯布-道格拉斯"函数）能够一般化，正如我们在习题 2.10 中所显示的，但是许多消费者行为的实际研究会使用更为复杂的函数。

| 铭刻于心 | 你必须同时使用效用最大化和预算约束线来求解问题 |

在所有这些数值例子中，我们描述了效用最大化所需要的产品和它们之间的关系，然后把这些关系代入个体预算约束线中以获得最终的消费数量。效用最大化的许多问题必须这样求解。只考虑效用最大化或者只考虑预算约束线将不能得到一个真正的方程解，因为它会丧失消费者问题的一个重要方面。所以，你必须一直检查，以确保你的答案既意味着效用最大化，也满足预算约束线的要求。

2.9 一般化

我们前面研究的基本选择模型可以从几个方面进行一般化。现在我们简要地看看以下三个方面。

2.9.1 多种产品

当然，人们不会只买两种产品。即使我们只关注衣食住行这样的大类，我们显然也需要一个能够囊括大于两种产品的理论。一旦我们要深入研究人们可能购买的各种食物或者人们怎样使用购房资金，问题就会变得极其复杂。但本章的基本结论不会有任何实质性改变。寻求充分利用现有资源的人们仍然会花掉他们的全部收入（如果认为另一种选择只能是把钱扔掉——到第 14 章才考虑储蓄）。选择产品组合依然要遵循 MRS 等于价格比率的逻辑。直观的图形证明告诉我们，选择任何无差异曲线斜率不等于预算约束线斜率的组合都存在提高效用的余地。这个证明在多于两种产品的情况下也不会受到影响。[①] 因此，尽管规范地分析多种产品的确更为复杂，但需要的知识不会超出本章已覆盖的范围太多。

2.9.2 复杂的预算约束集

本章至此所讨论的预算约束集都有非常简单的形式——它们都能用直线表示。其原因在于我们假设一个人购买某种产品的价格并不受他或她购买该产品数量的影响，并且我们假设即使某人购买很多汉堡包或者选择"超级"数量的饮料也不例外。在许多情况下，人们并不会面临这样简单的消费约束集。相反，当一并购买其

---

① 关于数学处理，参见 W. Nicholson and C. Snyder, *Microeconomic Theory：Basic Principles and Extensions*, 11th ed. (Mason, OH：Cengage, 2012), Chapter 4。

他产品会有特别的优惠时，他们面临多种诱因去购买更多的数量，或者安排更为复杂的产品组合消费。例如，有线电视资费就已经变得极其复杂。你所支付的费用将取决于你选择的频道套餐、是否获得高速互联网服务以及有线电视公司是否同时为你提供电话服务。准确地描述消费者在这种情况下所面临的预算约束集有时是相当困难的。但关于这样复杂的预算约束集的性质及其如何与效用最大化模型相关联的细致分析，可以揭示人们的行为方式。"**应用 2.6：忠诚计划**"提供了一些说明性例子。

应用 2.6

忠诚计划

目前，许多人的钱包里都装满了会员卡。快速检查一下，就会发现你们的作者常常带着 Ace Hardware 公司、百思买公司（Best Buy）、百视达公司（Blockbuster）、好市多公司（Costco）、达美航空公司（Delta Airlines）和 迪克体育用品公司（Dick's Sporting Goods）的卡——而这些只是字母表的前四个字母。当你购买很多东西的时候，这些卡往往承诺给你一些优惠。为什么公司会推行这些优惠呢？

数量折扣和预算约束集

图 1 说明了数量折扣的情况。这里若消费者购买的数量少于 X_D，他将支付全价，其面临的是通常的预算约束集。当购买量超过 X_D 时，购买者对超出量（额外购买量）的花费享受更低的单价，这导致超过 X_D 点后的预算约束集变得更加平坦。因此，约束线在 X_D 处有一个折点。约束集上的这个折点对消费者选择的影响可以通过无差异曲线 U_1 来分析，U_1 与约束集相切于 A 点和 B 点，也即消费产品 X 多一点或少一点对此人而言是无差异的。数量折扣的轻微增加都会诱使消费者不含糊地选择更大的消费量。注意这样的决策不仅使得消费者以更低的单价购买产品，也意味着其为了获得数量折扣以全价购买更多的产品（直到 X_D）。[a]

飞行常客项目

所有主要航空公司都支持飞行常客项目。这使得客户有权以较低的票价乘坐并且积累航空公司的里程。由于未使用座位的收入将永远损失，因此航空公司利用这些项目来吸引消费者更多地乘坐它们的航线。这些项目可能产生的任何额外的全票价旅行都为航空公司提供了额外的利润。与飞行常客项目相关的一个有趣的问题是商务旅行。当旅客的票价由雇主报销时，他们可能会有额外的激励来增加飞行里程。在这种情况下，航空公司可能特别渴望通过提供商务舱服务或机场俱乐部等特殊服务来吸引商务旅客（他们通常支付较高票价）。因为无论选择哪家航空公司，旅客都支付相同的零价格，这些额外服务可能会对实际选择产生很大的影响。当然，各大公司的旅游部门认识到这一点，可能会采取政策来限制旅客的选择。

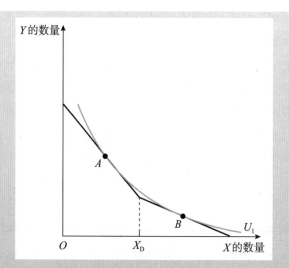

图1 数量折扣导致有折点的预算约束集

购买量超过 X_D 时能够享受数量折扣会导致有折点的预算约束集。此时对消费者而言消费产品 X 多一点（A 点）或少一点（B 点）是无差异的。

其他忠诚计划

许多其他忠诚计划也以同样的方式起作用——先前购买的信用积分允许消费者未来以折扣购买产品。然而，该项目对于零售商销售的影响可能并不如航空公司那么明显，因为很多时候顾客并不理解折扣实际上是怎样发挥作用的。零售商也可能对折扣施加一些限制（换句话说，折扣可能在一年之后过期），所以折扣的实际价值更多是表象而非实际。这一项目是否真能培育顾客忠诚度，营销高管人员对此争论不休。

思考题

1. 忠诚计划会怎样影响消费者的购买决策？你所参加的计划项目中会施加哪些约束？它会怎样影响你的购买行为？

2. 假如飞行常客优惠券可在人们之间相互转让，那么它会怎样影响图1，或者更一般地讲，会怎样影响整个项目的可行性？

a. 这类定价方案的完整讨论能够以简单的效用最大化图表达，参见 J. S. DeSalvo and M. Huq，"Introducing Nonlinear Pricing into Consumer Theory," *Journal of Economic Education* （Spring 2002）：166 - 179。

2.9.3 复合产品

对本章简单的两产品模型进行一般化拓展的另一种重要方式是使用**复合产品**（composite goods）。复合产品可以将消费者在各单个产品上的花费加总成一个整体。复合产品的一个用途就在于，研究消费者将其花费配置在诸如"食物"和"住宿"等主要产品项目上的比例。例如，在下一章中我们将指出，随着人们收入的增加，其在食物上的支出占收入的比例会减小，而其在住宿上的支出占收入的比例大体维持不变。当然，这些消费模式实际上是由消费者个人关于购买哪种早餐麦片或者是否粉刷住房之类的决策组成的，但将许多项目加总常常有助于阐明重要的问题。

　　或许复合产品概念的一个通常用途就在于，它有助于我们做出购买诸如飞机票或者汽油的决策。在这种情况下，一个通常的步骤就在于用横轴（X）展示感兴趣的具体项目，并用纵轴（Y）表示在"其余一切"上的花费。我们在应用 2.4 和应用 2.5 中使用了这种方法，并且在本书后面将多次使用它。利用复合产品概念的优势能够极大地简化很多问题。

　　使用复合产品会面临一些技术问题，尽管本书中这些问题不会耽搁我们太长时间。首要的问题在于我们如何度量复合产品。在我们看似无穷无尽的汉堡包-饮料例子中，度量单位是显而易见的。但将所有单个产品加总为"其余一切"的唯一方式就是用美元（或者其他货币）衡量。以美元来衡量在其余一切上的花费确实被证明为一种有用的图表工具。但是，人们可能会有一些挥之不去的顾虑：由于加总要求我们使用单个产品的价格信息，当价格发生变化时我们可能会遇到一些麻烦。因此，这导致了复合产品的第二个问题——这种产品的价格是多少呢？在大部分情况下，我们并不需要回答这个问题，因为在分析中我们假设复合产品（产品 Y）的价格保持不变。但是，如果我们希望研究复合产品价格变化的情况，显而易见，我们显然首先应该对其价格进行定义。

　　在我们的处理过程中，我们不会太关心这些与复合产品相关的技术问题。如果你对一些问题的解决方法感兴趣，希望你能自己读一些书。①

小　结

　　本章覆盖范围较广。在本章中，我们已经了解了经济学家如何解释人们所做决策的性质以及这些决策受到经济环境约束的方式。本章有些内容有一定难度。选择理论是微观经济学研究中最困难的部分之一，而且不幸的是该部分内容通常都位于这门课程的开头。但是这一安排清楚地说明了为什么这一主题如此重要。实际上每个经济行为模型都是从本章所介绍的工具开始的。

　　本章的主要结论如下：

　　● 经济学家用术语"效用"来描述人们从他们的经济活动中所获得的满足感。在具体分析中，经济学家往往只考察少数几个影响效用的因素。所有其他因素均被假定保持不变，这样个人的决策能够在一个简化的状态下得到研究。

　　● 效用能够用无差异曲线图来描述。每条无差异曲线都识别了那些被消费者个人认为具有同等吸引力的产品组合。更高水平的效用由无差异曲线簇中更高的等高线表示。

① 介绍性文献请参见 W. Nicholson and C. Snyder，*Microeconomic Theory：Basic Principles and Extensions*，11th ed.（Mason，OH：Cengage，2012），Chapter 6。

● 无差异曲线的斜率度量了消费者保持效用水平不变时，用一种产品来替换另一种产品的意愿。该斜率的绝对值即为边际替代率（MRS），因为它度量了消费者个人在他或她的消费决策中用一种产品去替换另一种产品的意愿。这种权衡的价值依赖于两种产品的消费数量。

● 人们在购买产品时受到预算约束的限制。当一个人在两种产品中进行选择时，他或她的预算约束集通常是一条直线，因为价格并不随着购买量的变化而变化。这条直线斜率的绝对值代表了两种产品的价格比率——它表示市场上的某种产品用其他产品标价时的价值。

● 如果人们想从其有限的收入中获得最大的效用，就应当花费所有的资金并选择能够使得边际替代率与两种产品价格比率相等的产品束。效用最大化过程在图形上表现为预算约束集与消费者个人收入所能够购买的最大无差异曲线相切。

复习题

1. 效用的定义是一个序数概念，它假设了消费者能够根据他们的意愿对产品组合进行评级，但他们并不能为产品赋予一个其"价值多少"的数量（基数）程度，以量化一个组合比另一个组合更受欢迎的程度。对于下面每个评价系统，请回答其所用的评价系统是序数评价还是基数评价：

（a）军事或学术排名；

（b）最佳葡萄酒的价格；

（c）法国葡萄酒协会对最佳葡萄酒的评级；

（d）媒体对十佳足球俱乐部的排名；

（e）美国高尔夫公开锦标赛的结果（选手的评级依赖于击球成绩）；

（f）美国大学生篮球联赛的结果（该比赛采用抽签方式，让各队相互对阵，直至决出最后的冠军）。

2. 你如何画出无差异曲线来阐明下述情况？

a. 人造黄油与高价果酱一样好；

b. 产品与可口可乐一起消费时效用会更高；

c. 没有酒的日子就像没有阳光的日子；

d. 爆米花能够让人上瘾——你吃得越多，你就想要越多；

e. 探戈需要两个人。

3. 伊内兹声称额外的一个香蕉能够提升 2 单位的效用，额外的一个梨则能提升 6 单位的效用。她用香蕉换梨的边际替代率为多少？也即是说，她为了得到一个额外的梨，自愿放弃的香蕉数量是多少？菲利普（他声称一个额外的香蕉能够提升 100 单位的效用，一个额外的梨能够提升 400 单位的效用）是否愿意与伊内兹在她的自愿 MRS 处交换一个梨？

4. 奥斯卡消费两种产品，葡萄酒和奶酪，他每周的收入为 500 美元。

a. 描述下列条件下奥斯卡的预算约束集：

i. 葡萄酒每瓶 10 美元，奶酪每磅 5 美元；

ⅱ.葡萄酒每瓶 10 美元，奶酪每磅 10 美元；

ⅲ.葡萄酒每瓶 20 美元，奶酪每磅 10 美元；

ⅳ.葡萄酒每瓶 20 美元，奶酪每磅 10 美元，但奥斯卡的收入增加到每周 1 000 美元。

b.解释一下为什么预算约束 ⅱ 和 ⅲ 将会比预算 ⅰ 提供的效用更低。是否存在着这一情形不能成立的情形？

c.解释一下为什么预算约束ⅳ提供给奥斯卡的选择跟预算约束ⅰ提供的一样。如果葡萄酒每瓶 15 欧元、奶酪每磅 7.5 欧元，那么提供同样的选择将需要给奥斯卡多少钱（以欧元计）？如果发生地是英格兰，葡萄酒每瓶 4 英镑、奶酪每磅 2 英镑，那么提供同样的选择将需要给奥斯卡多少钱（以英镑计）？通过比较这一部分的所有预算约束，你可得到什么普遍结论？

5.当你在你最喜欢的影院排队购买爆米花时，你听见身后某人说："这里的爆米花根本不值这个价——我一点儿都不会买"，你如何用图形来描述此人的情况？

6.一个细心的读者会关注本章 2.3 节和 2.7 节的脚注。请解释为什么这两个脚注可以归结为这一常识：消费者只有在将额外一美元花费在无论哪种产品上获得的效用都相同时，才使得其效用最大化。（提示：假设这一条件并不成立——效用可能趋向无穷大吗？）

7.大多数州都要求你在购买汽车后必须购买一定的汽车保险。请用无差异曲线图来说明这一指令减少了某些人的效用。哪一类人的效用更容易受这类法案的影响而减少？你认为政府为什么会要求购买此类保险？

8.正如本章所示，效用最大化要求一个人的边际替代率（MRS）等于产品价格比率（P_X/P_Y）。当我们询问该条件背后的原因时，学生们给出了如下答案：

学生 A：因为 MRS 表明了人们希望消费的产品 Y 和产品 X 的比例，人们必须使得这个比值与价格比率相等。因为价格比率表明了人们如果减少购买一单位 X，可以购买多少单位 Y。

学生 B：因为 MRS 表明了人们用产品 X 去交换产品 Y 的意愿，他们所选择的价格也刚好反映了这个交换比率。

学生 C：因为 MRS 表明了人们用产品 X 去交换产品 Y 的意愿，他们必须调整购买量，使这个比例刚好等于产品价格比率。

哪个学生对结果的表述是对的？另外两个学生错在了哪里？

9.假设电力公司对消费者每月前 1 000 单位电力的收费为每千瓦时 0.1 美元，但是之后额外的电力消费单价为每千瓦时 0.15 美元。画出消费者面临该价格设定时的预算约束集，并解释为什么许多消费者会选择恰好消费 1 000 千瓦时。

10.假设一个消费者消费三种产品：牛排、莴笋和番茄。如果我们仅对此人的牛排消费量感兴趣，我们可以将莴笋和番茄组合为名为"沙拉"的单个复合产品。同时假设此人总是用两单位莴笋和一单位番茄来制作沙拉。

a.你如何定义一单位"沙拉"并（与牛排一道）展示在两产品图中？

b.沙拉的价格（P_S）如何与莴笋的价格（P_L）及番茄的价格（P_T）相关？

c.此人牛排和沙拉的预算约束集如何？

d.如果牛排、莴笋和番茄的价格以及此人的收入都翻倍，c 问中的预算约束集将如何变化？

e. 假设此人制作沙拉的方式有赖于莴笋和番茄的相对价格，现在你还能用两产品模型来讨论他的选择问题吗？请解释。

习　题

2.1　假设一个人仅有 8 美元以供消费苹果和香蕉，苹果的单价为 0.40 美元，香蕉的单价为 0.10 美元。

a. 如果他仅仅购买苹果，其购买量为多少？

b. 如果他仅仅购买香蕉，其购买量为多少？

c. 如果他购买 10 个苹果，剩下的资金还能购买多少个香蕉？

d. 如果他少消费一个苹果（也即是说消费 9 个），他最多能够购买多少个香蕉？无论放弃多少苹果，这一替换比率都相同吗？

e. 写出这个人的预算约束集的代数形式，画图说明 a 问到 d 问的情况（画图能够帮助提高你做题的准确率）。

2.2　假设消费者面临与习题 2.1 中相同的预算约束，其对苹果（A）和香蕉（B）的偏好如下：

$$效用 = \sqrt{A \cdot B}$$

a. 如果 $A = 5$、$B = 80$，效用为多少？

b. 如果 $A = 10$，要获得与 a 问中相同的效用水平，需要多少 B？

c. 如果 $A = 20$，要获得与 b 问中相同的效用水平，需要多少 B？

d. 画出 a 问到 c 问中隐含的无差异曲线。

e. 考虑到习题 2.1 中的预算约束集，a 问到 c 问中哪个产品束是此人能够购买得起的？

f. 通过一些例子说明收入配置的其他方式，比 b 问中确定的点所提供的效用更低。画出效用最大化的情况。

2.3　保罗仅从 CD 和 DVD 中获取效用。他的效用函数为：

$$U = \sqrt{C \cdot D}$$

a. 简要描绘出 $U = 5$、$U = 10$ 和 $U = 20$ 时保罗的无差异曲线。

b. 假设保罗有 200 美元可供花费，CD 的单价为 5 美元，DVD 的单价为 20 美元。在保罗的无差异曲线图中画出他的预算约束集。

c. 假设保罗将其所有的收入都用来购买 DVD，他能够购买多少 DVD？效用是多少？

d. 说明保罗的收入不允许他达到 $U = 20$ 的无差异曲线。

e. 假设保罗购买 5 张 DVD，他将购买多少张 CD？他的效用是多少？

f. 用图形详细说明 e 问中保罗所达到的效用水平是他在收入为 200 美元时所能够达到的最大效用水平。

2.4　有时用对偶形式来讨论消费者问题是非常便利的。这一备选方法即是考察消费者如何以最小成本达到目标效用水平。

a.用图解法说明该方法得出的消费者选择与效用最大化分析模式下的结果一致。

b.回到习题 2.3，假设保罗的目标效用水平为 $U=10$，计算下列能够达到该效用水平的产品束的成本。

ⅰ.$C=100$，$D=1$。

ⅱ.$C=50$，$D=2$。

ⅲ.$C=25$，$D=4$。

ⅳ.$C=20$，$D=5$。

ⅴ.$C=10$，$D=10$。

ⅵ.$C=5$，$D=20$。

c.在 b 问中，哪一个产品束提供了达到目标水平 $U=10$ 的最小成本？与习题 2.3 中的效用最大化解相比如何？

2.5　加非因小姐喜欢咖啡（C）和茶（T），这遵从效用函数 $U(C,T)=3C+4T$。

a.她的这一效用函数所表示的咖啡对茶的 MRS 是什么？她的无差异曲线形状是怎样的？

b.如果咖啡和茶每单位均是 3 美元。加非因小姐有 12 美元可花费在这些产品上。为最大化她的效用，她会购买多少单位的咖啡和茶？

c.画出她的无差异曲线和她的预算约束线，并表示出她的效用最大化的点只发生在茶轴上，而咖啡购买量为零。

d.如果有更多的钱，她是否会买一些咖啡？

e.如果咖啡的价格下降为 2 美元，那么她的消费会发生怎样的变化？

2.6　薇拉是一个贫困的研究生，她每个月仅有 100 美元供食物支出。她从政府公告上获知，如果她仅以 2 磅花生酱配 1 磅胡萝卜的比例消费花生酱和胡萝卜，她能够确保获得充足的食物，由此她决定将自己的饮食限制在这样的范围内。

a.如果花生酱每磅售价 4 美元，胡萝卜每磅售价 2 美元，她一个月内能够消费多少？

b.假设由于腐败的政府引入花生补贴政策，因而花生酱的成本上升至 5 美元。薇拉必须减少多少食物购买量？

c.要弥补花生补贴给薇拉造成的影响，政府需要给她多少食物券作为补贴？

d.解释为什么此处薇拉的偏好是特殊的。你如何用图形来表述？

2.7　假设消费者在以平方英尺度量的住宿服务（H）和以美元度量的其他所有产品（C）之间进行消费选择。

a.用图形说明均衡情况。

b.现在假设政府给予消费者相当于住宿成本 50% 的补贴，此时其预算约束线将如何变化？说明新的均衡情况。

c.用图形说明若政府并未予以消费者住宿补贴，但要使得消费者的效用状态与 b 问中一样，则至少需要给他或她多少收入补贴。

d. 解释为什么 c 问中的收入补贴数量要低于 b 问中的补贴数量。

2.8 假设一个消费者只消费食物（F）和其他产品（X）。此人的预算约束集如下：

$$PF+X=I$$

式中，P 是指食物的相对价格，X 和 I 是以非食物价格进行度量的（或者说美元）。

a. 解释为什么此人的预算约束能够用这个式子写出来，并且画出预算约束。此外，说明此人达到效用最大化时的 F 和 X。

b. 假设政府对此人提供了食物补贴从而使他能够以半价购买食物。此人的预算约束将如何转移？这如何影响食物和非食物的购买？

c. 假设现在政府要求为了以半价购买食物，这个人必须支付 C 美元来购买食物信用卡。用图形表示为使这个人购买信用卡，C 的最大金额是多少。

d. 在上述所描述的最大金额 C 处，跟他或她在 a 问所消费的食物相比，这个人的食物消费是增加还是减少了？

2.9 假设消费者从两种产品的消费中获得效用——住宿（H）和其他所有消费品（C）。

a. 说明一个典型消费者将他或她的收入配置在 H 和 C 上的情况。

b. 假设政府认为 a 问中的住宿水平（比如说 H^*）是不够标准的，并要求所有人购买 $H^{**}>H^*$ 的住宿服务。说明这一法律规定会减少此人的效用。

c. 使此人的效用状况恢复到初始水平的一种方式就是给他或她额外的收入。在你的图形中，这需要多少额外收入？

d. 另一种使得此人的效用状况恢复到初始水平的方式就是提供住宿补贴以降低住宿价格。在你的图形中说明这种情况。

2.10 用于说明经济例子的一个常用效用函数是柯布-道格拉斯函数

$$U(X, Y)=X^{\alpha}Y^{\beta}$$

其中，α 和 β 是小数指数并且两者之和为 1（比如，0.3 和 0.7）。

a. 解释一下为什么习题 2.2 和习题 2.3 是这一效用函数的特殊情形。

b. 对于这一效用，所给出的 MRS 是

$$MRS=MU_X/MU_Y=\alpha Y/\beta X$$

使用这一事实及效用最大化条件以及

$$\alpha+\beta=1$$

来说明这个人会将他或她的收入按比例分别花费在产品 X 和产品 Y 上，也就是说，$P_X X/I=\alpha$，$P_Y Y/I=\beta$。

c. 使用 b 问的结果显示，只要收入保持不变，花费在产品 X 上的总支出将不会随着 X 价格的变化而变化。

d. 使用 b 问的结果显示，Y 价格的变化将不会影响到 X 的购买数量。

e. 使用这一效用函数表明，收入翻倍，产品价格不变，将会使得 X 和 Y 的购买数量翻倍。

第3章　需求曲线

在这一章，我们将使用效用最大化模型推导需求曲线。一开始，我们要说明该模型如何使我们得出如下结论：人们会怎样对他们所面临的价格或者收入变化等预算约束变化做出反应。个体对某种产品的需求曲线只是这一反应的一个例子。这一需求曲线显示了当所有其他因素保持不变时，产品价格和个人选择消费的产品数量之间的关系。在本章后面部分，我们将讨论所有这些个人需求曲线可以怎样加总以得到市场需求曲线——它是价格决定过程的第一个基本组成部分。

3.1　个体需求曲线

根据第2章的结论，个人选择的 X 和 Y 的消费数量依赖于其个人偏好和他或她的预算约束集的形状。如果我们知道消费者的个人偏好和所有影响他或她决策的经济因素，我们就能够预测出其选择的每种产品的数量。我们用**需求函数**（demand function）来表述这一结论，比如对于某种产品 X，其需求函数如下：

$$X \text{ 的需求量} = d_X(P_X, P_Y, I; \text{偏好}) \tag{3.1}$$

该函数包括了决定个人购买决策的三个因素——X 和 Y 的价格、消费者的收入 I——同时提醒人们，对产品的偏好也会影响选择。偏好信息出现在式（3.1）括号内的右半部分，这是因为在绝大多数讨论中我们都假设偏好不会变化。人们基本的喜好或者厌恶倾向是在一生的经验中形成的。但在我们研究人们对产品价格或者收入变化所引起的经济环境相对短期变化的反应时，这些偏好信息是不太可能发生变化的。

产品 Y 的需求量也依赖于类似的影响因素，可以由下式来表述：

$$Y \text{ 的需求量} = d_Y(P_X, P_Y, I; \text{偏好}) \tag{3.2}$$

偏好再次出现在式（3.2）括号内的右半部分，因为我们假设个人对产品 Y 的偏好在我们的分析中保持不变。

3

齐次性

从第 2 章中我们可以直接得出的一个重要结论是，如果产品 X、Y 及收入 I 均翻一番（或者变化相同比例），个人产品 X、Y 的需求量保持不变。预算约束集（3.3）和预算约束集（3.4）是等同的：

$$P_X X + P_Y Y = I \tag{3.3}$$
$$2P_X X + 2P_Y Y = 2I \tag{3.4}$$

从图形上看，它们其实是同一条直线。因此，两条预算约束线与消费者的个人无差异曲线相切于同一点。也即消费者个人在面临式（3.3）和式（3.4）所表述的两个预算约束集时所得出的个人消费选择是一致的。

这是一个相当重要的结论：个人的需求量仅仅依赖于产品 X 和 Y 的相对价格以及实际收入。产品 X 和 Y 的价格以及收入的同比例变化仅仅改变我们计数的单位（例如用美元替代美分），但都不会影响需求量。个人需求对价格和收入的比例变化是（零阶）**齐次**（homogeneous）的。如果个人收入跟通货膨胀增加相同比例，那么人们在通货膨胀中不会遭受损失。其最优产品束在通胀前后均位于同一条无差异曲线上。仅仅当通货膨胀使收入增长快于或慢于价格变化时，它才会影响到预算约束集、产品需求量和人们的福祉。

小测验 3.1

一个人的收入与他或她所购买的东西之间的关系有时会相当复杂。但也有一些非常容易研究的简单案例。这里有两个住房需求与收入关系的例子：

1. 假设一个人的住房（X）对其他产品（Y）的 MRS 只取决于比率 X/Y。说明只要住房相对于其他产品的价格不发生变化，购买住房的数量将始终是收入的恒定部分。

2. 假设存在一个点，在这个点上人们有足够的住房（比如 X）。在 X 之前 MRS 遵循第一个例子中的模式，但在 X 之后 MRS 变为零。在这种情况下，收入与住房需求之间的关系将是什么样的？

3.2 收入变化

假设价格并未发生改变，消费者的总收入增加了，我们可以预计其对每一种产品的购买量都会增加。这种情况见图 3-1。当收入由 I_1 变化到 I_2，再变化到 I_3 时，产品 X 的需求量由 X_1 增加到 X_2，再增加到 X_3，且产品 Y 的需求量也由 Y_1 增加到 Y_2，再增加到 Y_3。预算约束线 I_1、I_2 和 I_3 是平行的，因为我们只是改变收入而没有改变产品 X 和 Y 的相对价格。需要记住的是，预算约束线的斜率由两种产品的价格比率决定，而在图形中该比率并未发生变化。然而，收入的增长的确使得消费者消费更多产品成为可能，这种购买力的增长体现为预算约束线的外移以及总体效用的增加。

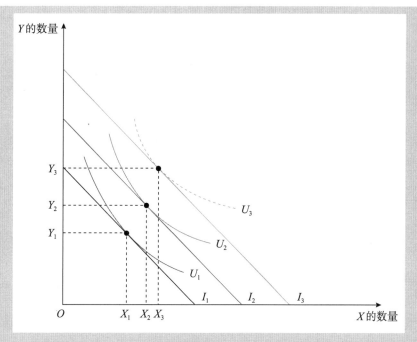

图 3 - 1　收入增加对产品 X 和 Y 的需求量的影响

　　随着收入从 I_1 增加到 I_2，再增加到 I_3，产品 X 和 Y 消费量的最优（效用最大化）选择也连续移向更高的切点。预算约束线以平行方式移动，因为决定其斜率的价格比率并未发生改变。

3.2.1　正常产品

　　在图 3 - 1 中，产品 X 和 Y 的购买量均随着收入的增加而增加。遵从这种趋势的产品均被称为**正常产品**（normal goods）。大多数产品看起来都是正常产品——随着收入的增加，人们实际上倾向于对每种产品都购买得更多。当然，如图 3 - 1 所示，当收入增加时，某种奢侈品（比如 Y）的需求量增加得更快，而必需品（比如 X）的需求量则增加得更慢些。收入与不同产品购买量之间的关系已经被众多经济学家进行了充分验证，见"**应用 3.1：恩格尔定律**"。

> **应用 3.1**

> ### 恩格尔定律
>
> 　　关于消费者行为的最重要的概括之一即为：随着收入的增加，花费在食物上的支出占总体收入的比重会相应下降。这一现状被称为恩格尔定律，该法则最先由 19 世纪普鲁士经济学家恩斯特·恩格尔（Ernst Engel，1821—1896）发现。表 1 描述了恩格尔所使用的数据，这清晰地展示出更富裕的家庭在食物上的花费占家庭总收入的比重更小。

表1 比利时家庭在不同项目上的支出占总收入的比例（1853年）（%）

支出项目	年收入		
	225～300 美元	450～600 美元	750～1 000 美元
食物	62.0	55.0	50.0
衣服	16.0	18.0	18.0
住房、照明和燃料	17.0	17.0	17.0
服务（教育、法律、健康）	4.0	7.5	11.5
娱乐	1.0	2.5	3.5
总计	100.0	100.0	100.0

资料来源：基于 A. Marshall, *Principles of Economics*, 8th ed.（London：Macmillan, 1920），97，某些项目进行了加总处理。

近期数据

美国近期的消费者数据（见表2）倾向于证实恩格尔定律。相较于贫困家庭而言，富裕家庭食物支出占总购买力的比重更小。表1与表2的数据对比也证实了恩格尔定律——当下美国低收入消费者比19世纪的比利时人更富裕，因此他们也如所预期的那样，在食物上的支出占家庭总收入的比重更小。

表2 美国消费者在不同项目上的支出占总收入的比例（2009年）（%）

支出项目	年收入		
	<70 000 美元	70 000～100 000 美元	>100 000 美元
食物	14.1	13.1	11.4
住房	37.0	33.2	31.6
健康医疗＋养老金	13.9	18.2	20.1
其他	35.0	35.5	36.9
总计	100.0	100.0	100.0

资料来源：*Statistical Abstract of the United States*，2012（available at http://www.census.gov/compendia/statab/），Table 688.

还有其他定律吗？

表2还显示了一种趋势，即随着收入的增加，用于住房的支出比重会下降，而用于健康医疗和养老金的支出比重则会上升。不过，这些趋势是否具有恩格尔定律的普遍性还有待商榷。经济周期（2009年是经济大衰退的一年）和提供相同产品的公共项目（如医疗保险或医疗补助）都会对这些项目的支出产生重要影响。试图控制这些影响因素的更详细的研究一般都无法发现像恩格尔150多年前所发现的那样重要的规律性。

思考题

1. 你认为低收入的人获得食品券的可能性会怎样影响表 2 中的数字？

2. 对当地房产税的批评往往声称这些税是累退的（换句话说，低收入的人相对于高收入的人来说支付占收入更高比例的税收）。根据表 2 的数据，这些批评意见是否正确？许多低收入的人居住在租赁的房子里，这是否会有重大影响？

3.2.2 低档产品

少数不寻常的产品的需求量可能会随着个人收入的增长而降低。比如劣等的威士忌、土豆以及二手衣服等，我们称这类产品为**低档产品***（inferior goods）。收入增加时低档产品的需求如何变化见图 3 - 2。产品 Z 是低档产品，因为当消费者收入增加时，他或她对 Z 的需求量会减少。尽管图 3 - 2 也遵循边际替代率递减的假设，但其显示出低档的特征。产品 Z 属于低档产品，是仅仅相对于其他可得产品而言的（比如物品 Y），并非出于其自身质量的缘故。例如，收入上升会导致对劣等威士忌的消费减少，因为消费者能够负担得起更昂贵的饮料（比如法国香槟）。尽管如此，如我们的案例所示，低档产品是相对较为稀少的，对它们进行研究能够帮助我们更好地解释需求理论的一些重要方面。

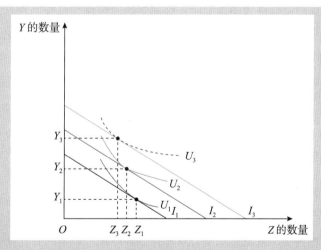

图 3 - 2 低档产品的无差异曲线

产品 Z 是低档产品，因为其消费量随着收入的增加而减少。Y 是正常产品（当只有这两种产品可得时），它的需求量随着总支出的增加而增加。

---

* 低档产品：当收入增加时，该类产品的需求量会减少。有些人把该类产品称为劣等品，译者以为不妥。这是因为众多此类产品仅仅是档次相对较低而已，但不等于是劣等品。比如乘坐公交车比乘坐出租车以及私家车档次低，因而随着收入的增加，对公交车的需求会下降，但这不等于公交车服务是劣等的。因而本书译者把该类产品统称为"低档产品"。——译者注

3.3 一种产品价格发生变化

论述价格变化对产品需求量的影响看起来要比论述收入变化对产品需求量的影响更复杂些。从图形上看，价格变化不仅涉及预算约束线的截距发生变化，也涉及斜率的变化。移向一个新的选择点，获得新的效用最大化产品束，既意味着移动到一条新的无差异曲线上，也意味着新的均衡点有不同的边际替代率。

当价格发生变化时，它对人们的消费选择有两个不同的效应。**替代效应**（substitution effect）发生在消费者依旧将消费组合选择定位于原来的无差异曲线的情况下，而此时消费不得不做出改变从而使得边际替代率等于新的两种产品价格的比率。而**收入效应**（income effect）则与价格变化导致的实际购买力变化相关。消费者可能移动到新的无差异曲线上，以便与新的实际购买力保持一致。我们将在几种不同状况中讨论这两种效应。

3.3.1 价格下降时的替代效应和收入效应

首先，让我们看看产品 X 的价格降低时其需求量的变化情况。这一情形如图 3-3 所示，消费者最初选择 A 点为最优消费组合（X^*，Y^*）。当 X 的价格下降时，预算约束线将如图所示向外移动到新的预算约束线。别忘记预算约束线与 Y 轴的交点度量的是所有收入能够购买的产品 Y 的数量。此时无论是收入 I 还是产品 Y 的价格均未发生变化，因此预算约束线与 Y 轴的截距不会发生变化。而新的 X 轴截距点则位于初始截距点的右方，因为更低的 X 价格让消费者能够购买更多的 X。更为平坦的预算约束线也意味着 X 与 Y 的价格比率 $\left(\text{即} \dfrac{P_X}{P_Y}\right)$ 下降了。

3.3.2 替代效应

随着预算约束线的这一变化，效用最大化新选择点位于 C 点（X^{**}，Y^{**}），此时新的预算约束线与无差异曲线 U_2 相切。这种移动到新的最优选择点的变化可以被视为两种不同效应的结果。首先，预算约束线斜率的变化促使消费者选择移动到 B 点，即便这个人仍然停留在初始的无差异曲线 U_1 上。图 3-3 中的粗黑直线与新预算约束线拥有相同的斜率，但它与 U_1 相切，因为我们假设实际收入（也即效用）保持不变。如果这个人没有因为更低价格而境况变得更好的话，产品 X 相对更低的价格将会使效用最大化选择点从 A 点移动到 B 点。图形上所显示的这一移动就是替代效应。此时尽管消费者的效用水平未发生变化，但是价格的变化依旧引起了消费选择的改变。

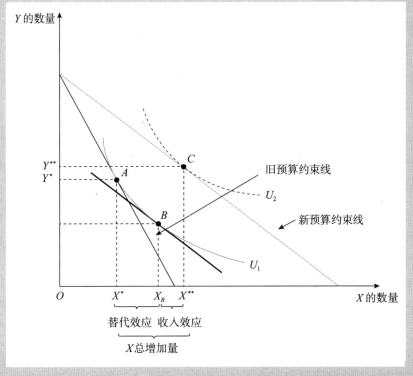

图 3－3　价格下降时的收入效应和替代效应

　　当 X 的价格下降时，效用最大化选择点将从 A 点移动到 C 点。这种移动可以分解为两种效应：首先，沿着初始无差异曲线从 A 点到 B 点，B 点的边际替代率与价格变化后的新价格比率相等（替代效应）。其次，由于实际收入增加，最优产品束移向更高效用水平（收入效应）。收入效应和替代效应均使得 X 在价格下降时被消费得更多。

　　另一种考虑从 A 点向 B 点移动的替代效应的方式是，可以设想消费者如何以最低支出达到无差异曲线 U_1 的水平。在初始预算约束线下，A 点代表消费者能够达到 U_1 水平的最低支付——此时 U_1 上其他点所需要的支付均大于 A 点。当 X 的价格下降时，产品束 A 不再是达到 U_1 效用水平的最节省方式。此时消费者为了以最低支付水平达到 U_1，将用产品 X 来替代产品 Y，以充分利用价格变化的优势。此时 B 点是达到 U_1 水平的最低成本点。在新的价格水平下，U_1 上其他任何点的成本都超过了 B 点。

3.3.3　收入效应

　　从 B 点向最终的产品束 C 点的进一步移动，与图 3－1 所描述的收入变化的影响是一致的。因为产品 X 的价格下降而其名义收入 I 却保持不变，消费者有更高的实际收入，因此可以负担得起更高效用水平（U_2）。如果 X 是正常产品，消费者对其的需求量将会更大，这即为收入效应。值得注意的是，对于正常产品而言，价格的变化与其需求量的变化负相关。也即如果 X 是正常产品，当其价格下降时，消费者的实际收入会增加，这会导致消费者购买更多的 X。而 X 的价格上升的情

3

况则正好与之相反，价格上升会降低消费者的实际收入水平，如果 X 是正常产品，则会减少其需求量。当然，如我们将看到的一样，如果 X 是低档产品，情况将变得更加复杂。但这种情况比较罕见，因此最终也不会耽搁我们太久。

3.3.4 总效应：一个数值例子

当产品 X 的价格下跌时，人们实际上并不会从 A 点移到 B 点再移到 C 点。我们从未观察到 B 点；只有 A 点和 C 点这两个实际选择反映在这个人的行为中。但对收入效应和替代效应的分析仍然很有价值，因为它表明价格变化会以两种概念上不同的方式影响产品的需求量。

为得到对这些效应的某些直观感觉，我们可以再次考察第 2 章的汉堡包-饮料例子。回想一下我们所考虑的消费者拥有 30 美元可供花费在快餐食物上，汉堡包的售价是 3 美元，饮料的售价是 1.50 美元。在这一预算约束条件下，消费者将选择购买 5 个汉堡包和 10 瓶饮料。现在假定有半价的汉堡包出售，因为卖者必须与新的塔可钟销售点竞争——汉堡包现在售价是 1.50 美元。这一价格变化明显会增加消费者的购买力。先前，他或她的 30 美元只能购买 10 个汉堡包，现在它能购买 20 个。很显然，价格的变化向外移动了预算约束线，并且增加了效用。价格下降也使得这个人会有没用完的资金。如果他或她仍然购买 5 个汉堡包和 10 瓶饮料，那么支出将是 22.50 美元，此时会有 7.50 美元没有用完。

准确确定这个人会怎样改变他或她的支出水平是不可能的，除非我们知道他或她的效用函数。但是，即使是在没有准确预测的条件下，我们也能够总结出将会发挥作用的力量。首先，他或她将会用增加的购买力购买更多的汉堡包。这是汉堡包价格下降的收入效应。其次，这个消费者必然意识到汉堡包现在比饮料更便宜了。这将会使得他或她用汉堡包替代饮料。只有做出这样一个替代，这个人的 MRS 才会与新价格比率（现在是 1.50 美元/1.50 美元＝1）保持一致。这就是替代效应。

随后，由这两个效应能够预测，随着汉堡包售价变低，其销量将会上升。具体来说，它们可能从 5 上升到 10，而饮料的售量保持 10 不变。这正好花掉了 30 美元的快餐食物预算。但是也可能出现许多其他结果，这依赖于这个消费者在他或她的消费选择中用汉堡包（现在更廉价）替代饮料的意愿有多大。

3.3.5 替代效应的重要性

任何价格变化都会有替代效应和收入效应。通常，经济学家认为替代效应在决定人们如何应对价格变化方面更为重要。替代效应显得相对重要的一个原因在于，在大多数情况下收入效应都会显得较小，因为我们所关注的产品只占人们支出的一小部分。口香糖或香蕉价格的变化对购买力的影响很小，因为这些产品在大多数人的总支出中所占的比重不到 1%。当然，在某些时候收入效应可能很大——比如能源价格的变化，就能够对其实际收入水平造成显著的影响。但在大多数情况下，情形并非如此。

经济学家倾向于主要关注价格变化的替代效应的第二个原因在于，这些效应的大小可能会有很大差异，这依赖于所考虑的是哪些具体产品。图3-4通过回顾我们在第2章中研究的一些例子来说明这一观点。图3-4（a）展示了左鞋-右鞋的例子。当左鞋的价格下降时，预算约束线变得更加平坦，从 I 移向 I'。但由于图中无差异曲线 U_1 的形状特殊，因此该例中不会产生替代效应。图中最初的产品束 A 与阐释替代效应的产品束 B 其实是同一点。只要消费者停留在无差异曲线 U_1 上，他就会购买完全相同数量的左鞋和右鞋，而不论左鞋和右鞋的相对价格如何变化。

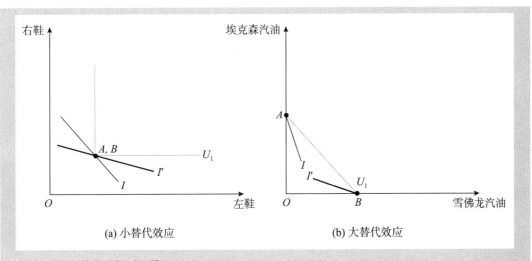

(a) 小替代效应　　　　　　(b) 大替代效应

图3-4　替代效应的相对规模

　　在图（a）中，不存在替代效应。左鞋的价格下降不会引起沿着 U_1 的移动。在图（b）中雪佛龙石油的相对价格变化使得消费者完全改变其选择的品牌。

这种情况在两种产品为近似完全替代品时将会变得大不一样。图3-4（b）描述了第2章的埃克森-雪佛龙的案例。假设初始时埃克森的汽油价格低于雪佛龙的汽油价格。预算约束线（I）会显得比无差异曲线 U_1 更为陡峭（无差异曲线斜率的绝对值实际上为1，因为这两种牌子的汽油是完全替代品），此时消费者只会购买埃克森汽油一种产品。当雪佛龙汽油的价格下降到比埃克森汽油的价格更低时，预算约束线将会变得更加平坦（I'），此时消费者可以选择仅仅购买雪佛龙汽油来以更低成本达到 U_1（B 点）。本例中替代效应是巨大的，能够使得消费者完全改变其对汽油产品的选择。

> **？ 小测验 3.2**
>
> 利用替代效应来解释：
>
> 1. 为什么沿着同一条交通干线上的大部分加油站都收取相同的汽油费；
>
> 2. 为什么类似于沃尔玛（或塔吉特）这类巨型超市的加入会使得当地的零售商降低销售价格。

当然，图 3-4 中描述的案例比较极端。但这确实描述了价格变化可能带来的广泛替代效应。现实世界中替代效应的大小取决于该产品是否存在很多近似替代品。"应用 3.2：消费者价格指数及其偏误"说明了替代效应在对通胀的度量中的重要性。

消费者价格指数及其偏误

在美国，消费者价格指数（CPI）是度量通货膨胀的一个主要指标，该指数由美国劳工部按月公布。为了构建消费者价格指数，劳工统计局首先需要定义消费者在基年（目前使用 1982 年）购买的典型一市场篮子产品。然后，每月搜集关于消费者目前购买这一篮子产品的成本数据。接着将当前成本与那一篮子产品的原始成本（1982 年）的比率作为消费者价格指数的当前值公布。该指数在两个时期之间的变化率被报告为通货膨胀率。

一个代数例子

这种构造过程可以通过一个简单的两产品例子来展现。假设 1982 年典型一篮子产品包括 X_{82} 份产品 X 和 Y_{82} 份产品 Y，其对应的价格分别为 P_{82}^X 和 P_{82}^Y。则该产品束在基年即 1982 年的成本为：

$$1982 \text{ 年的成本} = B_{82} = P_{82}^X X_{82} + P_{82}^Y Y_{82} \tag{1}$$

为了计算该产品束在 2012 年的成本，我们必须搜集该年度的产品价格信息（P_{12}^X，P_{12}^Y）并计算：

$$2012 \text{ 年的成本} = B_{12} = P_{12}^X X_{82} + P_{12}^Y Y_{82} \tag{2}$$

注意上式是对 1982 年的购买量采取 2012 年的价格加权。因此 CPI 被定义为两期市场篮子成本的比率乘以 100：

$$\text{CPI}_{12} = \frac{B_{12}}{B_{82}} \times 100 \tag{3}$$

通货膨胀率则可以通过该指数进行计算。比如相同的市场篮子在 1982 年价值 100 美元，而在 2012 年价值 230 美元，则 CPI 的值为 230，我们可以认为在这 30 年间价格水平有 130% 的涨幅。也就是说（可能不正确），人们的名义收入相比 1982 年必须有 130% 的涨幅，才能保障其享受与 1982 年相同的生活水平。社会保障以及劳动合同中所提供的生活费用调整项目（cost-of-living adjustments，COLA）就是以这种方法来计量的。不幸的是，这种方法存在不少问题。

CPI 中的替代偏误

上述计算方法存在的一个概念性问题在于，其假设消费者面临 2012 年的价格时，依然选择与 1982 年相同的一篮子产品来消费。这种处理方法没有考虑到价格变化对产品之间的替代的影响。这种方法还可能夸大了通胀造成的消费者购买力下降，因为它没有考虑到当价格发生变化时，人们将如何设法使自己的收入发挥最大效用。

例如，在图 1 中，一个典型的消费者选择产品束（X_{82}，Y_{82}），根据其在 1982 年的预算约束（我们称之为 I），这一选择可以提供最大效用水平（U_1）。假设 2012 年产品的相对价格发生了变化，比如产品 Y 变得更加昂贵了，这使得预算约束线相较于 1982 年而言显得更加平坦。用新的价格信息来计算产品束（X_{82}，Y_{82}）的成本，这一成本将反映在新的预算约束线 I' 上，它比 I 更平坦（以反映价格的变化），并通过 1982 年的消费点。如图所示，购买力的下降被夸大了。根据 I'，这个典型的人现在可以达到比 1982 年更高的效用水平。消费者价格指数夸大了购买力的下降。

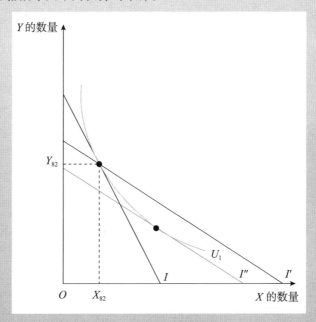

图 1　消费者价格指数中的替代偏误

1982 年收入为 I 时选择的产品束为（X_{82}，Y_{82}）。如果市场篮子面临不同的相对价格，篮子成本为 I'，这超过了达到初始效用水平所需的成本 I''。

对通货膨胀水平的真实度量可以借助收入水平 I'' 来实现，其反映了新价格，且同时使得消费者保持原先的效用水平 U_1。这考虑到了消费者根据产品相对价格变化所进行的替代行为（他们沿着 U_1 消费了更多的 X 和更少的 Y）。不幸的是，对 CPI 进行调整以使其将这种替代考虑进来是一个非常困难的任务——主要在于代表性消费者的效用函数难以准确度量。

新产品和质量偏误

新产品的引入以及产品的改良也会引起 CPI 出现类似的偏误。新产品通常会经历一个价格快速下降和被市场广泛接纳的阶段（比如 DVD 或者手机）。如果这些新产品并未被加入市场篮子，则消费者获取福利的一个重要来源就被忽略了。尽管市场篮子几年就会进行更新以将新产品包含进来，但其更新率显然无法跟上市场。可阅读"**应用 3.4：对新产品进行估值**"以寻求评估新产品的一种方法。

调整 CPI 以反映产品质量的改善也存在类似的困难。在许多情况下，产品的价格在不同年份大致不变，但近期的产品一般比早期的产品更优异。例如，一台高质量的笔记本电脑的售价长期以来都在 500 美元和 1 500 美元之间，但当下新型号电脑的性能显然高于以往的型号，比如说 5 年前的型号。实际上，同等质量（性能）的笔记本电脑现在的价格早已巨幅下跌，但当 CPI 购物者被告知要购买"新笔记本电脑"时，这一点并不明显。计算 CPI 的统计学家多年来一直在努力解决这一问题，并设计出大量巧妙的解决方法（包括使用特征价格法模型——见应用 1A.1）。尽管如此，很多经济学家依然认为 CPI 的计算遗漏了许多产品质量的改善。

零售点偏误

最后，劳工统计局每月派买家去相同的零售点进行数据统计，这可能会高估通胀。实际上消费者倾向于寻找临时促销或其他便宜货，他们选择能让钱花得最值的地方进行消费。近年来，这意味着在巨型仓储超市诸如山姆俱乐部或者好市多连锁店而非传统的零售店进行购物。目前构建的 CPI 计算并未考虑到这种购物过程中的降价策略行为。

偏误的后果

度量所有的偏误并设计出更好的 CPI 计算方式，以便将它们考虑进来，这并非易事。事实上，由于 CPI 被广泛地视为度量通货膨胀程度的"标准"，因此涉及的任何改变都将引起激烈的政治争论。然而，依然存在较为广泛的共识，认为现行的 CPI 计算方式可能高估了生活费用的实际增长，每年高估幅度可达 0.75%～1%。[a] 某些估算表明，对 CPI 的计算方法进行纠正将可能导致联邦政府在 10 年内减少多达 5 000 亿美元的项目支出。因此，某些政客建议削减联邦政府的生活费用调整项的支出，但这些建议引起了很大争议，至今没有一项被采纳。然而在私人合约中，人们常常意识到 CPI 存在向上的偏误（高估）。一些私人的生活费用调整项抵消了由 CPI 所测度的通货膨胀。

政策挑战

政府政策的许多方面都需要根据通货膨胀进行调整。其中一些包括：(1) 调整社会保障福利，(2) 改变所得税等级的临界点，(3) 调整通胀保值债券的价值。政府应该怎样选择一个价格指数以做出所有这些调整？比如，许多经济学家已建议采用链式价格指数，其中每个月更换产品组合，以解决替代偏误问题。据估计，这一方法将使每年通胀调整减少大约 0.25 个百分点。这对老年社会保障受益人来说公平吗？他们通常比年轻消费者在（高通胀的）医疗保健方面花费更多。

a. 关于 CPI 偏误问题的更详细的讨论，参见 Jerry Hausman, "Sources of Bias and Solutions to Bias in the Consumer Price Index," *Journal of Economic Perspectives* (Winter 2003): 23 - 44.

3.3.6 低档产品的替代效应和收入效应

对于极少数低档产品而言，替代效应和收入效应以相反的方向发挥作用。价格变化对需求量的净影响将是模糊的。在这里我们将对价格上升时的模糊性展开论述，价格下降时的情况将留给读者自行思考。

图 3-5 描述了当 X 是低档产品时其价格上升所引起的替代效应和收入效应。随着 X 的价格提高，消费者将购买更少的 X。替代效应将由沿着初始无差异曲线 U_2 从 A 点移向 B 点来表示。然而，由于价格上升，此人现在拥有更低的实际收入，必须向更低的无差异曲线 U_1 移动。消费者最终选择消费组合 C。在 C 点，消费者购买了比 B 点更多的 X，因为 X 为低档产品，当收入下降时，X 的需求量将会增加而不是像正常产品那样减少。在我们这里的例子中，低档产品价格变化所引致的替代效应很强，抵消了这种低档产品价格变化带来的"反常"的收入效应——因此价格上涨导致需求量仍然呈下降趋势。

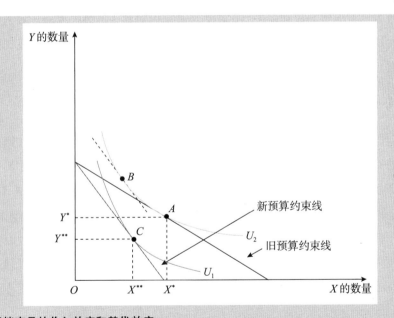

图 3-5 低档产品的收入效应和替代效应

当 X 的价格上升时，替代效应将导致消费者购买更少的 X（如图所示，沿着 U_2 移向 B 点）。但由于 X 是低档产品，因此收入效应会导致其需求量增加（C 点相较于 B 点）。在本例中，替代效应大于收入效应，因此 X 的需求量总体上还是减少了（从 X^* 到 X^{**}）。

3.3.7 吉芬悖论

如果低档产品价格变化的收入效应足够大，那么价格上涨就会导致需求量增加。传说英国经济学家罗伯特·吉芬（Robert Giffen）在 19 世纪的爱尔兰观察到了这一悖论——当土豆价格上涨时，人们消费了更多的土豆。要解释这一奇特的结果，可以从土豆价格变化中收入效应的大小入手。土豆不仅是低档产品，并且占据了爱尔兰人收入的很大一部分。因此土豆价格的上升非常显著地降低了实际收入。爱尔兰人被迫减少在其他产品上的支出以购买更多的土豆。尽管这种情况在经济上是不可信的，但产品价格上涨导致需求量增加的可能性被称为**吉芬悖论**（Giffen's paradox）。[①]

3.4 一个应用：包干原则

经济学家对税收的兴趣由来已久。我们将在本书中的很多地方看到类似的分析。这里我们将使用个人选择模型来展示税收如何影响效用水平。当然，显而易见的结果是支付税收会降低个人的效用水平，因为支付税收降低了个人的购买力（假设我们不考虑政府使用税收来提供的各项服务）。但是通过使用替代效应和收入效应分析工具，我们能够展示福利受损失的程度依赖于税收结构。具体来讲，直接对总收入征税导致的福利损失会比在更小范围内对某些产品征税所导致的福利损失要小。这种"包干原则"（lump-sum principle）被视为经济学家研究最优税收的核心课题。

3.4.1 图解法

图 3-6 展示了包干原则的图形证据。起初，消费者有 I 美元可供花费，其选择的初始产品束为 (X^*, Y^*)。该组合对应的效用水平为 U_3。仅对 X 征税提高了该产品的价格，此时预算约束线变得更加陡峭。在新的预算约束线（由 I' 表示）上，消费者被迫选择更低的效用水平（U_1），其对应的产品束为 (X_1, Y_1)。

假设现在政府酝酿征收一次总付税，其规模与仅对某种产品征税时所获得的税收收入相同。这将会使消费者面临的预算约束线移向 I''。事实上，I'' 通过产品束点 (X_1, Y_1) 表明两种税所征收的额度是相等的。[②] 然而，在 I'' 的约束下消费者更倾

---

① 这类解释的一个主要问题在于其忽略了马歇尔的观点，在分析价格变化时应该同时考虑需求和供给。如果土豆价格上升是因为土豆疫病导致供应减少，那么怎么可能会有更多的土豆被消费掉呢？此外，很多爱尔兰人本身也是土豆种植者，土豆价格上升也会提高他们的实际收入。关于这些讨论以及其他有意思的"土豆传说"，请参见 G. P. Dwyer and C. M. Lindsey, "Robert Giffen and the Irish Potato," *American Economic Review* (March, 1994): 188 - 192。

② 可以使用代数表达式来进行简要证明。在征收产品销售税时（设每单位销售税率为 t），个人预算约束集为
$$I = I' = (P_X + t)X_1 + P_Y Y_1$$
一次总付税可以表达为
$$T = tX_1$$
征收相同额度的一次总付税时的税后收入为
$$I'' = I - T = P_X X_1 + P_Y Y_1$$
这显示 I'' 通过点 (X_1, Y_1)。也即两种税收情况下该产品束 (X_1, Y_1) 都是可以消费得起的，但它比征收所得税的情况下能达到的另一个产品束 (X_2, Y_2) 效用更低。

向于选择（X_2，Y_2）而非（X_1，Y_1）。尽管在两种情况下消费者支付相同数额的税收，其在一次总付税情况下选择的产品束却能够达到比单一产品税时更高的效用水平 U_2。

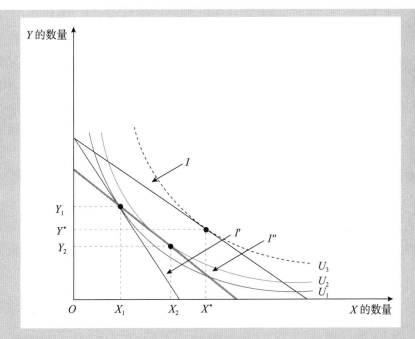

图 3-6　包干原则

对产品 X 直接征税使得预算约束线移到 I'，消费者选择产品束（X_1，Y_1），其效用水平为 U_1。征收相同额度的一次总付税使得其预算约束线移到 I''，此时消费者选择产品束（X_2，Y_2），其效用水平为更高的 U_2。

一个直观的解释在于，单一产品税以两种方式影响消费者的效用状况：不仅降低了消费者的购买力（收入效应），还直接减少了对征税产品的需求量（替代效应）。一次总付税对消费者效用状况的影响则只存在第一种效应。因此，在等量税收额度的情况下，征收一次总付税时消费者的福利状况会比征收单一产品税时更好，后者扭曲了消费者的最优产品束选择。

3.4.2　一般化

一般来讲，图 3-6 对包干原则的论证意味着，对那些替代效应较小的产品征税，可以将因需要征收一定数量的税收而造成的效用损失降到最低。这样，除了对购买力的直接影响外，税收对福利的影响相对较小。另外，如果对那些有很多替代品的产品进行征税，将会使人们在很大程度上改变其消费计划。这种额外的扭曲效应会提高消费者对此类税收的总体效用成本。在"**应用 3.3：实物计划的低效率**"中，我们将探讨上述论述在福利政策方面的一些含义。

应用 3.3

实物计划的低效率

许多国家运作各类项目以帮助低收入人群。这些项目有一部分只是简单提供现金支付，但是绝大多数是旨在补贴食物、住房或者医疗护理的实物计划项目。这些项目在最近几年已不断扩张，而现金援助项目则趋于滞后。这类扩张虽然带有崇高目标，但是它实际上在增加所服务的低收入群体福利方面带来了两大问题：（1）这些项目所花费的每一美元所提供的效用不及现金项目所提供的效用水平；（2）这些项目的累积效应可能会使得低收入人群没有工作的动力。在这个应用当中，我们将探讨这两个主题。

包干原则的再次运用

实物计划项目的无效率只是包干原则的一个简单运用。在图 1 中，我们显示出一个典型的低收入人群中的代表性个体面临的预算约束。对产品 X 的补贴（比方说食物）将会使得预算约束线从 I 变为 I'。这将使这个人的效用从 U_1 变为 U_2。新的效用最大化的点将会位于 B 点。跟非现金项目补贴同样数量的收入拨款用预算约束线 I'' 表示。在这一预算约束线下，这个人将会达到效用水平 U_3。因为非现金项目提供的效用水平低于同样花费的现金拨款，非现金补贴可能被视为提供援助的低效率方法。

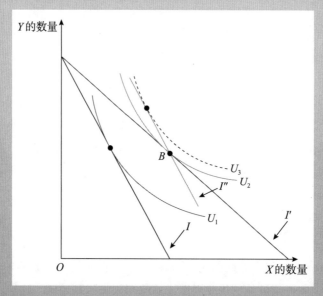

图 1　收入赠与的优越性

对 X 的食物津贴（预算约束线 I'）能够将效用水平提升至 U_2，而使用相同的资金，纯粹的收入赠与（预算约束线 I''）能够将效用提升到 U_3。

当可获得许多这样的实物计划项目时，研究这些项目的低效率可能非常复杂。因为每个项目只扭曲某个具体维度的消费（比方说，鼓励消费更多的食物），它对于其他补贴项目（比方说住房）的影响实际上可能会减少低效率。在 1994 年的研究中，迈克尔·默里

（Michael Murray）研究了美国三个主要实物计划项目（食物、住房和医疗护理）之间的相互作用。[a] 他所得到的结论是，来自多个项目的低效率少于单个项目分别估计的结果。然而，综合来看，所有这些项目给消费者带来的收益只值（从效用来看）大约 68% 的同样花费的现金拨款项目所提供的效用。

福利墙

所有福利类型的项目均必然会随着人们收入的上升而减少它们所提供的收益。这一效应对于收入更高的人形成一个隐性税收。当存在多个项目时，每个项目均有它自己的隐性税收，这些税率加总起来将是一个相当高的水平。一些经济学家使用“福利墙”术语命名由高税率所形成的障碍。举例来说，尤金·史特力（Eugene Steuerle）发现，对于美国每年收入大约为 25 000 美元的人来说，综合的边际税率接近 100%。[b] 尽管还很难估计这些项目对低收入人群关于工作的选择的准确影响，但是如果这一影响很大，也就不足为奇了。

思考题

1. 在过去的 30 多年里，为什么对于面向低收入人群的实物计划项目（比如食物、住房或者医疗护理等）的支出水平会远远超过现金扶助项目的支出水平？

2. 为什么很难构建能够避免福利墙的实物福利项目方案？

a. Michael P. Murray, "How Inefficient Are Multiple In-kind Transfers?" *Economic Inquiry* （April 1994）：209-225.

b. C. Eugene Steuerle, Statement on "Marginal Tax Rates, Work, and the Nation's Real Tax System." U. S. Congress, Subcommittee on Human Resources, June 27, 2012.

3.5 其他产品价格的变化

如果你仔细看一下图 3.3~图 3.6，那么你将会看到 X 价格的变化将会影响到其他产品 Y 的需求量。在图 3-3 中，产品 X 的价格下降不仅使得 X 自身的需求量增加，而且使得 Y 的需求量也有所增加。我们可以通过替代效应和收入效应来分析产品 X 的价格变化对产品 Y 需求量的影响。

首先，如图 3-3 所示，替代效应使 X 的价格降低，并减少对产品 Y 的需求量。通过沿着无差异曲线 U_1 从 A 点移动到 B 点，消费者选择用 X 来替代 Y，因为更低的价格比率 $\frac{P_X}{P_Y}$ 要求对边际替代率进行调整。在该图中产品 X 价格下降的收入效应足够强，以至于其能够扭转结果。因为 Y 是正常产品，而此时消费者的实际收入是增加的，因此他或她对 Y 的需求量是增加的：产品束由 B 点移向 C 点。此时图 3-3 的 Y^{**} 是大于 Y^* 的，并且 X 价格下降的总效应实际上增加了对产品 Y 的需求量。

无差异曲线集的轻微差异也会导致不同的结果（意味着不同的偏好）。图 3-7 显示了一个相对平坦的无差异曲线集的情况，此时产品 X 的价格下降所引起的替代效应是非常大的。在从 A 点向 B 点的移动中，大量的 X 替代了 Y。而对 Y 需求量的收入效应并不足以扭转如此大的替代效应。在这种情况下，最终的 Y 需求量 Y^{**} 比其初始需求量要小。一种产品价格下降对另一种产品需求量的影响是比较模糊的，这完全依赖于个人偏好是怎样的，正如无差异曲线图所反映的。我们必须仔细研究收入效应和替代效应，它们的作用方向恰好相反（至少在两产品的情况下是如此）。

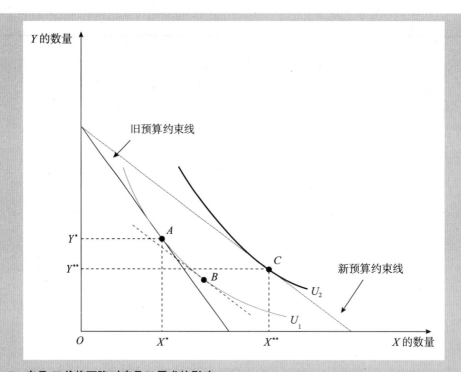

图 3-7 产品 X 价格下降对产品 Y 需求的影响

与图 3-3 相反，现在 Y 的需求量随着 X 价格的下降而减少（从 Y^* 到 Y^{**}）。

相对平坦的无差异曲线使替代效应非常大。从 A 点到 B 点的移动意味着放弃大量的 Y 来换取额外的 X。这一效应远远超过了从 B 点到 C 点的正的收入效应，从而 Y 的需求量就会下降。因此，当 X 的价格下降时，Y 的购买量可能会上升，也可能会下降。

替代品和互补品

经济学家用替代品和互补品来描述产品之间的关系。互补品是指人们会同时增加使用这两种产品的产品。互补品的例子包括咖啡和奶油、鱼和薯条、花生酱和果冻或者汽油和汽车。另外，替代品则是指那些可以彼此替代的产品。茶与咖啡、本田与丰田或者租房与购房都是一些可以相互替代的产品。

两种产品互为替代品还是互为互补品，牵涉到的主要是人们的无差异曲线的形状问题。个人购买产品的市场行为能够帮助经济学家了解这些关系。两种产品是**互补品**（complements）则意味着其中一种产品的价格上升会导致另一种产品的需求量减少。例如，咖啡的价格上升不仅会引起咖啡的需求量减少，还会引起奶油的需求量减少，其原因在于二者间的互补关系。同样，咖啡和茶是**替代品**（substitutes），因为茶能够替代咖啡，因而咖啡的价格上升会导致茶的需求量增加。

一种产品的需求量会怎样受到另一种产品价格变化的影响是由收入效应和替代效应决定的，但我们只能观察到这两种效应的综合后果。在我们对替代品和互补品的定义中，如果同时包含价格变化的收入效应和替代效应，有时会出现问题。例如，产品 X 是产品 Y 的互补品，同时 Y 又是 X 的替代品，这在理论上是可能的。这种令人困惑的情况使得一些经济学家更青睐于根据替代效应的方向来对替代品和互补品进行定义。[①] 然而，在本书中我们并不对此进行区分。

> **小测验 3.3**
>
> 另一种产品价格的变化会对一个人对咖啡的需求产生收入效应和替代效应。请描述下列情况下的这两种效应，并说明它们对购买咖啡的影响是相同还是相反。
>
> 1. 茶叶价格下降。
> 2. 奶油价格下降。

3.6　个人需求曲线

至此，我们完成了关于个人对产品 X 的需求如何受其经济状况的各种变化影响的讨论。我们首先将产品 X 的需求函数写成：

$$产品\ X\ 的需求量 = d_X(P_X, P_Y, I; 偏好)$$

然后我们讨论每个经济因素 P_X、P_Y 和 I 的变化会怎样影响消费者对产品 X 的购买决策。这种讨论的主要目的在于推导出个人需求曲线，并准确地了解那些可能导致需求曲线位置发生变化的因素。在本节我们将说明如何绘制个人需求曲线，在下一节我们将探讨需求曲线发生移动的原因。

个人需求曲线（individual demand curve）描述了其他条件不变时产品需求量（比如 X）与价格（P_X）之间的关系。其他条件不变假设不仅意味着个人偏好也是不变的（这一假设其实贯穿于本章始末），而且意味着需求函数中的其他经济因素（也即 P_Y 和 I）保持不变。在需求曲线中，我们将聚焦于讨论产品价格变化与所选择的产品需求量之间的关系。

---

① 对该主题的拓展，请参见 Walter Nicholson and Christopher Snyder，*Microeconomic Theory：Basic Principles and Extensions*，11th ed.（Mason，OH：Cengage Learning，2012），184 - 188。对这些效应的经典初始研究，请参见 J. R. Hicks，*Value and Capital*（London：Cambridge University Press，1939），Chapter 3 and the mathematical appendix。

图 3-8 描述了如何构建产品 X 的个人需求曲线。在图 3-8（a）中，个人的无差异曲线图分别与三条预算约束线相切。这三条预算约束线体现了产品 X 的依次下降的三个价格 P'_X、P''_X 和 P'''_X。能够影响预算约束线位置的其他经济因素（P_Y 和 I）未发生变化。从图形上看，三条预算约束线有相同的 Y 轴截距。产品 X 的价格持续下降轮番将预算约束线向外旋转。给定三条不同的预算约束线，对应的效用最大化时 X 的需求量分别为 X'、X'' 和 X'''。这三个选择表明，在替代效应和收入效应同向作用的前提下，产品 X 的需求量随着 X 价格的下降而增加。

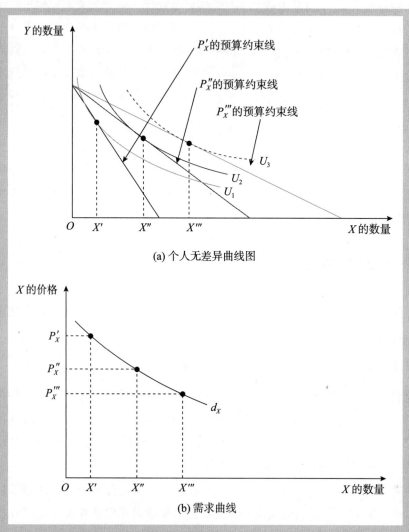

(a) 个人无差异曲线图

(b) 需求曲线

图 3-8　个人需求曲线的推导

图 3-8（a）描述了随着产品 X 的价格持续降低，消费者效用最大化的产品束情况。图 3-8（b）则描绘了用来推导 X 需求曲线的 P_X 与 X 之间的关系。需求曲线描述了当产品 Y 的价格和货币收入不变而仅有产品 X 的价格变化时的情况。

图 3-8（a）所提供的信息能够被用来推导需求曲线，这体现在图 3-8（b）中。纵轴显示产品 X 的价格，所选择的需求量则继续显示在横轴中。需求曲线 d_X 向下倾斜，表明当 X 的价格下降时 X 的需求量增加。这种增加代表了价格下降的替代效应和收入效应。

需求曲线的形状

需求曲线的精确形状由产品 X 价格变化的替代效应和收入效应的大小决定。个人需求曲线既可能相当平坦，也可能相当陡峭，这取决于他或她的无差异曲线的性质。第一，如果产品 X 存在很多近似的替代品，其无差异曲线近乎为直线［类似于图 3-4（b）］，此时价格变化的替代效应将会非常大。如果产品 X 的价格下降，其需求量将会巨幅上升。结果，其需求曲线将会相当平坦。例如，考虑某个人对某种具体牌子麦片的需求（比如说著名的品牌 X）。因为任何一种牌子的麦片都有很多近似替代品，因此对 X 品牌麦片的需求曲线将会相当平坦。如果 X 品牌麦片价格下降，人们很容易从其他种类谷物转向 X 品牌，X 品牌的需求量就会大幅增加。

第二，对某些产品的个人需求曲线有可能相当陡峭，也就是说，即产品价格变化对消费的影响并不大。这种情况可能出现在产品缺少近似替代品时。例如，可以考虑个人对水的需求。由于水能够满足诸多独一无二的需求，当水的价格上升时不可能找到合适的替代品，因此替代效应比较小。此外，购买水的支付占个人总收入的比重较低，因而水价上涨引起的收入效应也不会太大。因此，水的需求量对水价变化的反响并不明显，也即水的需求曲线近乎垂直。

第三，考虑食物的例子。因为食物作为整体来讲不存在替代品（尽管对单个食物品种来讲显然有替代品），食物价格上升不会引起重要的替代效应。从这种意义上讲，食物近似于水的案例。然而，食物却是个人总支付的主要项目，食物价格上升对个人购买力会有显著的影响。因此，由于收入效应的缘故，食物需求量将会随其价格上涨而明显减少。如果我们只把食物视为一种必需品，几乎没有任何替代品，那么食物的需求曲线将比我们预期的更为平坦（也即食物需求量对价格变化的反应会更大）。[①]

3.7　个人需求曲线的移动

个人需求曲线概括了在所有其他可能影响需求的因素保持不变的情况下，产品 X 的价格与 X 的需求量之间的关系。价格变化导致的收入效应和替代效应将使个人沿着他或她的需求曲线移动。如果我们假设保持不变的诸多因素中有一个发生了

---

① 由于种种原因，有时讨论仅仅反映替代效应的需求曲线是极其便利的，但在本书中我们并不研究这种补偿性需求曲线。

变化（比如 Y 的价格、收入或者偏好），整条需求曲线将移到一个新的位置。需求曲线仅当其他条件不变假设成立时才会维持在初始位置。图 3-9 描述了需求曲线移动的各种情况。图 3-9（a）描述了收入增加对产品 X 的影响。假定产品 X 是正常产品，收入增加将会导致在每一价格下 X 的需求量增加。例如，在 P_1 处，X 的需求量从 X_1 增加到 X_2。这种影响在本章初始部分就进行了描述（见图 3-1）。当收入增加时，消费者会购买更多的 X，即使其价格并未发生变化，此时需求曲线也会向外移动。图 3-9（b）和图 3-9（c）描述了产品 Y 价格变化对产品 X 需求曲线的两种可能影响。在图 3-9（b）中，假定 Y 和 X 是替代品，比如，X 是咖啡而 Y 是茶，茶的价格上涨会促使消费者用咖啡来替代茶。与先前的情形相比，在每一价格处咖啡（产品 X）的需求量变多。比如，在 P_1 处，咖啡的需求量从 X_1 增加到 X_2。

另外，假设 Y 是 X 的互补品，比如，咖啡（X）和奶油（Y）。奶油价格上升将会使得咖啡的需求曲线向内移动。因为咖啡和奶油总是一起消费的，因此在每一价格处咖啡（X）的消费量都将减少。需求曲线的这种移动在图 3-9（c）中表示——在 P_1 处，咖啡 X 的需求量从 X_1 减少到 X_2。

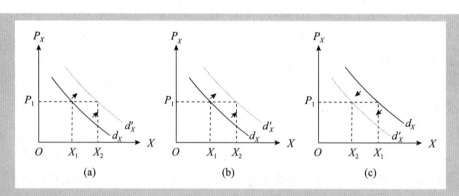

图 3-9 个人需求曲线的移动

在图（a）中，需求曲线由于个人收入增加而发生外移，在每一价格处 X 的需求量都增加了。在图（b）中，产品 Y 的价格上涨也会导致 X 的需求曲线外移。对个人来讲，X 和 Y 是替代品。在图（c）中，产品 Y 的价格上升导致需求曲线内移，Y 和 X 是互补品。

偏好的改变也会引起需求曲线的移动。例如，突如其来的暖流会导致冷饮的总体需求曲线向外移动。由于每个人对冷饮的渴望都增强了，因此在每一价格处的需求量都会增加。类似地，在 20 世纪 80 年代和 20 世纪 90 年代由于环境保护意识的增强，人们对可回收容器和有机种植食物等产品的需求大量增加。同样，2008 年因担心沙门氏菌感染了番茄或者花生，全美国对其的需求急剧下降。

谨慎使用术语

仔细区分需求曲线的移动和沿着静止的需求曲线的移动，这是非常重要的。产品 X 的价格变化会引起其需求量沿着需求曲线移动。其他经济因素的变化（诸如收入的变化、其他产品价格的变化或者偏好的变化）将会导致 X 的整条需求曲线发生移动。如果我们想知道牛排价格变化对牛排需求量的影响，只需要使用一条需求曲线，并研究沿着该曲线的变化。另外，如果我们想知道收入变化将如何影响牛排的需求量，则我们需要研究整条需求曲线位置的移动。

> **? 小测验 3.4**
>
> 下面的陈述来自两个报告者对同一事件的陈述。哪个（如果有的话）报告者弄明白了需求曲线的移动和沿着需求曲线的移动之间的区别？
>
> 报告者 1：佛罗里达的霜冻气候会提高橘子的价格，人们将减少他们对橘子的需求。由于人们对橘子的需求减少，橘子种植者将会降低其对橘子的要价，而低价会使得橘子的购买量恢复到原来水平。
>
> 报告者 2：佛罗里达的霜冻气候会提高橘子的价格，并减少人们对橘子的需求。橘子种植者因此将会适应较低的销售量，即使气候恢复正常。

为了把这些问题搞清楚，经济学家必须谨慎表述。由价格下降引起的需求量沿着一条静止的需求曲线的向下移动被称为**需求量增加**（increase in quantity demanded）。整条需求曲线的向外移动则被称为**需求增加**（increase in demand）。出于某种缘故价格上升引起的需求量下降（沿着需求曲线移动）被称为**需求量减少**（decrease in quantity demanded），而其他某种因素引起的需求下降（整条需求曲线向左移动）被称为**需求减少**（decrease in demand）。精确地使用这些术语非常重要，它们不可以相互替换。

3.8 两个数值例子

让我们看一看使用个人偏好推导出他或她对某产品的需求曲线的两个例子。

3.8.1 完全互补

在第 2 章，我们举过某人一直购买两袋爆米花（C）和一张电影票（M）的例子。给定他或她的预算约束是

$$P_C C + P_M M = I$$

我们能够把其所偏好的选择 $C = 2M$ 代入得到

$$P_C(2M) + P_M M = (2P_C + P_M)M = I$$

或者 $\qquad M = I/(2P_C + P_M) \qquad\qquad$ (3.5)

这是电影的需求函数。如果我们给出 I 和 P_C 的具体数值，我们就能够得到电影需求曲线的表达式。比如，如果 $I=30$ 和 $P_C=2.50$ 美元，那么需求函数则为

$$M=30/(5+P_M) \tag{3.6}$$

注意，如果 $P_M=10$，那么这个人将会选择看两场电影，这正是我们在第 2 章中所得到的具体结果。方程（3.6）可以确定任何其他价格（假设你能够观看几分之一的电影）的影响。因为电影的价格在此是用分母来表示的，需求曲线明显是向下倾斜的。也就是说，更高的电影票价格将会使得看电影次数下降。也要注意到更高的收入将会使得电影需求曲线向外移动，而更高的爆米花价格将会使得需求曲线向内移动。

3.8.2 一些替代性

在第 2 章，我们也举过某人一直将他或她一半的快餐预算花费在汉堡包（Y）上、将一半的快餐预算花费在饮料上（X）的例子。从这个人的预算约束线来说，这可以表述为

$$P_X X=P_Y Y=0.5I$$

所以，此时计算需求曲线就非常简单，比方说，饮料的需求曲线是

$$P_X X=0.5I \text{ 或者 } X=0.5I/P_X \tag{3.7}$$

如果 $I=30$，那么饮料的需求曲线的具体表达式将是

$$X=15/P_X \tag{3.8}$$

因此，价格上升会减少需求量，收入增加将会向外移动需求曲线。然而，在这个具体例子中，汉堡包的价格变化基本不会移动饮料的需求曲线，因为这个人不管它们的价格是多少，已决定将他或她一半的钱花费在汉堡包上。

铭刻于心 　需求曲线只表示两个变量

为了画出任何需求曲线，你必须计算产品的需求量和它的价格之间的关系。所有其他可能影响需求的因素均必须保持不变。具体来说，如果需求曲线包含了收入或者其他产品的价格，那么你在试图画出这一需求曲线时，必须先给这些变量赋值。

3.9 消费者剩余

需求曲线提供了关于消费者自愿交易时支付意愿的充足信息。因为需求曲线原则上是可以度量的，相较于效用函数而言，需求曲线在现实世界中用于研究经济行

为更为有用。需求曲线的一个重要应用就在于研究价格变化对消费者总福利的影响。这一技术依赖于消费者剩余的概念——我们将在本节中探讨这一概念。这里提及的工具被经济学家广泛用于研究公共政策对消费者福利的影响。

3.9.1 需求曲线与消费者剩余

为了理解消费者剩余的概念，我们以另一种稍微不同的方式来思考一个人对一种产品的需求曲线。具体来讲，需求曲线上每一点均可以被视为个人愿意对额外一单位产品所支付的价格。需求曲线向下倾斜，就是因为随着给定产品的消费量的增加，其边际支付意愿递减。以图 3 - 10 中 T 恤的需求曲线为例，当 T 恤单价为 11 美元时，此人选择消费 10 件 T 恤。换句话说，此人愿意为他或她的第 10 件 T 恤支付 11 美元。另外，如果价格为 9 美元，此人选择消费 15 件 T 恤，他或她认为第 15 件 T 恤只值 9 美元。从这一角度来看，个人需求曲线告诉我们许多他或她对不同数量产品支付意愿的信息。

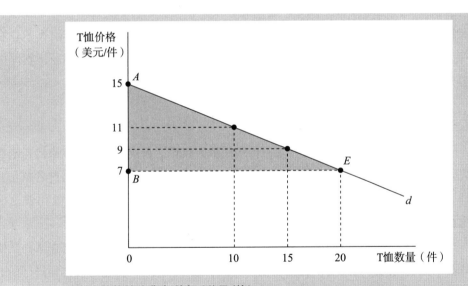

图 3 - 10 T 恤需求价格的消费者剩余（美元/件）

曲线 d 描述了个人的 T 恤需求。他或她愿意为第 10 件和第 15 件 T 恤分别支付 11 美元和 9 美元。当价格为 7 美元时，他或她从第 10 件 T 恤中获得 4 美元的消费者剩余，从第 15 件 T 恤中获得 2 美元的消费者剩余。总的消费者剩余由三角形 AEB 的面积给出（80 美元）。

因为产品通常都是以一个单一的市场价格出售的，消费者会选择购买额外一单位产品，直到其对该产品边际价值的评价恰好等于产品价格的那一点为止。例如，在图 3 - 10 中，如果 T 恤的售价为 7 美元，那么这个人愿意购买 20 件 T 恤，因为第 20 件 T 恤恰好价值 7 美元。他或她不会购买第 21 件 T 恤，因为它不值 7 美元（一旦此人已经拥有 20 件 T 恤）。因为此人愿意为第 10 件或者第 15 件 T 恤支付多于 7 美元，所以很明显，此人从这些 T 恤交易中获得了"剩余"，原因在于他或她实际所支付的价款小于他或她愿意支付的最高额。因此，我们有了**消费者剩余**（consumer surplus）的正式定义，即消费者个人愿意为所购买产品付出的最大数额与其实际支付数额之间的差额。从图形上看，消费者剩余由需求曲线之下及市场价格之上的区间确定。消费者剩余用货币单位进行度量（美元、欧元、日元等）。

由于图 3-10 中的需求曲线为直线，因此消费者剩余的计算显得尤为简单，正好是三角形 AEB 的面积。当价格为 7 美元时该区域的大小为 $0.5 \times 20 \times (15-7) = 80$（美元）。此人在价格为 7 美元时购买了 20 件 T 恤，他或她的实际花销为 140 美元，但也获得了 80 美元的消费者剩余。如果我们以此人购买每一件 T 恤所愿意支付的最大数额来计算，则他或她消费的这 20 件 T 恤共值 220 美元，但它们的总售价仅为 140 美元。

价格上升会减少消费者从 T 恤购买中获得的消费者剩余。例如，当价格为 11 美元时，他或她购买 10 件 T 恤，消费者剩余将为 $0.5 \times 10 \times (15-11) = 20$（美元）。因此，由于 T 恤价格从 7 美元上升到 11 美元，消费者剩余损失了 60 美元。这些损失中的一部分归 T 恤生产者所有，因为相较于之前 7 美元单价时他或她购买这 10 件 T 恤需要多支付 40 美元。另外，20 美元的消费者剩余则消失了。在后面的章节中，我们将看到如何利用这类计算来判断价格变化时各种经济状况的后果。

3.9.2 消费者剩余和效用

消费者剩余概念与我们一直学习的效用最大化理论直接相关。具体来讲，消费者剩余提供了用货币度量的市场上的变化对消费者效用的影响方式。消费者剩余并非一个全新的概念，当我们开始研究需求时，它提供了另一种理解效用概念的方式。

图 3-11 阐述了消费者剩余和效用之间的联系。该图描述了一个人在某种具体产品（这里我们再次使用 T 恤的例子）和他或她可能购买的其他产品之间进行的选择。预算约束表明，当价格为 7 美元时，预算约束线由 I 给出，此人将消费 20 件 T 恤和价值 500 美元的其他产品。包括花费在 T 恤上的 140 美元，总消费额为 640 美元。此人从这一消费方案中所获得的效用水平为 U_1。

现在考虑 T 恤不可获得时的情况——比如当家长式作风的政府反对 T 恤上印制的某些口号时。在这种情况下，如果此人依然要达到 U_1 的效用水平，则他或她需要额外的补偿。具体来讲，额外给予此人的收入即为线段 AB，这样能够保证其在无法获得 T 恤时，依然能够达到初始的效用水平 U_1。这一美元数据应该近似于前面所算出的消费者剩余值，也即线段 AB 约为 80 美元。因此，消费者剩余也可解释为对以下问题的度量：如果从市场上撤销某种产品，应该给消费者的补偿金额。

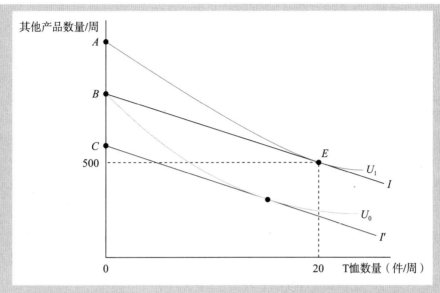

图 3 - 11　消费者剩余和效用

起初，该消费者的产品束为 E 点，效用水平为 U_1。如果 T 恤变得不可获得，他或她要达到 U_1 需要 AB 数量的其他产品来弥补。他或她也愿意支付 BC 来消费 T 恤，而非将所有收入都花在其他产品上。线段 AB 和线段 BC 都近似于图 3 - 10 中的消费者剩余区域。

对消费者剩余的一种稍微有些不同的度量方法是，询问此人为获得购买单价为 7 美元的 T 恤的权利所愿意支付的收入数额。在图 3 - 11 中线段 BC 表示的就是这一数额。当预算约束线为 I' 时，此人能够获得与他或她在预算约束线为 I 且无法购买 T 恤时相同的效用水平（U_0）。此外，这一数额也和前面计算的消费者剩余数量相近（80 美元）。[①] 在这种情况下，这个数字代表了一个人自愿放弃的金额，以换取放弃不提供 T 恤的法律。因此，两种方法得出了相同的结论——消费者剩余提供了一种以货币单位对消费者从市场交易中获取的效用进行货币评价的方式。

"应用 3.4：对新产品进行估值" 将阐述如何使用需求曲线来解决生活费用统计中的一个重要问题。

小测验 3.5

综观本书，我们看到的消费者剩余常为三角形区域。

● 解释为什么这个区域是以货币形式度量的。（提示：消费者剩余区域长度和宽度的单位是什么？）

● 假设产品价格提高 10%，你认为消费者剩余的规模会减少多于 10% 还是少于 10%？

---

① 关于这一主题的理论性文献，参见 R. D. Willig，"Consumer's Surplus without Apology," *American Economic Review*（September 1976）：589 - 597。威利格指出，图 3 - 12 中的距离 AB（被称为"补偿性收入变化"）超过了消费者剩余总额，而距离 BC（被称为"等价性收入变化"）则小于消费者剩余总额。如果某种产品价格变化对相关产品需求的收入效应较小，则这三个指标都接近相同的值。

3

应用 3.4

对新产品进行估值

　　估算消费者如何评价新产品的价值，这给期望售卖这些新产品的厂商带来了问题，也给必须评估这些产品对总福利的影响的政府机构带来了问题。图 1 是用于这一目的的一种方法。在该图中，新引入市场的个人需求曲线用 d 表示。引入新产品后，该代表性消费者在价格为 P_X^* 时选择的消费量为 X^*。该产品组合点是需求曲线上观察到的唯一点，因为之前并不存在该产品。然而，某些作者也提出，可以通过图 1 中的信息来画一条与 d 相切于 E 点的切线，然后计算当该产品的消费量为 0 时的"虚拟价格"（P_X^{**}）。[a] 该价格被视为新产品投入市场之前的价格。新产品投入市场所带来的消费者剩余由三角形 $P_X^* E P_X^{**}$ 度量。相对于产品并不存在来说，这是消费者以当前市场价格消费新产品时所获得的收益的近似值。在某些情况下，这一收益的规模可能会非常大。

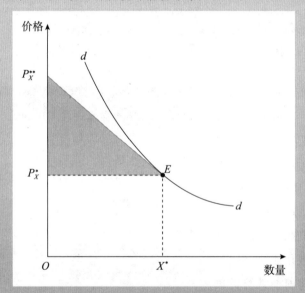

图 1　对新产品进行估值

　　虚拟价格 P_X^{**} 是新产品市场需求为 0 时的价格估计值。以市价 P_X^* 消费时消费者所得到的消费者剩余由三角形 $P_X^* E P_X^{**}$ 给出。

手机的价值

　　杰瑞·豪斯曼（Jerry Hausman）在一系列有影响力的论文中使用这种方法来估计手机对消费者的价值。他发现收益确实相当大，可能高达 500 亿美元。显然，人们真的很看重手机提供的通信自由。豪斯曼所做工作的一个主要优势在于，其重申用来计算消费者价格指数（可参见应用 3.2）的标准方法显著地低估了消费者从新产品消费中所获得的福利收益。例如，在手机这个案例中，手机直到其进入市场 15 年后才被纳入消费者价格指数的市场篮子中。一旦手机被纳入消费者价格指数的市场篮子中，相对于旧型号的手机而言，新型号手机给消费者带来的益处并没有得到充分考虑。

高速互联网

尽管在 20 世纪 80 年代就有了一些地方有限的互联网连接，但是直到 1993 年网络浏览器的出现，高速服务的需求才开始迅速增加。在这个时期之前，接入互联网大多数是通过拨号调制调解器实现的，它只提供有限的网络访问。宽带的出现和所提供的体验开辟了一个全新而不同的产品。互联网接入费于 1997 年首次被纳入消费者价格指数。随后的研究[b]提供了一种控制这一服务质量（速度和可靠性等）的更好方法。这一研究的诸多结果表明，宽带服务有效价格下滑使消费者受益巨大，尽管近年来价格下降的幅度似乎有所放缓。

思考题

1.图 1 中福利三角形的大小将取决于 E 点的需求曲线斜率。你能够为此提供一个直观解释吗？（也可参见本章后面有关价格弹性的讨论。）

2.图 1 看起来没有考虑供给和需求共同确定价格的马歇尔观察结果。你能够怎样给这一图形增加供给曲线？在什么情形下增加供给曲线将会改变整个故事？

a.参见 J. Hausman, "Cellular Telephone, New Products, and the CPI," *Journal of Business and Economic Statistics* (April, 1999)：188-194。豪斯曼说明了从微观销售数据中获得的信息应如何被用来估计初始市场均衡时 d 的斜率。

b.参见 Brendan Williams, "A Hedonic Model for Internet Access Service in the Consumer Price Index," *Monthly Labor Review* (July 2008)：33-48。

3.10 市场需求曲线

一种产品的**市场需求**（market demand）是所有潜在购买者需要该种产品的总量。**市场需求曲线**（market demand curve）表明了当影响需求的所有其他因素均保持不变时，产品价格和其需求总量之间的关系。市场需求曲线的形状和位置由所涉及的产品的个人需求曲线的形状决定。市场需求无非众多消费者的经济选择共同作用的结果。

3.10.1 构建市场需求曲线

图 3-12 显示了只有两个购买者时所构造的产品 X 的市场需求曲线。对于每一个价格，加总每个人在该价格下的需求量可得到市场需求曲线上的一个点。例如，在价格 P_X^* 下，个体 1 的需求量为 X_1^*，个体 2 的需求量为 X_2^*。那么在价格 P_X^* 处市场需求量就是这两个数量的加总：$X^* = X_1^* + X_2^*$。因此点 X^* 和 P_X^* 就是市场需求曲线 D 上的一个点。采用同样的方法也可得到曲线上的其他点。市场需求

曲线仅仅是每一条个人需求曲线的水平加总。在每一个可能的价格下，我们找出每个人的需求量，然后将这些数量加总得到整个市场的需求量。需求曲线总结了在其他条件不变的情况下，需求量 X 和它的价格之间的关系。如果影响需求的其他条件不变，需求曲线的位置会保持固定，这时的需求曲线反映了人们作为一个整体如何对价格变化做出反应。

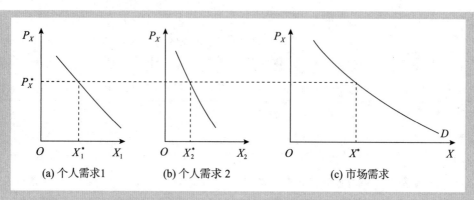

图 3-12　由个人需求曲线构造市场需求曲线

　　一条市场需求曲线是个人需求曲线的水平加总。在每个价格下，市场需求量就是每个人需求量的总和。例如，在价格 P_X^* 下，市场需求量为 $X^* = X_1^* + X_2^*$。

3.10.2　市场需求曲线的移动

　　为什么市场需求曲线会移动？我们已经知道了个人需求曲线移动的原因。很明显，要想发现某个事件如何导致市场需求曲线移动，我们必须弄清这个事件是如何引起个人需求曲线移动的。有时候，市场需求曲线移动的方向是可以被合理预测的。例如，用我们两个购买者的例子，如果两个购买者的收入都增加，并且他们都把产品 X 当作正常产品，那么每个人的需求曲线都会向外移动。因此市场需求曲线也会向外移动。在每一个价格水平下，因为每个人都能负担得起更多的产品，所以市场需求变得更多。

　　另外一种产品（Y）价格的变化也将影响产品 X 的市场需求。例如，如果大部分购买者将产品 X 和 Y 视为替代品，产品 Y 价格的上升将会使产品 X 的需求曲线向外移动。相反，如果大部分购买者将产品 X 和 Y 视为互补品，产品 Y 价格的上升将会使产品 X 的需求曲线向内移动。例如，玉米片价格的上升会使麦片的需求曲线向外移动，因为这两种谷类食物彼此是很相近的替代品。在任何价格下，人们现在对麦片的需求量都会比玉米片价格上涨之前更多。另外，草莓价格的上升也许会使麦片的需求曲线向内移动，因为有些人只喜欢有草莓的麦片粥。在每一个价格水平下，高价的草莓使得人们对麦片的需求减少。

3.10.3　数值例子

在本章前文，我们推导出两条具体的个人需求曲线的表达式。在这些情形中构造市场需求曲线是特别容易的，只要假定所有人都是同质的，并且每个人都面临同样的产品价格。举例来说，在方程（3.6）中，我们发现电影的个人需求曲线是 $M = 30/(5+P_M)$。如果镇里有 1 000 个常看电影的人，每个人均有同样的需求曲线，那么这些观众的市场需求曲线将是

$$\text{全部的 } M = 1\,000M = 30\,000/(5+P_M) \tag{3.9}$$

当价格等于 10 美元时，每周观看电影的人数将是 2 000，而当价格等于 15 美元时（用于看电影和爆米花的收入金额不变），观看电影的人数将下降为 1 500。每人用于看电影的资金增加，将会使这一需求曲线向外移动，而爆米花的价格上涨将会使需求曲线向内移动。

这一故事也跟我们的快餐食物例子一样。如果每周有 80 人光顾那家餐馆，并且每人对于饮料的需求是 $X = 15/P_X$，那么市场需求曲线将是

$$\text{全部的 } X = 80 \times (15/P_X) = 1\,200/P_X \tag{3.10}$$

当每瓶饮料的价格是 1.50 美元时，每周的需求量将是 800，而当销售的价格下降一半时，每周的需求量将翻倍，变为 1 600。同样，用于购买快餐的资金的增加将会使需求曲线向外移动，而在这一例子中，汉堡包（Y）价格的变化对需求曲线几乎没有影响。

铭刻于心　需求者是价格接受者

在这些例子当中，我们假定每个人均面临所考察产品的同样的价格，并且没有哪个人能够影响价格。这些假定使得市场需求函数以及与它们相关的市场需求曲线特别容易计算。如果消费者面临不同的价格，或者如果一些消费者能够影响价格，那么推导过程将会复杂得多。

3.10.4　简化的表示

在本书中我们通常只关注一个市场，为了简化表示，我们用字母 Q 表示这个市场中某种产品的需求量（每周的需求量），用 P 表示该种产品每单位的价格。当我们在 (Q, P) 平面上画出需求曲线时，我们假设影响需求的其他因素固定不变。也即假定其他产品的价格、收入和偏好不变。如果前述因素中的某一个发生了改变，会使需求曲线移动到一个新的位置。正如个人需求曲线的情形一样，"需求量发生变化"用于表示在一条给定的市场需求曲线上的移动（对于价格变化的反应），

"需求变化"用于表示整条需求曲线发生移动。

3.11 弹 性

小测验 3.6

需求曲线的外移，既可以用它在横轴方向的移动幅度来描述，也可以用它在纵轴方向的移动幅度来描述。如何用图形来描述如下变化？

1. 肉豆蔻能治普通感冒的消息使人们对每一价格下的肉豆蔻需求量都增加了200万磅。

2. 肉豆蔻能治普通感冒的消息使人们愿意为每个总需求量下的肉豆蔻每磅多付1美元。

经济学家经常需要表明一个变量的变化如何影响另一变量。例如，他们会问电力价格的变化如何影响对它的需求量，或者收入的变化如何影响对汽车的总支出。在总结这些不同影响时会遇到的一个问题是衡量各种产品的单位不同。例如，牛排按磅卖，而橘子论打卖。牛排价格每磅上升 0.1 美元会使一国每周牛排的消费量下降 10 万磅，橘子价格每打上升 0.1 美元会使一国每周橘子的消费量下降 5 万打。

但是没有一种好方法来比较牛排和橘子销售量的变化。当两种产品用不同的单位衡量时，我们不能在它们之间进行简单比较来决定哪种产品的需求对价格变化更敏感。

3.11.1 使用百分比变化

经济学家通过两步骤的过程解决这样一个测度问题。首先，他们实际总是用百分比来衡量变化。当价格从 2 美元升到 2.1 美元时，他们不是说橘子的价格每打上升了 0.1 美元，而是说橘子价格上升了 5%。同样，每打橘子价格下降 0.1 美元将被视为橘子价格下降了 5%。

当然，百分比变化也可以被用来衡量数量。如果一国橘子的购买量从每周 50 万打下降到每周 45 万打，我们会说橘子的购买量下降了 10%（即购买量下降了 10%）。牛排销量从每周 200 万磅上升到每周 210 万磅将会被视为销量上升了 5%。

以百分比来衡量变化的优势是我们不必过分在意衡量时所使用的实际单位。如果橘子价格下降了 5%，那么无论我们用美元、日元、马克还是比索来支付，它都拥有相同的含义。同样，不管我们用打、装货箱还是货车车厢来衡量，橘子销量增加 10% 的含义都是一样的。

3.11.2 联接百分比

解决测量问题的第二步是把有因果关系的百分比变化联接起来。例如，如果橘子价格下降 5% 导致其购买量增加了 10%（当其他所有因素保持不变时），那么我们就可以把这两个事实联系起来，并且说橘子价格每下降 1%，都会使橘子销量增加 2%。即我们可以说橘子销量对橘子价格变化的弹性大约为 2（正如我们在下一节将讨论的一样，实际上弹性是 −2，因为价格和数量变动的方向相反）。这一方法很受欢迎，并在经济学中得到了广泛运用。具体来说，如果经济学家相信变量 A 影响变量 B，他们会把变量 B 相对于变量 A 的**弹性**（elasticity）定义为变量 A 变化百分之一所导致的变量 B 的百分比变化。这一计算的结果不受计量单位的影响。它可以很方便地被用来在不同产品、不同国家和不同时间之间进行比较。

3.12　需求价格弹性

尽管经济学家使用许多具有不同用途的弹性，但是最为重要的是**需求价格弹性**（price elasticity of demand）。价格 P（产品价格）的变化会导致沿着同一需求曲线的 Q（产品的购买量）发生变化。需求价格弹性就衡量了这种关系。具体来讲，需求价格弹性（$e_{Q,P}$）被定义为产品价格变动百分之一所引起的需求量的百分比变化（而保持其他需求决定因素不变）。数学表达式为：

$$\text{需求价格弹性} = e_{Q,P} = \frac{Q \text{ 的百分比变化}}{P \text{ 的百分比变化}} \tag{3.11}$$

这一弹性记录了 P 每变化百分之一，Q 的百分比变化。因为 P 和 Q 朝相反的方向移动（除了罕见的吉芬悖论的情况），$e_{Q,P}$ 将是负的。例如，$e_{Q,P}$ 的值为 −1 表明价格上升 1% 会使需求量下降 1%，而 $e_{Q,P}$ 的值为 −2 表明价格上升 1% 导致需求量下降 2%。

要习惯用弹性来表达需要一些练习。很可能最需要记住的是，需求价格弹性关注在一条给定需求曲线上移动，并且告诉你价格每变动百分之一，数量（用百分比形式）会怎样变化。你应该牢记价格和数量朝相反的方向变动，这是需求价格弹性为负的原因。例如，假设研究表明汽油的需求价格弹性为 −2。这意味着汽油价格每上升 1% 会使需求量沿着需求曲线移动并且下降 2%。所以，如果说汽油价格上升 6%，我们知道（在其他条件不变时）需求量会下降 12%。类似地，如果汽油价格下降 4%，可以用价格弹性预测汽油购买量会上升 8%。有时候需求价格弹性会用小数表示，但这不是问题。例如，如果阿司匹林的需求价格弹性为 −0.3，这将意味着阿司匹林价格每上升 1% 会使需求量下降 0.3%（1% 的三分之一）。因此，如果阿司匹林价格上升 15%（影响阿司匹林需求的其他条件保持不变），我们可以预计阿司匹林的需求量会下降 4.5%。

3.12.1　需求价格弹性的值

人们经常会区分 $e_{Q,P}$ 的值小于 1、等于 1 或大于 −1 的情况。表 3−1 列举了每种数值的术语。对于一条富有弹性的曲线（$e_{Q,P}<-1$），价格上升会使得数量下降更大比例。例如，如果 $e_{Q,P}=-3$，价格上升 1% 会使需求量下降 3%。对于一条单位弹性曲线（$e_{Q,P}=-1$），价格上升会造成等比例的需求量下降。对于一条缺乏弹性的曲线（$e_{Q,P}>-1$），需求量下降的比例会小于价格上升的比例。如果 $e_{Q,P}=-1/2$，价格上升 1% 只是让需求量下降 0.5%。因此总的来说，如果需求曲线是富有弹性的，沿着需求曲线的价格变化会显著影响需求量；如果需求曲线是缺乏弹性的，价格对需求量影响不大。

表 3-1　适用于 $e_{Q,P}$ 不同取值范围的术语

需求曲线上某点的 $e_{Q,P}$ 值	此点上适用于曲线的术语
$e_{Q,P}<-1$	富有弹性
$e_{Q,P}=-1$	单位弹性
$e_{Q,P}>-1$	缺乏弹性

3.12.2　需求价格弹性和替代效应

我们对收入效应和替代效应的讨论为判断某种产品可能的需求价格弹性大小提供了基础。价格变化会对有许多近似替代品的产品（不同品牌的早餐谷类、小汽车、电子计算器等等）产生很大的替代效应。对于这些种类的产品我们可以认为需求是富有弹性的。另外，价格变化会对缺乏近似替代品的产品（例如水、胰岛素和食盐）产生很小的替代效应。这类产品的需求很可能对价格变化是缺乏弹性的（$e_{Q,P}>-1$，即 $e_{Q,P}$ 在 0 和 -1 之间）。当然，正如我们前面提到的，价格变化也会对一种产品的需求产生收入效应，因此我们评价整个需求价格弹性可能的大小时也要考虑它。然而，因为大部分产品的价格变化对人们的实际收入只有很小的影响，所以替代效应的存在（或不存在）就是需求价格弹性的首要决定因素了。

3.12.3　需求价格弹性和时间

改变消费选择可能需要时间。从一种品牌的谷类食物转换到另一种品牌的谷类食物可能只需要一周的时间（吃完第一盒的时间），但是从用油给你的房子取暖改为用电取暖则需要数年，因为需要安装一个新的取暖系统。同样，汽油价格趋势的短期影响会很小，因为人们早已有了自己的车子，并且有了相对固定的交通需求。然而在一个更长的时期内，已有明显的证据表明人们会改变他们驾驶的车子类型来应对实际汽油价格的变化。那么总体来说，人们不得不改变其行为的时间越长，替代效应和相关的需求价格弹性就越大。在一些情况下，对需求价格弹性做出长期和短期的区分是重要的，因为长期概念对价格变化的反应可能会更大。在"应用 3.5：品牌忠诚度"中我们讨论能表明长短期区分重要性的一些例子。

应用 3.5

品牌忠诚度

替代效应在长期要大于短期的一个原因是人们不太容易改变已经形成的消费习惯。例如，当面对一些普通产品的多种多样的品牌时，人们会形成对某个特定品牌的忠诚度，在一般情况下只购买那一品牌。这一行为是有意义的，因为人们不需要不断地重新评价产品，因此可以降低决策成本。即使存在短期的价格差异，品牌忠诚度也降低了品牌替代的可能性。然而，在长期中价格差异会促使购买者尝试新的品牌，从而改变他们的品牌忠诚度。

汽　车

美国和日本汽车制造商之间的竞争为改变忠诚度提供了一个很好的例子。早在 20 世纪 80 年代之前，美国人就表现出了对美国汽车很大的忠诚度。对同一品牌的重复购买是一个相当普遍的行为。在 20 世纪 70 年代早期，日本汽车依靠价格优势开始进入美国市场。日本汽车更低的价格最终说服美国人购买它们。满足于既往的体验，许多美国人在 20 世纪 80 年代形成了对日本汽车品牌的忠诚度。这一忠诚度的形成部分是由于美日汽车之间巨大的质量差距，这一差距在 20 世纪 80 年代中期尤其明显。虽然美国汽车制造商努力缩小美国汽车与日本汽车之间的质量差距，但是美国人对日本汽车持续的忠诚度使得它们很难重新获得市场份额。据估计，要想使日本汽车的购买者转而购买美国汽车，美国汽车需要比日本汽车便宜大约 1 600 美元。[a]

品牌名称的许可使用

创新营销人员并没有忽视品牌忠诚度的优势。像可口可乐、哈雷-戴维森 * 或者迪士尼的米老鼠都已经被应用于跟起初产品不一样的产品上。例如，有一段时间，可口可乐曾把它的冠名和符号许可给 T 恤衫和牛仔裤的制造商，希望借此使它与一般的竞争者区分开来。类似地，米老鼠是在日本最受欢迎的品牌之一，它既出现在普通产品（如手表和午餐盒）上，也出现在非普通产品（如时尚手提包和领带）上。

这些行为背后的经济学原理是显而易见的。在许可使用之前，不同产品几乎是完全替代品，消费者可以轻易地在不同厂商间转换。商标的许可使用使得人们对著名品牌的价格变得有些不那么敏感，因此厂商可以在不失去所有销量的情况下收取更高的价格。可口可乐、迪士尼、迈克尔·乔丹和美国职业棒球大联盟收取的高额价格为这一策略的可盈利性提供了明显证据。

攻克品牌忠诚度

关于品牌忠诚度的一个有用的思考角度是，当人们决定不再选择他们熟悉的品牌时，他们会承受"转换成本"（switching cost）。一个新产品的生产商如果想要成功，它就必须克服这些成本。暂时削减价格是可能克服转换成本的一种方式。新产品的密集广告宣传为达到这一目的提供了另一条途径。总体来说，厂商会选择成本最有效的一种方式。例如，

3

在一个关于早餐谷类品牌忠诚度的研究中，苏姆（M. Shum）[b] 用条形码扫描器的数据来研究对诸如晶磨麦片（Cheerios）和卜卜米（Rice Krispies）等许多美国国内品牌的重复购买行为。他发现一个新品牌广告预算增加 25%，会使一个主要品牌的转换成本降低 0.68 美元——这一数字大致表示 15% 的成本降幅。作者证明了对于一个新品牌的厂商来说，为达到同样的转换成本降幅，通过临时降价方式明显需要付出更大的代价。

思考题

1. 价格差异侵蚀品牌忠诚度的速度跟产品的购买频率有关吗？相比于牙膏品牌来说，为什么汽车品牌的长期与短期需求价格弹性之间的差异会更大？

2. 当人们可以以更低的价格购买一般的产品时，为什么他们还会购买特许产品？人们多花 50% 的钱购买泰格·伍兹代言的耐克牌高尔夫球鞋，而不是那些没有名气的同类产品，这是否违背了效用最大化的假设？

* Harley-Davidson，知名的摩托车品牌。——译者注

a. F. Mannering and C. Winston，"Brand Loyalty and the Decline of American Automobile Firms," *Brookings Papers on Economic Activity，Microeconomics*（1991）：67 - 113.

b. M. Shum，"Does Advertising Overcome Brand Loyalty? Evidence from the Breakfast Cereals Market," *Journal of Economics and Management Strategy*，Summer，2004：241 - 272.

3.12.4 需求价格弹性和总支出

需求价格弹性对研究价格变化如何影响某种产品的总支出是有用的。产品的价格（P）乘以购买量（Q）等于该种产品的总支出。如果需求是富有弹性的，价格上升会使总支出下降，一个给定的百分比的价格上升对总支出的影响会被很大的需求量降幅所抵消，结果总支出反而减少了。例如，假定在每辆 1 万美元的价格处人们购买 100 万辆汽车。汽车的总支出会是 100 亿美元。假设汽车的需求价格弹性是－2。现在，如果价格上升到 1.1 万美元（上升 10%），购买量会下降到 80 万辆（下降 20%）。在汽车上的总支出现在是 88 亿美元（11 000 美元乘以 800 000）。因为需求是富有弹性的，价格上升使得总支出减少了。这个例子可以很容易地反过来说明，如果需求是富有弹性的，价格下降会使总支出增加。在这种情形下，价格下降被由它引起的更多销售所补偿而且有余。例如，许多计算机软件生产商发现它们可以通过减价销售来获得更多利润。低价格吸引来更多的使用者从而抵消了价格下降对利润的影响。

如果需求是单位弹性的（$e_{Q,P}=-1$），价格变化后总支出会保持不变。价格在一个方向上的移动会造成 Q 在相反方向上以完全一样的比例移动，因此价格乘以数量后的总数保持不变。即使价格发生很大的波动，有单位弹性需求的产品的总支出也绝不会改变。

最后，当需求缺乏弹性时，价格上升会使得总支出增加。在缺乏弹性的情形

下，价格上升不会使需求量下降很多，总支出会增加。例如，假设在每蒲式耳 3 美元的价格处，人们每年购买 1 亿蒲式耳的小麦。在小麦上的总支出是 3 亿美元。假设关于小麦的需求价格弹性为 -0.5（需求是缺乏弹性的）。如果小麦的价格上升到每蒲式耳 3.6 美元（上升 20%），需求量会下降 10%（降到 9 000 万蒲式耳）。这些行为的净结果是，关于小麦的总支出从 3 亿美元增加到 3.24 亿美元。因为小麦的需求量对价格变化不是非常敏感，价格上升导致总支出增加。同样的例子也可以用来说明相反的情况。在缺乏弹性的情形下，价格下降导致总支出减少。"应用 3.6：价格波动"说明了当供给条件改变时，缺乏弹性的需求曲线如何导致高度不稳定的价格。

应用 3.6

价格波动

对于一个经济学家来说，通过考虑市场中的供给和需求因素几乎可以解释价格的变动。如果你能够假定产品的需求是相对稳定的，那么供给条件的变动效应也能够告诉我们一点关于需求价格弹性的信息。这一可能性可用如图 1 所示的两类不同产品来说明。对于产品 X，需求是相对缺乏弹性的（D_X）；而对于产品 Y，需求是富有弹性的（D_Y）。现在考虑一下供给波动很大的情形，在那当中供给曲线在几个可能的位置来回波动。如图 1 所示，这些供给的变动对于价格变动将有非常不同的结果，它取决于需求曲线的本质。对于产品 X 来说，当供给变动时价格变动非常剧烈。然而，由于需求缺乏弹性，购买数量相对稳定。对于产品 Y 而言，情形正好相反。价格相对稳定，而购买数量变化很大。因而，价格对供给变动的反应证据正好可以告诉我们一些需求价格弹性的信息。

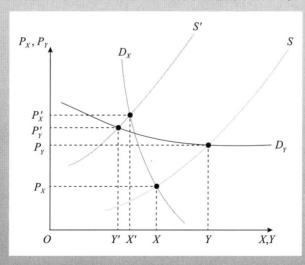

图 1　供给变化的影响取决于需求价格弹性

　　当供给从 S 转向 S' 时，对价格和数量的影响取决于需求价格弹性。如果需求缺乏弹性（D_X），价格变化最大（$P'_X - P_X$ 很大）。当需求富有弹性（D_Y）时，数量变化最大（$Y - Y'$ 很大）。

农作物价格

许多农产品的供给条件是高度波动的，主要原因是种植区域的天气条件能够显著地影响农作物产量。因为诸如玉米或小麦的需求是相对缺乏弹性的，所以它能够导致农产品价格变化很大。举例来说，在2005—2013年农作物价格指数低至110而高至250，尽管在这一时期许多其他产品的价格基本上是非常稳定的。

农作物需求曲线缺乏弹性导致所谓的"农业悖论"。在恶劣天气时期，农作物价格变动剧烈，农作物的总支出实际上增加了（见表3-2）。这造成总的农业收入增加——坏天气的结果对于许多农民来说反而是好消息。另外，好天气会导致农作物丰收，农产品价格下降，总的农业收入减少。因而，只关注本地旱灾对该地区（在那里农民实际受到伤害）农业产量的影响的电视台记者，大体上会忽视它给那些几乎没有受到旱灾影响的其他农民所带来的重要收益。

临时销售

如果市场是相对竞争性的，任何一个卖者所面临的需求曲线都将是富有弹性的。例如，考虑麦当劳连锁店的情形。连锁店面临着许多竞争者，这些竞争者既生产相同的汉堡包（如汉堡王生产的汉堡包），也生产其他具有高度替代性的快餐食物（如肯德基炸鸡）。当麦当劳启动一个特殊的销售竞赛（正如它在2012年所进行的"美元套餐"）时，它通过将价格降低一点即可赚得非常大的销售增量。类似的情形也发生在一个汽油价格下降一小部分的加油站里——人们成群结队地涌向价格最低的加油站。当然，在竞争者对这些临时销售价格做出反应后，这样的效应就不可持续。对这一可能性的详细分析可参见我们在后面章节有关市场均衡模型的分析。但是似乎明显的是，在这样富有弹性的需求曲线下，快餐食物的价格将是相对稳定的。

思考题

1. 为什么图1中的需求曲线固定在某个位置是至关重要的？当供给发生移动时，如果需求也跟着移动，我们还能够得到需求价格弹性的结论吗？你能否想出供给发生变动通常也会伴随着需求发生变动的情形？

2. 农产品价格波动往往会导致人们要求采用价格稳定政策（诸如保持用于缓冲库存的谷物存量以平抑供给中断的情形）。这样一个计划对于农民来说是有利的吗？

需求价格弹性和总支出之间的关系可以用表3-2来概述。为了便于记忆这个表的逻辑，可以参考如图3-13所示的相当极端的需求曲线。在这些需求曲线上任意一点的总支出均等于曲线上的价格乘以与该价格对应的数量。在图形上，总支出由需求曲线上选定的具体价格和数量组合所形成的矩形区域表示。在图3-13给出的每种情况中，(P_0, Q_0)确定了需求曲线上的初始位置。P_0Q_0的面积决定了每个图形的初始支出水平。现在假定价格上升到P_1，需求量下降到Q_1。此时总支出水平是P_1Q_1的面积。在这两种情形当中存在两种效应：总支出增加部分（因为价格高于产品实际购买的价格）和总支出减少部分（因为购买的数量变少了）。图（a）所显示的是缺乏弹性的曲线情形，以更高价格购买导致的总支出增加部分（浅灰色部分）大于数量下降导致的总支出减少部分（斜线部分），因此，总支出增加了。对于图（b）显示的需求富有弹性的情形，以更高价格购买导致的总支出增加部分（浅灰色部分）小于购买数量减少导致的总支出减少部分（斜线部分），因此，总支出减

少了。头脑中记住图 3-13 所显示的相对极端的图形，是记住表 3-2 中的结论的一种好方法。

表 3-2　需求价格弹性与总支出之间的关系

需求价格弹性	价格上升后总支出的变化	价格下降后总支出的变化
富有弹性	减少	增加
单位弹性	保持不变	保持不变
缺乏弹性	增加	减少

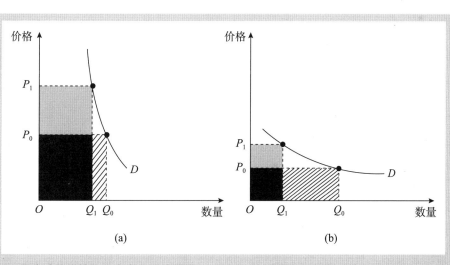

图 3-13　需求价格弹性和总支出之间的关系

在两个图形中，价格都从 P_0 上升到 P_1。在图（a）中，因为需求缺乏弹性，所以总支出会增加。在图（b）中，因为需求富有弹性，所以总支出会减少。

3.13 需求曲线和需求价格弹性

一条特定需求曲线和需求价格弹性之间的关系是比较复杂的。虽然讨论一种产品的需求价格弹性很正常，但是这种用法给人一种错误的印象，即需求价格弹性在市场需求曲线上的每一点的取值必然相同。一种更为准确的说法是："在当前的价格水平处，需求价格弹性是……"因此这种说法就使得需求曲线上另外一个点的需求价格弹性取不同值成为可能。在某些情况下，这一区别可能并不重要，因为需求价格弹性在需求曲线上的一个相对较大的范围内取值相同。在其他情形下，这一区别就很重要，特别是当我们考虑需求曲线上的大幅变动时。

3.13.1 线性需求曲线和需求价格弹性：一个数值例子

线性（直线型）需求曲线很可能是说明上述弹性问题的最重要的例子。当沿着这样一条需求曲线移动时，需求价格弹性的数值一直在变化。当价格较高时，需求是富有弹性的；也就是说，价格下降造成了购买数量更大比例的上升。另外，当价格较低时，需求是缺乏弹性的；价格的进一步下降对需求量产生很小的影响。

采用一个数值例子更容易说明这一结果。图3-14给出了iPod的线性（直线型）需求曲线。为了研究沿着这一曲线变化的需求价格弹性，我们假设该曲线的具体数学表达式如下：

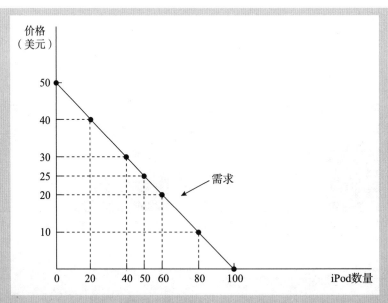

图3-14 在线性需求曲线上弹性不断变化
线性需求曲线的上半部分是富有弹性的，而它的下半部分是缺乏弹性的。通过分析需求曲线不同点上总支出的变化可以说明这一点。

$$Q = 100 - 2P \tag{3.12}$$

其中，Q 是每周 iPod 的需求量，P 是以美元衡量的价格。证明过程对于我们可能
选择的任何其他线性需求曲线都将是一样的。表 3-3 列举了需求曲线上的一些价
格和数量的组合，并且这些点也标在了图 3-14 中。特别需要注意的是在 50 美元
及以上的价格水平上，需求量为零。

表 3-3 也记录了需求曲线上每一点所代表的购买 iPod 的总支出（$P \times Q$）。当
价格在 50 美元及以上时，总支出为 0 美元。不管价格为多高，如果什么都不买，
支出就是 0 美元。当价格降到 50 美元以下时，总支出会增加。当 $P = 40$ 美元时，
总支出是 800（$= 40 \times 20$）美元。当 $P = 30$ 美元时，总支出上升到 1 200（$= 30 \times$
40）美元。

表 3-3 需求函数下的价格、数量和 iPod 播放器的总支出

价格（P）（美元）	数量（Q）	总支出（$P \times Q$）（美元）
50	0	0
40	20	800
30	40	1 200
25	50	1 250
20	60	1 200
10	80	800
0	100	0

在高价格水平下，图 3-14 中的需求曲线是富有弹性的：价格下降导致了销
量增加从而使总支出增加。当价格进一步下降时，总支出的增加会逐渐减缓。实
际上，在价格为 25 美元处总支出最大。当 $P = 25$ 美元、$Q = 50$ 时，购买 iPod 的
总支出是 1 250 美元。当价格低于 25 美元时，价格的下降使得总支出减少。在
$P = 20$ 美元时，总支出为 1 200（$= 20 \times 60$）美元，然而，当 $P = 10$ 美元时，总
支出仅仅为 800（$= 10 \times 80$）美元。在这些更低的价格水平上，价格的进一步下
降所带来的需求量的上升不足以大到补偿价格下降本身的影响，因此总支出
减少。

更一般地说，在线性需求曲线上的任何一点的需求价格弹性如下：

$$e_{Q,P} = b \frac{P^*}{Q^*} \tag{3.13}$$

式中，b 是需求曲线的斜率（具体证明可参见习题 3.10）。因此，在图 3-14 中，
$P^* = 40$，$Q^* = 20$，我们能够计算得到 $e_{Q,P} = (-2)(40/20) = -4$。正如所预期
的，需求曲线在这么高的价格水平处是富有弹性的。另外，当 $P^* = 10$、$Q^* = 80$
时，可得到价格弹性 $e_{Q,P} = (-2)(10/80) = -0.25$。在这一低价格水平处，需求

曲线是缺乏弹性的。有趣的是，在线性需求曲线上的需求价格弹性等于－1（也即单位弹性）的点正好处于中间的价格处（在这里，$P^* = 25$）。你可以自己证明这一点。

铭刻于心　需求价格弹性可能变化

类似于方程（3.13）的方程也适用于任何需求曲线，而不仅仅是线性需求曲线。在许多情形中，可以清楚地看到需求价格弹性并不是不变的，而是会随着许多需求曲线的具体位置而发生变化。其结果是，你必须仔细地计算你感兴趣的某一点的弹性。把由曲线某个部分得到的计算结果应用于另外一个部分是不能起作用的。

3.13.2　单位弹性曲线

还存在着一种特殊情形，关于弹性的警告是不必要的。正如我们从方程（3.10）中所得到的，假设饮料每周的需求量是

$$Q = \frac{1\,200}{P} \tag{3.14}$$

如图 3-15 所示，这一需求曲线是一条双曲线——它明显不是一条直线。注意在这个例子中，不管价格是多少均满足 $P \times Q = 1\,200$。通过检验图 3-15 所标示出来的任何一点均可以证明这一点。因为这条双曲线上各处的总支出都是固定的，因此需求价格弹性总是等于－1。因此，这就是整条需求曲线上需求弹性都一样的一

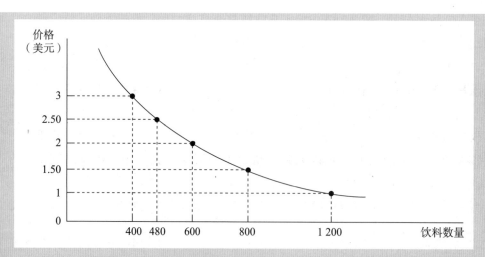

图 3-15　单一弹性需求曲线

这条双曲线需求曲线的需求价格弹性为－1，且弹性在整条曲线上保持不变。曲线上各点所表示的饮料总支出（1 200 美元）不变这一事实可说明这一点。

个简单例子。① 不同于线性曲线，对于这条曲线没有必要去担心我们具体是在哪个点上测度需求价格弹性。"**应用 3.7：一个健康保险实验**"说明了你可以怎样利用实际数据计算弹性以及为什么你的结果在实际经济政策讨论中非常有用。

应用 3.7

一个健康保险实验

在这个世界上提供健康保险是范围最广也最昂贵的社会政策之一。国民健康保险计划的范围相当广泛：从完全政府控制的企业（如英国国家医疗服务体系）到政府和私人保险非常复杂的组合（如美国）。在最近几年，许多国家的这些计划的成本已经急剧上升，它导致了大量改革，比如美国 2009 年通过的《平价医疗法案》。为了评估这类变化会对执政成本产生怎样的影响，理解所有健康保险项目所遭遇的问题是至关重要的。

道德风险

这类问题中的一个比较重要的问题是，保险所覆盖的健康护理需求倾向于增加服务的需求。因为有保险的患者只需支付他们所接受服务的一小部分成本，所以与他们不得不支付市场价格时相比，他们对健康护理的需求会更多。这种保险覆盖会提高服务需求（可能是不幸的）的倾向被称为"道德风险"，尽管这种行为本身跟道德没有任何关系。

兰德实验

美国于 1965 年开始实行医疗保险计划，美国年老人群对医疗服务需求的增加也是直接和明显的。为了更好地理解导致需求增加的因素，政府资助了一项在四个城市的大规模实验。由兰德公司实施的这场实验给予人们不同的保险计划，在不同保险计划中人们需要为他们的医疗服务买单的成本不一样。[a] 用保险术语来说，这个实验改变了共保率，它可以从零（免费服务）到百分之百（患者支付全部价格）变化。

实验结果

表 1 呈现了实验结果。面临较低医疗服务自付成本的人倾向于需求更多。通过求表中不同保险计划的百分比变化的均值可获得需求价格弹性的粗略估计结果。也即

$$e_{Q,P} = \frac{Q\text{ 的百分比变化}}{P\text{ 的百分比变化}} = \frac{+12}{-66} = -0.18$$

---

① 一般来说，如果需求的形式是

$$Q = aP^b \quad (b < 0)$$ （ⅰ）

则需求价格弹性为 b。这一弹性在需求曲线上处处相同。式（3.3）是式（ⅰ）的一个特例，其中

$$e_{Q,P} = b = -1 \text{ 且 } a = 1\ 200$$ （ⅱ）

对式（ⅰ）取对数得出

$$\ln Q = \ln a + b \ln P$$ （ⅲ）

这表明，通过研究 Q 和 P 的自然对数之间的关系，可以求出需求价格弹性。

3

所以，正如预期一样，医疗服务的需求是缺乏弹性的，但它显然不等于零。事实上，对于某些特定的医疗服务如精神健康保险和牙齿护理保险，兰德实验发现它们有很大的价格效应。预计新保险覆盖的服务对市场需求有最大的影响。

表1 兰德健康保险实验的结果

共保率	价格百分比变化（%）	平均总支出（美元）	数量百分比变化（%）
0.95		540	
0.50	−47	573	+6.1
0.25	−50	617	+7.7
0	−100	750	+21.6
均值	−66		+12.0

资料来源：Manning et al.，table 2.

思考题

1. 表1的数据显示了面临不同医疗服务自付比例的家庭的平均支出水平。为什么说这些数据准确反映了弹性公式中数量的变化（而非支出的变化）？

2. 三种减轻医疗护理需求的道德风险效应是：

● 包含需要人们支付部分医疗费用（共同保险和免赔额）的规定；

● 鼓励医师治疗病人时考虑成本；

● 限制人们能够消费的某些治疗数量。

这些规定在《平价医疗法案》（或者是任何你所熟悉的国民健康保险改革）当中如果能发挥作用，它们会发挥什么作用？

a. 实验细节可参见 W. G. Manning, J. P. Newhouse, E. B. Keeler, A. Liebowitz, and M. S. Marquis, "Health Insurance and the Demand for Medical Care: Evidence from a Randomized Experiment," *American Economic Review* (June 1987): 251-277。

小测验 3.8

需求收入弹性的可能取值是有限制的，因为消费者受到了预算约束的限制。使用这一事实去解释：

1. 为什么不是所有产品的需求收入弹性都大于1？每一种产品的需求收入弹性可以都小于1吗？

2. 如果一批消费者将他们收入的95%花在了住房上，那么为什么对住房的需求收入弹性不可能远大于1？

3.14 需求收入弹性

需求收入弹性（income elasticity of demand）（$e_{Q,I}$）是另外一种弹性类型。这个概念记录了需求量变化和收入变化之间的关系（需求的其他决定因素保持不变）：

$$需求收入弹性 = e_{Q,I} = \frac{Q\,的百分比变化}{P\,的百分比变化} \tag{3.15}$$

对于正常产品，$e_{Q,I}$ 是正的，因为收入增加导致产品购买量增加。在正常产品中，$e_{Q,I}$ 是大于 1 还是小于 1 是一件有趣的事情。$e_{Q,I} > 1$ 的产品可以被称为奢侈品，这些产品的购买量增加得比收入还快。例如，如果汽车的需求收入弹性是 2，那么收入增加 10% 会使汽车购买量增加 20%。汽车销售因此也会对改变人们收入的经济周期十分敏感。另外，恩格尔定律表明食物的需求收入弹性远远小于 1。例如，如果食物的需求收入弹性是 0.5，那么收入增加 10% 仅会造成食物购买量增加 5%。已经有相当多的研究试图确定不同产品的需求收入弹性的实际数值，我们会在本章最后一节讨论这些研究的一部分结果。

3.15　需求交叉价格弹性

在之前，我们已说明了一种产品价格的变化会影响许多其他产品的需求量。经济学家会用**需求交叉价格弹性**（cross-price elasticity of demand）来测量这种效应。这一概念记录了当需求的其他影响因素保持不变时，由某种其他产品价格变动 1%（这一其他产品价格用 P' 表示）导致的一种产品需求量（Q）的百分比变化。也就是说

$$需求交叉价格弹性 = e_{Q,P'} = \frac{Q\,的百分比变化}{P'\,的百分比变化} \tag{3.16}$$

如果考虑的两种产品是替代品，那么需求交叉价格弹性是正的，因为一种产品的价格和另外一种产品的需求量是同方向变动的。例如，茶叶价格变化对于咖啡的需求交叉价格弹性可能是 0.2。茶叶价格每上升 1% 会导致咖啡需求增加 0.2%，因为在人们的消费选择中茶叶和咖啡是可替代的。茶叶价格下降会导致咖啡需求减少，因为人们会喝更多的茶而非咖啡。

> **？ 小测验 3.9**
>
> 假设有一群消费者把他们的收入全部花在啤酒和比萨饼上。
>
> 1. 解释为什么啤酒价格下降对比萨饼购买量产生的影响是无法确定的。
>
> 2. 你认为比萨饼的需求价格弹性、比萨饼的需求收入弹性和相对于啤酒价格的比萨饼的需求交叉价格弹性之间是什么关系？（提示：记住比萨饼的需求必须是同质的。）

如果考虑的两种产品是互补品，那么需求交叉价格弹性是负的，它表示一种产品的价格和另一种产品的需求量的变动是反方向的。甜甜圈价格对于咖啡的需求交叉价格弹性可能是 −1.5。这意味着甜甜圈的价格上升 1% 会使咖啡的需求下降 1.5%。因为许多人喜欢在早晨喝咖啡时吃甜甜圈，所以当甜甜圈变贵时，咖啡也

变得不那么有吸引力。甜甜圈价格下降会增加对咖啡的需求，因为在这种情况下，人们对这两种互补品会消费更多。至于我们检验的其他弹性，已经有很多实证研究尝试测量实际的需求交叉价格弹性。

3.16 一些弹性的估计结果

表3-4搜集了一些需求价格弹性和需求收入弹性的估计结果。正如我们将看到的，这些估计结果通常为诸如税收和进口政策变化如何影响不同市场提供了分析的起点。在后面的一些章节中，我们会用这些数值来说明这些应用。

尽管感兴趣的读者会急于查看需求价格弹性和需求收入弹性的一些初始研究结果，但是我们在此只是指出从表3-4中所得到的一些一般性结论。对于需求价格弹性数字，大多数估计结果表明产品需求是相对缺乏弹性的（在0和−1之间）。在所列产品的分类中，替代效应不是特别大，虽然在这些产品同一类别内的替代效应可能很大。例如，啤酒和其他产品之间的替代效应可能相对较小，但是啤酒品牌之

表3-4　一些代表性需求价格弹性和需求收入弹性

产品	需求价格弹性	需求收入弹性
食物		
高收入国家	−0.20	+0.40
低收入国家	−0.50	+0.78
医疗护理	−0.18	+0.50
住房	−0.40	+1.20
汽车（新的）	−0.87	+1.70
电力	−0.75	+0.80
天然气	−0.65	+0.60
跨大西洋航空航行	−1.30	+1.40
啤酒	−0.30	+0.40
香烟	−0.35	+0.50

资料来源：食物：Andrew Muhammad, James L. Seale, Jr., Birgit Meade, and Anita Regmi, *International Evidence on Food Consumption Patterns*, Economic Research Service, U. S. Department of Agriculture, 2012；医疗护理：Manning et al., "Health Insurance and the Demand for Medical Care: Evidence from a Randomized Experiment," *American Economic Review* (June 1987): 251−277；住房需求价格弹性：Eric A. Hanushek and John M. Quigley, "What Is the Price Elasticity of Housing Demand?" *Review of Economics and Statistics* (April 1980): 449−454；住房需求收入弹性：F. de Leeuw, "The Demand for Housing," *Review of Economics and Statistics* (February 1971): 1−10；汽车：Patrick S. McCarthy, "Market Price and Income Elasticities of New Vehicle Demand," *Review of Economics and Statistics* (August 1996): 543−547；电力和天然气：Anna Alberini, Will Gans, and Daniel Velez-Lopez, "Residential Consumption of Gas and Electricity and Natural Gas in the U. S.: The Role of Prices and Income," *Energy Economics* (September 2011): 870−881；跨大西洋航空旅行：J. M. Cigliano, "Price and Income Elasticities for Airline Travel," *Business Economics* (September 1980): 17−21；啤酒：Christopher J. Ruhm, "What U. S. Data Should Be Used to Measure the Price Elasti-city of Demand for Alcohol?" *Journal of Health Economics* (December 2012): 851−862；香烟：F. Chalemaker, "Rational Addictive Behavior and Cigarette Smoking," *Journal of Political Economy* (August 1991): 722−742。

间的价格差异所产生的替代效应可能很大。然而，所有估计都小于 0，因此这是人们会对大部分产品价格变化做出反应的明显证据。[1]

正如预期一样，在表 3-4 中实际上所有需求收入弹性均是正的并且大致上集中在 1.0 左右。奢侈品，例如汽车或者跨大西洋航空旅行（$e_{Q,I}>1$），往往会被必需品所中和，例如食物和医疗护理（$e_{Q,I}<1$）。因为没有一种产品的需求收入弹性是负的，很明显，吉芬产品的存在性和吉芬悖论的发生必然是十分少见的。

小　结

在本章，我们说明了怎样构造一种产品的市场需求曲线——它是价格决定理论的基础。因为市场需求是由许多消费者的反应构成的，所以我们从个体怎样对价格变化做出反应开始我们的研究。替代效应和收入效应的结果分析是经济学理论的一个最为重要的发现之一。这一理论提供了一个相当完整的描述，它解释了为什么个人需求曲线会向下倾斜，并且它直接导致为人们所熟悉的向下倾斜的市场需求曲线。因为这一推导过程相当冗长和复杂，所以在脑海中需要记住一些事情：

● 价格和收入成比例变化并不会影响个体的经济选择，因为这些变化并不会移动预算约束线。也就是说，需求对于所有价格和收入的变化均是零阶齐次的。

● 产品价格的变化将会形成替代效应和收入效应。对于正常产品来说，这些是以同方向发挥作用的：价格下降会使得需求量增大，价格上升会使得需求量减小。

● 一种产品价格的变化通常也会影响其他产品的需求。也就是说，它将会移动其他产品的需求曲线。如果两种产品互为互补品，那么提高一种产品的价格将会向内移动另外一种产品的需求曲线。如果两种产品互为替代品，那么提高一种产品的价格将会向外移动另外一种产品的需求曲线。

● 消费者剩余测量的是在需求曲线之下、市场价格水平之上的面积。这一面积表明了人们在当前市场价格水平下愿意为消费这一产品的权利所支付的代价。

● 市场需求曲线是所有个人需求曲线的水平加总。这一曲线向下倾斜，因为个人需求曲线是向下倾斜的。使个人需求曲线发生移动的因素（比如收入的变化或者其他产品价格的变化等）也将会使市场需求曲线发生移动。

---

① 虽然在表 3-4 中所估计的需求价格弹性包含了替代效应和收入效应，但是它们主要代表了替代效应。为了看清楚这一点，注意到需求价格弹性（$e_{Q,P}$）可以被区分为替代效应和收入效应：

$$e_{Q,P}=e_S-s_ie_i$$

式中，e_S 是需求的"替代"价格弹性，表示在保持效用不变的情况下价格变化的影响，s_i 是花费在所考虑产品上的收入份额，e_i 是产品的需求收入弹性。因为表 3-4 中大部分产品的 s_i 比较小，所以 $e_{Q,P}$ 和 e_S 的数值比较接近。

● 需求价格弹性提供了度量市场需求对于价格变化的反应程度的一种简便方法——它度量的是价格变动 1%，需求量（沿着给定的需求曲线）会相应变动多少百分比。

● 需求价格弹性和产品总支出的变化存在密切关系。如果需求是缺乏弹性的（$-1 < e_{Q,P} < 0$），那么价格上升将会增加总支出，而价格下降将会减少总支出。与此相反，如果需求是富有弹性的（$e_{Q,P} < -1$），那么价格上升将会减少总支出，价格下降将会由于产生的额外销售而增加总支出。

● 在一条需求曲线上的需求价格弹性并不必然是不变的，因而当价格变化很大时，在计算过程中需要小心谨慎些。

复习题

1. 无论这两种产品价格如何变化，莫妮卡总是购买一单位食物和三单位住宿的组合。如果食物和住宿初期价格相等，判定下述事件会使得她的福利状况变好、变坏还是不变。

a. 食物和住宿价格均上涨 50%，她的收入保持不变。

b. 食物和住宿价格均上涨 50%，她的收入也增加 50%。

c. 食物价格上涨 50%，住宿价格保持不变，她的收入增加 25%。

d. 食物价格保持不变，住宿价格上涨 50%，她的收入增加 25%。

e. 如果莫妮卡愿意改变对两种产品消费组合的比例来应对价格变化，你如何回答 c 问和 d 问？

2. 当只有两种产品时，MRS 递减的假定要求替代效应对于任何产品的价格和数量变动均是反方向的。解释一下为什么是这样。你是否认为对于多于两种产品这一结果也仍然成立？

3. 乔治对流媒体电视节目有着相当特别的偏好。随着他收入的提高，他将会增加他的流媒体电视节目直到每周达到七个。然而，当他每周收看的节目达到七个后，他收入的进一步增加将不会增加他收看的流媒体电视节目（因为他没有时间看节目）。

a. 提供一个概述乔治的无差异曲线的图形。

b. 解释一下乔治对流媒体电视节目价格的下降会做出什么样的反应。

4. 下面的陈述是正确的还是错误的？"每个吉芬产品均必然是低档产品，但是并非每个低档产品都表现出吉芬悖论。"

5. 解释下列事件是否导致沿着爆米花的个人需求曲线移动或者是整条曲线的移动。如果曲线发生移动，它会向哪个方向移动？

a. 个人收入增加。

b. 爆米花的价格下降。

c. 咸饼干的价格上涨。

d. 爆米花盒子中的黄油量减少。

e. 购买爆米花需要排长队。

f. 对爆米花征收销售税。

6. 在图 3.12 显示的市场需求曲线中，为什么在市场盛行的价格处画一条水平线？关于每个人所面临价格的假定是什么？假定人们会如何对这样一个价格做出反应？

7. "对于任何厂商来说获得额外收益都是容易的——它需要做的只是提高它的产品的价格。"你赞成这一说法吗？厂商提高价格决策的成功会如何依赖于它的产品的需求价格弹性？这一成功又会怎样依赖于该厂商产品的最相似的替代产品的可获得性？（本书的第 3 篇和第 4 篇将会继续详细讨论这一主题。）

8. 假设意大利面的市场需求是形如 $Q = 300 - 50P$ 的直线，其中 Q 表示每周以千盒计算的意大利面购买数量，P 是每盒的价格（美元）。

a. 价格为多少时意大利面的需求量为零？用一个数值例子来说明在这个点上意大利面的需求是富有弹性的。

b. 当价格为 0 美元时，意大利面的需求量为多少？用一个数值例子来说明这个点上的需求是缺乏弹性的。

c. 当价格为 3 美元时，意大利面的需求量为多少？用一个数值例子来说明在这个价格上对意大利面的支出是最大的。

9. 屈布鲁（J. Trueblue）总是将他收入的三分之一花在美国国旗上。他对美国国旗的需求收入弹性是多少？他对美国国旗的需求价格弹性是多少？

10. 表 3-4 列出的电力的需求价格弹性的估计值为 -1.14。用一个数值例子来解释它的含义。这个数字看起来大吗？你认为这是一个短期的还是长期的弹性估计？对于电力企业的拥有者或者监管者而言，需求价格弹性估计的重要性体现在哪里？

习　题

3.1　伊丽莎白在她的暑期工作中每周赚 200 美元并将其全部花费在购买运动鞋及名牌牛仔裤上，因为只有这两种产品能够为她增进效用。并且，伊丽莎白坚持每购买一条牛仔裤就要搭配购买一双鞋子（如果没有鞋子，牛仔裤也是无益处的）。因此，在任何一周她总是购买相同数量的鞋子和牛仔裤。

a. 如果牛仔裤的价格为每条 20 美元，鞋子的价格为每双 20 美元，伊丽莎白会各购买多少？

b. 假设牛仔裤的价格上升到 30 美元，则她会各购买多少？

c. 通过画出 a 问和 b 问的预算约束线来说明你的答案，并同时画出伊丽莎白的无差异曲线。

d. 和 a 问相比，b 问中效用水平的改善源于哪种效应（收入效应还是替代效应）？

e. 现在我们来讨论伊丽莎白对牛仔裤的需求曲线。首先，计算当牛仔裤价格分别为 30 美元、20 美元、10 美元和 5 美元时牛仔裤的购买量。

f. 使用 e 问中的信息画出伊丽莎白对牛仔裤的需求曲线。

g. 假设她的收入增加到 300 美元，画出她在新情况下的牛仔裤需求曲线。

h. 假设运动鞋价格上升到 30 美元。这会对 b 问和 c 问中所画的需求曲线有什么影响？

3.2 当前保拉每周通过购买 5 份电视便餐（T）和 4 份瘦身餐（L）最大化效用。

a. 用图形表示保拉初始的效用最大化决策。

b. 假设 T 的价格上涨 1 美元，而 L 的价格降低 1.25 美元。保位还能够买得起她的初始消费选择吗？你知道她的新预算约束线是怎样的吗？

c. 用图形解释在新预算约束线下为什么保拉会选择消费更多的 L 和更少的 T。你怎样知道她的效用将会增加？

d. 某些经济学家将 c 问中由价格变化引起的变化定义为"替代效应"。换言之，也就是当预算约束绕着初始产品束转动时消费变化所代表的那部分效应。详细说明这一替代效应定义与本书中定义的差异。

e. 如果使用 d 问中的替代效应定义，为了得到个人对价格变化的完整分析，应如何定义收入效应？

3.3 戴维每月有 3 美元津贴供他自行安排用途。因为他只喜欢花生酱和果冻三明治，所以他把钱全部花在花生酱（每盎司 0.05 美元）和果冻（每盎司 0.10 美元）上。面包是由邻居免费提供的。戴维是一个挑食者，他用 1 盎司果冻和 2 盎司花生酱做成三明治。他设定好自己的消费方式，并且从来不改变它们的比例。

a. 如果戴维每周有 3 美元津贴，那么他会购买多少花生酱和果冻？

b. 假设果冻的价格变为每盎司 0.15 美元。此时他所购买的两种产品各是多少？

c. 他的津贴需要增加多少才能抵消 b 问中果冻价格上升所造成的影响？

d. 用图形来描述你在 a 问到 c 问的答案。

e. 在什么意义上本题只涉及一种产品——花生酱和果冻三明治？画出这种产品的需求曲线。

f. 用收入效应和替代效应来讨论本题中果冻的需求曲线。

3.4 艾琳对比萨饼的需求曲线如下：

$$Q = \frac{0.3I}{P}$$

其中，Q 表示她每周所购买的比萨饼数量（以块计），I 表示每周收入，P 是每块比萨饼的价格。用该需求函数回答下述问题：

a. 该函数对 I 和 P 是齐次的吗？

b. 当 $I=200$ 时，画出该函数的图形。

c. 使用该函数来研究消费者剩余问题，即无论价格 P 有多高，Q 都不会等于 0。因而，假定该函数仅在 $P \leqslant 10$ 时成立，而当 $P > 10$ 时需求量 $Q=0$。b 问中的图形应该怎样变化才能满足这一假定？

d. 在这一需求函数下（$I=200$），证明消费者剩余的面积接近 $CS=198-6P-60\ln(P)$，其中 $\ln(P)$ 是指 P 的自然对数。证明如果 $P=10$，那么消费者剩余（CS）接近零。

e. 假设 $P=3$，比萨饼的需求量为多少？此时艾琳的消费者剩余为多少？请给出对这一消费者剩余数量的经济解释。

f. 如果 P 上涨到 4，艾琳会消费多少比萨饼？此时她的消费者剩余为多少？请给出在这里消费者剩余下降的经济学解释。

3.5　在本章中我们研究的需求曲线是假定个人的名义收入保持不变——因而价格变化引起了实际收入（换句话说，效用）的变化。另一种画出需求曲线的方法是当价格变化时效用保持不变。换句话说，价格对个人效用所产生的任何效应均得到了补偿。这样一条补偿需求曲线只描述了替代效应而非收入效应。使用这样一个思想，表明

a. 对于任何初始效用最大化位置，常规需求曲线和补偿需求曲线均通过同样的价格-数量点。

b. 补偿需求曲线通常比常规需求曲线更为陡峭。

c. 任何一条常规需求曲线均会与许多不同的补偿需求曲线相交。

d. 如果欧文只以固定比例消费比萨饼和基安蒂红葡萄酒，即一块比萨饼配一杯基安蒂红葡萄酒，那么他对比萨饼的常规需求曲线将是向下倾斜的，但是他的补偿需求曲线将是垂直的。

3.6　假设 A 国的居民只消费猪排（X）和可口可乐（Y）。一个典型的 A 国居民的效用函数如下：

$$效用 = U(X, Y) = \sqrt{X \cdot Y}$$

2012 年 A 国的猪排和可口可乐的单价均为 1 美元。一个典型的 A 国居民消费 40 份猪排和 40 份可口可乐（在 A 国中不能储蓄）。2013 年由于猪瘟疫袭击 A 国，猪排的价格上涨到 4 美元，可口可乐的价格依然不变。在新价格下，A 国居民的产品束为 20 份猪排和 80 份可口可乐。

a. 说明一个典型的 A 国居民的效用在这两年里并没有发生变化。

b. 用 2012 年的价格来说明两年间实际收入的增加。

c. 用 2013 年的价格来说明两年间实际收入的下降。

d. 对于用于度量实际收入变化的指数的功效，你能够得到什么样的结论？

3.7　假设鹰嘴豆的市场需求公式为：

$$Q = 20 - P$$

其中，Q 是每周购买的以千磅为单位的鹰嘴豆数量，P 是以美元计价的每磅价格。

a. 当 $P=0$ 时，会有多少鹰嘴豆被购买？

b. 当价格为多少时，鹰嘴豆的需求量为零？

c. 计算在 a 问和 b 问之间的每一美元整数价格的鹰嘴豆的总支出（PQ）。

d. 当鹰嘴豆的价格为多少时总支出达到最大？

e. 假设需求曲线移动到了 $Q=40-2P$。你对 a 问到 d 问的答案会发生怎样的变化？请用图形直观地解释这种差别。

3.8 汤姆、迪克和哈利构成了幼鳕鱼片的整个市场。当 $P \leqslant 50$ 时，汤姆的需求曲线为：

$$Q_1 = 100 - 2P$$

当 $P>50$ 时，$Q_1=0$。当 $P \leqslant 40$ 时，迪克的需求曲线为：

$$Q_2 = 160 - 4P$$

当 $P \leqslant 40$ 时，$Q_2=0$。当 $P \leqslant 30$ 时，哈利的需求曲线为：

$$Q_3 = 150 - 5P$$

当 $P>30$ 时，$Q_3=0$。用这些信息回答下列问题：

a. 当 $P=50$ 时，每个人消费多少幼鳕鱼片？当 $P=35$、$P=25$、$P=10$ 时呢？或者当 $P=0$ 时呢？

b. 在 a 问的每个具体价格下，市场对幼鳕鱼片的总需求为多少？

c. 画出每一个人的需求曲线。

d. 用个人需求曲线和 b 问的结果来构建幼鳕鱼片市场总的需求曲线。

3.9 在本章中，我们表明了人们能够以当前价格消费一种产品所获得的消费者剩余，是由需求曲线下方和价格上方的面积所确定的。在这一习题中我们看一看消费者剩余和需求价格弹性之间的关系：

a. 用图形表明价格上升在富有弹性的需求曲线情形下导致的消费者剩余损失会小于在缺乏弹性的需求曲线情形下导致的消费者剩余损失（假定两条曲线的价格和数量在价格上升之前是一样的）。

b. 假设 a 问所描述的价格上涨是来自对购买的每单位产品所征收的一个税收。所征收的税收收入是在富有弹性的需求曲线情形下更大一些，还是在缺乏弹性的需求曲线情形下更大一些？请同时用图形和直觉解释你的答案。

c. 税收超额负担等于来自征税的消费者剩余损失减去实际所征收的税收收入。b 问所描述的税收超额负担，是在富有弹性的需求曲线情形下更大一些，还是在缺乏弹性的需求曲线情形下更大一些？请同时用图形和直觉解释你的答案。

d. 假设政府想要在获得相同税收额的两种税之间做出选择。应该对富有弹性的需求曲线产品进行征税，还是应该对缺乏弹性的需求曲线产品进行征税？请给出理由。

3.10　考虑如下图所示的线性需求曲线。用几何方式计算这一曲线在任一点（比方说 E 点）上的需求价格弹性。为了做到这一点，首先写下这一需求曲线的代数形式：$Q=a+bP$。

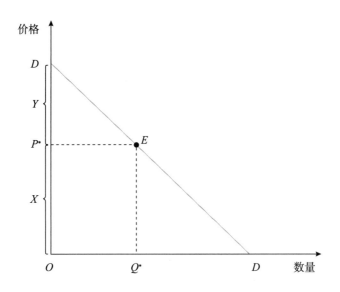

a. 在这一需求函数下，当 $Q=0$ 时 P 的值为多少？

b. 结合 a 问的结果和在当前价格 P^* 下给出的 X 值，来说明 Y 的值是 $-Q^*/b$（记住，P^* 在此是负的，因此它确实是一个正的数值）。

c. 为进一步拓展本习题，我们需要证明本书中的方程（3.13）。为了完成证明，写下需求价格弹性的定义

$$e_{Q,P}=\frac{Q\ \text{的百分比变化}}{P\ \text{的百分比变化}}=\frac{\Delta Q/Q}{\Delta P/P}=\frac{\Delta Q}{\Delta P}\cdot\frac{P}{Q}$$

现在使用需求曲线是线性的这一事实证明方程（3.13）。

d. 使用 c 问的结果证明 $|e_{Q,P}|=X/Y$。我们在此使用需求价格弹性的绝对值是因为弹性是负的，但是 X 和 Y 的值是正的。

e. 解释 d 问的结果可怎样被用于表示需求价格弹性会随着线性需求曲线的移动而变化。

f. 解释 c 问的结果可怎样被用于近似估计非线性需求曲线上任何一点的需求价格弹性。

不确定性和策略

> 我们生活在一个充满变化的世界里……生活中的种种问题之所以会出现，是因为我们所知甚少。
>
> 弗兰克·奈特，《风险、不确定性与利润》，1921

在第 2 篇里，我们考察了人们在确切知道未来将发生什么的情况下是如何选择的。这些研究告诉了我们一个相当完整的需求理论，以及价格如何影响人们的决策的理论。在这一篇里，我们将略微扩展我们的考察范围，看人们是如何在不确定的情况下做出决策的。正如简单的需求理论一样，这里推导的用于处理不确定性的工具可以用于经济学的各个方面。

第 3 篇只含两章。第 4 章侧重于风险的概念，并说明人们通常不喜欢它的原因。该章的大部分集中讨论人们可能用来降低他们所面临风险的方法，并重点讨论保险、多样化以及期权等降低风险的方法。

第 5 章考察了一种有点不同的不确定性——在与其他人的策略关系中出现的不确定性。效用最大化决策不再明确，因为它将依赖于其他人如何行动。这一章介绍了博弈论的正式主题，并且通过日益复杂的表述展示了博弈怎样捕捉到许多策略性情境的本质。我们将学习如何求解博弈的均衡。在这样的均衡中，一旦它形成了，就没有参与人有改变他或她的选择的动机，因为给定其他人的均衡行为，这样做对每个人都是最好的。

第4章 不确定性

到目前为止，我们都假设人们的选择不涉及任何程度的不确定性；一旦他们决定了做什么，他们便能得到他们所选择的东西。而在许多现实生活的情形中，事情并不总是这样。当你买彩票、投资普通股抑或打扑克时，你的所得就容易受到运气的影响。在这一章，我们将研究由不确定经济难题所引起的三个问题：（1）在不确定的环境中人们会如何做出决策？（2）为什么人们普遍不喜欢风险性的情境？（3）人们可以做些什么来避免或者减少风险？

4.1 概率和期望值

对在不确定性情形下的个人行为的研究，与对概率和统计的数学研究，拥有一个共同的机会博弈的历史渊源。千方百计想设计出 21 点牌获胜方法的赌徒与绞尽脑汁想保持赌博游戏有利可图的赌场便是这种问题的现代实例。起源于机会博弈研究的两个统计学概念，概率和期望值，对于我们研究在不确定情形下的经济决策而言是非常重要的。

一个事件发生的**概率**（probability），大致而言，就是它发生的相对频率。比如，我们说抛掷一枚匀质硬币正面朝上的概率是 1/2，意思是说，如果一枚硬币被抛掷非常多次，我们就能预期在几乎一半的抛掷中硬币是正面朝上的。类似地，投掷骰子一次，得到点数 "2" 的概率是 1/6。在几乎每六次掷骰子中，点数 "2" 就将出现一次。当然，在抛掷硬币或骰子前，我们并不知道将发生什么，因此每一次掷硬币或者骰子都有一个不确定的结果。

拥有大量不确定结果（或奖金）的一个赌局的**期望值**（expected value）是该参与人将赢得的奖金的平均数额。假设琼斯和史密斯同意抛掷硬币一次。如果正面朝上，琼斯将支付给史密斯 1 美元；如果背面朝上，史密斯将支付给琼斯 1 美元。从史密斯的角度而言，这个赌局有两个奖金数额或结果（X_1 和 X_2）：如果正面朝上，$X_1 = +1$ 美元；如果背面朝上，$X_2 = -1$ 美元（负号代表史密斯必须支付出去）。从琼斯的角度而言，赌局完全是一回事，只不过结果的符号相反罢了。那么这个赌局的期望值便是：

$$\frac{1}{2}X_1 + \frac{1}{2}X_2 = \frac{1}{2} \times 1 + \frac{1}{2} \times (-1) = 0 (美元) \tag{4.1}$$

即这个赌局的期望值为0。如果这一赌局重复进行许多次，那么任何一个参与人都不可能赢得太多。

现在假设赌局的奖金发生了变化，在史密斯一方，$X_1 = 10$ 美元，而 $X_2 = -1$ 美元。即如果正面朝上，史密斯将赢得 10 美元，但如果背面朝上，他只损失 1 美元。此赌局的期望值便是 4.5 美元：

$$\begin{aligned}\frac{1}{2}X_1 + \frac{1}{2}X_2 &= \frac{1}{2} \times 10 + \frac{1}{2} \times (-1) \\ &= 5 - 0.5 \\ &= 4.5 (美元)\end{aligned} \tag{4.2}$$

？ 小测验 4.1

下列每个赌博游戏的实际公平价格是多少？

1. 以 0.5 的概率赢得 1 000 美元，以 0.5 的概率失去 1 000 美元。

2. 以 0.6 的概率赢得 1 000 美元，以 0.4 的概率失去 1 000 美元。

3. 以 0.7 的概率赢得 1 000 美元，以 0.2 的概率赢得 2 000 美元，以 0.1 的概率失去 10 000 美元。

如果这一赌局重复进行许多次，史密斯将肯定最终成为大赢家，平均每次抛掷硬币将获得 4.5 美元。这样的赌局是如此有吸引力，以至于史密斯可能会愿意为享有这种游戏特权而付给琼斯一些回报。他甚至可能会为获得参与这个赌局的机会而愿意支付多达 4.5 美元，即期望值的大小。期望值为零的赌局（或者参与人必须先支付期望值才能获得游戏权利的等价赌局，这里期望值是 4.5 美元）被称为**公平赌局**（fair gamble）。如果公平赌局进行许多次，那么货币上的损失和收益都将是相当微小的。"**应用 4.1：21 点牌规则**"介绍了期望值思想对赌徒和赌场的重要性。

应用 4.1

21 点牌规则

21 点牌提供了对期望值概念及其与在不确定情形下人们行为的相关性的一种解释。21 点牌是一种非常简单的游戏。每个玩家被发给两张牌（庄家最后给自己发牌）。庄家询问每个玩家是否加牌。拥有一手总点数不超过 21 点且尽量大的牌的玩家就是赢家。如果玩家收到的牌的点数超过了 21，那么玩家自动出局。

以这种方式玩牌，21 点牌游戏就给庄家提供了许多优势。最为重要的是，最后要牌的庄家处在一个很有利的位置上，因为其他玩家在庄家下注之前可能就已经超过了 21点（从而出局）。在通常的规则下，庄家还能拥有赢得平局的额外优势。这两个优势平均使庄家增加了 6% 的胜算。普通玩家可预计获得 47% 的胜率，而庄家却将能获得 53%的胜率。

算 牌

由于 21 点牌的规则使游戏对普通玩家而言并不公平，赌场通常会放宽游戏规则以诱使更多的人参与赌博。比如，在拉斯维加斯的许多赌场，庄家必须按照固定规则玩牌；而在某些平局而不是胜局的情况下，庄家必须将赌注归还给玩家。这些规则在很大程度上提高了游戏的公平性。据估计，按照上述情况，拉斯维加斯赌场的庄家仅仅拥有 0.1% 的获胜优势。实际上，近年来玩家们已经设计出许多规则体系，他们甚至声称这些规则体系可以给普通玩家带来净优势。这些规则体系包括计算人头牌、系统性地改变赌注和游戏中采用的大量其他策略。[a] 计算机模拟了数十亿手牌可能出现的 21 点牌局，结果表明，认真遵守正确策略能够给玩家带来高达 1% 或 2% 的优势。演员达斯汀·霍夫曼（Dustin Hoffman）谈到过，他在 1989 年的电影《雨人》(Rain Man) 中扮演的角色具备出众的算牌能力，他用自己的行动诠释了这种潜在优势。

赌场 VS. 算牌者

毫不奇怪，玩家对 21 点牌规则的巧妙利用并不是特别受拉斯维加斯赌场经营者的欢迎。这些赌场修改了规则（比如，使用多副牌使得算牌变得更为困难），以削弱在特定规则体系下玩家们的优势。另外，它们已经开始禁止熟悉规则的知名玩家进入赌场。然而，这种防范并不是万无一失的。比如，在 20 世纪 90 年代末，一小群麻省理工学院的学生利用一系列精确的算牌技巧从拉斯维加斯赌场带走了 200 多万美元。[b] 他们的聪明举动让赌场经营者很不高兴，学生们还和安保人员发生了冲突。

所有这些波折都揭示了，在诸如 21 点牌这样的涉及重复多次牌局的赌博游戏上，期望值的微小变动所具有的重要意义。算牌者对 21 点牌游戏的某一手牌的结果并不在意。相反，他们关注的是，在上牌桌多个钟头后提高平均胜率。即便是胜率的微小变化可能也会导致巨大的累积奖金。

其他博弈的期望值

在赌场提供的所有机会博弈中，期望值的概念扮演着非常重要的角色。比如，老虎机可以为玩家设定一个精确的期望回报。当一家赌场在某处运营数百台老虎机时，它每天可赚得的回报实际上是确定的，尽管来自某台特定机器的赔率可能变化很大。类似地，轮盘赌游戏包括了 36 张数字方块牌及标记为 "0" 和 "00" 的方块牌。通过对数字方块牌以 36比 1 的方式下注，赌场可以预计从每 1 美元的赌注中获得 $5.3(=200 \div 38)$ 美分。对红色还是黑色下注，或者对偶数还是奇数下注，利得都是相同的。据一些专家所说，百家乐游戏给赌场带来的期望回报是最低的，尽管在这种情况下，游戏中的高额赌注仍然可能使其获利颇丰。

思考题

1. 如果 21 点牌规则可以提高人们的期望胜率，为什么不是每个人都在利用它？你预期谁最有可能去学习利用这些规则？

2. 赌场是如何通过同时运营许多张 21 点牌赌桌、多台老虎机和多张轮盘赌桌来降低它们赔钱的风险的？运营一家小型赌场比运营一家大型赌场更具风险吗？

a. 参见爱德华·O. 索普（Edward O. Thorp）的《击败庄家》（*Beat the Dealer*，New York：Random House，1962）一书中有关算牌策略的经典介绍。

b. 他们的经历被编进 2008 年的电影《决胜 21 点》，参见 Ben Merzich，*Bringing Down The House*（New York：Free Press，2002）。

4.2 风险厌恶

经济学家们发现，当人们面对风险情境中的公平赌局时，他们通常会选择不参与。[①] 理解这样一种**风险厌恶**（risk aversion）的方法最早是由 18 世纪的瑞士数学家丹尼尔·伯努利（Daniel Bernoulli）首次识别的。在对不确定性情形下行为的早期研究中，伯努利提出了一个理论，认为赌博游戏中的货币支付对于人们而言并不重要。相反，与赌注的奖赏相关联的期望效用（伯努利称之为道德价值）对于人们的决策才是重要的。如果赌局中货币奖赏的差异并未完全反映效用，人们就可能发现在美元价值上公平的赌局实际上在效用价值上并不公平。具体来说，伯努利（及之后多数的经济学家）假设，在有风险的情况下，与支付相关的效用要比这些支付的美元价值增长得慢。也就是说，随着赢取的美元数额的增加，赢得额外（或者边际）一美元的货币奖赏所带来的额外（或者边际）效用被认为是递减的。

4.2.1 递减的边际效用

图 4-1 阐明了这一假设，它表示的是在潜在奖赏（或者收入）从 0 美元上升至 50 000 美元的过程中与之关联的效用变化。曲线的凹形反映了这些奖赏所带来的边际效用被假定为递减的。尽管额外的收入总是在提高效用，收入由 1 000 美元增至 2 000 美元带来的效用增加却大大高于收入由 49 000 美元增至 50 000 美元带来

---

① 我们在这里所讨论的赌博游戏在它们的进行过程中除了奖赏外并不产生其他效用。因为经济学家希望集中考察与纯风险相关的方面，因此他们必须将人们从赌博中获取的纯消费收益抽象出来。显然，如果赌博对于某人而言是有趣的，那么他或她将愿意为赌博进行支付。

的效用增加。正是这个收入的边际效用递减假设（这在某些方面类似于在第 2 章中所介绍的一个 MRS 递减的假设）导致了风险厌恶。

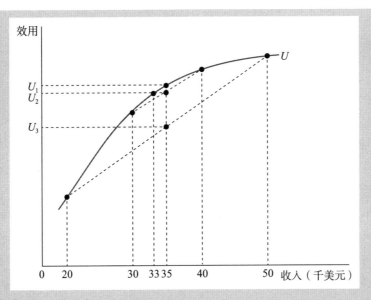

图 4 - 1　风险厌恶

　　如果用收入-效用曲线 U 来刻画一个人，那么他或她获得自无风险的 35 000 美元收入的期望效用 U_1 要高于以 50％的可能性赢得或是失去 5 000 美元的期望效用 U_2。他或她将愿意支付 2 000 美元来避免这样的赌局。15 000 美元的公平赌注（fair bet）所提供的期望效用 U_3 甚至比 5 000 美元赌注所提供的期望效用还要低。

4.2.2　风险厌恶的图解

　　图 4 - 1 表示风险厌恶。该图假设此人面临三个选择。他或她可以：（1）不冒任何风险地获得当前的收入水平（35 000 美元）；（2）接受一个公平赌局，各以 50％的概率赢得或失去 5 000 美元；（3）接受一个公平赌局，各以 50％的概率赢得或失去 15 000 美元。为了考察此人在三项选择间的偏好，我们必须计算得自每一项选择的期望效用。

　　停留在当前 35 000 美元收入上所获得的效用是 U_1。曲线 U 直接表达了个人对这项当前收入的感觉。从第二个选项所获得的期望效用，

> **？ 小测验 4.2**
> 　　对于那些偏好风险情境的个体，其收入-效用曲线 U 的形状是怎样的？

即 5 000 美元赌注的效用是 40 000 美元效用（如果此人赢得赌注）和 30 000 美元效用（如果此人输了赌注）的简单平均值。平均效用为 U_2。[①] 由于它位于 U_1 下方，所以我们可以认为此人将拒绝接受 5 000 美元的赌注。最后，15 000 美元赌注的效

---

　　① 平均效用可以这样找到：连接点 U（40 000 美元）和点 U（30 000 美元）作一条弦，并找到那条弦的中点。由于 35 000 美元处的竖线位于 40 000 美元和 30 000 美元的正中间，因此它也会等分那条弦。

用是 50 000 美元的效用和 20 000 美元的效用的平均值。这由 U_3 给出，它位于 U_2 之下。换言之，相比 5 000 美元的赌注，此人更不喜欢冒险接受 15 000 美元的赌注。

铭刻于心　在赌局之间做选择

为了解决消费者在不同赌局之间的选择难题，你应该采用两个步骤。首先，使用期望值的公式，计算每个赌局的消费者期望效用。其次，选择有着最高数值的那个赌局。

4.2.3　厌恶风险的支付意愿

如图 4-1 所示，收入的边际效用递减，意味着人们厌恶风险。在期望美元值相同的选择里（我们的所有例子都是 35 000 美元），相比冒险的选择，人们更喜欢无风险的收入，因为从效用的角度而言，这些冒险选择所能提供的收益小于损失。事实上，一个人将愿意为避免承担风险而放弃一些收入。比如在图 4-1 中，33 000 美元的无风险收入提供了与 5 000 美元赌注相同的效用值（U_2）。这个人将愿意支付 2 000 美元以避免承担风险。此人有许多种花费资金的方式可被用来降低或完全消除风险。我们将会在后面学到这些方法。当我们说某个人"非常厌恶风险"时，我们等于说他或她为避免风险乐意花费很多钱。

诸如图 4-1 中的收入-效用曲线 U，提供了关于一个风险厌恶个体的一些见解。如果 U 弯曲得厉害，那么该个体从某一收入中所获得的效用将会远远高于从有同样期望收益的确定性赌局中所获得的期望效用。如果 U 更平坦一些（换句话说，U 更线性一些），那么个体的风险厌恶程度更小。极端来看，如果 U 是一条直线，那么该个体在某一收入和有着同样期望收益的赌局之间是无差异的。换句话说，他或她可能接受任何公平赌局。拥有这些风险偏好的个体被认为具有**风险中性**（risk neutral）特征。

回到如图 4-1 所示的收入-效用曲线非常弯曲的风险厌恶个体，如果我们只拿曲线的一小段来说，比方说在收入 33 000 美元和 35 000 美元之间，并且为了更好地考察它而把它放大，那么这一小段看起来就像一条直线一样。因为直线与风险中性者相关联，这一图形的例子表明，即使一个人对于大赌注（比方说，赌注是成千上万美元）而言是风险厌恶者，其对于小赌注而言（赌注只有几美元）也可能近似于风险中性者。人们对于小风险可能并不是那么厌恶，因为即使是小风险的最糟糕情形也没有明显地减少人们的收入。

4.3　降低风险和不确定性的方法

在许多情况下，承担风险是在所难免的。即便是驾车或是在餐馆用餐也会将你置于某种有可能发生的不确定性中。除非成为一名隐士，否则你没有办法回避生活中的风险。然而，我们前一部分的分析表明，人们通常愿意为降低这些风险而付费。在这一部分，我们考察这样做的四种方法——保险、多样化、灵活性和信息获取。

4.3.1 保 险

每年，美国保险公司为各种类型的保险收取近 2 万亿美元的保费。最为常见的是，消费者为自己的生命、房屋和汽车以及医疗费用购买保险。实际上，对任何可以想象得到的风险，都可以购买保险（可能是以一个很高的价格）。比如，许多加利福尼亚人购买了地震保险，户外游泳池的所有者可以购买特殊的跳伞者损伤保险，而外科医生和篮球运动员可以为他们的双手进行保险。在所有这些例子中，人们都愿意向保险公司支付一笔保费，以保证当出现意外时能获得赔偿。

购买保险的内在动机在图 4-2 中显示出来。在这里，我们重新使用了图 4-1 中的收入-效用曲线，但我们现在假设在下一年中，拥有 35 000 美元当前收入（和消费）的这个人将面临 50% 的需要支付 15 000 美元不可预见医疗账单的可能性，这将把他或她的消费削减到 20 000 美元。在没有保险的情况下，此人的效用将是 U_1——35 000 美元的效用和 20 000 美元的效用的平均值。

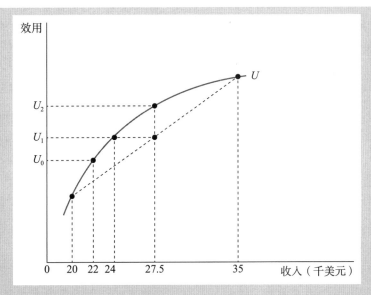

图 4-2 保险降低风险

一个拥有 35 000 美元收入的人，如果面临 50% 的需要支付 15 000 美元医疗账单的可能性，那么他将获得 U_1 的期望效用。若拥有了公平保险（花费 7 500 美元），效用将是 U_2。即便购买了成本为 11 000 美元的非公平保险，仍然可以达到和面临无保险状况时同样的效用水平（U_1）。但是一项 13 000 美元的保费将过于昂贵，因为它提供的效用水平只有 U_0。

公平保险　如果针对他或她的医疗保健需求购买一份精算**公平保险**（fair insurance）的话，这个人的境况将显然得到改善。这一保险将花费 7 500 美元——保险公司每年不得不支付的健康索赔额的期望值。一个购买此保险的人将能确保 27 500 美元的消费。如果他或她购买保单而且身体无恙，收入将被保费削减 7 500 美元。如果此人患病，保险公司将赔付 15 000 美元的医疗账单，但此人已经付了 7 500 美元的保费，因此消费额将还是 27 500 美元。如图 4-2 所示，27 500 美元确定收入的效用（U_2）超过了在没有保险情况下所得的效用，因此该保单代表了一种提高效用的资金用途。

非公平保险　没有保险公司能够以精算公平保费（actuarially fair premium）卖出保险。保险公司不仅要支付保险金，还必须保存记录、收取保费，并且对索赔事项进行调查，以确保它们并非欺诈行为，或许还要为股东带来利润。因此，有意购买保险的人往往会预计比一份精算公平保费支付更多。尽管如此，一位买家可能认为保险所提供的风险降低值得支付额外费用。比如，在图 4-2 中的医疗保健说明中，此人将愿意为医疗保险支付多达 11 000 美元费用，因为购买这类非公平保险所得的 24 000 美元无风险的消费流可以提供与面临无保险状况时一样多的效用（U_1）。当然，即便对于诸如保险这样令人满意的产品，它们同样可以变得过于昂贵。在 13 000 美元的价格下，完全保险所提供的效用（U_0）将不如面临无保险状况时所得的效用。在这种情况下，相比于接受这样一个非公平保费，这个人还不如自己承担起支付他或她的医疗账单的风险。在"**应用 4.2：保险中的免赔额**"中，我们将考察回避与小型风险有关的非公平保险的一个办法。

应用 4.2

保险中的免赔额

　　一项保单中的免赔额条款是指这样的规定：投保人支付一个索赔事项中的第一个 X 美元；之后，由保险公司买单。以汽车保单为例，一份 500 美元的免赔额是相当普遍的。如果你发生了一次碰撞，你必须支付损失中的第一个 500 美元，然后保险公司将赔付剩下的部分。多数其他意外事故保单都有类似的条款。

免赔额和管理成本

　　在保险合同中设立免赔额的主要目的是阻止小额索赔。由于不论索赔额的规模大小，保险公司处理一项索赔所发生的管理成本都是一样的，因此这些成本就可能在一项小规模索赔的价值中占到一个非常高的比例。因此，旨在应对较小损失的保险在精算上将变得不公平。大多数人会发现，与其支付如此不公平的保费，还不如他们自己担负起这类损失（例如汽车漆面的划痕）的风险。类似地，在一项保单中增加免赔额有时可能是一个在财务上具有吸引力的选择。

你们的作者所做的选择说明了保险政策中免赔额的这些特点。例如，他们的两份汽车保单都提供与碰撞险相关的 500 美元或 1 000 美元的免赔额。免赔额为 500 美元的保单每年要多花费约 100 美元。两位作者都选择了免赔额为 1 000 美元的保单，理由是每年多付 100 美元购买 500 美元的保险似乎不太划算。

免赔额健康保险中的免赔额

尽管免赔额的逻辑也适用于健康保险，但是这些特征是否存在却是相当具有争议的。[a] 比如，在 1988 年美国国会通过了《医疗保险重大疾病承保范围法案》。该法案对医疗保险的受益人给出了额外的保险，在保险生效之前要求每年支付一大笔免赔额。这一政策因为两个原因而不受欢迎：（1）人们认为要求患重大疾病的老年人支付初始部分费用是不公平的；（2）这一政策的保费是由老年人自己支付，而不是由工作人口支付（大部分其他医疗保险项目则是由工作人口支付）。这个计划引起了轩然大波，以致仅仅一年后它就被废除了。

关于免赔额的争论围绕着 2003 年医疗保险 D 部分的药物福利而展开。该计划最初的设计使老年处方药消费者面临一个复杂的免赔额方案：（1）每年花费在药物上的第一个 250 美元是不被药物福利所覆盖的，（2）每年在 250 美元和 2 100 美元之间的药物支出中的 75％ 由医疗保险承担，（3）每年在 2 100 美元和 5 100 美元之间的支出是不被医疗保险覆盖的，（4）每年支出中超过 5 100 美元的支出的 95％ 是由医疗保险报销的。观察家很难为这样复杂的计划找出合理的解释，特别是年支出在 2 100 美元和 5 100 美元之间的"甜甜圈洞"。显然，该条款和管理成本的问题并没有多大的关联。这项计划底部的 250 美元使人们无法为购买的每一片阿司匹林提出索赔。也许这个"甜甜圈洞"主要是为了省钱，以便将可用资金集中于帮助最为贫穷的老年人（那些医药费用超过 5 100 美元的老人），至于它在保险理论上是否有合理性，谁也说不准。

对于美国预算赤字不断膨胀的担忧再次激发人们通过提高免赔额来节省政府资源的兴趣。在过去 15 年里，国家老年人医疗保险制度的 A 部分（涵盖住院）免赔额已增长了 50％ 以上，在 2013 年达到 1 184 美元。不仅医疗保险等政府提供的医疗项目会增加赤字，而且私人提供的医疗保险也增加了赤字，因为雇主为雇员提供保险福利可以享受税收减免。一些雇主已经利用这一税收优惠待遇为雇员提供非常慷慨的"凯迪拉克"保险计划，对于承保范围几乎没有任何限制，并且免赔额很低或者没有免赔额。2010 年《平价医疗法案》（通称"奥巴马医改"）的其中一个条款就是减少了"凯迪拉克"保险计划的税收减免。

思考题

1. 在一些情况下，你可以购买另一项保险来覆盖你基础保险中的免赔额。比如，当你租车的时候就是这种情况，"附加医疗保险"（Medigap）保单可以覆盖医疗保险的免赔额。购买这样的保险有意义吗？

2.为什么免赔额通常是以一年的基准来规定的？如果损失是随机发生的，"终身"的免赔额不是更好吗？

    a.许多健康保单还有"共付医疗费"条款，它要求人们支付，比方说，他们索赔成本中的25%。共付医疗费条款在边际上提高了人们为医疗保健支付的价格。免赔额条款降低了平均支付的价格，在超过免赔额后，新增保健的边际价格为零。关于健康（和其他）保险中共付医疗费的讨论，请参见第15章。

    不可保风险   前面的讨论指出风险厌恶的个人将总是购买保险来应对风险，除非保费大大超过损失的期望值。三类因素可能导致这样的高保费，从而使得风险变得不可保。首先，某些风险可能是如此奇特或者难以评估，以至保险公司不知如何设定保费标准。确定精算公平保费要求某个给定的风险必须能足够频繁地发生，以使得保险公司能够估计损失的期望值，并依靠未遭受损失的个人所交纳的保费来覆盖预期的赔付。面对罕见的或是非常不可预见的事件，如战争、核电站事故等，潜在的保险公司可能并无评估保费的基准，因而不提供任何保险。

    保险项目缺失的另外两个原因和想要购买保险的个人行为有关。在某些情况下，个人可能比保险公司更为清楚他们遭受损失的可能性。那些预计损失大的人就会购买保险，而那些预计损失小的人则不会。这种逆向选择（adverse selection）导致保险公司比预期赔付更多的损失，除非保险公司可以找到一种方法来控制由谁来购买所提供的保单。正如我们稍后将看到的，在这类控制缺失的情况下，即使人们愿意购买它，保险公司也不会提供保险。

    个人投保后的行为也可能影响投保的可能性。如果拥有保险使得人们更可能引起损失，保险公司的保费计算就会出错。同样，它们可能被迫索取在精算意义上太不公平的保费。例如，在购买了滑雪设备的保险后，人们可能会因为不用再承担损坏的成本而开始更肆无忌惮地滑雪，并更粗暴地对待滑雪设备。为了弥补这种增加的损失概率，保险公司索要的保费可能会非常高。人们行为中的这种道德风险（moral hazard）意味着，人们无法以任何合理的条件购买现金损失保险。在第15章中，我们将更详细地探讨逆向选择和道德风险问题。

4.3.2 多样化

    风险厌恶的个人降低风险的第二条途径是进行多样化（也称分散化）投资。这是谚语中所蕴含的经济学原理："不要将所有鸡蛋都放在一个篮子里。"通过适当地分散风险，把效用提高到采取单一的行动方案所能提供的水平之上便是有可能的。这种可能性在图4-3中得到了阐释，它表示的是一个当前拥有35 000美元收入的人的效用水平，其中，他或她必须将收入中的15 000美元用于风险资产的投资。

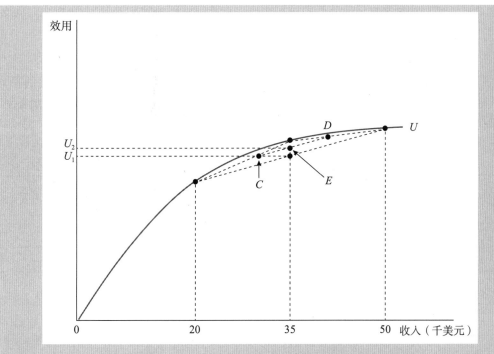

图4-3 多样化投资降低了风险

在这里，一个投资者必须将15 000美元投资于风险股票。如果他或她只投资于一只股票，那么效用将是U_1。尽管两只不相关的股票可能有相同的回报率，但平均而言，同时投资它们二者可能降低风险并把效用提高到U_2。

为简便起见，假设只有两种这样的资产，即公司A和公司B的股票。每家公司股票的成本都是每股1美元。投资者相信如果公司在下一年运转良好的话，股票价值将上涨到2美元；然而，如果公司经营不善，那么股票将一文不值。每家公司运营好坏的可能性都各占50%。此人将如何投放他或她的资金？初看起来，如何投资是无关紧要的，因为两家公司的前景是相同的。但是，如果我们假设一家公司的前景与另一家公司没有关系，那么我们能够表明同时持有两种股票可以降低此人的风险。

假设此人决定通过向公司A投资15 000股来进入市场，那么他或她将有50%的概率在年末拥有50 000美元，有50%的概率拥有20 000美元。因此，这种非多样化投资策略将得到效用水平U_1。

让我们考虑一种多样化策略，其中投资者每只股票各购买7 500股。现在依据每家公司的表现，有四种可能的结果。它们连同这些可能情况下的个人收入被标示在表4-1中。这些结果中的每一个都有相同的概率。注意到多样化策略仅当两家公司分别都表现良好或不佳时才能达到非常好或非常糟的结果。在一半的情形中，一家公司股票的所得平衡了另一家的损失，个人最终获得初始的35 000美元。尽管与单一股票策略具有相同的期望值，即$0.25 \times 20\ 000 + 0.50 \times 35\ 000 + 0.25 \times 50\ 000 = 35\ 000$(美元)，但多样化策略的风险更低。

解释这种来自风险降低的效用需要一点技巧，因为我们必须对如表 4-1 所示的四种结果的效用进行平均。对此，我们分两步进行。图 4-3 中的 C 点代表公司 B 表现不佳时的平均效用（20 000 美元效用和 35 000 美元效用的平均值），而 D 点代表公司 B 表现良好时的平均效用（35 000 美元效用和 50 000 美元效用的平均值）。C 点和 D 点的最终平均值可在 E 点处找到，它代表了 U_2 的期望效用水平。由于 U_2 超过了 U_1，显然，此人通过投资多样化获益了。

表 4-1　投资两家公司的可能结果　　　　　　　　　　　　单位：美元

		公司 B 的业绩	
		差	好
公司 A 的业绩	差	20 000	35 000
	好	35 000	50 000

❓ 小测验 4.3

解释为什么下列情况是多样化的例子，也就是解释为什么虽然每个指定的选择都提供了相同的期望值，但人们偏好的却是具有较低风险的选择。

1. 相比在一次掷硬币中打赌 1 000 美元，人们更偏好于抛掷 10 枚硬币，在每枚硬币上打赌 100 美元。

2. 在银行中，相比在每个柜员前各有一个等待队列，人们更偏好于全部人排成一个等待队列。

3. 如果单次打赌是要决定出最佳的球队，那么相比足球，人们将偏好于参与对篮球的打赌（这个例子可能反映了本书作者的特殊偏好）。

通过**多样化（或分散化）**（diversification）分散风险可以提高期望效用的结论适用于许多情况。举例来说，我们简单示例的推理可以用来解释为什么个人选择购买投资于许多股票的共同基金，而不是自己选择几只股票进行投资（参见"应用 4.3：共同基金"）。它还解释了为什么人们投资于许多种类的资产（股票、债券、现金、贵金属、不动产和诸如汽车等耐用品），而不是仅限于一种资产。多样化原则适用于金融市场以外的领域。刚进大学的学生如果不确定自己的兴趣或天赋在哪里，最好是选修不同的课程，而不是只选修技术或艺术课程。通过种植各种树，园丁可以确保校园不会因单一害虫或天气条件对某些树木的偏爱而变得光秃秃的。在所有这些例子中，我们的分析表明，个人不仅因为来自多样化投资的风险降低而获得了更高的效用水平，他们甚至可能愿意为获得这些利益而付出一定代价（比如说，共同基金的费用、额外的大学学费或不太均匀的树冠）。

应用 4.3

共同基金

对个人来说，投资普通股的最方便途径之一便是购买共同基金。共同基金从众多投资者处筹款以购买不同公司的股票。为获得此项服务，个人每年按他们投资金额的 0.5%～1.5% 的比例支付一笔管理费。

多样化和基金的风险特征

尽管共同基金经理人经常因为他们被认为在挑选股票方面具有优势而卖出他们的服务，但基金提供的多样化投资可能给出了一个为什么人们选择它们的更好解释。任何想购买比方说 100 种不同公司股票的单个投资者，将发现他或她的大多数资金都被用作经纪人佣金，而几乎剩不下多少钱留给自己购买股票。由于共同基金进行大量交易，经纪人佣金就相对较低。那样，一个人拥有许多公司一定比例的股份就变得可行了。由于图 4-3 中所述的原因，这样的投资多样化就降低了风险。

然而，投资股票通常是一件冒险的事情，因此共同基金的经理人会给出产品，供投资者选择他们可以容忍的风险程度。货币市场和短期债券基金一般几乎没有风险；对冲基金（由普通股和债券构成）风险略高；成长基金则带来最大的风险。平均来看，风险更高的基金往往会在一定程度上给投资者带来更高的回报。比如，20 世纪 60 年代一项对共同基金业绩的著名研究发现，风险每提高 10 个百分点将导致由基金获得的总收益平均提高大约 1 个百分点。[a]

投资组合管理

共同基金的经理人在购买特定的股票时，可以通过他们的选择更大限度地降低风险。我们在用数字说明分散投资的好处时，假定两家公司股票的收益是相互独立的；正是这一点产生了投资多样化的好处。如果共同基金经理人发现投资的回报倾向于以相反的方向变动（这就是说，当一种资产表现良好时，另一种资产表现不佳，反之亦然），那么就可以得到更多与风险降低有关的收益。比如，一些基金经理人可能选择将其基金的一部分投资于一些矿业公司，因为当股票价格下跌时，贵金属的价格往往上涨。另一种平衡风险的途径是购买许多国家的公司股票。这些全球共同基金和国际基金（它们专门经营各国证券）近年来成长迅速。更为普遍的是，基金经理人甚至可能采取包含卖空或股票期权的复杂策略，从而进一步对冲特定投资的收益。最新的金融创新，如标准的看跌期权和看涨期权、股指期权、利率期货以及令人眼花缭乱的各种计算机程序交易方案，都说明对这些风险降低型工具的需求越来越大。

指数基金

指数基金是一种更为系统的多样化方法。这些基金最初在 20 世纪 70 年代推出，它们试图模拟整体市场的平均表现。一些最流行的基金追踪的是标准普尔 500 股票市场指数，也有基金追踪的是诸如道琼斯工业平均指数或是威尔希尔 5 000 指数。还有一些指数基金追踪的是外国股票市场指数，例如日经平均指数或是《金融时报》指数。这些指数基金的经理人使用复杂的计算机算法来确保他们牢牢地跟上他们的标的指数。这些基金的主要优势在于它们的管理成本非常低。大多数大型指数基金的年支出不到它们资产价值的0.25%，而主动管理型基金的支出平均约为资产价值的1.3%。历史上，很少有管理型基金能够克服这个成本劣势。[b]

思考题

1. 大多数共同基金业绩的研究结论是，基金经理的业绩不可能持续地超过整个股票市场的平均回报。为什么你会预期到这样的结果？这对投资者购买管理型共同基金的动机有什么影响？

2. 共同基金每天计算每个基金份额的资产价值。基金份额是否应该在公开市场上以这个价值出售？

a. M. Jensen, "Risk, the Pricing of Capital Assets, and the Evaluation of Investment Performance," *Journal of Business*（April 1969）.

b. 伯顿-马尔基尔（Burton Malkiel）是最坚定的指数基金倡导者之一。例如，可参见 B. G. Malkiel, "You're Paying Too Much for Investment Help," *Wall Street Journal*，May 29, 2013, A15。

4.3.3 灵活性

多样化是个体降低风险的一种有效策略，个体能够通过在多个不同的选择中分配较大数量中的一小部分来细分决策。举例来说，一个投资者通过多样化，即通过把一个资金池分配给许多不同的金融资产来实现分散投资。一个学生可以通过把大学生涯中要选修的课程总数细分为几个不同科目来实现多样化。

在某些情形中，决策并不能够细分。它是要么全有要么全无。举例来说，一个大学生往往不被允许在不同学院上课；通常他或她只能在一个学院上许多课程。此时选择哪个学院就是一个要么全有要么全无的决策。要么全有要么全无决策也出现在其他情形当中，比如消费者决定购买哪件冬衣的决策。他或她不能够购买半件适合温和天气的夹克衫、半件适合登山者的派克大衣。企业通常构建巨大的厂房也是考虑了大规模经营的效率。如果企业通过多样化把它分成三种不同的技术，构建三个小的厂房，每个厂房只有原来大厂房的三分之一，那么它可能效率会更低。

在要么全有要么全无决策下，决策者能够通过做出灵活决策来获得一些多样化的收益。灵活性允许个体调整初始决策，效果取决于未来是怎样呈现的。因而，在出现大量不确定性时，未来看起来充满变数，灵活性变得更加重要。灵活性让决策者避免受限于一个行动过程，相反，它提供了大量选择机会。决策者能够选择适合后续环境的最佳选项。

表 4-2 提供了关于灵活性价值的一个数值例子。某人决定购买一件大衣，以应对晚上的徒步旅行可能面临的不确定天气条件。假设天气正好不冷不热。现在不考虑价格，只考虑消费者从不同大衣中所获得的以效用度量的收益。一件派克大衣更适合苦寒天气，它在苦寒天气下提供 100 单位效用，但是不太适合温和天气，在温和天气下它只能提供 50 单位效用，因为它会变得过热和厚重。一件风衣正好有相反的效用模式，在苦寒天气下只能为瑟瑟发抖的穿着者提供 50 单位效用，但在温和天气下却能提供 100 单位效用。消费者还有第三种选择，二合一的大衣能够提供更多的灵活性。两层衣服的拉链可以拉在一起，起到派克大衣的保暖作用，外套也可以单独穿，成为一件风衣。

表 4-2　不同天气下大衣提供的效用

大衣	天气条件	
	苦寒天气	温和天气
派克大衣	100	50
风衣	50	100
二合一大衣	100	100

这样一件二合一大衣比另外两件大衣只能二选一要更好，因为它比其他两件大衣提供了更多的选项，允许它更好地适应天气条件。给定出现苦寒和温和天气的概率是一样的，那么二合一大衣所提供的预期效用是 100，而另外两件大衣提供的预期效用只有 75。如果三件大衣以相同价格出售，那么消费者将会购买二合一大衣，并且依赖于金钱的效用值，这个消费者将可能愿意为二合一大衣支付更多的钱。

期权　我们注意到，在天气条件不确定的情况下，二合一大衣比其他任何一件大衣都要好，因为它提供了更多的选择。学生们可能对"期权是有价值的"这一概念并不陌生，因为在金融市场上，人们经常会听到股票期权合约和其他形式的期权合约。大衣的例子与这些**期权合约**（option contract）之间有着密切的联系，我们将对此进行更详细的研究。在讨论不同背景下出现的期权之间的相似性之前，我们先介绍一些术语来区分它们。期权合约是一种金融合约，它提供了在未来某个时期以某个价格买入或卖出某项资产（比如股票）的权利，但不是义务。在金融世界之外的不确定环境中出现的期权（我们的大衣例子只是其中一例）被称为**实物期权**（real option）。实物期权涉及有形资源的配置，不仅仅是金钱从一个人手中转移到另一个人手中。在大衣的例子中，二合一大衣可以被视为带有实物期权的派克大衣，如果天气变暖和，它可以把派克大衣转变成风衣（它也可以被视为带有实物期权的风衣，穿着者可以将其转变成派克大衣。）

期权的属性　期权合约的种类繁多，并且其中某些种类非常复杂。实物期权也有许多不同的种类，它们的交易发生于诸多不同的情况下，使得有时候很难准确地确定在某种情况下发生了哪种类型的期权交易。但是，不同种类的期权都具备三个基本属性。

一是对标的的交易的详细规定。期权必须包括所涉及交易的具体细节。这包括正在购买或卖出什么、交易在什么价格下会发生以及任何其他相关细节（比如，交易将在哪里发生）。例如，在股票期权中，合约具体化了所涉及的公司股票，将交易多少股份，在什么样的价位上交易。在二合一大衣所表示的实物期权中，标的交易是把派克大衣转换为风衣。

二是对期权行使期限的规定。定义期权能够行使的期限。一只股票期权可能不得不在两年内执行期权，否则它将过期，但是期权各方能够在任何执行期限达成一致意见。执行期限可以是非常具体的时间（比如期权只能够在6月5日上午10:00整执行），也可以是非常一般化的时间（可能执行期权的任何时间）。在大衣的实物期权例子当中，决策是在徒步旅行当中带上哪件大衣，因此隐含的执行期限是徒步旅行期间。

三是期权的价格。在一些情形当中，期权的价格是显性的。一只股票期权可能以70美元的价格出售。如果这一期权后来在一次交易当中进行交易，那么它的价格可能随着市场波动而时时变动。实物期权并不倾向于拥有显性价格，但是有时能够计算出它的隐性价格。例如，在大衣的例子中，把派克大衣转换为风衣的期权能够通过带有期权的大衣（二合一）和没有期权的大衣（派克大衣）的价格差进行测度。如果二合一大衣的售价是150美元，派克大衣的售价是120美元，那么这一期权的隐性价格是30美元。如果二合一大衣并没有像派克大衣那样在寒冷当中发挥好防寒功能，那么通过劣势概率（天气寒冷的概率）调整的这一劣势的损失将明显需要加到实物期权的隐性价格中。

为理解任何期权，你需要能够识别这三个组成部分。期权值不值它的价格，这依赖于标的的交易的细节和期权行使期限的性质。让我们看看这些细节是如何影响一只期权相对于一个潜在买家的价值的。

标的的交易的价值对期权价值的影响　一只期权中的标的的交易的价值一般有两个方面：（1）交易的预期价格和（2）交易价值的波动性。如果谷歌股票的当前交易价格是900美元而非500美元，那么在未来以700美元的价格购买谷歌股票的一份期权会更有价值。如果用于制造风衣的外壳材料是高质量的，并且它非常适用于温和天气，那么由二合一大衣提供的把它转变成一件风衣的实物期权将更有价值。

为什么标的条件波动越大，一只期权越有价值，其逻辑可追溯至期权的定义——它给予了持有者行使它的权利而非义务。持有者能够从处理某个极端情形的期权当中获利，并且哪怕期权日益偏离其他极端情形也并非有害，因为持有者在这些情形中能够简单地选择不行使期权。一个数值例子能够更清楚地说明这一点。回到大衣的例子，假设天气条件更加极端，苦寒天时更加苦寒，温和天时更加温和。派克大衣在苦寒天气下提供了更多的效用，在温和天气下提供了更少的效用，而风衣则正好相反。新的效用数值如表 4-3 所示。在初始天气条件下，从二合一大衣中所获得的期望效用比其他两件大衣中的任何一件都高 25 单位：100 跟（1/2）×100＋（1/2）×50＝75 相比。在更加波动的天气下，现在期望效用则高出了 75 单位：150 跟（1/2）×150＋（1/2）×0＝75 相比。与其他大衣相比，徒步旅行者将为二合一大衣支付比以前更高的溢价。能够把二合一大衣转变成风衣的实物期权将变得更有价值，因为温和天气变得更温和，而风衣很不适用于更加苦寒的天气并不重要，因为在这一情形中徒步旅行者将会把二合一大衣作为派克大衣使用。

表 4-3　更极端天气下大衣提供的效用

大衣	天气条件	
	苦寒天气	温和天气
派克大衣	150	0
风衣	0	150
二合一大衣	150	150

同样，如果谷歌股票当前的售价小于 700 美元并且没有多大变化，那么在未来给予持有者以 700 美元的价格购买谷歌股票的权利的期权是没有价值的。只有当股票的价格超过了 700 美元时，这一股票期权才有价值。波动越大，股票价格超过 700 美元门槛值的可能性就会越大。更大的波动性也意味着谷歌股票的价格急剧下降的可能性更大。但是期权持有者并不在意下跌的幅

小测验 4.4

乔治·卢卡斯（George Lucas）提出以 1 亿美元的价格向你出售他的第七部《星球大战》（Star Wars）的期权。

1. 识别这只期权涉及的标的。你认为这项交易的期望值是多少？你将如何估计这项交易价值的波动性？这只期权的期限是多长？

2. 你将决定花多少钱来购买卢卡斯的这只期权？

度，因为他或她在这一情形当中只需要简单地不执行期权就可以了。购买谷歌股票的期权持有者不会受到价格下跌的影响，但是能够获得价格上涨带来的所有好处。"应用 4.4：看跌期权、看涨期权和布莱克-斯科尔斯"深入探讨了关于股票期权估值的更多细节。

应用 4.4

看跌期权、看涨期权和布莱克-斯科尔斯

金融资产的期权在组织化的市场上广泛交易。不仅大多数公司的股票都有期权，债券、外汇和产品等资产，甚至以这些资产为基础的指数也有令人眼花缭乱的期权。或许大多数普通期权是和单家公司的股票相关的。这些期权所涉及的潜在交易只是承诺在未来的某段时间内以特定（"行权"）价格买入或卖出股票。以某一执行价格买入股票的期权被称为"看涨期权"，因为如果买方希望行使期权，他或她有权从其他人那里"索取"股票。以一定价格卖出股票的期权被称为"看跌期权"（也许是因为你有权将股票交到别人手中）。

假设微软股票目前的价格为每股 30 美元。看涨期权可能会给你权利（再次说明，不是义务）在一个月后以每股 32 美元的价格买入微软股票。[a] 假设你也认为一个月后微软股票价格为 35 美元或 25 美元的可能性各占一半。显然，以 32 美元买入的期权是有价值的——股价最终可能会达到 35 美元。但是这只期权值多少钱呢？

等价的资产组合

金融经济学家评估期权价格的一种方法是通过询问是否存在一个可以产生与这只期权相同结果的资产组合。如果这样的组合存在，人们就可以说它应当具有与期权相同的价格，因为市场将会保证同质产品价格相同。因此，让我们考虑微软期权的结果。如果微软股票在一个月后以 25 美元的价格出售，那么期权将毫无价值——当股票可以轻易地用 25 美元购得时，为什么要花 32 美元呢？然而，如果微软股票以 35 美元的价格出售，那么期权将值3 美元。我们能否用一些其他资产组合来复制这两个支付结果呢？假设我们从一家银行借入一些资金（L）（为了简单起见，不计利息），并购买微软股票中的一个比例（k）。一个月后，我们将这部分微软股票卖掉并偿还贷款。在这个例子中，L 和 k 必须使得所得结果与购买期权时一样。即：

$$k(\$25)-L=0 \text{ 且 } k(\$35)-L=3 \tag{1}$$

从这两个等式中我们可以轻松地解出 $k=0.3$，$L=7.5$。这就是说，购买 0.3 股微软股票，并借款7.5 美元将得到和购买期权一样的结果。这个策略的净成本是 1.5 美元——其中，9 美元用来按每股 30 美元的价格购买 0.3 股微软股票，再扣除 7.5 美元的贷款（在我们的简化例子中没有利息）。因此，这就是该期权的价值。

布莱克-斯科尔斯定理

当然，在现实世界中给期权定价要比这个简化例子复杂得多。在发展更一般的估值理论时，需要解决以下三个具体的复杂问题：(1) 微软股票在一个月内可能出现的价位比我们所假设的两种要多得多；(2) 大多数流行的期权可以在一定期限内的任何时候行使，而

不仅仅在某个特定日期行使；（3）利率对任何随着时间的推移而发生的经济交易都很重要。将这些因素都考虑在内是非常困难的，直至 1973 年费希尔·布莱克（Fisher Black）和迈伦·斯科尔斯（Myron Scholes）发展出了一个可以接受的估值模型。[b] 从那时起，布莱克-斯科尔斯模型就被广泛地应用于期权和其他市场。其中一个更具创新性的应用是，这个模型现在被反向用于计算股票未来的隐含波动率。芝加哥期权交易所波动率指数（VIX）受到财经媒体的广泛关注，它被认为是衡量当前股票市场投资不确定性的良好指标。

思考题

1. 每一个看涨期权的买方当然也对应着一个卖方。为什么有人会卖出他或她已经拥有的某些股票的看涨期权？这和购买该股票的看跌期权有什么不同？

2. 布莱克-斯科尔斯模型假设股票收益是随机的，而且它们服从一个钟形（正态）分布。这看起来是一个合理的假设吗？

a. 具有特定执行日期的期权被称为欧式期权。美式期权可以在特定时间段内的任何时候被执行。

b. F. Black and M. Scholes, "The Pricing of Options and Corporate Liabilities," *Journal of Political Economy* (May-June 1973)：637 - 654. 这是一篇非常难懂的文章。在大多数公司理财的文献中，你可以找到一些难度较低的论述（还有布莱克-斯科尔斯的一些批评性文章）。

期权的持续时间对期权价值的影响　一只期权的持续时间对其价值的影响更容易理解。简单地说，一只期权持续时间越长，它就越有价值。直观上说，你能够利用一只期权所提供的灵活性的时间越多，你就越想这样做。一只允许你在明天以今天的价格购买一加仑汽油的期权并不值很多钱，因为价格不太可能在未来的 24 小时内发生太大的变化。而一只允许你在下一年内以今天的价格购买一加仑汽油的期权是有价值的，因为价格可能在这样长的时期内大幅上涨。

利率水平也会影响一只期权的价值，但这相对来说是一个次要的考虑因素。由于购买一只期权给了你在未来进行一项交易的权利，一种正确的会计方式是必须将那项交易的现值考虑在内（参见第 14 章）。那样，在你购买期权到行使期权之间的这段时间里，就应该考虑你投资其他资金（比如说，投资于银行）所得的回报。然而，在通常的利率水平下，只有对于那些持续时间非常长的期权，利率才将成为一只期权价值中的重要考虑因素。

期权对于风险中性者的价值　的确，期权可用于帮助风险厌恶者降低不确定性。例如，把二合一大衣换为一只风衣的期权消除了任何收益的不确定性，不管天气条件如何，它均能提供 100 单位效用（参见表 4-2）。

但是期权对于风险中性者同样有价值。我们能够在大衣例子当中假定效用数字均是货币报酬并且风险中性的徒步旅行者想要最大化这些报酬的期望值。所有的这些计算正如之前所示，这一风险中性徒步旅行者将偏好二合一大衣而非其他大衣

（如果二合一大衣的价格接近其他大衣的价格）。不管风险态度如何，拥有更多选择权以适应不确定的未来条件是有利的。

策略性互动能够反转我们的结论　增加更多的选择从来不会伤害一个决策者（只要他或她不需要为此付费），因为他或她可以一直忽略额外选项。这一见解可能不再适用于有着多个决策者的策略性情境。在一个策略性情境中，经济参与人可能会因为去掉他们的一些选项而获益。它可能允许一个参与人承诺一个更窄的行动过程，而这一承诺可能会影响到其他各方的行动，但极有可能会有益于做出承诺一方。

中国春秋时期，中国军事家孙子撰写了一本世界上最早的军事著作，其中有一个著名的例子可以说明这一点。一支军队破坏了所有撤退的途径，烧毁了身后的桥，沉掉了自己的船只并采取了其他措施。这看起来是很疯狂的行为，但是，这正是孙子所倡导的一种军事战术。如果第二支军队观察到第一支军队自绝后路并准备进行殊死搏斗，那么它可能会在与第一支军队交战之前就自行撤退。我们将在下一章关于博弈论的内容中更正式地讨论先发制人、自绝后路的策略的好处。

4.3.4　信息获取

我们将讨论的处理不确定性和风险的第四种也即最后一种方法是获取有关情境的更多信息。从极端来看，如果人们拥有允许他们完美预测未来的充分信息，那么他们将基本不会面临不确定性，因而不用规避任何风险。

很明显，人们会因拥有更多关于未来的信息而获利。如果赌徒知道轮盘赌旋转的结果，那么他们将会赚很多钱。如果投资者知道在未来一年里哪只股票可能表现糟糕、哪只股票可能表现很好，那么投资者将会获利。他们将能出售表现糟糕的股票，更多地投资于预期表现好的股票。在为一次周末旅行决定购买派克大衣、风衣还是二合一大衣等哪件大衣的徒步旅行者决策的例子中，如果徒步旅行者拥有关于周末天气的准确预测结果，那么他会受益。如果二合一大衣比其他两件大衣都要更昂贵，那么徒步旅行者能够节省额外的开销，但仍拥有与天气条件相适宜的大衣，如果他或她知道天气将是更苦寒还是更温和的话。

人们甚至愿意为获得更多关于未来的信息而支付更多的钱。不购买昂贵的二合一大衣而仍然拥有适合于天气条件的大衣所节省下来的钱对徒步旅行者是有价值的。他们将会乐意投资真实资源——时间和金钱——去寻找一个好的天气预报。只要能从提供良好的预报中获利，天气预报员将会愿意投资更好的技术条件以改善他们预测的准确性和视野。电视台新闻节目普遍会为是否拥有最新的雷达系统和许多最新的预报相竞争。赌徒肯定会花心思研习轮盘赌旋转的下一个结果，尽管并不存在得知这种真正随机结果的方法。股票投资者也会向经济学家支付相当可观的一笔钱，因为经济学家能够预测哪些经济部门可能表现更好，从而预测哪些股票在来年将拥有巨大回报。如果股票市场是有效的，那么预测未来股票收益就像预测轮盘赌的转动结果一样困难重重，尽管这并没有反转这一结论，即这样的信息在任何情况下都将是有价值的。

是否应该获得额外信息，应该获得多少额外信息，这些均可以被构建成一个最大化决策。只要获得信息的收益超过获得它的成本，这个人就将会继续搜集信息。在下文，我们将提供关于信息的收益和成本以及决策者应该如何平衡这两者的更多细节问题。

信息的收益和成本　大衣例子可以作为信息收益的一个数值例子，具体来说，表 4－2 列示了不同大衣（派克大衣、风衣和二合一大衣）的效用收益。回想一下徒步旅行者对于即将到来的周末天气拥有大量的不确定性，只知道苦寒或者温和天气的概率各占一半。我们将会考虑徒步旅行者拥有更准确天气信息的收益。

如果这三件大衣售价相同，那么更准确的天气预报没有价值。二合一大衣优于或者等同于其他两件大衣，因此正确的决策应该是购买二合一大衣。然而，假设二合一大衣太贵了从而使得消费者买不起。又假设剩下的两个选择，派克大衣或者风衣售价相同。那么，消费者将会从更准确的预测当中获利。如果徒步旅行者拥有关于天气的完全信息，那么他或她将会知道应该买哪件大衣。徒步旅行者的期望效用（不考虑大衣价格或者天气信息的成本）将等于 100 减去不确定情形下的 75，从而获得 25 单位效用。如果天气预报并不能够准确预测周末天气，那么期望效用将会是正的但是小于 25。它有多小取决于天气预报有多不准确。

情形越不确定，额外信息的价值越大。考虑表 4－3 在更极端天气下从不同大衣中所得到的效用。再次假定徒步旅行者只能在派克大衣和风衣之间做选择，因为二合一大衣对于他或她来说太过昂贵了。那么徒步旅行者从准确的周末天气预报中所获得的收益将会增加。为了计算增加的期望效用，假定徒步旅行者拥有完全信息，他或她将能够选择适合天气的合适大衣，在所有情形下将提供 150 单位效用。在没有额外信息的条件下，派克大衣和风衣都只提供 75 ［＝(1/2)×150＋(1/2)×0］单位期望效用，因为这两者对于其中的一个结果不适用。来自准确天气预报的收益是 75（＝150－75）单位期望效用。

信息对于风险中性者的价值　我们已看到期权对于风险中性者和风险厌恶者均有价值。这同样适用于信息：信息对于风险中性者也有价值，因为他们也会因为能够根据更多信息选择更好决策而受益。在徒步旅行者选择购买派克大衣还是风衣的例子中，我们可以把效用收益解释为货币收益，这意味着徒步旅行者是一个风险中性者，并且我们前面的结论仍然成立。对于风险中性的徒步旅行者而言，给定表 4－2 的收益额，他将会从一个完美的天气预报当中获得 25 美元的剩余，而给定表 4－3 的收益额，则可获得 75 美元的剩余。风险厌恶者从信息当中获利更多，因为他们能够使用信息来降低风险。

平衡信息的收益和成本　人们能够使用信息改善他们的处境。当然，核心问题是这一收益是否超过搜集信息所需要承担的时间、精力和费用。在收拾大衣以备周末的徒步旅行之前看一下报纸或者网络天气预报是有意义的，因为成本很低（可能只需要几分钟），而潜在的收益可能是中等的（允许人们打包轻点的大衣或者是穿上适合天气的合适大衣）。同样，在购买一辆车之前阅读《消费者报告》上的维修记录，或者打几个电话到折扣店询问哪家店的新电视机价格最低，可能获取足够的有价值的信息，从而使你物有所值。另外，为了找到价格最低的糖果棒而走遍全镇每家店，显然把信息搜索范围扩得过大了。

4.3.5 经济行为人之间的信息差异

上述讨论表明了信息获取的两点看法。首先，个体获取的信息水平将依赖于信息成本有多大。与许多产品的市场价格（它对于每个人往往假定是一样的）不同，有许多理由表明信息成本在不同个体之间明显不同。一些人可能拥有获取信息的具体技能（例如，他们可能接受过技能训练），而其他人可能并不拥有这样的技能。一些人可能拥有获取有价值信息的经验，而其他人可能缺乏这一经验。举例来说，产品的卖者往往比买者更多地了解产品的不足，因为卖者确切地知道产品是怎样生产的以及它可能会出现什么问题。同样，产品的大批量重复买家可能比首次买家拥有获取产品信息的更多渠道。其次，一些个体可能已经投资了某类信息服务（例如，通过计算机连接到经纪商或者是订阅《消费者报告》），这使得他们获得额外信息的成本明显低于未进行这类投资的个体。

不同的偏好提供了信息水平在同类产品的不同购买者之间不同的第二个理由。一些人可能在意获得最合算的东西。另一些人可能对寻找便宜货有强烈的反感，他们会选择最先买到的型号。对于任何产品，个体偏好的本质决定了他们愿意做出的取舍。

人与人之间的信息水平可能存在差异，这就给市场运作带来了许多棘手的问题。尽管人们习惯于假设所有买卖双方都完全知情，但在许多情况下，这一假设是站不住脚的。在第 15 章中，我们将探讨在这种情况下出现的一些问题。

拖延可能是一种美德　社会对于拖延者是不满的。"今日事，今日毕"和"小洞不补，大洞吃苦"是众所周知的谚语。然而，我们已经学习的期权和信息的价值能够用于识别拖延的美德。延迟做出事后不太容易撤销的大决策是有价值的。这样的决策可能包括：徒步旅行者对于派克大衣和风衣的决策，因为若大衣被穿过就不能被退还；企业关于建立一个大厂房以生产某种特定型号的汽车的决策，因为厂房一旦建成，就很难被转换为生产其他型号汽车或者其他产品；关于关闭一个现有厂房的决定。延迟这些大决策允许决策者保持选项价值，并且搜集到关于未来的更多信息。对于可能无法理解特定情境中的所有不确定性的外部观察者来说，决策者可能太懒惰了，因为他们无法及时做出看起来正确的决策。实际上，在面临不确定性时，延迟可能是最正确的决定。决策在被做出之后就不能撤销，这就排除了其他行动方案。行动的选择权已经被执行了。另外，延迟并没有排除事后采取行动这一选择权。选择权得以保留。如果人们喜爱接下来的环境，或者变得更加喜欢这一环境，那么事后可以采取这一行动。但是如果未来发生变化，行动是不合适的，那么决策者可能会因为没有采取行动而免除了许多麻烦。

现在考虑建一个厂房来生产节能汽车的决策。这样一个决策可能是合理的，随着汽油价格的上涨，对节能汽车的需求可能会大涨。然而，汽车制造商可能不想很快就跳进市场。汽油价格也可能会下降，消费者可能会被更大的更有动力的汽车所吸引，它会导致节能汽车厂房的投资变成一个赔钱的买卖。汽车制造商可能想要等到汽油价格和节能汽车的需求相对确定地维持在高位时再做出决策。延迟并没有阻止在将来建立厂房的决策。然而，如果数亿美元已被投入一个大厂房，而产品的需求萎缩了，那么厂商收回这一投资的希望就很渺茫。未来能源价格的不确定性能够解释消费者对于表面看起来是一个好投资的节能技术表现出来的惰性，正如**"应用 4.5：能源悖论"**所进一步讨论的。与忽视新技术的成本和收益不同，消费者的拖延可能是对于不确定性的一种精明的反应。

应用 4.5

能源悖论

消费者在采用诸如节能电器、低功率的荧光灯泡和升级隔热材料等节能措施方面看起来速度太慢了。这是经济学家和环境学家使用确定这项投资是否值得的"成本-收益分析"所得到的结论。一般来讲，成本-收益分析涉及比较投资的前期费用和未来的收益流（使用适当的贴现率转换为现值——详细讨论可参见第 14 章）。如果贴现后的收益的现金流大于投资的成本，那么分析结果表明应该进行投资。成本-收益分析已被应用于许多情形，从非洲的疟疾根除到美国的桥梁工程。当被应用于消费者的节能投资时，这一分析往往表明长期的能源节省预期会超过投资，而且除此之外还提供一个稳健的回报，据说远大于消费者能够从股票市场上获得的回报。

那么，为什么消费者不太愿意采用这些节能措施？这一谜团被研究这一问题的学者标上能源悖论的标签。是因为消费者不知道节能的最新进展，难以借到资金进行前期投资，还是因为他们根本无法展望未来？

忽视期权价值的成本-收益分析

K. A. 哈西特（K. A. Hassett）和 G. E. 梅特卡夫（G. E. Metcalf）采用成本-收益分析而非消费者理性来解释能源悖论。[a] 确切来说，如果消费者选择被限定为现在投资或者不投资，那么成本-收益分析将会得到正确答案。但是消费者往往会有第三种选择：延迟投资并且事后做出决策。通过延迟投资，消费者能够等到他们更确定能源价格将会维持在高位时。消费者能够避免能源价格下降以及节能措施是一个糟糕投资等结果。

作者发现了很强的延迟激励。在一个完全确定的世界里，如果消费者能够预期到节能投资能产生10%的正回报，成本-收益分析可能表明消费者应该立即投资。然而，给定能源价格的历史波动性，为使同样一个消费者立即投资而不是等待，可能需要一个更高的回报，比如40%～50%。对于可能会忽视延迟的期权价值的外部观察者来说，消费者看起来就会相当懒惰。

多少消费者做出了换灯泡的选择？

为了让这些想法更加具体，考虑是否把传统灯泡转换为低功率荧光灯泡的决策的一个简单例子。荧光灯泡的价格是3.50美元，采用新灯泡节省的电费在第一年确定是1美元。由于能源价格的不确定性，第二年及后续年份的节电效果是不确定的。假设第二年及后续年份节省的电费要么是1美元，要么是5美元，两者概率是一样的。

在一开始更换灯泡将得到额外的50美分的回报。预期节约收益等于第一年的1美元加上第二年及后续年份的 $(1/2) \times 1 + (1/2) \times 5 = 3$ 美元，合计4美元。减去3.50美元的荧光灯泡成本，可得立即投资的回报是50美分。因此，立即更换灯泡看起来是一个好主意。但是让我们计算一下延迟的回报。如果消费者延迟一年，在第二年只有当节省变成5美元时才更换灯泡，那么消费者赚得的预期收益等于出现高回报5美元的概率1/2，乘以节省的最高收益超过灯泡成本的净收益 $[5 - 3.50 = 1.50(美元)]$，总体上得到 $(1/2) \times 1.50 = 0.75$ 美元。因而，延迟实际上优于立即投资（预期收益多出25美分）。尽管延迟使得消费者在第一年放弃了确定性的1美元的节约，但是它允许消费者拥有如果未来节约的5美元结果没有出现的话不更换灯泡的选择权。

政策挑战

1.美国政客已经在兜售"能源独立性"的需求（减少对石油进口国的依赖），实现这一目标部分靠的是使用替代性能源，部分靠的是消费者节约能源。假如消费者不愿意做出节能投资是因为缺乏远见或信息，那么哪类政府政策可能有助于增加节能行为？

2.假如能源悖论是源于消费者对于等待所提供的期权价值的精明评估结果，那么它将会怎样影响到政府的节能政策？

a. K. A. Hassett and G. E. Metcalf, "Energy Conservation Investment: Do Consumers Discount the Future Correctly?" *Energy Policy* (June 1993): 710-716.

4.4 金融资产中的风险定价

由于人们愿意为规避风险付费，看起来我们应当能够直接研究这一过程。也就是说，我们可以把风险视作与任何其他产品一样，并研究影响其需求和供给的因素。这类研究的一个结果是能够说出经济中有多少风险，人们愿意付出多少去承受较少的风险。尽管正如我们应该看到的那样，这种方法存在不少问题，但金融市场确确实实提供了一个获得有关风险定价的有用信息的好场所。

对于金融资产，人们所面对的风险是纯粹货币性的，并且相对容易度量。比如，人们可以研究一种特定金融资产的价格历史，并判断此价格是稳定的还是波动的。大致上，波动较小的资产对于厌恶风险的人更有吸引力，所以他们应该愿意为此付出一些代价。经济学家们通过观察风险资产与无风险资产的金融收益差异，就能够大致了解人们对风险的态度。

4.4.1 投资者的市场选择

图 4-4 给出了金融资产潜在投资者所面临的市场选择的简单图示。图的纵轴表示的是投资者从一项资产上可能赚取的年期望回报，而横轴表示的是与每项资产相关的风险水平。图中的各点代表了各种可获得的金融资产。比如，A 点代表了一项无风险资产，如一个活期存款账户中的资金。由于这项资产（实际上）没有与其所有权相联系的风险，它所承诺的年期望回报率是非常低的。另外，资产 B 代表了一只相对有风险的股票——这项资产承诺的是一个较高的年期望回报率，但是任何投资者均必须为获得那份回报而接受一个高风险。图 4-4 中所有其他点代表了与一个投资者可能购买的资产相关的风险与回报。

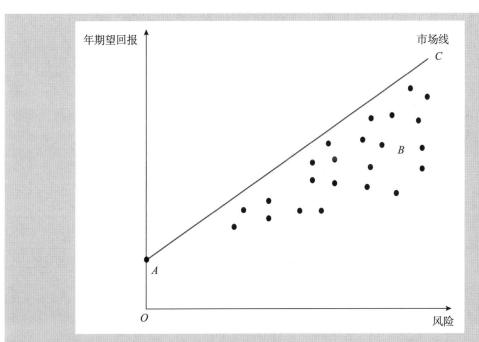

图 4-4 投资者的市场选择

图中的点代表了各种资产的风险/回报特征。市场线表示的是一个厌恶风险的投资者通过组合风险资产和无风险资产 A 所能得到的最佳选择。

由于投资者喜欢高的年回报率却不喜欢风险，他们将选择持有这些可获得资产中位于"西北"边缘的那些组合。通过将各种风险资产和无风险资产（A）混合，他们可以选择 AC 线上的任何一点。这条线被标记为**市场线**（market line），因为它表示一个投资者能够利用市场达到的年回报率和风险的可能组合。[①] 这条线的斜率表示的是在金融市场中可以获得的年回报率与风险之间的权衡关系。通过研究实际金融市场中这类权衡是如何进行的，经济学家便能够了解这些市场是怎样为风险定价的。"**应用 4.6：股权溢价之谜**"不但解析了计算过程，还着重说明了其中出现的一些不确定性。

应用 4.6

股权溢价之谜

如图 4-4 所示，金融资产回报率的差异部分地反映了与那些资产相关的不同风险。历史数据表明，股票（也称股本）的回报率确实高于债券，以补偿相应风险。事实上，普通股的回报是如此诱人，以至于它对于经济学家们而言是一个谜题。

历史回报率

表 1 引用了由伊博森联合公司编制的美国金融市场上一些最广泛使用的回报率数据。这些数据显示，在 1926—2012 年期间，无论是公司债券还是政府债券，大公司普通股的年均回报率都比长期债券高出 5%。如果将普通股的范围扩大到小公司，股权溢价会更大，在此期间，小公司的平均回报率高达 16.5%。如果我们不考虑长期债券，而只考虑短期政府债券，那么股票溢价还会更大：在此期间，一年期国库券的年均回报率仅为 3.1%，基本上不比通货膨胀率高。一种衡量与各种资产相关的风险的方法是使用它们的年均回报率的标准差。这种衡量标准代表了大约三分之二的回报率所落入的区域。比如，在普通股的例子中，年均回报率是 11.8%。标准差则表明，在三分之二的年份里，年均回报率落在以这个数字为中心的 ±20.2% 范围内。换句话说，在三分之二的年份里，普通股的回报率会高于 −8.4%，并低于 +32%。股票回报率的波动性比债券回报率要大得多。

表 1　综合年回报率，1926—2012 年

金融资产	年均回报率（%）	年均回报率标准差（%）
大公司股票	11.8	20.2
长期公司债券	6.4	8.3
长期政府债券	6.1	9.7

资料来源：Selected statistics from Table 6 - 7, *2013 Ibbotson Stocks, Bonds, Bills, and Inflation* (SBBI) *Classic Yearbook* (Chicago: Morningstar, Inc., 2013).

[①]　市场线的实际构建相对复杂。具体讨论可以参见 Nicholson and C. Snyder, *Microeconomic Theory: Basic Principles and Extensions*, 11th ed. (Mason, OH: South-Western, Cengage Learning, 2012), 244 - 248。

普通股的超额回报

尽管表 1 中的数据的定性结果和风险厌恶一致，但是持有普通股所得的超额回报的定量性质却与许多其他风险研究相悖。这些其他研究表明，个人会接受股票所带来的额外风险，以换取每年约 1% 的额外回报——远远低于实际提供的 5% 的额外回报。

有一组解释关注的是这样的可能性，即表 1 中的数据低估了股票的风险。个人实际关心的风险是他们消费计划中的变化。如果股票回报率与经济周期高度相关，那么它们可能引起额外的风险，因为个人将面对经济下滑时的双重风险——收入的下降和投资回报率的下降。行为经济学家已经提供了其他解释：个体在任何时期对他的最终财富的任何金钱损失可能都会经历额外的心理痛苦。（这类行为偏差的更多内容，可参见第 17 章中关于前景理论的内容。）最近对股权溢价的一种解释取决于大灾害（战争、暴乱、萧条等），它有彻底摧毁大多数股票价值的潜力，但却非常罕见，即便在长达数十年的漫长时期内也很少发生。相比于其他时期或国家，美国在 1926—2012 年已经经历了不同寻常的稳定时期。如果扣除在不那么平静时期可能发生的灾害性损失，股票回报率的平均值就会下降。要使经济学界相信这些解释中的任何一种都能单独解释巨大的股权溢价，还需要做出相应努力。[a]

思考题

1. 持有公司股票所面临的风险可能比表 1 中所有股票数据所反映出的要更大。你认为这些额外风险与评估股票提供的额外回报率相关吗？

2. 表 1 隐含的短期政府债券的实际回报率每年不到 1%。既然这个相对无风险资产的回报率如此之低，人们为什么还要储蓄呢？

a. 进一步的讨论，可参见 J. B. DeLong and K. Magin, "The U.S. Equity Return Premium: Past, Present, and Future," *Journal of Economic Perspectives* (Winter 2009): 193–208.

4.4.2 个人投资者的选择

图 4-4 中所示的市场线给出了一个对金融市场提供给个人投资者的候选资产组合的约束。然后，这些投资者根据他们自己对风险的态度，在可得的资产中进行选择。图 4-5 描述了这一过程。该图给出了关于三种不同类型投资者的一种典型的无差异曲线。由于投资者厌恶风险的假设，这些无差异曲线中的每一条都有一个正的斜率——只有许以一个更高的回报，才能诱使他们承担更多的风险。这些曲线还有一个凸的曲率，这是由于假设随着他们所处状态的整体风险的提高，投资者将变得越来越不愿意承担更多的风险。

图 4-5 中所展示的三个投资者对风险有不同的态度。投资者 I 对风险的忍耐力很低。他或她将选择包括大量无风险选择的投资组合（L 点）。投资者 II 对风险的忍耐力适中，他或她将选择适度代表整体市场的资产组合（M 点）。最后，投资者 III 是一个真正的投机者。他或她将接受一个非常有风险的资产组合（N 点）——比整体市场要更具风险。投资者那样做的一条途径是借款来投资股票。那样，股票

价格的任何波动对投资者财富的影响都将被放大。因此，实际金融市场可以通过提供多种资产组合来协调多种多样的风险偏好。

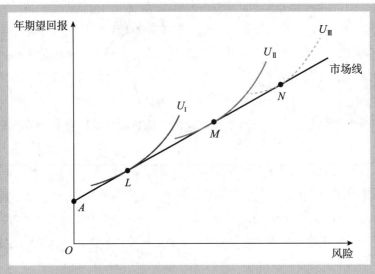

图 4-5 个人投资者的选择

L、M 和 N 表示三种不同的投资者所做的投资选择。投资者 I 非常厌恶风险，故拥有很大比例的无风险资产。投资者 II 对风险的忍耐力适中，于是选择了市场组合。投资者 III 对风险的忍耐力很强，因此选择了使用杠杆手段的位置。

小　结

在本章中，我们简要概述了关于不确定性和信息的经济理论。从概述中，我们得到了一些与整个微观经济学研究有关的结论：

● 在不确定情况下，人们关心的是与多种结果有关的期望效用。如果人们的边际收入效用递减，那么他们就是风险厌恶者。也就是说，他们通常会拒绝那些按美元价值计算精算公平但会导致期望效用损失的赌局。

● 厌恶风险个体可能购买使其避免参与公平赌局的保险。即使保费（在精算的意义上）有些不公平，他们也可能购买保险以提高效用。

● 分散投资于多个不确定的选择可能会降低风险。然而，这样的风险分散有时可能是成本很高的。

● 购买期权是降低风险的另一条途径。由于购买者拥有权利而不是义务基于特定条件完成一项市场交易，这类期权可以增加人们在不确定情况下进行规划的方式上的灵活性。标的市场交易的期望值越高，交易的价值变化越大，期权的期限越长，期权就越有价值。

● 减少风险的最后一种方法是获得更多关于未来的准确信息。什么时候停止搜集信息是一个最大化决策，它就像购买多少产品一样。

● 金融市场允许人们选择最大化他们效用的风险-收益组合。因而，这些市场能够提供对风险定价的证据。

复习题

1. 如果说我们预计一枚公平的硬币有一半的概率正面朝上，这是什么意思？当更多的硬币被抛掷时，你预计正面朝上的硬币比例会更接近 0.5 吗？请解释大数定律是如何被应用于赌场和保险公司所面临的风险的。

2. 为什么边际收入效用递减的假设意味着风险厌恶？你能想出其他可以导致风险厌恶行为（比如购买保险），但不需要这种难以证实的边际效用递减概念的假设吗？

3. 赌博 1 向你提供的期望值为 50，期望效用是 5；赌博 2 向你提供的期望值是 75，期望效用是 4.3。对赌博进行排序的一种方法是基于期望值，另外一种方法是基于期望效用。你会选择哪个赌博？基于什么因素？

4. "风险厌恶者将只规避那些具有大赌注的大赌局。他们应该参加任何对自己有利但是不公平的小赌局。"解释为什么这样一个论述是有道理的。使用诸如图 4-1 的收入-效用图形解释这一论述。

5. "购买精算公平保险是把不确定的情形转变成你能够确定性地收到期望收入值的情形。"解释为什么它是正确的。你能够想出它可能不正确的情形吗？

6. 假如历史数据表明，日本股票的收益率和美国股票的收益率倾向于反方向变动，那么是持有一个国家的股票好，还是持有两个国家的组合更好？如果日本股票市场总是精确地反映美国股票市场，你对此的答案是否会发生变化？

7. 正如在应用 4.4 中所讨论的，一只看涨期权给你提供了一份购买股票的权利，比如以 60 美元的特定价格购买微软股票。假设这一期权只能在 2009 年 6 月 1 日上午 10：00 整执行。什么决定了这一期权交易标的的期望值？什么将会决定这一期望值的波动性？解释为什么这一预期波动性越大，这一期权的价值就越大。

8. 大学生往往都很熟悉可以在期末之前放弃一门课程的实物期权。正文提供了影响任何期权的一系列因素（标的的机会的价值、情境的变化、持续时间、价格等）。对于退出一门课程的决策情境，这些因素中的每一个具体指什么？这些因素是怎样影响这一期权的价值的？给定期权是有价值的，你应该怎样解释为什么一些学院对于学生退课的能力施加一些限制？

9. 在本章中我们的分析表明个体拥有一个效用最大化的信息数量。解释为什么某种程度的忽视是最优的。

10. 解释为什么图 4-4 和图 4-5 的市场线的斜率表明了这一市场当中风险是怎样"定价的"。依据应用 4.4 中的数据可以怎样画图确定这一斜率？

习　题

4.1　温拥有 10 000 美元财富，决定利用到拉斯维加斯的一次免费旅行玩轮盘赌。他在旅行之后的最终财富 Y（等于他的当前财富受到他最终赢钱或输钱数量的调整）的效用函数是 $U(Y)=\sqrt{Y}$。他进行的是下列轮盘赌表格上的两个赌局：

赌局 1：对红色下注 1 000 美元，如果出现红色（它出现的概率是 18/38），那么他将赢得 1 000 美元，否则的话他会损失 1 000 美元赌资。

赌局 2：对号码 00 下注 500 美元。如果出现 00（它出现的概率是 1/38），他将会赢得赌资的 35 倍（17 500 美元），否则的话他将失去 500 美元的赌资。

a. 这些赌局是公平的吗？

b. 如果温被迫只能选择其中一个赌局，他会偏好哪一个？

c. 如果温没有被迫玩轮盘赌，那么他是否应该选择一个赌局？

4.2　假设某个人必须接受三个赌局当中的一个：

赌局 1：以 1/2 的概率赢得 100 美元，以 1/2 的概率损失 100 美元；

赌局 2：以 3/4 的概率赢得 100 美元，以 1/4 的概率损失 300 美元；

赌局 3：以 9/10 的概率赢得 100 美元，以 1/10 的概率损失 900 美元。

a. 证明以上所有赌局均是公平赌局。

b. 把每个赌局画在类似于图 4-1 的收入-效用图形上。

c. 详细地解释哪个赌局更受欢迎及其原因。

4.3　福格先生正在计划一次周游世界的旅行。他从这一旅行中得到的效用是他对它的花费（Y）的函数，具体形式为

$$U(Y)=\log Y$$

福格先生有 10 000 美元可被花在这一旅行中。如果他花光它，那么他的效用

$$U(10\ 000)=\log 10\ 000=4$$

（在本习题中，为方便计算，我们使用的是以 10 为底的对数。）

a. 如果福格先生有 25% 的概率在这一旅行中损失 1 000 美元，那么这一旅行的期望效用是多少？

b. 假设福格先生能够为这 1 000 美元损失以 250 美元的公平精算保费购买一份保险（比方说，通过购买旅行支票）。证明他的效用在他购买这一保险时会高于如果他面临 1 000 美元损失而没有购买保险的情形。

c. 福格先生最多愿意为 1 000 美元保险支付多少钱？

d. 假如跟没有购买保险的人相比，那些购买保险的人对于他们的现金往往会变得更加漫不经心，并假定他们损失 1 000 美元的概率是 30%，那么这一精算公平保费是多少？在这一

情形中福格先生是否应该购买这一保险？（这是保险理论当中道德风险的一个例子。）

4.4　有时经济学家会提及一个有风险收入流的确定性等价。这一问题要求你计算一个风险赌局的确定性等价，即它对于拥有初始收入 50 000 美元的人有 50% 的概率损失 5 000 美元。我们知道，某个略小于 50 000 美元的收入将拥有与参与这一赌局相同的期望效用。要求你用三个简单的效用函数计算出与这个赌局提供相同效用的确定性收入（换句话说，就是确定性等价收入）：

a. $U(I)=\sqrt{I}$。

b. $U(I)=\ln(I)$（在此"ln"是自然对数）。

c. $U(I)=\dfrac{-1}{I}$。

比较这三种情形，你对这些效用函数能够得出什么结论？

4.5　假设莫利·乔克（Molly Jock）想购买一台高清电视机来观看在伦敦举行的奥林匹克希腊罗马式摔跤比赛。她当前的收入是 20 000 美元，而且她知道到哪里可以买到她愿意花费 2 000 美元的电视机。她已经听到传言说，同样的电视机在疯狂艾迪（Crazy Eddie's，最近破产了）可以以 1 700 美元的价格买到，但传言是否属实是不确定的。假设此人的效用如下：

$$效用 = \ln(Y)$$

其中，Y 是她购买电视机后的收入。

a. 如果莫利从她知道的地方购买电视机，那么她的效用是多少？

b. 如果疯狂艾迪确实提供了一个较低的价格，那么莫利的效用是多少？

c. 假设莫利相信有 50% 的概率疯狂艾迪确实提供了较低价格的电视机，但开车前往那家廉价商店（那家商店很远，而且它的电话断线了）进行确认将花费她 100 美元，她是否值得为这次行程投资？〔提示：要计算 c 问的效用，只要将以下两种情况下莫利的效用简单平均即可：(1) 疯狂艾迪提供了电视机；(2) 疯狂艾迪没有提供电视机。〕

4.6　一个人购买了一打鸡蛋，且必须将它们带回家。尽管回家是不花钱的，但有 50% 的概率携带的所有鸡蛋在途中破碎。此人考虑了两种策略：

策略 1：一次性带回这打鸡蛋。

策略 2：来回两次，每次带回 6 个鸡蛋。

a. 列出每种策略的可能结果和这些结果发生的概率。请说明在每种策略下，平均都能把 6 个鸡蛋带回家。

b. 画出一个图来显示每种策略下可得到的效用。

c. 超过两次的来回可以进一步提高效用吗？如果额外的来回不是无成本的，这一行动的可行性将受到怎样的影响？

4.7　索菲娅是一个游戏节目的参赛选手，她选择了 3 号门牌后面的奖品。节目主持人告诉她有 50% 的概率门后面有一枚价值 15 000 美元的钻戒，有 50% 的概率门后面是一只山羊（对于索菲娅来说一文不值，因为她对山羊过敏）。在门被打开前，观众中有人喊道："我将给你一项期权，把门后面的东西以 8 000 美元的价格卖给我，如果你为这项期权付给我 4 500 美元的话。"

a.如果索菲娅只关心各种结果的期望美元价值的话，她会买该期权吗？

b.请解释为什么索菲娅的风险厌恶程度可能会影响她购买该期权的意愿。

4.8　如应用 4.4 所述的微软股票期权给予期权所有人如下权利：从现在起一个月后以每股 32 美元的价格购买股票。微软现在以 30 美元的价格出售股票，而投资者相信在一个月后，它变成 35 美元或 25 美元的概率均为 50％。现在让我们看看该期权的各种特征是如何影响它的价值的：

a.期权的执行价格从 32 美元上涨至 33 美元，这将如何影响期权的价值？

b.微软股票的现价由 30 美元上涨至 31 美元，这将如何影响期权的价值？

c.如果微软股票的波动性变大，以至于它可能各以 50％的概率按 40 美元或 20 美元的价格被卖出，这将如何影响期权的价值？

d.利率的变动将怎样影响期权的价值？这个例子的这一特征是否不太现实？你怎样使它变得更加现实一些？

4.9　这一问题将会帮助你理解为什么应用 4.6 中所述的"股权溢价之谜"确实是一个谜。假设某人拥有 100 000 美元可用于投资，其相信股票在下一年将获得 7％的实际回报率。他或她还相信债券在下一年的实际回报率是 2％。此人相信（可能和实际情况恰好相反）债券的实际回报率是固定的——投资债券将确定能得到 2％的回报。然而，对于股票，他或她相信有 50％的概率会得到 16％的回报，还有 50％的概率会得到 −2％的回报。因此，股票看起来比债券要有风险得多。

a.使用习题 4.4 中的三个效用函数计算股票的确定性等价收益率。此人究竟是把 100 000 美元投入股票还是债券？你将得出什么结论？

b.经济学家经常碰到的风险厌恶的效用函数是 $U(I)=-I^{-10}$。如果你的科学计算器可以胜任这项任务，请计算这个效用函数下股票的确定性等价收益率。你将得出什么结论？

（提示：此习题中所涉及的计算使用美元结果是最容易完成的。这就是说，对那些各有 50％的概率得到 116 000 美元或是 98 000 美元的最终财富的人来说，如果所得到的确定性等价财富是 105 000 美元，那么确定性等价收益率就是 5％。）

4.10　这一问题是基于本章附录的两状态模型。刚刚大学毕业的利亚决定是否从壁虎保险公司购买租户保险，它可以为公寓中发生事故或者盗窃的个人财产提供保险。下列问题要求你使用图形分析她的决策。

a.使用图 4A-3 的两状态图形解释为什么利亚能够从这个租户保险当中获利。

b.假设利亚是一个风险中性者。使用图形确定她是否应该购买公平保险。她是否会为了自己的利益而购买非公平保险？她会否购买为壁虎保险公司提供高于抵消预期损失所需的利润率的保险（换句话说，对壁虎保险公司有利的非公平保险）？

c.假定利亚是一个风险厌恶者，但是盗窃或者事故发生的时间是非常遥远的未来。使用图形解释她为什么并不倾向于购买有利于壁虎保险公司的非公平保险。

附录 4A 不确定性的两状态模型

在本附录中，我们提供允许我们在一个单一和统一框架里讨论本章前面所有材料的一个模型。尽管理解这一新模型需要花费一些时间，但是它的收益将会使得本章中的各个概念更加紧密地联系起来，并且它可以表明在第 2 章确定情形中用于研究效用最大化的工具同样可以用于研究不确定情形中的决策。

4A.1 模 型

这一模型的基本特征如图 4A-1 所示。对于这一模型，假定个体面临着两个可能结果（有时被称为世界的状态），但是他或她并不知道将会出现哪个结果。个体的收入（以及消费）在这两种状态当中用 C_1 和 C_2 表示，并且它们可能的数值如图 4A-1 的坐标轴所标示。在这些应用中，状态可能对应于事故发生的概率，或者是没有事故的概率。在另外一个应用中，状态可能对应于不同的天气条件（苦寒天气或者温和天气）。然而，在另外的应用例子中，状态可能对应于整体经济的健康状态（繁荣或萧条）。在真实世界的应用中，往往存在着多于两个潜在不确定性结果，甚至可能是它们的连续统，但是两种是代表不确定性所需要的最小数量，它也使得画图更清楚。基于这些明显的理由，这一模型被称为两状态模型。

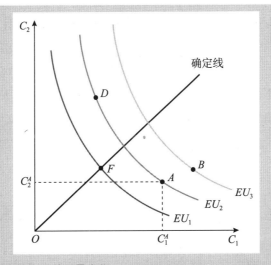

图 4A-1 在两状态模型中的期望效用最大化

  个体面临世界的两种可能状态，坐标轴记录了在每种状态下的消费。给定诸如 A、B、D 和 F 等各种各样的赌局，个体将会选择处于最高无差异曲线上的点，在图中为 B 点，它能够提供最高的期望效用。

在图形中的点，诸如 A、B、D 和 E 分别代表在不确定情形下的可能选择，我们前面把它们称为赌局。举例来说，A 点的赌局是在状态 1 提供消费量 C_1^A，在状态 2 提供消费量 C_2^A。确定线显示在两种状态下同样消费量的选择。A 点显示的赌局正好在确定线下方，表示状态 1 的消费量大于状态 2。A 点能够体现这样一个情景，即一个事故会减少个体在状态 2 下的收入而状态1没有发生事故。图中的三条曲线是无差异曲线，这是我们在确定情形下实现效用最大化时所熟悉的情形。每条曲线显示了个体能够达到同样好的处境时所接受的所有赌局。与消费者在确定情形下选择的一个不同在于，此处的无差异曲线连接了提供相同期望效用水平而非简单效用水平的消费束。这可以通过 EU_1 和 EU_2 等标签表示，它们显示了递增的期望效用水平。在四个赌局 A、B、D 和 F 中，能最大化期望效用的是 B，它出现在最高的无差异曲线上。

铭刻于心	偏好和概率

正如可在期望值的公式中看到的，期望效用包含两个因素：每种状态下消费的效用以及每种状态出现的概率。因而，图 4A-1 中的无差异曲线同时反映了偏好和概率。不同状态概率的变化将会使得无差异曲线发生移动，正如效用函数发生变化一样。在我们的分析中，我们将会保持效用函数和概率不变，这允许我们固定所画出的无差异曲线。

接下来几节将会回到本章前面所介绍的概念，并且说明可以如何利用如图 4A-1 所示的图形来刻画这些概念。

4A.2 风险厌恶

图 4A-2 显示了个体的无差异曲线的形状会怎样随着他或她对风险的态度而发生变化。一个风险厌恶个体将拥有如图（a）所示的无差异曲线形状。赌局 A 和 B 提供了相对易变的消费组合（赌局 A 提供了状态1下更多的消费而状态2下更少的消费；对于赌局 B，情形则相反）。相对于赌局 A 和 B，个体将偏好两种不同状态下更平均的消费水平，诸如赌局 D，它体现为 D 出现在比 A 和 B 相对更高的无差异曲线上。个体不太喜欢易变的消费量，因为在"贫乏"（低消费）状态下被剥夺的代价高于在"富裕"（高消费）状态下等量额外消费所能补偿的代价。因而为使消费者愿意接受"贫乏"状态下的剥夺，将不得不支付大量的风险溢价。

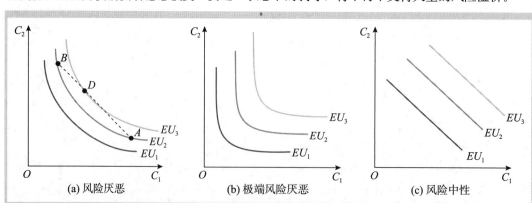

图 4A-2　两状态模型中的风险厌恶

一个风险厌恶个体拥有凸形的无差异曲线，如图（a）所示。有着更大风险厌恶程度的个体会表现出更弯曲的无差异曲线，如图（b）所示。一个风险中性个体拥有线性的无差异曲线，如图（c）所示。

在图（a）中无差异曲线是凸形的，它弯向原点，能够刻画风险厌恶。我们在第2章的确定情形下的早期选择研究中，也遇到过凸形的无差异曲线。在那里，无差异曲线的凸性反映了消费者对消费平衡的偏好。消费者偏好两种产品平均数量的产品束，而非只有某种产品极端数值的产品束。在不确定情形下，类似逻辑成为风险厌恶的基础。一个风险厌恶的消费者偏好消费量的平衡，未必是在一个产品束的两种产品之间，而是处在不确定状态的两个消费量之间。

　　拥有更弯曲的无差异曲线的个体——比较图（b）和图（a）——有着更大的风险厌恶倾向。更加厌恶风险的个体更不愿意在"贫乏"状态的更少消费和"富裕"状态的更多消费之间进行权衡取舍。我们再次使用第 2 章确定情形下选择的术语。在这里，有着弯度更明显的无差异曲线（极端情形是 L 形）的消费者把产品视为完全互补品，不太愿意替代他们所偏好的固定比例消费组合。

　　与极端风险厌恶个体相反的情形是风险中性者，风险中性者拥有如图（c）所示的线性无差异曲线。风险中性者把两种状态的消费量视为是完全替代的。他们只在意预期消费，而非这一消费会在世界的不同状态之间怎样平均地划分。这类似于在确定情形下消费者选择的完全替代情景，我们在第 2 章中看到那些把不同产品束视为完全替代品的消费者拥有线性无差异曲线。

4A.3　保　险

　　图 4A-3 显示了怎样在两状态模型中分析保险问题。考虑为一个可能的汽车事故购买保险的情形。在状态 1，没有事故发生；事故发生在状态 2。每种状态均有其出现的概率。A 点代表个体没有保险的情形。他或她在状态 2 下的消费量低于状态 1，因为一些收入需要用于汽车维修和支付医疗费用（并且这个人的痛苦和损失也可以表示为消费量的减少）。

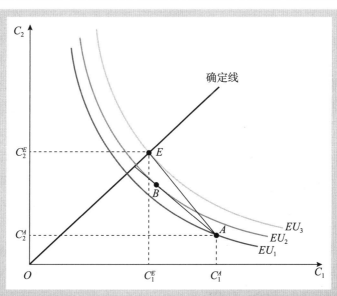

图 4A-3　保险：两状态模型
　　没买保险的个体会在状态 2 下承受事故损失，其初始状态是在 E 点。如果保险公司提供公平保险，那么这个人将选择完全保险，移动到确定线上的 E 点。如果保险公司提供非公平保险，他或她将只购买部分保险，从而将会移动至诸如 B 点。

4

这个人可能欣然接受放弃在状态 1 的一些消费以增加在状态 2 的消费机会。然后他或她可能避免状态 2 的损失可能性。保险能够用于这样一个意图。通过购买保险，这个人能够在两种状态间平衡消费。保险费减少了 C_1（在没有事故状态下的消费），其回报是如果事故发生会增加一个赔付额 C_2。假设在市场当中可获得公平保险。回想下公平保险的保费等于事故发生时的预期保险赔付额。AE 线的斜率将表示公平保险。通过购买完全保险移动至 E 点，此时 $C_1 = C_2$，此人的期望效用从 EU_1 增加到 EU_3。这一结果类似于图 4-2 所检验的完全保险的解。

换句话说，通过支付 $C_1^A - C_1^E$ 的费用，当事故发生时这个人可以确保获取足够的额外消费（$C_2^E - C_2^A$）从而使消费是一样的，不管事故是否发生。

值得购买的保险并不需要一直是公平保险。如果保险比 AE 线的斜率所表示的还要昂贵，那么在期望效用上的一些改进仍然是可能的。在这一情形中，预算约束线将会比 AE 线更平坦（因为更昂贵的保险意味着获得额外的 C_2 需要牺牲更多的 C_1 作为代价），而且这个人将不可能再得到期望效用 EU_3。举例来说，AB 线的斜率可能表示非公平保险。个体将不再选择完全保险而只是选择部分保险，选择确定线下诸如 B 点。这个人在有保险情形下处境至少会好于没有保险情形下，获得期望效用 EU_2。如果非公平保险的保费变得太高，那么这个人将会偏好于不购买保险，停留在 A 点。

要注意保险线函数非常类似于第 2 章的预算约束线。确实，两者均表示个体能够选择的不同市场选项。斜率拥有不同的含义，在预算约束线情形下它等于两种产品的价格比率，而在此则由保险合同给出（在事故发生时偿还额和保险费之比）。但是确定情形和不确定情形是类似的，在这两种情形中，决策者的最大化选择是获得最高无差异曲线的市场选择。在这两种情形中，这一最大化选择将是一个切点。在保险例子中，公平保险的切点是在 E 点，而非公平保险的切点则 B 点。因此，所有这些点均反映了个体在保险公司可能提供不同保险条款时的保险需求。

4A.4 多样化

图 4A-4 在两状态模型中刻画了多样化的收益。假定存在着两种金融资产 1 和 2（它们

可以是股票、债券和黄金等）。在状态 1 下，资产 1 比资产 2 拥有更高的回报。状态 2 的情形正好相反。每种状态均有其发生的概率。把个人所有财富都投资于资产 1 会导致 A_1 点，都投资于资产 2 会导致 A_2 点。跟"把所有鸡蛋都放在一个篮子里"相反，个体能够在每种资产当中均投资一部分而实现多样化。通过改变这样一个多样化组合中的资产混合程度，个体能够达到 A_1A_2 线上的任何一点。最优的资产组合是在 B 点。消费者在多样化之后境况会变得更好，获得期望效用 EU_2。

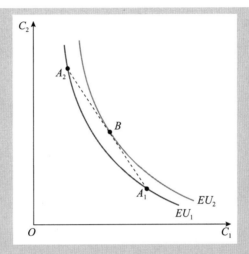

图 4A - 4　两状态模型中的多样化

　　只投资资产 1 会导致 A_1 点，只投资资产 2 会导致 A_2 点。在 A_1A_2 线上的每个点均代表多样化的变化数量，其中 B 点对于个体来说是最好的。

4A.5　期权价值

　　图 4A - 5 刻画了两状态模型中的期权价值。个体初始时位于 A 点。如果个体拥有另外一只期权 B，那么他或她将会选择最终出现的最好状态。在图形当中，在状态 1 下 A 点是最好的（因为它比该状态下的 B 点提供了更多的消费），而在状态 2 下 B 点是最好的。比方说，A 点能够代表穿一件派克大衣，B 点能够代表由二合一大衣提供的把大衣转换为风衣的期权。二合一大衣能够转换为派克大衣或者风衣，取决于不同天气条件。状态 1 代表苦寒天气，状态 2 代表温和天气。通过穿二合一大衣，个体能够在苦寒天气下获得 C_1^A，而在温和天气下把它当风衣穿而获得 C_1^B。因此，二合一大衣可能获得的最高消费组合将是点 O_1，它正好是两条线的交点。如果他或她拥有的期权 B 不收费，那么消费者能够从 A 点移动到 O_1 点。在大衣例子当中，如果二合一大衣的售价跟派克大衣一样，个体能够移动到 O_1 点。如果个体需要为期权预先缴费（或者在大衣例子当中如果二合一大衣比派克大衣更昂贵），那么这一费用减少了两种状态当中的消费，从 O_1 点变动到 O_2 点。只要期权的价格不会太高，那么拥有期权的个体境况将会变得更好，如图 4A - 5 所示，O_2 点位于通过初始点 A 的无差异曲线的上方。

　　在图 4A - 5 中的无差异曲线是凸形的，这意味着个体是风险厌恶者。对于风险中性个

4

体，可用直线型无差异曲线重复分析。结论是，O_1 点和 O_2 点处在比 A 点更高的无差异曲线上，这意味着个体从拥有额外的期权 B 中获益——这一结论对于风险中性者同样成立。

我们在此将会结束两状态模型的分析。这一模型对于理解不确定性和前面呈现的各类主题均是有用的。尽管它有点重复解释，但是这一模型几乎跟第 2 章确定情形下的效用最大化相同。

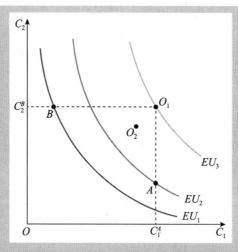

图 4A - 5　两状态模型中的期权价值

　　如果个体初始时位于 A 点，拥有 B 点作为一只期权，那么他或她将会在状态 1 下保持在 A 点的位置，而如果在状态 2 下则会执行期权 B。这个个体的消费可能性将会从 A 点变动到 O_1 点。拥有期权的个体的境况将会变得更好，即使他或她不得不为期权预先缴费从而使得消费从 O_1 点变动到 O_2 点。

小　结

　　这一附录重新回顾了这一章的所有主题，在两状态模型的统一框架下对它们进行了分析。综合了无差异曲线和市场机会的两状态模型，看起来跟第 2 章确定情形下的效用最大化类似。

第5章　博弈论

本书的核心假设是，人们在给定目标下做出最优的决策。比如，在第 2 章的选择理论中，一个消费者将选择负担得起且可以最大化他或她的效用的产品组合。在消费者是价格的接受者，他们相对于市场而言是十分渺小的，以至于他们的行为并不能可预见地影响其他人的假设下，孤立地考察单个消费者便是相当合理的，而且情形也将变得相当简单。

许多情形则更为复杂，因为它们牵涉到了策略互动。一个人的最优行动可能经常取决于他人的行动。比如，一个学生把音乐放多响，可能要看隔壁寝室的学生放多响。第一个学生可能更喜欢轻音乐，除非需要大音量的音乐来掩盖隔壁的声音。一个加油站利润最大化的价格可能依赖于街对面的竞争对手的收费。该加油站可能希望价格与竞争对手持平或略低于竞争对手。

在本章中，我们将学习经济学家处理这些策略情形时所使用的工具。这些工具是相当通用的，它们可以被应用于同寝室的学生间或纸牌游戏的玩家间的互动，甚至被应用于国家间的战争等。这些工具在分析寡头企业的相互作用时同样特别有用，以后我们在书中将广泛应用它们。

5.1　背　景

博弈论发端于 20 世纪 20 年代，在第二次世界大战期间，为建立军事策略研究所需的定量模型，博弈论应运而生，并迅速发展和完善。[①] 博弈论的一个分支被称为合作博弈论，它假设参与人会达成某个对整个群体而言最优的结果，即生产出最大的"馅饼"并在他们之间分配；这一理论集中考察"馅饼"的分配规则。第二个分支是非合作博弈论，这是我们主要关注的理论，其中的参与人被私利所支配。我

---

① 博弈论的许多开创性工作都是由数学家约翰·冯·诺依曼（John von Neumann）完成的。主要参考文献是 J. von Neumann and O. Morgenstern, *The Theory of Games and Economic Behavior*（Princeton，NJ：Princeton University Press，1944）。

们关注非合作博弈论是出于多个原因：第一，自利行为并不总会产生一个对参与人群体而言最优的结果，而这样的结果是有趣的（正如我们将在之后的囚徒困境博弈中所看到的那样），而且实际上是相关的。第二，自利行为的假设是我们在较早章节中对单个参与人决策问题分析的一种自然延伸，现在我们把它应用到策略环境中。第三，人们可以使用非合作博弈论来分析合作的企图。也许最重要的是，非合作博弈论被经济学家运用得更为广泛。尽管如此，合作博弈论已经被证明在讨价还价博弈和政治过程建模中十分有用。

5.2　基本概念

博弈论模型试图在简化的环境中刻画复杂的策略情境。

跟本书前面的模型一样，博弈论模型同样会抽象出许多细节，以数学的方式来表示情境的本质。通过具体化以下四种基本要素，任何策略情境均能够被构建成一个博弈模型：（1）参与人；（2）策略；（3）收益；（4）信息。

5.2.1　参与人

一个博弈中的每个决策者都可被称为一个参与人。参与人可以是个人（比如在纸牌游戏中）、企业（比如在一个寡头垄断中）或是整个国家（比如在军事冲突中）。参与人的数量因博弈的不同而不同，两个参与人、三个参与人或者 n 个参与人都是可能的。在本章中，我们主要研究的是二人博弈，因为许多重要的概念在这个简单的设定下都可以解释清楚。我们通常将这两个参与人记为 A 和 B。

5.2.2　策　略

一个参与人在一个博弈中的选择被称为一个策略。一个策略可以仅仅是参与人可进行的可能行动集合中的一个行动，因此在非正式的讨论中，术语"策略"和"行动"常常被替换使用。但一个策略可以比单个行动复杂得多。一个策略可以是基于另一个参与人首先做什么的相机行动方案（当我们讨论序贯博弈时，这将是非常重要的）。一个策略可能包含了进行多个行动的可能性（当我们讨论混合策略时，这将是很重要的）。策略行动可以在非常简单（如在21点牌游戏中再取一张牌）到非常复杂（如建立一个反导弹防御系统）之间变动。尽管有些博弈提供给参与人一个在许多不同的行动中进行选择的机会，本章的大多数概念却是在每个参与人只有两个可得行动的情形中进行阐述的。即使参与人只有两个可得行动，一旦我们将相机计划或将选择行动的概率范围考虑进来，策略集合仍可能要大得多。

5.2.3　收　益

当一个博弈结束时，参与人的最终回报被称为收益。收益包括参与人获得的显性货币收益的效用，以及他们对结果的任何隐性感觉，例如他们是窘迫的还是获得了自尊感。有时，忽略这些复杂的考虑，而仅仅把收益看作博弈中所涉及的显性货币收益是方便的。这在有时是一个合理的假设（比如，就利润最大化企业的利润来说），但它主要还是应该被看作一种简化。参与人偏好于获取尽可能高的收益。

5.2.4　信　息

为完成对一个博弈的详细说明，我们需要列举参与人什么时候知道他们能够做出他们的行动，这被称为他们的信息。我们通常假设的博弈结构是共同信息；每个参与人不仅知道博弈规则，也知道其他人知道博弈规则，依此类推。其他方面的信息在不同博弈当中变化很大，这取决于行动时机和其他方面。在同时行动博弈中，每个参与人行动时都不知道其他人的行动。在序贯行动博弈中，先行动者不知道后行动者的行动，但是后行动者知道先行动者的行动。在某些博弈当中，如在不完全信息博弈中，参与人可能有机会知道其他人并不知道的事情。例如，在扑克牌游戏中，参与人能看到他们自己手中的牌但是并不知道其他人的牌。这一知识将会影响行动。例如，拿到一手好牌的参与人可能往往会打得更加激进。[①]

本章将从简单信息结构（同时博弈）开始，逐步过渡到更加复杂的博弈（序贯博弈），而不完全信息的全面分析则留到第 15 章。博弈论的一个最大的教训是看似微小的参与人信息变化可能会对博弈均衡产生戏剧性的影响，因而需要认真学习对这一要素的详细说明。

5.3　均　衡

上过基础微观经济学课程的学生都熟悉市场均衡的概念，它被定义为供给等于需求的某一点（第 1 章已经介绍了市场均衡，第 9 章将进一步进行讨论）。供给方和需求方都对市场均衡表示满意：给定均衡价格和均衡数量，没有一个市场参与人有激励去改变他或她的行为。那么问题就出现了，在博弈论模型中是否存在类似的概念？是否存在某个策略选择，使得一旦做出这个选择，在给定其他人的行动的条件下，参与人没有激励去改变他们的行为？

在博弈中定义均衡时最广泛使用的方法是以约翰·纳什的名字命名的，因为他在 20 世纪 50 年代提出了这一概念（参见"**应用 5.1：美丽心灵**"关于这部让他声

---

① 我们仍然能够说参与人享有关于博弈规则的共同知识，即他们知道桌面上的牌的分布以及拿在手中的牌的数量，即使他们对博弈的某些方面拥有不完全信息，在这个例子中是其他人手中有哪些牌的信息。

名鹊起的电影的讨论）。这种均衡定义中的一个不可或缺的部分是关于最优反应的概念。如果给定 B 采取 b 策略，A 不能从其他可能的策略中获得更多的收益，参与人 A 的策略 a 相对于参与人 B 的策略 b 而言是一个**最优反应**（best response）。一个**纳什均衡**（Nash equilibrium）是这样一组策略的集合，满足每个参与人的策略相对于其他策略而言都是最优反应。在一个二人博弈中，一组策略（a^*，b^*）是一个纳什均衡，如果 a^* 是 A 相对于 b^* 的最优反应，而 b^* 也是 B 相对于 a^* 的最优反应。一个纳什均衡是稳定的，因为没有一个参与人有激励单方面偏向其他一些策略。换句话说，非纳什均衡的结果是不稳定的，因为至少存在一个参与人，在给定其他参与人行动的条件下可以转向一个能提高他或她的收益水平的策略。

应用 5.1

美丽心灵

1994 年，约翰·纳什因发展了现在被称为纳什均衡的均衡概念而获得了诺贝尔经济学奖。畅销传记《美丽心灵》[a] 的出版以及同名奥斯卡获奖影片的面世使得纳什闻名世界。

一位美丽的金发女郎

这部电影生动地描述了一个纳什均衡出现的情景，当时纳什正与他的同班男同学在一间酒吧里聊天。他们注意到有几位女士坐在酒吧里，一位是金发的，其余的是深褐色头发的，而金发女郎被认为比深褐色头发女郎更迷人。纳什将这个场景构想成同班男同学之间的一个博弈。如果他们都去追求金发女郎，他们将相互竞争，以至于谁也约不到她，而且事实上他们也将约不到深褐色头发女郎，因为深褐色头发女郎会因为被当作第二选择而生气。他提议他们都去追求深褐色头发女郎。（假设有足够多的深褐色头发女郎，使得他们不必为她们而竞争，因而男士们可以成功地与她们约会。）这样，尽管他们约不到更为美貌的金发女郎，但每个人最终都至少有了一个约会对象。

对纳什均衡概念的混淆

如果有人认为纳什这个角色是努力在博弈中找到纳什均衡，那么他就犯了一个基本的错误！所有男生都去追求深褐色头发女郎的结果并不是一个纳什均衡。在一个纳什均衡中，给定其他人的行动，没有一个参与人可以做出严格意义上有利可图的偏离行动。但是，如果所有其他男同学都去追求深褐色头发女郎，而其中一人做出偏离行动，转而去追求金发女郎就将是严格意义上有利可图的，因为偏离的那个人没有别人和他竞争金发女郎，而她又被假定可以提供一个更高的收益。这个博弈有许多纳什均衡，包含了不同数量的男生竞争金发女郎的子集合，但是所有男生都避开金发女郎的结果是不在当中的。[b]

纳什与看不见的手

如果我们不把纳什这个角色所提议的结果看作博弈的纳什均衡，而是把它看作一个他们如何合作来达到一个不同结果并提高他们收益的建议，这个情景的意义就多少可以被理解了。

博弈论中的一个核心启示是，均衡并不必然导致对所有人而言都是最优的结果。在本章中，我们要研究囚徒困境博弈，其中的纳什均衡是两个参与人都选择背叛，但与此同时，如果他们能一致地保持沉默，两个人都能获益。在本章中，我们还要研究性别战，其中存在一个纳什均衡——参与人之间有时可能出席不同的活动，这种协调的失败最终同时伤害了双方。美丽金发女郎博弈中的收益可以以这样一种方式得到说明：参与人的境况会变得更好，如果他们都同意忽视金发女郎，而不是像在均衡中那样，所有人都以某种概率去为金发女郎而竞争。[c] 亚当·斯密著名的"看不见的手"，可以在完全竞争条件下将经济引导到一个有效率的结果上去，但当参与人在一个博弈中进行策略互动时，它却不一定能起作用。博弈论给冲突、协调失灵和浪费创造了可能性，这些和在现实世界中所看到的情形是一样的。

思考题

1. 基于《美丽心灵》的酒吧场景，你将对应地写出什么样的博弈？你的博弈中的纳什均衡是什么？女性在安排上是否应当和男性一起被认为是参与人呢？

2. 纳什的一个同班同学认为，纳什努力地说服其他人去追求深褐色头发女郎，为的是他自己可以约到金发女郎。这是一个纳什均衡吗？还有像它一样的其他均衡吗？如果存在多个纳什均衡，人们在博弈中将如何决定？

a. 这本书是 S. Nasar 的《美丽心灵》(*A Beautiful Mind*)（New York：Simon & Schuster, 1997），电影是《美丽心灵》(Universal Pictures, 2001)。

b. S. P. Anderson and M. Engers, "Participation Games：Market Entry, Coordination, and the Beautiful Blond," *Journal of Economic Behavior and Organization* (May 2007)：120 - 137.

c. 比如，约到金发女郎的收益可以被设定为 3，未能约会的收益为 0。当没有其他人约到金发女郎时约到一位深褐色头发女郎的收益为 2，当有人约到金发女郎时约到一位深褐色头发女郎的收益为 1。这样，当有人约到金发女郎而自己只约到深褐色头发女郎时，就会因为嫉妒而产生一个收益的损失。

纳什均衡作为一个均衡定义被经济学家如此广泛地应用，不仅是因为它可被用来选择一个稳定的结果，还因为在所有的博弈中，都存在一个纳什均衡（正如我们将看到的那样，有些乍看起来不存在纳什均衡的博弈最终将有一个混合策略纳什均衡）。纳什均衡的概念确实存在一些问题。有些博弈有多个纳什均衡，其中的一些似乎比另一些看起来更合理。而在一些应用中，其他均衡概念似乎比纳什均衡更合理。纳什均衡的定义省略了参与人达到他们被规定执行的策略的过程。近年来经济学家已经就这些问题进行了大量研究，可是问题还远未解决。尽管如此，纳什均衡的概念毕竟最早地提供了一个有效的均衡定义，我们可以利用它来开始我们对博弈论的研究。

5.4 阐述基本概念

我们可以从也许是最著名的非合作博弈——囚徒困境博弈的例子开始，阐述一个博弈的基本构成要素和纳什均衡的概念。

5.4.1 囚徒困境博弈

囚徒困境博弈首先由 A. 塔克（A. Tucker）于 20 世纪 40 年代提出，它的名字源于下面的情形。两个嫌疑人，A 和 B，因为涉嫌犯罪被逮捕。案中，地方检察官几乎没有证据，但又十分希望嫌疑人供认。她将嫌疑人隔离开来，并私下告诉每个人："如果你指证而你的同伙没有，我可以担保你获得减刑（只服 1 年徒刑），而由于你的指证，你的同伙将获刑 4 年。如果你们双方都指证对方，那么你们将每人服 3 年徒刑。"每个嫌疑人还知道如果他们谁都不指证，那么由于证据不足，他们将被以较轻的罪名起诉，这样他们将获得 2 年徒刑。

5.4.2 博弈的标准式

博弈中的参与人是两个嫌疑人，A 和 B（尽管还有第三个人，地方检察官，在故事中扮演了一个角色，但她只是设定了坦白供认的收益情况，而不做出策略选择，因此不必被包含在博弈中）。参与人可以在两个可能的行动中选择其一：背叛（指证犯罪伙伴的一个丰富多彩的术语）或是沉默。如表 5-1 的矩阵所示，收益连同参与人和行动，都可以被方便地概括出来。像这样的对一个博弈的矩阵表达形式被称为**标准式**（normal form）。在表中，参与人 A 的策略，即背叛或沉默被放在行的最前面，而 B 的策略被放在列的最前面。对应于各个策略组合的收益则被显示在表的内部。为了确保收益为正，刑期将被转换为未来 4 年的自由。我们将采用惯例，即每个格子中的第一项收益对应于行参与人（参与人 A），而第二项收益对应于列参与人（参与人 B）。关于怎样读表格，比方说，如果 A 背叛而 B 沉默，那么 A 获得 3（即 1 年徒刑，因而在未来 4 年时间里有 3 年自由）而 B 获得 0（即 4 年徒刑，未来 4 年没有自由）。地方检察官分别接触每个嫌疑人的事实表明了博弈是同时进行的：某个参与人在选择他或她自己的行动前，不可能观察到另一人的行动。

表 5-1 标准式的囚徒困境博弈

		B	
		背叛	沉默
A	背叛	1, 1	3, 0
	沉默	0, 3	2, 2

5.4.3 博弈的扩展式

囚徒困境博弈还可以像图 5-1 一样，用一棵博弈树的形式表达出来，这被称为**扩展式**（extensive form）。行动自上向下展开。每个黑点是被标记出的参与人的一个决策点。第一步行动属于 A，他或她可以选择背叛或沉默。下一步行动属于

B，他或她同样可以选择背叛或沉默。收益情况在树的底部给出。

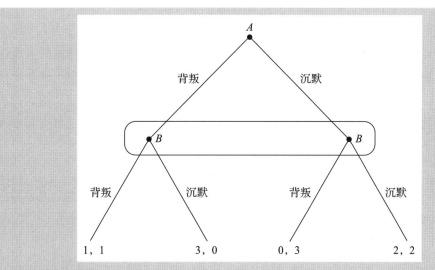

图 5-1　扩展式的囚徒困境博弈

A 选择背叛或沉默，*B* 也做出一个类似的选择。环绕 *B* 的决策点的椭圆表示 *B* 在行动时，不能观察到 *A* 的选择，这是因为博弈是同时进行的。收益被列在底部。

　　为反映出囚徒困境博弈是一个同时进行的博弈这一事实，我们想把两个参与人的行动置于这棵树的同一层次上，但是一棵树的结构不允许我们这样做。为了解决这个问题，我们可以任意选定一个参与人（这里是 *A*）并将之置于这棵树的顶端作为第一个行动者，另一人的位置稍低些作为第二个行动者，但随后我们会环绕 *B* 的决策点画一个椭圆来反映一个事实，即 *B* 并没有观察到 *A* 已选择的行动，从而也就没能观察到当他或她做决策时，博弈已经到达哪个决策点。

　　在扩展式中，将 *A* 置于 *B* 之上的选择是任意性的：如果我们把 *B* 置于 *A* 之上，将得到同样的表达形式，那样我们就会在 *A* 的决策点上画上一个椭圆。正如我们将在讨论序贯博弈时看到的那样，行动的顺序仅在第二个行动者能够观察到第一个行动者的行动时才是重要的。通常，使用扩展式来分析序贯博弈，而使用标准式来分析静态（同时）博弈是较为容易的。因而，我们将回到囚徒困境博弈的标准表达形式来解出它的纳什均衡。

5.4.4　求解纳什均衡

　　回到表 5-1 中的囚徒困境博弈的标准式。考察每个格子，看是否有对应的策略组合构成了一个纳什均衡。首先考虑右下角的格子，它对应于所有参与人都选择沉默。似乎有理由认为这就是博弈的均衡，因为收益的总和是 4，比其他三个结果中任意一个收益的总和都要大。然而，都选择沉默实际上却不是一个纳什均衡。要成为一个纳什均衡，所有参与人的策略必须是相互的最优反应。但是，给定 *B* 选择沉默，A 可以通过从沉默转向背叛，使他或她的收益从被认为是均衡处的 2 增加到 3。因此，沉默不是 A 相对于 B 选择沉默时的最优反应。B 选择沉默也不是 B 相对于 A 选择沉默时的最优反应，这一点同样正确（尽管说明两个参与人中至少一人没有选择他或她的最优反应，就已经足以排除一个结果是纳什均衡的可能性）。下一步，考虑右上角的格子，其中 A 选择背叛而 B 选择沉默。这也不是一个纳什均衡。给定 A 背叛，B 可以通过从沉默转向背叛，使他或她的收益从被认为是均衡处的 0 增加到 1。类似地，在左下角的格子中，A 选择沉默而 B 选择背叛，也不是一个纳什均衡，因为 A 没有选择最优反应。

铭刻于心　　详细说明均衡策略

人们往往会说在囚徒困境博弈中纳什均衡是 (1，1)，这是一大诱惑问题。它在技术上并不是正确的。回想一下纳什均衡的定义是指策略集合，因此应该把纳什均衡称为"两个参与人均选择背叛"。确切来说，每个结果对应着这一博弈中独一无二的收益，因此在涉及一个均衡是相关的收益而非策略时并没有什么混淆。然而，我们将会在后面的章节中遇到各种博弈，在那当中不同结果可能会有相同的收益，因此用收益来说明均衡会导致模糊不清。

剩下的左上角的格子对应着同时背叛。这是一个纳什均衡。给定 B 选择背叛，A 的最优反应是背叛，因为这使 A 获得 1 而非 0。在相同逻辑下，背叛也是相对于 A 背叛时 B 的最优反应。

相比于一个一个地检查每个结果，有一条通过在对应于最优反应的收益下画横线而直接找到纳什均衡的捷径。这一方法在只有两个行动、收益矩阵较小的博弈中是有用的，当行动的数量增加、收益矩阵变大时，它变得更加有用。此方法可用表 5-2 来概述。第一步是推断出 A 相对于 B 选择背叛时的最优反应。A 比较了他或她在第一列中的收益，从背叛的 1 到沉默的 0。由于收益 1 高于 0，因此背叛是 A 的最优反应，我们就在 1 下面画一条线。第二步，我们在 3 下面画一条线，对应的是 A 相对于 B 选择沉默时的最优反应——背叛。第三步，我们在 1 下面画一条线，对应于 B 相对于 A 选择背叛时的最优反应。第四步，我们在 3 下面画一条线，对应于 B 相对于 A 选择沉默时的最优反应。

一个结果要成为一个纳什均衡，所有参与人都应对其他每个人做出最优反应。因此，格子中的两个收益必须都被画上横线。如第五步所示，唯一的两个收益都被画线的格子是左上角的那个，其中两个参与人都选择背叛。在其他格子中，要么只有一个收益被画了线，要么没有一个收益被画线，这意味着在这些格子中，一个或是两个参与人没有选择最优反应，因此，它们不可能是纳什均衡。

表 5-2　使用画线法求解囚徒困境博弈的纳什均衡

第一步：下划线为当 B 选择背叛时 A 的最优反应。

		B	
		背叛	沉默
A	背叛	<u>1</u>, 1	3, 0
	沉默	0, 3	2, 2

第二步：下划线为当 B 选择沉默时 A 的最优反应。

		B	
		背叛	沉默
A	背叛	<u>1</u>, 1	<u>3</u>, 0
	沉默	0, 3	<u>2</u>, 2

第三步：下划线为当 A 选择背叛时 B 的最优反应。

		B	
		背叛	沉默
A	背叛	<u>1</u>, <u>1</u>	<u>3</u>, <u>0</u>
	沉默	0, 3	2, 2

第四步：下划线为当 A 选择沉默时 B 的最优反应。

		B	
		背叛	沉默
A	背叛	<u>1</u>, 1	<u>3</u>, 0
	沉默	0, <u>3</u>	2, <u>2</u>

第五步：纳什均衡位于两个收益均有下划线的格子内。

		B	
		背叛	沉默
A	背叛	(<u>1</u>, <u>1</u>)	3, 0
	沉默	0, <u>3</u>	2, 2

5.4.5　占优策略

　　参考表 5-2 中的第五步，其中背叛不仅是相对于其他参与人的均衡策略（所有构成纳什均衡所需的策略）的一个最优反应，而且背叛也是相对于其他参与人可能选择的所有策略的一个最优反应，它被称为**占优策略**（dominant strategy）。当一个参与人在一个博弈中拥有一个占优策略时，我们就有充足的理由预测它将是参与人如何进行这一博弈的结果。参与人并不需要进行策略性的计算，想象其他人在均衡中会做什么。这一参与人拥有一个最好的策略，不管其他人如何行动。在大多数博弈中，参与人并没有占优策略，所以占优策略并非一个普遍有用的均衡定义（而纳什均衡却是，因为它存在于所有博弈中）。

5.4.6 囚徒困境博弈

这个博弈之所以被称作囚徒困境博弈，是因为对于两个参与人而言还存在一个比均衡状态更好的结果。如果双方都保持沉默，他们各自都将获刑 2 年而不是 3 年。但是双方都沉默是不稳定的；每个人都偏好于向背叛偏离。如果嫌疑人可以制定具有约束力的合同，他们将签下这样一个合同从而使得他们都选择沉默。但是这样的合同在博弈中将很难签订，因为地方检察官是私下分别和每个嫌疑人接触的，因此他们之间不可能交流；即便他们能签下一个合同，法庭也会拒绝执行它。

像囚徒困境博弈这样的博弈在许多现实生活的场景中都出现了。对于在同一个项目组工作的学生而言，最佳的结果是他们都努力工作，并在项目上取得一个好成绩，但是个人的偷懒动机、每个人对他人努力的依赖都可能阻碍他们获得这样的结果。如果卡特尔能得以维持，奶农间限制产量的一个卡特尔协定可以带来更高的价格和利润，但是卡特尔可能是不稳定的，因为对于单个奶农而言，在高价下试图卖出更多牛奶可能太具有诱惑力了。我们将在第 12 章更为正式地研究商业卡特尔的稳定性。

5.4.7 混合策略

为分析一些博弈，我们需要考虑更复杂的策略，而不仅是确定地选择一个行动，后一类策略被称为**纯策略**（pure strategy）。接下来我们将考察**混合策略**（mixed strategy），其中参与人将随机地选择若干可能行动中的某一个行动。我们将在另一个经典的博弈——猜硬币博弈（matching pennies）——中阐述混合策略。

5.4.8 猜硬币博弈

猜硬币博弈是一种儿童游戏，其中有两个参与人，A 和 B，每个人各自私密地选择是让一枚硬币正面朝上还是背面朝上。然后，参与人同时出示他们的选择。如果两枚硬币相符（即都正面朝上或都背面朝上），那么 A 赢取 B 的硬币，否则 B 赢得 A 的硬币。该博弈的标准式和扩展式分别在表 5-3 和图 5-2 中给出。这个博弈有个特殊的性质，即两个参与人在每个格子中的收益相加为零，这被称为零和博弈。作为比较，读者可以验证囚徒困境博弈不是一个零和博弈，因为参与人的收益在不同的格子中不尽相同。

表 5 - 3 标准式的猜硬币博弈

		B	
		正面	背面
A	正面	1，−1	−1，1
	背面	−1，1	1，−1

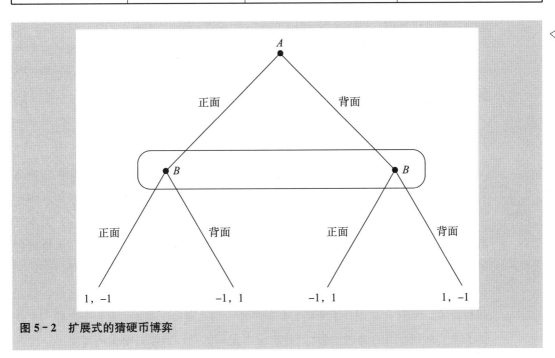

图 5 - 2 扩展式的猜硬币博弈

　　为解出纳什均衡，我们将使用之前在囚徒困境博弈中引入的在最优反应的收益下画线的方法。表 5 - 4 给出了此方法的结果。A 总是偏好于和 B 采取一样的行动。而 B 偏好于和 A 采取不同行动。没有一个格子中两个收益都被画了线，因此我们无法找到一个纳什均衡。有人可能会禁不住说，这个博弈中纳什均衡不存在。而这和我们之前提到的所有博弈中都有纳什均衡的说法是相互矛盾的。若注意到猜硬币博弈虽在纯策略下不存在纳什均衡，但在混合策略下，我们利用画线法能够找到纳什均衡，那么这一矛盾就能得以解决。

表 5 - 4 在猜硬币博弈中求解纯策略纳什均衡

		B	
		正面	背面
A	正面	<u>1</u>，−1	−1，<u>1</u>
	背面	−1，<u>1</u>	<u>1</u>，−1

5.4.9 求解一个混合策略纳什均衡

假设参与人私下抛掷硬币，而后无论哪一面出现都进行博弈，而不是主动地选择正面或背面。这一策略的结果是一个随机选择，正面朝上的概率是 1/2，背面朝上的概率是 1/2。这组两个人都等可能地选择正面或背面的策略，便是该博弈的混合策略纳什均衡。为了证明这一点，我们需要表明两个参与人的策略都是相对于对方来讲的最优反应。

在这个拟定的均衡中，表 5-3 的标准式中对应于四个格子的所有四个结果都是等可能发生的，每个结果发生的概率是 1/4。使用前一章的期望收益的公式，A 的期望收益等于每个结果中收益的概率加权和：

$$\frac{1}{4}\times 1+\frac{1}{4}\times(-1)+\frac{1}{4}\times(-1)+\frac{1}{4}\times 1=0$$

类似地，B 的期望收益也为 0。如果没有一个参与人可以转向一个能产生严格大于 0 的收益的策略，这个拟定的均衡中的混合策略便是相互间的最优反应。事实上，不存在这样一个有利可图的偏离。给定 B 等可能地选取正面和背面，无论 A 选正面还是背面（或者事实上可以是两个行动的一些随机组合），参与人之间的硬币均正好有一半的概率会相符，因此，无论选择什么策略，A 的收益都为 0。相比他在均衡中所得的 0 收益，A 不能获得更多。类似地，给定 A 等可能地选择正面和背面，无论 B 采用什么策略，B 的期望收益也是 0。因此，没有一个参与人获得了确实有利可图的偏离机会。（这里应当强调的是，如果一个偏离产生了一个与参与人的均衡收益持平的收益水平，这并不足以将原来的均衡排除掉；为排除一个均衡，我们必须说明某种偏离可以产生一个严格大于原均衡水平的收益。）

小测验 5.1

在猜硬币博弈中，假设 B 选择的均衡的混合策略为以 1/2 的概率出正面，以 1/2 的概率出背面。利用期望值的公式来验证，A 使用下列策略时的期望收益是否等于 0。

1. 只出正面的纯策略。
2. 只出背面的纯策略。
3. 以 1/2 的概率出正面、以 1/2 的概率出背面的混合策略。
4. 以 1/3 的概率出正面、以 2/3 的概率出背面的混合策略。

两个参与人都等可能地选择正面和背面是这个博弈中唯一的混合策略纳什均衡。其他概率值都不是有效的。比如，假设 B 以 1/3 的概率选择正面，而以 2/3 的概率选择背面。那么 A 从正面选择中获得的期望收益为 $\frac{1}{3}\times 1+\frac{2}{3}\times(-1)=-1/3$，从背面选择中获得的期望收益为 $\frac{1}{3}\times(-1)+\frac{2}{3}\times 1=1/3$。因此，相比于选择一个同时含有正面和背面的混合策略，A 将严格偏好于以一个纯策略的方式选择背面，这样 B 以 1/3 的概率选择正面、以 2/3 的概率选择背面的策略将不可能成为一个混合策略纳什均衡。

铭刻于心	随机行动之间的无差异

　　在任何混合策略均衡中，参与人均必须在拥有正数概率的行动之间无差异。如果一个参与人严格偏好一个行动而非另一个行动，那么参与人将会想把所有概率均放在所偏好的行动上而另一个行动的概率则为零。

5.4.10　对随机策略的说明

　　虽然乍看起来，让参与人用私下抛掷硬币或投掷骰子的方法来决定他们的策略好像显得很荒唐，但在诸如猜硬币博弈这样的儿童游戏中这样行事却不会那么奇怪。正如"应用 5.2：体育运动中的混合策略"所讨论的那样，混合策略在体育运动中出现不仅很自然而且很常见。可能对于学生来说最熟悉的莫过于课堂考试的混合策略作用。课堂时间往往太有限，使得教授不能检验学生在课堂上所学的每个专题。但是在诸多专题的子集当中检验学生从而让他们学习所有材料，这可能是一种有效方法。如果学生知道会测验哪些专题，他们将可能会倾向于只学那些内容而不学其他内容，所以教授必须随机地选择专题以使得学生能够学习所有内容。

应用 5.2

体育运动中的混合策略

　　体育运动提供了一个混合策略自然出现的场景，在这个足够简单的场景里，我们可以看到博弈论的作用。

足球中的罚点球

　　在足球中，如果一支球队在它自己的球门附近犯规，另一支球队就获得了一次点球机会，实际上就是在点球者和守门员之间设立了一个博弈。表 1 就是基于对欧洲足球联赛的研究。[a] 每个格子中的第一项是点球得分的概率（作为点球者的收益），第二项是未进球的概率（作为守门员的收益）。点球者被假设有两个行动：向自然一侧射门（即惯用右脚踢球的点球者的左侧和惯用左脚踢球的点球者的右侧）或者向另一侧射门。点球者通常在向他们的自然一侧踢球时力道更猛而且更为准确。守门员可以努力向一侧跃起或向另一侧跃起以扑住点球。球飞行得太快了，以至于守门员无法对其飞来的方向做出反应，因而博弈实际上是同时进行的。守门员通过球探报告了解到每个点球者的自然一侧，因此他们可以基于这一信息采取行动。

表 1　足球罚点球

		守门员	
		自然一侧	另一侧
点球者	自然一侧	0.64, <u>0.36</u>	<u>0.94</u>, 0.06
	另一侧	<u>0.89</u>, 0.11	0.44, <u>0.56</u>

混合策略能预测实际结果吗？

如表 1 所示，使用在最优反应所对应的收益下画横线的方法，我们看到，没有一个格子同时有两个被画横线的收益，所以不存在纯策略纳什均衡。

采用性别博弈当中用于计算混合策略纳什均衡的同样步骤，我们能够得知点球者用他自然一侧点球的概率是 3/5，用他另一侧点球的概率是 2/5，守门员扑向点球者自然一侧的概率是 2/3，而扑向另一侧的概率是 1/3。

这一计算产生了几个可以检验的含义。首先，每个行动都存在被选择的可能性。奇亚波里（Chiappori）等人的数据证实了这一结果：几乎所有参与过三次或者更多次点球的点球者和守门员都对每个行动至少选择了一次。其次，无论采取哪个行动，参与人在均衡中都获得了相同的预期收益。这一点再次被数据所证实，点球者在 75% 的时间里进了球，不管他们踢向他们的自然一侧还是相反一侧；而守门员在 75% 的时间里没守住球，无论他们是扑向点球者的自然一侧还是相反一侧。最后，守门员应当更经常地扑向点球者的自然一侧。否则，点球者自然一侧具有的高速和准确性将导致其采取总是那样踢球的纯策略。这个结论再一次被数据证实，守门员在 60% 的时间里都扑向点球者的自然一侧（请注意这和我们上面所预测的 2/3 是多么接近）。

思考题

1.使用我们在性别战博弈中所使用的方法来验证上面推导的点球博弈中的混合策略纳什均衡。

2.经济学家在其他体育运动中研究了混合策略，比如一次网球的发球是指向回球选手的反手还是正手？[b] 你能想出包含混合策略的其他体育运动场景吗？你能想出除体育运动、游戏以及正文中所提到的其他例子以外的包含混合策略的场景吗？

a. P. -A. Chiappori, S. Levitt and T. Groseclose, "Testing Mixed-Strategy Equilibria When Players Are Heterogeneous: The Case of Penalty Kicks in Soccer," *American Economic Review* (September 2002): 1138 – 1151.

b. M. Walker and J. Wooders, "Minimax Play at Wimbledon," *American Economic Review* (December 2001): 1521 – 1538.

5.5　多重均衡

纳什均衡是一个有用的解概念，因为它在所有博弈中都存在。它的一个弊端是一些博弈可能有若干甚至是许多纳什均衡。多重均衡存在的可能性给想利用博弈论来做预测的经济学家带来了一个麻烦，因为人们不知道预测当中的哪一个纳什均衡会实际发生。多重均衡的可能性将在另一个经典博弈——性别战——中得到阐释。

5.5.1 性别战

这个博弈包含两个参与人，一位妻子（A）和一位丈夫（B），他们准备晚上外出。相比分开，两人都更喜欢待在一起。当待在一起时，妻子更偏好去看一场芭蕾舞演出，而丈夫更喜欢去看一场拳击比赛。此博弈的标准式和扩展式分别在表 5-5 和图 5-3 中给出。

表 5-5　标准式的性别战

		B（丈夫）	
		芭蕾舞	拳击比赛
A（妻子）	芭蕾舞	2, 1	0, 0
	拳击比赛	0, 0	1, 2

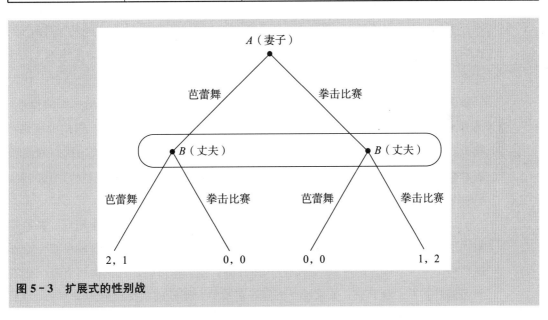

图 5-3　扩展式的性别战

为解出纳什均衡，我们将使用先前介绍的在最优反应的收益下画横线的方法。表 5-6 给出了这种方法的结果。一个参与人的最优反应是和对方的行动保持一致。在两个格子中，同时有两个收益被画了线：两人同时选择芭蕾舞的格子和两人同时选择拳击比赛的格子。所以，存在两个纯策略纳什均衡：（1）两人都选择看芭蕾舞演出；（2）两人都选择看拳击比赛。

表 5-6　在性别战中求解纯策略纳什均衡

		B（丈夫）	
		芭蕾舞	拳击比赛
A（妻子）	芭蕾舞	2, 1	0, 0
	拳击比赛	0, 0	1, 2

多重均衡的问题比乍看之下要麻烦得多。除了两个纯策略纳什均衡外，还存在一个混合策略纳什均衡。我们是怎么知道这一点的呢？之前，我们不可能准确地知道这一点，除非我们做了所有必要的计算来找到一个混合策略纳什均衡。然而，人们可以猜测有一个混合策略纳什均衡存在，这是基于一个有名而奇特的结论，即纳什均衡往往以单数出现。因此，如果在这个博弈中发现了偶数个纯策略纳什均衡（性别战博弈中有 2 个，猜硬币博弈中有 0 个），人们就应当怀疑这个博弈还存在另一个纳什均衡，而它必然在混合策略中。

5.5.2　推导性别战中的混合策略

在性别战中进行混合策略纳什均衡的计算是有益的，这是因为，不像猜硬币博弈，这个博弈中每个行动的均衡概率最终并不相等（1/2）。令 w 为妻子选择芭蕾舞的概率，h 为丈夫选择芭蕾舞的概率。记住互斥事件的概率相加必须等于 1，因此妻子选择拳击比赛的概率为 $1-w$，而丈夫选择拳击比赛的概率为 $1-h$；一旦我们知道每个人选择芭蕾舞的概率，我们就自然能知道每个人选择拳击比赛的概率。接下来，我们的任务就是导出 w 和 h 的均衡值。现在的困难在于 w 和 h 可以是 0 和 1 之间的任何一个实值，因此我们不可能建立一个收益矩阵，并使用我们的画线法来找到最优反应。相反，我们将画出参与人的**最优反应函数**（best-response function）。

让我们从推导妻子的最优反应函数开始。对于丈夫的每个可能策略 h，妻子的最优反应给出了能最大化她的收益的 w 值。对于一个给定的 h，有三种可能：她可能严格偏好芭蕾舞；她可能严格偏好拳击比赛；或者她可能在芭蕾舞和拳击比赛之间无偏好差异。对于 w，如果她严格偏好芭蕾舞，则她的最优反应为 $w=1$。如果她严格偏好拳击比赛，则她的最优反应为 $w=0$。如果她在芭蕾舞和拳击比赛间偏好无差异，则她的最优反应将是 $w=1$ 和 $w=0$ 之间的某种联系；事实上，它就是 $w=0$ 和 $w=1$ 之间的某种组合，即所有落在 0 和 1 之间的 w 值！

为看清最后一点，假设她从芭蕾舞和拳击比赛中获得的期望收益均为 2/3，再假设她以 w 和 $1-w$ 的概率随机地选择芭蕾舞和拳击比赛。那么她的期望收益将等于她选择芭蕾舞的概率乘以她选择芭蕾舞得到的期望收益，加上她选择拳击比赛的概率乘以她选择拳击比赛得到的期望收益：

$$(w)\left(\frac{2}{3}\right)+(1-w)\left(\frac{2}{3}\right)=\frac{2}{3}$$

这表明她获得了相同的收益，即 2/3，无论她是确定地选择芭蕾舞，还是确定地选择拳击比赛，又或者是采取一个以任何概率值 w 及 $1-w$ 选择芭蕾舞和拳击比赛的混合策略。因此，她的最优反应将是 $w=0$ 和 $w=1$ 之间的某种组合，即其间的所有值。

回到对妻子的最优反应函数的推导过程，假设丈夫选择了一个混合策略，其中芭蕾舞的概率是 h，而拳击比赛的概率是 $1-h$。参考表 5-7，妻子选择芭蕾舞获得的总期望收益等于 h（丈夫选择芭蕾舞的概率，因此结果落在格子 1 中）乘以 2（她在格子 1 中的收益），加上 $1-h$（丈夫选择拳击比赛的概率，因此结果落在格子 2 中）乘以 0（妻子在格子 2 中的收益），简化后，得到 $2h$。妻子从选择拳击比赛中获得的总期望收益等于 h（丈夫选择芭蕾舞的概率，所以结果落在格子 3 中）乘以 0（妻子在格子 3 中的收益），加上 $1-h$（丈夫选择拳击比赛的概率，所以结果落在格子 4 中）乘以 1（妻子在格子 4 中的收益），简化后，得到 $1-h$。

表 5-7 推导相对于丈夫的混合策略的妻子的最优反应

		B（丈夫）		
		芭蕾舞 h	拳击比赛 $1-h$	
A（妻子）	芭蕾舞	格子 1 (2),1	格子 2 (0),0	$h\times2+(1-h)\times0$ $=2h$
	拳击比赛	格子 3 (0),0	格子 4 (1),2	$h\times0+(1-h)\times1$ $=1-h$

比较这两个预期收益，我们能够看到：如果 $2h<1-h$，或者说 $h<1/3$，那么她偏好拳击比赛；如果 $h>\frac{1}{3}$，那么她偏好芭蕾舞；如果 $h=1/3$，那么她在芭蕾舞和拳击比赛当中是无差异的。因而，她对于 $h<1/3$ 的最优反应是 $w=0$，对于 $h>1/3$ 的最优反应是 $w=1$，而对于 $h=1/3$ 的反应，则包含了 $w=0$、$w=1$ 以及这两者之间的所有数值。

图 5-4 用浅色线画出了妻子的最优反应函数。类似的计算能够用于导出丈夫的最优反应函数，用深色的粗线表示。最优反应函数在三个地方相交，即有三个纳什均衡。这个图使我们得以涵盖之前发现的两个纯策略纳什均衡：在 $w=h=1$ 处（即双方都确定地选择芭蕾舞）的一个均衡和在 $w=h=0$ 处（即双方都确定地选择拳击比赛）的一个均衡。我们还得到了一个混合策略纳什均衡 $w=2/3$ 且 $h=1/3$。用文字表

述，即混合策略纳什均衡意味着，妻子以 2/3 的概率选择芭蕾舞，并以 1/3 的概率选择拳击比赛，而丈夫以 1/3 的概率选择芭蕾舞，并以 2/3 的概率选择拳击比赛。

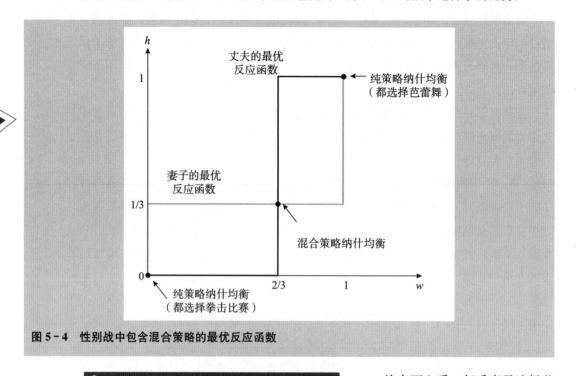

图 5 - 4 性别战中包含混合策略的最优反应函数

小测验 5.2

1.在性别战中，每个参与人都有一个占优策略吗？

2.通常，如果一个参与人拥有一个占优策略，博弈中还能有一个混合策略纳什均衡吗？为什么？

从表面上看，似乎妻子选择芭蕾舞的可能性更大，因为在相互协调的条件下她更偏爱芭蕾舞；而丈夫选择拳击比赛的可能性更大，因为在相互协调的条件下他更喜欢拳击比赛。这种直觉是误导人的。比如，给定丈夫的策略，妻子在混合策略纳什均衡中对芭蕾舞和拳击比赛是没有偏好差异的。她并不在乎她以何种概率选择芭蕾舞和拳击比赛。决定她的均衡概率的不是她的收益而是她的丈夫的收益。相比于其他行动（芭蕾舞），她不得不在给定相互协调的条件下在他所偏好的行动（拳击比赛）上给予较低的概率。否则，他将不可能在芭蕾舞和拳击比赛上无偏好差异，而这样的概率将不可能形成一个纳什均衡。

5.5.3 多重均衡问题

在存在多重均衡的条件下，对博弈的结果做出唯一的预测是困难的。为了解决这个问题，博弈论学者已经为重新定义纳什均衡概念而进行了大量研究，即为挑选出一个比其他均衡更为合理的纳什均衡而提出充足的理由。一个建议是挑选两个参与人总收益最大的那个结果。这种规则将排除混合策略纳什均衡，而赞成两个纯策略纳什均衡中的某一个。在混合策略均衡中，我们曾说明了无论哪个行动被选择，每个参与人的期望收益都是 2/3，这意味着两个参与人的总收益是 2/3＋2/3＝4/3。在两个纯策略均衡中，总收益等于 3，超过了混合策略均衡中的总期望收益。

一个选择最高总收益的规则并不能区分两个纯策略均衡。为了在这些结果中做出选择，人们可能采纳谢林的建议，去寻找一个**聚点**（focal point）[①]。比如，双方都选择芭蕾舞的均衡可能是一个逻辑上的聚点，如果这对夫妇在以前的情况中，一直有顺从妻子意愿的习惯的话。然而，如果无法获得之前互动的外部信息，一个博弈论学者要对聚点进行预测将是非常困难的。

另一个建议是，既然我们没有理由认为一个参与人比另一个更好，那么就挑选对称的均衡。这种规则可能会挑选混合策略纳什均衡，因为它是唯一一具有相同收益（妻子和丈夫的期望收益都是 2/3）的均衡。

不幸的是，这些选择规则没有一个看起来是特别引人注目的。性别战博弈就是没有好方法来解决多重均衡问题的博弈的一个例子。"**应用 5.3：高清标准之战**"提供了多重均衡的一个真实世界例子。使用博弈论确定这一市场结果的困难，反映了预测哪个标准最终将会在市场上占优的困难。

应用 5.3

高清标准之战

策略行动的一个明显例子是高清电视唱片新标准的"战争"。[a] 在花费了数十亿美元的研发费用后，2006 年东芝公司开始启动高清 DVD 播放器，它的分辨率是 DVD 播放器的 6 倍，准备用来替代 DVD 播放器。几个月之后，索尼启动它的蓝光播放器，提供了类似的特征但是格式不兼容。这一战争开始打响。索尼和东芝展开了激烈的价格战，在一些情形中甚至将播放器的价格降低至生产成本之下。它们也与大型电影工作室签下了独家经销合同（迪士尼签下了蓝光播放器，派拉蒙影业公司签下了高清 DVD 播放器）。

消费者之间的博弈

在某种意义上，标准战的结果取决于消费者而非企业的策略行动。给定两种格式有相同特征，消费者主要感兴趣于购买一个预期更受欢迎的播放器。播放器越受欢迎，这将能够提供越多与好朋友分享电影的机会，越多的电影将会以那种格式播放，依此类推。（在诸如手机、计算机软件甚至是社交网络等其他情形中，使用更大型网络的使用者也同样有利。）

表 1 呈现了两个代表性消费者之间博弈的简单版本。博弈拥有两个纯策略纳什均衡，其中消费者在同一个标准上进行协调。它也有一个混合策略纳什均衡，此时消费者随机采

---

① T. Schelling, *The Strategy of Conflict* (Cambridge，MA：Harvard University Press，1960).

用同样概率使用两种格式。混合策略纳什均衡很好地刻画了博弈的初始行动。一开始时没有哪个标准会占优。收益仍然很低，因为高清播放器提供的内容有限，并且还在两种格式之间划分收益。

表 1　标准博弈

		消费者 B	
		蓝光	高清 DVD
消费者 A	蓝光	1, 1	0, 0
	高清 DVD	0, 0	1, 1

蓝光的胜利

在 2008 年东芝公司宣布它将停止支持高清 DVD 标准，这是索尼蓝光的胜利信号。为什么索尼最终会胜出呢？其中一种说法是索尼在销售数百万台索尼第三代家用电视游戏机（Playstation 3）时，每台游戏机都捆绑一个免费的蓝光播放器，从而在开发消费者安装基础方面获得了巨大的先机。由于缺乏自己的游戏机，东芝寻求将高清 DVD 播放器与微软公司的 Xbox 游戏机捆绑，但是最终只能将其作为昂贵的附加产品。

表 2 表明了如果给 A 的游戏机捆绑一个免费的蓝光播放器，博弈会怎样变化。A 从蓝光播放器中收到一单位的收益增量，因为这一策略不再需要购买一台昂贵的机器。即使是 A 选择高清 DVD 和 B 选择蓝光，参与人之间也能够进行协调，因为 A 能够在他或她的第三代家用电视游戏机里播放蓝光光碟。博弈依然存在两个纯策略纳什均衡，但是却消除了混合策略纳什均衡。蓝光均衡是有道理的，因为消费者在这一结果中的处境与任何其他结果都一样好，甚至更好。

表 2　在捆绑蓝光之后

		消费者 B	
		蓝光	高清 DVD
消费者 A	蓝光	2, 1	1, 0
	高清 DVD	1, 1	1, 1

思考题

1. 考虑一下其他标准战。你能否识别出赢得标准的决定因素？

2. 有人声称纳什均衡往往是奇数个，然而表 2 却有偶数个。解决这个看似矛盾的问题的方法是，纳什均衡为奇数，除非各行或各列的收益之间存在平局。请证明如果对某些收益进行调整以打破平局，表 2 中会出现奇数个纳什均衡。

a. M. Williams, "HD DVD vs. Blu-Ray Disc: A History," *PC World* online edition, February 2008, http://www.pcworld.com/article/id, 142584-c, dvddrivesmedia/article.html, accessed on October 6, 2008.

5.6 序贯博弈

在一些博弈中，行动的顺序是重要的。比如，在一场具有梯形起点的自行车比赛中，位于最后面的选手具有清楚发令时间的优势。对于新的高科技消费品，比如高清电视机，等许多人都购买后你再购买也许会更有利，因为这样可以获得足够多的节目频道。

序贯博弈与迄今为止我们已经考察过的同时博弈不同，这是因为一个在其他参与人之后行动的参与人可以获取到那个时点为止的博弈进展信息，这包括关于其他参与人已经选择的行动的信息。该参与人可以利用这一信息来形成更为精细的策略，而不仅仅是选择一个行动；该参与人的策略可以是一个相机方案，其行动的选择取决于其他参与人做什么。

为了阐明由序贯博弈所提出的新概念，特别是，为在序贯博弈和同时博弈之间做一个鲜明的对比，我们将把已经讨论过的一个同时博弈——性别战——纳入一个序贯博弈中去考察。

5.6.1 序贯的性别战

考察之前分析过的性别战博弈，这里保持所有的行动和收益情况不变，而仅仅改变行动的顺序。与之前妻子与丈夫同时做出决策不同，这次是妻子首先行动，选择芭蕾舞或是拳击比赛，而丈夫观察到这个选择（比方说，妻子站在她已经选择的地点上给丈夫打电话），然后丈夫做出他的选择。妻子的可能策略并没有发生变化：她可以选择单一的行动，观看芭蕾舞或观看拳击比赛（或者可能是一个同时包含两个行动的混合策略，尽管这在序贯博弈中并不是一个相关的考虑因素）。丈夫的可能策略集合得到了扩展。针对妻子的两个行动中的每一个，他也可以选择两个行动中的一个，因此他有四个可能的策略，这在表 5-8 中罗列出来了。在第二个等价策略前的那条竖线表示的是"在……的条件下"。比如，"拳击比赛|芭蕾舞"就应当读作"在妻子去看芭蕾舞的条件下，丈夫去看拳击比赛"。丈夫仍然可以选择一个简单的行动，现在"芭蕾舞"就被读作"总是观看芭蕾舞"，而"拳击比赛"被读作"总是观看拳击比赛"，他还可以跟随妻子的选择，或者做相反的选择。

表 5-8 丈夫的相机策略

相机策略	写成条件形式的相同策略
总是观看芭蕾舞	芭蕾舞|芭蕾舞,芭蕾舞|拳击比赛
跟随妻子	芭蕾舞|芭蕾舞,拳击比赛|拳击比赛

续表

相机策略	写成条件形式的相同策略
与妻子的选择相反	拳击比赛|芭蕾舞，芭蕾舞|拳击比赛
总是观看拳击比赛	拳击比赛|芭蕾舞，拳击比赛|拳击比赛

给定丈夫有四个纯策略而非仅仅两个，表5-9中所给出的标准式现在必须被扩展为八个格子。大致来说，这时的标准式要比表5-5中同时形式的博弈标准式复杂一倍。相比之下，图5-5中给出的扩展式倒并不比图5-3中同时形式的博弈扩展式复杂。两个扩展式之间唯一的区别在于环绕丈夫决策点的椭圆被去掉了。在博弈的序贯形式下，丈夫的决策点并不是被集合在一个带点的椭圆内，因为丈夫观察到了妻子的行动，因而知道在行动前他处在哪个点上。我们将看到为什么对于序贯博弈而言，扩展式比标准式更为有效，特别是在包含多轮行动的博弈中。

表5-9 标准式下的序贯形式性别战

		B（丈夫）			
		芭蕾舞|芭蕾舞 芭蕾舞|拳击比赛	芭蕾舞|芭蕾舞 拳击比赛|拳击比赛	拳击比赛|芭蕾舞 芭蕾舞|拳击比赛	拳击比赛|芭蕾舞 拳击比赛|拳击比赛
A（妻子）	芭蕾舞	2, 1	2, 1	0, 0	0, 0
	拳击比赛	0, 0	1, 2	0, 0	1, 2

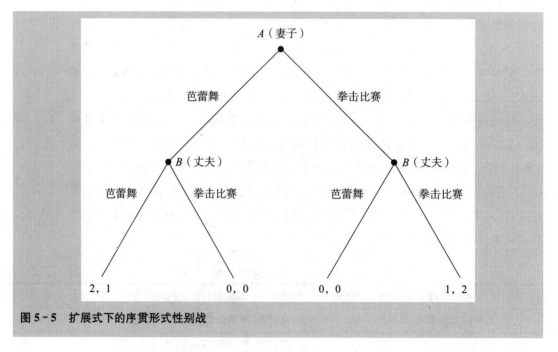

图5-5 扩展式下的序贯形式性别战

为了求解纳什均衡，我们将回到标准式，并使用之前介绍过的在最优收益下画

横线的方法。表 5-10 给出了这一方法的结果。这种在收益下画横线的方法带来的一个麻烦是，这个博弈存在最优反应的平局情况。比如，如果丈夫选择策略"拳击比赛|芭蕾舞，芭蕾舞|拳击比赛"，即，如果他总是和妻子对着干，那么无论她选择何种行动都会获得零收益。为了正确地运用画线法，我们需要画出第三列数字中的两组零收益。丈夫在他的妻子选择观看芭蕾舞时的最优反应（如果他选择"芭蕾舞|芭蕾舞，芭蕾舞|拳击比赛"或者"芭蕾舞|芭蕾舞，拳击比赛|拳击比赛"，那么他的收益是 1）和在他的妻子选择观看拳击比赛时的最优反应（如果他选择"芭蕾舞|芭蕾舞，拳击比赛|拳击比赛"或者"拳击比赛|芭蕾舞，拳击比赛|拳击比赛"，那么他的收益是 2）之间也存在着平局的情况。同样，如表所示，我们需要在与最优反应持平的所有策略的收益下方都画上线。现在，存在三个纯策略纳什均衡：

1. 妻子选择芭蕾舞，丈夫选择"芭蕾舞|芭蕾舞，芭蕾舞|拳击比赛"。
2. 妻子选择芭蕾舞，丈夫选择"芭蕾舞|芭蕾舞，拳击比赛|拳击比赛"。
3. 妻子选择拳击比赛，丈夫选择"拳击比赛|芭蕾舞，拳击比赛|拳击比赛"。

表 5-10　求解序贯形式性别战中的纳什均衡

		B（丈夫）			
		芭蕾舞|芭蕾舞	芭蕾舞|芭蕾舞	拳击比赛|芭蕾舞	拳击比赛|芭蕾舞
		芭蕾舞|拳击比赛	拳击比赛|拳击比赛	芭蕾舞|拳击比赛	拳击比赛|拳击比赛
A（妻子）	芭蕾舞	纳什均衡 1 2, 1	纳什均衡 2 2, 1	0, 0	0, 0
	拳击比赛	0, 0	1, 2	0, 0	纳什均衡 3 1, 2

正如我们在性别战的同时形式中所看到的那样，在序贯形式中，我们同样得到了多重均衡。然而，在这里，博弈论提供了一种在均衡中进行挑选的好方法。考虑第三个纳什均衡。丈夫的策略"拳击比赛|芭蕾舞，拳击比赛|拳击比赛"意味着一种隐性的威胁：即便他的妻子

> **小测验 5.3**
>
> 参考序贯性别战的标准式。
>
> 1. 给出一些例子，其中用收益来指代均衡会产生歧义，但用策略来指代均衡不会产生歧义。
>
> 2. 解释为什么"拳击比赛"或"芭蕾舞"不是对后行动者策略的一个完整描述。

选择观看芭蕾舞，他也会选择观看拳击比赛。这种威胁足以阻止她选择芭蕾舞。给定她在均衡中选择观看拳击比赛，他的策略带给他的收益是 2，这是他在所有结果中可以达到的最佳情况。因此，这个结果就是一个纳什均衡。但是，丈夫的策略是

一个虚张声势的威胁。如果妻子实际上首先选择了观看芭蕾舞，而他选择观看拳击比赛而非芭蕾舞的话，他会放弃 1 单位收益。他想通过威胁来选择观看拳击比赛的原因是清楚的，但这样的威胁的可信度却是不清楚的。类似地，丈夫在第一个纳什均衡中的策略"芭蕾舞|芭蕾舞，芭蕾舞|拳击比赛"同样含有一个虚张声势的威胁，这个威胁是即便他的妻子选择观看拳击比赛，他还是会选择观看芭蕾舞。（这是一个古怪的威胁，因为他并不能通过发出这个威胁获取收益，它不过是个虚张声势的威胁罢了。）

5.6.2 子博弈完美均衡

通过使用子博弈完美均衡的概念，博弈论提供了一条在序贯博弈中挑选合理的纳什均衡的正规途径。子博弈完美均衡是一种排除虚张声势威胁的精炼方式，它要求策略是理性的，对于甚至是不出现在均衡中的偶然事件也应是理性的。

在正式地定义子博弈完美均衡之前，我们有必要说明什么是一个子博弈。一个子博弈是扩展式的一部分，它从一个决策点开始，包含其下的所有分支。如果子博弈的最高决策点与同一椭圆中的另一个决策点不相连，那么这个子博弈就可以说是**真或严格子博弈**（proper subgame）。从概念上说，这意味着在一个真子博弈中先行动的参与人清楚地知道截至那一点的其他人所选择的行动。从图上来看什么是一个真子博弈要比用文字定义它简单得多。图 5-6 表示的是同时和序贯形式的两个性别战的扩展式，两个真子博弈被分别用虚线圈起来。在同时形式性别战中，只有一个决策点不与同一椭圆中的另一个点相连，这个点就是初始点，因此，只有一个真子博弈，即博弈本身。在序贯形式性别战中，有三个真子博弈：博弈本身，两个位置稍低的以丈夫开始行动的决策点为起点的真子博弈。

一个**子博弈完美均衡**（subgame-perfect equilibrium）是一个策略集合，它对于每个参与人在每一个真子博弈上形成一个纳什均衡。一个子博弈完美均衡总是一个纳什均衡。这是正确的，因为整个博弈是它本身的真子博弈，所以一个子博弈完美均衡必须是在整个博弈上的一个纳什均衡。在同时形式的性别战上，则更不用多说了，因为除整个博弈本身之外，没有其他子博弈。

在序贯形式的性别战中，子博弈完美均衡的概念要稍微复杂些。除了在整个博弈本身形成一个纳什均衡的策略外，它们还必须在其他两个以丈夫行动的决策点为起始点的真子博弈上形成纳什均衡。这些子博弈是简单的决策问题，因此导出相应的纳什均衡是容易的。对于左边的子博弈，从其妻子选择观看芭蕾舞后丈夫的决策点开始，他在给他带来收益水平 1 的芭蕾舞和给他带来收益水平 0 的拳击比赛之间有一个简单的决策。这个简单决策子博弈的纳什均衡是丈夫选择观看芭蕾舞。对于右边的子博弈，从其妻子选择观看拳击比赛后丈夫的决策点开始，他在给他带来收益水平 0 的芭蕾舞和给他带来收益水平 2 的拳击比赛之间有一个简单的决策。这个简单决策子博弈的纳什均衡是他选择观看拳击比赛。这样，我们看到丈夫只有一个可以成为子博弈完美均衡的一部分的策略："芭蕾舞｜芭蕾舞，拳击比赛｜拳击比赛。"任何其他策略都会使他在某个真子博弈上做出无法达到一个纳什均衡的选择。回到那三个被列举出的纳什均衡，只有第二个是子博弈完美的。第一个和第三个都不是。比如，丈夫总是选择去观看拳击比赛的第三个均衡，被排除了成为子博弈均衡的可能，因为如果妻子真的去看芭蕾舞，丈夫是不会去看拳击比赛的，他也会去看芭蕾舞。这样，子博弈完美均衡便排除了我们在前一部分所感到不安的"总是观看拳击比赛"的虚张声势的威胁。

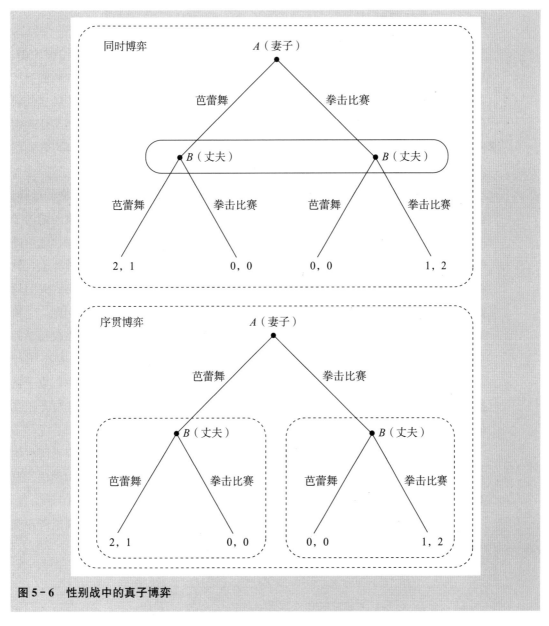

图 5-6 性别战中的真子博弈

一般来说，子博弈完美均衡排除了任何序贯博弈中的虚张声势的威胁。事实上，纳什均衡只是要求行动在达到均衡的那部分博弈树上是理性的。参与人可能在博弈树的其他部分选择非理性行动。特别是，一个参与人可以威胁要让两人同时受损失来"恐吓"对方，以防止其选择某个特定的行动。子博弈完美均衡要求博弈树所有部分上的行动都是理性的。如果威胁做出非理性的选择，即威胁要选择那些不是最优反应的行动，则会被认为是虚张声势的而被排除。

子博弈完美均衡在一个同时博弈中则不是一种有用的精炼，因为一个同时博弈除了博弈本身之外并没有真子博弈，因此子博弈完美均衡将不会削减纳什均衡的集合。

5.6.3 逆向归纳法

求解序贯性别战中的均衡的一种方法是，使用标准式来找出所有的纳什均衡，然后在它们当中把子博弈完美均衡筛选出来。一条直接找到子博弈完美均衡的捷径是使用**逆向归纳法**（backward induction）。逆向归纳法的操作如下：在扩展式的底部识别出所有子博弈；找到这些子博弈上的纳什均衡；用这些子博弈上的纳什均衡所得的行动和收益来代替（可能复杂些的）子博弈；然后上移至子博弈的下一层次，并重复这些步骤。

图 5-7 表示出了使用逆向归纳法求解序贯性别战中的子博弈完美均衡的过程。首先，推导最底端子博弈的纳什均衡，在这个例子中，是对应于丈夫决策问题的子博弈。在他的妻子选择观看芭蕾舞之后的子博弈上，他将选择观看芭蕾舞，这给她带来收益 2，给他带来收益 1。在他的妻子选择观看拳击比赛之后的子博弈上，他将选择观看拳击比赛，这给她带来收益 1，给他带来收益 2。接下来，用丈夫的均衡策略替代子博弈本身。得到的博弈对于妻子而言就是一个简单的决策问题，它被描绘在图中的下半部分。这是一个在给她带来收益 2 的芭蕾舞和给她带来收益 1 的拳击比赛之间的抉择。对她而言，这个博弈的纳什均衡就是选择收益更高的行动——芭蕾舞。总之，逆向归纳法使我们可以找到子博弈完美均衡，其中，妻子选择观看芭蕾舞而丈夫选择"芭蕾舞|芭蕾舞，拳击比赛|拳击比赛"，并且绕开了其他纳什均衡。

逆向归纳法在多轮序贯博弈中尤其有效。随着回合数量的增加，要解出所有纳什均衡并在其中筛选出完美的子博弈，将很快变得困难重重。使用逆向归纳法，只需增加程序的迭代次数，就能满足额外回合的要求。

"**应用 5.4：实验室实验**"讨论了在实验环境中，人类被试[*]是否像理论所预测的那样进行博弈，其中包括被试是否在序贯博弈中选择子博弈完美均衡。

---

[*] 自愿参加实验的人。——译者注

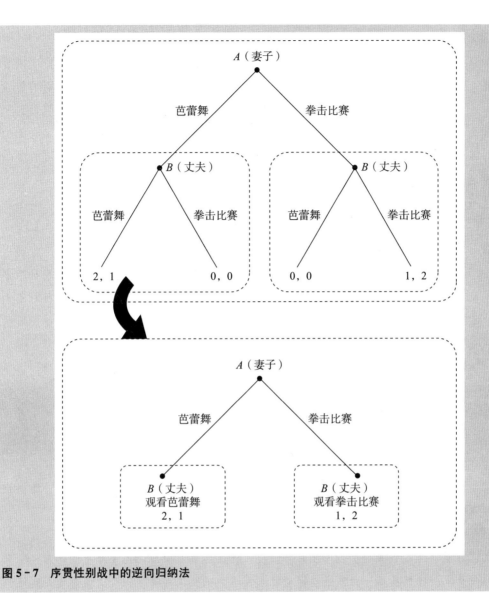

图 5-7 序贯性别战中的逆向归纳法

实验室实验

实验经济学家检验经济理论在多大程度上能与实验室情境的被试行为相契合。这些方法与实验心理学所使用的方法类似——它们都经常在校园中使用大学生作为被试——实验经济学和实验心理学的主要区别在于，它往往涉及用显性货币收益的形式给被试以激励。实验经济学的重要性在 2002 年受到高度关注，这一年，弗农·史密斯（Vernon Smith）因为在这个领域的开创性工作而获得了诺贝尔经济学奖。

囚徒困境博弈

数以百计的实验测试参与人是像纳什均衡所预测的那样，在囚徒困境博弈中选择背叛，还是会选择沉默进行合作。在库珀（Cooper）等人的实验[a] 中，被试面对不同的匿名对手，将博弈进行了 20 次。随着被试不断从博弈中获得经验，博弈的结果逐渐收敛到了纳什均衡。在前五轮中，参与人 43% 的时间里都选择了合作的行动，在后五轮中，合作的比例下降到了 20%。

最后通牒博弈

实验经济学还曾做过测试，来考察子博弈完美均衡是否为对序贯博弈中行动的一个良好预测。在一个被广泛研究的序贯博弈——最后通牒博弈中，实验者提供给两个参与人一大笔钱。先行动者（提议者）向后行动者提议对这笔钱的一个分配方案。然后，后行动者（响应者）决定是接受这个分配方案（此时参与人按提议方案的数量获得金钱），还是拒绝这个分配方案（此时两个参与人什么都得不到）。正如我们可以利用逆向归纳法所看到的那样，在子博弈完美均衡中，提议者应当提出最小份额的分配方案，而这一方案应该被响应者接受。

在实验中，分配方案往往比子博弈完美均衡中的情况还要均等得多。[b] 最常见的提议是五五分成的分配方案。响应者倾向于拒绝那些给他们的份额少于 30% 的分配方案。这一结果甚至在分配金额高达 100 美元时仍能被观察到，以至于拒绝一份 30% 的方案就意味着拒绝 30 美元。有些经济学家认为，金钱可能并不是对参与人收益的一个真实衡量，其收益水平可能还包括其他因素，例如分配这笔钱的公平程度。[c] 即使一个提议者并不直接在意公平性，但是由于害怕响应者可能在意公平从而拒绝一个不公平的分配方案，这也可能使得提议者提出一个公平分配方案。

独裁者博弈

为了检验参与人到底是直接关注公平问题，还是表现为害怕其他参与人的恶意，研究人员在一个相关的博弈——独裁者博弈中做了实验。在独裁者博弈中，提议者选择这笔钱的一个分配方案，在不需要响应者回应情形下这一分配方案就能得到实施。提议者往往会提供一份较最后通牒博弈而言更为不公平的方案，但是仍然会向响应者分配一点钱，这表明提议者对于公平依然有一些顾虑。然而，正如一个具有独创性的实验所说明的那样，这个实验的细节设计是很关键的。[d] 这个实验被设计成实验者永远不知道是哪些提议者提出了哪些方案。有了这种匿名因素，提议者几乎永远不会给响应者一个公平的份额，事实上，他们在三分之二的时间里都将整笔钱据为己有。这些结果表明，提议者更在意被认为是关注公平的，而不是真的关注公平性。

思考题

1.作为一个实验者，你将如何考虑下列实验设计的哪些方面？其中是否存在一些权衡取舍？

a.收益的大小。

b. 被试观察对手的能力。

c. 与同一个对手反复进行同一个博弈。

d. 让被试完全了解实验的设计情况。

2. 你将如何构建一个涉及性别战的实验？用你的实验检验哪些理论问题可能比较有趣？

a. R. Cooper, D. V. DeJong, R. Forsythe, and T. W. Ross, "Cooperation without Reputation: Experimental Evidence from Prisoner's Dilemma Games," *Games and Economic Behavior* (February 1996): 187 - 218.

b. 关于最后通牒博弈实验的评论和一个更一般的实验经济学教科书式论述，请参见 D. D. Davis and C. A. Holt, *Experimental Economics* (Princeton: Princeton University Press, 1993)。

c. 比如，参见 M. Rabin, "Incorporating Fairness into Game Theory and Economics," *American Economic Review* (December 1993): 1281 - 1302.

d. E. Hoffman, K. McCabe, K. Shachat, and V. Smith, "Preferences, Property Rights, and Anonymity in Bargaining Games," *Games and Economic Behavior* (November 1994): 346 - 380.

5.6.4　重复博弈

到目前为止，我们已经考察了单次博弈，在那当中每个参与人只有一次行动机会，然后博弈就结束了。在许多现实生活的场景里，同样的参与人可以将同一个**阶段博弈**（stage game）进行数次甚至许多次。比如，处于囚徒困境中的参与人可能在未来一起实施犯罪，从而一起面对未来的囚徒困境。一条街上面对面的加油站，当它们每天早上设定价格的时候，实际上是在每天进行一个新的价格博弈。

正如我们在囚徒困境博弈中所看到的，如果这样的博弈只进行一次，相比其他一些更为合作的结果，均衡的结果对于所有参与人而言都是更糟的。重复博弈为在均衡中选择合作的结果创造了可能性。参与人可以采用**触发策略**（trigger strategy），如果到某个时点为止，所有人都合作，他们将继续选择合作的结果，但一旦有人背叛合作，他们将回归到选择纳什均衡的结果上去。我们将研究在何种条件下触发策略能有效地提高参与人的收益。我们将关注重复博弈的子博弈完美均衡。

5.6.5　有限期界

对于许多阶段博弈，以已知有限的次数重复它们并不会增加合作的可能性。为了更具体地看到这一点，假设囚徒困境博弈被重复了十个时期。使用逆向归纳法来求解子博弈完美均衡。最底层的子博弈是第十个时期进行的单次囚徒困境博弈。不管之前发生了什么，这个子博弈上的纳什均衡均是两个人都选择背叛。将博弈折返到第九个时期，那么"基于第九个时期所发生情况来选择第十个时期的行动"的触发策略就被排除了。第九个时期发生的任何事情都不会影响随后发生的事情，因为正如我们所提到的那样，两个参与人在第十个时期无论如何都会选择背叛。这就好像第九个时期就是最后一个时期，那么这个子博弈的纳什均衡同样是两人都选择背叛。如此倒推，我们将看到参与人在每一期都会背叛；那就是说，参与人将简单地把阶段博弈的纳什均衡重复十次。同样的结论将适用于任何有限期的重复阶段博弈。

5.6.6 无限期界

如果阶段博弈被重复的次数是无限的，事情就会发生很大的改变。如果参与人知道阶段博弈将被重复，但不能确定到底重复多少次，重复的次数就是无限的。比如，囚徒困境博弈中实施犯罪的同伙可能知道他们将一起参与许多次未来的犯罪活动，有时还会被抓住从而互相玩起囚徒困境博弈，但可能并不确切地知道他们究竟将有几次犯罪机会，或者他们会被抓住几次，从而不知道他们将进行多少次阶段博弈。在无限次重复中，将不存在一个开始应用逆向归纳法的最后时期，从而不存在触发策略开始展开的最后时期。在一定的条件下，相比在阶段博弈中的情况，更多的合作将得以维持下去。

假设两个参与人进行以下重复的囚徒困境博弈。博弈在第一阶段是确定地进行的，但博弈开始后究竟要进行几个时期却是不确定的。令 g 为博弈再进行一个时期的概率，令 $1-g$ 为博弈永远停止的概率。因而，博弈至少持续一个时期的概率是 1，至少持续两个时期的概率是 g，至少持续三个时期的概率是 g^2，依此类推。

假设参与人使用触发策略，即如果没有人欺骗性地选择了背叛，则他选择合作行动——沉默；但是如果他们当中的任何人曾经进行欺骗，那么参与人之后将永远选择背叛。为了表明这样的策略形成了一个子博弈完美均衡，我们需要检验一个参与人是否无法从欺骗中获利。在均衡中，两个参与人都选择沉默，每个人在每一期博弈中都获得 2，这意味着一个参与人在整条博弈路径上的期望收益为：

$$2 \times (1 + g + g^2 + g^3 + \cdots) \tag{5.1}$$

如果给定对方选择沉默，一个参与人欺骗性地选择了背叛，那么那一期欺骗者获得 3，但从那之后的每一期两人都选择背叛，每人每一期都获得 1，总的期望收益为：

$$3 + 1 \times (g + g^2 + g^3 + \cdots) \tag{5.2}$$

为了使合作成为一个子博弈完美均衡，式（5.1）必须大于式（5.2）。用第一个式子减去第二个式子，我们可以看到只有当 $-1 + g + g^2 + g^3 + \cdots > 0$ 时，第一个式子才大于第二个式子。换句话说，

$$g + g^2 + g^3 + \cdots > 1 \tag{5.3}$$

为继续求解，我们需要找到序列 $g + g^2 + g^3 + \cdots$ 的一个简单表达式。一个标准

的数学结果是序列 $g + g^2 + g^3 + \cdots = g/(1-g)$。[①] 把这一结果代入式 (5.3)，我们可以看到，如果 g 大于 1/2，那么不等式成立，沉默的合作行为将能够得到维持。[②]

当且仅当重复的概率 g 足够高时，这一结果才意味着参与人在重复的囚徒困境博弈当中能够合作。参与人在合作均衡中会受到欺骗的诱惑，通过背叛获得一个短期收益（3 而非 2）。未来由于合作的收益损失威胁会阻碍欺骗。当且仅当这一博弈继续进行下去的概率足够高时，这一威胁才会起作用。

在重复博弈中，其他策略也可以被用来引导出合作的结果。我们来考虑使参与人回到每期永远都背叛的这个纳什均衡。这个策略被称为冷酷策略（grim strategy），它意味着对背盟行为实施可能最严酷的惩罚。不太严酷的惩罚包括所谓的针锋相对策略（tit-for-tat strategy），它只涉及对欺骗行为进行一轮惩罚。由于冷酷策略涉及可能最严酷的惩罚，在所有策略中，它所诱导出的合作事例范围是最广的（即 g 的值最低）。严酷的惩罚是行之有效的，因为如果参与人成功地合作，他们在均衡中绝不会遭受惩罚带来的损失。但如果在经济环境或者其他参与人的理性程度上存在着不确定性，冷酷策略可能就无法带来像不太严酷的策略那样高的收益了。

人们可能会想知道，声称惩罚其他参与人的威胁（不管是冷酷策略中的永远惩罚，还是针锋相对策略中的一轮惩罚）是否为一个虚张声势的威胁，因为惩罚对两个参与人都造成了损害。答案是否定的。惩罚就意味着回到纳什均衡，其中两个参与人都会选择最优反应，因此它是一个可置信的威胁，并且和子博弈完美均衡是一致的。

> **？ 小测验 5.4**
>
> 考虑无限重复的囚徒困境博弈：
>
> 1. 当 g 取何值时，重复博弈就变成了简单的阶段博弈？
>
> 2. 假设在实施冷酷策略的某个时点上，参与人手下留情，回归到合作的结果（保持沉默）。如果这种手下留情被预见到了，它会如何影响维持合作结果的能力？

5.7 连续行动

经济情形中的大多数见解通常可以通过把实际情形抽象为一个含有两个行动的博弈来获得，就像迄今为止研究的所有博弈一样。在其他时候，通过考虑更多的行动，

---

① 令 $S = g + g^2 + g^3 + \cdots$，在两边同时乘以 g，得到 $gS = g^2 + g^3 + g^4 + \cdots$。两式相减，我们得到 $S - gS = (g + g^2 + g^3 + \cdots) - (g^2 + g^3 + g^4 + \cdots) = g$，这是因为右边的式子除了开头的 g，其他项都被抵消了。因此，$(1-g)S = g$，或者重新整理后，得 $S = g/(1-g)$。

② 数学形式在这个博弈的替代版本中是一样的。在替代版本的博弈中，每阶段的博弈确定性地重复无限次，但是未来收益是根据每期利率进行贴现的。如果每期利率小于 100%，可以表明合作是可能的。

有时甚至是连续的行动，我们可以获得额外见解。企业的定价、产出或投资的决策、拍卖中的投标等等情形通常都可以用包含参与人连续行动的建模来刻画。这样的博弈可以不再以我们在这一章中司空见惯的标准式来表达，画横线的方法也不再适用于求解纳什均衡。然而，求解纳什均衡所用的新技巧在逻辑上和我们到目前为止所看到的那些方法是一样的。我们将在一个被称为公地悲剧的博弈中阐释这种新技巧。

5.7.1 公地悲剧

这个博弈中包含两个牧羊人，A 和 B，他们在一块公地上（土地可以被公社成员任意使用）放养他们的羊群。令 s_A 和 s_B 为每人同时选择的放羊数量。由于这块公地只有有限的空间，因此放的羊越多，每只羊吃到的草就越少，它们长得就越慢。具体来说，假设 A 从每只羊那里获得的收益（羊肉和羊毛）等于：

$$120 - s_A - s_B \qquad (5.4)$$

因此，A 从 s_A 只羊中获得的总收益就为：

$$s_A(120 - s_A - s_B) \qquad (5.5)$$

尽管我们无法使用在最优反应收益下画横线的方法，但我们还是可以推导出 A 的最优反应函数。回想使用最优反应函数推导性别战博弈中的混合策略纳什均衡的方法。我们诉诸最优反应函数，因为尽管性别战博弈只有两个行动，在那两个行动中却连续分布着可能的混合策略。在这里的公地悲剧中，我们需要借助最优反应函数，因为我们是从一系列连续的行动开始的。

A 的最优反应函数给出了在每一个 s_B 下能够最大化 A 的收益的 s_A。A 的最优反应函数是恰好使额外一只羊的边际收益等于边际成本时羊的总数量。额外一只羊带给他的边际收益是[①]：

$$120 - 2s_A - s_B \qquad (5.6)$$

放羊的总成本为 0，因为它们可以在公地上自由吃草，因而额外一只羊的边际成本也是 0。令式（5.6）中的边际收益等于边际成本 0，并解出 s_A，A 的最优反应函数为：

$$s_A = 60 - \frac{s_B}{2} \qquad (5.7)$$

对应地，B 的最优反应函数为：

$$s_B = 60 - \frac{s_A}{2} \qquad (5.8)$$

---

① 我们可以把边际收益式（5.6）视作给定的，或者利用微积分来证明它。式（5.5）的收益函数可以写成 $120s_A - s_A^2 - s_A s_B$，对它关于 s_A 求导（把 s_B 视为常数），得到边际收益式（5.6）。

行动要成为一个纳什均衡，它们必须是相互的最优反应；换句话说，它们必须是式（5.7）和式（5.8）的共同解。这个共同解通过图形表示在图 5-8 中。最优反应函数被绘制出来，s_A 位于横轴上，s_B 位于纵轴上（实际上所画的就是 A 的最优反应函数的逆）。纳什均衡就位于两个函数的交点上，它意味着每人放养 40 只羊。

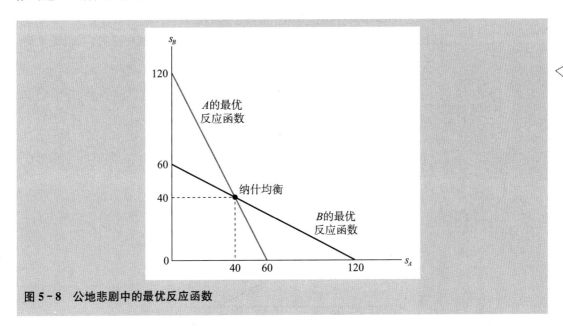

图 5-8　公地悲剧中的最优反应函数

这个博弈之所以被称为一个悲剧，是因为牧羊人最终在均衡点处过度放牧了。他们过度放牧，因为他们在选择羊群规模的时候，并没有把对方羊群价值的损失考虑在内。如果每个人放养 30 只，而不是 40 只，我们可以说明每人将获得 1 800 的总收益，而不是他们在均衡处获得的 1 600。在多方都可以自由进入一个公共资源的场景中，过度消费是一个典型的结果。例如，多个钻油井同时在一个公共的地下油池里取油，或者多条渔船在同一片海域上捕鱼。过度消费也往往成为一个通过许可证和其他政府干预的方式来限制进入这类公共资源的理由。

5.7.2　均衡移动

允许参与人拥有连续行动的情形是有用的。这其中的一个原因是，在这种设定下，分析某个博弈参数的微小变动将如何改变均衡就变得更为容易了。比如，假设 A 从每只羊上获得的收益从式（5.4）上升到：

$$132 - s_A - s_B \tag{5.9}$$

A 的最优反应函数变为：

$$s_A = 66 - \frac{s_B}{2} \tag{5.10}$$

B 的最优反应函数仍然保持为式（5.8）。如图 5-9 所示，在新的纳什均衡中，

A 把他的羊群规模扩大到 48 只羊，而 B 的规模缩减到 36 只。A 的羊群规模扩大的原因是显而易见的：A 收益的增加使得他的最优反应函数向外移动了。一个有趣的策略效应是：尽管 B 的收益没有发生变化，从而 B 的最优反应函数和以前一样，但由于观察到 A 的收益从式（5.4）增加到式（5.9），B 预见到他必须针对 A 更大的数量选择一个最优反应，因此他最终缩减了他的羊群规模。

如 **"应用 5.5：恐怖主义"** 所示，连续行动的博弈在其他情境中提供了额外的见解。

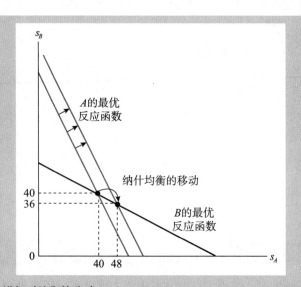

图 5-9　当 A 的收益增加时均衡的移动

　　A 从每只羊中获得的收益的增加使他的最优反应函数向外移动了。尽管 B 的最优反应函数保持不变，但他的羊的均衡数量却在新的纳什均衡中减少了。

应用 5.5

恐怖主义

在中东和欧洲受到连续不断的袭击以及 2001 年 9 月 11 日美国的世贸中心和五角大楼遭受毁灭性攻击的情况下，很少有问题能像恐怖主义那样引起这么多的公共政策的关注。在本应用专栏中，我们将看到博弈论可以有效地被应用于分析恐怖主义和对此的最佳防御措施。

保卫目标免受恐怖主义袭击

考虑一个政府和一个恐怖分子之间的一个序贯博弈。参与人之间有截然相反的目标：政府想最小化来自恐怖主义的期望损失，而恐怖分子想最大化期望损失。为简单起见，假设恐怖分子可以袭击两个目标中的一个：如果袭击成功，目标 1（比如说一座核电站）将导致巨大的破坏；目标 2（比如说一家餐馆）将导致较小的损失。政府首先行动，选择 s_1 为其守卫目标 1 的安保力量的比例。余下的安保力量 $1-s_1$ 守卫目标 2。（注意到政府的行动是 0 和 1 之间的一个连续变量，因此这是对我们在正文中所讨论的连续行动博弈的一种应用。）恐怖分子后行动，选择袭击目标。假设袭击目标 1 成功的概率是 $1-s_1$，袭击目标 2 成功的概率是 s_1，这意味着用于守卫一个特定目标的安保力量越多，一次袭击成功的概率就越低。

为求解子博弈完美均衡，我们将应用逆向归纳法，这意味着在本应用专栏中，我们将首先考虑恐怖分子（后行动者）的决策。恐怖分子将计算出袭击每个目标所造成的期望损失，它等于袭击成功的概率乘以袭击成功所造成的损失。恐怖分子将袭击具有最高期望损失的目标。倒推至先行动者（政府）的决策，政府最小化来自恐怖行动的期望损失的方法是在两个目标间分配安保力量，使得期望损失是均等的（假设袭击目标 1 的期望损失严格高于目标 2，那么恐怖分子将肯定袭击目标 1，这样政府就会通过将安保力量从目标 2 转移至目标 1 来降低这种袭击的期望损失）。我们用一些数字来说明一下，如果对目标 1 的一次成功袭击造成的损失是目标 2 的 10 倍，政府就应该在目标 1 上部署相当于目标 2 的 10 倍的安保力量。恐怖分子最后就会在均衡中采取一个混合策略，使得每个目标都以某个正的概率遭到袭击。

和恐怖分子谈判

恐怖主义引起的问题远比上述分析的要多得多。假设恐怖分子扣押了人质，并要求释放囚犯以作为人质获得自由的交换条件。一个国家应当和恐怖分子谈判吗？[a] 包括美国和以色列在内的国家的官方政策是不谈判。使用逆向归纳法，我们很容易看到为什么国家会声明不谈判，因为这可以防止恐怖分子通过扣押人质获得利益，使恐怖分子打消首先扣押人质的念头。但是一国不进行谈判的承诺可能是不可信的，尤其当人质相当重要时。这就像 1974 年以色列议会投票选择谈判以解救以色列马洛特（Maalot）一所高中的 21 名学生人质时的情形。（投票是在恐怖分子规定的截止时间之后进行的，因此学生们最终遇害。）国家的承诺在某些情形下又可能是可信的。如果人质事件被预期在今后会重复发生，国家就可能拒绝谈判，以此作为一项长期策略的一部分来建立起绝不谈判的声誉。另一种可能是国家或许不相信在释放囚犯后，恐怖分子会释放人质，在这种情况下，和他们谈判就没有价值了。

思考题

1. 美国政府已经考虑通过分析银行交易来搜寻大宗可疑的现金转账，作为对恐怖分子的侦查。这样的侦查的优缺点各是什么？如果恐怖分子了解到这种侦查，他们在均衡中会如何应对？它还会是一个有用的工具吗？

2. 将恐怖分子模型化为想要最大化期望损失的参与人的做法是否明智？相反，恐怖分子可能偏好袭击"高能见度"的目标，即使这意味着较低的期望损失，或者他们可能偏好最大化损失和防卫/震慑支出的总和。哪一个选项可能看起来最为合理？这些选项将如何影响博弈？

a. H. E. Lapan and T. Sandler, "To Bargain or not to Bargain: That Is the Question," *American Economic Review* (May 1988): 16-20.

5.8 多人博弈

小测验 5.5

假设公地悲剧包含三个牧羊人（A，B 和 C）。再假设每只羊的收益是 $120 - s_A - s_B - s_C$，这就意味着，A 的总收益为 $s_A(120 - s_A - s_B - s_C)$，而边际收益为 $120 - 2s_A - s_B - s_C$，依此类推。

1. 求出使得每个牧羊人的羊的边际收益等于边际成本（0）的三个方程的解，并找出纳什均衡。

2. 比较有三个牧羊人和有两个牧羊人时公地上羊的总数。

正如我们通常可以使用一个含有两个行动的博弈来捕捉一种情形的本质内容一样，也正如我们在截至目前所研究的所有博弈中所看到的那样，我们通常可以把参与人的数目简化为两个。然而，在一些情形下，研究超过两个参与人的博弈是有用的。这在回答参与人数目的变化将如何影响均衡的问题上显得尤其有效（一个例子参见小测验 5.5）。本章后面的问题将提供一些例子来说明如何画出超过两个参与人的博弈的标准式。

5.9 不完全信息

目前所研究的博弈中都没有私人信息。所有的参与人均知道每一件事情——相互间的收益、可能的行动等等。如果参与人知道一些他们自己的事而其他人不知道，事情就变得更为复杂而且可能更为有趣了。比如，在对一幅油画进行的一场密封竞价拍卖中，如果某人知道了其他每个人在拍卖中的估价，相比他不知道时的情形（这更为现实），他的投标策略将会大大不同。而如果所有牌局都是明牌进行的，卡片游戏也将大为不同，当然也不会那么有意思了。参与人在其中没有共同分享所有相关信息的博弈被称作**不完全信息**（incomplete information）博弈。

我们将把第 17 章中的绝大部分篇幅用于研究不完全信息博弈。我们将研究信号传递博弈，它包括学生们选择接受多少教育来向他们未来的雇主显示他们的潜在资质，这种资质可能很难被直接观察到。我们将研究信息甄别博弈，其中包括保险公司为了防止高风险的消费者购买保险而进行的免赔额方案的设计。正如所提到的那样，拍卖和卡片游戏都落在了不完全信息博弈的范畴内。这类博弈是当代博弈论研究的前沿内容。

小　结

本章对博弈论进行了概述。博弈论为理解在策略环境下的决策提供了一种有条理的方法。我们介绍了以下主要观点：

- 所有博弈的基本要素是参与人、行动、收益和信息。
- 纳什均衡是应用最广泛的均衡概念。如果参与人的策略对于其他参与人来说是最优反应，那么它就是纳什均衡策略。所有博弈至少有一个纳什均衡。有时纳什均衡是混合策略，它需要我们知道怎样计算。有些博弈有多个纳什均衡，在这些情形中很难预测最终出现的是哪一个。
- 我们研究了一些经典的博弈，包括囚徒困境博弈、猜硬币博弈和性别战博弈。每个博弈分别阐明了一些重要的原理。许多策略情形可以被提炼成这些博弈中的某一个。
- 序贯博弈引入了后行动者相机策略的可能性，它通常拓展了纳什均衡的集合。子博弈完美均衡排除了含有虚张声势的威胁的结果。人们可以利用逆向归纳法轻松地解出子博弈完美均衡。
- 在一些诸如囚徒困境博弈的博弈中，相比其他一些结果，所有人在纳什均衡中的境况都更糟。如果博弈可以重复无限多次，参与人就可以使用触发策略来保证更优结果的实现。

复习题

1. 在博弈论中，参与人最大化其收益。这个假设和我们在第 2 章和第 3 章中所用的假设是不同的吗？

2. 一个行动和一个策略有什么不同？

3. 为什么纳什均衡是用策略而不是用所涉及的收益水平来判定？

4. 下列哪种活动可能被表示为一个零和博弈？哪些显然不是零和博弈？

a. 抛掷一枚硬币，赌注为 1 美元。

b. 玩 21 点牌游戏。

c. 从一个小贩处选购一根糖果棒。

d. 通过各种伪造账目的办法来避税，并试图逃过美国国税局的侦查。

e. 在知道住户可能采取了各种防贼策略的情况下，决定何时洗劫一所选定的房子。

5. 为什么囚徒困境对于牵涉其中的参与人来说是一个"困境"？他们可以如何通过博弈前的商议或是博弈后的威胁来化解这一困境？如果你被捕而检察官使用了这种手法，你将如何做？你和你的犯罪同伙是否为亲密的朋友这一点重要吗？

6. 性别战是一个协调博弈。你的生活经历中出现过什么样的协调博弈？你是如何解决协调问题的？

7. 在诸如序贯性别战的序贯博弈中，为什么纳什均衡包含了不可置信威胁的结果？为什么子博弈完美均衡能将它们排除？

8. 在这些关系中，哪些更适合以重复博弈建模，哪些不适合？这取决于什么因素？对于以下重复博弈，将哪些视作有限次重复博弈、将哪些视作无限次重复博弈更为现实？

a. 两家临近的加油站每天早晨公布价格。

b. 教授在某门课上测试学生。

c. 学生们一起参加宿舍抽签。

d. 同案犯。

e. 两只狮子争夺一个配偶。

9. 在公地悲剧中，我们看到了 A 收益的一个微小变动是如何导致 A 的最优反应函数移动和纳什均衡点沿着 B 的最优反应函数移动的。你能想出其他可能移动 A 的最优反应函数的因素吗？将这个讨论与个人需求曲线的移动及均衡点沿着曲线的移动联系起来。

10. 选择学生生活中的一个场景。尝试使用一定数量的参与人、收益和行动来把它建成一个博弈模型。它是否和本章所研究的某些经典博弈类似？

习 题

5.1　考虑一个同时博弈，其中参与人 A 选择两个行动（上或下）中的一个，而参与人 B 选择两个行动（左或右）中的一个。这个博弈有如下收益矩阵，其中每个格子中的第一个收益是 A 的，第二个是 B 的。

		B	
		左	右
A	上	3, 3	5, 1
	下	2, 2	4, 4

a. 找出纳什均衡。

b. 如果有的话，哪个参与人拥有一个占优策略？

5.2　假设 A 在一定程度上可以把习题 5.1 中的博弈转变为一个新的博弈，其中他或她从选择"上"的行动中所获得的收益将减少 2。

		B	
		左	右
A	上	1, 3	3, 1
	下	2, 2	4, 4

a. 找出纳什均衡。

b. 如果有的话，哪个参与人拥有一个占优策略？

c. 以这种方式，A 是否从博弈的改变中获益，即他或她的收益是否增加了？

5.3　回到由习题 5.1 中的收益矩阵给出的博弈。

a. 写出这一同时行动博弈的扩展式。

b. 假设现在这个博弈是序贯行动的，A 首先行动，然后是 B。写出这个序贯行动博弈的扩展式。

c. 写出这个序贯行动博弈的标准式。找到所有纳什均衡。哪个纳什均衡是子博弈完美的？

5.4　考虑应用 5.3 中讨论的高清标准之战，但将焦点转向索尼和东芝这两家公司间的博弈（由下表给出）。

		东芝	
		大量投资	放松
索尼	大量投资	0, 0	3, 1
	放松	1, 3	2, 2

a. 找到纯策略纳什均衡。

b. 计算混合策略纳什均衡。作为你的答案的一部分，请画出混合策略中的最优反应函数的图形。

c. 假设博弈是序贯进行的，索尼先行动。东芝的相机策略是什么？写出这个序贯博弈的标准式和扩展式。

d. 利用序贯博弈的标准式来求解纳什均衡。

e. 指出序贯博弈的扩展式中的适当子博弈。利用逆向归纳法来求解子博弈完美均衡。请解释为什么序贯博弈中的其他纳什均衡是不合理的。

5.5　两个同班同学 A 和 B 被布置了一个额外的小组项目。每个学生都可以选择偷懒或工作。如果一个或更多的参与人选择工作，那么项目将被完成并且他们每人都将得到额外的学分，这价值 4 单位收益。完成该项目的成本是 6 单位努力（用收益单位来衡量），它们将在所有选择工作的参与人之间均等地进行分配，并从他们的收益中扣除。如果两个人都偷懒，那么他们都不用付出任何努力，但是项目就完成不了，他们每人得到的收益为 0。老师只能判断项目是否完成，并不能判断哪个（些）学生为此付出了努力。

a. 假设学生同时选择是偷懒还是工作，写出这个博弈的标准式。

b. 找出纳什均衡。

c. 每个参与人是否都有一个占优策略？这和本章中的哪个博弈类似？

5.6　回到表 5-5 中的性别战。推导在以下修正条件下的混合策略纳什均衡，并将其与正文中所推导的均衡进行比较。画出与混合策略对应的最优反应函数的图形。

a. 把所有收益扩大为 2 倍。

b. 令某人所偏好的协调活动的收益水平翻倍，如从 2 变动到 4，但保持其他收益不变。

c. 改变选择某人所偏好的单独活动（即不和配偶相协调）时的收益水平，如从 0 变为 1/2，但保持其他收益不变。

5.7 下面的博弈是一种形式的囚徒困境博弈，但是收益情况与表5-1中略有不同。

		B	
		背叛	沉默
A	背叛	0, 0	3, −1
	沉默	−1, 3	1, 1

a. 证明纳什均衡还是囚徒困境博弈中通常的那一个，而且两个参与人都有占优策略。

b. 假设阶段博弈是无限次重复进行的。它以 g 的概率继续进行到下一阶段，以 $1-g$ 的概率永远停止。解出一个子博弈完美均衡所要求的 g 的取值条件——其中两个参与人都采用触发策略，即：如果没有人背叛，则两人都保持沉默；但如果任何人偏向背叛，则采取冷酷策略（也就是说，两人自此之后永远选择背叛）。

c. 和 b 问中一样，继续假设阶段博弈通常是无限次重复进行的。是否存在一个 g 值使得子博弈完美均衡存在？其中，两个参与人都采用触发策略，即：如果没有人背叛，则两人都保持沉默；但如果任何人偏向背叛，则采取针锋相对策略（也就是说，两人都在一期里选择背叛，然后又恢复到一直保持沉默）。请记住，g 是一个概率值，因此它必须介于 0 和 1 之间。

5.8 在下面每个参与人均拥有三个行动的博弈中，找出纯策略纳什均衡。

		B		
		左	中	右
A	上	4, 3	5, −1	6, 2
	中	2, 1	7, 4	3, 6
	下	3, 0	9, 6	0, 8

5.9 A、B、C 三家店铺同时决定是否将店开在城镇中正在建设的商场里。店铺倾向于开在商场里已有另外一家店铺的地方，因为这样的店铺数量将会吸引购物者前来。然而，当一个商场有三家店铺时，它们会存在激烈竞争，店铺利润会迅速下降。采用如下方式阅读收益矩阵：每个格子中的第一个数字是 A 的收益，第二个是 B 的，第三个是 C 的。C 的选择决定了其他两个参与人会出现在哪个加粗框中。

		C 选择商场		C 不选择商场	
		B		B	
		选择商场	不选择商场	选择商场	不选择商场
A	选择商场	−2, −2, −2	2, 0, 2	2, 1, 0	−1, 0, 0
	不选择商场	0, 1, 2	0, 0, −1	0, −1, 0	0, 0, 0

a. 找出博弈的纯策略纳什均衡。你可以采用正文中的画线法，具体如下：首先，把 C 的

选择所对应的每个加粗框视为不同的博弈，分别找出 A 和 B 的最优反应。然后通过比较两个加粗框中相应的格子（左上角的两个格子，右上角的两个格子，依此类推）找出 C 的最优反应，并在两个收益中较高的那个下画线。

b. 如果参与人选择合作策略而不是非合作策略，那么你认为结果将会是什么？

5.10 考虑本章中公地悲剧的博弈。其中有两个牧羊人 A 和 B，用 s_A 和 s_B 来分别表示他们在公有草地上放羊的数量。假设每只羊的收益（羊肉和羊毛）等于：

$$300-s_A-s_B$$

这意味着 s_A 只羊的总收益是：

$$s_A(300-s_A-s_B)$$

而额外一只羊的边际收益（你可以通过微积分计算来证明，或者理所当然地认为）是：

$$300-2s_A-s_B$$

假设放羊的总成本和边际成本都为零，因为公地可以被任意使用。

a. 计算纳什均衡中羊群规模和牧羊人的总收益。

b. 画出对应于你的解答的最优反应函数的图形。

c. 假设 A 从每只羊中获得的收益上升到 $330-s_A-s_B$。计算出新的纳什均衡下的羊群规模。在你的最优反应函数图形中把这种从初始均衡到新的纳什均衡的变动表示出来。

第4篇

生产、成本和供给

生产的法则和条件具有自然规律的特性，其本身并非任意制定的。

——J. S. 穆勒，《政治经济学原理》，1848

  第 4 篇将阐述经济产品的生产和供给。供给产品的组织被称作企业或厂商。这些组织也许规模巨大、结构复杂，比如微软或者美国国防部，也许规模很小，比如杂货店或者个体农户。所有企业都必须选择使用何种投入以及提供何种水平的产出。第 4 篇将考察这些决策。

  企业生产任何产出都必须雇用许多投入要素（劳动、资本、自然资源等）。因为这些要素是稀缺的，所以使用这些要素就需要花费成本。第 6 章和第 7 章的目标就是清晰地阐明要素投入成本和企业产出水平之间的关系。在第 6 章，我们将引入企业的生产函数，并展示所使用的投入和作为结果的产出水平之间的关系。一旦了解了投入和产出之间的物理关系，针对任意产出水平，所需要素的成本就能够确知。这一点我们将在第 7 章进行分析。

  第 8 章将运用第 7 章发展的成本概念来讨论企业的供给决策。它将详细分析利润最大化的企业的供给决策问题。在稍后的第 15 章，我们将模型化企业的内部组织，并考察其中的问题，特别是我们将着重讨论企业的管理者和工人所面对的激励问题。

第6章 生 产

在这一章，我们将阐述经济学家是如何利用生产函数来解释投入与产出之间的关系的。它是解释投入成本如何影响企业供给决策的第一步。

6.1 生产函数

任何**企业（或厂商）**（firm）都是将投入转化为产出：日本丰田汽车公司将钢铁、玻璃、工人的工作时间、装配线的工作时间等结合起来生产汽车；农场主利用农民的劳动，并结合种子、土地、雨水、肥料以及机器来生产农作物；大学通过将教授们的工作时间与课本、学生的学习时间结合来生产受教育的学生。经济学家关心的是企业为了实现这些目标所做的决策，所以他们建立了一个抽象的生产模型。在此模型中，投入与产出之间的关系用**生产函数**（production function）表示：

$$q = f(K, L, M, \cdots) \tag{6.1}$$

式中，q 表示一定时期内某种产品的产出量，K 表示这个时期内使用的机器设备数量（亦即资本量），L 表示劳动时间，M 表示所使用的原材料。省略号表示可能影响生产函数的其他变量。生产函数概述了企业所知道的混合各种不同的投入实现产出的信息。

举例来说，生产函数可以表示农场主一年内由所使用的机器数量、投入的劳动量、耕种的土地数量、使用的肥料和种子数量等要素共同决定的小麦产量。生产函数显示，100 蒲式耳小麦可以有很多不同的生产方式。农场主可以采用仅需少量机器的劳动密集型技术来生产（比如在中国），可以采用大量机器设备、肥料以及极少量的劳动来生产（比如在美国），也可以采用大量土地、较少的其他投入来生产（比如在巴西或澳大利亚），还可以采用大量劳动、机器设备和肥料以及相对较少的土地来生产（比如在英国和日本）。所有的这些组合，都可以用方程（6.1）所示的生产函数表示。从经济学的角度来看，企业应该如何选择 q、

K、L 和 M，是生产函数的一个很重要的问题。我们将会在接下来的三章中详细讨论这个问题。

两种投入的生产函数

为简化生产函数，我们假设企业的产出只受两种投入——资本（K）和劳动（L）——的影响。于是，生产函数可以简化为

$$q = f(K, L) \tag{6.2}$$

为了简便起见，我们决定聚焦于资本和劳动投入。对于任意两种可能被研究的投入，上述函数对于我们的大多数分析都成立。举例来说，如果我们想要研究雨水和肥料对农作物生产的影响，就可以将这两项投入代入生产函数，同时保持其他投入（如土地的数量、劳动时间等）不变。在描述学校体制的生产函数中，我们可以研究产出（如学术成果）和用以生产这一产出的投入（如教师、楼房和教学辅助设备等）之间的关系。所以，在这里使用资本和劳动仅仅是为了方便，并且我们可以经常在二维图表中标示出这些投入。"应用 6.1：每个家庭都是一家企业"就阐释了生产函数的这一思想，即它是怎样从生活中习以为常的行为中得出出人意料的结论的。

应用 6.1

每个家庭都是一家企业

我们每天都在不假思索地进行的工作，就是把投入转化为产出。当你开车前往某个地方时，你实际上是在将劳动（你的时间）和资本（汽车）结合起来生产具有经济利益的产出（旅游）。当然，这种活动的产出并不在市场组织中进行交易。不过，为自己提供"出租车服务"和将这种服务出售给他人，这两者其实没有区别，因为在这两种情形下你都是在扮演经济学家眼中的企业角色。事实上，"家庭生产"的确占据了整个经济很大的一部分。将人们视为"企业"，可以让我们得到一些有趣的结论。

家庭生产的数量

经济学家试图估计人们为自己所生产的产出，这些生产活动包括照顾孩子、家居维护、出行、体育锻炼、烹饪等。他们发现家庭生产的数量是相当巨大的，占了传统 GDP 的一半以上。而实现如此巨大的产出水平需要人们进行大量投入。研究发现，人们花在家庭生产上的时间只是略少于他们花在工作中的时间（两者都大约为全部时间的 30%）。而且，人们对家庭资本的投资（如住房、汽车和电器等）甚至比企业对厂房和机器设备的投资更大。

住房服务的生产

家庭生产的一种更直观的表现是所谓的住房服务。人们将住房投资、购买的投入（电、天然气）以及他们的时间（用于清理水槽等）结合起来生产住房服务。在这方面，人们既是住房服务的生产者，也是其消费者。住房服务在 GDP 中就是这样被测算的。例如，在 2012 年，人们花费了 1.3 万亿美元（隐含地）向自己租用住房。虽然我们认为自己花在家庭杂务上的时间是没有价值的，但也花费了 4 600 亿美元用于家庭杂务。人们的这种住房服务是否会随经济周期而发生变化（比如，人们在下岗时是否还会去修葺房顶），这是宏观经济学研究的重要问题，因为经济衰退时产量的实际下降水平，可能并没有官方数据所显示的那么多。

健康的生产

生产函数的概念同样适用于健康问题。人们将购买医疗服务（例如药品、医生的服务）的投入与自己用于"生产"健康的时间相结合。这种方法的重要含义在于，人们可能会发现，为维持同样的健康水平，在一定程度上，可以用自己的行为替代医疗服务。而现行医疗保险体制是否为人们提供了足够的动力来进行自我保健，是一个颇具争议的话题。事实上，人们可能比医生更了解自己的健康状况，而怎样利用这一条件来保持健康这一问题却涉及一系列复杂的医患关系问题（我们将会在第 15 章中进行介绍）。

孩子的生产

家庭生产概念的一个略显牵强的应用，是把家庭视为孩子的生产者。这种"产出"的一个很重要的特征，是它并不是"同质"的——孩子既有质量，也有数量，家庭将会选择生产这两者的某种组合。显然，人们在这个过程中花费了大量投入（特别是抚养孩子的时间）。据估计，在代表性家庭中，这种投入的成本仅次于住房投入。从经济学角度来看，更有趣的事实是，在生产孩子的这一过程当中，投入是无法逆转的（不同于住房，因为人们总是可以选择更小的住房）。这也是为什么一些人把生孩子看作高风险的投资。任何一对拥有一个性情乖戾的孩子的父母，都可以证实这一点。

思考题

1.如果人们生产像住房服务和健康这样的服务供自己消费，我们该如何在之前所提到的效用最大化模型中对这些产品进行定价？

2.一个拥有一个以上成年人的家庭将如何分配每个人的家庭生产时间与市场工作时间？

6.2 边际产量

对于投入和产出的关系，我们首先可能会问的问题是，在生产过程中，增加一单位某种投入能增加多少产量。边际实物产量，或者更简单地说，一种投入的**边际产量**（marginal product），是在保持其他投入不变时，增加一单位该种投入所带来的产量的增量。具体到我们所讨论的资本和劳动这两种投入，劳动的边际产量（MP_L）是在保持资本投入不变时，增加一单位劳动投入所带来的产量的增量。类似地，资本的边际产量（MP_K）是在保持劳动力数量不变时，增加一单位机器设备的投入所带来的产量增量。

我们可以用一个例子来解释这些概念。假设一个农场主多雇用了一个人来收割农作物，与此同时其他投入保持不变，那么，这个人所带来的额外产量就是劳动的边际产量。它用实物数量度量，就是多少蒲式耳小麦、多少箱橘子、多少根莴苣。例如，在一片橘树林中，25 个工人一周可以采摘 10 000 箱橘子，而在橘树和机器设备的数量不变的情况下，26 个工人一周可以采摘 10 200 箱橘子，那么第 26 个工人的劳动边际产量就是每周 200 箱橘子。

6.2.1 边际产量递减

我们或许可以认为，一种投入的边际产量取决于这种投入的使用量。例如，当橘树、机器设备、肥料等要素的数量不变时，采摘橘子的工人数量不能无限制地增加，否则最终将使生产率下降。如图 6-1 所示，图（a）表示的是在资本投入不变时，每周的产量与该周的劳动投入之间的关系。刚开始，新增劳动力可以使产量显著增长，但是随着劳动力数量的增加，固定数量的资本被过度利用，产量的增加值递减。图 6-1（a）中的凹形总产量曲线体现了边际产量递减的经济学原理。

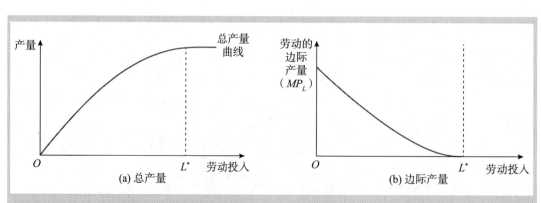

图 6-1　在保持其他投入不变时，产量与劳动投入之间的关系

图（a）表示在保持其他条件不变时，产量与劳动投入之间的关系。图（b）表示劳动的边际产量，即图（a）中曲线的斜率。随着劳动投入的增加，MP_L 递减，并且在 L^* 处为零。

6

6.2.2 边际产量曲线

边际产量的几何解释是很直观的，如图 6 - 1（a）中总产量曲线的斜率。① 该曲线的斜率递减体现了边际产量递减。当劳动投入达到较大值时，总产量曲线十分平坦，继续增加劳动，产量的增加甚微。图 6 - 1（b）用劳动的边际产量曲线直接表示总产量曲线的斜率。最初，MP_L 较高，因为增加劳动投入，产量显著增长。然而，随着劳动投入的增大，MP_L 递减。在 L^* 处，额外的劳动投入将不再增加总产量。例如，50 个工人每周可以采摘 12 000 箱橘子，但在橘树和机器设备的数量不变的情况下，第 51 个工人却不能带来额外的采摘量。因为这片橘树林已经过于拥挤，所以新增工人的边际产量为零。

6.2.3 平均产量

人们在谈论劳动生产率时，往往不会想到经济学家所使用的边际产量的概念，而更愿意使用"人均产量"来进行度量。在橘树林的例子中，当有 25 个工人时，人均产量为每周 400（＝10 000÷25）箱橘子；当有 50 个工人时，人均产量减少至每周 240（＝12 000÷50）箱橘子。每个新增工人的边际产量递减，因此人均产量也是减少的。然而应该注意的是，人均产量的数值会对人们产生误导。当有 25 个工人时，人均产量为每周 400 箱橘子，但是新增加的第 26 个工人却只能带来每周 200 箱的产量增量。当有 50 个工人时，尽管人均产量仍达到了每周 240 箱，但新增工人却不能带来产量的增加。② 因为大多数经济学分析包括了在给定的生产情况下增加或减少少量的某种投入的问题，所以边际产量显然是一个更为重要的概念。如果不能准确地反映边际的概念，人均产量（即"平均产量"）的数值将具有一定的误导性。

6.2.4 评价边际产量的概念

由于边际产量的概念是在其他条件不变的假设下提出的，因此它在很多情况下难以应用。当我们用橘树林中增加一个工人这样的例子来解释这个概念时，必须假定其他投入和企业的技术水平固定不变。但

？ 小测验 6.1

平均产量和边际产量可以直接由生产函数推导得出。在以下两种情形中，讨论随着劳动投入的增加，这两个值将如何变化。解释这两种情形为什么会不一样。

情形 1：收获的苹果数量（q）由雇用的劳动时间（L）决定：$q=10+50L$。

情形 2：擦拭的书的数量（q）由所花费的擦拭时间（L）决定：$q=-10+5L$。

① MP_L 的数学定义是生产函数关于 L 的导数，其中 K 固定不变，因此 MP_L 是生产函数的偏导数。

② 人均产量的几何表示为图 6 - 1（a）中总产量曲线上某一点与原点连线的斜率。由于总产量曲线是凹形曲线，此处斜率同样随着劳动投入的增加而减小。然而，与劳动的边际产量不同，在企业生产某种正产出的一般情况下，平均生产率永远不会达到零。

是在真实世界中，这并非新增工作可能发生的方式。雇用额外劳动力很可能会需要同时增加机器设备（梯子、货箱、拖拉机等）。从更宽泛的角度来看，雇用额外劳动力可能意味着开辟新的橘树林，并采用新的生产方法。这种情况违背了边际产量定义中其他条件不变的假设，并且我们所看到的 q 和 L 的组合将会出现在多条不同的边际产量曲线上。因此，更为普遍的做法是研究某种产品的整个生产函数，我们利用边际产量的概念来帮助我们理解整个生产函数。"**应用 6.2：美国汽车制造商从日本汽车制造商那里学到了什么？**"为我们提供了一个实例，来说明为什么这种整体视角是必需的。

6

应用 6.2

美国汽车制造商从日本汽车制造商那里学到了什么？

美国汽车制造业的平均劳动产量在 1980—1995 年大幅增长。1980 年美国汽车制造业的每个工人每年平均能生产 40 辆汽车。15 年后，这个数值增加了 50%，达到了 60 辆。对于这种增长模式的一个有趣的解释是，20 世纪 80 年代早期日本汽车制造商进入美国市场后，刺激所有企业提高了产量。1983—1986 年，本田、日产和丰田都在美国开设了自己的汽车装配厂。这些企业带来了过去 20 年间在日本发展并成熟起来的汽车制造工艺。美国的汽车企业看起来对这些工艺非常感兴趣。

精益技术的发展

在 20 世纪初，亨利·福特发明了汽车装配流水线，标准化的工作任务和专业化分工为汽车制造商节约了大量成本。底特律正是因为使用了这种大规模生产技术而成了汽车制造业的世界领军者。

而日本进入汽车制造领域相对较晚，一直到 20 世纪 60 年代早期，才实现大规模生产。因为当时的日本尚处于第二次世界大战后的恢复期，企业不得不使用资本节约并且灵活性较强的生产技术。尽管采用这种精益装配方式只是迫于当时的条件，但它最终被证明是汽车制造业的一大进步。由于机器设备和工人都更具灵活性，在同一条装配线上生产不同型号的汽车和复杂的配件组合变得更容易了。另外，与大规模生产的装配线相比，精益装配技术使得企业能够更好地利用新兴的数字与计算机控制技术。一些经济学家认为，20 世纪 80 年代早期，日本的汽车装配产量比美国高出 30%。

学习日本技术

日本汽车制造商打进美国市场这一举措促使美国汽车制造业进行了重大改革。美国人开始反思过去 50 年一成不变的生产技术。在这之后新建的汽车装配厂大都开始采用精益技术（以及其他日本创新技术，比如减少零部件存货等）。已经存在的企业则开始加速向更加灵活的日本模式转变。据估计，十年间多达一半的大规模装配线都转而采用了日本模式的精益技术。[a]而汽车制造业劳动生产率的提高主要是因为采用了新的装配技术以及其他一些先进的生产方式。

劳资关系实践

除了这些生产技术上的差异外，一些人认为美国与日本汽车企业在劳资关系上的不同也是造成产量差异的原因之一。大多数日本工会属于特定的企业，然而美国的汽车企业与工会工人却往往是互相对抗的关系。另外，大多数日本工人可以确保不被解雇并在年终获得数量可观的奖金。所有的这些区别都使得日本工人对其所在企业的忠诚度要远高于美国工人对其所在企业的忠诚度。从设在美国的丰田与本田的装配厂得到的信息表明，工人的这种忠诚度能够减少劳动力流失，并且增强工人工作的积极性。然而，由于两国间文化的差异，通过比较两国工人的行为来量化这种影响的程度，却是很困难的一件事情。

思考题

1. 为什么美国的汽车制造商花了这么长的时间才开始使用日本的生产技术？为什么它们没有在这之前，比如 20 世纪 70 年代，就去访问日本，并把所了解到的生产技术带回国内？为什么一直到日本的汽车装配厂进入美国，这才激发了美国汽车制造业的转变？

2. 如果日本所实行的劳资关系对提高汽车企业的效率有重要作用，那么为什么美国不采用日本的这种模式？

a. J. van Biesebroeck, "Productivity Dynamics with Technological Choice: An Application to Automobile Assembly," *Review of Economic Studies* (January 2003): 167-198.

6.3 等产量曲线

为了在二维图表中展示完整的生产函数，我们需要使用**等产量图**（isoquant map）。我们再次使用 $q = f(K, L)$ 形式的生产函数进行研究，并认为资本和劳动恰巧是我们感兴趣的两种投入的代表。我们使用**等产量曲线**（isoquant，源自希腊语 iso，意为"相等"）表示生产既定数量产量时资本和劳动的不同组合。例如，落在图 6-2 中 $q = 10$ 曲线上的 K 和 L 的所有组合每期都能生产 10 单位产量。这条等产量曲线记录了生产 10 单位产量的许多可供选择的方案。A 点表示其中一种组合方法，即企业可以使用 L_A 和 K_A 生产 10 单位产量。但企业也可能更倾向于使用相对较少的资本与较多的劳动，因而选择像 B 这样的点。和无差异曲线表示许多不同的产品组合可以实现相同的效用一样，此处的等产量曲线表示企业可以用很多不同的生产方法来实现 10 单位产量。

在 K-L 平面上有无穷多条等产量曲线。每条等产量曲线均代表不同的产量水平。增加任何一种投入都会使产量增加，因此越往东北方向的等产量曲线所代表的产量水平越高。图 6-2 中还有其他两条等产量曲线（$q = 20$ 和 $q = 30$），它们也表示可以生产相应产量的投入组合。你可能会注意到等产量图和我们在第 2 篇中讨论的无差异曲线图有相似之处，它们都是特定函数的"等高线图"。但与无差异曲线图不同的是，等产量图中曲线的标记是可以测度的（10 单位产量具有确定的数量含义）。因此，跟考察效用函数的形状相比，经济学家更热衷于研究生产函数的具体形状。

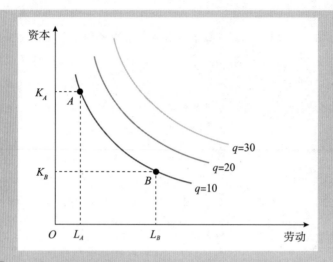

图 6-2 等产量图

等产量曲线表示生产既定水平的产量时，可供选择的不同投入组合。这些曲线的斜率表示在产量水平不变时，L 替代 K 的比率。负的斜率被称为边际技术替代率（RTS）。在图中，边际技术替代率为正，并且随着劳动投入的增加而递减。

6.3.1 边际技术替代率

等产量曲线的斜率表示当产量不变时，一种投入如何替代另一种投入。通过对斜率进行考察，我们可以得到关于劳动替代资本的技术可能性的一些信息，而这对于企业来说是相当重要的。等产量曲线的斜率（或者更恰当地说，是它的负数）被称为劳动对资本的边际技术替代率。在通常情况下，"边际"一词会被省略，而将该术语简称为**技术替代率**（rate of technical substitution，RTS）。更确切地说，边际技术替代率是指在保持产量水平不变时，增加一单位劳动投入所能替代的资本投入。在数学上，可表示为

$$边际技术替代率（劳动对资本）=（L \text{ 对 } K \text{ 的}）RTS$$
$$=-等产量曲线的斜率$$
$$=-\frac{资本投入变化量}{劳动投入变化量} \quad (6.3)$$

在这个定义中，所有变化量都基于产量（q）不变的前提。替代率的具体数值不仅取决于产量水平，还取决于资本和劳动的使用量，其具体数值取决于在等产量曲线上的哪一点对斜率进行度量。比如在图 6-2 中的 A 点，增加一单位劳动投入可以节省相对较多的资本，即 A 点的边际技术替代率是一个较大的正数。

而在 B 点，额外的一单位劳动投入只允许少量资本投入的减少，即边际技术替代率较小。

6.3.2 边际技术替代率和边际产量

我们可以使用边际技术替代率的概念得出企业等产量曲线的大致形状。很显然，边际技术替代率是正的，也就是说，每条等产量曲线的斜率都是负的。如果企业雇用的劳动力增加，它就可以减少资本投入来实现等量的产量。因为劳动的边际产量大都是正的，所以在劳动投入增加的同时，企业应该可以以较少的资本投入来实现等量的产量。如果劳动的增加确实需要企业投入更多的资本，这就意味着劳动的边际产量是负的，即投入对产量产生负效应，自然没有企业愿意做这样的投入决策。

注意到 L 对 K 的 RTS 等于劳动的边际产量与资本的边际产量的比值，我们就可以更正式地表示这个结果：

$$RTS(L \text{ 对 } K)=\frac{MP_L}{MP_K} \tag{6.4}$$

设想若 $MP_L=2$，$MP_K=1$，那么如果企业多雇用一个工人且保持资本投入不变，产量就会增加两单位。或者，企业可以在增加一个工人时减少两单位的资本投入，那么产量就会保持不变，因为额外的劳动投入使产量增加两单位，而减少的资本投入使产量减少两单位，因此，根据定义，边际技术替代率为两种投入边际产量的比值，等于 2。

现在利用方程（6.4）可以很明显地看出，如果 RTS 是负值，那么某种投入的边际产量也必定是负值。没有企业会愿意进行减少产量的投资。因此，至少在企业实际组织生产的那部分等产量曲线上，RTS 一定是正的（即等产量曲线的斜率为负）。

6.3.3 边际技术替代率递减

图 6-2 中的等产量曲线不仅斜率是负值（它们确实应该是这样的），并且是凸向原点的曲线。沿着任意一条曲线，边际技术替代率都是递减的。当 L 替代 K 的比率较高时，RTS 是较大的正值，意味着增加一单位劳动，就可以节省大量资本。另外，当已经使用了大量劳动时，RTS 很小，这意味着保持产量不变时，所追加的额外一单位劳动投入只能替代很少量的资本。从直观上来看，这样的形状是合理的：使

> **小测验 6.2**
>
> 用小铲子挖一个洞需要一个小时，用大铲子需要半个小时。
>
> 1. 铲子的尺寸对劳动时间的 RTS 是多少？
> 2. 当产量水平为"一个洞"时，等产量曲线是怎样的？如果一个工人用小铲子挖一半的洞，用大铲子挖另一半，他挖完一整个洞需要多少时间？

用的劳动越多（相对于资本），劳动在生产中替代资本的能力就越小。边际技术替代率递减，说明某种投入可能被过度使用。企业不会希望只使用劳动或者只使用机器设备来生产某一既定水平的产量。[1] 它们会选择更均衡的投入组合，使每一种投入都被使用。在第 7 章中，我们将具体学习如何选择最优的（即成本最小化的）投入组合。**"应用 6.3：工程学和经济学"** 阐释了如何从实际生产信息中得出等产量曲线。

应用 6.3

工程学和经济学

经济学家得到某种特定产品的生产函数的一种方法，是利用工程师提供的信息。图 1 体现了工程学的研究是如何被使用的。首先，假设工程师们开发了三种生产工艺来生产某种给定的产品。工艺 A 所使用的资本劳动比率大于工艺 B，工艺 B 的资本劳动比率又大于工艺 C。每一种生产工艺都可以通过重复基本的机械操作来按需要扩大生产。分别位于三条射线上的 a 点、b 点和 c 点代表着一个特定的产量水平 q_0。将这些点连接在一起，就得到了 q_0 的等产量曲线。每条射线都代表这样一种生产工艺，因此等产量曲线上位于射线之间的点表示将某两种技术结合并按一定比例共同使用。

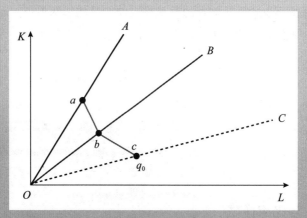

图 1　利用工程学数据构建等产量曲线

　　射线 A、B 和 C 表示三种不同的生产过程。a 点、b 点和 c 点表示每一种生产过程要实现 q_0 的产量所需的投入水平。q_0 的等产量曲线表示了这三种生产过程的不同组合。

---

[1]　以下是一个基于方程（6.4）的观点，虽然不一定正确，却有一定的指导意义。沿着等产量曲线，所使用的劳动增多，资本减少。假设每种要素的边际产量递减，我们可能认为 MP_L 减小（因为劳动数量增加），MP_K 增大（因为资本数量减少）。最终，$RTS\left(=\dfrac{MP_L}{MP_K}\right)$ 减小。这种观点的问题在于两种投入同时发生改变。一种投入的边际产量的定义要求其他所有投入保持不变，因此，当两种投入都发生改变时，就不能轻易地对边际产量下结论。

太阳能加热生活用水

上述方法被萨乌（G. T. Sav）用于检测利用屋顶的太阳能收集器"制造"家用热水的生产过程。[a] 太阳能系统需要备用加热器以应对没有阳光的时期，所以萨乌对如何将这两个过程综合在一起特别感兴趣。他利用太阳能收集器与备用加热器的工程学数据得到了等产量曲线，体现了燃料与太阳能设备之间的权衡取舍关系。他发现在美国的不同地区，等产量曲线也不一样，因为太阳能收集器的产量明显依赖于不同地区的日照时间和强度。在亚利桑那州十分高效的太阳能收集器到了经常阴云密布的新英格兰地区就可能变得毫无用处。

测量效率

图 1 中显示的工程学等产量图的一个有趣应用是评价一家企业（或者整个经济体）是否以技术有效的方式进行运营。如果使用位于等产量曲线 abc 西北的投入组合来生产产量 q_0，那么我们能得出这样一个结论，即这家企业这时的技术效率不如它可获得工程数据时。举例来说，索非奥（Zofio）和普列托（Prieto）使用这一方法研究加拿大、丹麦和英国经济体各个部门的相对效率。[b] 他们得到这样一个结论，即加拿大和英国两个国家所生产的服务是相对无效的，而在丹麦建筑服务则是非常无效的。在作者的模型中，移向有效的工程学等产量曲线的潜在节约资金是相当大的，在某些情形下甚至相当于 GDP 的 5%。

政策挑战

在过去 30 年里，政府为安装诸如太阳能收集器或者风力发电机等替代性能源装置提供了各种各样的激励。在许多情形当中，这些激励能够减少人们掏钱购买这样的设备的成本，使成本降至不到实际市场价格的三分之一。这些补贴对于诸如替代性技术的采用会产生怎样的效应？它是否为培育这些替代性装置的一种好方向？一种受到补贴的具体技术是否会影响人们选择图 1 所描述的有效技术？这一事实究竟是怎样的？

a. G. T. Sav, "The Engineering Approach to Production Functions Revisited: An Application to Solar Processes," *The Journal of Industrial Economics* (September 1984): 21-35.

b. Jose L. Zofio and Angel M. Prieto, "Measuring Productive Inefficiency in Input-Output Models by Means of Data Envelopment Analysis," *International Review of Applied Economics* (September 2007): 519-537.

6.4　规模报酬

因为生产函数代表了企业的实际生产方式，所以经济学家对其形式格外关注。企业生产函数的形状和性质非常重要，原因表现在很多方面。企业可以利用这些信息决定如何将研究经费最优地配置到技术改进中。又或者，公共政策制定者可以通过研究生产函数的形式来论证禁止超大规模企业的法律会损害经济效率。在这一节，我们将引进一些术语来帮助我们研究这些问题。

6.4.1 亚当·斯密与规模报酬

关于生产函数，我们首先可能会提到的一个重要问题是，若所有投入都增加，产量会如何变化。例如，假设所有投入都增加一倍，产量会增加一倍吗？或许两者之间的关系并非如此简单？这是一个由生产函数表现出来的关于**规模报酬（或规模收益）**（returns to scale）的问题，也是自亚当·斯密在 18 世纪详细研究过大头针的生产后，经济学家一直很感兴趣的问题。斯密认为如果所有投入都增加一倍（规模增大一倍），会有两种力量起作用。首先，规模增大一倍将导致更细致的劳动分工。工人不同的技能引发了斯密的兴趣。他们有的负责制作大头针的针头，有的负责削尖针尖，有的负责将这两者焊接在一起。他认为这种更细致的专业化分工将使效率提高，即产量增加超过一倍。

然而，斯密并不认为这种大规模生产的优势能无限地扩大。他认识到如果规模急剧增大，可能会引发大规模企业在管理监督上的低效率。生产过程中众多的管理层级和专业工人，可能使更多生产的协调计划变得更加难以执行。

6.4.2 精确定义

两种力量中哪一种更重要，这是一个经验问题。为了研究这个问题，经济学家需要对规模报酬做出更精确的定义。如果所有投入增加一倍，产量也正好增加一倍，那么生产函数的规模报酬不变。如果所有投入增加一倍，产量的增加小于一倍，那么生产函数的规模报酬递减。如果所有投入增加一倍，产量的增加大于一倍，那么生产函数的规模报酬递增。

6.4.3 图形解释

上述可能性可以通过图 6-3 中的三个图形来表示。每个图都包括了 $q=10$、$q=20$、$q=30$ 和 $q=40$ 的等产量曲线以及一条标记为 A 的射线（表示资本和劳动投入的均匀增长）。图（a）表现了规模报酬不变的情形。资本和劳动投入分别从 1 增加到 2，从 2 增加到 3，再从 3 增加到 4，产量同比例增加，即产量和投入的变动一致。在图（b）中，通过比较可以发现，随着产量的增加，等产量曲线之间的间距越来越大。这是规模报酬递减的情况，投入的增加没有引起产量的同比例增加。比如，资本和劳动投入同时增加一倍，即从 1 增加到 2，不足以使产量从 10 增加到 20。要使产量增加一倍，就需要投入的增加大于一倍。最后，图（c）表现的是规模报酬递增的情况。在这种情况下，随着产量的增加，等产量曲线之间的间距越来越小，即投入增加一倍将使产量的增加大于一倍。此时大规模生产就会显得比较有效。

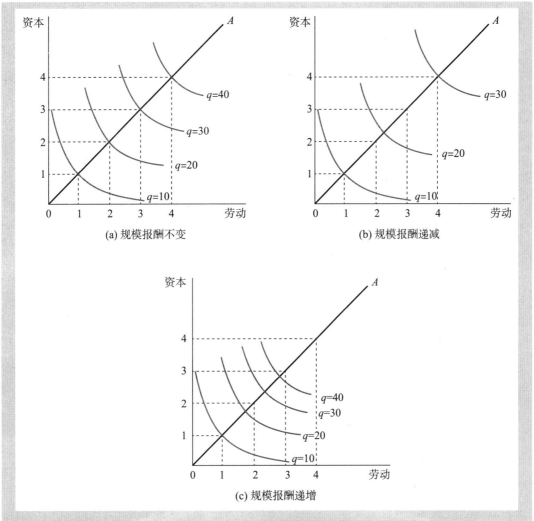

图 6-3 通过等产量曲线阐释规模报酬不变、规模报酬递减和规模报酬递增的情形

图（a）中，投入的增加导致了产量的同比例增加，表现出规模报酬不变。图（b）中，投入的增加导致了产量以相对更小的比例增加，这体现了规模报酬递减。图（c）中，产量增加比例大于投入增加比例，这体现了规模报酬递增。

　　实际中，规模经济的类型可能会是这些简单例子的复杂组合。一个生产函数可能在某些产量水平上规模报酬递增，在其他产量水平上规模报酬递减。或者，一种产品生产在某些方面会表现出规模经济，而在另一些方面却不会。例如，计算机芯片的生产可以是高度自动化的，但是将芯片组装成电子元件的过程就很难实现自动化，并且几乎不表现出所谓的规模经济。"**应用 6.4：酒类行业的规模报酬**"就是表现出类似的复杂可能性的例子。本章末的习题 6.7 和习题 6.8，阐释了如何利用一个简单的数学方程——柯布-道格拉斯生产函数——来解释规模报酬的概念。这种形式的生产函数（或者它的一般简单形式）被广泛应用于多个行业的生产研究。

酒类行业的规模报酬

无论是在美国还是在其他地方，规模报酬在啤酒和葡萄酒这两个酒类行业的发展中都发挥着重要作用。一般来讲，由于这两个酒类行业的生产方法受到布局的影响，因而它们都表现出规模报酬递增的特征。因为这两种饮料都是按体积生产的，而生产过程包含的资本（酿酒罐、贮酒桶等）的成本是与其表面积成比例的，所以更大规模的企业能明显地节约成本。当然，啤酒与葡萄酒在所使用的原材料性质（与啤酒的成分相比，葡萄的品质更易变）和需求方面存在差异，这使得两个行业的发展明显不同。

啤酒生产的集中度加大

在第二次世界大战之前，由于高昂的运输成本，啤酒一般都在本地生产。大多数大型城市拥有三家或以上的啤酒厂。战后，啤酒运输业的发展以及主要品牌在全国范围内的电视营销，造成了啤酒厂数量的急剧下降。从 1945 年到 20 世纪 80 年代中期，美国的啤酒企业数量至少减少了 90%——从之前的 450 家减少至 44 家。主要的啤酒制造者，比如安海斯布希、美乐和酷尔斯，通过在全国各地建造超大型啤酒厂（每家企业每年生产超过 400 万桶啤酒）的方式发挥了规模经济的优势。而百威就是以这种方式占据着整个行业 1/3 以上的产量，从而成了全世界销量最大的啤酒销售商。

产品差异与小型啤酒厂

主要啤酒企业的扩张也使得它们在市场渗透中留下了一个明显的漏洞——高价优质啤酒品牌的缺位。从 20 世纪 80 年代开始，像铁锚酒厂（Anchor，旧金山）、红湖酒厂（Redhook，西雅图）以及三姆酒厂（Sam Adams，波士顿）这样的企业开始大量生产优质啤酒。它们发现，一些啤酒消费者愿意为这些啤酒支付更高的价格，而这有助于减轻由于小规模生产而造成的高额成本问题。20 世纪 90 年代，更小规模的经营者数量开始激增。不久之后，甚至是小镇都有了自己的啤酒厂。类似的经历，在英国的"真麦酒"运动中也发生过。当然，全国性的啤酒企业因为其低廉的成本，仍然占有着重要的市场份额。

葡萄酒——产品差异极端化

尽管葡萄酒的生产也可以像啤酒的生产一样，利用规模经济和全国性市场的优势使生产集中化，但是事实却不是这样。部分原因可以从生产技术上得到解释。虽然大规模生产在成本上具有优势，但是如何保持大批产品的品质，却一直是困扰葡萄酒生产者的难题。大多数生产中出现的问题，都是由葡萄的品质差异很大所致。比如，精确到诸如葡萄采摘的时间、降雨量以及生长的土壤性质等因素，都会导致葡萄的品质存在很大差异。将不同地区的葡萄混合在一起，这在技术上是很困难的，因为这样做往往会导致所生产的葡萄酒只能达到最低品质。

　　大规模葡萄酒生产的这些困难所造成的影响会由于葡萄酒需求的性质而加剧。因为葡萄酒有相对较高的需求收入弹性，大多数葡萄酒为中等收入以上的人所购买。这些消费者很重视产品的选择，他们愿意为高品质的产品支付更多的价格。相比之下，对于大量生产的低质葡萄酒而言，其需求就不那么明显了。这些结论，正好印证了亚当·斯密在《国富论》中的结论：劳动分工（即规模经济）受市场范围的限制。[a]

思考题

　　1. 运输成本如何对实现啤酒生产的规模报酬产生影响？一家大型啤酒生产商可能会怎样决定最优的酒厂数量？

　　2. 根据美国最高法院在 2005 年的决定，限制各州通过互联网销售葡萄酒的法规被大大放宽了。你认为这会对葡萄酒产业的集中产生怎样的影响？

　　a. 关于啤酒与葡萄酒生产技术（以及其他酒精饮料的信息）的讨论，参见 Y. Xia, S. Buccola, "Factor Use and Productivity Change in the Alcoholic Beverage Industries," *Southern Economic Journal* (July 2003)：93-109。

6.5　要素替代

　　生产函数的另一重要特征是劳动替代资本的难易程度，或者更一般地讲，是一种投入如何替代另一种投入。这个特征主要由一条独立的等产量曲线的形状决定。我们已经假设为了实现某一给定的产量水平，可以有多种不同的投入组合，也就是说，企业可以在保持产量不变的情况下用劳动替代资本。当然，实现这种替代的难易程度可能不同。在一些情形下，面对经济环境的变化，替代可以极其简便地实现。比如，为应对矿工工资上涨，矿主可能会发现，自动化是相对廉价的经营之法。而在另一些情形下，企业可以选择的投入组合则相当有限。歌剧业的生产者很难用资本（舞台布景）来替代劳动（歌唱家）。经济学家可以很严格地测度替代程度，但是对于我们来说，这有点跑题了。[①] 我们可以考察一个无法实现投入替代的特例，它体现了经济学家所发现的一些投入替代方面的难题。

6.5.1　固定投入比例的生产函数

　　图 6-4 展示了一个无法实现投入替代的例子，它和我们目前为止所看到的例子明显不同。该生产函数的等产量曲线是 L 形的，表明企业必须以某个完全固定的比例使用资本和劳动。例如，每台机器需要某个固定不变数量的工人进行操作。如果企业使用了 K_1 台机器，就需要 L_1 个工人来实现 q_1 的产量水平。一方面，保持

---

　　① 正式地讲，投入替代的难易程度是用替代弹性来测度的。替代弹性是沿着等产量曲线，相对于 RTS 变化的比例，K/L 发生变化的比例。对于固定投入比例的生产函数而言，替代弹性为 0，因为在等产量曲线的顶点，K/L 不发生变化。

机器数量 K_1 不变，雇用更多的工人（超过 L_1）并不能增加产量。这一点可以从图中看出。在（L_1，K_1）点的右侧，产量为 q_1 的等产量曲线是水平的，即当劳动投入大于 L_1 时，劳动的边际产量是 0。而另一方面，减少工人的数量会导致机器设备的过剩。例如，如果企业只雇用 L_0 个工人，就只能生产 q_0 的产量，并且只需要 K_0 台机器。因此，当企业只雇用 L_0 个工人时，就有 K_1-K_0 台机器是过剩的。

如图 6-4 所示的等产量曲线对应的生产函数被称为**固定投入比例的生产函数**（fixed-proportions production function）。当企业沿着穿过各条等产量曲线顶点的射线 A 选择 K 和 L 的组合时，这两种投入都能被充分利用。如果减少某种投入不会减少产量，则此时这种投入过剩了。以固定投入比例的生产函数来生产的企业如果希望扩大产量，就必须同时增加所有投入，以避免任何一种投入出现过剩的情形。

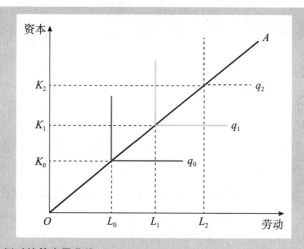

图 6-4　固定投入比例时的等产量曲线

这一等产量曲线表明了替代是不可能的。要是资本与劳动均没有过剩，这两种投入就必须以固定的比例被使用。例如，如果使用了 K_1 台机器，那么所使用的劳动就应为 L_1；如果所使用的劳动为 L_2，就会存在多余的劳动，因为在既定数量的机器下，产量 q_1 并不会增加；或者，如果所使用的劳动为 L_0，那么将有 K_1-K_0 台机器是过剩的。

在实际生产技术研究中，固定投入比例的生产函数的应用范围很广。例如，许多机器需要一定数量的工人才能进行操作，任何额外的工人都是多余的。考虑使用资本和劳动修剪草坪的情况。为实现某一产量，一台割草机需要一个人来操作，一个人也只能操作一台割草机。只有以某个固定的比例增加生产过程中资本和劳动的投入，才能实现产量的扩大（即在同一时间内，修剪更多的草坪）。许多生产函数可能都是这种类型的，并且固定投入比例的模型适用于许多情形中的生产计划。[①]

①　割草机的例子体现了另一种重要的可能性。如果有选择割草机型号的余地，那么从大剪刀到巨型割草机之间的任何一种设备都有可能被购买。因此，在实际购买之前，资本劳动比率可以被视为变量。但是一旦购买了割草机，资本劳动比率就固定下来了。

6.5.2　关于投入替代能力

经济学家十分关心一种投入替代另一种投入的难易程度。不同行业对于生产投入的变化能力的适应度不同，经济学家可以利用等产量图的形状来研究这种适应性变化的相对难易程度。例如，20 世纪 70 年代晚期，能源价格快速上涨，这使得许多行业开始采用能源节约型机器设备。对于这些企业而言，因为适应了新的环境，它们的成本并没有快速增加。而不能做出这种替代的企业，则面临生产成本的大幅增

？　小测验 6.3

假设洋葱的生产函数为 $q = 100K + 50L$，q 表示每小时的洋葱生产量，K 表示用于生产洋葱的土地量，L 表示每小时雇用的采摘洋葱的工人数量。

1. 该生产函数是表现出规模报酬递增、规模报酬不变还是规模报酬递减？

2. 从该生产函数的形式来看，L 对 K 的替代率是多少？

3. 为什么该生产函数很可能不是一个合理的生产函数？请给出理由。

加，并且可能丧失竞争力。另外，过去 100 年间农业生产的巨大变化也是一个反映投入替代能力的例子。当农场主可以获得更好的农耕设备时，他们发现在保持产量不变时，用资本替代劳动成为可能。农业雇工量占劳动力数量的比例从过去的约 50% 减小到如今的不足 3%。离开农场的工人在其他行业找到了新的工作。这一事实也表明了这些行业能够在产品的生产方法上实现替代。

6.6　技术变迁

生产函数反映了企业关于如何利用投入进行生产的技术知识。当企业学会新的生产方式时，生产函数就发生了变化。旧的、过时的机器往往会被那些更有效率的、体现了更先进技术的机器所替代，这类技术进步常常发生。当工人们接受了更好的教育、掌握了专门的工作技能时，他们也成为技术进步的一部分。例如，在今天，钢铁的生产效率与 19 世纪时相比已经有了极大的提高，这不仅是因为鼓风炉与轧钢厂机器设备得到了改进，也是因为工人们接受了更好的技术培训。

生产函数的概念以及与之相关的等产量曲线是理解技术变迁的影响的重要工具。正式地讲，技术进步代表着生产函数的移动，如图 6-5 所示。图中，等产量曲线 q_0 概括了最初的技术知识状态。产量水平可以通过 (L_0, K_0) 或者其他可能的投入组合得以实现。随着新的生产技术的发现，等产量曲线 q_0 向原点移动，使用更少的投入即可实现相同水平的产量。例如，等产量曲线向内移动至 q_0'，使用等量的资本（K_0）以及更少的劳动（L_1）就能实现 q_0 的产量。选择像 A 这样的点，

甚至可以使用比原先都少的资本和劳动来实现同样的 q_0 产量。**技术进步**（technical progress）代表了投入的实际节省额以及生产成本的减少量（我们将在下一章中介绍）。

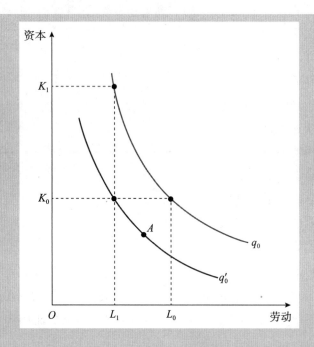

图 6-5 技术变迁

技术进步使等产量曲线从 q_0 移至 q_0'。先前需要 K_0、L_0 的组合来生产 q_0 的产量，现在在等量的资本下，只需要 L_1 单位的劳动。这种结果与资本-劳动替代的结果相反，后者为了生产 q_0 的产量，所需的劳动投入同样降至 L_1，但是更多的资本（K_1）投入被使用。

6.6.1 技术进步与投入替代

通过图 6-5，我们可以看到真正的技术进步与简单的资本-劳动替代之间的差别。通过技术进步，企业可以继续使用 K_0 的资本投入，但是只需要更少的劳动投入（L_1）来生产 q_0 的产量。单位劳动投入的产量从 q_0/L_0 上升到 q_0/L_1。但是即使没有技术进步，企业也可以通过使用 K_1 单位的资本投入来实现更少的劳动投入。这种资本对劳动的替代同样会使劳动的平均产量从 q_0/L_0 上升到 q_0/L_1。然而，这种增长并不意味着产品生产中的任何实际进步。在研究生产率数据特别是人均产量的数据时，我们必须仔细区分真正的技术进步与资本对劳动的替代。

6.6.2 多要素生产率

因此，为准确地测度技术变迁，我们需要注意到进入生产函数的所有投入要素。正如图 6-5 所清楚显示的，为了做到这一点，我们需要知道生产函数的形式。基于这一认知，以下是我们可能进行的步骤。假设我们知道一家企业，比方说在

2005 年和 2010 年使用多少资本和劳动。可以分别用 K^{05}、L^{05}、K^{10}、L^{10} 表示，并用 f 表示 2005 年的生产函数。现在能够用这样一个生产函数预测产出的变化，即

$$\Delta q^{预测的} = f(K^{10}, L^{10}) - f(K^{05}, L^{05}) \tag{6.5}$$

如果 2005 年和 2010 年的实际产出变化是 $\Delta q^{实际的} = q^{10} - q^{05}$，那么我们能够定义多因素生产率变化如下：

$$技术变迁 = \Delta q^{实际的} - \Delta q^{预测的} \tag{6.6}$$

举例来说，假定 2005 年的实际产量是 100，2010 年增加至 120，但是使用实际投入水平将会预测产量只会从 100 增加至 110，那么我们能够说多要素生产率收益必须拥有 10 单位额外的产量。把这个产量换算成每年百分比的形式，数字将表明多要素生产率在这一时期每年增加 2%。

近年来，政府统计部门已经在测度这一多要素生产率方面取得明显进步，主要是因为它们能够更好地测度投入的资本。结果表明劳动生产率和多要素生产率之间的区别是相当重要的。举例来说，在 1990—2010 年间，美国制造业的人均产出每年以非常可观的接近 4% 的比率增加[①]，而多要素生产率的预估增长率则不超过每年 2%。对于许多发达经济体来说，也发现了类似的区别。习题 6.10 所描述的柯布-道格拉斯生产函数是得到这一计算结果所使用的数学公式。"**应用 6.5：发现计算机革命**"表明仔细地测度产出变化会怎样有助于消除采用新技术对经济体的影响。

应用 6.5

发现计算机革命

经济学家已集中精力研究过去 50 年的生产率趋势，试图找出可能有助于改善生产率的因素。在这一研究当中的一个最大的谜团是，在计算机已在美国经济中更加普及的时候，生产率增长看起来却下滑了。表 1 显示了 1959—1973 年的这一悖论，年均劳动生产率以每年近 3% 的速度增长，全要素生产率每年增长超过 1%。然而，在接下来的 20 年间，这两种生产率的增长明显放缓。这一发现的奇怪之处在于，这 20 年是以计算机快速引进几乎经济的所有领域为特征的。据推测，这些行动本应该提高生产率。由于无法发现任何这样的影响，著名增长理论学家罗伯特·索洛打趣说，"你可以在任何地方看到计算机时代，唯独不能够在生产率的统计数据中看到计算机时代。"[a]

[①]　与 2007—2009 年大衰退相关的严重经济下滑使得这些生产统计数字有时很难解释。经济下滑会扭曲生产率图形，因为产出和资本的利用在衰退一开始时就迅速下降，而一旦开始复苏则迅速上升。测度 20 年时期的变化在某种程度上有助于平滑经济周期的波动。

表 1　1959—2006 年美国生产率增长（年均增长率，%）

	1959—1973 年	1973—1995 年	1995—2000 年	2000—2006 年
年均劳动生产率	2.82	1.49	2.70	2.50
全要素生产率	1.14	0.39	1.00	0.92
来自信息技术的全要素生产率	0.09	0.25	0.58	0.38

资料来源：Dale W. Jorgenson, Mun S. Ho, and Kevin J. Stiroh, "A Retrospective Look at the U. S. Productivity Growth Resurgence." *Journal of Economic Perspectives* (Winter 2008): 3-24.

最终，计算机出现了

在 1995 年后，美国经济体的生产率绩效明显改善，而它正是计算机开始引起的效应。如表 1 所示，在 1995—2000 年，年均劳动生产率以 2.7% 的速度增长，全要素生产率的增长率几乎恢复到它早期的水平。这一改善的主要原因是表 1 中的最后一行，它表明了全要素生产率收益的提高在信息技术生产产业（计算机、电信和软件）中的重要性。在 1995 年之前，这些产业对于每年生产率增长率的贡献最多是 0.25 个百分点。但是在 1995 年之后该数字翻了两倍多。能够解释这一增长的两个因素是：（1）计算机相关设备价格的快速下降；（2）信息技术产业对这些设备的大量投资。直至 20 世纪 90 年代末，这样一个趋势才大到足以出现于总体统计数据当中。

这一趋势是否会持续？

表 1 也表明计算机技术对生产率增长的贡献在 21 世纪可能有所下降。这一下降究竟只是长期上涨趋势的一个暂时现象，还是计算机对工作场所生产率的影响已经大体终结的一个信号，不同经济学家对此有很大争议。当然，如果计算机投入最终面临生产的报酬递减，那么它并不出人意料。重大的新技术进步是否会扭转这一下降趋势，目前还不确定。

思考题

1.计算机技术是怎样提高生产率的？你怎样用一个生产函数来表明这一点？

2.在由计算机引起的生产率增长中谁获益？你将怎样测度这些收益？

a. In *The New York Times Book Review*, July 12, 1987, p.36.

6.7　一个数值例子

我们可以通过一个具体数值例子来进一步理解生产函数的性质。尽管这个例子明显不是真实的（然而我们希望它是比较有趣的），但是它确实反映了真实世界中研究生产的方式。

6.7.1 生产函数

假设我们具体研究快餐连锁店汉堡包天堂（HH）的生产过程。连锁店的每个经销商的生产函数为

$$\text{每小时生产的汉堡包数量} = q = 10\sqrt{KL} \qquad (6.7)$$

式中，K 代表使用的烤架的数量，L 代表每小时雇用的工人数量。这个生产函数的一个性质是它表现出规模报酬不变的特征。[①] 在表 6-1 中，K 与 L 的投入水平从 1 上升至 10 的过程表现出了这一性质。随着工人和烤架数量的同时增长，每小时的汉堡包产量也按相同的比例增加。为了增加汉堡包的供应量，汉堡包天堂必须不断地重复其烹调技术。

表 6-1 汉堡包生产表现出规模报酬不变的特征

烤架（K，个）	工人（L，个）	每小时生产的汉堡包数量（个）
1	1	10
2	2	20
3	3	30
4	4	40
5	5	50
6	6	60
7	7	70
8	8	80
9	9	90
10	10	100

资料来源：式（6.7）。

6.7.2 平均产量与边际产量

为了表示出汉堡包天堂的劳动生产率，我们必须保持资本不变，只改变劳动投入。假设汉堡包天堂拥有 4 个烤架（设 $K=4$，便于开方运算）。此时的生产函数为

$$q = 10\sqrt{4 \cdot L} = 20\sqrt{L} \qquad (6.8)$$

式（6.8）提供了产量与劳动投入之间的简单关系。表 6-2 表达出了这种关系。表中有两点值得注意：第一，单位工人产量随着工人数量的增加而减小。这是因为在 K 不变的情况下，更多的工人使得工作环境越来越拥挤。第二，单位工人

---

① 这个生产函数也可以写成 $q = 10K^{1/2}L^{1/2}$，它是一个规模报酬不变的柯布-道格拉斯函数（指数之和为 1）。见习题 6.7。

的边际产量也在减小。雇用更多的工人降低了单位工人的产量，因为在既定的资本投入下，边际产量递减。尽管在 K 与 L 同时变化时，汉堡包天堂的生产表现出规模报酬不变，但是当控制一种投入不变时，预期的平均产量与边际产量均下降。

表 6-2 设有 4 个烤架时的总产量、平均产量与边际产量

烤架（K，个）	工人（L，个）	每小时生产的汉堡包数量（q，个）	q/L（个）	MP_L（个）
4	1	20.0	20.0	—
4	2	28.3	14.1	8.3
4	3	34.6	11.5	6.3
4	4	40.0	10.0	5.4
4	5	44.7	8.9	4.7
4	6	49.0	8.2	4.3
4	7	52.9	7.6	3.9
4	8	56.6	7.1	3.7
4	9	60.0	6.7	3.4
4	10	63.2	6.3	3.2

资料来源：式 (6.7)。

6.7.3 等产量曲线

等产量曲线能最贴切地显示出汉堡包天堂的整体生产技术。这里，我们只显示如何得出一条等产量曲线，其余等产量曲线可以通过完全一样的方法得到。假设汉堡包天堂希望每小时生产 40 个汉堡包，它的生产函数变为

$$q＝每小时 40 个汉堡包＝10\sqrt{KL} \tag{6.9}$$

或者变为

$$4＝\sqrt{KL} \tag{6.10}$$

或者变为

$$16＝K \cdot L \tag{6.11}$$

表 6-3 展现了符合这个方程的一些 K 与 L 的组合。显然，生产 40 个汉堡包的方法有很多，从少量的工人奔波于很多的烤架之间，到大量的工人聚集于有限的烤架周围都是可行的。图 6-6 中的等产量曲线 $q＝40$ 体现了所有可能的投入组合。其他等产量曲线的形状也完全相同，表明汉堡包天堂在实际选择生产方式时有很多可能的替代选择。

表 6 - 3　等产量曲线 q = 40 的结构

每小时生产的汉堡包数量（q，个）	烤架（K，个）	工人（L，个）
40	16.0	1
40	8.0	2
40	5.3	3
40	4.0	4
40	3.2	5
40	2.7	6
40	2.3	7
40	2.0	8
40	1.8	9
40	1.6	10

资料来源：式 (6.11)。

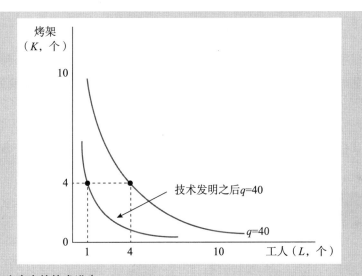

图 6 - 6　汉堡包生产中的技术进步

　　q = 40 的等产量曲线直接取自表 6 - 3。技术进步使等产量曲线向内移动。之前，每小时生产 40 个汉堡包需要 4 个工人与 4 个烤架。有了新的发明以后，只需要 1 个工人与 4 个烤架就能实现相同的产量。

6.7.4　技术替代率

　　沿着等产量曲线 q = 40 的技术替代率（L 对 K）也能够从表 6 - 3 中读到。举例来说，当工人从 3 个变动到 4 个时，汉堡包天堂的烤架需求从 5.3 个减少为 4.0 个。因而，技术替代率为

$$RTS = -\frac{\Delta K}{\Delta L} = -\frac{(4-5.3)}{4-3} = \frac{1.3}{1} = 1.3 \tag{6.12}$$

这一斜率显示了如果企业多雇用一个工人，那么它能够减少 1.3 个烤架，并且它可以将这一信息用于它的雇佣决策中。然而，如果企业已经雇用了许多人来生产 40 个汉堡包，那么这一计算就会很不一样。举例来说，当有 8 个工人时，雇用 9 个工人只能够减少 0.2 个烤架。正如我们将在下一章看到的，只有当烤架比工人还要稍微昂贵的时候，企业才会做出这样一个选择。

铭刻于心　技术替代率是一个斜率

学生有时会混淆等产量曲线的斜率和所使用投入的数量。我们考察技术替代率的理由在于技术替代率是研究投入水平变化（保持产量不变）的智慧。持续关注这个问题的一种方法是一直考察沿着等产量曲线的逆时针移动，每次只增加一单位劳动投入（在横轴上表示）。当我们这么做的时候，等产量曲线的斜率将会变化，并且这一权衡的变化率直接与企业的雇佣决策相关。

6.7.5　技术进步

汉堡包生产工艺技术进步的可能性也能在这个简单的例子中得到体现。假设一般工艺的发展导致了自动组装汉堡包设备的发明，于是生产函数变为

$$q = 20\sqrt{K \cdot L} \tag{6.13}$$

我们可以通过重新计算等产量曲线 $q = 40$ 来比较新的技术与过去盛行的技术：

小测验 6.4

考虑以下劳动生产率的技术变化，说明哪些是由技术进步引起的，哪些只是由简单的资本对劳动的替代引起的。如果不能确定，请说明原因。

1. 随着露天采矿技术的出现，单位工人的煤开采量增加。
2. 随着装配作业线的引进，单位工人生产的汽车增加。
3. 随着发电站的扩大，单位工人的电产量增加。
4. 随着微芯片生产技术的提高，计算机相关产品的产量增加。

$$q = 40 = 20\sqrt{KL} \tag{6.14}$$

或者

$$2 = \sqrt{KL} \tag{6.15}$$

或者

$$4 = KL \tag{6.16}$$

图 6-6 中的等产量曲线"技术发明之后 $q = 40$"体现了满足这个方程的 K 与 L 的所有组合。通过计算前后两种情况下单位工人每小时的产量可以看出新发明起到的作用。从图 6-6 中我们可以看出，使用旧的生产技术，每小时生产 40 个汉堡包，需要 4 个工人。平

均产量是每人每小时 10 个汉堡包。现在由于每个汉堡包能自动组装，每个工人每小时能生产 40 个汉堡包，平均产量为每人每小时 40 个汉堡包。这样的平均产量在旧的技术下也能实现，但却需要 16 个烤架，并且需要耗费更多的成本。

小　结

第 6 章主要阐述了经济学家如何将生产过程概念化。我们介绍了生产函数的概念，它表示投入与产出之间的关系，而且说明了如何用等产量曲线解释生产函数。在本章中，我们还分析了生产函数的其他一些性质：

● 任何投入的边际产量均是在保持其他投入不变时，增加一单位该投入量所带来的额外产量。随着投入的增加，该投入的边际产量下降。

● 为了实现给定的产量，企业可能使用的所有投入组合均可以用等产量曲线来表示。等产量曲线的斜率（负的）被称为边际技术替代率，它表示保持产量水平不变时，一种投入如何替代另一种投入。

● 规模报酬表示企业的产量对所有投入成比例增加所做出的反应。如果投入增加一倍，产量的增长超过一倍，这是规模报酬递增；相反，如果投入增加一倍，产量的增加小于一倍，这是规模报酬递减；如果投入增加一倍，产量也恰好增加一倍，这是规模报酬不变。

● 在一些情形下，企业可能不能用一种投入代替另一种投入，此时，投入必须按固定的比例使用。这样的生产函数的等产量曲线呈 L 形。

● 技术进步将使整条等产量曲线移动，它表示使用较少的投入即能实现给定的产量。

复习题

1. 对以下各企业的生产函数做一个简要描述。企业的产量是多少？它使用的投入要素是什么？你能想到的该企业生产方式的具体特征是什么？

a. 艾奥瓦州的一个小麦农场

b. 亚利桑那州的一个蔬菜农场。

c. 美国钢铁公司。

d. 当地一家电弧焊接企业。

e. 一家从事多种经营的零售公司西尔斯。

f. 乔的热狗店。

g. 大主教剧院。

h. 大主教艺术博物馆。

i. 国家健康学会。

j. 史密斯医生的私人诊所。

k. 保罗的柠檬汁店。

2. 企业的等产量曲线与个人的无差异曲线在哪些方面是相似的？两者的最主要区别又是什么？

3. 罗伊·丁贝特（Roy Dingbat）是一家热狗店的经理。热狗店只采用资本与劳动来生产热狗。这家店有 5 个工人、4 个烤架，通常每天生产 1 000 个热狗。某天，一个工人没有来上班，但该店依旧生产了 1 000 个热狗。对于 1 000 个热狗的等产量曲线，这意味着什么？为什么说罗伊的管理技能与他的名字相符*？

4. 一条 2011 年的新闻的标题是这样写的："停滞的经济复苏危及生产率"。假设标题中的"生产率"是指习惯上所说的、新闻报道中常用的"单位工人每小时的产量"，那么这种下降是否真的是工人边际产量的下降？对此你会如何评价？

5. 马乔瑞·西普拉斯（Marjorie Cplus）在她的微观经济学考试中写下了这样的答案："事实上，每一个生产函数都表现出规模报酬递减，因为教授说过所有投入的边际产量都递减。所以，在所有投入都增加一倍以后，产量的增加一定小于一倍。"你将如何评价马乔瑞的答案？

6. 以两个具体的生产函数为例回答第 5 题的问题：

a. 固定投入比例的生产函数。

b. 具有如下形式的柯布-道格拉斯生产函数：

$$q = \sqrt{K \cdot L}$$

（关于这种情况的讨论，请参见习题 6.4、习题 6.7 和习题 6.8。）

7. 通用机械（Universal Gizmo）公司经营着大量利用专门技术生产机械产品的工厂。每家工厂使用 5 台机器与 15 个工人，每天恰好能生产 100 台机械。解释为何它的整个生产函数是规模报酬不变的。

8. 在前一题的基础上，假设通用机械公司设计了一家新工厂，计划使用 15 台机器与 5 个工人，每天依旧能生产 100 台机械。基于以下各种假设，分别描绘该公司每天生产 100 000 台机械的等产量曲线：

a. 该公司只使用第 7 题中所描述的工厂。

b. 该公司只使用新型工厂。

c. 该公司使用 500 家第 7 题中所描述的工厂和 500 家新型工厂。关于通用机械公司使用工人替代生产装置的能力，你能得出什么结论？

9. 一个固定比例的生产函数能否表现出规模报酬递增或者规模报酬递减的特征？在这两种情况下的等产量曲线分别是怎样的？

10. 一次航空飞行以固定比例的资本和劳动生产出来。每一次飞行需要两个工人（飞行员）与一架飞机。出于安全考虑，每架飞机必须配备两个飞行员。

---

* dingbat 在英语中是有办法、有主意的意思。——译者注

a. 描述航空飞行生产的等产量曲线。

b. 设想一家航空公司租用了 10 架飞机，雇用了 30 个飞行员。用图表和文字解释为什么这是一个愚蠢的行为。

c. 假设航空设备的技术进步使得一个飞行员安全地操控一架飞机成为可能。这将使 a 问中描述的等产量曲线如何移动？这会对这个行业的平均生产率产生怎样的影响？它又会对资本（飞机）的平均生产率产生怎样的影响？

习　题

6.1　假设金枪鱼罐头的生产函数为

$$q = 6K + 4L$$

其中：

$q =$ 每小时的金枪鱼产量；

$K =$ 每小时的资本投入；

$L =$ 每小时的劳动投入。

a. 假设资本固定为 $K = 6$，每小时生产 60 个罐头，需要多少 L？每小时生产 100 个呢？

b. 假设资本固定为 $K = 8$，每小时生产 60 个罐头，需要多少 L？每小时生产 100 个呢？

c. 画出等产量曲线 $q = 60$ 和 $q = 100$，并标出 a 问与 b 问中求出的点。沿着等产量曲线的 RTS 是多少？

6.2　飞盘的生产函数为

$$q = 2K + L$$

其中：

$q =$ 每小时的飞盘产量；

$K =$ 每小时的资本投入；

$L =$ 每小时的劳动投入。

a. 如果 $K = 10$，每小时生产 100 个飞盘，需要多少 L？

b. 如果 $K = 25$，每小时生产 100 个飞盘，需要多少 L？

c. 画出等产量曲线 $q = 100$。在等产量曲线上标出 a 问和 b 问中求出的点。沿着等产量曲线的 RTS 是多少？解释为什么等产量曲线上每一点的 RTS 相等。

d. 画出等产量曲线 $q = 50$ 和 $q = 200$。描述整个等产量曲线图的形状。

e. 假设技术进步使飞盘的生产函数变为

$$q = 3K + 1.5L$$

根据这个新的生产函数，回答 a 问至 d 问，并比较前后结果。

6.3　用手挖蛤蜊只需要劳动投入。每天获得的蛤蜊总数（q）为

$$q = 100\sqrt{L}$$

其中，L 为每小时的劳动投入。

a. 画图说明 q 和 L 的关系。

b. 劳动的平均生产率（每单位劳动投入的产量）是什么？画图说明这一关系，并表示出劳动的平均生产率随着劳动投入的增加而递减。

c. 劳动的边际生产率为

$$MP_L = \frac{50}{\sqrt{L}}$$

画图说明上述关系。在图中表示出对于所有 L 值，劳动的边际生产率始终小于其平均生产率，并解释原因。

6.4 假设每小时的烧烤辣椒产量（q，以磅计）由以下生产函数决定：

$$q = 20\sqrt{KL}$$

其中，K 是每小时使用的罐子数量，L 是雇用的劳动数量。

a. 画出等产量曲线 $q = 2\,000$。

b. $L = 100$ 和 $K = 100$ 是等产量曲线 $q = 2\,000$ 上的一点。这条等产量曲线上与 $L = 101$ 相对应的 K 为多少？$K = 100$，$L = 100$ 处的 RTS 大约是多少？

c. $L = 400$ 和 $K = 25$ 也是等产量曲线 $q = 2\,000$ 上的一点。若 $L = 401$，为了使这个投入组合依然落在这条等产量曲线上，K 必须等于多少？$L = 400$ 和 $K = 25$ 处的 RTS 大约是多少？

d. 对于这个生产函数，RTS 为：

$$RTS = K/L$$

对利用这个方程求出的结果与 b 问和 c 问中的结果进行比较。为了更好地说服你自己，可以对 $L = 50$ 和 $K = 200$ 的点做相同的计算。

e. 如果技术进步使生产函数移动到了：

$$q = 40\sqrt{KL}$$

所有之前提到的投入组合现在都可以得到每小时 $q = 4\,000$ 磅的产量。假设现在沿着等产量曲线 $q = 4\,000$ 度量 RTS，之前计算的各个 RTS 的值会因为技术进步而改变吗？

6.5 葡萄必须用手采摘。其生产函数为固定投入比例的生产函数——每个工人都必须有一把树枝剪才能从事生产。一个技术娴熟的工人用树枝剪每小时能采摘 50 磅葡萄。

a. 画出等产量曲线 $q = 500$、$q = 1\,000$ 和 $q = 1\,500$，指出企业可能会在哪条等产量曲线上从事生产。

b. 假设某葡萄园主现在拥有 20 把树枝剪。如果园主想要充分利用树枝剪，应该雇用多少个工人？产量会是多少？

c. 你认为 b 问中所描述的选择能使利润最大化吗？为什么园主雇用的工人可能少于 b 问中的？

d. 双手灵活的工人能同时使用两把树枝剪，每只手一把，每小时能采摘 75 磅葡萄。画出这些工人的等产量曲线（$q=500$、$q=1\,000$ 和 $q=1\,500$）。大致描述园主在雇用这些工人时的想法。

6.6 动力山羊草坪公司使用两种大小不同的割草机割草。小型割草机有一片 22 英寸长的刀片，可用于有许多树和障碍物的草坪。大型割草机是小型割草机的两倍大，并可用于机器性能比较好发挥的开阔草坪。动力山羊草坪公司的两个生产函数如下表所示。

	每小时产量（平方英尺）	资本投入（22 寸刀片数量）	劳动投入
小型割草机	5 000	1	1
大型割草机	8 000	2	1

a. 对于第一个生产函数画出 $q=40\,000$ 平方英尺的等产量曲线。如果不产生浪费，应该投入多少 K 和 L？

b. 对于第二个生产函数回答 a 问。

c. 如果 40 000 平方英尺草坪中的一半由第一种生产方式来完成，另一半由第二种生产方式来完成，为了不浪费，应该使用多少 K 和 L？如果用第一种方式割 1/4，用第二种方式割 3/4，应该使用多少 K 和 L？如果 K 和 L 是分数，又意味着什么？

d. 在习题 6.3 中，我们展示了企业如何利用生产技术的工程数据来构建等产量曲线。你会如何绘制这家修剪草坪公司的等产量曲线 $q=40\,000$？你会如何绘制其他等产量曲线（例如 $q=80\,000$）？

6.7 生产函数

$$q=AK^aL^b$$

式中，a，$b \geqslant 0$，被称为柯布-道格拉斯生产函数。这个函数被广泛应用于经济学研究中。利用这个函数说明：

a. 式（6.7）中的生产函数是柯布-道格拉斯生产函数的一个具体例子。

b. 如果 $a+b=1$，K 和 L 增加一倍，q 增加一倍。

c. 如果 $a+b<1$，K 和 L 增加一倍，q 的增加小于一倍。

d. 如果 $a+b>1$，K 和 L 增加一倍，q 的增加大于一倍。

e. 利用 b 问至 d 问的结果，你能对柯布-道格拉斯生产函数的规模报酬得出怎样的结论？

6.8 由习题 6.7 中的柯布-道格拉斯生产函数可以得出（利用微积分）：

$$MP_K=aAK^{a-1}L^b$$

$$MP_L=bAK^aL^{b-1}$$

如果柯布-道格拉斯生产函数规模报酬不变（$a+b=1$），请说明：

a. 资产的边际生产率和劳动的边际生产率都递减。

b. 该生产函数的边际技术替代率（RTS）为

$$RTS = \frac{bK}{aL}$$

c. 该生产函数的 RTS 是递减的。

6.9　爆米花的生产函数为

$$q = 100\sqrt{KL}$$

其中，q 为每小时生产的盒数，K 为每小时使用的烤箱数量，L 为每小时雇用的工人数量。

a. 计算该生产函数的等产量曲线 $q = 1\ 000$，并画图表示。

b. 如果 $K = 10$，为了实现 $q = 1\ 000$ 的产量，生产爆米花的工人的平均生产率为多少？

c. 假设技术进步使生产函数改变为 $q = 200\sqrt{KL}$。在新情况下，重新回答 a 问与 b 问。

d. 假设技术进步以每年 5% 的速度不断进行。现在的生产函数为

$$q = (1.05)^t 100\sqrt{KL}$$

其中，t 是未来已经过去的年数。现在回答这个生产函数的 a 问和 b 问。

［注意你的答案包含了条件 $(1.05)^t$，介绍它的意义。］

6.10　经济学家度量全要素生产率的一种方法，是利用形如 $q = A(t)K^aL^{1-a}$ 的柯布-道格拉斯生产函数，其中 $A(t)$ 代表影响技术变迁的因素，正分数 a 代表资本投入的相对重要性。

a. 说明为何该生产函数表现出规模报酬不变的特征（见习题 6.7）。

b. 对生产函数取对数：

$$\ln q = \ln A(t) + a\ln K + (1-a)\ln L$$

取对数的一个好处是 X 对数的变化近似等于 X 的百分比变化。已知 q、K 和 L 的变化和参数 a，解释这将如何帮助你计算技术变化因素的年度变化值。

c. 利用 b 问中的结果，将劳动生产率（q/L）的年变化值作为 $A(t)$ 与资本劳动比率（K/L）的变化的函数，求出其表达式。在什么条件下，劳动生产率的变化能很好地度量全要素生产率的变化？什么时候两者的差别又会很大？

第7章　成　本

生产成本是企业供给决策的重要决定因素。如果一种能够烹饪、清洁和完成其他家务活动的高级机器人生产成本过高，那么即使市场需求再大，企业也可能无法生产出足够的产品，或者充其量只能生产出满足富裕的科技爱好者的少量机器人。在这一章里，我们将通过一些方法来思考成本问题，这有助于解释这些决策。首先，我们将阐述，在产出一定的情形下，生产者如何使成本和投入要素最小化。然后，我们将利用这些有关投入要素选择的信息进一步得出一家企业的产量与产出成本之间的关系。此外，我们还会考虑使这种关系发生变化的原因。在本章的最后，我们将充分阐明决定任何一家企业成本结构的所有因素。所有关于成本的概念，是研究供给的核心概念，对于本书剩余章节的学习也至关重要。

7.1　成本的基本概念

许多读者至少对成本的概念有所熟悉，它们往往出现在他们日常需要回答的一些问题中："计划中的海滩度假将要花多少钱？""为获得大学学位，我将要花多少钱？"这一概念是把所有必要投入的费用加总起来。对于度假来说，成本包括住宿费、机票费和餐饮费；对于大学学位来说，成本包括学费、住宿费、伙食费和书本费。这一章主要涉及与企业生产相关的成本，但是基本见解是类似的，因此熟悉这些概念应该有助于理解本章的概念。也就是说，在一些可识别的情形下，人们通常的思考成本的方式，明显不同于经济学家所说的人们应该考虑成本的方式。粗略来说，通常人们所考虑的成本是会计成本，而非经济学家所考虑的成本。因而提前花时间学习怎样更多地像经济学家那样思考成本而更少地像会计师那样思考成本是值得的。

7.1.1　经济成本与会计成本的对比

经济成本（economic cost）是与一项经济决策相关的所有成本。这一定义看似同义反复，但是进一步地解析语意将会发现并非如此。首先，经济成本只包含"相关的"成本。企业可能会有很久以前购买的投入要素的收据，但是当时的支出可能与即将进行的决策不相关。与其记录不管企业将做出怎样的决策都不能收回的一长串**沉没成本**（sunk cost），倒不如把它们从经济成本当中排除出去，忽略任何沉没成本反而更加容易。其次，经济成本包含了"所有的"相关成本。这里它的意思是经济成本不仅包含那些企业拥有收据因而容易测度的成本，而且包括那些隐含的因而更难测度的成本。比如，虽然某项投入要素不需要支付现金，但是它可被企业用于其他生产用途或者是它能够被出售给其他企业。无论企业是购买它所需要的投入要素还是放弃出售它已拥有的投入要素，任何其中一种情形均是生产中使用这一投入要素的**机会成本**（opportunity cost）。

会计成本（accounting cost）强调对投入要素的实际支付，即使这些金额很久以前就支付了。会计成本的优点是，它比经济成本拥有更容易测度的优势。它所需要的只是一个装满收据的抽屉和一个把它们加总起来的计算器。人们不需要想象实际上没有出售的投入要素若被出售可卖多少钱。会计成本的缺点是它并不能够向企业提供它们做出正确的生产决策所需的信息。与此相反，一个经济学家则宁愿拥有正确的成本信息，即使它很难准确地测度。

了解成本概念之间差异的最佳方法是举例说明。假设你正在决定是否要去海滨别墅度假一周，而该别墅是你的家族世代相传的。这栋别墅通常用于出租，但有时你也会自己使用。会计师可能会将你的机票费，例如 500 美元，加上其他杂项费，比如另外 500 美元，得出度假费用为 1 000 美元的结论。重要的是，会计师不会把住宿费计算在内，因为你是免费居住在这栋别墅里的，在这一周里使用它无须向任何人支付费用。基于会计成本观，如果允许对你从假期中获得的收益进行美元估值，你会得出这样的规则，即：如果收益大于 1 000 美元，你会选择度假；如果收益小于 1 000 美元，你就不会选择度假。

经济学家则对这条规则持不同意见。尽管你不必支付任何费用来使用自己的房子，但是自己使用房子意味着你无法将其出租给他人。因此，损失的租金是必须考虑的机会成本，应当作为度假总经济成本的一部分。如果该房屋通常的出租价格为 1 000 美元，那么度假的总经济成本将为 2 000 美元，而不是 1 000 美元。这种更高的成本导致度假所需的收益门槛更高。如果你的收益价值为 1 500 美元，那么由于其低于经济成本，你的最佳选择将是不去度假，而是享受从出租房屋中获得的收益。

假设你不是继承了这栋别墅，而是几年前买下了它。这将给会计师一个明确的交易作为成本测度的基础。一种可能性是把购买价格依据**折旧公式**（depreciation schedule）分到一些年份中去，那么这一周的住宿费将是购买价格的一部分。这是一个推导别墅或者其他历时长久的资产的标准方法。这一成本测度的问题在于它并不能够识别出使用别墅而非把它出租出去的真实机会成本。比方说，别墅可能是在飓风袭击之前购买的，随后飓风破坏了海滩，降低了别墅的价格和租金。当你自己使用别墅的时候，你所放弃的东西是这个地方当前出租的租金，而不是现在没人会支付给你的飓风之前高房价的一部分。如果别墅价格和租金下降，那么基于历史支出的成本最终将会夸大经济成本。[1]

7.1.2 经济成本和机会成本的对比

尽管我们已抛出许多不同的成本概念，但是现在应该开始弄清楚它们之间的区别。可能除了经济成本和机会成本之间的差异之外，这是正确的。机会成本是否为经济决策的唯一相关因素？如果不是，还有哪些成本与之相关？

如果投入要素是在竞争市场中出售的，正如我们在本书许多地方所假定的，那么经济成本和机会成本将是同一个东西。投入要素的市场价格正是与经济决策者（投入要素购买者）相关的东西。市场价格是投入要素的机会成本，因为投入要素出售者会一直围绕这个价格水平转手出售给不同的购买者。给定竞争市场，那么不同成本概念之间的联系将能够具体化为如下公式：

经济成本＝机会成本＝市场价值

会计成本＝显性成本＝历史价值

什么时候经济成本和机会成本的概念是不同的？如果投入要素市场并非竞争性的，那么两者之间的差距就相当于塞进了一个楔子。投入要素的市场价格是投入要素购买者的经济成本，它可能高于投入要素的出售者的机会成本。举例来说，一对夫妻想要在他们度蜜月的同一栋海滩别墅里庆祝他们结婚 25 周年，因此他们愿意为租用别墅一周支付的价格会高出市场租金。如果房地产经纪人得知这个特殊信息，他或她可能会要求这对夫妇支付 2 000 美元，而不是一般度假者愿意支付的 1 000 美元。那么用 2 000 美元代表这对夫妻的经济成本，1 000 美元代表房地产经纪人出租给他们而非其他度假者的机会成本，两者的差额 1 000 美元为对竞争性价格的溢价。

税收和执照费也会在经济成本和机会成本之间塞进一个楔子。举例来说，酒类营业执照的费用在纽约州接近 30 000 美元。它将是任何想要在该州开设餐馆并提供酒类的经济成本。该州授予执照的机会成本可能接近于零，因为它能够选择发行

---

[1] 为会计师辩护，会计成本也必然有其用武之地——要不然怎样解释会出现整个会计职业？回到你继承别墅的例子，但是假定不是去度假，而是去出差，你的雇主会按价支付。如果你的雇主允许你提交经济成本而非会计成本，那么你将会有动机夸大你别墅的租金率，比如 1 500 美元而非 1 000 美元。因为那一周并没有真正支付租金，所以你的雇主很难反证你并不能够以更高的租金出租。你的雇主能够观察到在其他周里你出租的租金，但是你能一直辩解说那一周正好是出租的黄金周，它会产生更高的租金。你的雇主仍然要求你参照那周可比较的别墅租金，但是你能够悄悄地参照更优质的别墅。报销会计成本避免了对实际上没有观察到的交易成本的估计问题，从而避免了欺骗，而这是会计制度的一个关键。

的执照数量是没有限制的。（如果该州预期更多的破坏他人财产的行为或者其他社会结构的破坏行为是由餐饮顾客的放纵行为所引起的，那么它可以被视为该州的机会成本，但是这样一个成本可能太夸张了。）在某种意义上，执照是餐馆营业的必要投入要素，该州能够以接近 30 000 美元的价格出售它，它明显高出若是在竞争市场上出售并且写着某些东西的一张纸的价格。

为了更好地理解不同成本概念的意义，让我们考虑一下它们对一家生产性企业为生产产品所需要的三种具体投入要素所起的作用，这三种投入要素分别为劳动、资本和企业家（所有者）的服务。

7.1.3 劳动成本

经济学家和会计师对劳动成本的理解是基本相同的。对于会计师来说，企业在职工薪酬上的花费是现实的支出，因此它是一种生产成本。经济学家认为对工资的支付是一种显性成本：劳动服务（工作的时间）是以**工资率**（wage rate）（用 w 表示）来支付的，并且我们假设这就是工人做其他工作可以得到的最高回报。如果一家企业以每小时 20 美元的工资率雇用一个工人，这个工资就很可能反映了他在其他地方工作可能得到的最高工资。因此，每小时 20 美元对企业来说是一种经济成本，对工人的时间来说是一种机会成本。当然，在现实生活中，有时候一些员工的工资并没有准确反映经济成本。老板的笨儿子的薪水超过了他的经济成本，因为没有其他人愿意支付他这么多钱；或者说，被关押在监狱里的人制作牌照每小时只能得到 0.5 美元，但是如果他们能走出监狱，他们将会得到更高的工资率。认识到这类工资以及工人的机会成本的差异，就可以为一项经济研究提供一个有趣的开始，但是，现在从一开始就接触市场价格等于经济成本也等于机会成本的假定，是最有用的，因而这几个成本概念之间并没有任何矛盾。

7.1.4 资本成本

关于资本服务（机器使用时间），经济学家和会计师对经济成本的定义有很大差别。在计算资本成本时，会计师是利用投资购买的机器的历史价格按照或多或少带有主观色彩的折旧法将该机器的原始价格折算成当前成本的。举例来说，以 1 000 美元购入一台预计可以使用 10 年的机器，每年的成本从会计师的角度来看就是 100 美元。相反，经济学家则将一台机器的价格视为沉没成本。这种成本只要已经发生，就没有再拿回的可能性。因为沉没成本不能够反映逝去的机会，因此经济学家转而使用隐性成本，也就是其他人为了使用它所愿意支付的价格。因此，每台机器每小时的使用成本就是机器被提供给别人使用时能获得的最高租金。继续使用这些机器，意味着企业放弃了其他人愿意为使用这些机器而支付的租金。我们用 v 来表示每台机器每小时的**租金率**（rental rate）。这个比率是企业使用这台机器一小时所必须支付的，不管企业是自己拥有这台机器，还是隐性地向自己或者向别人——比如说赫兹（Hertz）租赁公司——租借。在第 14 章中，我们将深入研究资本租金。在此，"应用 7.1：搁置成本和放松管制"关注当前人们关于电费和电话费的有关成本问题的争论。

应用 7.1

7

搁置成本和放松管制

多年以来，在美国，电力、天然气以及通信产业受到严格管制。电力以及通信服务的价格被公共监管委员会设定在可以使每一个投资者均得到公平的投资回报的价格上。这一规制制度在 1980 年后开始走向崩溃，因为无论是州政府还是联邦政府，都开始在电力、天然气以及长途电话服务的定价中引入竞争。而这些产品价格的下降则引起了传统公共事业领域的极大恐慌。在未来很长一段时间里，引入竞争机制所带来的有关搁置成本的争议将会持续影响所有这些产品的消费者。

搁置成本的本质

受管制的企业的最基本问题在于它们的一些生产设施随着管制的放松而变得"不经济"，因为在新的放松了管制的市场上，它们的成本超过了被压低的产成品价格。由于核电站以及利用风能或者太阳能的发电设施的出现，电力市场的这一问题尤为突出。对于长途电话来说，大容量光缆的出现预示着一些旧的光缆以及卫星系统将很难维持下去。因而，这些设施的历史成本由于放松管制而搁置。而这些公共事业单位却认为它们的管制合同已经允许它们对消费者收取额外的费用，从而确保它们弥补成本的能力。

对于经济学家来说，这一托词是很没有价值的。发电站、天然气输气管道以及电话电缆的历史成本都属于沉没成本。它们现在运营不经济这一事实表明它们的市场价格是零，因为没有任何一个买家愿意为它们支付一分钱。这种生产设施的价值正在下降，这一现象在很多行业都很常见。例如用来生产滑尺、78 转唱片或者高跟纽扣鞋的机器现在都没有价值了（尽管有时候它们会被当作古董收藏），但是没有人建议应该补偿这些产品的拥有者。事实上，经济史学家约瑟夫·熊彼特已经用"创造性毁灭"一词来形容这样一个资本主义体系的动态变化过程。但是，为什么受管制企业就要显得与众不同呢？

竭尽全力把成本塞给消费者

公共事业单位声称受管制的现状确实使它们显得与众不同。因为监管者在这之前已经许诺它们可以得到一个"公平的"价格，所以它们就有权在事后就由于放松管制而带来的损失要求得到补偿。这种观点在一些现实案例当中已经产生了很大影响。比如在加利福尼亚州，电力公用设施的生产商每年可以得到 280 亿美元，用以补偿它们的搁置成本——这些费用最终被摊派到了消费者的账单上。当天然气消费者想避开本地的天然气输送系统而向其他地区购买价格更低的天然气时，也将不得不支付类似的费用。消费者已经对各种各样令人困惑的收费以及话费账单上的加税习以为常，他们知道这些收费都是为了补贴之前受管制的企业。

放松管制的未来

允许企业对顾客为搁置成本进行收费，在许多市场中已经减缓了放松管制的进程，因为支付这样的成本会降低消费者使用替代性供应商的激励。其他减缓放松管制的因素包括以下内容：（1）2001 年的安然公司丑闻使电力撤销管制规定臭名昭著；（2）特殊利益集团促使联邦通信委员会采用了许多保护在位企业的措施；（3）2008 年金融危机已经使得放松银行监管备受非议（可能是错误的），因此某些管制措施是可能的。

思考题

1. 许多受管制的企业认为，它们与管制者之间存在着一种"隐性合同"，这一合同能够保证它们的投资得到回报。这样的合同为企业决定购买什么样的设备提供了怎样的激励？

2. 在未受管制的市场中，企业会以怎样的可能性处理机器设备可能过时这种问题？也就是说，这种可能性如何反映在未受管制的企业的经济成本上？

？ 小测验7.1

年轻的房主经常得到一些混淆会计成本和经济成本的不良建议。下面两种建议中的错误在哪里？为使它们显得符合逻辑，你能否做出一些修改？

1. 拥有总比租赁好。支付房租就像钱掉进了"老鼠洞"，而作为房主，你能够获得租赁费，这意味着你在积累一项真实资产。

2. 一个人应该尽快还清抵押贷款。付清贷款然后烧掉贷款相关文件，这是你人生中最大的经济趣事之一。

7.1.5 企业家成本

企业的所有者有权获得企业收益扣除所有成本之后剩余的东西。会计师将所有剩余称为"利润"（如果成本超过收益，则称之为"损失"）。然而，经济学家会问所有者（或者企业家）在进行具体商业活动时是否也会遭遇机会成本。如果会，那么他们的企业家服务将可被视为企业的一种投入要素，应该估算该投入要素的经济成本。举例来说，假如一个技术高超的计算机程序员开了一家软件公司，他的想法是保留可能产生的任何（会计）利润。程序员的时间显然是企业的一种投入，应该对其进行成本核算。可能程序员为其他人工作时的工资可以满足这一意图。因而，该企业所产生的会计利润的一部分将会被经济学家归类为企业家成本。剩余的经济利润将可能会小于会计利润。如果程序员的机会成本超过了该企业所赚得的会计利润，那么经济利润可能是负的。

正如创业者在其他地方工作所能赚取的收入是他在决定是否创办一家新公司时需要权衡的经济成本一样，在决定是否去上大学时需要权衡的经济成本还包括学生选择工作而不是上学所能挣到的钱。本书第 1 章中的应用 1.2 非常值得一读，因为它包含了学生们非常熟悉的关于衡量经济成本的许多见解。

7.1.6　两种投入要素的情形

我们用两个假设来简化企业投入要素的成本。首先，我们像以前一样，假设只有两种投入，劳动（L，以小时计算）和资本（K，以机器的使用时间计算）。企业家的服务计入资本成本当中。也就是说，我们假设企业所有者面临的主要机会成本是与其提供的资本相关的成本。其次，我们假设所有投入均来源于完全竞争市场。企业能够以当前盛行的价格（w 和 v）购买（或者出售）所需要的所有劳动和资本。在图形上，这些资源的供给曲线在当前盛行的价格水平处表现为一条水平线。

7.1.7　经济利润和成本最小化

根据上述简化假设，企业在一个时期内的总成本为

$$总成本 = TC = wL + vK \tag{7.1}$$

如上文所定义的，L 和 K 代表企业在一定时期内使用的投入要素。如果该企业只在竞争市场上销售一种产品，其总收入等于其产品价格（P）与其总产量 $[q = f(K, L)$，其中 $f(K, L)$ 是企业的生产函数$]$ 的乘积，那么**经济利润**（economic profit）（π）等于总收入与总经济成本之差：

$$\pi = 总收入 - 总成本 = pq - wL - vK$$
$$= Pf(K, L) - wL - vK \tag{7.2}$$

方程（7.2）表达的要点是，一家企业所获得的经济利润是它所使用的资本和劳动的函数。正如我们在本书中的许多地方所假设的，如果该企业旨在追求利润最大化，那么我们可以通过研究它如何选择 K 和 L 来研究该企业的行为。这反过来将推演出一个供给理论以及一个针对资本和劳动投入要素的引致需求理论。我们将在第 13 章详细研究这些理论。

但是在这里，我们希望发展一种更具有一般性的成本理论，使其适用于可能处于非完全竞争市场（如垄断或寡头垄断市场）的企业，或者目标不一定是利润最大化的企业（如提供社会服务的慈善组织）。为了做到这一点，我们通过对现有的产出选择讨论进行巧妙的变换，以开始对成本的研究。也就是说，我们假设由于某种原因，企业已决定提供一个特定的产量水平（例如 q_1），因此该企业的收入是固定

的，为 P 乘以 q_1 的积。现在，我们要表明企业在成本最小化的前提下生产 q_1 可能做出怎样的选择。由于收入是固定的，在这一特定的产量水平下，成本最小化将使得利润尽可能地大。对于一家企业选择实际产量的具体细节，我们将在下一章继续讨论。

7.2　成本最小化的投入要素选择

为了减少生产 q_1 的成本，企业应选择在等产量曲线 q_1 上具有最低成本的那个点进行生产。也就是说，企业应探讨所有可行的投入要素组合，从而找到成本最小的那个投入要素组合。这将要求企业选择的投入要素组合满足 L 对 K 的边际技术替代率等于投入要素的成本比例 w/v。要想知道它为何如此直观，让我们考虑一下企业选择的投入要素组合并非如此的情形。假设该企业生产产量水平 q_1 所用的投入要素组合为 $K=10$、$L=10$，RTS 在这一点上等于 2。同时假设 $w=1$ 美元，$v=1$ 美元，则 $w/v=1$，它不等于 RTS。在这一投入要素组合中，生产 q_1 的成本是 20 美元，这不是最小的投入要素成本。产量水平 q_1 也可以用 $K=8$ 和 $L=11$ 得到；企业可以减少 2 单位的 K 以及增加 1 单位的 L 从而使得产量 q_1 维持不变，在这种投入要素组合中，q_1 的生产成本只有 19 美元。因此，原来的 $K=10$ 和 $L=10$ 的投入要素组合并不是生产 q_1 的最便宜方案。类似的结果，在 RTS 和投入要素成本比例不同的任何时候都成立。因此，我们已经表明，企业为减少总成本而制定的产量水平应该使 RTS 等于 L 和 K 两种投入要素的价格比率（w/v）。现在让我们来看看更为详细的证明。

7.2.1　图形分析

成本最小化原则如图 7-1 所示。等产量曲线 q_1 显示出了所有能生产 q_1 的 K 和 L 的组合。我们希望找到这条等产量曲线的成本最低点。方程（7.1）表明，那些保持总成本恒定的 K 和 L 的投入要素组合位于一条斜率为 $-w/v$ 的直线上。[①] 因此，所有那些总成本相等的线就可以作为一系列相互平行的斜率为 $-w/v$ 的直线显示在图 7-1 中。三条总成本相等的线如图 7-1 所示：$TC_1<TC_2<TC_3$。从图中易得，q_1 的最小生产总成本是由总成本曲线与等产量曲线相切的 TC_1 得出的。最小投入要素组合为 L^* 和 K^*。

[①]　比如，如果 $TC=100$ 美元，方程（7.1）将变为 $100=wL+vK$，解这一方程可得到 $K=-(w/v)L+100/v$。因而，总成本曲线的斜率为 $-w/v$，截距项为 $100/v$（也即用 100 美元所能购买的资本数量）。

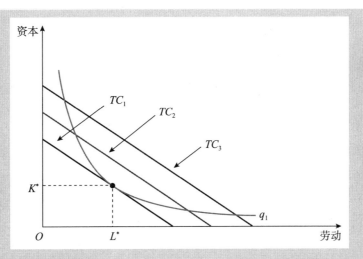

图 7 - 1　产量为 q_1 时的成本最小化

　　假定企业通过选择 K 和 L 来最小化其成本。最小化的条件是，K 和 L 的替代率（保持 $q=q_1$）应该与这两种投入要素在市场上的交换比率相等。换言之，L 对 K 的边际技术替代率 RTS 应该和价格比率 w/v 相等。在本图中，当投入要素为 K^* 和 L^* 时，总成本最小。

　　你应该会注意到，这个结果与我们在第 2 篇详述过的效用最大化条件类似。在这两种情形下，最优化条件要求决策者关注市场的相对价格。这些价格精确地度量了一种产品或者生产性投入要素应该如何通过市场与另一种产品或者投入要素进行买卖交易。为了实现效用最大化或是成本最小化，决策者必须调整他们的选择，直至他们权衡后的价格与那些客观市场报价相一致。这样一来，市场传达给所有参与人有关相对稀缺的产品或生产性投入要素的信息，并鼓励他们合理地使用它们。在后面的章节（尤其是在第 10 章）中，我们将看到这种价格信息特征如何为指导整体资源配置提供强大的动力。

7.2.2　另一种解释

　　换一种方式来看图 7 - 1，我们可以更直观地了解成本最小化的过程。在第 6 章，我们已经表明一条等产量曲线斜率的绝对值（RTS）等于两种投入要素的边际生产率的比率：

$$RTS(L \text{ 对 } K) = \frac{MP_L}{MP_K} \tag{7.3}$$

　　如图 7 - 1 所示，成本最小化的过程要求这个比例等于投入要素的价格比率：

$$RTS(L \text{ 对 } K) = \frac{MP_L}{MP_K} = \frac{w}{v} \tag{7.4}$$

　　对这个等式进行调整可得到：

$$\frac{MP_L}{w}=\frac{MP_K}{v} \tag{7.5}$$

小测验 7.2

假设某企业的工资率是 10，资本租金是 4。在下面两种情形下，为了生产 100 单位的产出，该企业应该如何选择每种投入要素的量？企业的总成本是多少？如果资本租金上升为 10，总成本将如何改变？

1. 企业在固定投入比例的生产函数条件下生产，每单位的产量需要 0.1 小时的劳动和 0.2 机器工时。

2. 企业的生产函数为 $Q=10L+5K$。

上述成本最小化条件表明，企业所采用的投入要素在边际上应该使得它所使用的每一种投入要素都获得同样的回报。例如，考虑一个橘树林所有者的情形。如果 MP_L 是每小时 20 箱橘子，工资为每小时 10 美元，那么橘树林所有者每在劳动投入要素上花费 1 美元，他便能收到 2 箱橘子。如果摇树机能给他带来更好的回报，那么该企业现在并没有最小化成本。假设在使用一部摇树机后，MP_K 是每小时 300 箱橘子，而这些出色的机器的租金为每小时 100 美元，那么用于摇树机的每 1 美元的产量增加为 3 箱橘子。这样企业就可以通过减少劳动投入、增加机器投入的方式来降低生产成本。只有当方程（7.5）成立，并且每种投入要素花费 1 美元所提供的边际产量相同时，总成本才真正降到了最低。"**应用 7.2：社会责任是昂贵的吗？**"考虑了企业可能偏离成本最小化投入要素选择的一些情形。

应用 7.2

社会责任是昂贵的吗？

在最近一些年，社会日益要求企业在它们的雇佣、销售和环境行为方面表现出社会责任。这一要求是企业应该不只是简单地遵守法律——它们应该乐意承担额外成本以实现多种多样的理想社会目标。将这种行动概念化的一种方法如图 1 所示。在此，社会责任企业倾向于使用投入组合 A 生产产量 q_0，它明显不同于成本最小化的组合 B：一方面是因为它使用了太多的投入要素（比较 A 和 C），另一方面是因为它使用了错误的比例（比较 C 和 B）。现实中它是否发生，已成为几个实证研究的主题。

英国的废弃物最小化

查普尔（Chapple）、保罗（Paul）和哈里斯（Harris）[a] 检验了英国企业试图最小化它们生产中产生的环境废弃物的自愿决策。总体上，作者发现减少环境废弃物是昂贵的，主要原因在于实现它们需要企业改变它们的投入组合。具体来说，企业减少废弃物的主要方法是使用更多全自动和昂贵的物质投入类型。它们也会使用更多的劳动投入，但是它们是否会这样做取决于所检验的产业的本质。在某些情形中，使用更多精确的物质投入要素可

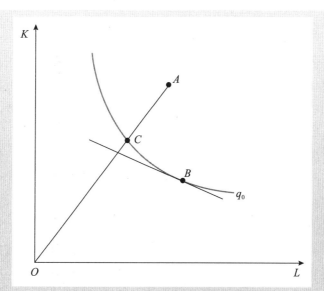

图1　企业社会责任的潜在额外成本

　　一家追求社会责任目标的企业可能会选择使用投入组合 A 来生产 q_0。这就需要投入比必要的更多的要素（A 与 C 相比），而且使用非成本最小化的投入组合（C 与 B 相比）。

能会减少劳动需求（以及资本需求），而在另一些情形中，使用这样的投入要素可能要求更多的具体设备和劳动力来操作它。

《社区再投资法案》

　　1977 年的《社区再投资法案》要求银行机构在借钱给低收入和中等收入的社区时必须达到某个目标。如果银行愿意，银行可以自愿超过这些目标，一些观察者认为这是一种能体现社会责任感的做法。维塔利亚诺（Vitaliano）和斯特拉（Stella）[b] 的一项研究发现，与符合要求比率的机构相比，那些在《社区再投资法案》中做出突出成绩的储贷机构每年所增加的成本大约是 650 亿美元。尽管作者的数据并不允许他们做出关于这些额外成本来源的准确论断，但是他们提及原因可能在于《社区再投资法案》强制的具体贷款额相对于初始状态可能需要更多的劳动投入，并且在贷款存续期间需要更密切的监督。然而，有趣的是，作者发现那些有着更高《社区再投资法案》得分的机构并非盈利更少，因此一部分收益也可能抵消了更高的成本。

思考题

　　1. 解释为什么不同的社会责任政策类型可能会使得企业倾向于选择图1的 A 点或 C 点的投入选项。

　　2. 一家遵循社会责任政策的企业是否会偏离它对股东的责任？在什么样的条件下会这样？而在什么样的条件下不会这样？

　　a. Wendy Chapple, Catherine Paul, and Richard Harris, "Manufacturing and Corporate Responsibility: Cost Implications of Voluntary Waste Minimisation," *Structural Change and Economic Dynamics* 16（2005）：347-373.

　　b. Donald F. Vitaliano and Gregory P. Stella, "The Cost of Corporate Social Responsibility: The Case of the Community Reinvestment Act," *Journal of Productivity Analysis*, 26（2006）：235-244.

7.2.3 企业的扩展线

任何企业都可以进行我们刚刚对每一产出水平所进行的分析。对于每个可能的产出水平（q），我们都能够找到使成本最小化的投入要素组合。如果投入要素的成本（w 和 v）对于企业所选择使用的所有投入要素量均保持不变，那么我们就可以很容易地描绘出这样的成本最小化的选择路径，如图 7-2 所示。这条射线记录了实现成本最小化时越来越高的产量水平与等成本线相切的情形。例如，产量水平 q_1 的最小生产成本是 TC_1，投入要素组合为 K_1 和 L_1。图中其他的切点可以用类似的方式进行解释。这些切点的连续轨迹称为该企业的**扩展线**（expansion path），因为它记录了投入要素的价格保持不变时，投入要素如何随着产出的增加而增加。这条扩展线不一定是一条直线。随着产量的增加，某些投入要素的增加可能比其他投入要素的增加要快。至于其中哪些投入要素增加得更快，依赖于生产函数的性质。

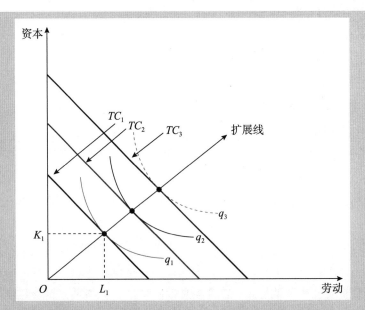

图 7-2　企业的扩展线

　企业的扩展线是成本最小化切点的轨迹。假设投入要素的价格不变，该曲线表明了随着产出的增加投入要素增加的情形。

7.3　成本曲线

企业的扩展线显示了，当产量水平不断扩大的时候，成本最小化的投入要素使用量是如何增加的。这一变化路径也为我们提供了产量水平和总投入要素成本之间的关系。反映这种关系的成本曲线是供给理论的基础。图 7-3 展示了四种可能的成本关系。

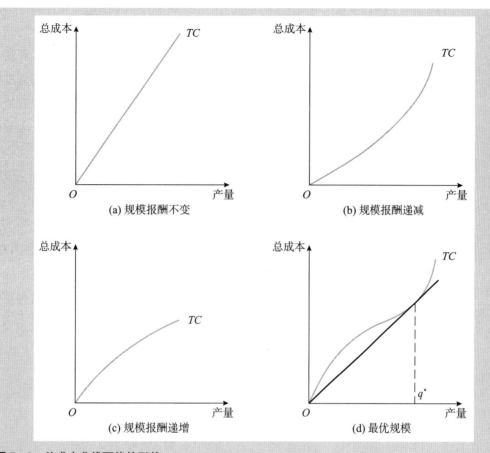

图 7-3 总成本曲线可能的形状

总成本曲线的形状取决于生产函数的形状。图（a）代表规模报酬不变，产量与所需投入要素成正比。图（b）和图（c）分别反映了规模报酬递减和规模报酬递增的情形。图（d）表示具有最优经营规模的企业的成本曲线。

图 7-3（a）反映了规模报酬不变的情形。如图 7-3 所示，在这种情形下，产量与所需投入要素成正比。产量增加一倍需要投入要素也增加一倍。由于投入要素价格不变，则产量与总投入要素成本之间也成正比——总成本曲线是一条过原点的直线（因为当 $q=0$ 时不需要投入要素）。[①]

图 7-3（b）和图 7-3（c）分别反映了规模报酬递减和规模报酬递增的情形。由于规模报酬递减，为使得产量扩大，对投入要素的需求越来越大，投入要素成本也迅速上升。这种可能性在图 7-3（b）中表现为总成本曲线是凸的。[②] 在这种情形下，成本增加得比产量快。另外，由于规模报酬递增，为使得产量扩大，投入要

---

① 规模报酬不变生产函数的一个技术特性是，边际技术替代率 RTS 只取决于 K 与 L 的比率，而不取决于生产规模。对于给定的投入价格，扩展线是一条直线，成本最小化投入与产出成比例地扩张。有关说明，请参阅本章后面的数值例子。

② 记住如何使用"凸"和"凹"的一种方法是，注意图 7-3（c）中的曲线类似于洞穴入口（的一部分），因此是"凹"的。

素需求连续下降。在这种情形下，如图 7 - 3（c）所示，总成本曲线是凹的。在这种情形下，大规模的生产经营产生了可观的成本优势。

最后，图 7 - 3（d）反映了一家企业既经历了规模报酬递增、又经历了规模报酬递减的情形。如果一家企业在生产过程中要求其管理人员有最优的内部协调和控制水平，那么这种情形就会发生。在产量水平低的时候，这套控制结构还没有被充分利用，产量扩张也很容易实现。这时，企业会经历规模报酬递增时期——总成本曲线是最初凹的那一部分。但是随着产量的扩大，该企业必须增加额外的工人和资本设备，这也许需要完全独立的厂房或其他生产设备。协调和控制这个大规模组织会越来越困难，规模报酬递减时期也就随之到来。这种可能性反映在图 7 - 3（d）中则为总成本曲线中凸的部分。

图 7-3 中的四种情形是企业的产量与投入要素成本关系中最常见的四种类型。这种成本信息也可以在单位产量的基础上进行描述。尽管这与描述总成本曲线相比，并没有增加额外的细节内容，但是当我们在下一章分析供给决策时，这种单位曲线却是非常有用的。

7.3.1 平均成本与边际成本

两个单位产量成本概念是**平均成本**（average cost，AC）和**边际成本**（marginal cost，MC）。平均成本（AC）计算的是单位总成本，用数学公式可表达为

$$平均成本 = AC = \frac{TC}{q} \tag{7.6}$$

这是人们最熟悉的单位成本概念。如果一家企业生产 25 单位产品花费了 100 美元，很自然地就可以得出每单位产品的成本是 4 美元。式（7.6）表达了这一常用的平均算法。

但是对于经济学家来说，平均成本不是最重要的单位成本数据。在第 1 章中，我们介绍了马歇尔对需求和供给的分析。在他的价格决定模型里，马歇尔关注的重点在于最后一单位产品的成本，因为这一成本影响了对该单位产品供给的决定。为了反映这一增量成本，经济学家使用了边际成本（MC）的概念。通过定义可得：

$$边际成本 = MC = \frac{TC\ 的变化}{q\ 的变化} \tag{7.7}$$

也就是说，随着产量的扩大，总成本增加，边际成本的概念计算的只是差额的增加。例如，假设企业生产 24 单位产品的成本为 98 美元，但该企业生产 25 单位产品的成本是 100 美元，那么第 25 单位产品的边际成本就是 2 美元：生产这一单位产品，企业所支付的成本仅仅增加了 2 美元。这个例子表明，一个产品的平均成

本（4 美元）与其边际成本（2 美元）可能会不同。这种可能性，对于产品定价和整体资源配置有重要的意义。

7.3.2　边际成本曲线

图 7 - 4 比较了平均成本和边际成本，该图和图 7 - 3 中的四种总成本关系相对应。我们的定义很明确，实际上总成本曲线的斜率即为边际成本，正如在第 1 章的附录中所讨论过的，任何曲线的斜率都揭示了当横轴变量变化一单位时，纵轴变量所发生的相应变化。[①] 在图 7 - 3（a）中，总成本曲线是一条直线——整条线具有相同的斜率。在这种情形下，边际成本（MC）是一个常量。无论生产多少数量，每多生产一单位产品的额外成本总是相同的。图 7 - 4（a）中 MC 曲线保持水平就表明了这一事实。

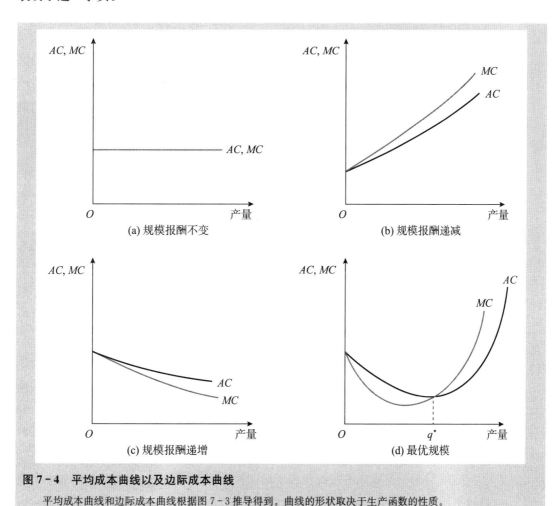

图 7 - 4　平均成本曲线以及边际成本曲线

平均成本曲线和边际成本曲线根据图 7 - 3 推导得到。曲线的形状取决于生产函数的性质。

---

① 如果总成本为 $TC(q)$，那么边际成本的数学表达式是导数函数 $MC(q)=\mathrm{d}TC/\mathrm{d}q$。

当规模报酬递减［如图7-3（b）所示］时，边际成本逐渐递增。随着产量的扩大，总成本曲线变得陡峭，所以从边际上来说，多生产一单位产品的成本越来越高。在图7-4（b）中，MC曲线的斜率为正，表示边际成本逐渐增加。

当规模报酬递增［如图7-3（c）所示］时，情形正好相反。由于随着产量的扩大，总成本曲线变得平坦，所以边际成本逐步下降，因而在图7-4（c）中，边际成本曲线的斜率是负的。

最后是总成本曲线先凹后凸的情形，总成本［如图7-3（d）所示］使得边际成本曲线在图7-4（d）中呈U形。起初，因为企业的协调和控制机制逐渐被有效地利用，边际成本渐渐下降，但是最终开始出现报酬递减，边际成本曲线开口朝上。在图7-4（d）中，MC曲线反映了这一情况，即存在着企业运营的最优规模水平——如果生产规模过大，其结果是边际成本非常高。我们可以通过考察平均成本来更精确地理解有关最优规模水平的思想。

7.3.3　平均成本曲线

描述图7-4中每种情形的平均成本（AC）曲线也相对简单。对于第一单位产品来说，平均成本和边际成本是相等的。如果企业只生产一单位产品，那么平均成本和边际成本都是这一单位产品的成本。AC曲线的起点为边际成本曲线与纵轴相交的那个点。在图7-4（a）中，边际成本永远不会变化，始终与最初的水平相一致。多生产一单位产品耗费的成本数额总是相同的。AC曲线也反映了这一情形。如果一家企业每多生产一单位产品需要耗费成本4美元，那么平均成本和边际成本都是4美元。AC曲线和MC曲线在图7-4（a）中就处在同样的水平线上。

在规模报酬递减的情形下，边际成本的上升导致了平均成本的上升。因为随着产量的扩大，后面生产出的单位产品变得越来越昂贵，这样总体平均成本必然要上升。但由于最初几单位产品的边际成本低，所以总体平均成本会永远落后于生产最后一单位产品所需的高昂的边际成本。在图7-4（b）中，AC曲线是向上倾斜的，但它始终低于MC曲线。

而在规模报酬递增的情形下，情况正好相反。随着产量的扩大，边际成本的下降导致了平均成本的下降，但是总体平均成本也反映了生产最初几单位产品时的高边际成本。因此，在图7-4（c）中，AC曲线的斜率为负，同时始终高于MC曲线。我们在第11章中将会看到，在这种平均成本下降的情形下，规模报酬递增的技术作为一种主要力量，将使得企业获得垄断势力。

一条U形的边际成本曲线代表了之前两种情形的结合。最初，边际成本下降导致平均成本也下降。在产量水平较低时，图7-4（d）中平均成本曲线和边际成本曲线的格局与图7-4（c）中相似。但是当边际成本开始回升时，情形开始发生改变。只要边际成本低于平均成本，平均成本还会持续下降，因为最后一单位产品的成本总低于之前的平均值。当MC小于AC时，每多生产一单位产品，AC都会下降。但是，一旦当边际成本曲线的上升部分穿过了平均成本曲线，平均成本便开始上升。在图7-4（d）中的 q^* 点之后，MC 超过 AC。现在的情形类似于图7-4（b），AC 必然上升。每多生产一单位产品所需的高成本拉动了平均成本上升。因为 AC 曲线在 q^* 点左侧下降，在 q^* 点右侧上升，因此 q^* 点为平均生产成本的最低点。从这个意义上讲，q^* 代

> **小测验 7.3**
>
> 假设你的经济学课上有 10 次小测验，前 5 次测验你都得了 80 分。
>
> 1. 如果你在后 2 次测验中只得了 60 分，那么你的平均分会怎样变化？
>
> 2. 如果你还想取得 80 分的平均分，那么你最后 3 次的测验应该得多少分？
>
> 3. 解释这个例子是怎样说明本节学习的平均成本和边际成本的关系的。

表了一个成本如图7-4（d）所示的企业的最优规模。后面的章节将表明，该产量水平在价格决定理论中扮演着重要的角色。哪些行业可能更适合大企业？可以通过研究平均成本曲线来确定，"应用7.3：关于企业的平均成本的研究"给出了相应的答案。

应用 7.3

关于企业的平均成本的研究

关于企业长期成本的许多研究发现，企业长期成本曲线类似于 L 形，就像图 1 中所画的一样。平均成本倾向于随着企业产量的增加而下降，直到达到某个最小有效规模 q^*。但是这样的成本优势最终在大规模的生产中会消失。了解这样的成本模式，可以有效地解释产业的演变过程。

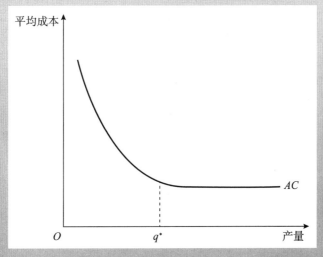

图 1　许多经验研究中的长期平均成本曲线

在绝大部分经验研究中，平均成本曲线类似于 L 形。q^* 表示企业的最小有效规模。

一些经验证据

表1显示了不同行业有关长期平均成本曲线研究的一些代表性结果，表格中的条目显示了特定规模（小型、中型以及大型）企业的平均成本占行业最低平均成本的百分比。举例来说，小医院的平均成本比大医院高30%，这种成本劣势可以解释近几年来美国乡村地区医院数量减少的现象。在本研究中，大医院的规模足够大，以至于能够享受到任何可以获得的效率。

表1　长期平均成本估计

行业	企业规模		
	小型	中型	大型
铝	167	131	100
汽车	145	123	100
电力	113	101	102
农业	134	111	100
医院	130	111	100
货车运输	100	102	106

资料来源：铝：J. C. Clark and M. C. Fleming, "Advanced Materials and the Economy," *Scientific American* (October 1986)：51 - 56；汽车：M. A. Fuss and L. Waverman, *Costs and Productivity Differences in Automobile Production* (Cambridge, UK：Cambridge University Press, 1992)；电力：L. H. Christensen and W. H. Greene, "Economics of Scale in U. S. Power Generation," *Journal of Political Economy* (August 1976)：655 - 676；农业：C. J. M. Paul and R. Nehring, "Product Diversification, Production Systems and Economic Performance in U. S. Agricultural Production," *Journal of Econometrics* (June 2005)：525 - 548；医院：T. W. Granneman, R. S. Brown, and M. V. Pauly, "Estimating Hospital Costs," *Journal of Health Economics* (March 1986)：107 - 127；货车运输：R. Koenka, "Optimal Scale and the Size Distribution of American Trucking Firms," *Journal of Transport Economics and Policy* (January 1977)：54 - 67。

规模不经济

表1中的数据表明，唯一一个大规模经营带来成本劣势的行业是货车运输。这类行业更容易组织工会，或者监督货车司机的日常活动非常困难，导致了货车运输企业规模越大，成本越高。为了控制其成本，许多大型货车运输企业（特别是类似UPS以及联邦快递这样的包裹运输企业）已经采取了若干激励司机的措施，以提高效率。

思考题

1.随着时间的推移，某一产业的最小有效规模是永恒不变的吗？请从表1中选择一个行业，并解释其最小有效规模是如何随着技术的变化而扩大或收缩的。

2.如果小型农场是无效率的，那么为什么这些小型农场并没有消失？土食主义（localvore）运动或者传统农场生活方式的诱惑能否促进农场扩张规模？

7.3.4 规模经济

为避免有关斜率和平均的讨论阻止了门外汉，经济学家已经发明了如图7-4

所示的单位成本曲线模式。图（b）中递增的 *AC* 曲线可被称为**规模不经济**（dis-economies of scale）的表现。在这一情形中，产量扩张引起更高的平均成本。相反的情形——图（c）当中 *AC* 递减——可被称为**规模经济**（economies of scale）的表现。在这一情形中，产量扩张引起更低的平均成本。图（d）显示了企业在产量至 q^* 时呈现规模经济而在超过 q^* 时呈现规模不经济。

若一开始就混淆这组新概念和前面章节所介绍并自始至终使用的规模报酬概念（无论是不变、递减还是递增），那么你是可以被原谅的。让我们把事情弄清楚。这些概念集合适用于不同函数。规模报酬指的是生产函数的特征，也即当所有投入要素按相同比例增加时，产量会怎样按比例增加。规模经济指的是成本函数的特征，也即平均成本是否会随着产量的增加而上升或下降。通过按比例增加投入要素可能生产出但并不必然生产出多余产量。在成本函数的最小化过程中（它成为平均成本的基础）可能会涉及比例的变化，可能资本的增量会快于劳动的增量。

幸运的是，这两组概念是相关的，并且它正是为什么我们能够以这样的方式标示图 7-4。如果生产函数在各处表现出规模报酬不变，那么平均成本将是图（a）的水平线，表示既不是规模经济也不是规模不经济。如果生产函数在各处表现出规模报酬递减，那么平均成本曲线将如图（b）所示向上倾斜，它显示出规模不经济。如果生产函数在各处表现出规模报酬递增，那么平均成本曲线如图（c）所示向下倾斜，它显示出正的规模经济。理解这些关系需要花费一些努力。总的来看，这就是在前文最近几页我们致力于讨论的内容，非正式地证明这些关系将会成立。（如果你想要正式的证明，你应该考虑申请研究生院！）

生产函数能表现出混合的规模报酬，在某些地方是递增的，而在另外一些地方则是递减的。混合的规模报酬能够导致平均成本的多种形状，包括图 7-4 中的任何一个图形。对于某些生产函数，追溯哪个投入要素组合会表现出哪类规模报酬可能变得非常复杂，然而确定是否存在规模经济或者规模不经济，依然只是观察平均成本曲线是向上倾斜还是向下倾斜的简单问题。

7.4 长期和短期之间的区别

经济学家有时要区分企业的**短期**（short run）和**长期**（long run）。这些术语指的是企业做出决策的时间长度。这种区分对于研究市场如何随条件变化做出反应是很有帮助的。例如，如果只考虑短期的情形，企业可能需要把一些投入要素看作固定的，因为它在短时间内不可能在技术层面上改变该投入要素。如果只有一个星期的时间，那么一家本田装配厂的规模将被视为固定的。同样，一名投身于互联网创业的企业家也不可能（或者代价相当昂贵）迅速换掉工作——在短期内，企业家对其企业的投入要素基本上是固定的。但是从长期来看，所有这些投入要素都无须被看作固定的，因为本田工厂的大小可以改变，企业家也确实可以退出该行业。

7.4.1 保持资本投入不变

在对一家企业的成本进行分析的过程中，引入短期和长期的简易之法，是假设短期内某种投入要素保持不变。具体来说，我们假设资本投入在 K_1 水平处保持不变，这样（在短期内）企业只需自由调节其劳动投入。例如，一家具有固定数量卡车和装卸设备的货运企业可以通过雇用和解雇工人的方式来改变其产量。我们在第 6 章中研究劳动的边际生产率时，已经考虑过这种可能性。在这里，我们想要分析一家企业在短期内产量水平的变化与总成本的变化存在何种关系。然后，我们可以研究两种投入要素均可变的情形，并把它与前面的研究结果相比较。我们将会看到，随着产量的扩大，固定性质的资本投入所引起的边际生产率递减将会导致成本迅速上升。

当然，任何一家企业在其生产过程中所使用的投入要素都显然远远超过两种。其中有些投入要素水平在相当短的时间里也可能会有所改变。企业可以要求工人加班，从职业介绍所雇用兼职人员，或从其他企业租用设备（如电动工具或汽车）。而其他类型的投入要素可能需要更长的时间去调整，例如，雇用一批新的全职员工是一个比较耗时（且昂贵）的过程，预订一批特殊规格的新机器也可能需要相当长的时间。不过，我们可以通过保持资本投入不变的假定，利用最简单的两要素投入模型，把短期和长期分开研究，从而获得许多重要结论。

7.4.2 短期成本类型

因为短期内投入的资本保持不变，所以与之相关的成本也是固定的。换句话说，企业的资本成本与企业生产的产出量无关，哪怕企业什么都没有生产，企业也必须支付机器设备的租金。这样的**固定成本**（fixed cost）在决定企业短期收益率中扮演着重要的角色，但是我们马上就会明白，它与产品价格的变化无关，因为企业无论怎样都要付出相同的资本成本。[1]

---

① 精明的读者可能会问，为什么要把这些固定成本列入短期成本？难道它们不是沉没成本，因此与短期经济决策无关吗？答案是，我们采用的视角是企业投资固定资本的时间点。例如，在那个时间点上，本田汽车装配厂的额外成本将是决定建造一个较大的装配厂还是一个较小的装配厂的一个重要因素。因此，将工厂成本视为经济成本是正确的。同样正确的是，该工厂的成本是固定的，与工厂建成后的经济条件有关。本田公司无法准确预测在这些条件下要生产多少产品，因此所建工厂的规模可能过大，也可能过小。如果这些条件持续存在，从长远来看，本田公司最终将能够调整工厂的规模以适应这些条件。

从工厂建设的角度（或更广泛地说，从固定成本投资的角度）来考虑问题是有道理的。只有从这一角度出发，在不能调整某些投入以适应经济条件的成本（短期成本）与那些可以自由调整投入的成本（长期成本）之间，才能进行同类比较。

与可变投入要素（在我们的简化情形下指劳动）相关的短期成本被称为**可变成本**（variable cost）。当企业通过改变它的劳动投入来调整产量时，这些成本的数额显然会改变。例如，虽然一家本田装配厂的规模在短期内可能是固定的，并且无论生产多少辆汽车，厂房的租赁费用都是一样的，但该企业仍然可以通过改变雇用的工人人数来改变汽车的生产数量。比如，通过增加劳动班次，该企业可能能够显著地扩大产量。而支付的这些额外的人工费用，就是可变成本。

7.4.3　投入要素刚性和成本最小化

对于某些产量水平而言，企业在短期内支付的总成本未必是最低的，因为在短期内保持资本不变的前提下，企业无法灵活地选择投入要素组合，尽管它在我们前面章节讨论成本最小化和提到相关的（长期）成本曲线时是能够实现的。更确切地说，为改变短期内的产量水平，企业将被迫使用非最优的投入要素组合。

如图 7-5 所示，从短期来看，该企业只能使用 K_1 单位的资本。为了达到产出水平 q_0，必须使用 L_0 单位的劳动。达到 q_1 需要 L_1 单位的劳动，达到 q_2 需要 L_2 单位的劳动。这些投入要素组合的总成本分别由 STC_0、STC_1 和 STC_2 表示。只有在投入要素组合为 K_1 和 L_1 时，产量水平才是最低成本所产出的产量。只有在这一点上，RTS 才等于投入要素价格比率。从图 7-5 中我们可以很明显地看到，

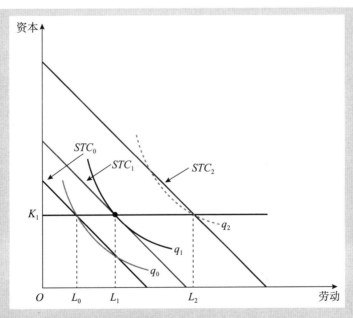

图 7-5　短期内企业必须选择非最优的要素投入

因为在短期内资本投入 K_1 是固定的，企业不能使 RTS 与投入要素价格比率相等。在投入要素价格一定的情形下，相比于短期，生产 q_0 应该投入更多的劳动和较少的资本，生产 q_2 则应该投入更多的资本和较少的劳动。

短期内有过多的资本被用来生产 q_0。为使成本最小化，有人建议沿等产量曲线 q_0 向东南方向移动，即用劳动替代资本进行生产。另外，用来生产 q_2 的资本过少，通过资本替代劳动，将会使成本减少。但是，在短期内无法应用这些替代方式。然而从长远来看，该企业能够改变其资本投入水平，从而将调整其资本的使用量以达到成本最小化组合。

7.5 单位短期成本曲线

根据如图 7-5 所示的产量与短期总成本的关系，我们可以采用先前在本章使用的类似方式，对一系列短期成本的单位概念进行定义。具体来说，短期平均成本可以定义为短期总成本与产量的比值。同样，短期边际成本是产量每增加一单位时短期总成本的变化。因为我们在本书里并不广泛使用短期与长期的区别，所以也就没有必要再纠结于这些成本曲线的细节。实际上，我们之前探讨的总成本曲线的形状及其相关单位曲线的关系已经够用。

然而，短期成本曲线中一个特别的部分却是很有用的。图 7-6 显示了一家企业的 U 形（长期）平均成本曲线。对于这家企业来说，长期平均成本在产量水平为 q^* 时达到最低，并且正如我们在之前的几个地方所注意到的，MC 在此产量水平下等于 AC，同时与 q^* 相关联的资本使用水平为 K^*。我们现在要做的是，研究基于此水平资本投入的短期平均成本曲线和短期边际成本曲线（分别用 SAC 和 SMC 表示）。现在有一家资本投入水平固定在 K^* 的企业，我们看看当其产量背离其最优水平 q^* 时，成本在短期内如何改变。

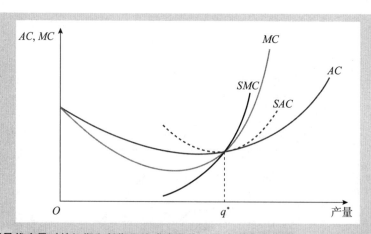

图 7-6 达到最优产量时的短期和长期平均成本曲线以及边际成本曲线

当长期平均成本曲线呈 U 形，并且在 q^* 处达到最小值时，SAC 和 SMC 也同样穿过这个点。当产量大于 q^* 时，短期成本大于长期成本。

我们对图 7-5 的总成本曲线的讨论表明，如果企业的短期决策导致其使用的资本投入量为成本最小化时的投入量，那么短期总成本和长期总成本相等，平均成本也相等。在产量水平为 q^* 时，AC 等于 SAC。这意味着此时 MC 和 SMC 也相等，因为双方的平均成本曲线都位于其最低点。在图 7-6 的 q^* 水平处，下面的等式成立：

$$AC=MC=SAC(K^*)=SMC(K^*) \tag{7.8}$$

当 q 大于 q^* 时，短期成本大于长期成本。这些较高的单位成本反映了企业在短期内缺乏灵活性，因为有些投入要素是固定的。这种刚性对企业的短期供给反应以及短期内价格的变动会产生重要的影响。在"**应用 7.4：拥堵成本**"中，我们将会看到若干短期成本随着产量的增加而迅速增加的例子。

应用 7.4

拥堵成本

关于拥堵成本的研究为我们提供了一个最为明显的体现短期边际成本迅速增加的例子。许多设施，例如马路、飞机场、旅游景点等，其"产量"是通过一段特定的时间（比如说一小时）内享受该服务的人数进行衡量的。因为资本（马路、航站楼或者楼房）在短期中是固定不变的，服务更多的人所引致的可变成本主要是这些人所导致的时间成本。在很多情形下，随着产量的增加，这些时间成本也会大幅增加。

机动车交通拥堵

机动车交通拥堵是大部分城市都会遇到的主要问题。确实，交通经济学家估计，每年交通拥堵使得驾驶者因浪费时间而产生 500 亿美元左右的损失。其他国家也承受着交通问题带来的巨大损失。交通拥堵的一大原因，就是在已经拥堵的高速公路上每增加一辆车会产生高昂的边际成本，但驾驶者并不能直接体会到这一点。然而，他或她一旦决定进入高速公路，就已经将成本施加于其他驾驶者了。因此，驾驶者进入特定道路所承担的个人成本与其实际引致的社会成本之间存在很大差异。正是这种差异导致驾驶者选择了过度使用某些道路的开车模式。

针对拥堵收取通行费

经济学家对这个问题给出的标准答案是主张对高速公路、桥梁或者隧道的使用者收取通行费，这些费用可以精确反映驾驶者使用这些设施所造成的社会成本。因为这些成本在一日之内会变化（早上或晚上高峰时段最高），所以费用应该也随之变化。有了自动收费的技术，可根据不同时段收取不同的费用，而通行费账单可以通过邮件完成。更多的驾驶者使用了通行费转发器（比如纽约和新泽西的 E-ZPass），这使得收取通行费的成本变得更低，因而它在现实当中更可能得到广泛应用。

机场拥堵

在机场也有类似的拥堵问题。因为大部分乘客想要在早上或下午晚些时候搭乘飞机，因此机场跑道在这些时候会格外拥堵。额外一架飞机降落会引致很高的边际成本，因为它会使得很多其他乘客的乘机时间受到拖延。同样，关注这个问题的经济学家支持收取类似的通行费，这会使得在高峰时段乘机的乘客为自己引起的成本买单。然而，采取这一定价措施的进展相对缓慢，很大一部分原因在于政治上的反对。

旅游景点的拥堵

博物馆、游乐园、动物园、滑雪场等旅游景点也受到拥堵成本的影响。不仅多一个游客进入旅游景点会给其他人带来延误，而且旅游的愉悦感也会在拥堵中降低。比如，一项对大英博物馆参观人数进行的调查研究发现，在参观高峰时期，每增加一个参观者，会使其他参观者的愉悦感降低 8.05 英镑，主要是由于参观最有价值的展品的兴致受到干扰。然而，大英博物馆长期以来施行的是免费参观的政策，所以它不可能对高峰时段的参观者所引起的这一高边际成本收取费用。

思考题

1.许多通勤者反对针对堵车收取通行费，因为通行费影响的是每天定时上下班的员工，而不是那些在他们的空闲时段在非高峰时段出行的驾驶者。难道统一不同时段的收费标准不是更为公平的收费方式吗？不考虑收费时间表，收费所带来的收入应该如何支配？

2.在主题公园排队必然会导致愉悦感下降，主题公园的工作人员可以采取什么样的措施来引导人们在非高峰时段使用极具吸引力的设施？

7.6 成本曲线的移动

> **小测验 7.4**
>
> 用直觉解释关于图 7-6 的问题：
>
> 1.为什么除了在 q^* 处之外，SAC 都要大于 AC？
>
> 2.为什么在大于 q^* 的产量上 SMC 都大于 MC？
>
> 3.如果这家企业将短期资本水平提高到超过 K^* 的水平，这个图将如何变化？

我们已经知道，企业的成本曲线来自其成本最小化的扩展线。影响扩展线的经济条件发生任何变化，都会同时影响企业本身成本曲线的形态。三个经济条件的变化可能有上述影响：投入要素价格的变化、技术创新和范围经济。

7.6.1 投入要素价格的变化

一项投入要素的价格变化会影响企业的整条成本曲线和扩展线。例如工资的上调，会使得企业生产产品的成本相对更高，并且雇用相对更少的劳动。在某一程度上实现资本替代劳动是可行的（替代的可能性取决于等产量曲线的形状），此时企业的整条扩展线会转向资本轴方向。这个变化会为企业带来一条新的成本曲线。劳动价格的提高，会导致产量水平和成本的整个关系发生变化。由此推测，整条成本曲线会上升，并且改变的程度取决于劳动在生产中的相对重要性以及企业能否成功地用其他要素替代劳动。如果劳动相对来说不是很重要，或者是企业容易转化为更机械化的生产方式，那么由工资上升导致的成本上升幅度可能相当小。比如，炼油厂工资上升导致的成本上升就较小，因为劳动成本只是工厂生产成本的很小一部分。另外，如果劳动要素是企业生产中非常重要的一部分，成本的转型就会很困难（比如剪草机的案例），生产成本就会由于劳动成本的上升而上升得很快。木工工资的上升，将导致盖房成本剧增。

7.6.2 技术创新

在动态经济中，技术也不断发生变化。企业可能会发现更好的生产方法，工人会学会如何更好地完成任务，管理和控制的工具也会不断改进。这类技术进步改变了企业生产函数，等产量曲线和扩展线的形态也会随技术变化而发生改变。

> **? 小测验 7.5**
>
> 工人工资的增加将提高麦当劳的成本。
>
> 1. 当劳动成本占总成本的比例很大时，这种提高对总成本的增加的影响程度有多大？当劳动成本的比例很小时呢？
>
> 2. 当企业能够用资本替代劳动时，劳动成本的增加对总成本的影响程度有多大？当不能够替代时呢？

例如，知识创新可能只是简单地把所有等量曲线移向原点，而其结果是，任一产量水平能够用更低的投入水平以及更低的成本进行生产。与此不同的是，技术进步可能仅仅带来某种要素投入的节约。举例来说，工人技术变得更加熟练，这仅仅能节约劳动的投入。这一结果也会改变等产量曲线和扩展线，并且最终影响企业成本曲线的形状和位置。近年来，微电子产业已产生了一些重要的技术变化。最近 20 年，每两年计算机处理的费用就会减半。这类成本变化已经对本书中我们研究的许多市场产生了重要的影响。

7.6.3 范围经济

第三个可能会导致成本曲线发生变化的因素，是企业同时生产多种不同的产品。在生产多种产品的企业中，其中一种产品的扩张可能会同时改善生产其他产品的技术。例如，苹果公司生产手机无疑会给它生产 iPad 带来成本优势，因为这两种产品之间的电子、屏幕和软件是非常相似的。又或者，做了大量某一类型手术的医院在进行其他类型手术时可能会具有成本优势，这是因为使用的设备和手术人员非常相似。这种成本效益被称为**范围经济**（economies of scope），因为它们是多产品企业扩大业务范围所产生的结果。"应用 7.5：银行业中的范围经济是一件坏事吗？"就考虑了这一领域的最近一个矛盾。

范围经济或者规模经济往往会导致大厂房的形成。富士康作为签约许多苹果产品的生产商，就同时表现出这两个特征。其中在中国的一个工厂集中了几种不同的产品（iPod 和 iPad 等），每年每种产品以数百万计。它雇用了将近 50 万个工人，富士康工厂的复杂性就像一个小城市。

应用 7.5

银行业中的范围经济是一件坏事吗？

银行是金融中介。它们从一群存款者中搜集存款，并把它们贷给借款者，以期通过借贷利差获利。在这样一个中介过程中银行会产生成本，所以它们的净利润取决于它们进行这些活动的效率。实际上，因为银行资金的成本和它们所收到的利率很大部分是由市场力量决定的，所以运营成本的差异就是银行业总体盈利及其结构的主要决定因素。

范围经济的重要性

如果任何一种具体的金融产品的相关成本下降，那么当银行扩大其他金融产品的供给时，范围经济可以降低银行成本。例如，一家银行可能会发现当它也能够向零售商提供贷款时，它向消费者提供贷款的成本会下降，因为在服务它的顾客时它能够使交易成本得到节约。在一个更加复杂的情形下，能够在许多市场同时运营的银行会发现它们的成本会更低，因为它们拥有更多的分散风险的机会，以及更多的探寻更低成本资金和更高收益资产的机会。

《格拉斯-斯蒂格尔法案》的终止

1933 年的《格拉斯-斯蒂格尔法案》对美国商业银行（它们接受存款和发放贷款）和美国投资银行（它们处理公司债券）做了明显的区别。这一法案是在大萧条期间通过的，旨在把"安全的"存款机构从它们的"有风险的"投资银行部门分离出来。毫无疑问，这一法案会排除本来是这两类机构的综合体的机构的范围经济。在 20 世纪 90 年代期间，日益明朗的是这些机构的区分并没有起到有效作用。在 1999 年，《格拉斯-斯蒂格尔法案》的这一部分内容被废止了。其他方面也开始放松管制（例如，对跨州银行业务的限制）。许多欧洲和亚洲国家同样采取了类似的放松管制行动。

由于全世界的银行都开始放松管制，因而合并也日益加剧。很显然，银行管理人员认为更大的机构明显具有规模经济和范围经济。然而，关于这一主题的学术研究结果有些不太乐观。许多跨国研究的一个最近综述得出结论认为，更小的机构会由于规模经济而节约一些成本，但是提供多种银行服务带来的范围经济则难以察觉。[a] 然而，银行机构在 21 世纪持续显著增长，并且它们之间的金融联系也在迅速增强。

金融联系增强的后果

业务范围广泛的银行在很多方面拥有优势。当银行在许多地方投资时,它们能够分散资产,从而降低风险(见第4章)。银行业的全球化可能会带来以前没有的投资机会,从而可能提高盈利能力。此外,通过同时参与多个市场,银行可能会获得更好的市场信息,并据此做出决策。

但是,银行规模的扩大也带来了风险。因为许多国家的大型银行在许多层面上相互打交道,各银行之间的风险的相关性可能会变得更高。因此,跨国分散投资的好处可能名不副实。用金融语言来说,系统性风险可能会增加。2008年的金融危机以许多鲜明和意想不到的方式展现了这种风险。例如,冰岛的银行(以前一直是小规模的地方机构)经历了大面积倒闭,因为它们在全球的投资出现了亏损。爱尔兰一家大型银行因向美国市政当局提供贷款而损失惨重,不得不由一家德国银行进行救助。美国一家大型投资银行雷曼兄弟倒闭,而另外两家银行高盛和摩根士丹利则改制为商业银行,主要原因是它们在各种新的、复杂的金融工具上损失惨重。虽然对于银行扩大业务范围在引发2008年危机中所起的作用尚无定论,但似乎很明显的是,这确实促进了危机在全球的广泛传播。

政策挑战

银行及其与金融体系的联系有什么特别之处?与其他行业的企业相比,银行是否应该受到更多的监管?这种监管的根本原因是什么?如何设计有效的监管制度?银行的全球影响力如何使监管问题复杂化?

a. See Dean Amel, Colleen Barnes, Fabio Panetta, and Carmelo Sal-leo, "Consolidation and Efficiency in the Financial Sector: A Review of the International Evidence," *Journal of Banking and Finance* 28 (2004): 2493-2519.

7.7 一个数值例子

如果你对此感兴趣,那么我们可以继续用第6章的数据来推导汉堡包天堂(HH)的成本曲线。为此,先假设汉堡包天堂会以每小时5美元的工资率雇用员工,并且以每小时5美元的价钱向赫兹租赁公司租用烤架。所以,汉堡包天堂每小时的总成本是:

$$TC = 5K + 5L \qquad (7.9)$$

其中,K是每小时使用的烤架的数量,L是每小时雇用的员工的数量。在计算汉堡包天堂的最小生产成本之前,假设企业希望每小时生产40个汉堡包。表7-1显示了汉堡包天堂每小时生产40个汉堡包时可运用的不同方法。运用方程(7.9),可计算出每种方法的总成本。表7-1清晰地显示出当K和L均为4时,总成本最小。根据这个投入要素组合,其总成本为40美元:一半花费在租用烤架上(20美元＝5美元/个×4个烤架），另一半花费在雇用员工上。图7-7显示了成本最小化时的切点。

表7-1 每小时生产40个汉堡包的总成本

产出（q，个）	工人（L，个）	烤架（K，个）	总成本（TC，美元）
40	1	16.0	85.00
40	2	8.0	50.00
40	3	5.3	41.50
40	4	4.0	40.00
40	5	3.2	41.00
40	6	2.7	43.50
40	7	2.3	46.50
40	8	2.0	50.00
40	9	1.8	54.00
40	10	1.6	58.00

资料来源：表6-2和方程（7.9）。

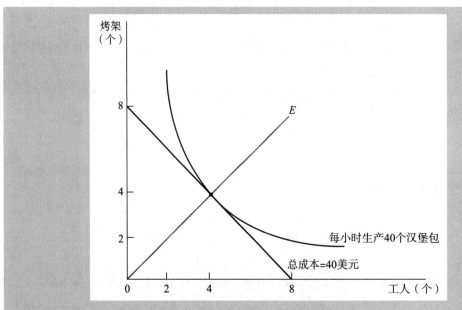

图7-7 每小时生产40个汉堡包时成本最小化的投入要素选择

每小时生产40个汉堡包时成本最小化的投入要素组合是使用4个烤架和雇用4个工人。总成本是40美元。

7.7.1 长期成本曲线

汉堡包天堂的生产函数规模报酬不变，因此计算扩展线是一件很容易的事情；所有成本最小化的切点均如图7-7所示。如果$w=v=5$美元，长期成本的最小化将要求$K=L$，以及每一个汉堡包的成本刚好是1美元。这个结果在图7-8中表示出来了。汉堡包天堂的长期总成本曲线是一条穿过原点的直线，它的长期平均成本和边际成本始终是每个汉堡包 1 美元。图 7-8 中的简单图形是规模报酬不变的生产函数的直接结果。

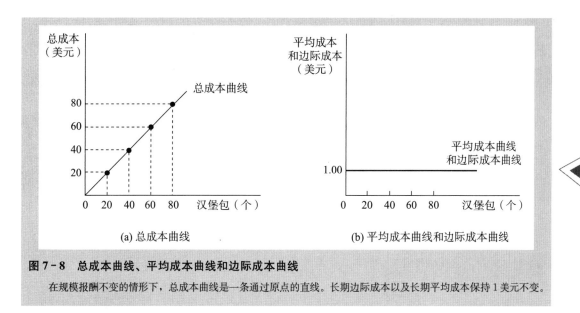

(a) 总成本曲线　　　　　　　　(b) 平均成本曲线和边际成本曲线

图 7-8　总成本曲线、平均成本曲线和边际成本曲线

在规模报酬不变的情形下，总成本曲线是一条通过原点的直线。长期边际成本以及长期平均成本保持 1 美元不变。

7.7.2　短期成本

如果我们使得汉堡包天堂的其中一种投入要素不变，它的成本曲线将会呈现为一种有趣的形状。例如，将烤架的数量固定在 4 个，表 7-2 重复了不同产出水平下的劳动投入（见表 6-2）。这些投入要素组合的总成本也显示在表中。请注意，汉堡包天堂的边际劳动生产率递减使得在产出增加的时候它的成本急速上升。通过绘制总成本曲线图形所隐含的短期平均成本曲线和边际成本曲线，这一规律表现得更为明显。因为 4 个烤架在生产过程中所带来的限制，第 100 个汉堡包的边际成本已达到异常高昂的 2.50 美元。

表 7-2　汉堡包生产的短期成本

产出 (q, 个)	工人 (L, 个)	烤架 (K, 个)	总成本 (STC, 美元)	平均成本 (SAC, 美元)	边际成本 (SMC, 美元)
10	0.25	4	21.25	2.125	—
20	1.00	4	25.00	1.250	0.50
30	2.25	4	31.25	1.040	0.75
40	4.00	4	40.00	1.000	1.00
50	6.25	4	51.25	1.025	1.25
60	9.00	4	65.00	1.085	1.50

续表

产出 （q，个）	工人 （L，个）	烤架 （K，个）	总成本 （STC，美元）	平均成本 （SAC，美元）	边际成本 （SMC，美元）
70	12.25	4	81.25	1.160	1.75
80	16.00	4	100.00	1.250	2.00
90	20.25	4	121.25	1.345	2.25
100	25.00	4	145.00	1.450	2.50

资料来源：表7-3和方程（7.9）。边际成本根据微积分方法进行计算。

最后，图7-9显示了汉堡包天堂的短期平均成本曲线以及边际成本曲线。请注意，当产出为每小时40个汉堡包的时候 SAC 达到了最小值，因为这是它在有4个烤架的时候的最优产量。在产量增至超过每小时40个汉堡包的时候，SAC 和 SMC 都急速上升。[①]

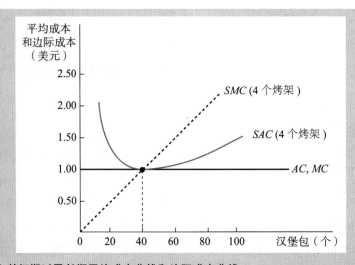

图7-9　汉堡包的短期以及长期平均成本曲线和边际成本曲线

对于规模报酬不变的生产函数，AC 和 MC 在任何产出下都保持恒定，也就是1美元。然而短期成本曲线是U形的，因为在短期，烤架的数量是恒定的。SAC 曲线与 AC 曲线在产出为每小时40个汉堡包时相切。

铭刻于心　　生产函数确定了成本曲线的形状

企业成本曲线的形状并非任意的。它们以具体的方式与企业潜在的生产函数相关。例如，如果生产函数表现出规模报酬不变，那么长期平均成本曲线和长期边际成本曲线将是不变的，不管产量是多少。同样，如果某些投入要素在短期内保持不变，那么可获得的报酬递减的这些投入要素将会导致平均成本和边际成本随着产量扩张而递增。学生许多时候往往急于画出一系列成本曲线，而没有停下来考虑生产函数的形状是怎样的。

---

① 关于汉堡包天堂的曲线可能会怎样移动的一些例子，可参见习题7.9和习题7.10。

小　结

本章介绍了如何绘制企业的成本曲线。这些曲线显示了一家企业的产量与其投入要素成本之间的关系。在以后的章节中，我们将看到这些曲线是如何成为供给理论的重要组成部分的。本章的主要结论如下：

● 为了最大限度地减少生产任何特定产量水平的成本，企业应该在等产量曲线上选择边际技术替代率（RTS）等于投入要素价格比率的那个点。另外，该企业应该在选择投入要素时，使投入要素的边际产量与其价格的比值在每种投入要素上都相等。

● 通过在每一可能的产量水平上重复成本最小化的过程，企业可以构造出其扩展线。它表示企业生产任何产量水平的最低成本路径。该企业可以通过扩展线直接计算得出总成本曲线。

● 平均成本（即单位产量的成本）和边际成本（即生产最后一单位产量所增加的成本）是两个最重要的单位成本概念。平均成本曲线和边际成本曲线可以直接通过总成本曲线推导得到。这些曲线的形状取决于企业生产函数的性质。

短期成本曲线是在短期内维持企业一种（或多种）投入要素不变的情形下绘制而成。如果所有的投入要素均可进行调整，那么这些恒定的短期成本一般不会是企业可以达到的最低成本。因为增加的投入要素存在边际生产率递减的特征，短期成本会随着产量的扩大而迅速增加。

● 每当投入要素的价格发生改变时，成本曲线会移动到一个新的位置。生产技术的改进也会使成本曲线移动，因为在同样的产量水平下，生产所需的投入要素更少。由于范围经济的存在，一家生产多种产品的企业在扩大一种产品产量的同时，会降低其他产品的成本。

复习题

1. Trump 航空公司正在考虑为它的短途运输增加一架新飞机。为什么在购买飞机之前，成本的概念告诉我们在考虑这项投资能否盈利的时候，应该将飞机的价格考虑进去，但是一旦购买了飞机，这架飞机的价格就与利润最大化的决策没有直接关系？在这个关于沉没成本的案例中，哪一种成本应该被用来决定飞机的用途？

2. 农民麦克唐纳先生抱怨说："虽然我的农场还可以盈利，但是我再也不能在这个行业中待下去了，我要卖掉我的农场，开始做快餐生意。"麦克唐纳先生说的盈利是哪一种意义上的盈利？解释为什么他的情形在会计上是盈利的，但是从经济成本的角度来看就不一定盈利。

3. 解释一下为什么成本最小化的假设意味着总成本曲线的斜率一定为正：产量增加则总成本一定增加。

4. 假设一家企业的生产函数是线性等产量曲线，也就是说，它的两种投入要素是完全替代品。在这种情形下，什么因素决定了企业的扩展线？与此相反，在固定投入比例的生产函数下，企业的扩展线又是怎样的？

5.边际成本与平均成本的区别可以用一些简单的代数来区分。这里有三个总成本函数：

ⅰ.$TC=10q$；

ⅱ.$TC=40+10q$；

ⅲ.$TC=-40+10q$。

a.解释为什么这三个函数有相同的边际成本（10）。

b.这三个函数的平均成本如何与边际成本进行比较？（注意函数ⅲ的平均成本只在$q>4$时有意义。）

c.解释为什么q值很大时平均成本接近边际成本。

d.绘制这三个函数的平均成本曲线和边际成本曲线。解释常数项在函数中的作用。

6.莱昂纳多是一个思想很机械的人。他经常建立模型来帮助自己理解所学习的课程。为了帮助自己了解平均成本曲线以及边际成本曲线，他在一块木板上以总成本和产量为轴建立坐标系，并用一枚小钉子把一个长指针固定在原点上。他认为对于任何成本曲线，他都可以通过以下三个步骤找出平均成本最小化的产量水平：（1）在他的图形上画出总成本曲线；（2）转动指针直到它和总成本曲线相切；（3）找出与切点相对应的产量。莱昂纳多认为这就是平均成本最小时的产量。他的说法正确吗？这种方法适用于图7-3中的总成本曲线吗？什么时候它不能适用？

7.赖特·布卢默（Late Bloomer）正在上微观经济学课程。课程的分数是由每周一次总共十周的小测验决定的，每次测验满分是100分。第一次小测验赖特·布卢默只得了10分，在接下来的每一周的小测验中他都提高10分，在最后一周的小测验中他拿到了满分。

a.计算赖特·布卢默每周的平均分。为什么在第一周之后，他的平均分总是比在当周的小测验中所取得的分数低？

b.为了帮助赖特·布卢默，他的教授决定在计算平均分之前给他的总分加40分。在这个条件下计算赖特·布卢默的周平均分。

c.请解释为什么赖特·布卢默现在每周测验的平均分的曲线呈U形。在这一学期内他的最低平均分是多少？

d.请解释这个问题与成本曲线的相关性。为什么"固定成本"40分的存在，使得平均分的曲线呈现U形？赖特·布卢默的平均分及边际分与他平均分的最小值相等吗？

8.贝思是一名数学家，她在阅读了本章后做出如下评论："短期和长期的区分是微不足道的，它只不过是这样一个数学事实的结果，即任何函数的最小值，均必须小于或者等于当这一函数被施加了一些约束条件后的最小值。"用贝思的看法解释下列问题：

a.对于每一个给定的产出水平来说，为什么短期总成本总是会大于等于长期总成本？

b.对于每一个给定的产出水平来说，为什么短期平均成本总是会大于等于长期平均成本？

c.你能明确说明短期边际成本和长期边际成本的关系吗？

9.税收可以影响企业的成本，请解释一下，下面每一种税收如何影响总成本、平均成本以及边际成本。注意考虑税收对长期成本和短期成本的不同影响。

a.企业为了经营支付的10 000美元特许税。

b. 对每件产品征收的 2 美元的产量税。

c. 对每个工人的工资征收的雇佣税。

d. 对企业使用的每台设备征收的资本使用税。

10. 利用图 7 - 1 解释，为什么在给定的产出水平下，一种投入要素价格的上涨会导致总成本的上涨。这个结果告诉我们，在价格上升的时候 AC 曲线将如何移动？能否给出一个确定的结论，说明 MC 曲线是如何受到影响的？

习 题

7.1 一家小部件制造商的生产函数是

$$q = 2K + L$$

a. 画出 $q = 20$、$q = 40$ 和 $q = 60$ 时的等产量曲线，它们的 RTS 是多少？

b. 如果工资率和租金均为 1 美元，K 和 L 的成本最小化组合在 a 问中的三个产量下是什么？制造商的扩展线是什么？

c. 如果 v 上升到 3 美元而 w 保持 1 美元，b 问的答案会发生怎样的变化？

7.2 假设阿诗米（Acme）口香糖公司拥有固定投入比例的生产函数，它需要使用两台口香糖压力机和一个工人来每小时生产 1 000 个口香糖。

a. 解释为什么每小时生产 1 000 个口香糖的成本是 $2v + w$（其中 v 是口香糖压力机的每小时租金和每小时的工资 w）。

b. 假定阿诗米口香糖公司能够使用这一技术生产任何数量的口香糖。解释为什么成本函数将是 $TC = q(2v + w)$，其中 q 是每小时的口香糖产量，以千个口香糖为单位。

c. 口香糖的平均成本和边际成本是什么（产量仍以千个口香糖为单位）。

d. 假如 $v = 3$，$w = 5$，画出口香糖的平均成本和边际成本。

e. 现在画出 $v = 6$，$w = 5$ 的图形，解释为什么这些曲线会发生移动。

7.3 一家生产滑板的企业的长期总成本函数为

$$TC = q^3 - 30q^2 + 350q$$

其中，q 是每周生产的滑板的数量。

a. 总成本曲线的形状如何？

b. 计算平均成本函数。这个函数是什么形状的？平均成本达到最小值时所对应的产量是多少？在这个产量上的平均成本是多少？

c. 滑板生产企业的边际成本函数是

$$MC = 3q^2 - 60q + 350$$

证明这条边际成本曲线正好穿过平均成本曲线的最低点。

d. 画出滑板生产企业的平均成本曲线以及边际成本曲线。

7.4 毛皮贸易商乔发现，他获得的毛皮量的生产函数为

$$q=2\sqrt{H}$$

其中，q 是一天内获得的毛皮数量，H 是乔的雇员每天在捕猎上所花的小时数。乔认为他的雇员的时间价值为每小时 8 美元。

a.计算乔的总成本曲线和平均成本曲线（作为 q 的函数）。

b.乔一天内获得四张毛皮的总成本是多少？获得六张或者八张时是多少？如果乔获得四张毛皮，那么他每获得一张毛皮的平均成本是多少？获得六张或者八张时是多少？

c.画出 a 问中的成本曲线，并指出 b 问中计算出来的点。

7.5 一家生产曲棍球球棒的企业的生产函数是

$$q=2\sqrt{K\cdot L}$$

在短期中，企业的资本设备数量固定为 $K=100$。K 的租金率是 $v=1$ 美元，L 的工资率是 $w=4$ 美元。

a.计算企业的短期总成本曲线和短期平均成本曲线。

b.企业短期边际成本函数是 $SMC=q/50$。如果企业生产 25 支曲棍球球棒，STC、SAC 和 SMC 是多少？如果生产 50 支呢？100 支呢？200 支呢？

c.画出企业的 SAC 曲线和 SMC 曲线，并标出 b 问中的点。

d.SMC 曲线和 SAC 曲线在哪里相交？解释为何 SMC 曲线总交于 SAC 曲线的最低点。

7.6 回到习题 7.2 中的口香糖生产，让我们考虑生产这些美味的食物并不必然经历规模报酬不变的可能性。

a.在习题 7.2 中，我们表明口香糖的成本函数是 $TC=q(2v+w)$，其中 q 是口香糖产量（以千计），v 是口香糖压力机的租金率，w 是每小时工资。潜在生产函数会表现出哪类规模报酬？这一生产函数是表现出规模经济还是规模不经济？

b.假设口香糖的成本函数是

$$TC=(2v+w)\sqrt{q}$$

那么这一函数表现出规模经济还是规模不经济？这一函数的总成本曲线的图形看起来怎样？它所隐含的平均成本曲线和边际成本曲线的形状是怎么样的？

c.假设现在口香糖成本函数是

$$TC=(2v+w)q^2$$

这一函数表现出规模经济还是规模不经济？画出这一函数的总成本曲线、平均成本曲线和边际成本曲线。

d.经济学家有时会通过 $S=AC/MC$ 来测度规模经济程度。这一指标的意义如下：如果 $S<1$，那么 $AC<MC$，这意味着 AC 曲线向上倾斜（因为 MC 曲线会把它拉高），在此情形下是规模不经济；如果 $S>1$，那么 $AC>MC$，这意味着 AC 曲线向下倾斜（因为 MC 曲线

会把它拉低），在此情形下是规模经济。假设口香糖的成本函数是

$$TC=(2v+w)q^a, MC=a(2v+w)q^{a-1}$$

计算该情形下的 S，并且表明它会怎样与 a 相关。讨论规模经济或者规模不经济会怎样与 a 相关。

7.7　风险投资家萨拉收购了两家工厂用于生产装饰品，每家工厂生产相同的产品，并且每家工厂的生产函数如下：

$$q_i=\sqrt{K_i \cdot L_i}, i=1, 2$$

尽管如此，每家工厂的资本设备是不同的。具体而言，工厂 1 的 $K_1=25$，而工厂 2 的 $K_2=100$，工厂 1 的边际劳动产量是 $MP_L=5/(2\sqrt{L})$，工厂 2 的边际劳动产量是 $MP_L=5/\sqrt{L}$，K 和 L 的租金率都是 $w=v=1$ 美元。

a. 如果萨拉想使生产装饰品的短期成本最小化，其将如何在两家工厂间分配产量？

b. 给定产出在两家工厂已实现最优配置，计算短期总成本、短期平均成本以及短期边际成本。第 100 个装饰品的边际成本是多少？第 125 个呢？第 200 个呢？

c. 萨拉在长期应如何在两家工厂间分配生产？计算生产装饰品的长期总成本、长期平均成本和长期边际成本。

d. 如果两家工厂都呈现出规模报酬递减，你将如何回答 c 中的问题？

7.8　在习题 6.7 中，我们介绍了柯布-道格拉斯生产函数的形式是 $q=K^aL^b$。来自这一生产函数的成本函数可由下式确定

$$TC=Bq^{1/(a+b)}v^{a/(a+b)}w^{b/(a+b)}$$

其中，B 是常数，v 和 w 分别是 K 和 L 的成本。边际成本函数是

$$MC=\left(\frac{B}{a+b}\right)q^{1-1/(a+b)}v^{a/(a+b)}w^{b/(a+b)}$$

a. 为了理解这些函数，假设 $a=b=0.5$。这一函数是否表现出规模报酬不变？现在成本函数是什么？成本函数是否表现出规模经济或者规模不经济？在这一函数中每种投入要素的价格的重要性如何？

b. 现在回到柯布-道格拉斯生产函数的更一般形式。讨论 q 的指数的作用。这一指数的数值会怎样与这一生产函数所表现出来的规模报酬相关？生产函数的规模报酬会怎样影响企业的总成本函数的形状？

c. 考虑习题 7.6 中的 d 问对于 S 的定义，它是测度规模经济程度的一个指标。计算柯布-道格拉斯一般形式的 S。把 S 与成本函数中 q 的指数以及这一问题前面部分所发现的规模报酬相联系。

d. 讨论 a 和 b 的相对大小会怎样影响这一成本函数。解释这些指数的大小会怎样影响总成本函数因每种投入要素价格变化而移动的程度。

e. 对柯布-道格拉斯成本函数取自然对数可得到

$$\ln TC = \ln B + \left(\frac{1}{a+b}\right)\ln q + \left(\frac{a}{a+b}\right)\ln v + \left(\frac{b}{a+b}\right)\ln w$$

为什么这一形式的成本函数非常有用？在这一函数中，对数项前的系数能够告诉你什么？

f. d 问的成本函数通过增加一些东西可以一般化。这一新的函数能够被称为"转换对数的成本函数"，它往往被用于许多实证研究中。应用 7.3 中表 1 所参考的克里斯滕森和格林关于电力的一文就提供了对这一函数的很好介绍。这篇文章指出柯布-道格拉斯成本函数的估计结果就是 d 问的一般形式。你能够在这篇文章当中找到它吗？

7.9 在第 6 章有关汉堡包天堂生产函数的一个数值例子中，我们检验了发明自动组装汉堡包的设备的结果，它可使得汉堡包的生产函数变为

$$q = 20\sqrt{KL}$$

a. 假设这个变动不影响成本最小化的扩展线（要求 $K=L$），那么长期总成本、边际成本和平均成本将会受到怎样的影响？（参考第 7 章结尾部分的数值例子。）

b. 更一般地讲，汉堡包行业的科技进步，使得汉堡包生产函数表现为

$$q = (1+r)\sqrt{KL}$$

其中，r 是科技进步的年变化率（也就是说，当每年进步 3% 时，$r=0.03$）。汉堡包每年平均成本的变化率与 r 存在怎样的关系？

7.10 在我们的数值例子中，汉堡包天堂的扩展线要求 $K=L$，因为 w（工资）和 v（烤架的租金率）是相等的。更一般地讲，对于这类生产函数，它的成本最小化可通过

$$K/L = w/v$$

来表示。因而，投入要素的相对使用是通过投入要素的相对价格来确定的。

a. 假设工资和烤架的租金都上升为每小时 10 美元。这将会如何影响企业的扩展线？如何影响长期平均成本和边际成本？你如何评价投入要素价格的整体上升对汉堡包生产成本的影响？

b. 假设工资上升至 20 美元，而烤架的租金维持 5 美元不变。这会怎样影响企业的扩展线？如何影响长期平均成本和边际成本？为什么工资增加了三倍，却只使得平均成本上升了很小的一部分？

c. 在第 6 章的数值例子中，我们研究汉堡包翻动的技术进步结果。具体来说，我们假定汉堡包生产函数从 $q=10\sqrt{KL}$ 变动到 $q=20\sqrt{KL}$。这一移动会怎样抵消 a 问的成本增量？也就是说，这一新的生产函数和 $v=w=10$，意味着成本函数是怎样的？这些怎样与图 7-8 所显示的初始曲线进行比较？

d. 用 b 问的投入要素成本（$v=5$，$w=20$）回答 c 问。关于技术进步抵消增加的投入要素成本的能力，你能够得到什么结论？

第8章 利润最大化和供给

在本章，我们将用第 7 章中推导出的成本曲线来研究企业的产出决策。我们最终将推导出一个详细的供给模型。然而，我们首先要简要考察一下关于企业的一些概念性问题。

8.1 企业的性质

我们通常将企业定义为将投入转化为产出的任何组织。关于这一类组织的性质，这个定义引出了一系列问题，包括：（1）为什么我们需要这样的组织？（2）在这样的一家企业中，人与人之间的关系是如何构建的？（3）企业的所有者如何确保他们的雇员以一种最有利于全局的方式履行职责？由于企业的运营会涉及数以千计的所有者、雇员和其他投入品的供应商，所以这些问题都很复杂，其中的很多问题也都成为当今经济学研究的前沿。在本节中，我们会简要地介绍针对这些问题的研究的现状。

8.1.1 企业为何存在？

为了理解为何需要大型而复杂的企业，首先我们来看看，如果没有这些企业，替代性的选择会是怎样的。如果汽车不是由丰田这种大型厂商生产的，那么人们对汽车的需求将怎样得到满足？一个理论上的可能选择将是这样的：汽车的零部件生产将由专业的工人单独完成，并最终由负责组装的工人将其整合到一起。在这一过程中，协商活动将会贯穿始终。也就是说，每一个人都可以与他所需要的供给者签订契约，同时也与那些需要他的产品进行下一环节生产的生产者签订契约。当然，签订所有的契约，将部分完工的半成品汽车从一个地方转移到另一个地方，这些都会产生高昂的成本。保证交易的每一细节都能准确无误地实施，建立起出错之后应对及解决的程序，这些都需要无休止的协商。如果将人们组织在一起成立一家企业，就可以降低这些协商成本。

英国经济学家罗纳德·科斯认为，企业产生的原因是为了使交易成本最小化。①比如说，在汽车生产的案例中，只要这样做有利可图，汽车生产企业的规模就会逐渐扩大到包括零部件的生产和装配等业务在内。这样做的收益，主要来自大型企业具有对符合企业特定生产需要的机器设备进行投资的实力，也有部分是由于与外部供应商进行协商的成本的减少。然而，这种收益存在的事实，并不代表在任何情形下都会带来收益。在某些情形下，汽车生产企业会发现将特定部分的业务外包给外部供应商能够带来更高的利润，这也许是因为相对于汽车生产企业本身而言，外部供应商在某些业务上更为娴熟。在科斯看来，寻找生产最终产品的最小化成本的一般化过程，决定了任一企业的规模。在为何会出现大型组织的问题上，交易成本的视角为这一方面的许多现代理论提供了基本的出发点。

8.1.2　企业内部的契约

企业内组织生产的基础，是每一项投入的供给者对于他在其中的角色和地位的理解和认识。在某些情形下，这些理解和认识在正式的契约中会成为明确的条款。尤其是那些喜欢协商工会福利的工人，经常会达成巨细无遗的条款约定，比如说工作时间是多长、工作中有哪些规定需要遵守、工资水平如何等。与此相似，企业的所有者将其资本投入到企业中，遵循的也是一系列明确的法律条款，比如说资本如何投入运作、产出的回报如何分享。然而，在大多数情形下，企业中各项投入的供给者对自身角色和地位的认识可能并不那么正式。比如说，对于在生产过程中谁有权做某些事情这一问题，经理人和工人在很大程度上都遵循着心照不宣的信念。有些时候，资本的所有者会将其大部分权力转交给受雇的经理人或者工人自己。像微软和通用电气这样的大型企业的股东们，并不想参与到企业运营的具体细节问题当中，如企业设备是如何使用的，哪怕他们才是这台设备的实际所有者。所有这些提供投入的供给者的理解和认识，均会随着时间的推移发生变化，而经验的积累和外部事件的刺激也会使这些理解和认识发生变化。就像一支篮球队或者一支足球队，它们会根据比赛环境的变化调整其防守方式和进攻策略，同理，企业也会调整其内部架构，以获得更好的长期结果。

8.1.3　契约的激励机制

在关于企业与投入供给者的契约问题中，非常重要的一部分问题是关于契约的激励机制的。只有这些激励与企业的目标一致，企业的运营过程才是有效率的。这些激励机制之所以如此重要，主要原因是人们很难观察到关于企业的经理人及雇员的真实绩效的信息。没有老板愿意一直盯着自己的雇员以确保其工作效率，而且也没有股东愿意一直盯着经理人以确保他们没有浪费股东的钱。相比之下，在契约中

---

① R. Coase, "The Nature of the Firm," *Economica* (November 1937): 386-405.

确立合适的激励机制，之后让经理人和雇员进行自我管理，这种管理方式的成本更低。举例来说，雇用一个工人来修建一堵砖墙，经理人可以一直看着工人如何添砖加瓦，以确保每一块砖都被放到正确的地方。然而，一种经济上更为划算的解决办法，是让工人的薪水取决于砖墙的建造质量和完工所需时间。在其他一些案例中，衡量工人的产出也许并不这么容易。（比如说，你如何衡量诊所里那位接待员的生产效率呢？）因此，可能需要一些不那么直接的激励方案。与此相似，企业的所有者需要衡量其经理人的工作成果，即使外界环境的影响使得企业的衡量标准发生了改变。在这一阶段学习这些激励性质的契约，会使我们偏离对供给的关注，但是在第 15 章中我们将会从细节角度去观察，在企业的管理过程中（以及在其他应用情形中），某些信息方面的问题是怎样通过契约激励机制的合理安排得以解决的。

8.1.4　企业目标和利润最大化

企业实际上是如何组织的之类的复杂问题让经济学家们困惑，因为经济学家总是试图针对企业如何提供经济产品这一问题给出简单解释。在需求理论中，我们只需要关注单独的个体，因此我们仅仅通过对一个追求效用最大化的消费者是如何做出选择的进行讨论就可以得到我们所需要的结论。但是，在企业的问题上，由于供给决策涉及众多个人，若想得到一个一般化的结论，任何关于这一决策过程的细节研究都会过于复杂。为了避免这一困境，经济学家通常会将企业视为一个独立的决策单元。也就是说，企业被假定为只有一个所有者，并且他同时也是经理人，他将独自做出所有的决策。通常我们还会假定这个人在企业的生产活动中追求利润最大化。当然，我们也可以假定这个经理人还有某些其他目标，在某些情形下其他目标也许比利润最大化更有意义。比如说，一所公立学校的经理人很可能并不追求利润最大化，而是追求教育上的目标。国营高速公路部门的经理人也许寻求的是高速公路的安全性（或者更离谱，追求的是帮他的朋友订立条件优惠的契约）。但是对大多数企业而言，追求利润最大化的假设是合理的，因为这与所有人希望其投资能够得到最好回报的目标一致。此外，利润最大化也会通过外部市场力量来对企业产生压力——如果一个经理人不能够以盈利最多的方式来使用企业的资产，其他可以做得更好的人就会代替他，将资产买走。对这种情形，我们会在**"应用 8.1：公司所得税和企业融资决策"**中进行简要探讨。因此，从追求利润最大化的假设开始我们对供给行为的研究，是个合适的选择。

应用 8.1

公司所得税和企业融资决策

美国首次征收公司所得税是在 1909 年，四年之后又开征了个人所得税。在 2013 年，公司所得税的收入已经超过 3 000 亿美元，约占整个联邦税收收入的 10%。很多人将这一税种视为对个人所得税的自然补充。在美国的法律下，公司在很多方面的权利与自然人接近，因此征收公司所得税看起来是很合理和自然的一件事。然而，一些经济学家却认为，公司所得税严重扭曲了资源配置，原因在于既没有在税法中使用经济利润的概念，又对公司所得中的很大一部分进行了重复征税。

利润的定义

税法中定义的公司利润，有很大一部分实际上是公司股东投资的正常回报。正常回报是指股东预期投资于其他类似公司也能得到的相近水平的回报。举例来讲，如果股东将资本存放于银行，他们将得到利息收入。因此，公司利润中的一部分应当被视为商业运营的经济成本，这一部分成本反映了股东在进行股权投资的时候放弃了什么，即机会成本。在税法下的会计监管体系中，这一部分成本不允许在税前扣除，因此相对于其他融资方式来说，股权融资的成本相对较高。

重复征税的影响

公司所得税与其说是在对公司利润进行征税，不如说是在对公司股东的股权回报进行征税。这样的税收会产生两个结果：第一，公司会发现，与发行股票进行股权融资比较，通过借款、发行债券等方式进行债权融资更具有吸引力，债权的利息成本可以在税前扣除，而股权的隐性机会成本则不允许在税前扣除。第二，一部分公司所得被重复征税，这一部分先被作为公司的盈利进行征税，之后经过派发股息，又被作为股东的所得再次进行征税。这样一来，相对于其他资本来源所适用的税率来说，适用于公司股权资本的实际总税率更高。

杠杆收购热潮

公司所得税的这些瑕疵至少在一定程度上引起了 20 世纪 80 年代席卷金融市场的杠杆收购浪潮。以迈克尔·米尔肯为代表的一部分人，通过这种杠杆融资的方式获得了巨额财富。杠杆收购的基本原理，是运用借款购买公司绝大部分的流通股份。这种收购方式，将适用税率较高的股权替换成适用税率较低的债权。科尔伯格-克拉维斯-罗伯茨（KKR）合伙公司收购雷诺兹-纳贝斯克公司的 250 亿美元的交易就是为了最大限度地攫取企业的真实经济利润（这些交易中的一部分甚至使用了可疑的财务操作）。

改变杠杆模式

杠杆收购在 1991 年下降了，部分原因在于股票价格上升，另一部分原因在于对股息和资本利得的征税下降。因而，债权融资相对于股权融资的优势减弱了。因而在 1995—2005 年间的许多收购主要是通过现金购买公司已发行股份进行融资。然而，2008—2009 年大衰退造成的货币扩张政策所导致的低利率环境，再次改变了计算的结果。在 2013 年早期资本利得和股息税率明显提高，这使得收购的债权融资出现了一个额外的推动力。结果是许多收购企业使用低利率贷款向自己派发股息，以此作为减少自己的股权的一种方法。正如所能够预期到的，聪明的会计方法使得许多这些股息对于股权所有者是免税的。

毫无疑问，美国所得税制的复杂结构将在未来继续为改变资本结构带来这样的盈利机会。

政策挑战

在已经实行综合所得税的情况下，单独征收公司税是否合理？对公司层面的资本收入征税而非对个人层面的收入征税是否有优势？或者双重税制的出现只是使得征税过程更加复杂和扭曲？

8.2　利润最大化

如果企业的经理人以追求利润最大化为目标，那么他一定要尽可能地拉大总收益与总成本之间的差距。在进行相关计算的时候，至关重要的一点是经理人应当使用经济成本的概念，经济成本中包含了所有的机会成本。根据这样的定义，经济利润实际上是扣除所有成本之后的盈余。对于企业的所有者来说，经济利润是由高出平均回报水平的那一部分利润构成的，因为正常水平的回报已经以机会成本的形式体现在投资的成本中。因此，经济利润的存在，成为企业进入市场的强有力的诱因。当然，经济利润也有可能是负数，在这种情形下所有者的投资收益低于他从其他投资中可以得到的一般回报水平，这就成为企业离开市场的一个诱因。

8.2.1　边际主义

如果经理人追求利润最大化，那么他们会使用边际的概念来进行经营决策。他们会不断调整所控制的资源，直到不能够进一步创造更多的利润为止。举例来说，经理人会关注每增加一单位产出或是每增加一个雇员所能带来的利润的增量，也就是边际利润。只要边际利润额是正数，经理人就会决定增加产量或是增加雇员的人数，直到经营活动所带来的边际利润为零，此时经理人将生产活动推动到了足够大的规模，进一步的生产活动将不会再带来利润的增加。

8.2.2　产出决策

通过关注企业选择的产出水平，我们可以将边际主义和利润最大化的关系以最直接的方式展示出来。企业的产量为 q，销售这些产出所得到的收益为 $R(q)$。很明显，所收到的收益金额取决于产品的销售量和出售价格。类似地，在生产出 q 产量的过程中，发生的总经济成本为 $TC(q)$，它取决于产量。经济利润（π）就被定义为

$$\pi(q)=R(q)-TC(q) \tag{8.1}$$

我们可以看到，利润水平取决于产量。在选择产量时，经理人会选择使经济利润最大的产出水平。这一过程在图 8-1 中得到了阐释。图 8-1（a）表示的是总收

益曲线和总成本曲线。正如我们所预期的那样，这两条曲线的斜率均为正数，产出的增加会带来收益和成本的增加。对于任一水平的产量而言，企业的利润就是两条曲线之间的垂直距离。这一垂直距离在图 8-1（b）中得到了体现。请注意，利润在开始时是负数。在 $q=0$ 的时候，企业没有任何收益，但是却需要支付固定成本。之后随着产量的增加和产品的销售，利润也逐渐增加。在 q_1 点利润为 0，在这一产出水平处收益和成本相等。在产量超过 q_1 之后，利润继续上升，在产出水平为 q^* 时达到其最高点。在这一产出水平处，总收益曲线与总成本曲线之间的垂直距离达到最大值。在产量水平达到 q^* 之后继续增加生产将会减少总利润。事实上，如果产量增加过多（超过 q_2 的水平），最终可以使利润达到负值。因此，仅仅通过看图就可以得出结论：追求利润最大化的经理人应当选择与 q^* 对应的产量水平。通过研究这一产出水平处收益与成本曲线的特征，我们得到了微观经济学中最重要也是最广为人知的一个结论。

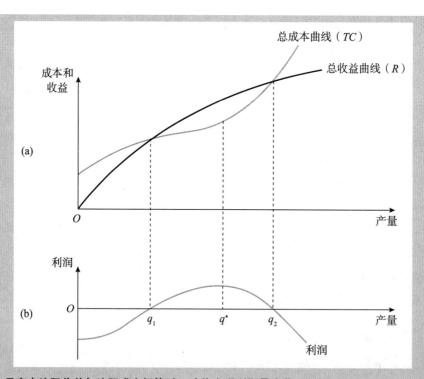

图 8-1　只有在边际收益与边际成本相等时，才能实现利润最大化

经济利润被定义为总收益减去总成本，体现在图中就是总收益曲线和总成本曲线的垂直距离。在总收益曲线的斜率（边际收益）与总成本曲线的斜率（边际成本）相等时，利润达到最大化的水平。在图中，这一产量水平为 q^*。在 q_1 和 q_2 两个产出水平处，利润均为零。

8.2.3　边际收益等于边际成本规则

为了检验在 q^* 处所需要达到的条件，我们考虑产出水平略低于 q^* 的情形。企业会发现，如果多生产一单位产品，额外的收益会超过额外的成本，这样，利润就会增加。用经济学术语表述就是，一个产出水平略低于 q^* 的企业，会发现它的**边际收益**（marginal revenue）大于其边际成本。这表明，产出的增加一定会带来利润的增加。然而，将产出水平增加到高于 q^* 的水平则会引起利润的降低。在高于 q^* 的产出水平上，多销售一单位产品得到的收益将无法弥补多生产这一单位产品的成本，因此多生产这一单位产品会引起利润的减少。因此，在 q^* 的产量水平处，边际收益正好等于边际成本。简要表示就是，在 q^* 处，

边际收益＝边际成本 (8.2)

或者

$$MR＝MC \tag{8.3}$$

由于边际收益和边际成本均为产量 q 的函数，通过式（8.3）可以求解出 q^*。在低于 q^* 的产量水平上，$MR>MC$；在高于 q^* 的产量水平上，$MR<MC$。

从图 8-1 来说，通过几何方法也可以证明这一关键命题。我们对总收益曲线与总成本曲线之间的垂直距离达到最大值时所满足的条件感兴趣。很显然，这需要使这两条曲线的斜率相等。如果这两条曲线的斜率不同，就可以通过向两条曲线分开的方向调整产出水平来增加利润。只有当这两条曲线的斜率相等时，才没有增加利润的可能性。总收益曲线的斜率就是边际收益，总成本曲线的斜率即是边际成本。因此，通过几何方法，我们再次证明了利润最大化时 $MR＝MC$ 这一产出规则。[①]

8.2.4 投入决策中的边际主义

类似的边际决策规则也适用于投入决策。举例来说，多雇用一个工人，会带来成本的增加，也会带来产出的增加，从而带来销售收益的增加，一家追求利润最大化的企业会平衡额外的成本与额外的收益之间的关系。企业决定租用机器的数量时也涉及类似的分析。只有当机器对利润的边际贡献为正数时，企业才会租用更多的机器。当机器的边际生产率逐渐降低时，机器获取额外收益的能力也逐渐减弱。企业最终会使用额外的机器直至其对利润的边际贡献为零，此时额外的销售收益恰好等于租用机器所带来的成本。企业在此时不应该进一步增加机器的租用数量。在第 13 章中，我们会对这一类决策进行更详细的分析。

---

① 这个结果也可以通过微积分方法推导出来。我们希望找到使 $\pi(q)=R(q)-TC(q)$ 最大的 q 值。根据最大化的一阶条件，

$$\frac{d\pi(q)}{dq}=\frac{dR(q)}{dq}-\frac{dTC(q)}{dq}=MR(q)-MC(q)=0$$

因此，解方程 $MR(q)=MC(q)$ 就可以得到利润最大化水平的 q 值。为了实现真正的最大化，最大化的二阶条件要求在 q 的最优值水平上，随着 q 的增加利润应当是逐渐减少的。

8.3 边际收益

每多出售一单位产品所得到的收入，对于追求利润最大化的企业来说至关重要。如果一家企业可以销售它所希望销售出的全部产品，又可以不影响市场的价格水平，也就是说，该企业是**价格接受者**（price taker），在这种情形下，市场价格就是多销售一单位产品所得到的额外收益。换句话说，如果企业的产出水平不会影响市场价格，边际收益就等于其产品价格。比如说一家销售零件的企业，可以以每个零件1美元的价格销售出50个零件，总收益为50美元。如果多出售一个零件不会影响市场价格，多出售一个零件会带来1美元的额外收益，总收益达到51美元。销售第51个零件所得到的边际收益就是1（=51−50）美元。对于一家产出水平对市场价格没有影响的企业，我们可以得出

$$MR = P \tag{8.4}$$

8.3.1 向下倾斜的需求曲线的边际收益

企业并不会总是按照给定的市场价格销售出自己所希望的产品数量。如果它的产品面临的是一条向下倾斜的需求曲线，那么它唯有通过降低价格才能增加其销售数量。在这种情形下，边际收益会小于价格。为了探究原因，我们继续考察前面那个出售零件的例子。为销售出第51个零件，该企业必须将其价格降低至0.99美元的水平。现在，总收益为50.49（=0.99×51）美元，销售第51个零件带来的边际收益仅为0.49美元（=50.49美元−50美元）。即使第51个零件按0.99美元的价格售出，销售这个零件所带来的总收益的净增加值也仅仅是0.49美元（销售第51个零件得到的0.99美元减去前50个售出零件售价降低0.01美元带来的0.5美元的收益的减少）。若多销售一单位产品引起价格降低，此时边际收益小于价格：

$$MR < P \tag{8.5}$$

> **?? 小测验 8.1**
>
> 运用边际收益等于边际成本规则解释为什么下列利润最大化的实现方式是错误的。
>
> 1. 当单位利润（售价−平均成本）达到最大值时，此时的产量是利润最大化的产量。
>
> 2. 由于企业是价格接受者，第1题中提到的方案可以描述如下：在平均成本最低点的产量水平是实现利润最大化的产量水平。也就是说，企业应当选择平均成本曲线最低点对应的产量水平来实现利润最大化。

对于为销售更多的产品而必须降低产品价格的企业（即企业面临一条向下倾斜

的需求曲线），在进行利润最大化决策时，必须考虑这一特征。

8.3.2 一个数值例子

现在我们用表 8-1 中的一个数值例子说明在面临一条向下倾斜的需求曲线时，边际收益小于价格这一结论。我们在表中分别列出唱片店中一周内的 CD 需求量（q）、价格（P）、销售总收益（$P \times q$）和边际收益（MR）。其对应的需求曲线为

$$q = 10 - P \qquad\qquad (8.6)$$

当 $q=5$、$P=5$ 时，销售总收益达到最大值。当 $q>5$ 时，销售总收益开始减少。在每周 CD 的销售量大于 5 之后，边际收益的数值为负。

表 8-1 CD 的总收益和边际收益（$q=10-P$）

价格（P，美元）	数量（q）	总收益（$P \times q$，美元）	边际收益（MR，美元）
10	0	0	—
9	1	9	9
8	2	16	7
7	3	21	5
6	4	24	3
5	5	25	1
4	6	24	−1
3	7	21	−3
2	8	16	−5
1	9	9	−7
0	10	0	−9

在图 8-2 中，我们画出了这条假设的需求曲线，并且通过这个图形来说明边际收益的概念。比如说，考虑销售量从 3 变为 4 所带来的额外收益。当销售量为 3 的时候，CD 的价格为 7 美元，销售总收益为 21 美元。这些收益体现在图中就是 $P^* A q^* 0$ 所代表的长方形。当销售量变为 4 的时候，为实现这一销售量，销售价格必须降低至 6 美元。总的销售收益为 24 美元，在图中表现为 $P^{**} B q^{**} 0$ 所代表的长方形。对这两个长方形进行比较，可以清楚地看出为什么多生产 1 张 CD 带来的边际收益会小于其销售价格。以 6 美元的价格多售出一张 CD 确实增加了收益，体现在图 8-2 中为深色阴影部分的长方形。但是，为了售出第 4 张 CD，前 3 张 CD 的售价必须由 7 美元降至 6 美元。价格的削减引起总收益减少 3 美元，在图 8-2 中表现为浅色阴影部分的长方形。

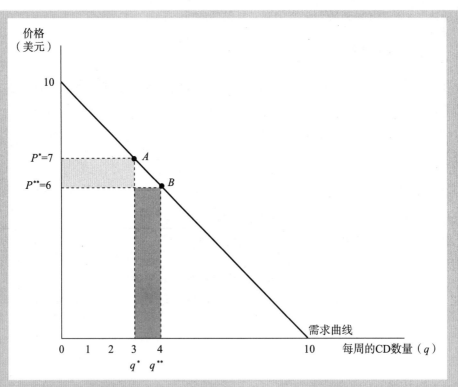

图 8 - 2   对 CD 需求曲线的边际收益的说明 ($q=10-P$)

对于这条假设的需求曲线，边际收益可以通过多销售 1 张 CD 所带来的额外收益来计算。如果将销售量从 3 增加到 4，总收益将从 21 美元增加到 24 美元。销售第 4 张 CD 的边际收益为 3 美元。销售第 4 张 CD 带来的 6 美元收益的增加，减去前 3 张 CD 每张售价减少 1 美元所带来的 3 美元收益的减少，就可以得到这个结果。

将两项考虑在一起的净结果就是总收益仅增加了 3 （＝6－3）美元，而不是单单考虑多售出的第 4 张 CD 所带来的 6 美元的所得。这条假设的需求曲线上其他点的边际收益也可以用同样的方法加以说明。特别是，当你考虑到生产 6 张 CD 而不是 5 张时，第 6 张 CD 的边际收益为负数。尽管第 6 张 CD 本身的售价为 4 美元，但是为销售出第 6 张 CD，之前 5 张 CD 的售价必须降低 1 美元。因此，边际收益为－1（＝4－5）美元。

8.3.3 边际收益与需求价格弹性

在第 3 章中，我们曾经介绍了需求价格弹性的概念，我们将其定义为

$$e_{Q,P}=\frac{Q \text{ 的百分比变化}}{P \text{ 的百分比变化}} \tag{8.7}$$

尽管提出的这个概念是针对整个市场的需求曲线的，但是这个概念也可适用于单个厂商所面临的需求曲线。我们将单个厂商产品的需求价格弹性定义为

$$e_{q,P}=\frac{q \text{ 的百分比变化}}{P \text{ 的百分比变化}} \tag{8.8}$$

在此，P 表示的是厂商出售产品的价格。[①]

我们在第 3 章中关于弹性和总支出的讨论同样可以适用于单个厂商的讨论。产品的总支出（$P \times q$）现在是企业的总收益。当企业面临的需求缺乏弹性（$0 \geqslant e_{q,P} > -1$）时，价格上升会引起总收益增加。但是，如果需求是富有弹性的（$e_{q,P} < -1$），价格上升会引起总收益减少。据此可以明显看出，在边际收益和需求价格弹性这两者之间存在着某种联系。然而，由于需求价格弹性注重价格的变化对需求量带来的影响，而边际收益则注重销售量变化的结果，因此我们必须弄清楚这两者究竟存在什么样的关系。

表 8-2 简要列示了厂商面临的需求价格弹性与边际收益之间的关系。当需求富有弹性（$e_{q,P} < -1$）时，价格的降低带来销售量的增加，总收益也随之增加。因此，在这种情形下，更低的价格可以增加销售量，从而提高总收益，边际收益为正数（$MR > 0$）。然而，在需求缺乏弹性时（$0 \geqslant e_{q,P} > -1$），价格的降低尽管也引起销售量的增加，但是总收益却在减少。既然产量的增加引起了销售价格和总收益的降低，因此 MR 为负数。最后，若需求为单位弹性的（$e_{q,P} = -1$），沿着需求曲线的移动并不会改变总收益，因此 MR 为零。更一般地说，边际收益和需求价格弹性之间的联系可以由下式给出[②]：

$$MR = P\left(1 + \frac{1}{e_{q,P}}\right) \tag{8.9}$$

表 8-2　边际收益与需求价格弹性的关系

需求价格弹性	边际收益
富有弹性（$e_{q,P} < -1$）	$MR > 0$
单位弹性（$e_{q,P} = -1$）	$MR = 0$
缺乏弹性（$e_{q,P} > -1$）	$MR < 0$

表 8-2 中的所有对应关系都可以由式（8.9）导出。比如说，当需求富有弹性时（$e_{q,P} < -1$），式（8.9）表明 MR 为正数。事实上，如果需求完全富有弹性，MR 将等于价格，就像我们之前看到的，企业是价格接受者，无法影响产品的市场价格。

[①]　这个定义假定在企业调整其自身的价格时，其竞争对手的价格水平保持不变。在这样的一个定义下，即使整个市场的需求曲线并不富有弹性，单家企业面临的需求曲线也将非常富有弹性。事实上，如果其他企业愿意生产出消费者在某一价格上愿意购买的全部产量，这家企业将无法在不损失销售份额的情形下提高其价格。对手的行为将会促使企业采取价格接受行为（见下一节的讨论）。有关企业间价格竞争的更全面的讨论，参见第 12 章。

[②]　式（8.9）的证明可使用微积分。因为总收益 $= R(q) = Pq$，边际收益等于

$$MR = \frac{\mathrm{d}TR}{\mathrm{d}q} = P + q\,\frac{\mathrm{d}P}{\mathrm{d}q} = P\left(1 + \frac{q}{P} \cdot \frac{\mathrm{d}P}{\mathrm{d}q}\right) = P\left(1 + \frac{1}{e_{q,P}}\right)$$

> ### ❓ 小测验 8.2
>
> 如何运用边际收益与需求价格弹性之间的关系解释下面的经济现象？
>
> 1. 在新泽西州与纽约市之间有五条主要的长途线路。如果只对其中的一条线路实施涨价策略，那么这条线路所能带来的收入就会减少。如果对五条线路同时涨价，那么任意一条线路的收入都会增加。
>
> 2. 在新罕布什尔州的汉诺威，餐饮税的税率从3%上涨到6%，该城镇的税收总额减少了。但是如果在整个州的范围内税率都上涨同一水平，那么税收收入就会增加。

关于式（8.9）在实际中是如何运用的，可以考虑一个产品需求价格弹性为-2的企业。这个数据可能来自这样的历史观察数据，即在售价降低10%之后会增加大约20%的销售量。现在假设该产品的售价为每单位10美元，企业想知道多售出一单位产品会带来多少额外收益。多销售一单位产品无法带来10美元的收益增加，因为企业面临的需求曲线是向下倾斜的。为了售出这一单位产品，产品的售价必须降低。然而，企业可以通过式（8.9）计算出，多销售一单位产品所带来的收益增加为5 [$=10\times(1-1/2)=10\times1/2$] 美元。当边际成本小于5美元时，企业会多生产这一额外单位的产品。换句话说，当 MC 小于5美元时，多销售一单位产品会带来利润的增加。尽管真实世界中的企业会用更复杂的方法来确定增加销售量（或者降低售价）的盈利水平，但是我们所采用的这一例子解释了这些企业必须采用的逻辑。它们必须认识到产品的销售量会如何影响售价（反过来也如此），以及这些价格变动会如何影响总收益。"**应用 8.2：百吉饼和目录销售的最大化利润**"表明，即使对于简单的产品，这类决策也可能并非直接明了。

应用 8.2

百吉饼和目录销售的最大化利润

正如通常的情形，真实世界中的实际利润最大化决策将比经济学家的理论模型所显示的要更加复杂。企业往往不确定它们所面临的需求，并且它们可能会发现它们实际上能够做出的选择面临着约束条件。因而，我们考虑两种情形，在其中经济学家已能够相当详细地检验这一决策。

百吉饼（和甜甜圈）

史蒂文·莱维特开发和详细分析了15年里将百吉饼和甜甜圈运送至华盛顿的交易。[a] 他特别关心企业每天运送的百吉饼和甜甜圈数量以及它们所收取的价格是否为利润最大化决策。大体上，这将是一个容易研究的情境，因为被探究的产品相对简单并且边际生产成本是这些产品全价的主要构成部分。然而，莱维特还是遇到了相当大的复杂性。在这当中可能最有趣的事实是百吉饼的销售和甜甜圈的销售是相关的。如果一个营业点的百吉饼断货了，一些（但并非全部）失望的消费者将会转而购买一个甜甜圈，反之亦然。最优供给对策应该是考虑这样一个"同型装配效应"，特别是在这一期间莱维特计算发现百吉饼的销售比甜甜圈的销售盈利更大。在大量地构建利润最大化方法之后，莱维特得出结论认为，运输企业非常擅长于选择将合适数量的百吉饼和甜甜圈运送到规定的地方。例如，多运送一个百吉饼将最多为某个地方创收 0.01 美元的利润增量。拥有每日的销量信息明显有助于企业磨炼正确的运送策略。

　　另外，莱维特得出结论认为，这家运输企业对其产品定价严重失误——它本可以通过提高价格将利润提高约 50%。该企业如此定价似乎有两个原因：首先，百吉饼和甜甜圈的付款方式是"荣誉制"。顾客只需把钱塞进锁箱，无人检查。因此，该企业可能定价过低，以维护商誉和诚信体系的完整性。其次，百吉饼和甜甜圈的价目表附在锁柜上，相对来说很难更改。因此，在批发价格不断上涨的情况下，暂时保持价格不变的成本可能更低。

目录销售

　　价格可能具有"黏性"（即难以改变）的观点已经困扰了经济学家一段时间。例如，阿尼尔·卡夏普（Anil Kashyap）1995 年对 L. L. Bean、Orvis 和 REI 目录中的价格进行了研究，发现尽管通货膨胀上涨相对较快，但这些价格却很少变动。[b] 卡夏普对这种黏性提出了两个解释。首先，也是最明显的一点，对这些企业来说，改变价格的成本很高，因为这意味着它们必须重新印制目录。因此，它们愿意放弃一些潜在的额外收入。其次，卡夏普认为第二种可能性是，零售目录企业产品选择了有吸引力的价位，而企业之所以不愿改变这些价位，是担心消费者会注意到它们的改动。当然，每个人都熟悉这样一个事实，即企业为了让价格看起来更低，通常把价格定为 3.99 美元而非 4.00 美元。卡夏普认为，这种现象更为普遍，因为消费者对事物应该花费多少钱有普遍的认识。偏离这种价格，即使出于成本考虑，最终也可能会损害销售和利润。

思考题

　　1. 因为在莱维特的研究中，百吉饼是用锁箱支付的，因此需要正确零钱的考虑因素会如何影响定价？

　　2. 与改变价格相关的成本有时被称为"菜单成本"。餐馆在希望改变价格时，可以采用哪些方法来规避印制新菜单的成本？

　　a. Steven D. Levitt, "An Economist Sells Bagels: A Case Study on Profit-Maximization," *National Bureau of Economic Research Working Paper* 12152. Cambridge, MA. March, 2006.

　　b. Anil Kashyap, "Sticky Prices: New Evidence from Retail Catalogues," *The Quarterly Journal of Economics* (February 1995): 245-274.

8.4 边际收益曲线

任何一条需求曲线都对应着一条**边际收益曲线**（marginal revenue curve）。有时候为了方便考察，我们会将需求曲线看成是平均收益曲线，因为其表明了在不同的产量水平上企业所能获得的单位收益（也就是价格）。边际收益曲线则表明了售出最后一单位产品所获得的额外收益是多少。在通常情形下，需求曲线向下倾斜，边际收益曲线会位于需求曲线的下方，因为在任何一个产出水平上，边际收益都小于价格。[①] 在图 8-3 中，我们画出了一条需求曲线及其对应的边际收益曲线。对于大于 q_1 水平的产出水平来说，边际收益为负数。在 q 从 0 增加到 q_1 的过程中，总收益（$P \times q$）在不断增加。然而，在 q_1 的产量水平处，总收益已经达到最大值，超出这一产量水平后，价格的下降速度会超过产量的增长速度，从而引起总收益的减少。

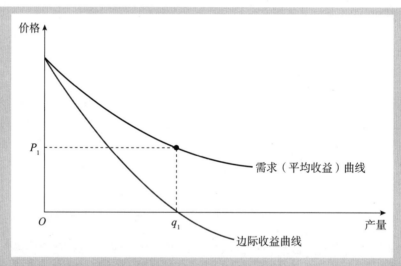

图 8-3 需求曲线与边际收益曲线

由于需求曲线的斜率为负，边际收益曲线落在需求曲线（平均收益曲线）的下方。如果产量超过 q_1，边际收益就是负数，在 q_1 点，总收益（$P_1 \times q_1$）达到最大值。超过这一点之后，如果产量进一步上升，随着价格更大幅度地下降，总收益也会减少。

8.4.1 再看数值例子

由需求曲线构建边际收益曲线往往相当困难，主要是因为计算过程需要微积分。然而，对于线性需求曲线，这一过程是简单的。再次考虑前面有关 CD 的例子。在那里我们假定线性需求函数为 $q = 10 - P$。推导与这一需求相关的边际收益

---

① 如果企业是价格接受者，并且能够售出既定价格水平下所有者想要出售的全部产量，企业所面临的曲线将是完全弹性的（也就是说，需求曲线是在既定价格水平下的一条水平的直线），并且它与平均收益曲线、边际收益曲线重合。此时多售出一单位产品对价格没有影响，因而边际收益和平均收益相等。

曲线的第一步是求解 P，由此得到 $P=10-q$，然后使用这样一个结果，即边际收益曲线是这一"支付意愿"曲线的陡峭程度的两倍。[①]

换句话说，

$$MR=10-2q \tag{8.10}$$

图 8-4 显示了这一边际收益曲线以及图 8-2 已显示的需求曲线。注意，正如前面一样，当 $q=5$ 时，边际收益等于零。在这一产出水平处[②]，总收益达到最大值（25）。任何超过 $q=5$ 的产量扩张都将使得总收益下降——换句话说，边际收益是负的。我们将使用这一代数方法计算几个例子和习题中的边际收益。

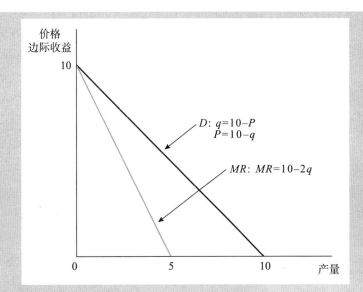

图 8-4 对应线性需求曲线的边际收益曲线
对于线性需求曲线而言，边际收益曲线的陡峭程度是它的两倍，在需求量的一半处与横轴相关。

铭刻于心 画边际收益曲线是简单的，但要确保需求是线性的

图 8-4 所显示的边际收益曲线的陡峭程度是需求曲线的两倍。因而，它将只有一半的 q 截距（也即 5，而非 10）。因而，你只要连接 q 轴上的这一点和需求曲线上的 P 截距，就总是能够画出一条准确的边际收益曲线。但是需要小心，因为这一方法只有在线性需求曲线情形下才起作用。在其他情形（如图 8-3 所示）下，两条曲线截距之间的关系（如果它们存在这一关系的话）将是非常不同的（可参见习题 8.10）。

[①] 微积分可以用于显示这一结果。如果 $q=a-bP$，那么 $P=\dfrac{a}{b}-\dfrac{q}{b}$，而且总收益是 $R(q)=Pq=\dfrac{aq}{b}-\dfrac{q^2}{b}$。因而，边际收益 $MR=\dfrac{\mathrm{d}R}{\mathrm{d}q}=\dfrac{a}{b}-\dfrac{2q}{b}$。

[②] 在此边际收益曲线是使用微积分方法计算的，因而边际收益的值将不一定准确对应表 8-1 中的数值，因为微积分方法使用的是 q 的微小变化，而表格中使用的则是很大的变化。尽管图形相近，但是使用微积分方法得出的值将会更加准确。

小测验 8.3

运用式（8.9）和图 8 - 3 来回答下面关于需求曲线及其对应的边际收益曲线的问题。

1. 在某一给定产出水平处，需求曲线与边际收益曲线之间的垂直距离是怎样依赖该点的需求价格弹性的？

2. 假设需求的增长使得消费者愿意在某一产量水平上多支付 10% 的价格，那么在这一产量水平上边际收益的增加幅度是大于还是小于 10%？你的答案是否根据需求增加带来需求价格弹性的变化而有所不同？

8.4.2 需求曲线和边际收益曲线的移动

在第 3 章中，我们详细地讨论了当诸如收入、其他产品价格或偏好等因素发生变动后，需求曲线将如何移动。很明显，当需求曲线移动的时候，它所对应的边际收益曲线也会发生移动。边际收益曲线是通过需求曲线推导出来的。在之后的分析中，我们必须牢记，当我们讨论需求的变动的时候，边际收益曲线也会移动。"**应用 8.3：航空公司定价策略的演变**"阐释了在放松管制后，边际决策方法对于航空业行为选择的重要性。

应用 8.3

航空公司定价策略的演变

在 1978 年之前，美国航空公司的价格由美国联邦航空管理局管制。该机构还对航空公司可以提供哪些航班进行控制，并不断就可以提供哪些福利（如免费饮料）展开争论。所有这些都因 1978 年的《航空公司放松管制法案》而告终，该法案允许航空公司遵循它们选择的任何定价和营销策略，因而对航空旅行性质的影响是巨大的。

折扣定价

对航空业放松管制最为明显的影响可能是许多航空公司走向了折扣定价。这一航空定价技术的目标，是为了对那些对价格并不是非常敏感的乘客（商务旅客）保持相对高的价格，而从那些需求相对有弹性的旅客（诸如度假家庭等）处获得收益。为了实现这样一个目标，航空公司对它们的折扣票价采用了各种各样的限制，使得它们对于商务旅客没有吸引力。总体上，折扣定价的到来导致了航空公司平均价格大约下降了三分之一。[a]

注意这一折扣定价的解释与我们对边际收益的讨论是一致的，特别是与式（8.9）一致。如果我们假定商务旅客和度假旅客的飞行边际成本是一样的，那么利润最大化条件 $MR=MC$ 意味着对于需求富有弹性的人来说价格应该更低（自己检验一下）。一旦价格管制被放松，航空公司就能够采用最终能提高消费者福利的更有弹性的定价计划。

改变设备和航线

一旦被允许选择飞行航线，航空公司在采用具体飞机以适用于它们选定的航线方面也将会变得更加具有成本意识。可能最成功的案例是美国西南航空公司，它做出这样一个决策，即对于中等长度的航线只采用波音 737 飞机。由于航线并不需要为各种各样的机型服务，也由于它能够采用创新的装载方式，所以它能够比它的竞争者更高效地使用飞机（而且飞行成本会更低）。在 2000 年之后，许多新航空公司（诸如捷蓝航空和穿越航空）进一步地采用西南航空公司的做法，它们强调直达航班，特别是飞往度假胜地的航班。由避免复杂中转所节省的成本是相当巨大的。

分类计价

虽然航空旅行看似简单，只是将人们从 A 点运送到 B 点，但事实上，人们关心的是这种旅行的许多不同方面。他们希望有舒适的座位、快速通过安检线以及获取头顶行李空间。在 2010 年之前，大多数航空公司在这些问题上不给顾客任何选择——座位、通道和行李空间捆绑在一起，先到先得。后来，航空公司发现旅客愿意为这些项目单独付费。于是，它们开始提供特定选择：购买更好的座位或提前进入飞机（从而获取头顶行李空间）。在这种情况下，式（8.9）的逻辑表明，那些对此类航班服务需求弹性最小的旅客愿意支付最多的费用。在某些情况下，航空公司能够将这类客户支付的实际价格提高多达 25%～30%。

思考题

1. 许多人对航空公司的定价政策感到困惑不解——只是感觉自己比邻座的人支付了更高的费用。复杂的折扣定价计划是否真的使消费者境况变好了，还是这些只是增加航空公司利润的方法而已？

2. 一些人把航空公司与日俱增的分类计价方法视为"不公平"。举例来说，他们认为航空公司对一个更好的座位收取 30 美元，这意味着高收入人群将会比低收入人群获得更好的座位，因而破坏了航空飞行的"民主本质"。你赞同这一观点，还是认为更好的航空座位应该像其他产品一样，其分配应该由支付意愿及支付能力来决定？

a. C. Winston, "U. S. Industry Adjustment to Economic Deregulation," *Journal of Economic Perspectives* (Summer 1998): 89-110.

8.5　价格接受企业的供给决策

在这一节，我们将详细考察作为价格接受者的企业如何做出供给决策。由这一分析可直接推导出我们下一篇的主题——市场的供给曲线和价格决定。然而，在这一阶段，我们仅仅关注单个厂商的经理人是如何做出供给决策的。

8.5.1　价格接受行为

在分析供给决策之前，我们首先简要地看一下价格接受者这一假设。在需求理论中，价格接受行为的假设看起来很符合我们的现实生活，我们都有从超市按照既定价格购买产品的经历。当然，也有时候你可以讨价还价，但是在通常情形下，你所面对的价格是给定的。之所以会这样，主要原因是对于你的大多数交易而言，其他购买者所做的事情跟你一样。你是否从自动贩卖机买一瓶可乐，这对于自动贩卖机的所有者而言无足轻重，尤其是他可能还拥有许多其他贩卖机。另外，购买一辆车或是一栋房子却是一项具有独特性的交易，你可以或多或少地影响卖家的售价。

同样的逻辑也适用于企业。如果一家企业的产品与其他很多企业的产品相同，它给市场带来了多少产量并不会产生什么影响，因为购买者总是可以从其他地方买到同样的产品。在这种情形下，企业唯一的选择，就是根据既定的市场价格来调整自己的行为，因为它的决策并不会影响市场价格。另外，如果一家企业几乎没有什么竞争者，它的决策就会影响市场价格，在运用边际收益概念的时候它就必须把这些影响也考虑在内。在第 6 篇我们会详细地讨论这种情形。在此之前，我们仍然会使用价格接受行为这一假设。

8.5.2　关于价格接受行为的一个数值例子

我们举一个数值例子来说明为什么要假定企业为价格接受者。比如说，玉米的需求函数如下所示：

$$Q = 16\ 000\ 000\ 000 - 2\ 000\ 000\ 000P \tag{8.11}$$

Q 是每年所需玉米的数量（单位为蒲式耳），P 是每蒲式耳玉米的价格（单位为美元）。假定有 100 万个玉米种植者，每人每年的产量为 10 000 蒲式耳。为了看看每一个种植者的价格决策对市场有怎样的影响，我们首先将式（8.11）改写成

$$P = 8 - \frac{Q}{2\ 000\ 000\ 000} \tag{8.12}$$

如果 $Q = 10\ 000 \times 1\ 000\ 000 = 10\ 000\ 000\ 000$，价格 $P = 3$ 美元。这就是美国玉米种植业的大概价值，产量约为每年 100 亿蒲式耳，价格约为每蒲式耳 3 美元。现在假设一个种植者试图确定他的行动是否能够影响价格。如果他的产量为 0，那么总产量 $Q = 10\ 000 \times 999\ 999 = 9\ 999\ 990\ 000$，市场的价格将会上升至

$$P = 8 - \frac{9\ 999\ 990\ 000}{2\ 000\ 000\ 000} = 3.000\ 005 \tag{8.13}$$

因此，从实际销售价格来看，价格仍然在 3 美元的水平上。事实上，这个计算过程很可能已经夸大了当一个种植者产量为 0 时市场所能感受到的价格上升压力，因为其他种植者很可能会扩大产量以弥补这个缺口。

当一个种植者决定扩大产量时，分析过程与上面类似。举例来说，一个非常努力的种植者决定每年生产 20 000 蒲式耳玉米，通过与上面类似的计算过程，我们

可以得出价格会下降至约 2.999 995 美元。同样地，价格几乎没有变动。因此，在供给者数量众多的情形下，单个供给者认为自己的行为对市场没有影响的这一假设是合理的。在"应用 8.4：价格接受行为"中，我们将看到一些价格接受行为貌似合理但实际上却很复杂的例子。

应用 8.4

价格接受行为

在真实世界中，要找到企业的价格接受行为的例子并不容易。当然，我们对自己作为价格接受型消费者的角色还是很熟悉的：你要么按照超市里标示的价格购买面包，要么不买。但是对企业来说，有时候想要知道它们是如何做出产出决策的，还真有些困难。思路之一是研究企业是如何得到价格信息的。当价格信息的来源基本上不受企业产出决策的影响时，价格接受行为看起来就比较合理了。在此我们考察以下两个例子。

期货市场

期货合约是在未来某一确定的时点上买入或卖出产品的合约。交易活跃的期货合约涉及各种主要农作物、牲畜、能源、贵金属以及一系列金融资产。这些合约上约定的交易价格，是根据主要交易市场的供求关系确定的，并且会被刊登在每天的报纸上。这一价格信息源，在投资者和生产者之间得到了广泛应用。比如，我们需要用燃油来取暖。在每个取暖季节，零售商都会按照期货合约约定的价格出售给我们一定数量的燃油。因此，在一个全球范围的市场上，我们支付的价格和零售商所得到的价格已经被事先确定好了。

还有其他一些类似的例子，可以表明期货价格的重要性。比如，一项关于肉鸡的研究[a]发现，企业在制定销售决策的时候，参考的价格正是肉鸡期货市场上的价格指数。其他研究者发现，在电力市场、冰冻橘汁市场、鲜虾市场上都存在这种现象。在所有这些案例中，企业的主要价格信息来源就是大型而且组织有序的市场，它们可以很容易地从报纸或互联网上得到。因此，任一企业均认为它的决策不能影响它所发现的市场价格，这是一个合理的假定。

市场订单

出现价格接受行为的另一个简单的原因，是其他方式所需要的成本也许相对较高。比如，当你想从股票经纪人那里购买股票时，你有几种方法来确定你愿意支付的价格。最常用的方法就是下一个市场订单，你将支付的价格就是你的订单生效时的市场价格。但是你也可以下一些其他类型的订单，对你愿意支付的价格进行具体的限定。对于这些不同的购买股票的行为，经济学家进行了详细的研究，并且得出了一般性结论：购买者的行为不会对结果产生多大影响。[b]从复杂的购买策略中得到的收益，通常都会被运用这些复杂策略所带来的成本抵消。

对于企业来说，类似的逻辑也适用。一个黄豆种植者出售黄豆时有两个选择：一个是接受当地交易商的价格（这个价格取决于交易商在大型市场上能以怎样的价格出售收购来的黄豆），另一个就是限定出售的条件或者寻找到给出最优价格的交易商。但是在通常情形下，复杂的出售方法都会带来较高的实施成本。直接接受当地交易商的条件，成本最低。而交易商的定价则很可能是根据国内市场上的价格信息确定的。

思考题

1.当企业的生产还需要一段时间才能完成时，它很可能愿意在期货市场上出售自己的产品，而不是等到产品上市后以市价卖出。同样的逻辑是否适用于生产的产量很容易根据市场条件进行调整的企业？

2.在什么情形下，企业会愿意花费精力来为它的产品寻找最优报价？什么时候它会满足于一个既定的报价，即使可能还有更高的价格存在？

a. L. J. Maynard, C. R. Dillon, and J. Carter, "Go Ahead, Count Your Chickens: Cross-Hedging Strategies in the Broiler Industry," *Journal of Agricultural and Applied Economics* (April 2001)：79 - 90.

b. D. P. Brown and Z. M. Zhang, "Market Orders and Market Efficiency," *Journal of Finance* (March 1997)：277 - 308.

8.5.3 短期利润最大化

在图 8-5 中，我们考察作为价格接受者的单家企业是如何做出供给决策的。该图给出了一家企业典型的短期平均成本曲线和边际成本曲线（参见图 7-6）。我们同时画出一条水平的直线，代表企业所生产的产品的市场价格 P^*。这条直线同时也是企业面临的边际收益曲线，它可以以市场价格售出它所希望的数量，并从每一单位的产品出售中获得额外的收益。很明显，在 q^* 处，利润达到最大值。在这一产量水平上，价格（也就是边际收益）等于边际成本。在这一点上，利润是最大的，只要看看当产量高于或者低于这一水平会发生什么事情就知道了。对于低于 q^* 的任何一个产量，价格（P^*）大于边际成本，因此增加产量所带来的收益增加超过了成本的增幅，向着 q^* 移动会带来利润的增加。类似地，当企业的产出水平高于 q^* 时，边际成本大于价格。削减产量所节约的成本会超过销售收益减少的数额，因此这再次说明了，向着 q^* 移动会带来利润的增加。

8.5.4 利润的表达式

当企业的产量为 q^* 时，很容易用短期的平均成本曲线将其利润表示出来。利润的表达式为：

$$利润 = \pi = 总收益 - 总成本 = P^* q^* - STC(q^*) \tag{8.14}$$

将 q^* 提到表达式前面，我们可以得到：

$$\text{利润} = \pi = q^{*}\left(P^{*} - \frac{STC}{q^{*}}\right) = q^{*}\left[P^{*} - SAC(q^{*})\right] \tag{8.15}$$

因此，总利润就是出售产品的数量与单位产品利润的乘积。从几何上来看，图 8-5 中 EF 之间的垂直距离就是产品的单位利润。注意在此处计算平均成本时所使用的数值是 q^{*} 所对应的平均成本。总利润就等于图中的垂直距离与数量 q^{*} 的乘积，这就是图中长方形 $P^{*}EFA$ 的面积。在这种情形下，由于 $P > SAC$，收益为正数。当 $P = SAC$ 时，收益为零。当 $P < SAC$ 时，收益为负数。不管收益是正数还是负数，我们都认为在 q^{*} 处利润实现了最大化，因为在这一产量水平上符合边际收益等于边际成本的规则。[①]

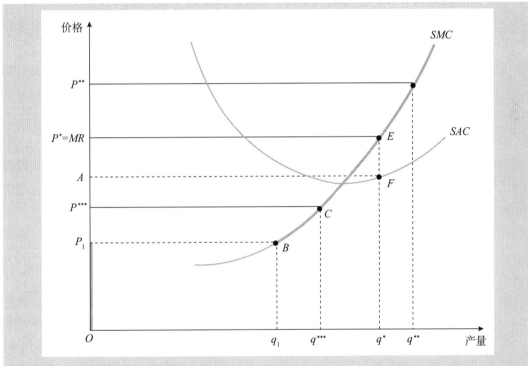

图 8-5　价格接受企业的短期供给曲线

　　企业通过生产 $P = SMC$ 处对应的产量来实现利润最大化。当 $P < P_1$（P_1＝短期平均可变成本的最小值）时，企业选择停产（$q = 0$）。短期供给曲线由 SMC 曲线 B 点以上的部分给出。

8.5.5　企业的短期供给曲线

　　在企业的短期边际成本曲线中，斜率为正数的那一部分就构成了价格接受**企业的短期供给曲线**（firm's short-run supply curve）。这条曲线表明了在每一市场价格

---

　　① 从技术上来讲，$P = MC$ 这一规则仅仅是利润最大化的一个必要条件。当边际成本曲线在 q^{*} 处的斜率为负时，运用这一规则得到的 q 值不一定会实现最大的利润。在这种情形下，稍微提高或者减少产量都会带来利润的增加。然而，对于我们的分析来说，我们假设在 $P = SMC$ 时的产出水平上，边际成本曲线的斜率为正。

水平下，企业所愿意生产的产量水平。举例来看，在更高的价格 P^{**} 处，企业的产量为 q^{**}，因为它发现在更高的产量水平上，即使边际成本较高，也仍然有利可图。另外，在 P^{***} 的价格水平上，企业会选择生产得少一些（q^{***}），因为只有维持一个较低的产量，才能使得边际成本降低，与较低的市场价格匹配。如果将所有可能的价格水平都考虑在内，我们可以通过边际成本曲线看出在每一既定价格下，追求利润最大化的企业所愿意生产的产量。

8.5.6 负利润和停产决策

在不加批评地完全接受这一结论之前，我们可能担心这样一个可能性，即企业简单地运用 $P=SMC$ 规则可能会遭受明显的损失。举例来说，在应用这一规则的价格 P^{***} 处，企业生产产量 q^{***}，因为这一价格降至短期平均成本下方，企业将是负利润（因而是损失）。任何企业是否真的能满足于这样一个凄凉的结果？

为了回答这样一个问题，我们必须问一下企业拥有什么其他选择。可能最为简单的替代方法将是一点也不生产（也就是说，选择 $q=0$）。从长期来看，这明显是最好的选择。因为按照定义，从长期来看能够避免所有的生产成本，一点也不生产将会准确地得到零利润——它总好于损失。但是，在短期我们必须考虑这样一个事实，即企业不管它生产多少都将会产生固定成本（例如，企业的暖气设备）。因而此时一点也不生产（因而承受着所有的固定成本损失）是否为最优策略就不是很清楚了。企业可能通过坚持 $P=MC$ 规则而做得更好。

一些代数可能有助于厘清这一情形。短期利润表示如下：

$$利润＝总收益－总成本＝Pq－可变成本－固定成本 \tag{8.16}$$

如果企业选择不生产，那么总收益是零，可变成本是零。因而，利润就等于负的固定成本，换句话说，在每期企业将会损失固定成本必须支付的数额。如果企业生产任何正值的产量，那么跟它不生产时相比，这样做它肯定能获得更多的利润。因而，结果必然是：

$$利润＝Pq－可变成本－固定成本≥－固定成本 \tag{8.17}$$

这就意味着：

$$Pq－可变成本≥0$$
$$或者 Pq≥可变成本 \tag{8.18}$$
$$或者 P≥可变成本/q$$

因而，企业将会生产某些正值的产量，给定这一产量所获得的收益超过了它导致的可变成本。通过这样一种方式，企业提供了不管它生产多少均会导致的固定成本的一些抵消额。式（8.18）的最后一个式子告诉了我们，为实现这样一个结果，最低价格是怎样的。换句话说，如果企业在短期内必须进行生产，那么价格必须超过平均可变成本。如果价格下跌至这个水平之下，那么企业将停产，即不进行生产。

这一**停产价格**（shutdown price）如图 8-5 纵轴线的加粗部分所示。任何处在 P_1 之下的价格均会导致企业不生产。但是任何高于 P_1 的价格均会使得企业遵照 $P=MC$ 规则进行生产，即使这一决策可能会导致短期的损失（如价格 P^{***}）。因而我们的结论是，企业短期供给曲线由短期边际成本曲线给出，但是它必须修正以考虑价格可能会落到它的停产水平上。若发生这样的情形，那么企业将不会进行生产。

当然，从长期来看，没有企业会在损失处营业。因而，在长期，价格必须至少等于平均成本，并且本节的分析只适用于短期情境。"应用 8.5：石油工业的繁荣和萧条"显示了短期和长期的区别会怎样在理解企业产量决策方面发挥重要作用。在第 9 章，我们将详细分析长期的市场运营。

8

应用 8.5

石油工业的繁荣和萧条

大型企业和小型企业的原油产量提供了关于价格接受企业短期供给行为原理的一些例子。因为原油价格是由国际市场决定的，所以这些企业很明显是价格接受者，对它们所面临的价格激励做出反应。开采企业面临着明显递增的边际成本，因为它们的钻井更深或者是在不太可能进入的地区进行作业。因而，我们应该预期到油井作业会遵循我们的价格接受企业会怎样对价格变化做出反应的模型。

一些历史数据

表 1 显示了美国石油钻井业过去 40 多年的行为。在这里，钻探活动是用钻探深度来测量的，它体现了企业钻更多深井的意愿。表格也显示了不同年份的原油均价，根据钻探设备的价格变化进行了调整。1970—1980 年间，实际原油价格增长至 3 倍，导致钻探活动数量翻倍。在许多情形中，这些新增的油井是在高成本地段钻探的（例如，在墨西哥湾或者是在阿拉斯加的北极斜坡的深水区）。很显然，20 世纪 70 年代末和 80 年代初是石油开采商的繁荣时期。正如所预期的，它们对市场所提供的价格信号做出了反应。

价格下降和供给行为

1981 年和 1990 年的衰退以及大量新原油供给（比如从北海和墨西哥）对油价产生了相当大的压力。到 1990 年，实际原油价格已经从 1980 年早期的水平下降了大约 40%。美国的开采商迅速对这些变化做出反应。如表 1 所示，1990 年钻探的深度还不到 1980 年的一半。许多更小的企业在这一时期完全终止了原油生产，因为非常低的价格甚至还不足以覆盖诸如劳动力成本和运行油井的电力成本等生产的可变成本。

表1　世界石油价格和美国油井钻探活动

年份	世界价格（美元/桶）	实际价格*（美元/桶）	钻探深度（千英尺）
1970	3.18	7.93	56 860
1980	21.59	25.16	125 262
1990	20.03	16.30	55 269
2000	23.00	16.40	33 777
2008	95.00	63.00	88 382

* 名义价格除以资本设备的生产价格指数，1982年=1.00。

资料来源：美国能源部，http://www.eia.doe.gov。

价格复苏和水力压裂革命

在20世纪90年代由于原油价格停滞不动，钻探活动持续减少。但是，在2000年之后，价格开始大步向上移动，它显著增加了钻探活动。到2008年（可获得的最新数据），实际价格大幅上升，钻探的英尺数相比它最低点处已扩张超过150%。

我们的供给行为模型是相对静态的模型——它并不考虑生产函数当中的技术改进。在后面的章节我们将试图修正这一不足。然而，对于现在，我们应该觉察到发生在21世纪头十年的钻探技术有着巨大的创新。通过引进水力压裂法和水平钻探法，先前无法盈利的石油储备也变得可用了。这一技术革命部分解释了2008年钻探活动的巨大增量。更多最新数据也表明有着更大的增量。很显然，21世纪头十年的石油价格不仅使得企业钻探活动增多，也导致了钻探技术产生明显的创新。

政策挑战

石油钻探在美国和世界其他许多地方都存在政治争议。这种争议源于与钻井本身相关的环境危害和人们对气候变化的担忧。水力压裂法的出现加剧了这种争议，美国多个州和欧洲许多国家都禁止这种做法。这种彻底的限制是否为解决石油钻探相关环境问题的最佳方式？

8.5.7　一个数值例子

市场价格和价格接受企业的供给决策之间的关系可以通过一个简单例子进行说明。假设一家企业的短期总成本曲线如下：

$$STC = 0.1q^2 + 5q + 300 \tag{8.19}$$

短期的边际成本曲线是：

$$SMC = 0.2q + 5 \tag{8.20}$$

如果企业接受给出的市场价格（P），那么它将通过设定这一价格等于它的短期边际成本来实现利润最大化：

$$P = SMC = 0.2q + 5 \tag{8.21}$$

解出企业的产量 (q)，得到它的短期供给关系：

$$0.2q = P - 5 \text{ 或者 } q = 5P - 25 \tag{8.22}$$

表 8-3 显示了价格在 10 和 35 之间的这一供给关系的含义。从表格中可相当清楚地得到两点：第一，随着价格的上升，企业将会生产更多。[这是很明显的，因为式 (8.22) 的价格系数为正。] 因为企业生产更多，所以它的利润也明显上升。这也正好是我们在图 8-5 中所显示的内容。

表 8-3 拥有 $STC = 0.1q^2 + 5q + 300$ 成本的企业的供给行为

价格	产量	总收益	短期总成本	利润
35	150	5 250	3 300	1 950
30	125	3 750	2 487.5	1 262.5
25	100	2 500	1 800	700
20	75	1 500	1 237.5	262.5
15	50	750	800	-50
10	25	250	487.5	-237.5

表 8-3 的第二个观察结果是在一个相当低的价格水平上这家企业会遭受损失。它暗示我们需要检验，在这样一个价格发生的时候企业不进行生产是否会更好。对于表格中的价格，这是很容易做到的，因为没有一个价格所产生的损失大于所有固定成本的损失（固定成本在这里是 300，因为当 $q=0$ 时这些成本就是固定成本），所以它的产量必须能够抵消可变成本以及一部分固定成本。事实上，在这个例子中，企业的停产价格是：

? 小测验 8.4

运用图 8-5 中的短期供给理论来回答下列问题：

1. 汉堡王必须支付的固定成本的增加如何影响 Whoppers 的短期供给曲线？

2. 由于汉堡王的顾客乱扔垃圾，汉堡王收到了 10 000 美元的罚单。这将如何影响它的短期停产决策？如果这一罚金变成每天 1 000 美元，直到这种乱扔垃圾的行为停止为止，你的答案会有所不同吗？

$$P_{停产} = \frac{可变成本}{q} = \frac{0.1q^2 + 5q}{q} = 0.1q + 5 \tag{8.23}$$

将这一价格和短期边际成本 [式 (8.21)] 比较可知，这一停产价格总是小于短期边际成本（利润最大化时它正好等于市场价格）。因而，在这一情形中，企业将永不停产，即使当价格很低时它可能会蒙受损失。然而，情形并非总是如此，所以你需要检验在每个短期问题中，停产是否都是合理的。

铭刻于心

企业的供给决策用于表明在任何给定的价格水平上它们将生产多少。为了推导这一点，首先，你必须让价格等于边际成本，然后求解产量［正如式（8.22）］作为市场价格的函数。除非你这么做，否则你不可能得到一个供给关系。然后，最后一步是寻找一个解，用于检验你所得出的关系是否适用于任何价格，或者在价格很低的时候企业停产是否更有利可图。

小 结

在本章中，我们考察了企业在进行决策时追求利润最大化的假设。根据这个假设我们可以得出以下结论：

● 在进行产出决策时，企业应当生产使边际成本等于边际收益的产量。只有在这一产出水平上，从边际的角度来看，生产产品的额外成本才正好与其所带来的额外收益相等。

● 类似的边际规则也适用于追求利润最大化的企业关于投入要素数量的决策。这些内容在第 13 章中会得到进一步的分析。

● 对于一个面临向下倾斜的需求曲线的企业来说，边际收益小于价格。在这种情形下，边际收益曲线位于市场需求曲线的下方。

● 当有众多企业生产同种产品的时候，企业选择价格接受行为是合理的。也就是说，企业假定自身的行为不会影响产品的市场价格。因此，边际收益就是既定的市场价格。

● 一家价格接受企业将通过选择边际成本与价格相等时的产量来实现利润最大化。由于这个原因，企业的短期供给曲线就是它的短期边际成本曲线（斜率为正）。

● 如果价格低于平均可变成本，那么企业的利润最大化决策就是不生产任何产品，也就是停产。在短期内企业还会发生固定成本，因此其短期内的利润为负值。

复习题

1. 既然是会计准则决定了利润的金额，为什么厂商还需要关注经济成本概念？特别地，为什么人们要考虑那些未被纳入会计报表的机会成本？

2. "经济利润就像飞纸——它们会吸引任何恰好在附近飞行的资本。"这句话形象地描述了真实世界。如果"经济利润"被"会计利润"取代，这句话是否正确？你能想到在什么情形下这句话是错误的吗？

3. 请解释下面列示的每个行动是否会对企业的利润最大化决策产生影响。（提示：考虑下述行动将会如何影响 MR 和 MC。）

a. 可变投入要素（如劳动）的成本上升。

b. 价格接受企业产品的价格下降。

c. 为获得经营权而向政府支付小额固定费用。

d. 按利润的50%征收所得税。

e. 按产品数量对每单位产品征收产品税。

f. 收到不附带条件的政府补助。

g. 收到政府对每单位产品的补贴。

h. 收到政府对每个工人的补贴。

4. 萨利·格林霍恩刚刚从一所著名的商学院毕业，并将在一家出售压缩狗饼干的企业工作，但是对于新工作她仍然一头雾水。她需要负责一条新上线的土耳其风味的狗饼干生产线，并且需要决定生产多少。她采取了下述策略：（1）从雇用一个工人运行一台狗饼干生产机器开始（假设工人和机器是以固定比例使用的）；（2）如果从这一试验中发现收入超过成本，那么就增加第二个工人和第二台机器；（3）如果第二个工人和第二台机器带来的新增收入超过其成本，那么就继续增加；（4）当这种组合式的投入增加带来的收入小于其所需的成本时，停止增加投入。关于萨利的这一思路，请回答以下问题：

a. 萨利在决定要素投入时使用的是边际思考方法吗？

b. 萨利所用的思考方法是否意味着她遵循 $MR=MC$ 的规则来寻找利润最大化的产量？

c. 萨利的市场营销学教授看过了她的思路之后，认为她的思路中存在着一些错误。教授坚持认为，她应该考察每一新增要素组合带来的利润，直到后一个组合增加的利润小于前一个组合增加的利润时才停止增加产量。对于教授的这一与众不同的建议，你如何评价？

5. 两个学生正准备微观经济学考试，但是他们看起来是困惑的：

学生 A："我们学到需求曲线一直是向下倾斜的。在竞争性企业的情形下，这一向下倾斜的需求曲线也是企业的边际收益曲线。所以这正是边际收益会等于价格的原因。"

学生 B："我认为你是错误的。竞争性企业所面临的需求曲线是水平的。边际收益曲线也是水平的，但是它位于需求曲线上方。所以边际收益小于价格。"

你能否厘清这一口水战？解释为什么每个学生都不可能获得与他或她的名字相称的分数。

6. 一个价格接受企业面临的需求具有以下两个特征：

a. 其他企业会愿意在现有价格下供给全部的需求；

b. 产品的消费者认为该企业的产品与其他竞争企业的产品无差异。

请解释为什么这两个条件对于企业接受既定价格而言是必要的。如果其中一个条件满足而另一个条件不满足，企业所面临的需求是什么样子的？

7. 两位经济学教授出版了一本教科书，并按每本书售价的12%缴纳版税。如果教科书面临的需求曲线是向下倾斜的，那么这两位教授会希望出版商将他们的书卖出多少本？这个数量与出版商自身想要出售的数量一样吗？

8. 用图形说明在短期内使企业的经济利润为零的价格水平。为什么在这一价格水平上，即使经济利润为零，企业仍然实现了利润最大化？经济利润为零是否意味着企业的所有者无法生存下去？

9. 为什么经济学家认为短期边际成本曲线的斜率为正？为什么这一观点引出了短期供给曲线斜率为正的结论？一个更高的价格对于一个边际成本递增的企业来说意味着什么？对于一个价格接受企业来说，当价格上升时，削减其产量，这是追求利润最大化的反应吗？

10. 威尔凯·约翰在夏威夷拥有一些低质量的油井。他最近一直在抱怨原油的低价格："每桶 70 美元的价格，我根本就不赚钱！我开采每桶原油需要花费 90 美元。而且，许多年前我为每英亩土地付了 1 美元。我看我还是停止开采一段时间，等到原油价格上升到 90 美元以上再说。"你从约翰的生产决策中得到了什么启示？

习　题

8.1　贝斯的割草服务是价格接受型小生意。割草服务的市场价格为每英亩 20 美元。尽管贝斯可以免费使用家里的割草机，但她仍然有其他成本，由下式给出：

$$总成本 = 0.1q^2 + 10q + 50$$
$$边际成本 = 0.2q + 10$$

其中，q 为每周贝斯提供割草服务的英亩数。

a. 为实现利润最大化，贝斯每周应当选择多少英亩？

b. 计算贝斯每周的最大利润额。

c. 画出这些结果，并且标注出贝斯的供给曲线。

8.2　继续考虑习题 8.1 中贝斯的割草服务的利润最大化决策。假设贝斯有个贪心的爸爸，爸爸对家庭割草机的使用开始收费了。

a. 如果家庭割草机的使用费为每周 100 美元，这将如何影响贝斯选择的割草的英亩数？她的利润会是多少？

b. 假设贝斯的爸爸按照她每周获利的 50% 来征收割草机的使用费，这是否会影响贝斯的利润最大化决策？

c. 如果贝斯的爸爸按照每英亩 2 美元的标准收取割草机的使用费，这将如何影响贝斯的边际成本？这又将如何影响她的利润最大化决策？她的利润额会是多少？她的爸爸会得到多少使用费？

d. 假设最终贝斯的爸爸按照每英亩割草收入的 10% 来收取使用费，而不是按照 c 问中每英亩 2 美元的标准来收取，这将如何影响贝斯的利润最大化决策？请解释为什么你会得到与 c 问相同的结果。

8.3　可以从以下事实得出一些额外的结论：与线性需求曲线相关的边际收益曲线也是线性的，并且具有相同的价格截距，斜率是原始需求曲线的两倍。

a. 说明边际收益曲线（对应线性需求曲线）的水平截距恰好是需求曲线水平截距值的一半。

b. 说明为什么 a 问中所讨论的截距显示了需求曲线中总收益最大值的数量。

c. 解释为什么在这个产量水平上的需求价格弹性为 -1。

d. 说明 a 问到 c 问中线性需求曲线 $q=96-2P$ 的结论。

8.4　假设一家企业面临的需求曲线的弹性为常数 -2。这一需求曲线由下式给出：

$$q=256/P^2$$

假设企业的边际成本曲线为：

$$MC=0.001q$$

a. 画出需求曲线与边际成本曲线。

b. 根据需求曲线计算边际收益曲线，并画出这条曲线。〔提示：可使用式（8.9）来完成这一部分。〕

c. 在什么产出水平上，边际收益会等于边际成本？

8.5　虽然我们只讨论了这一章中利润最大化是企业的一个目标，但是已开发的许多工具也可用于解释其他目标。为了做到这一点，假设一家企业面临着向下倾斜的线性需求曲线，并且拥有不变的平均成本和边际成本。

a. 假如这家企业想要最大化它的销售量，面临的约束是它不能够在损失处营业，那么它应该生产多少单位？它收取的价格是多少？

b. 假如这家企业想要最大化它所收到的总收益，它应该生产多少单位？它收取的价格是多少？

c. 假如这家企业想要最大化它的销售量，面临的约束是它必须赚得等于 1％销售额的利润，它应该生产多少单位？它收取的价格是多少？

d. 假如这家企业想要最大化每单位的利润，它应该生产多少单位？它收取的价格是多少？

e. 比较一下 a～d 问的解和利润最大化企业所要选择的产量。解释为什么每种情形下的这些目标结果均不同于利润最大化的结果。

8.6　一家本地的比萨饼店请一位咨询师来协助它与连锁比萨饼店竞争。由于大部分生意都掌握在连锁店的手里，因此这家本地的比萨饼店是一个价格接受者。通过对成本的历史数据进行分析，咨询师发现这家店的短期总成本曲线为 $STC=10+q+0.1q^2$，其中 q 代表每天的比萨饼生产量。咨询师也给出了短期边际成本曲线的表达式，为 $SMC=1+0.2q$。

a. 这家价格接受型比萨饼店的短期供给曲线是怎样的？

b. 这家店是否有停产价格？也就是说，在什么价格水平上，这家店会保持生产？

c. 咨询师算出这家店的短期平均成本为：

$$SAC=\frac{10}{q}+1+0.1q$$

并且，咨询师声称当 $q=10$ 的时候短期平均成本达到最小值。如果不用微积分，你如何证实他的这一说法？

d. 咨询师还声称，如果价格水平低于 3 美元，这家比萨饼店就要赔本。他说得对吗？请解释。

e. 现在由于连锁店的促销活动，比萨饼的价格很低，仅为 2 美元。由于这个价格低于平均成本，咨询师声称应当停业，直到对方结束促销活动为止。你是否同意他的这一建议？请解释。

8.7 贝斯的割草服务所在的城镇会有短暂的旱季和雨季（参见习题 8.1 和习题 8.2）。在旱季，割草服务的价格降低至每英亩 15 美元；在雨季，价格升至每英亩 25 美元。

a. 贝斯应当如何应对价格变动？

b. 假设在夏季，旱季与雨季发生的时间各占一半。贝斯每周的平均利润是多少？

c. 假设贝斯那位好心（但是仍然很贪心）的爸爸决定帮助她消除这种利润上的不确定性，但他的条件是用每周每英亩 20 美元的固定价格带来的利润与贝斯实际实现的利润进行交换。贝斯应该接受这笔交易吗？

d. 画出你的结果，并给出直观解释。

8.8 为了打破贝斯爸爸对她的控制（参见习题 8.1、习题 8.2 和习题 8.7），政府决定对贝斯进行收入补助。补助计划有两个选择：（1）每周直接补助贝斯 200 美元；（2）对每英亩的割草服务提供 4 美元的补助。

a. 贝斯更偏好哪一个补助计划？

b. 第二个补助计划带给政府的成本是多少？

8.9 高品质白兰地的生产函数为

$$q = \sqrt{K \cdot L}$$

其中，q 代表每周生产的白兰地瓶数，L 是每周的劳动小时数。在短期内，$K = 100$，从而短期生产函数为：

$$q = 10\sqrt{L}$$

a. 如果机器的运行成本为每小时 10 美元，工资为每小时 5 美元，短期的总成本为：

$$STC = 1\,000 + 0.05q^2$$

b. 根据 a 问中给出的短期总成本函数，短期边际成本函数为：

$$SMC = 0.1q$$

根据这个短期边际成本，厂商能生产出多少瓶价格为 20 美元的白兰地？每周要雇用多少劳动时间？

c. 在经济不景气时期，白兰地的价格降为每瓶 15 美元，此时厂商选择生产多少瓶白兰地？雇用多少劳动时间？

d. 假定厂商认为白兰地价格下降只持续一周，之后价格又会回到 a 问中的水平。还假定每小时内，厂商将工人数减少到低于 a 问中的人数，产生了 1 美元成本。如果按照 c 问中的情况进行生产，厂商会获利还是亏损？请解释。

8.10 艾比是一家美甲店的唯一所有者。她对于任何修指甲数量（q）的成本如下：

$$TC = 10 + q^2$$

$$AC = \frac{10}{q} + q$$

$$MC = 2q$$

美甲店每周只开 2 天——周三和周六。在这两天，艾比是一个价格接受者，但是价格在周末会更高。具体来说，周三时 $P=10$，周六时 $P=20$。

　　a. 计算一下艾比每天将会提供多少修指甲服务。

　　b. 计算一下艾比每天的利润。

　　c. 美甲店的全国协会已经提出所有成员的统一定价政策。美甲店只能收取 $P=15$ 以避免周末的顾客受到"剥削"。艾比是否应该加入协会并且遵从这一定价规则？

　　d. 在它的小册子中，协会声称"因为店主是风险厌恶的（参见第 4 章），他们一般偏好统一定价政策而非让他们受到价格大幅波动的影响"。你对这一说法的解释是什么？

8

第 5 篇

完全竞争

由于他管理产业的目的在于使其生产物的价值能达到最大程度，他所盘算的也只是他自己的利益。在这场合，像在其他许多场合一样，他受着一只看不见的手的指导，去尽力达到一个并非他本意想要达到的目的。也并不因为非出于本意就对社会有害。他追求自己的利益，往往使他能比在真正出于本意的情况下更有效地促进社会的利益。[*]

——亚当·斯密，《国富论》，1776

在本篇中，我们将考察在拥有大量需求者和供给者的市场上价格是如何决定的。在这种完全竞争市场上，所有参与人都被假定为价格接受者。因此，价格包含了有关不同产品的相对稀缺性的重要信息，并且在确定环境下，价格有助于实现所有资源的有效配置。这正是亚当·斯密"看不见的手"的教条所传递的思想。

第9章将考察有关完全竞争市场中价格决定的缜密理论。企业在市场上会针对盈利能力做出反应，体现为进入和退出决策。该章着眼于这一决策，并指出，和前述简单模型相比，考虑了这些决策因素的供求机制将非常灵活。它也允许更加完全地研究产品市场和用于生产这些产品的投入要素市场之间的关系，同时也将提供这些模型的一些应用例子。

在第10章，我们将考察所有竞争市场作为一个整体将如何运行。也就是说，我们将发展出一个总的一般均衡模型，来阐述一个竞争经济的运行状态。经济中某些因素发生变化会带来一系列效应，这样一个模型能够更为详尽地分析所有这些效应。

---

[*] 亚当·斯密. 国民财富的性质和原因的研究：下卷. 北京：商务印书馆，1974：27. ——译者注

第9章 单一市场中的完全竞争

本章将讨论在一个完全竞争的市场中价格的决定问题。本章将采用的理论是处于经济学核心地位的马歇尔供求分析理论，我们将对此加以详细阐述。我们将考察均衡价格的形成，同时将描述导致价格变动的因素。我们也将考察这一模型的一些应用例子。

9.1 供给反应的时机选择

在分析价格决定的过程中，时间长度是很重要的，这个时间长度主要是指当需求变化时，**供给反应**（supply response）所允许的时间长短。在超短期和长期中，均衡价格的形成模式是不同的：在超短期中，供给基本上是固定不变的；而在长期中，会有新企业进入市场。因此，按照经济学的传统，我们将分三个不同时间段来讨论定价：（1）超短期；（2）短期；（3）长期。尽管对这些时段给出一个精确的时间长度是不可能的，但是它们之间的实质性差异主要在于我们认为可能的供给反应不同。在超短期中，不存在供给反应——供给量是完全固定的。在短期中，现有的企业可能改变它们的产量，但是并没有新企业的进入。在长期中，企业可以更加灵活地改变它们的产量，同时新的企业可能进入市场，这就导致了非常灵活的供给反应。本章将对每一种不同的反应类型进行讨论。

9.2 超短期定价

在超短期或**市场期**（market period），并不存在供给反应。产品已经进入市场，不管市场环境怎样，企业都要把这些产品卖出去。在这种情况下，价格仅仅起到配置需求的作用。价格必须被调整到达到市场出清状态所要求的水平。尽管市场价格对于生产者来说是一个关于未来产量的信号，但是它在当期并没有发挥这种功能，因为目前的产量是不能改变的。

图9-1说明了这种情形。[①] 市场需求曲线用 D 表示，供给固定在 Q^* 的水平上，市场出清价格是 P_1。在 P_1 的水平处，人们愿意购买的数量等于市场提供的数量。销售者想要处理掉 Q^* 的产量，不管价格怎样（比如，我们讨论的产品可能是容易腐烂的，或者如果不及时售出就一文不值了）。P_1 平衡了供给者和需求者的愿望，因此，P_1 被称为**均衡价格**（equilibrium price）。在图9-1中，超过 P_1 的任何价格水平都不会是均衡价格，因为人们的需求量少于 Q^*（记住，无论价格水平为多少，企业总是提供 Q^* 的产量）。同样，低于 P_1 的任何价格水平也不会是均衡价格，因为人们的需求量大于 Q^*。当需求情况由曲线 D 表示时，P_1 是唯一的均衡价格。

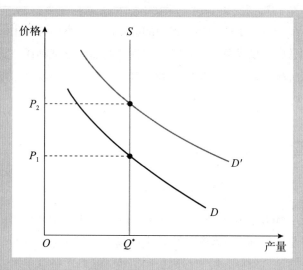

图9-1　超短期定价

在超短期，当产量完全固定时，价格仅仅是一种配置需求的机制。如果 D 代表了市场需求曲线，产量固定为 Q^*，那么主导市场的价格将是 P_1。在这个价格水平处，个人愿意消费的量刚好等于市场提供的量。如果需求曲线向上移至 D'，则均衡价格将上升至 P_2。

9.2.1　需求变动：价格作为调配机制

在图9-1中，如果需求曲线向外移至 D'（或许因为收入的增加，或许因为替代品的价格上升），P_1 将不再是均衡价格。在需求曲线为 D' 的情况下，当价格水平为 P_1 时，需求量远多于 Q^*。那些想在 P_1 水平处购买产品的消费者会发现，市场上不存在足够的产品来满足他们的需求。为了将现有的产量在所有需求者之间进行配置，价格就要上升至 P_2。在这个新的价格水平处，需求量将再次被减少至 Q^*（随着价格的上升，需求沿着 D' 向西北方向移动）。价格上升使得市场恢复均衡状态。图9-1中的 S（代表供给）曲线显示了在 Q^* 水平处，需求曲线的任意一个可

---

① 如之前的章节一样，我们用 Q 代表市场中总的购买量或销售量，用 q 代表单家企业的产量。

想象到的移动所产生的所有均衡价格。价格必须适应需求，使之与现存的供给相等。在"应用 9.1：互联网拍卖"中，我们将看到这种价格调节机制如何在实际中发挥作用。

应用 9.1

互联网拍卖

互联网拍卖已经成为当下销售产品最流行的方式，网站提供的拍卖品的范围很广，几乎无所不包，比如易趣网、亚马逊以及专门向文化水平较高的专家提供图书的图书网站。基本上每种产品都能在某些网站上找到，有专门提供珍藏品、工业设备、办公用品和其他各种奇奇怪怪的产品的网站。

互联网拍卖市场上供给是固定的吗？

互联网拍卖很像图 9-1 中所示的理论情形——产品的供给是固定的，而且无论竞标人愿意支付怎样的价格，这些产品都要被出售。但是这种观点可能过于简单化了，因为它忽略了供给者决策这一动态因素。比如，假设某人有 10 本已绝版的书要出售，他应该立即把这 10 本书都提供出来吗？因为购买者并不会频繁地搜索他们所需要的东西，立即把 10 本书都提供出来的决策是不明智的。同时卖出所有的书会导致最后卖出的几本书的价格偏低，因为在任何时候，真正珍视该书的人很少。把这 10 本书在若干周内分别提供出来会产生更有利的结果。该书的所有者还可以通过监测其他售书者的拍卖价格，并利用其中的价格规律来准确地决定售书时机。因此，尽管图 9-1 的分析是研究互联网拍卖的一个很好的起点，但是更加完整的理解需要考察复杂的决策程序。

互联网拍卖的特点

快速浏览互联网上的拍卖网站就会发现，这些操作者在它们的拍卖中形成了各种各样的特色。比如，亚马逊在产品拍卖前都明确规定了一个必须达到的保留价格，易趣网并不规定保留价格，但是很多产品确实有这个价格，只是在拍卖过程中才会被发现。一些拍卖会向消费者提供产品的历史竞标价格，然而另外一些拍卖只告诉你累计的竞标次数。一些拍卖向消费者提供直接以一个较高的价格立即购买产品的机会，消费者无须经历拍卖过程。比如，易趣网上的很多产品都有一个"一口价"。这些互联网拍卖的不同特点都有什么作用？依据推测，操作者利用这些特点可为它们带来更高的收益：要么吸引更多的买家，要么获取更高的价格（两者带来的效果是一样的）。但是为什么这些特点能够带来更高的收益？为什么拍卖人会在各种特点所起作用方面存在意见分歧？要回答这些问题，通常需要研究拍卖过程的内在不确定性以及竞标人是如何做出反应的。[a]

互联网拍卖中的参与风险

因为在互联网拍卖中买者和卖者是完全陌生人，所以许多特别的条款已经被制定出来，用以减轻各方在这样的情境中可能遭受的欺骗风险。在拍卖中竞标人面临的主要问题是不知道所提供的产品是否满足预期的质量标准。有助于减少拍卖的这类不确定性的一种重要方法，是通过对卖者进行打分。先前的竞标人向拍卖点网站提供排名，这些排名被提供给潜在买者。一个良好声誉可能会给卖者带来更高的竞价。对于卖者来说，主要的风险在于他们没有收到付款（或者收到的是空头支票）。为解决这一问题，已经形成了各种中介机构（诸如贝宝）。

一分钱拍卖

所谓的一分钱拍卖（诸如迪尔达斯*）给参与人带来了风险。在这些拍卖当中竞标人必须支付竞价，它使得拍卖赢家能以很低的成本获得购买某种东西的权利。然而，对于那些没有胜出的人来说，在竞标中支出的数额是完全的损失。因而，这些行为综合了拍卖以及彩票的特点，参与人的结果可能会非常不同。

思考题

1. 你是否认为不同的网络拍卖形式会得到不同的最终价格？如果是这样的话，为什么所有的卖者不使用只能够产生最高价格的那个网络平台？

2. 为什么在易趣网上的一些卖者提供"一口价"？这难道不是对他们可能从拍卖品中获得的收益施加了一个上限吗？

a. 关于投标策略和拍卖设计等相关问题的讨论，可以参见 P. Bajari and A. Hortacsu, "Economic Insights from Internet Auctions," *Journal of Economic Literature*（June 2004）: 457 - 486。

小测验 9.1

假设一个花卉种植者带了 100 盒玫瑰去拍卖，拍卖现场有很多买家，每个买家有两个选择：要么在规定的价格下通过举起竞价牌买进一盒玫瑰，要么拒绝购买。

1. 如果拍卖人从 0 开始拍卖，然后连续提高每盒玫瑰的竞拍价格，那么他怎么知道均衡点在何时达到？

2. 如果拍卖人从一个不可思议的高价格（每盒 1 000 美元）开始拍卖，然后连续降低这个价格，那么他怎么知道均衡点在何时达到？

9.2.2 超短期模型的适用性

超短期模型对于大多数市场并不十分有用。尽管这一理论非常适用于产品容易腐烂的情形，但是更加常见的一般情形是，当需求变化时，会出现某种程度的供给反应。通常假设价格上升会刺激生产者提供更大的产量。在第 8 章我们已经知道了这个假设的正确性，在下面的章节我们将详细探讨供给反应。

在开始分析之前，应注意到，更高的价格所导致的供给量的增加

---

* 芬兰的一个网上竞拍购物平台。——译者注

不一定仅仅来自产量的提高。实际上如果产品是耐用品（也就是比单一的市场期持续的时间要长），当它的价格上升时，其现有的持有者将增加它在市场上的供给。比如，即使伦勃朗的画的供给量是完全固定的，我们也不把这些画的市场供给曲线画成如图 9-1 所示的垂直线，因为当伦勃朗的画的价格上升时，持有这些画的人（以及博物馆）将更加愿意售出它们。从市场的角度看，即使没有新的生产发生，伦勃朗的画的供给曲线也仍然有一个向上的斜率。

9.3　短期供给

在分析短期供给时，一个行业中企业的数量是固定的。在短期内并不存在足够的时间从而使得新的企业进入市场或现有的企业完全退出市场。然而，现有的企业可以对变化的价格做出反应，从而调整它们的产量。因为市场中有大量企业生产相同的产品，因此每一家企业都是价格接受者。第 8 章中讲到的作为价格接受者的企业的短期供给模型在这里是适用的。也就是说，每家企业的短期供给曲线就是它们的短期边际成本曲线中位于停止营业点之上斜率为正的部分。利用这个模型可以得到每家企业的供给曲线，再将这些企业的供给曲线加总就可得到单一市场的供给曲线。

短期供给曲线的构建

一定时期内市场上一种产品的供给总量是每一家现有企业的供给量之和。因为每一家企业在决定它们各自的产量时面对的均是同一个市场价格，因此市场上总的供给量也取决于这个价格水平。市场价格和市场供给量的关系被称为**短期市场供给曲线**（short-run market supply curve）。

图 9-2 说明了该曲线的构建过程。为了简单起见，我们假设市场上只有两家企业，A 和 B。企业 A 和 B 的短期供给曲线（也是边际成本曲线）分别如图 9-2（a）和图 9-2（b）所示。图 9-2（c）是市场供给曲线，它是这两家企业的短期供给曲线的水平加总。例如，在价格 P_1 处，企业 A 愿意提供 q_1^A 数量的产品，企业 B 愿意提供 q_1^B 数量的产品，此时市场的总供给量为 Q_1，它等于 $q_1^A + q_1^B$。曲线上的其他点可以通过相同的方式得到。因为每家企业的供给曲线均向上倾斜，市场总供给曲线也向上倾斜。这种向上倾斜的特性反映了这样一个事实：当企业试图增加它们的产量时，短期边际成本上升。它们只有在更高的价格水平上才愿意承受更高的边际成本。

图 9-2 中只使用了两家企业的供给曲线，真实的市场供给曲线代表了许多企业供给曲线的加总。每家企业都将价格视为已知的，并提供能够使价格等于边际成本的产量。因为每家企业都在其边际成本曲线上斜率为正的部分进行生产，市场供给曲线也具有一个正的斜率。从企业的立场出发，所有和定价有关的信息都被囊括在这条市场供给曲线上了。这些信息包括：企业的投入成本，企业目前的技术知

识，企业试图扩张产量时所经历的边际报酬递减的情况，等等。如果这些因素中的任何一个发生变化，短期供给曲线将移到一个新的位置上。

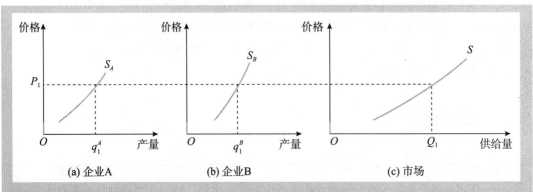

图 9-2 短期市场供给曲线

两家企业的供给（边际成本）曲线如图（a）和图（b）所示，市场供给曲线为这两条曲线的水平加总，如图（c）所示。例如，在价格 P_1 处，企业 A 愿意提供 q_1^A 数量的产品，企业 B 愿意提供 q_1^B 数量的产品，此时市场的总供给量为 Q_1，它等于 $q_1^A + q_1^B$。

9.4 短期价格决定

我们现在可以将供求曲线结合起来，来演示短期内均衡价格是如何确定的，图 9-3 展示了这个过程。在图 9-3（b）中，市场需求曲线 D 和短期供给曲线 S 相交于价格为 P_1、产量为 Q_1 的点上。这个价格-产量组合代表了消费者需求和企业供给的一个均衡状态——供求力量刚好平衡。在价格 P_1 处，企业愿意提供的产品数量刚好等于人们在这个价格水平处愿意购买的产品数量。除非决定供求曲线的某个因素发生变化，否则这个均衡点将趋于稳定。

9.4.1 均衡价格的作用

这里，均衡价格 P_1 起到两个重要的作用：首先，这个价格对于生产者来说是一个信号，它告诉生产者应该生产多大的产量。为了实现利润最大化，生产者会把它们的产量定在边际成本等于 P_1 的水平处。然后，市场总体产量为 Q_1。其次，均衡价格的第二个功能是配置需求。在给定价格水平 P_1 时，追求效用最大化的消费者决定将他们有限收入的多大部分花费在该产品上。在价格 P_1 处，总的需求量是 Q_1，恰好是生产者提供的量。这就是经济学家所说的均衡价格的含义。在价格 P_1 处，每一个经济主体对正在发生的交易都感到满意，这就是一个均衡，因为没有人愿意改变他们正在做的事情，任何其他价格都不具备这种均衡的特性。比如，一个高于 P_1 的价格将会导致需求少于供给，一些生产者就没法将它们的产品全部售出，只好被迫采取其他方案，比如降低产量或者打折出售。同样，一个低于 P_1 的价格将会导致需求超过供给，一些需求者就会感到很失望，因为他们买不到他们想要的产品。举例来说，他们可能会向卖家提供更高的价格，以便能够获得他们想要的产品。只有在 P_1 的价格水平处，他们才没有动机去改变各自的行为。只要决定供求曲线的因素不发生变化，P_1 水平处的供求平衡状态就会一直持续。

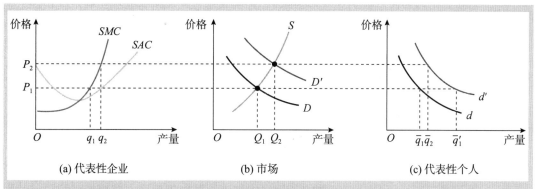

图 9-3　短期中许多个人和企业的相互作用决定了市场价格

市场需求曲线和市场供给曲线是各自的许多组成部分的水平加总，这些市场曲线如图（b）所示。一旦均衡价格确定了，每家企业和每个消费者在进行决策时都将这个价格视为给定。如果市场中某个代表性个人的需求曲线移至 d'，则市场需求曲线将会相应地移至 D'，均衡价格将上升至 P_2。

均衡价格对于单家代表性企业和个人的意义分别如图 9-3（a）和图 9-3（c）所示。对于代表性企业来说，价格 P_1 决定了 q_1 的产出水平。在这个价格水平处企业获得了利润，因为价格高于短期平均成本。代表性个人的初始需求曲线 d 如图 9-3（c）所示。在价格 P_1 处这个人的需求是 $\bar{q}_1$。市场供给曲线和市场需求曲线显示了所有企业供给的总数量和所有个体需求的总数量。P_1 是一个均衡价格，因为这两个总数量是相等的。每家企业和每个个人都满足于他们在这一价格处的所作所为。

9.4.2　市场需求增加的影响

为了研究短期的供给反应，我们假设图 9-3 中许多消费者都决定购买更多的产品，这就导致代表性个人的需求曲线向外移至 d'，整条市场需求曲线也发生移

❓ 小测验 9.2

在一个完全竞争的市场上存在许多买者和卖者，这一事实是怎样导致人们只能作为价格接受者而存在的？具体来说，假设每蒲式耳玉米的均衡价格是 3 美元。

1. 黄耳农场（Yellow Ear Farm）的农场主认为他每蒲式耳玉米值 3.25 美元，因为这个农场为了生产玉米进行了更多的灌溉。这个农场主能够坚持并得到他想要的价格吗？

2. 联合汤厨（United Soup Kitchens）认为它应该以 2.75 美元的价格买到玉米，因为它救济穷人。这个慈善机构能够以它愿意支付的价格买到玉米吗？

动，图 9-3（b）显示了新的市场需求曲线 D'。新的均衡点是（P_2，Q_2）：在这个点上，重新达到了供求平衡。由于需求的变化，价格从 P_1 上升到 P_2，市场中产品的交易量也从 Q_1 增至 Q_2。

短期内价格的上升有两个作用：

首先，与我们分析超短期的情形一样，它起到配置需求的作用。尽管在 P_1 的价格处个人的需求量是 $\overline{q}'_1$，然而在 P_2 的价格处个人的需求量只有 $\overline{q}_2$。

其次，价格的上升对于代表性企业来说是一个增加产量的信号，在图 9-3（a）中，代表性企业利润最大化的产量水平由于价格的上升而从 q_1 增加到 q_2。这就是企业的短期供给反应：市场价格上升成为刺激产量增加的诱导因素，由于价格的上升，企业愿意增加产量（同时承受更高的边际成本）。如果不允许市场价格上升（比如，假设政府的价格管制生效），企业将不会增加它们的产量，在 P_1 的价格处将会出现对产品的过剩需求（未被满足）。如果允许市场价格上升，供求平衡将会重新建立起来，在新的均衡价格下，企业生产的量刚好又等于人们需求的量。在新的价格 P_2 处，代表性企业的利润随之增加。这种由于价格上升而带来的盈利的增加对于本章后面将要讨论的长期定价很重要。

9.5 供给曲线和需求曲线的移动

在前面的章节中，我们讨论了导致需求曲线和供给曲线发生移动的很多原因，其中的一些因素被归纳在表 9-1 中。你可以通过回顾第 3 章"需求曲线"以及第 7 章"成本"来分析为什么这些变化会导致供给曲线的移动。这种类型的供求曲线移动在现实世界中经常发生。当供给曲线或需求曲线中的任意一个发生变动时，均衡价格和均衡产量都会随之变动。本节将简要探讨这些变化以及曲线的形状是如何决定变化的结果的。

表 9-1 供求曲线发生移动的原因

需求	供给
向外移动（→）原因	向外移动（→）原因
● 收入增加 ● 替代品价格上升 ● 互补品价格下降 ● 对产品的偏好增强	● 投入品价格降低 ● 技术进步
向内移动（←）原因	向内移动（←）原因
● 收入减少 ● 替代品价格下降 ● 互补品价格上升 ● 对产品的偏好减弱	● 投入品价格上升

9.5.1　短期供给弹性

在我们讨论上述变动的可能影响之前，需要了解那些被经济学家们用来描述供求曲线形状的术语。在第 3 章，我们已经引入了需求曲线的术语，我们研究了需求价格弹性的概念，它反映了需求量对价格变动的敏感程度。当需求富有弹性时，价格的变化会对需求量造成很大的影响；当需求缺乏弹性时，价格的变化对人们愿意购买的量不会产生很大的影响。企业的短期供给反应可以沿着相同的思路来描述。如果价格的上升导致企业大幅提高产出水平，我们就说供给曲线是富有弹性的（至少在观察的时期内）。相反，如果价格的上升对企业愿意提供的产量只有微小的影响，那么供给就是缺乏弹性的。更加正式地说，

$$短期供给弹性 = \frac{短期供给量的百分比变化}{价格的百分比变化} \tag{9.1}$$

例如，若短期供给弹性是 2，则价格提高 1% 将导致供给量增加 2%，在这个范围内，短期供给曲线是富有弹性的。另外，如果价格提高 1% 只引起供给量增加 0.5%，则**短期供给弹性**（short-run elasticity of supply）是 0.5，我们说这个供给是缺乏弹性的。下面我们将会看到，短期供给曲线是富有弹性还是缺乏弹性，对于市场如何对经济事件做出反应会产生重要影响。

9.5.2　供给曲线的移动和需求曲线形状的重要性

一种产品的短期供给曲线向内移动，可能是由于生产该产品所需要的投入品的价格上升了。木匠工资的上升会增加房屋建造者的成本，明显会影响他们提供房屋的意愿。这种变动对均衡状态下 P 和 Q 的影响取决于该产品需求曲线的形状，图 9-4 说明了两种可能的情形。图 9-4 (a) 中的需求曲线较富有弹性，也就是说，价格的变动会对需求量产生很大的影响。在这种情况下，供给曲线从 S 移至 S'，使得均衡价格只有轻微上升（从 P 到 P'），而均衡产量却大幅下降（从 Q 到 Q'）。企业投入成本的上升并不是直接传递到更高的价格上，而主要表现为产量的降低（企业的边际成本曲线向下移动）和轻微的价格上升。[①]

当市场需求曲线缺乏弹性时，整个情形就反过来了。在图 9-4 (b) 中，供给曲线的移动使得均衡价格大幅上升，但是由于价格上升时，人们将不会大幅减少他们的需求量，所以均衡产量只有轻微的变动。最后，供给曲线向内移动的结果几乎完全通过提高价格的形式传递给需求者。因此，这个结果在某种程度上是反直觉的。尽管某种投入要素的价格上涨将会导致供给曲线发生平移，但是其对该产品价格和数量的最终影响将取决于需求曲线的形状。如果我们只关注企业的成本，那么

---

① 注意，在供给曲线 S' 上，产出为 Q 时的边际成本远远高于产出为 Q' 时的边际成本。

将无法确定最终结果是怎样的。成本的增加是否会导致产品价格上涨或者产量缩减，还要取决于需求曲线的有关额外信息。

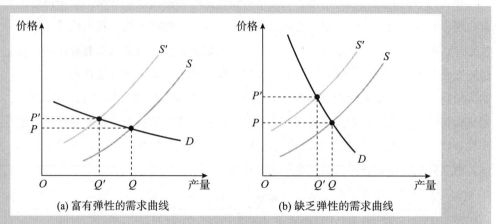

图 9-4　短期供给曲线移动的影响取决于需求曲线的形状

在图（a）中，短期供给曲线向内移动导致价格轻微上升，产量大幅缩减，这主要是由于需求曲线是富有弹性的。在图（b）中，需求曲线是缺乏弹性的，价格大幅上升，而产量只有轻微下降。

9.5.3　需求曲线的移动和供给曲线形状的重要性

出于同样的原因，市场需求曲线的移动对于均衡价格和均衡产量的影响也是不同的，这主要取决于短期供给曲线的形状，图 9-5 显示了两种情形。图 9-5（a）中，产品的短期供给曲线是缺乏弹性的，当产量扩张时，企业的边际成本迅速增加，使得供给曲线变得非常陡峭。在这种情形下，市场需求曲线向外移动（比如，由消费者收入增加所引起）将导致均衡价格大幅上升，而均衡产量只有轻微的上升。需求的增加（同时产量 Q 增加）使得企业沿着它们陡峭的边际成本曲线向上移动，伴随而来的是价格的大幅上升，这起到配置需求的作用，在供给方面几乎没有反应。

图 9-5（b）显示了短期供给曲线较富有弹性的情形，这种类型的曲线一般存在于边际成本并不随着产量的增加而大幅上升的行业中。在这种情况下，需求的增加会使得均衡产量大幅增长。但是，由于供给曲线的特点，产量的上升并不会带来成本的大幅上涨，因为均衡价格只有轻微的上扬。

这些例子再次印证了马歇尔的观点：需求和供给共同决定价格和产量。回顾第 1 章中马歇尔的类比：就像人们不知道究竟是剪刀的哪一个刀片完成了裁剪工作一样，人们也不可能将价格单独归因于需求一方或供给一方。需求曲线和供给曲线移动带来的影响都取决于这两条曲线的形状。在现实生活中要预测供求曲线变动对市场价格和产量的影响，就必须考虑这种相互的关联性。"**应用 9.2：美国和巴西的乙醇补贴**"说明了怎样运用这种短期模型来检验政府的价格支持政策。

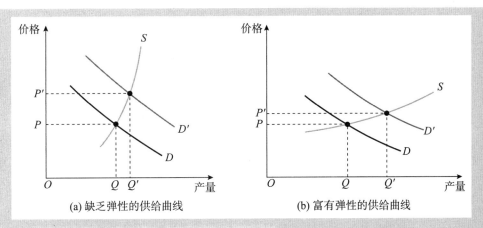

(a) 缺乏弹性的供给曲线　　　　　　(b) 富有弹性的供给曲线

图 9-5　需求曲线移动的影响取决于短期供给曲线的形状

在图（a）中，供给缺乏弹性，需求曲线的一次移动会导致价格较大幅度的上升，但产量变化幅度很小。在图（b）中，恰恰相反，供给是富有弹性的，需求曲线的移动仅仅导致价格的小幅变化。

应用 9.2

美国和巴西的乙醇补贴

乙醇是乙醛酒精的另一个名称，除了可以作为酒的主要成分之外，它还有一种作为汽车燃料的优良潜质，因为它燃烧时无污染，而且可以通过甘蔗和玉米这类可再生资源来制造。乙醇还可以作为汽油的添加剂，据说可以减少空气污染。事实上，一些政府对乙醇的生产者都进行了补贴。

图形处理

为了表明补贴的影响，一种方法是在供求图形中将补贴视为短期供给曲线的移动。[a] 例如在美国，乙醇的生产者会得到每加仑 54 美分的税收抵免。如图 1 所示，这将会导致供给曲线（乙醇生产者的边际成本曲线）向下移动 54 美分的距离，进而带来需求的扩张，从补贴之前的 Q_1 上升至 Q_2。补贴的总成本不仅取决于每加仑的补贴额，还取决于需求量增加的程度。

乙醇和美国政治

从经济或者环境角度来看，是否补贴乙醇生产是有意义的，这仍然是一个悬而未决的问题。但是乙醇补贴的政治意义却是很清楚的。艾奥瓦州是最大的玉米生产州，也是最早的总统预选地之一。乙醇生产商是许多政治竞选的主要捐赠人。因此，许多年来，政客们给予乙醇补贴项目势不可当的支持。然而，在 2013 年，补贴项目允许终止，部分原因是它的成本过高。但是，因为政府要求在汽油生产中增加使用乙醇数量的规定仍然有效，补贴依然持续，就好像人为地增加了对添加剂的需求一样。（在图 1 中你可以怎样显示？）美国政客们很可能仍对这一结果感到满意。

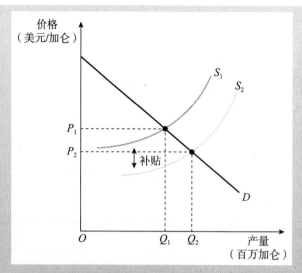

图1　乙醇补贴导致了供给曲线的移动

给乙醇生产者的补贴使得短期供给曲线从 S_1 移至 S_2，产量从 Q_1 上升至 Q_2，补贴的基数变大。

乙醇和巴西政治

在巴西，乙醇是从甘蔗中提炼的。虽然这种工艺比美国使用的以玉米为原料的工艺成本低，但补贴生产的冲动仍然是一股强大的政治力量。尽管巴西在 2000 年由于糖价上涨而降低了对乙醇的强制要求，但乙醇生产商仍继续要求获得额外的支持。最终，巴西政府于 2013 年宣布向所有乙醇生产商提供一项新的巨额补贴。该补贴持续了多年。巴西的政客们（至少是来自甘蔗种植区的政治家们）也仍然乐此不疲。

政策挑战

乙醇补贴的支持者认为他们实现了两个重要目标：（1）使用了一个可再生能源，与石油相比它对环境更友好；（2）形成了能够替代外国石油进口的本地能源来源。你会怎样评价这些观点？哪类证据将会支持或者拒绝它们？即使事实倾向于支持其中一个或者两个观点，补贴是否为实现这些合意结果的最好方法？

a. 补贴可以被视为供给曲线和需求曲线之间的一个"楔子"——我们在后面用以研究税收归宿的一个步骤。

9.5.4　一个数值例子

市场均衡状态的变化可以通过一个简单的数值例子来说明。假设 CD 每周的需求量（Q）主要取决于它的价格（P），用一个简单的关系式表示为：

$$需求：Q = 10 - P \tag{9.2}$$

同时假设 CD 的短期供给曲线可表示为：

$$供给：Q = P - 2 \text{ 或者 } P = Q + 2 \tag{9.3}$$

图 9-6 画出了这两个方程。与从前一样，需求曲线（用 D 表示）和纵轴交于

$P=10$ 美元的点处，在更高的价格水平上，CD 的需求量为 0。供给曲线（用 S 表示）和纵轴交于 $P=2$ 的点处，这是该行业中企业的停止营业点——在低于 2 美元的价格水平处，CD 的供给量为 0。如图 9－6 所示，需求曲线和供给曲线交于 $P=6$ 的价格水平处。在这个价格处，人们每周的需求量是 4 张 CD，企业愿意提供的数量也是 4 张。这种均衡状态也可以用表 9－2 来说明。该表显示了在每个价格水平处

小测验 9.3

利用表 9－2 中第一种情况的信息回答下面两个问题。

1. 假设政府每周没收 2 张 CD，因为不适合青少年听，那么剩下的 CD 的均衡价格是多少？

2. 假设政府对每张 CD 征收 4 美元的税，导致消费者愿意支付的价格和生产者想要接受的价格之间存在 4 美元的差异。在这种情况下，将会有多少张 CD 被售出？消费者将支付多高的价格？

CD 的供给量和需求量，只有在价格为 6 美元时供给和需求才相等。在价格为 5 美元时，人们对 CD 的需求量为 5 张，但供给量只有 3 张，此时会有 2 张的超额需求得不到满足。同样，在价格为 7 时，会有 2 张的超额供给。

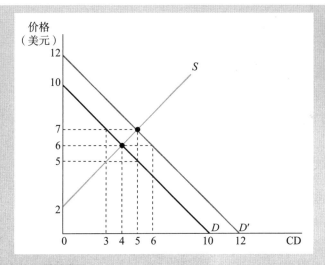

图 9－6　CD 的需求曲线和供给曲线

　　需求曲线 D 和供给曲线 S 产生的均衡价格为 6 美元，在这个价格水平处，人们每周的需求量为 4 张，刚好等于企业愿意提供的量。当需求曲线移至 D' 时，价格上升到 7 美元，恢复了市场均衡。

　　如果 CD 的需求曲线向外移动，则均衡价格将发生变化。比如，图 9－6 中显示的需求曲线 D'，它可以用方程表示如下：

$$Q=12-P \tag{9.4}$$

　　在新的需求曲线下，均衡价格上升为 7 美元，均衡产量上升到 5 张。这个新的均衡可以在表 9－2 中得到证实，该表显示了在新的需求曲线下，7 美元是唯一使市

场出清的价格。比如，在原来的均衡价格 6 美元处，就存在对 CD 的超额需求，因为此时人们需求的数量（$Q=6$）超过了企业愿意提供的量（$Q=4$）。价格从 6 美元上升到 7 美元，一方面促使人们少购买一些 CD，另一方面鼓励企业多生产一些 CD，这样就重新恢复了市场的均衡状态。

表 9-2　CD 市场的供求均衡

供给		需求	
价格（美元）	$Q=P-2$ 供给量（张）	情形 1 $Q=10-P$ 需求量（张）	情形 2 $Q=12-P$ 需求量（张）
10	8	0	2
9	7	1	3
8	6	2	4
7	5	3	5
6	4	4	6
5	3	5	7
4	2	6	8
3	1	7	9
2	0	8	10
1	0	9	11
0	0	10	12

注：价格 7 与数量 5 为新均衡；价格 6 与数量 4 为初始均衡。

9.5.5　代数方法更容易

使用供给曲线和需求曲线寻找均衡解往往很费时。使用联立方程的代数（正如我们在第 1 章的附录中所看到的）往往会更加容易。然而，为做到这一点，你必须考虑你这么做的逻辑。第一步是同时求解需求和供给关系的数量。在我们前面的例子中，它们将会具有如下形式：

$$需求量＝Q＝10-P$$
$$供给量＝Q＝P-2 \tag{9.5}$$

现在通过让需求量等于供给量，我们能够找到均衡价格：

$$需求量＝10-P＝供给量＝P-2 \tag{9.6}$$

因此均衡价格由下式给出：

$$10-P＝P-2 \text{ 或者 } 2P＝12，因此 P^*＝6 \tag{9.7}$$

现在我们可以使用其中一个函数求解均衡数量：

$$Q^* = 10 - P^* = 10 - 6 = 4 = P^* - 2 = 6 - 2 \tag{9.8}$$

如果需求函数移至方程（9.4）给出的新位置，那么我们将可再一次推导出这个解——并不存在只使用新的需求方程推导得出结果的捷径，因为新的均衡解将同时取决于需求和供给因素。

铭刻于心　马歇尔的剪刀

马歇尔的剪刀比喻只是考虑联立方程的一种民间说法。需要提醒的是，供给和需求关系必须一起求解以得到均衡价格和均衡数量。这样做的一种方法是使用如图 9-6 所示的图形方法。一种更便捷的方法将是使用纯代数方法。然而，不管你采用哪种方法，只有你验证了你的方程解同时满足需求方程和供给方程，你才算是找到了市场均衡解。

9.6　长　期

在完全竞争市场上，长期中的供给反应比短期中的要灵活，主要有两个原因：第一，企业的长期成本曲线反映了企业在长期中拥有更大的投入灵活性。报酬递减和相关的边际成本递增在长期中并不是很重要的问题。第二，长期中企业有足够的时间对市场中存在的盈利机会做出进入或退出市场的反应，这些行为对于定价具有重要意义。我们从描述一个竞争性行业的长期均衡开始，对这些不同效应进行分析。然后，就像分析短期时的情况一样，我们将展示供给量和价格如何随着条件的变化而变化。

9.6.1　均衡条件

当一个完全竞争市场上的所有企业都没有动机改变它们的现有行为时，该市场就处于长期均衡状态。这种均衡包括两个部分：企业必须对它们的产量水平感到满意（也就是说，它们必须是企业的利润最大化产量）；企业必须对它们留在（或退出）市场感到满意。下面我们将分别讨论这两个部分。

9.6.2　利润最大化

像以前一样，我们假设企业是追求利润最大化的。因为每家企业都是价格接受者，利润最大化要求企业把产量维持在价格等于（长期）边际成本的水平上。第一个均衡条件是 $P = MC$，它决定了企业的产出水平选择以及在长期中使得成本最小化的特定的投入组合选择。

9.6.3　进入和退出机制

长期均衡状态的第二个特点涉及新的企业进入市场和现有企业退出市场的可能性。完全竞争模型假设这种进入和退出不会产生相应的成本，因此，新的企业将被吸引进入任何一个经济利润为正的市场，因为它们可以赚到比在其他市场更多的利润。同样，当经济利润为负时，企业会退出市场，在这种情况下，企业在其他市场中可以赚到更多的利润，而不是像在目前这个市场中，收益都不足以弥补企业的全部机会成本。

如果利润是正的，新企业的进入会导致市场短期供给曲线向外移动，因为较之以前的市场，现在有更多的企业在生产产品。这种移动使市场价格（和市场利润）下降，这个过程将一直持续，直到所有考虑进入市场的企业均不能获得经济利润为止。[①] 在这个点上，新企业的进入活动将停止，市场中企业的数量达到均衡。当市场中的企业遭受了短期损失时，一些企业就会选择离开，导致供给曲线向左移动，市场价格随之上升，使市场中余下的企业避免损失。

9.6.4　长期均衡

为了便于我们分析竞争市场的长期均衡，我们一开始时就假定生产某一产品的所有企业拥有相同的成本曲线，换句话说，我们假设任意一家企业都不能控制专门的资源和技术。[②] 因为每家企业都是相同的，长期均衡要求每家企业获得的经济利润都为零。从图形上看，长期均衡的价格必须落在企业长期平均成本曲线的最低点处，只有在这一点处两个长期均衡条件才能得到满足：$P=MC$（利润最大化要求的条件）和 $P=AC$（零利润要求的条件）。

这两个均衡条件有不同的来源。利润最大化是企业的目标，$P=MC$ 规则反映了我们对企业行为的假设，同时它和短期内企业产量决策的规则是一样的。零利润条件并不是企业的目标，企业很明显是偏好巨大利润的。但是，由于存在企业的进入和退出，竞争市场的长期运作迫使每家企业必须接受经济利润为零（$P=AC$）的情况。在完全竞争市场上，尽管短期内企业可能获得正的或负的经济利润，但是在长期中，企业只能获得零利润，也就是说，企业所有者只能从他们的投资中获得正常利润。

---

① 记住，在这里我们运用的是利润的经济定义，利润代表了企业所有者获得的收益中超过维持企业正常运转所必需的成本的部分。如果企业所有者能够在其他市场中获得同样的利润，那么他就没有理由进入目前这个市场。

② 稍后我们将在本章讨论一种重要的情形，即企业面临不同的成本曲线的情形。我们将看到拥有较低成本的企业可以获得长期的正利润。这代表了对任意一种给企业带来特殊低成本的投入品的"租金"（如特别肥沃的土地或较低成本的原材料来源）。

9.7 长期供给：成本不变情形

企业进入或退出市场对投入品价格的影响对于我们研究长期供给具有重要意义。我们可以做出的最简单的假设是：企业的进出对投入品的价格没有影响。在这个假设下，不管有多少企业进入或退出市场，每家企业都保留着和初始时相同的成本曲线。成本不变的假设在许多情形下可能都不太现实，我们将在后面分析这些情形。现在我们来讨论**成本不变情形**（constant cost case）下的均衡状况。

9.7.1 市场均衡

图 9-7 展示了成本不变情形下的长期均衡，对于整个市场来说，图 9-7（b）中需求曲线标记为 D，短期供给曲线标记为 S，短期的均衡价格是 P_1。图 9-7（a）中代表性企业的产出水平为 q_1，因为只有在这个产量处，价格才等于短期边际成本（SMC）。另外，在价格 P_1 处，产量 q_1 也是企业的长期均衡位置，此时企业获得了最大利润，因为价格等于长期边际成本（MC）。图 9-7（a）还显示了长期均衡的第二个特点：价格等于长期平均成本（AC）。结果，经济利润为零，且企业没有动机进入或退出市场。

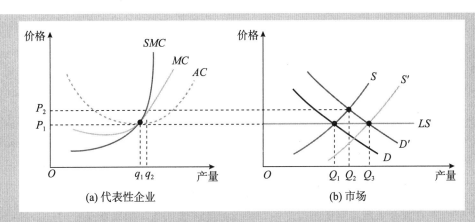

图 9-7 完全竞争市场的长期均衡：成本不变情形

　　短期内需求从 D 外移至 D'，导致价格从 P_1 上升至 P_2，更高的价格创造了利润，使得新企业进入市场。如果这些新企业的进入对成本曲线没有影响，那么新企业将持续进入，直到价格被推回到 P_1，此时经济利润为零。因此，长期供给曲线 LS 是经过 P_1 的一条水平线。在 LS 上，随着产量为 q_1 的企业数量的增加，总的产量随之增加。

9.7.2 需求曲线的移动

现在假设市场需求曲线向外移至 D'，如果 S 是相应的短期供给曲线，那么在

短期内价格上升至 P_2。短期内一家代表性企业将选择 q_2 的产量水平，并在此产量处获得利润（因为 $P_2 > AC$）。在长期中，这些利润的存在将吸引新的企业进入市场。

由于成本不变假设，新企业的进入不会对投入品价格产生影响。或许这个行业只雇用了一个地区劳动力的很小一部分，并且从全国市场中筹集资金，因此雇用更多的劳动和资本不会影响企业的成本曲线。新企业将持续进入市场，直到价格被再次推回到经济利润为零的水平。新企业的进入使得短期供给曲线移至 S'，此时重新形成均衡价格 P_1，在新的长期均衡下，价格-产量组合点是 (P_1, Q_3)。一家代表性企业的产量仍然是 q_1，尽管此时市场中的企业数比原来要多。

9.7.3 长期供给曲线

通过考虑需求的许多潜在移动，我们可以检验该行业的长期定价行为。我们的讨论表明，不管需求怎样移动，发挥作用的市场力量总会使得价格回到 P_1。所有的长期均衡点都出现在经过 P_1 的一条水平线上。将这些点连接起来就得到了该行业长期的供给反应，图 9-7 中的 LS 即为长期供给曲线。对于由相同企业组成的成本不变行业来说，长期供给曲线就是经过企业长期平均成本曲线最低点的一条水平线。长期中价格不会偏离 P_1 的结论来自我们假设新企业进入时投入品价格不变这一前提。

9.8 长期供给曲线的形状

和短期的情况相反，长期供给曲线并不取决于企业边际成本曲线的形状。更确切地说，零利润的条件更加关注长期平均成本曲线的最低点，因为它和长期价格的决定最为相关。在成本不变情形下，当企业进入或退出市场时，这个最低点的位置并不会改变。因此，在长期中不管需求如何变动，只要投入品价格不变，长期就只有盛行的价格。长期供给曲线就是经过这个价格的一条水平线。

在放弃了成本不变假设之后，情况可能并非如此。如果新企业的进入导致平均成本上升，那么长期供给曲线的斜率将为正。另外，如果新企业的进入导致平均成本下降，甚至可能会导致长期供给曲线斜率为负。现在我们来讨论这些可能性。

9.8.1 成本递增情形

由于某些原因，新企业的进入可能会导致所有企业的平均成本上升。新企业的进入可能会增加对某些稀缺投入品的需求，从而使它们的价格上升。新企业的进入可能会对现有企业（和它们自己）带来外部性成本，如空气或水污染；新企业的进入可能会对公共设施（公路、法庭、学校等）的使用造成一定的压力，而这些都会以企业成本的上升表现出来。

图 9-8 显示了**成本递增情形**（increasing cost case）下的市场均衡。起初的均衡价格是 P_1，在这个价格水平处，图 9-8（a）中代表性企业的产量是 q_1，图 9-8（c）中市场的总产量是 Q_1。假设这种产品的市场需求曲线向外移至 D'，且 D' 和短期供给曲线 S 相交于 P_2，在这个价格水平处，代表性企业的产量为 q_2，并获得了相当可观的利润。这个利润会吸引新的企业进入市场，从而使短期供给曲线向外移动。

假设新企业的进入导致所有企业的成本都上升了，比如，新企业的进入可能增加了对有某种特殊技能的劳动者的需求，从而提高了工资水平，一家代表性企业的新的（更高的）成本曲线如图 9-8（b）所示。该行业新的长期均衡价格是 P_3（此处有 $P = MC = AC$），需求量为 Q_3。现在我们得到了长期供给曲线上的两个点 (P_1, Q_1) 和 (P_3, Q_3)。[①] 利用同样的方式，通过考虑需求曲线所有可能的变动，我们便可得到长期供给曲线上的其他所有点。根据需求曲线的这些变动可以画出长期供给曲线 LS 的轨迹。LS 有一个正的斜率，这是因为新企业的进入使成本上升了。任何与企业进入导致成本上升相关的因素都是斜率为正的原因。同时，由于长期中供给反应更加灵活，因此 LS 曲线比短期供给曲线更平坦。

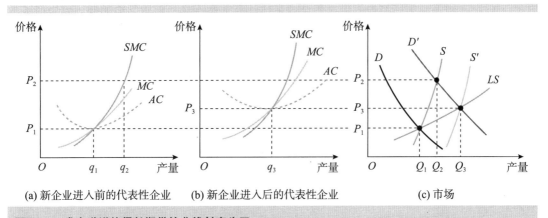

(a) 新企业进入前的代表性企业   (b) 新企业进入后的代表性企业   (c) 市场

图 9-8 成本递增使得长期供给曲线斜率为正
　开始时，市场的均衡点为 (P_1, Q_1)。短期内需求的增加（至 D'）使价格上升到 P_2，代表性企业的产量为 q_2 并获得利润。利润的存在吸引了新企业的进入，新企业的进入使得成本上升，如图（b）所示。在新的曲线下，市场在 (P_3, Q_3) 处再次达到均衡。通过考虑需求的各种可能变动，并把这些不同的均衡点连接起来，就得到了长期供给曲线 LS。

9.8.2 长期供给弹性

就像我们之前看到的，长期供给曲线是通过考虑一种产品需求曲线的所有可能

---

① 图 9-8 还画出了和 (P_3, Q_3) 相关的短期供给曲线。由于目前市场上的企业数比开始时要多，因此供给曲线向右移动了。

变动后得到的。为了预测需求的增加对市场价格的影响，就有必要知道供给曲线的形状。一种比较方便的描述长期供给曲线形状的工具是**长期供给弹性**（long-run elasticity of supply）。这个概念表明了当价格变动一定的百分比时，在经过一个长期的调整过程后，对产出变动百分比的影响。更加正式的表达如下：

$$长期供给弹性 = \frac{长期产量的百分比变化}{价格的百分比变化} \tag{9.9}$$

比如，弹性为 10 说明，当价格上升 1% 时，长期的供给量将增加 10%。这时我们就说长期供给是富有弹性的：长期供给曲线接近水平状态。如此高的供给弹性的一个重要含义是：当市场需求曲线显著向外移动时，长期的均衡价格不会发生很大幅度的上升。

较小的供给弹性具有完全不同的含义。比如，若供给弹性只有 0.1，那么当价格上升 1% 时，只会导致供给量增加 0.1%。换句话说，长期供给曲线将接近垂直状态，需求曲线向外移动将会导致价格大幅上升，而产量并不会有显著的变化。

9.8.3 长期供给弹性的估计

经济学家已经投入了大量努力来估计竞争性行业的长期供给弹性，因为经济的增长使得人们对许多产品（尤其是自然资源和其他重要产品）的需求随之增长，因而对这个问题产生兴趣就很容易理解了。如果长期供给弹性很高，那么资源的实际价格并不会随着时间的推移而大幅上涨。这对于那些存量相对丰富、通过轻微的成本增加就能获取的资源来讲似乎是正确的，比如铝和煤。随着时间的推移，这些产品的实际价格并没有因为需求的增加而出现大幅上涨。事实上，在某些情况下，由于生产技术的进步，实际价格反而下降了。

另外，在长期供给曲线缺乏弹性的情况下，当需求增加时，实际价格将出现大幅上升。同样，这种结果的最终原因和市场中投入品的情况有关。在投入品为稀有矿物的情况下（比如白金，被用于汽车的排气系统中），要满足增加的需求就需要一个代价很高的开采过程。或许使投入品成本增加的一个更重要的来源在熟练劳动力的雇用市场上。一个市场的扩张，比如医疗卫生市场或计算机软件市场，会创造一种对专业的劳动力投入的需求，这就会导致该部分劳动力的工资大幅上升，从而使得长期供给曲线向上倾斜。

表 9-3 概括了一些有关长期供给弹性的研究结果，尽管其中的一些数据具有很大的不确定性（在一些情况下，市场并不能满足完全竞争市场的所有假设条件），但是它们在投入品市场性质如何影响长期供给弹性方面提供了一个很好的说明。应特别注意的是，一些自然资源的弹性估计值很高，对于它们来说，成本不变模型很有可能是正确的。对于那些遇到劳动力成本上升（医疗卫生）或者需要使用日益昂贵的土地的产品（石油和农作物），它们的供给曲线是缺乏弹性的。

表 9-3 长期供给弹性的估计

行业	弹性估计
玉米	+0.27
大豆	+0.13
小麦	+0.03
铝	趋于无穷
煤炭	+15.0
医疗卫生	+0.15~+0.60
天然气（美国）	+0.50
原油（美国）	+0.75

资料来源：农业：J. S. Choi and P. G. Helmberger, "How Sensitive Are Crop Yields to Price Changes and Farm Programs?" *Journal of Agriculture and Applied Economics* (July 1993)：237-244。铝：*Critical Materials Commodity Action Analysis* (Washington, DC, U. S. Department of the Interior, 1975)。煤炭：B. Zimmerman, *The Supply of Coal in the Long Run：The Case of Eastern Deep Coal*, MIT Energy Laboratory Report, September (Cambridge, MA：MIT, 1975)。医疗卫生：L. Paringer and V. Fon, "Price Discrimination in Medicine：The Case of Medicare," *Quarterly Review of Economics and Business* (Spring 1988)：49-68。对弹性的估计是基于参加医疗保险的人群对医疗费用的反应，可能会被夸大为整个医疗保健市场的弹性。天然气：J. D. Khazzoom, "The FPC Staff's Model of Natural Gas Supply in the United States," *The Bell Journal of Economics and Management Science* (Spring 1971)。原油：D. N. Epple, *Petroleum Discoveries and Government Policy* (Cambridge, MA：Marc Ballinger Publishing Company, 1984), Chapter 3。

9.8.4 供给曲线可以是负斜率的吗？

长期供给曲线是否能够是负斜率的，这是近几十年来经济学家之间争议的一个话题。当然，众所周知，如果投入要素成本下降，供给曲线会向下移动。举例来说，电子元件的成本在最近几年已显著下降，这使得各种各样的产品诸如手提计算机和平板电视机等的供给曲线向下移动。但是这一价格下降的结果体现在许多不同的供给曲线而非一条向下倾斜的供给曲线上。设计出一个合理的理论来解释为什么价格

> **小测验 9.4**
>
> 表 9-3 显示了美国天然气的长期供给弹性的估值大约是 0.5。因而，这一估计结果表明了天然气的供给是相当缺乏弹性的。
>
> 1. 这一估值是否符合天然气价格在苦寒冬天迅速上涨的这一事实？
> 2. 这一估值是否吻合这一事实，即随着诸如水力压裂法等新生产技术的应用，天然气价格在最近这些年已下降了。

可能沿着一条供给曲线向下移动，这对于经济学家来说依然是一个未决的问题。**"应用 9.3：网络外部性如何影响供给曲线？"** 显示了推导这一理论所面临的一些困难之处。

9

应用9.3

网络外部性如何影响供给曲线?

当增加一个额外的网络用户导致成本降低时，网络外部性就显现出来了。这种外部性广泛存在于现代电信和互联网行业中。它们的存在为需求扩张引起价格降低这一现象提供了注解。

梅特卡夫定律

电信网络的一个基本特征是它们遵从梅特卡夫定律（Metcalfe's Law），该定律是以以太网的发明人罗伯特·梅特卡夫的名字命名的。该定律表明，网络的价值与网络用户数量的平方有着直接的关系。[a] 这意味着网络价值的扩张速度远远快于建立该网站所需成本的增长速度。这种不断增长的收益和通信技术本身的快速变化使得许多类型的电信网络的服务价格具有明显的下降趋势。

一些例子

网络外部性的例子存在于电信、软件和互联网行业中。

● **电信**：利用电话或传真机进行沟通的人越多，则拥有一部电话或传真机的收益就越高。大型电话网络还可以为其他电话设备提供便利，如防盗自动警铃和邮购系统。

● **应用软件**：对于一个既定的软件包，其用户越多，从文件分享的角度看，其收益也越高。正是出于这个原因，微软Office已经在整个办公软件行业中占据了主导地位。微软还从它的Windows操作系统的网络外部性中获益，因为Windows操作系统的大量安装使得针对该系统编写应用程序变得有利可图。

● **互联网**：互联网行业中的网络外部性与电信行业类似。相对于传统的电话网络，互联网能够传输任何数字文件这一能力使得它拥有更强大的互动功能，然而这同时也使得对音乐或动画等的知识产权的侵犯行为泛滥成灾。

网络外部性和供给曲线

由于电信和互联网服务的价格出现了大幅下跌，网络外部性使它们的长期供给曲线出现了负的斜率，因此研究这些行业中存在的此类问题将是非常吸引人的。价格的下降刚好反映了当需求扩张时沿着供给曲线的移动情况。不幸的是，这种分析并不能使人信服，因为网络外部性的收益大部分以更低的投入成本流向需求者，而不是供给者。[b] 是的，电信行业的投入成本也在下降，但这种下降主要是由技术进步引起的，而与网络的外部性没有多大关系。计算机和电子表价格的下降也并没有显著地依赖于这种网络效应。

关于网络外部性对市场的影响，特别是对竞争的影响，经济学家们尚无定论。问题在于，企业能否把网络外部性的好处转移到它们自身那里（就像微软Windows的情况一样），或这种外部性能否为更加充分的市场竞争开辟一条道路（就像电话的长途服务一样）。设计一种可以把这两种情形区分开的模型是经济学研究的一个重要领域。

思考题

1.鉴于一个网络新用户的加入会给现有用户创造收益，一些经济学家认为新加入用户应该得到补贴。没有这种补贴网络会显得太小吗？

2.转向一个新的网络可能带来巨大的成本。当一家公司采用一套新的文字处理器时，它会带来很大的培训成本。什么经济因素会导致用户从现有的网络转向一个新的网络？

a.如果网络上有 n 个浏览者，在他们之间就可能有 n^2-n 个连接（因为浏览者不能和自己连接）。这个表达也许高估了网络的价值，因为每个潜在的连接的价值可能并不相等。

b.出于这个原因，一些作者把网络外部性看作"市场需求方的规模经济"。

9.9　消费者剩余和生产者剩余

供给-需求分析往往能够用于评价市场参与人的福利水平。例如，第 3 章介绍了**消费者剩余**（consumer surplus）的概念，以此说明消费者从市场交易中获得的收益。图 9-9 通过显示新鲜番茄的市场简要说明了这些观点。在均衡价格 P^* 下，个人选择的番茄消费量是 Q^*。因为需求曲线 D 表示的是在 Q 的各种水平下，消费者为获得额外一单位番茄所愿意支付的价格，消费者所购买的番茄的全部价值（相对于无法购买到番茄的情形）可以用图中从 $Q=0$ 到 $Q=Q^*$ 之间的需求曲线下方的区域来表示，也就是区域 AEQ^*O。对于这个价值，消费者支付数额可用区域 P^*EQ^*O 表示，因而获得了一个"剩余"（超过他们支付的部分），该剩余可用深色阴影区域 AEP^* 表示。在番茄市场中改变这个区域大小的可能的意外事件会明显影响这些市场参与人的福利水平。

图 9-9 也可以用来说明番茄生产者相对于没有生产番茄时获得的剩余价值。这个度量是基于这样一种直观概念，即供给曲线 S 表示生产者对于所生产的每一单位产品将会接受的最低价格。在市场均衡（P^*，Q^*）下，生产者获得的总收益是 P^*EQ^*O。但是在这一计划下，即每一单位产品都是在最低的可能价格下出售，那么生产者将愿意提供 Q^* 产量，并获得 BEQ^*O 的收益。因而，在 Q^* 处他们获得**生产者剩余**（producer surplus），该剩余可由浅色阴影区域 P^*EB 表示。为了理解这一剩余的确切内涵，我们必须再次考察企业供给决策在短期和长期中的差别。

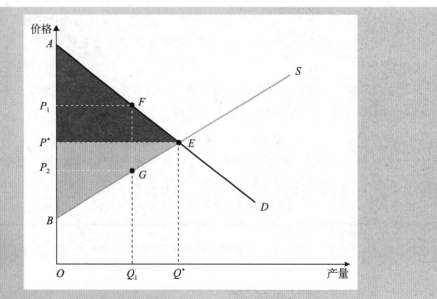

图 9-9　竞争性均衡与消费者剩余或生产者剩余

在竞争性均衡 Q^* 处，消费者剩余（深色阴影部分）和生产者剩余（浅色阴影部分）达到最大。对于任意一个小于 Q^* 的产量水平，比如说 Q_1，均将存在消费者剩余和生产者剩余的无谓损失，如 FEG 的面积所示。

9.9.1　短期生产者剩余

图 9-9 中的供给曲线 S 可能是短期供给曲线，也可能是长期供给曲线。然而，我们能够表明向上倾斜的供给曲线 S 在这两种情形当中拥有相当不同的原因。在短期，市场供给曲线是所有企业短期边际成本曲线的水平加总。曲线的正斜率反映了当产量增加时，可变投入要素的报酬是递减的。在这种情况下，对于除了 Q^* 之外的任何产量水平，价格都超过边际成本（如供给曲线所反映的那样）。在"边际内"每一单位产出的生产都会给生产者带来利润增量。实际上短期利润等于所有这些利润增量的总和（区域 P^*EB）加上 $Q=0$ 时的利润。但是，从定义上看，$Q=0$ 时的利润是负的——它是由所有固定成本的损失所构成。因此，区域 P^*EB 同时包含了实际的短期利润和所有的固定成本。它是一个合适的度量指标，可用于测度企业选择不停业而参与短期市场活动能获得多少收益。[①] 从这个意义上说，它是消费者剩余的一面镜子，能够度量消费者留在市场而非退出市场能够获得多少收益。

9.9.2　长期生产者剩余

在长期中，出现正斜率的供给曲线是因为企业的投入要素成本是不断上升的。当市场处于均衡状态时，每家企业的利润都为零，且不存在固定成本。短期的生产

[①] 一些代数知识可清楚地说明这一点。在价格 P^* 处，参与市场的利润 $\pi_m = P^* Q^* - TC$；而当企业选择停业时利润 $\pi_s = -FC$。因此，企业选择参与市场获得的收益是 $\pi_m - \pi_s = \pi_m - (-FC) = \pi_m + FC$。

者剩余并不存在于这一情形。与此相反，长期生产者剩余现在反映的是随着产量的扩张，企业投入要素所获得的支付不断增加。图 9-9 中的区域 P^*EB 现在度量的是所有这些递增的支付相对于行业产出为零的情形，在后一情形下这些投入要素将会获得它们服务的更低价格。

9.9.3　李嘉图地租

长期生产者剩余最容易通过一种情形来说明，它最早是由李嘉图在 19 世纪早期提出的。[①] 假设现在有许多块土地可用来种植番茄，这些土地从肥沃（生产成本低）到非常贫瘠和干涸（生产成本高），质量不一。番茄的长期供给曲线构建如下：当价格很低时，只有质量最好的土地用于生产番茄，此时产量只有一些。随着产量的增加，那些成本较高的土地也被投入到生产当中，因为高价格使得这些土地用于种植番茄也有利可图。番茄的长期供给曲线是向上倾斜的，因为当使用不太肥沃的土地时伴随着成本的增加。注意，这一点不同于我们前面讨论的理由，在前面的讨论中，企业拥有同样的成本曲线并且会受到上涨的投入要素价格的影响。而在李嘉图的例子中，企业的成本是不同的，并且最后一家进入市场的企业的成本高于先前已进入该市场的所有其他企业。然而，正如我们将看到的，两种情形具有许多相似之处。

在这一情形中的市场均衡如图 9-10 所示。在均衡价格 P^* 处，低成本和中等成本的农场获得（长期）利润。"边际农场"正好获得零经济利润。那些土地成本更高的农场将被排除在市场之外，因为在价格 P^* 处它们会遭受损失。然而，那些边际内农场所获得的利润可以长期持续，因为它们反映了稀缺资源——低成本土地——的回报。即使是在长期，自由进入也不能够消除这些利润。这些长期利润的总和构成总的生产者剩余，如图 9-10（d）中区域 P^*EB 所示。

图 9-10 中所示的长期利润有时也被称为**李嘉图地租**（Ricardian rent）。它代表了市场中稀缺资源（在本例中，是种植番茄的肥沃土地）的所有者所获得的收益。通常这些地租都被资本化到这些资源的价格中；简而言之，肥沃土地的售价比贫瘠土地的售价要高。同样，富饶的金矿的售价比贫瘠的金矿的

> **小测验 9.5**
>
> 研究长期生产者剩余是微观经济学家将各种市场的效应联系在一起的重要方法之一。解释下面的情境：
>
> 1. 如果花生收获行业对于它所雇用的所有投入要素来说是价格接受者，那么该行业将不存在长期的生产者剩余。
>
> 2. 如果在土豆收获行业中只有用于种植土豆的土地属于稀缺资源，那么该行业长期的生产者剩余就等于土豆土地所有者所获得的全部经济租金。这些租金是怎样进入土豆的定价当中的？

[①] David Ricardo, *The Principles of Political Economy and Taxation* (1817; reprint, London: J. M. Dent and Son, 1965), Chapters 2 and 32.

售价要高，购物中心中容易找的零售点比偏僻的零售点租金要高，位于芝加哥奥黑尔的航站楼要比位于育空（加拿大）的航站楼的价值高。

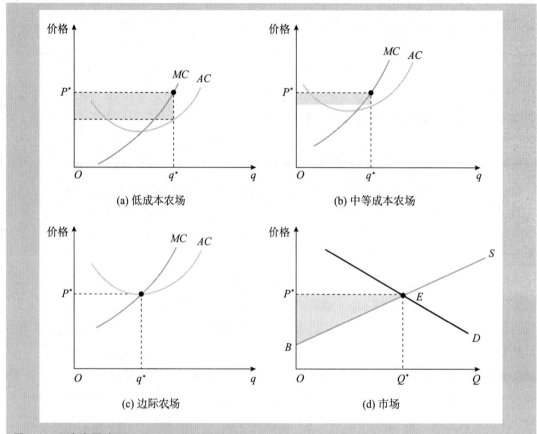

图 9－10 李嘉图地租

如果这些成本反映了独一无二资源的所有权，那么低成本农场和中等成本农场能够获得长期利润（阴影部分）。总的李嘉图地租代表了生产者剩余——图（d）中 P^*EB 的面积。李嘉图地租通常被资本化到资源价格中。

9.9.4 经济效率

对生产者剩余和消费者剩余的描述也为经济学家为什么认为竞争市场会产生资源的有效配置这一观点提供了一个简单的证明。尽管对这一观点进行详细检验需要我们考察许多市场（我们将在下一章讨论），这里我们将回到图 9－9 做一个简单说明。图中除了 Q^* 以外的任何产量水平都是低效率的，因为在这些产量下消费者剩余和生产者剩余的总和没有达到最大。举例来说，如果番茄产量为 Q_1，那么总剩余会放弃 FEG 的面积。在 Q_1 处，需求者为得到额外一单位番茄愿意支付价格 P_1，而它只需要耗费 P_2 就生产出来。这一差距表明存在着一个互利的交易（例如在 P^* 的价格水平处多生产一单位番茄），它能够使需求者（他们能够以低于他们愿意支付的价格获得额外一单位番茄）和供给者（他们能够得到高于一单位番茄生产成本的收入）都获益。只有在 Q^* 的产量水平处所有这样的互利交易才能达到极点，此时消费者剩余和生产者剩余的总和达到最大。[①] 产量 Q^* 可称为**经济有效的资源配置**（economically efficient allocation of resource）——我们在第 10 章将进一步研究这一概念。"应用 9.4：网上购物能改善福利吗？"显示了怎样度量扩大市场所带来的额外福利。在开始进入一些真实世界的应用例子之前，一个数值例子可能有助于说清这个效率概率。

应用9.4

网上购物能改善福利吗？

技术进步加上明显的网络外部性大幅降低了通过互联网进行贸易的交易成本。这些创新为许多行业正在转型的销售方式提供了希望。

互联网交易的好处

图 1 显示了互联网交易中降低交易成本获得好处的本质。图中的需求曲线和供给曲线代表了消费者和生产者可能通过互联网购买和销售任何产品的行为。在互联网成本下降之前，每单位产品的交易成本超过了 $P_2 - P_1$。因而，没有发生交易，购买者和销售者偏好传统零售店。这些成本的下降增加了互联网交易。假如每单位交易的成本降为 0，市场上将显示出互联网交易市场大幅增加，最终达到竞争性均衡点（P^*，Q^*）。这个新的均衡使得生产者剩余和消费者剩余出现了大幅增加的希望。

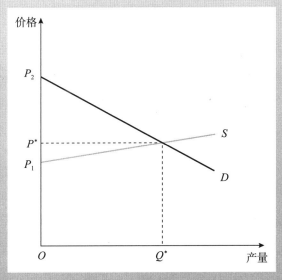

图 1　下降的交易成本促进了互联网商务

当互联网的交易成本超过 $P_2 - P_1$ 时，没有交易发生。随着交易成本的下降，均衡点接近（P^*，Q^*）。

[①]　产量超过 Q^* 也会减少生产者和消费者的总剩余，因为消费者对额外产出的支付意愿将低于生产该产出的成本。

电子商务的增长

尽管网上零售相对新颖，但是它的增长是惊人的。在2013年电子商务总额超过2 500亿美元——接近所有零售额的6%。早期被互联网销售侵入最为重要的是与旅行相关的产品（航线和度假村预订）、网上金融服务以及一些类别较小的消费者产品（比如亚马逊所出售的书）。相对于传统零售店，互联网在这些产品上体现了交易成本大幅削减的优势。最近，电子商务也开始进入许多其他传统的零售领域，诸如威廉姆斯-索诺玛家居用品零售公司（Williams-Sonoma）和家得宝公司（Home Depot）通过互联网实现的销售量占它们销售额的比例日益变大，而亚马逊也扩张了该公司提供的产品。

网络零售商的附加价值

网络销售的增长带来的一个问题是长期来看零售商是否仍然作为一个独立的角色存在。如果网络允许生产者直接面向顾客，那么零售业中为什么还会保留着中间商的角色？对这个问题的答案取决于电子零售商能够提供的服务的本质。一般来说，这类零售商提供的主要产品是信息。例如，汽车网站（如 Edmonds.com 或者 Autobytel.com）不仅提供各种不同型号的比较信息，而且指出了提供最优惠价格的代理商。网络旅行服务可以搜索到最便宜的车旅费或者最方便的出发时间。许多零售网站利用顾客信息来推荐他们可能会购买的产品。例如，亚马逊利用顾客过去的买书记录来推荐他们可能会购买的新书。在网站 LandsEnd.com 你甚至可以"试穿"衣服。因而，互联网零售业的发展方式是最大限度地利用低成本向顾客提供信息。

思考题

1. 互联网零售业的增长将会怎样影响诸如沃尔玛或西尔斯等传统的实体企业零售商？这些实体企业零售商可以提供哪些互联网无法提供的服务？人们愿意为这些服务付费吗？

2. 对于销售税是否适用通过网络销售的产品，近年来对此存在许多争议。当地零售商抱怨说它们面临着来自网上商店的不公平竞争。网上零售商回复说，鉴于许多地区都征收销售税，征收销售税将会过于复杂。你怎么看？

9.9.5　一个数值例子

再次考虑设想的 CD 市场，在该市场中需求曲线表示为：

$$Q = 10 - P \tag{9.10}$$

供给曲线表示为：

$$Q = P - 2 \tag{9.11}$$

我们已经知道该市场的均衡发生在 $P^* = 6$ 和 $Q^* = 4$ 处。图9-11重复了图9-6，它提供了对这一均衡的说明。在 E 点，消费者每周在 CD 上的消费是 24（$= 6 \times 4$）美元。总消费者剩余是图中的深色阴影三角形区域，等于每周 8 [$= (1/2) \times 4 \times 4$]

美元。在 E 点，生产者每周获得 24 美元的收益，生产者剩余是每周 8 美元，如图中浅色阴影三角形所示。因此，每周总的生产者剩余和消费者剩余等于 16 美元。

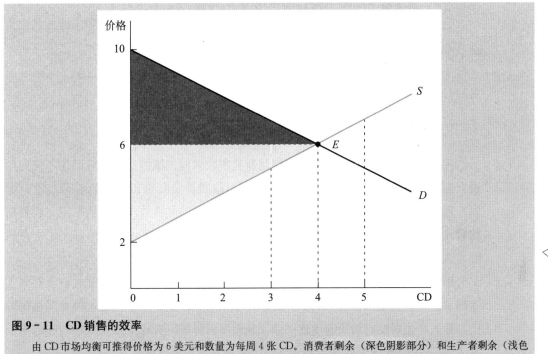

图 9-11　CD 销售的效率

　　由 CD 市场均衡可推得价格为 6 美元和数量为每周 4 张 CD。消费者剩余（深色阴影部分）和生产者剩余（浅色阴影部分）各为 8 美元。如果每周生产 3 张 CD，将使得总的消费者剩余和生产者剩余从 16 美元下降到 15 美元。

　　图 9-11 同样可以说明在其他潜在产量水平处的低效率。例如，如果价格依然是 6 美元，但是 CD 的产量每周仅为 3 张，那么生产者和消费者在交易中每周获得的剩余都是 7.5 美元。总的消费者剩余和生产者剩余是每周 15 美元——比 E 点处少了 1 美元。当 CD 产出是每周 3 张、价格处在 5 美元和 7 美元之间的任何一个水平时，总剩余仍然是 15 美元。一旦产量固定了，交易中的价格水平就只会影响总剩余在生产者和消费者之间的分配。这个交易价格并不会影响剩余总量，后者一直是由需求曲线和供给曲线之间的区域决定的。

　　任何高于每周 4 张 CD 的产出水平都是低效率的。例如，每周提供 5 张 CD，交易价格为 6 美元，此时再次得到消费者剩余为 7.5 美元（购买前 4 张 CD 获得的 8 美元消费者剩余减去购买第 5 张 CD 时损失的 0.5 美元，因为第 5 张 CD 的售价高于人们愿意支付的价格）。同样，将产生 7.5 美元的生产者剩余，因为在生产第 5 张 CD 时损失了 0.5 美元。在这一点总剩余现在也是每周 15 美元，比市场均衡时少了 1 美元。同样，这里所假设的价格水平也是无关紧要的——事实上对于大于每周 4 张 CD 的产量水平，成本（由供给曲线 S 表示）超过了个体支付意愿（由需求曲线 D 表示），导致了总剩余的损失。

9.10　一些供给-需求应用例子

前面的讨论表明成为经济学基础的供给-需求模型不仅可用于解释价格和数量的移动，而且也可用于评价市场参与人的各类福利。在这一节中，我们将会考虑两个最重要的应用例子：（1）研究实际上税负由谁负担的问题；（2）检验扩大国际贸易的福利后果。

9.10.1　税负归宿

完全竞争模型的另一个重要应用是研究税收效应。该模型不仅可以用于评估征税会怎样改变资源配置状况，而且也可用于阐明谁实际承担各类税收负担这一主题。通过强调纳税的法律义务与可能导致税负转移的经济效应之间的不同，**税负归宿理论**（tax incidence theory）可帮助我们厘清税收实际上是以哪种方式影响市场参与人的福利水平的。

图 9-12 通过考虑一个成本不变行业对所有企业的每单位产出征收一个数额固定的从量税阐述了这种方法。尽管法律要求企业支付该税收，但是这种看问题的角度会让人产生误解。为了阐述这一点，我们可以将征税看成该行业面临的需求曲线从 D 向下移动至 D'。这两条需求曲线之间的垂直距离代表了每单位税收 t 的数额。对于消费者支付的任何一个价格水平（比如说 P），企业最终得到的只有 $P-t$。然后真正与企业行为相关的是税后需求曲线 D'。消费者继续支付如需求曲线 D 所反

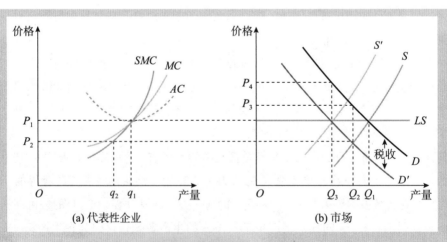

图 9-12　征收从量税对完全竞争的成本不变行业的影响

征收产品从量税 t 使税后需求曲线下降到 D'。在这条新的需求曲线下，企业短期内的产量是 Q_2，税后价格是 P_2。在长期中，企业将退出该行业，导致价格回到 P_1 的水平。全部税收数额以更高的市场价格（P_4）形式被转移到消费者身上。

映的一个总价格。税收在消费者支付的价格和企业最后保留的价格之间形成了一个"楔子"。

税收的短期效应是将初始的均衡位置（P_1，Q_1）移至新的需求曲线 D' 和短期供给曲线 S 的交点。新交点对应的产出水平是 Q_2，企业获得的税后价格是 P_2。假设这个价格水平超过了平均可变成本，代表性企业现在生产 q_2 产出水平从而处于亏损状态。

消费者为得到 Q_2 产量将支付 P_3。图形揭示了 $P_3 - P_2 = t$；在短期内，税收是由消费者承担一部分（他们可看到支付价格从 P_1 上升至 P_3），由企业承担另一部分，这些企业由于对它们的产量只能获得 P_2（而非 P_1），因而现在是在亏损状态营业。

长期的税收转移　在长期中，企业不会在亏损状态下持续运营。一些企业会为引起它们衰败的沉重税收而恸哭从而退出市场。行业短期供给曲线会向左移动，因为此时市场中的企业数量变少了。新的长期均衡点在 Q_3 处形成，此时依然留在行业中的企业获得的税后价格刚好使它们赚得零经济利润。这些留在行业中的企业的产出水平恢复到 q_1 水平，市场中的购买者支付的价格现在是 P_4。在长期中，全部税收数额均转化为上涨的价格。即使表面上是企业支付了这笔税收，但是长期负担是由购买这一产品的消费者承担的。[①]

9.10.2　成本递增情形下的长期税负

在更加符合实际的成本递增情形下，生产者和消费者都支付了这一税收的一部分。这样一个可能性可通过图 9-13 来说明。这里，长期供给曲线 LS 有一个正的斜率，因为随着行业产量的扩张，各种投入要素的成本相应上升。征收税收 t 使得税后需求曲线向内移动至 D'，这将导致长期净价格从 P_1 下降为 P_2。面对更低的价格 P_2，一些企业退出这一行业，这产生的效应是降低了投入要素的价格。长期的均衡点在这个较低的净价格水平处形成，此时消费者支付的总价格是 P_3，高于他们先前支付的价格。总的税收量由区域 $P_3AE_2P_2$ 表示。其中一部分由消费者承担（他们支付了 P_3 而非 P_1 的价格），另一部分由企业投入要素的所有者承担，他们现在被支付的是更低的净价格 P_2 而非 P_1。[②]

税负和弹性　一点几何学的直觉告诉我们，图 9-13 中显示的价格变动的相对大小取决于供给曲线和需求曲线的弹性。从直觉上来说，那些反应弹性更大的市场参与人能够更加轻松地避开税收，从而使那些仍在市场中的反应弹性更小的参与人支付最多。我们已经在图 9-12 中阐述了这一原理的一个特例。在该图中，由于行

---

①　注意那些离开该行业的企业所有者不会承担长期税负，因为它们在一开始获得的经济利润为零，而且我们已经假设，这些企业在其他市场中也能获得同样的利润。

②　再次注意，实质上，这里的企业所有者并没有遭受损失，因为他们在征税之前赚得零利润。当然，生产者的税收负担部分是由那些价格下降的投入要素的所有者承担的。

业具有成本不变的特征，长期供给曲线的弹性趋于无限大。税收导致产量下降，不过企业（以及企业采用的投入要素）获得的价格不会随着产量的减少而变化，所以整个税收负担被全部转移给消费者。这个结果在一些情形中可能非常普遍：在一些州或地方税收中，被征税产品只占全国产品总量的很小一部分，以至本地供给弹性趋于无穷大。比如，一些小城镇尝试对本地餐馆征收一个较大数额的税收，它们会发现这些税收很快就反映在餐馆的饭菜价格中。一些餐馆的所有者还可能去其他地方开店来避开税收。

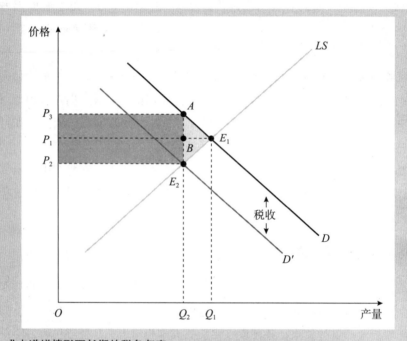

图 9 - 13　成本递增情形下长期的税负归宿
　　税收的征收使起初的均衡点（E_1）移至 E_2，总的税收收入（深色阴影部分）部分由消费者承担，部分由生产者承担。税收还产生了福利净损失（过度的负担），如浅色阴影部分所示。

　　更一般地说，如果供给富有弹性而需求相对缺乏弹性，那么需求者将会以更高的价格形式承担大部分税收。相反，如果需求富有弹性而供给相对缺乏弹性，那么生产者将承担大部分税收。事实上，在这种情况下，我们可以进一步深入分析，注意到生产者支付的份额主要是由那些供给曲线缺乏弹性的投入要素所有者来承担的，因为当对投入要素的需求下降时，正是这些投入要素的价格出现大幅下降。例如，金或银的生产者的税负将大部分由矿藏所有者承担，因为面向金银业的采矿土地供给曲线是非常缺乏弹性的。然而，采矿机器和采矿工人的供给是富有弹性的，因为这些投入要素有比较好的其他替代用途。因而，他们将几乎不用付税。当然，考虑税收在各个市场中的所有影响有时候是很困难的，简单的供给和需求模型并不足以胜任这项任务。对于税负归宿问题的现代分析使用了一般均衡的计算机模型，因此可以同时研究税收对许多市场的影响。第 10 章将提供对这些模型的简要分析。"应用 9.5：烟草和解协议只是一种税"考察了近年来大量债务成本表面上施加给烟草公司的影响。

应用 9.5

烟草和解协议只是一种税

　　1997 年 6 月，美国大多数州的总检察长与最大的烟草公司达成协议，就一系列基于吸烟有害影响的诉讼达成和解。作为交换条件，该协议要求烟草公司在未来 25 年内向各州支付约 3 600 亿美元，以限制今后对烟草公司的起诉。该协议需要得到美国国会的批准。由于国会的批准陷入了政治泥潭，最终不了了之。随后，1998 年 11 月，各州与烟草公司达成了一系列较为温和的协议，总金额约为 1 000 亿美元（按现值计算），而且无须国会批准。这一和解协议的经济意义几乎与政治意义一样有趣。

　　烟草和解协议相当于一项税收增加

　　或许思考这项协议最为正确的方法是把它视为增加烟草税。烟草公司扮演了收税员的角色，但是肯定有明显的税收转移，后者取决于相关的弹性。表 3-4 提供的香烟需求价格弹性的估计值是 -0.35。这项和解协议使每包香烟的价格增加了 0.45 美元，相当于在原先每包 1.8 美元的基础上增加了 25%。因此，香烟的销售量预期将会下降 7%（= 0.2 × 0.35），即从原来每年 240 亿包的销售量下降至 223 亿包。总税收收入是每年约 100 亿美元（= 0.45 美元 × 223 亿包）。烟草的消费者实际上支付了所有的成本。假设烟草公司继续维持每包 0.25 美元的利润量[a]，那么香烟销售量每年减少 17 亿包将给它们每年造成约 4.25 亿美元的损失。因为香烟消费者的收入一般都较低，所以作为各州增加收入的一种方式，该项和解协议就相当于一种累退税。

　　和解协议的其他影响

　　烟草和解协议的一个主要目标就是减少青少年的吸烟量。该协议带来的香烟价格上升很可能会有这样的效应。一些经验证据表明，青少年吸烟者的需求价格弹性比成年吸烟者的高（在 -0.5 左右），而且有很强的证据表明那些在青少年时期没有抽烟的人不太可能在长大后抽烟。该协议的几个其他条款还严格禁止烟草公司针对青少年开展各种营销活动。然而这些措施的整体效果依然是不确定的。但是，仅价格效应这一点就会带来巨大的社会效益，因为它最终降低了美国与吸烟相关的死亡数量。

　　与大多数立法一样，一些特殊利益集团也从烟草和解协议中获益。许多州通过了特别计划来帮助烟农和其他工人，他们可能会受到烟草销售下降的影响。烟草和解协议的目的是让最小的烟草公司（利格特公司）得到奖励，因为它在之前的诉讼中提供了不利于其他公司的证据。因为利格特可以在不支付和解协议成本的情况下从香烟价格上涨中获利，所以它的利润可以轻易地翻倍。最后，当然，那些处理各种吸烟案件的民事律师也会从该项和解协议中获得很高的回报。一份标准的 30% 的"或有酬金"将会被支付给他们，每年大概为 30 亿美元。然而，这笔易遭非议的酬金在最终的协议中被州政府降至大约 7.5 亿美元。不过，这些民事律师并不会挨饿。根据一些估计，在可预见的未来，每个人每年将得到 100 万～200 万美元的收入。

思考题

1. 该项和解协议事实上要求烟草公司每年支付一笔固定数额的钱。这类固定的财政收入税的分析会怎样不同于在这一应用专栏中所采用的方法，如果两者真的有所不同的话？（本专栏只是把和解协议视为从量税。）

2. 各州在法律诉讼案件中的主要观点是，它们不得不在公共医疗补助和其他与健康相关的方面支付更多。你认为这一说法是否正确？

a. 这个例子的所有数据资料均来自 J. Bulow and P. Klemperer, "The Tobacco Deal," *Brookings Papers on Economic Activity*, *Microeconomics Annual 1998*：323-394；D. M. Cutler et al.，"The Economic Impacts of the Tobacco Settlement," *Journal of Policy Analysis and Management*（Winter 2002）：1-19。

小测验 9.6

假设对完全竞争的高尔夫行业征收从量税。

1. 为什么你将预期消费者在长期中支付的税收份额比在短期中更大？

2. 你怎样确定在长期中由谁来支付这一税收的生产者份额？

税收和效率 因为税收降低了被征税产品的产出水平，这就存在一个生产向其他领域重新配置的问题。这一重新配置意味着之前双方互利的交易消失了，同时征税降低了整体经济福利。这一损失也可以通过图 9-13 进行说明。税收导致的消费者剩余损失可以通过区域 $P_3AE_1P_1$ 来表示。在这一区域中，P_3ABP_1 转换为政府税收，AE_1B 只是纯粹的损失。同样，总生产者剩余损失可用区域 $P_1E_1E_2P_2$ 表示，其中 $P_1BE_2P_2$ 转换为税收收入，BE_1E_2 是纯粹的损失。根据资源配置的有效标准，转换成税收收入（总量可由区域 $P_3AE_2P_2$ 表示）的效应是模糊的。这是否减少总的生产者剩余和消费者剩余，取决于政府怎样聪明地支配这项资金。如果政府把税收收入用于使所有人都会受益的投资，那么这种转移将可能为纳税人提供重要的社会效益。另外，如果税收收入最终被放入政治家的口袋里或者被用于一些无聊的事情上（如建造宫殿），那么这种转移代表了一个社会的损失以及纳税人的个人成本。浅色区域 AE_1E_2 表示的损失是确定无疑的。这部分损失是没有任何补偿性收益的**无谓损失**（deadweight loss）。有时这一损失被称为税收的"超额负担"；它代表着消费者和生产者由某项税收导致的超过实际税收收益的额外损失。

9.10.3　一个数值例子

要分析消费税的效应，我们可以再次回到 CD 市场的供给-需求均衡例子中。假设政府向每张 CD 征收 2 美元的税收，零售商会把这 2 美元加到售出的每张 CD 的价格中。在这种情况下，CD 的供给曲线仍然是

$$供给：Q=P-2 \tag{9.12}$$

式中，P 是销售者获得的净价格。另外，需求者购买每张 CD 必须支付价格 $P+t$，因此他们的需求曲线变为

$$需求：Q=10-(P+t) \tag{9.13}$$

或者，因为在此处 $t=2$，所以

$$Q=10-(P+2)=8-P \tag{9.14}$$

注意，就像我们已在图中显示的，税收的效应是使得净需求曲线（也就是说，需求量是企业获得的净价格的函数）向下移动每单位的税收量。在这一情形下让供给和需求相等得到

$$供给=P-2=需求=8-P \tag{9.15}$$

或者 $P^*=5$，$Q^*=3$。在这个均衡状态下，消费者为每张 CD 支付 7 美元，每周总的税收量是 6 美元（＝每张 CD 2 美元×每周 3 张 CD）。正如我们前面所显示的，每周 3 张 CD 的产量创造的总的消费者剩余和生产者剩余为 15 美元，其中的 6 美元现在已经转化为税收收入。在这个具体例子中，税收中的一半是由企业支付的（企业获得的净价格由 6 美元变为 5 美元）。税收的另一半是由 CD 消费者支付的，他们所支付的价格从 6 美元上升到 7 美元。当然，在

> **小测验 9.7**
>
> 将税收的数值例子画出来，并用你的图形回答下列问题：
>
> 1.征税之后消费者剩余和生产者剩余的价值是多少？你怎么知道本例中的无谓损失三角形的面积是 1 美元？
>
> 2.假设税收上升到 4 美元，那么政府将会获得多大的额外税收？无谓损失将为多大？
>
> 3.税收为多大时将会使得所有的 CD 交易消失？此时，政府的税收收入是多少？无谓损失又是多少？

其他例子中，税收负担的分配不会这么平均——它取决于供给和需求的相对弹性。这里税收的超额负担是每周 1 美元，它是消费者剩余和生产者剩余损失中没有转化为政府税收收入的部分。从另一个角度来看，这里的超额负担占总的税收收入的 17%（＝1 美元/6 美元）。

一个有效的税收体系将试图使这样的损失保持在最低水平。

| 铭刻于心 | 在税收条件下供给者和需求者支付不同价格 |

税收在需求者支付的价格和供给者收到的价格之间形成了一个楔子。不管你在什么时候处理一个税收问题，你都必须决定 P 是表示供给者收到的价格（正如我们在数值应用例子当中所做的，在那里需求者支付 $P+t$）还是需求者支付的价格。如果你选择 P 表示需求者支付的价格，那么供给者收到的将是 $P-t$。不管在哪种情形下最终结论都将是一样的——在分析过程中重要的只是税收楔子的大小，而非它具体是怎样构建的。

9.10.4 贸易限制

对跨国贸易的产品流动的限制具有我们已检验的税收的类似效应。自由贸易的障碍可能减少互利交易，在参与各方之间造成明显的转移支付。供给和需求的竞争性模型同样被频繁地用于研究这些效应。

国际贸易的好处 图 9-14 显示了某一具体产品比方说鞋子的国内需求和供给曲线。在没有国际贸易的情况下，鞋子的国内均衡价格是 P_D，均衡数量是 Q_D。尽管这一均衡点已经耗尽了国内生产者和国内需求者之间所有互利的交易，但是开放的国际贸易呈现许多额外的选择。如果鞋子的世界价格 P_W 低于国内通行的价格 P_D，那么贸易开放将会导致国内价格降到国际价格水平。[①] 国内价格下降使国内的需求量上升至 Q_1，国内生产者的供给量降低到 Q_2。鞋子进口量等于 Q_1-Q_2。简而言之，在世界价格水平下国内生产者不能供给的产量将由国外渠道提供。

市场均衡点由 E_0 移到 E_1，这使得消费者剩余出现大幅增加，增加区域如 $P_D E_0 E_1 P_W$ 所示。其中一部分收益是国内生产者的转移（如深色阴影面积 $P_D E_0 A P_W$），另一部分代表了明确的福利收益（如浅色阴影面积 $E_0 E_1 A$ 所示）。这里的消费者收益来源是明显的——购买者能够以低于国内市场价格的价格买到鞋子。与我们前面分析的一样，生产者剩余的损失是由使得国内长期供给曲线斜率为正的那些投入品的所有者来承担的。例如，如果由于随着鞋子产量的增加，制鞋工人的工资将会上升，因此本国鞋业面临成本递增，那么贸易的结果将会反转这一过程，它将导致产量从 Q_D 下降为 Q_2，使得制鞋工人工资下降。

关税 制鞋工人不太可能不做反抗就接受这些工资损失。相反，他们将会向政府施压，寻求政府保护以免受进口鞋类的洪流冲击。因为生产者剩余的损失仅仅由数量较少的制鞋工人承担，而消费者剩余的增加则由众多的鞋子购买者享受，因此与消费者组织起来要求保持贸易开放相比，制鞋工人有更大的激励组织起来以反对进口。结果就可能是采用贸易保护主义政策。

[①] 在整个分析过程中，我们假设这个国家在世界市场上是一个价格接受者，可以购买它需要的所有进口量，而不会影响世界价格 P_W。也就是说，假设世界供给曲线是经过 P_W 的一条弹性趋于无穷大的水平线。

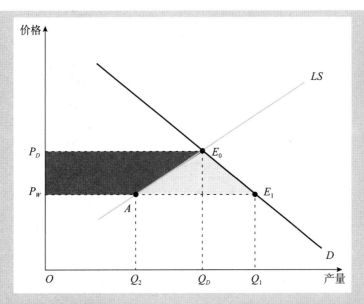

图 9-14 开放国际贸易增加总福利

国际贸易的开放使价格由 P_D 降至 P_W。在 P_W 处，本国生产者供给 Q_2，需求者想要购买 Q_1，进口量等于 Q_1-Q_2。较低的价格导致本国生产者剩余向消费者剩余转移（深色阴影部分），同时消费者剩余有一个净收益（浅色阴影部分）。

在历史上，所采用的最为重要的保护类型是**关税**（tariff），换句话说，它是对进口产品进行征税。这一税收的效应如图 9-15 所示。现在从自由贸易的均衡点 E_1 开始比较。对鞋子的本国购买者征收单位数量为 t 的关税，则有效价格将上升至 $P_W+t=P_R$。价格上升使得需求量从 Q_1 下降至 Q_3，而本国产量从 Q_2 扩张到 Q_4。鞋子的进口总数从 Q_1-Q_2 下降到 Q_3-Q_4。因为每一双进口的鞋子都要交税，所以总关税收入如黑色区域的 BE_2FC 所示，它等于 $t(Q_3-Q_4)$。

对进口鞋征收关税会带来各种福利效应。总消费者剩余的损失量如区域 $P_RE_2E_1P_W$ 所示。正如我们已看到的，其中一部分损失转化为关税收入，另一部分损失转化为国内生产者剩余（即深灰色区域 P_RBAP_W）。两个浅灰色的三角形 BCA 和 E_2E_1F 表示消费者剩余的损失中没有转移给任何人的部分；这部分就是关税带来的无谓损失，它类似于征收任何税收的超额负担。如果能够获得本国供给和进口产品的需求曲线的可靠经验估计结果，那么就能够测量出所有这些面积。"应用 9.6：钢铁关税的传说"就考察了正在进行的一个例子。

> **？ 小测验 9.8**
>
> 利用图 9-15 回答下列关于对完全竞争行业征收关税的问题。
>
> 1. 国内生产者是否支付这一税收的任何部分？国外生产者是否支付这一税收的任何部分？
>
> 2. 谁获得了由关税导致的生产者剩余增量？
>
> 3. 三角形 ABC 和三角形 E_2E_1F 代表的无谓损失的来源是不同的吗？请解释。

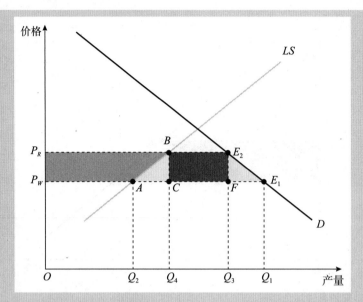

图 9-15 关税效应

征收数量为 t 的关税使价格上升为 $P_R = P_W + t$。它导致关税收入（黑色部分），并使得消费者剩余向生产者剩余转移（深灰色部分），以及代表无谓损失的两个三角形（浅灰色部分）。实施配额限制将会产生类似的效应，只不过在这一情形中没有税收收入。

应用 9.6

钢铁关税的传说

2008 年 6 月 20 日，美国国际贸易委员会裁定中国在美国"倾销"钢铁产品，因而这就为美国对进口的碳钢管和其他产品征收"惩罚性关税"铺平了道路。这一情形只是描绘了美国钢铁行业最新一轮贸易保护政策。

使用贸易保护主义的每个诡计

在过去的 40 年里，很难找到一个行业像美国钢铁行业那样享受着这么特殊的进口保护措施。在各个不同时期的贸易保护主义措施包括：（1）进口配额；（2）和出口国达成最低价格协议；（3）那些向美国出口钢铁的国家要遵守的"自愿"出口限制；（4）令人眼花缭乱的关税；（5）任何数量的诉讼。以上均是不公平的贸易实践（钢管事件是最新的例子）。除此之外，美国钢铁生产商还是政府贷款担保和补贴项目的受益人。

保护的基本理由

最常听到的保护本国钢铁行业的基本理由是这一行业对于美国经济的持续发展和安全至关重要。在战争时期，有人主张，我们不希望处于需要进口所有钢铁的境地。最近又有新的说法：美国钢铁生产商跟它们的外国竞争者相比处于劣势，因为它们没有最新的技术。临时性关税，诸如布什在 2002 年开始创立和实施的关税，据说将会给产业一些"喘息的空间"和追赶的机会。

保护的成本

不管保护是基于什么样的理由，很清楚的是这一项目的福利成本是高昂的。例如，从 2002 年征收关税开始每年关税收入估计约为 9 亿美元。[a]和此相抵，估计消费者剩余损失为 25 亿美元，国内生产者剩余收益为 7 亿美元。然而，从总体上来看，关税导致的每年净福利损失约为 9 亿美元。这相当于为本国钢铁行业"保留" 5 000 个工作岗位，预计每个工作岗位每年的损失约为 180 000 美元。

倾销申诉与反诉

国际贸易法规中的"倾销"是指以低于生产成本的价格出售商品。被认定为"倾销"的商品可能会被征收惩罚性关税，有时会使其价格高于国内生产商收取的价格。2008 年，美国和欧盟以中国对某些钢管定价过低为由提出倾销指控，对来自中国的一些钢管征收高达 40% 的关税。作为回应，中国在 2013 年寻求对来自欧盟（可能还包括美国）的高性能不锈钢管征收类似关税。因此，钢铁关税这一旷日持久的价格战的最新版本将在各种国际法庭上展开，这些法庭的工作重点是对倾销索赔进行专门分析。

思考题

1.企业（或国家）为什么要以低于成本的价格出售产品？这不是违反了本章提供的长期分析吗？（关于这个问题的进一步见解，见第 12 章。）

2.最近，美国和欧盟对来自中国的许多不同类型的进口产品征收"倾销税"。这些产品包括自行车、庭院设备和太阳能电池板。你认为征收此类关税是不是好政策？为什么美国不愿意看到中国以低价出售其产品？

a. G. C. Hufbauer and B. Goodrich, *Time for a Grand Bargain in Steel?* (Washington, DC, Institute for International Economics, 2002).

小 结

在本章呈现的完全竞争价格决定模型可能是最广泛使用的经济学模型。即使市场并不满足完全竞争的严格价格接受者的假定，这一供求模型也能够很好地解释观察到的行为。经济学家在考虑解释经济学数据的时候，都应将这一模型的细节牢记于心。其中的一些重要细节具体如下：

- 短期供给曲线表示许多价格接受企业的决策。这一曲线是向上倾斜的，因为企业的短期边际成本曲线是向上倾斜的。
- 供给和需求相交确定了短期均衡价格。这一价格拥有这样的特征，即企业乐意供给的数量正好等于个体需求的数量。
- 供给曲线和需求曲线移动对均衡价格的影响，取决于两条曲线的形状。

● 经济利润将吸引新的竞争者并且向外移动短期供给曲线。这一过程将一直持续至经济利润减少为零时。

● 如果新企业的进入对企业所购买的价格没有任何影响，那么长期供给曲线将是水平的。如果新企业的进入提高了企业投入要素的价格，那么长期供给曲线将是向上倾斜的。

● 在缺乏诸如第三方效应的不完全性或者不完全信息条件下，一个完全竞争市场将会最大化总的生产者剩余和消费者剩余。这些剩余指标的变化能够被用于判断各种政策的福利后果。

● 在长期，生产者剩余表示企业投入要素所赚得的额外回报相对于如果没有讨论中的产品的市场交易时它们将会赚得的回报。李嘉图地租是一种生产者剩余，它之所以出现是因为低成本企业的所有者能够在长期获得经济利润。

● 税收的供给和需求分析能够分清谁支付它们（即"税负问题"）和税收是否导致无谓损失（"超额负担"）。

● 简单的供给和需求模型能够被用于研究跨国贸易收益和贸易壁垒（诸如关税）的福利效应。

复习题

1. 每天都会有 1 000 艘渔船带着它们捕获的鱼返回港口，这些鱼必须在几个小时之内卖出去，否则就会腐烂。所有的鱼都被带到同一个市场，并且每一个渔夫对待售的鱼都标上了价格。

a. 渔夫怎么判断他的价格是否过高？

b. 渔夫怎么判断他的价格是否过低？

c. 随着时间慢慢流逝，你觉得渔夫起初的标价会发生什么变化？

2. 为什么需求量等于供给量时的价格被称为"均衡价格"？相反，假如我们把需求曲线视为表示消费者乐意支付的价格是多少，把供给曲线视为企业想要接受的价格是多少，使用这样一种供给和需求的观点，你会怎样定义一个"均衡数量"？

3. "对于那些需求曲线和供给曲线都缺乏弹性的市场来说，大部分短期移动都反映在价格而不是产量上；对于那些需求曲线和供给曲线都富有弹性的市场来说，大部分短期移动都反映在产量而不是价格上。"你同意这一说法吗？利用简单的图形来说明你的答案。

4. 在完全竞争市场的长期均衡中，每家企业均在最小的平均成本处运营。在短期中，当这样的市场处于非均衡状态时，企业是否也在最小的长期平均成本处运营？如果它们一直选择在平均成本尽可能小的地方生产，企业为什么在短期中不能获得更多的利润？

5. D 博士是标准微观经济分析理论的一个批判者，在他的一篇富有攻击性的长篇文章里，他指出："就关于向上倾斜的长期供给曲线的证明而言，如果我曾经听到过循环论证，这就是其中一个。长期供给曲线向上倾斜是因为企业使用了更多的投入品，从而使投入品价格上升了，而这些投入品的价格之所以上升，是因为这些投入品的长期供给曲线是向上倾斜的。因此，这个论证可以归结为'长期供给曲线之所以向上倾斜，是因为其他供给曲线也是向上倾斜的'，这是毫无意义的！"D 博士的观点有道理吗？你怎样替本章的分析进行辩护？

6. E 博士是一个环保主义者，同时也是一个经济学批判主义者。在一个节目上，他攻击一本书："这本书很典型，它涵盖了关于自然资源（如石油和煤矿）的长期供给弹性的所有废话。任何一个傻瓜都知道，地球的容积是有限的，所有自然资源的供给曲线对于价格来说都是完全没有弹性的。石油的储量早在亿万年前就被生产出来了，我们怎么能说石油价格的上升可以导致更多的石油产生呢？把注意力投放在这些荒诞的高弹性数值上只会使我们偏离我们真正需要研究的东西——保护自然资源的需要。"面对这样的攻击性文章，你怎样为本章的分析进行辩护？

7. 钻石的长期供给曲线斜率为正，这是因为对钻石需求的增加会导致钻石打磨工人的工资上升。解释一下，假如人们不再购买钻石用作订婚戒指，那么这一决定为什么会对打磨工人带来灾难性后果，却不会对完全竞争的钻石市场中的企业主造成实际伤害。

8. 一位初学微观经济学的学生在掌握短期生产者剩余的概念时遇到了一些困难。他气恼地脱口而出："这绝对是胡说八道。我能理解生产者剩余对企业来说是件好事，因为它衡量的是相对于企业无法参与市场的情形，生产者剩余衡量的是企业福利的改善。但我又被告知固定成本是短期生产者剩余的组成部分。固定成本不是坏事吗？它们必须被支付！它们怎么会是好事的一个组成部分呢？"你能纠正这位学生吗？（提示：什么时候短期生产者剩余为零？）

9. 假设所有快餐店的经营者均必须从其他土地所有者处租用土地作为他们的设施。所有快餐店设施的其他方面成本是一样的。为什么位于不同地点的快餐店的租金不同？租金中的这些差异是否必然会造成快餐店价格的差异？Z 先生说："我在州际公路边的麦当劳加盟店根本经营不下去，因为土地所有者只是想要更多的租金。"你会如何解释他的这一说法？

10. "企业不纳税，只有人民纳税"是《华尔街日报》最受欢迎的一句口号。但是我们这一章的分析却显示在长期中（有着向上倾斜的供给曲线），至少从量税的一部分是来自生产者剩余。《华尔街日报》错了吗？

习 题

9.1 假设开普梅的比目鱼的每日需求函数为 $Q_D = 1\,600 - 600P$，其中 Q_D 是每天的需求量（磅），P 是每磅价格。

a. 如果渔船每天的捕获量为 1 000 磅，比目鱼价格为多少？

b. 如果每天的捕获量下降为 400 磅，比目鱼价格为多少？

c. 如果比目鱼的需求量变为

$$Q_D = 2\,200 - 600P$$

此时对于 a 问和 b 问的答案是什么？

d. 现在假定开普梅渔夫能够以某个成本销售他们在其他地方的捕获物。具体来说，假定他们在开普梅的销售数量取决于比目鱼的价格，并由下式决定

$$Q_S = -1\,000 + 2\,000P, 对于 Q_S \geq 0$$

式中，Q_s 表示以磅计的供给量，P 是每磅的价格。向开普梅市场供应比目鱼的最低价格是多少？

e. 给定比目鱼的需求曲线，均衡价格是多少？

f. 假如现在需求移动为

$$Q_D = 2\,200 - 600P$$

那么新的均衡价格是多少？

g. 直观地解释为什么价格在 f 问的上升会小于 c 问。用图形表示你的所有结果。

9.2 一个完全竞争市场中有 1 000 家企业，在超短期内，每家企业有 100 单位的固定供给量，市场需求曲线是

$$Q = 160\,000 - 10\,000P$$

a. 计算超短期内的均衡价格。

b. 计算行业中每一家企业面临的需求情况。如果某家企业决定不出售任何产品或者决定出售 200 单位产品，那么市场均衡价格分别为多少？在每家企业的行为对市场价格的影响方面，你能得出什么结论？

c. 假设现在在短期内每家企业都有供给曲线，从而得出在市场价格下各企业的供给量（q_i），供给函数为

$$q_i = -200 + 50P$$

此时在超短期内回答 a 问与 b 问。为什么你会得到不同的结果？

9.3 假设在完全竞争的笔记卡片行业有 100 家同样的企业。每家企业拥有的短期总成本形式如下：

$$STC = \frac{1}{300}q^3 + 0.2q^2 + 4q + 10$$

边际成本如下：

$$SMC = 0.01q^2 + 0.4q + 4$$

a. 计算企业的短期供给曲线，用 q（笔记卡片的箱数）作为市场价格（P）的函数。

b. 计算这一行业当中 100 家企业的行业供给曲线。

c. 假如市场需求曲线是 $Q = -200P + 8\,000$，那么短期均衡的价格和数量组合是什么？

d. 假如每个人都开始撰写更多的研究论文，新的市场需求变成 $Q = -200P + 11\,200$，那么新的短期价格-产量均衡是什么？每家企业将会得到多少利润？

9.4 假设市场上有 1 000 家完全相同的企业生产钻石，每家企业的短期总成本曲线是

$$STC = q^2 + wq$$

短期边际成本曲线是

$$SMC = 2q + w$$

其中，q 是企业的产出水平，w 是钻石打磨者的工资率。

　　a. 如果 $w=10$，那么企业的短期供给曲线是怎样的？行业的供给曲线又是怎样的？当价格等于 20 时，每家企业将生产多少钻石？当价格等于 21 时，每家企业将多生产多少钻石？

　　b. 假设钻石打磨者的工资率取决于钻石的总产量水平，它们的具体关系是

$$w=0.002Q$$

其中，Q 代表行业的总产量，它等于一个代表性企业的产量乘以 1 000。在这种情形下，证明企业的边际成本（和短期供给曲线）取决于 Q。行业的供给曲线是怎样的？当价格等于 20 时，行业的总产量等于多少？当价格等于 21 时，行业将多生产多少钻石？你认为投入品价格和产出的关系是如何影响短期供给曲线的形状的？

　　9.5　汽油是在完全竞争的情况下通过本地加油站出售的，所有加油站的拥有者都面临同样的长期平均成本曲线

$$AC=0.01q-1+100/q$$

和同样的长期边际成本曲线

$$MC=0.02q-1$$

其中，q 是每天出售的汽油数。

　　a. 假如市场处于长期均衡状态，那么每座加油站每天可以卖出多少加仑汽油？在这个产出水平下，长期平均成本和边际成本分别是多少？

　　b. 汽油的市场需求曲线是

$$Q_D=2\,500\,000-500\,000P$$

其中，Q_D 表示汽油每天的需求量，P 为每加仑汽油的价格。根据你对 a 问的回答，长期均衡价格是多少？汽油的需求量是多少？市场中会有多少座汽油加油站？

　　c. 假设太阳能汽车的发展使得市场需求曲线向内移动为

$$Q_D=2\,000\,000-1\,000\,000P$$

汽油的长期均衡价格是多少？汽油的需求量是多少？市场中会有多少座加油站？

　　d. 用图形表示你的结果。

　　9.6　完全竞争的彩绘领带行业有许多潜在进入者，每家企业都有相同的成本结构。当它们的产出水平为 20 单位时，长期平均成本达到最低点每单位 10 美元。总的市场需求曲线为

$$Q=1\,500-50P$$

　　a. 该行业长期的供给计划是怎样的？

　　b. 长期的均衡价格（P^*）和均衡产量（Q^*）分别为多少？每家企业的产量是多少？企业的数量是多少？每家企业的利润是多少？

　　c. 与每家企业长期均衡产量相关的短期总成本曲线是

$$STC=0.5q^2-10q+200$$

其中，$SMC=q-10$。求出短期平均成本曲线和边际成本曲线。在哪个产量水平下，短期平

均成本达到最低？

d. 求出每家企业的短期供给曲线和行业的短期供给曲线。

e. 假设现在彩绘领带变得更加时尚了，其市场需求曲线向外移至 $Q=2\,000-50P$，在超短期内企业不能改变它们的产量水平。利用这条新的需求曲线，回答 b 问中的问题。

f. 在短期内，利用行业的短期供给曲线重新计算 b 问的答案。

g. 该行业新的长期均衡是怎样的？

9.7　假设西兰花的需求如下：

需求：$Q=1\,000-5P$

式中，Q 是每年以百蒲式耳计量的数量，P 是每百蒲式耳的美元价格。西兰花的长期供给曲线如下：

供给：$Q=4P-80$

a. 说明在此处均衡数量是 $Q=400$。在这一产出水平处，均衡价格是多少？西兰花的总支出是多少？在这一均衡处消费者剩余是多少？在这一均衡处生产者剩余是多少？

b. 如果 $Q=300$ 而非 $Q=400$，那么总的消费者剩余和生产者剩余将会有多少损失？

c. 说明 b 问所描述的总的消费者剩余和生产者剩余的损失分配会怎样取决于西兰花以哪个价格售出。如果 $P=140$，那么损失将会如何分配？如果 $P=95$ 呢？

d. 如果 $Q=450$ 而非 $Q=400$，那么总的消费者剩余和生产者剩余将会有多少损失？表明这一总损失的大小也独立于西兰花的销售价格。

e. 画出你的结果。

9.8　手工鼻烟盒行业是由 100 家相同企业构成的，每家拥有的短期总成本如下：

$STC=0.5q^2+10q+5$

短期边际成本曲线如下：

$SMC=q+10$

q 是每天的鼻烟盒产量。

a. 每个鼻烟盒生产者的短期供给曲线是什么？整个市场的短期供给曲线是什么？

b. 假如总的鼻烟盒需求量是

$Q=1\,100-50P$

那么市场的均衡是什么？每家企业的短期总利润是多少？

c. 画出市场均衡并计算这一情形下的总生产者剩余。

d. 说明 c 问中你计算的总生产者剩余等于总的行业利润加上行业的短期固定成本。

e. 假如现在政府对一个鼻烟盒征收 3 美元的税收，那么这一税收会怎样改变市场均衡？

f. 这一税收负担怎样在鼻烟盒购买者和销售者之间分担？

g. 计算总生产者剩余损失作为鼻烟盒征税的结果。表明这一损失等于鼻烟盒行业中短期总利润的变化。为什么固定成本并不进入这一短期生产者剩余的计算当中？

9.9　完全竞争的 DVD 刻录行业是由许多企业组成的，每家企业每天能刻录 5 张 DVD，每张 DVD 的平均成本为 10 美元。每家企业也必须支付版税给电影制片厂，并且每部电影的版税率（r）是总行业产量（Q）的递增函数，具体如下

$r=0.002Q$

a. 画出这一版税供给曲线，用 r 作为 Q 的函数。

b. 假设刻录 DVD 的每天需求如下：

需求：$Q=1\,050-50P$

假设行业处于长期均衡，那么刻录 DVD 的均衡产量和均衡价格是什么？总共有多少家 DVD 企业？每部电影的版税率是多少？（提示：使用 $P=AC$，现在 $AC=10+0.002Q$。）

c. 假设刻录 DVD 的需求增加至

需求：$Q=1\,600-50P$

现在刻录 DVD 的长期均衡数量和均衡价格是多少？总共有多少家 DVD 企业？每部电影的版税率是多少？

d. 画出 DVD 市场的这些长期均衡结果，并且计算 b 问和 c 问两者生产者剩余的增量。

e. 使用 a 问的版税供给曲线表示生产者剩余的增量正好等于从 b 问至 c 问由于 Q 增加导致的版税支付增量。

f. 假设政府对 DVD 刻录行业建立一个每部电影 5.50 美元的版税。假如刻录影片的需求如 c 问所示，那么这一税收会怎样影响市场均衡结果？

g. 这一税收负担在消费者和生产者之间是如何分配的？消费者剩余和生产者剩余的损失是多少？

h. 说明因征收此税造成的生产者剩余损失完全由电影制片厂承担。请直观地解释你的结果。

9.10　便携式收音机的国内需求曲线如下：

需求：$Q=5\,000-100P$

其中，P 用美元测度，产量 Q 是以千计的每年数量。收音机的国内供给曲线如下：

供给：$Q=150P$

a. 便携式收音机市场的国内均衡是什么？

b. 假设便携式收音机能够以每台收音机 10 美元的价格进口。如果贸易没有壁垒，那么新的市场均衡是多少？国内将生产多少台便携式收音机？将进口多少台便携式收音机？

c. 如果国内便携式收音机成功执行一个 5 美元关税，那么它将会怎样改变市场均衡结果？所征收的关税收入将是多少？有多少消费者剩余将会被转移给国内生产者？这一关税的无谓损失是多少？

d. 用图形画出你的结果。

第 10 章　一般均衡和福利

在第 9 章中，我们只研究一个孤立的完全竞争市场，而没有考虑在该市场中发生的一切是如何影响其他市场的。对于许多经济问题而言，这样缩小研究范围是非常有帮助的——我们只需要考虑我们真正感兴趣的问题。然而，对其他一些问题来说，更加深入的理解就需要研究许多相互联系的市场是如何运行的。例如，如果我们要研究所有的联邦政府税对经济的影响，就不仅需要考虑一些不同的产品市场，还需要考虑劳动力市场和资本市场。

为此，经济学家们已经建立起了理论和经验（使用计算机）模型。这些模型试图研究多个市场如何同时达到均衡，因此被称为**一般均衡模型**（general equilibrium model）。而第 9 章中的模型则由于只考虑单个市场的均衡而被称为**局部均衡模型**（partial equilibrium model）。在本章中，我们将简要学习一般均衡模型，其中的一个目标是进一步阐述我们在第 9 章中介绍过的"经济效率"概念。

10.1　完全竞争的价格体系

一般均衡模型最普遍的形式是，假设整个经济运行的基础是一系列这样的市场，它们类似我们在第 9 章中所研究的市场。不仅所有产品都通过无数完全竞争市场进行配置，所有投入品的价格也是建立在供给和需求相互作用的基础上的。在所有这些市场中，我们有以下假定：

- 所有个体和企业都将价格视为给定的——它们都是价格接受者；
- 所有个体均追求效用最大化；
- 所有企业均追求利润最大化；
- 信息完全，没有交易费用，没有不确定性。

这些假设对于你来说应该是非常熟悉的了，它们也是我们在许多其他地方已经学习的东西。这些假设（以及其他一些假设）表明，如果所有市场都以这种方式运行，那么所有产品市场都可以建立均衡价格①，也就是说，在这些价格水平上，每个市场的需求量都等于供给量。当然，并非所有一般均衡模型都包含上述假设。近年来已经开发出各种各样的模型，其中包含了对市场运作方式的许多不同假设。本章开发的工具应该能给你一个关于所有一般均衡模型运作方式的大体了解。

10.2　为什么一般均衡是必要的？

为了理解为什么需要这样一个一般均衡模型，我们考虑第 9 章开头所研究的番茄市场。如图 10-1 (a) 所示，该市场的均衡为番茄的需求曲线（D）与供给曲线（S）的交点。最初，番茄的价格已知，为 P_1。图 10-1 同样给出了其他三个与番茄市场相关的市场：图 (b) 为番茄采摘工市场，图 (c) 为黄瓜（沙拉中番茄的替代品）市场，图 (d) 为黄瓜采摘工市场。这四个市场最初都处于均衡状态，除非发生某些变化，使得它们中的一条曲线发生移动，否则这些市场的价格不变。

10.2.1　均衡的扰动

现在假设发生了如下变化。想象这样一种情况：政府宣称发现番茄可以用于治愈普通感冒，因此每个人都决定食用更多的番茄。这一发现首先引起番茄市场的需求曲线移动到 D'。在第 9 章的分析中，该变化将导致番茄的价格上升，而这差不多就是故事的尾声。但是现在，我们打算继续追踪番茄市场发生的一切是如何影响图 10-1 中的其他市场的。首先做出反应的可能是番茄采摘工市场。由于番茄价格上升，对番茄采摘工的需求增加，图 10-1 (b) 中的劳动需求曲线移至 D'。因此，番茄采摘工的工资上升，这反过来又增加了番茄种植者的成本，番茄的供给曲线（在完全竞争市场中反映种植者的边际成本）移至 S'。

黄瓜市场会发生什么呢？因为番茄的价格上升而番茄和黄瓜是替代品，所以黄瓜的需求曲线向内移动至 D'。这使得黄瓜价格下降。这样一个价格下降也会减少对黄瓜采摘工的需求。因而，这些工人的工资也会下降。

10.2.2　重新建立均衡

我们可以无限期地延续这个故事。我们可以思考黄瓜价格的降低将如何影响番茄市场；或者我们可以思考黄瓜采摘工在工资下降的消极影响下，是否会考虑转为采摘番茄，从而使图 10-1 (b) 中的劳动供给曲线上移。是进一步追踪这一变化在这些市场中引起的连锁反应，还是考虑更多的与番茄相关的市场，对这一分析的影

---

① 完全竞争市场只能形成相对价格，而非绝对价格。也就是说，这些市场仅能决定一个苹果可换两个橘子，而无法决定苹果和橘子的价格分别是 0.5 美元、0.25 美元，还是 20 美元、10 美元。基于这一理由，在供给曲线和需求曲线纵轴上记录的"价格"应该一直被视为"实际"价格，它显示了某产品价格相对于其他产品的价格。一个经济体的绝对价格是由货币因素决定的，我们将在本章结尾进行简要介绍。

响不大。我们预计，图 10-1 中所示的所有市场（以及其他没有展示的市场）最终将会达到一个新的均衡，如图中浅色供给曲线和需求曲线所表示的新均衡。一旦所有影响均发挥作用，最终的结果一定是番茄的价格上升（至 P_3）、番茄采摘工的工资上升（至 W_3）、黄瓜的价格下降（至 P_4）、黄瓜采摘工的工资下降（至 W_4），这就是我们所说的完全竞争市场无摩擦的运作机制。在任一扰动发生后，所有市场都将重新建立起一组新的均衡价格。在这些价格水平上，每个市场都满足需求量等于

小测验 10.1

为什么图 10-1（a）中有两条供给曲线？这又如何反映反馈效应？为什么对番茄的需求由 D 增加至 D' 的局部均衡分析会得出错误的结论？

供给量。"应用 10.1：用计算机模拟额外负担"说明了与第 9 章所学的单一市场模型相比，为什么一个考虑市场之间联系的模型更加符合现实，能够更加完整地说明税收对经济的影响。

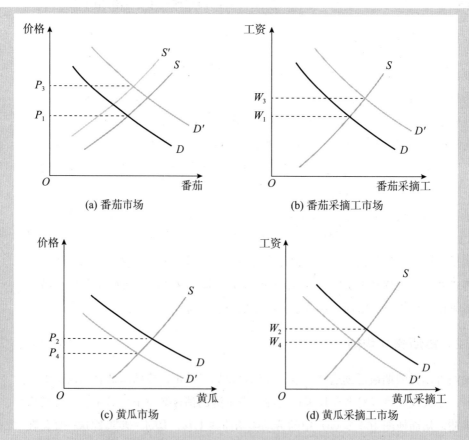

图 10-1 番茄市场及其他相关市场的市场成本

起初，番茄市场、番茄采摘工市场、黄瓜市场、黄瓜采摘工市场都达到均衡（番茄市场的均衡价格为 P_1）。番茄需求的增加扰乱了这一均衡，实际上在建立新的一般均衡的过程中，所有市场的供给曲线或需求曲线都发生了移动。

应用 10.1

用计算机模拟额外负担

在第 9 章中我们了解到，税收带来的消费者剩余的减少超过了它带来的收益，引起了额外的负担。我们在那里的分析的首要缺点在于，我们只关注单一市场——虽然这种分析方法可以大大简化问题。

一般均衡模型的额外负担

关于税收效应的更精确分析可以从大规模的一般均衡模型中得到。将一般均衡模型和单一市场模型对额外负担的估算进行对比，发现后者低估了 80%。[a] 例如，作者研究了对美国能源消费的 5% 的潜在税收，其引起的额外负担用单一市场模型估算是每年 5 亿美元，而用一般均衡模型估算则是 26 亿美元。产生如此大差别的主要原因在于，单一市场模型没有考虑能源税对工人的劳动供给决策的影响。

一些其他结果

很容易找到其他一些例子，它们都使用一般均衡模型来估算各税收体系的额外负担。例如，早期关于英国整体税收体系的研究发现，税收的扭曲引起了相当于 GDP 6%～9% 的无谓损失[b]，并给英国制造业增加了很高的成本，这可能是其经济在撒切尔夫人改革前夕表现欠佳的重要原因。

其他一些例子可参见关于减免美国房屋所有者的赋税的论文。有两种赋税减免政策可能是最重要的：一是向那些抵押贷款的屋主提供的减税；二是向那些居住在自己的房屋里但享受实物补助的人提供的免税。[c] 这种特殊待遇使人们的选择产生偏差，人们会更倾向于选择拥有而不是租赁，这可能导致他们更多地投资于住房，更少地投资于其他各种形式的储蓄——2003—2005 年的低房贷利率夸大了这一效应。一般均衡模型一般发现明显的住房过度投资，它可能会对美国经济强加了明显的效率成本。

累进税

最后，很多作者对累进所得税如何影响美国（以及其他很多地方）的福利很感兴趣。累进所得税的优点在于它减少了税后收入的不平等，从而为低收入群体提供了隐形的保障；缺点在于其高边际税率对高收入群体的工作和储蓄行为会带来不利影响。科内萨（Conesa）和克鲁格（Kreuger）最近在一篇非常有趣的论文中，使用计算机模拟的一般均衡模型来判断美国所得税的累进税率是否为最优的[d]，或者是否存在其他方案可以发挥类似的分配效应但带来的额外负担更少。他们找到了一种单一税（见应用 1A.2），该税能大量豁免税收，并使总福利比当前的税收体系增加 1.7%。

政策挑战

关于政府项目是否明智的讨论很少提及需要为税收筹措资金的潜在损失。但是本书所调查的许多研究表明这样一个成本是巨大的。宣布的政府项目成本的增加是否应该超过它们实际的资源成本，以此解释需要为税收超额负担付费的原因？

a. See L. H. Goulder and R. C. Williams Ⅲ, "The Substantial Bias from Ignoring General Equilibrium Effects in Estimating Excess Burden and a Practical Solution," *Journal of Political Economy* （August 2003）：898 - 927.

b. 早期许多使用一般均衡模型来分析税收的研究总结在此文中：J. B. Shoven and J. Whalley, "Applied General Equilibrium Models of Taxation and International Trade," *Journal of Economic Literature* （September 1985）：1007 - 1051。

c. See Y. Nakagami and A. M. Pereira, "Budgetary and Efficiency Effects of Housing Taxation in the United States," *Journal of Urban Economics* （September 1996）：68 - 86.

d. J. C. Conesa and D. Kreuger, "On the Optimal Progressivity of the Income Tax Code," National Bureau of Economic Research Working Paper 11044，January（Washington, DC：NBER，2005）.

10.3　一个简单的一般均衡模型

为了了解一般均衡分析，我们来看一个包含两种产品的简单供求模型。为了简便起见，我们称这两种产品分别为 X 和 Y。这两种产品的供给情况如图 10-2 中的生产可能性边界 PP' 所示，这条曲线反映了在资源完全利用的情况下，一个经济体能够生产的所有产品 X 和 Y 的组合。① 这一曲线也反映了用产品 X 替换产品 Y 的相对机会成本。因而，它类似于产品 X（或产品 Y）的供给曲线。

图 10-2 还给出了一系列无差异曲线，代表一个简单经济体中消费者对产品 X 和 Y 的偏好，在我们的模型中反映需求状况。很明显，在模型中的 E 点处，资源能够获得最有效的利用，此时的产量分别为 X^* 和 Y^*。该点还提供了在稀缺资源的限制下（表示为生产可能性边界），该经济所能达到的最大效用。在第 9 章中，我们定义这一点为**经济有效的资源配置**（economically efficient allocation of resource）。请注意这一效率概念包括两个方面的内容：第一是供给方面——（X^*，Y^*）点处于生产可能性边界上，而任一位于该边界之内的点提供的效用都少于这种情况下潜在可以获得的量，因此边界内的点都是无效率的；第二，（X^*，Y^*）点的效率还有需求方面的含义，在 PP' 曲线上的所有点中，这一资源配置方式提供了最大的效用。它强调了这一观点：经济活动的最终目标是提高人们的福利。在这里，人们为自己决定哪种资源配置方式是最好的。

在图 10-2 中，经济有效的资源配置点 E 为生产可能性边界和消费者无差异曲线的切点。在第 1 章中我们看到生产可能性边界的斜率衡量的是以一种产品表示的

---

① PP' 曲线上的点有时被称作"技术有效"，因为所有的投入品都被企业充分利用，并且是以恰当的组合方式加以利用。PP' 曲线内的点（例如 G 点）则是技术无效的，因为存在生产出更多两种产品的可能性。关于投入品利用和技术效率之间关系的分析，请见习题 10.9。

另一种产品的相对机会成本。生产可能性边界越来越陡峭，反映了随着 X 产量的增加，它变得相对越来越贵。另外，在第 2 章中我们看到无差异曲线的斜率衡量的是人们在消费中以一种产品交换另一种产品的意愿（即边际替代率）。由于人们追求消费的平衡，随着人们消费的 X 的数量的增加，斜率就越来越平坦。因此，图 10-2 中的切点说明了经济效率的一个特征：生产产品的相对机会成本等于在消费者心里两种产品的合意交换比率。有效资源配置就是将市场中供给方的相对成本的技术信息与需求方的偏好信息联系起来。如果二者斜率不相等（如在 F 点处），资源配置将是无效的（消费者效用水平为 U_1 而非 U_2）。尽管图 10-2 中对于经济有效的资源配置的描述仅考虑了技术和偏好问题，但相切的条件涵盖了如下信息，即价格与这种结果的实现是有一定联系的，因为它传递了交易信息。在下一节中，我们将详细研究这个问题。

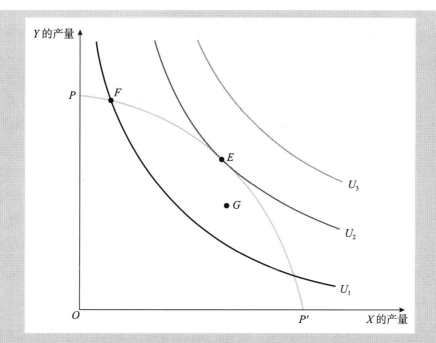

图 10-2　产出组合的效率

在这个经济体中，生产可能性边界表示可能生产出的 X 和 Y 的所有组合。所有位于生产可能性边界上的点从技术上来说都是有效的。但是，只有 E 点所表示的产出组合才能为代表性的经济个体提供最大的效用，只有这一点表示经济有效的资源配置。

注意，图 10-2 所描述的经济效率只是基于可获得的资源（如生产可能性边界所示）和消费者的偏好（如无差异曲线所示）。弄清楚经济学的定义后，任何一个经济体所面临的问题均是怎样最优使用它可获得的资源。这里的术语"最优使用"是"效用最大化"的同义词。也就是说，资源的最优使用是给人们提供最大化效用。这样一个有效配置结合技术的权衡取舍对于愿意做出权衡的人们来说是可行的这一事实（如

图 10-2 中的切点 E 所示），也表明了找到一个有效配置可能与产品及资源的正确定价有一些联系——产品和资源的正确定价是我们马上将要讨论的一个话题。

10.4 完全竞争市场的经济效率

在这个简单的模型中，要解决的经济问题是怎样实现资源的有效配置。现代福利经济学最重要的发现之一就是表明，在一定条件下，完全竞争市场能够产生这样的结果。由于这个结论十分重要，因此它常被称作**福利经济学第一定理**（first theorem of welfare economics）。它只是我们在第 9 章描述的经济有效结果在许多市场中的一般化过程。完整的证明需要用到很多数学知识，我们在此仅给出证明的一小部分，看看图 10-2 中所描述的有效配置是如何通过竞争市场得以实现的。

> **❓ 小测验 10.2**
>
> 假设一个经济体只生产两种产品：左脚的鞋（X）和右脚的鞋（Y）。个人只愿意消费使得 $X=Y$ 的产品组合。
>
> 1. 生产可能性边界上的哪一点或哪些点是经济有效的？
>
> 2. 为什么生产可能性边界上使得 $X=2Y$ 的点是无效的？

我们将图 10-2 中的生产可能性边界和无差异曲线重新画在图 10-3 中。现在，假设产品 X 和 Y 在完全竞争市场中进行交换，最初，两种产品的价格分别为 P_X^1，P_Y^1。在这一价格水平处，利润最大化企业将选择产量 X_1 和 Y_1，因为在生产可能性边界所表示的 X 和 Y 的所有组合中，它能够提供最多的收入和利润。[①]

另外，给定预算约束线 CC，消费者的总需求为 X_1' 和 Y_1'。[②] 因此，在这一价格比率上，产品 X 存在超额需求（人们想要购买的量超过了生产量），而产品 Y 存在超额供给。市场的作用使得 P_X 上升而 P_Y 下降，价格比率 $\dfrac{P_X}{P_Y}$ 增大，即价格线沿着生产可能性边界按顺时针方向转动。也就是说，企业将增加产品 X 的产量，减少产品 Y 的产量。类似地，消费者对价格变化做出反应，在消费决策中用 Y 代替 X。随着市场价格的变化，生产者和消费者的反应同时减少了 X 的超额需求和 Y 的超额供给。

---

① 这一点提供的收入最多是因为 X、Y 的价格决定了 CC 线的斜率，CC 线代表了企业的总收入。当产量必须为 PP' 上的点时，这条线应该离原点尽可能远。但是由于假设在生产可能性边界及其内部的所有点上，投入品的使用不变，因此，收入最大化也意味着利润最大化。

② 了解预算约束线的位置十分重要。给定 P_X^1、P_Y^1，产品的总价值为

$$P_X^1 \cdot X_1 + P_Y^1 \cdot Y_1$$

此即图中所示的简单经济体的总产出的价值。由于会计准则"总收入＝总产出"，这也是该社会中人们获得的总收入。社会的预算约束线穿过点 (X_1, Y_1)，斜率为 $-\dfrac{P_X^1}{P_Y^1}$，恰好是图中标为 CC 的直线。

均衡产量为 X^* 和 Y^*，均衡价格比率为 $\dfrac{P_X^*}{P_Y^*}$。在这一价格比率水平上，产品 X 和 Y 的供给量均等于需求量。在给定价格水平 P_X^* 和 P_Y^* 时，利润最大化企业选择产量 X^* 和 Y^*；给定这一产量带给人们的收入，消费者的购买量恰好为 X^* 和

> **小测验 10.3**
>
> 画出简单的供给、需求曲线模型来确定图 10-3 中产品 X、Y 的价格。在图中标出产品 X 的非均衡点 X_1 和 X_1' 以及产品 Y 的非均衡点 Y_1 和 Y_1'，并说明为什么这两个市场同时达到均衡。

Y^*。通过价格体系的作用，市场不仅能实现均衡，而且这一均衡是经济有效的。如前所述，在给定生产可能性边界时，X^* 和 Y^* 的均衡配置能提供可获得的最高效用水平。图 10-3 给出了福利经济学第一定理在两种产品一般均衡下的简单证明。

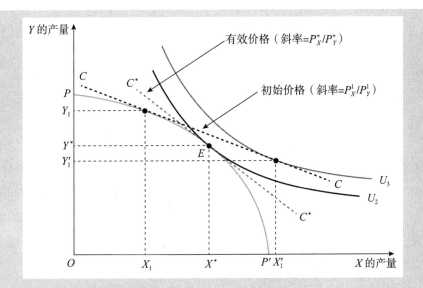

图 10-3 完全竞争价格体系如何产生效率

　　在任意一个初始价格比率上，企业均选择产量 X_1 和 Y_1，预算约束线给定为 CC 线。在这一预算约束下，需求为 X_1' 和 Y_1'，也就是说，对产品 X 存在超额需求（$X_1'-X_1$），对产品 Y 存在超额供给（Y_1-Y_1'）。市场的作用将使价格移至均衡水平 P_X^* 和 P_Y^*。在该价格水平处，社会预算约束线为 C^*C^* 线，供求平衡，产品组合为 X^* 和 Y^*，资源配置有效。

10.4.1 一些数值例子

　　让我们考虑一些数值例子，用以说明在一般均衡情境中经济效率和定价之间的联系。在所有这些例子中，我们都假定有两种产品（X 和 Y）并且这一经济体的生产可能性边界是由下列方程确定的四分之一圆，即

$$X^2+Y^2=100，X\geqslant 0,Y\geqslant 0 \tag{10.1}$$

这一生产可能性边界如图 10 - 4 所示。注意最大的 X 数量将是生产 10（如果 $Y=0$），最大的 Y 数量将是生产 10（如果 $X=0$）。

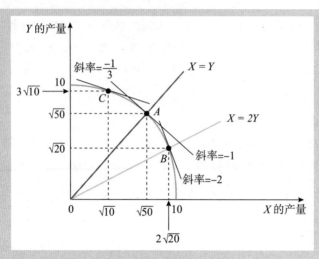

图 10 - 4　假设的有效配置

这里，生产可能性边界由 $X^2+Y^2=100$ 确定。如果偏好要求 $X=Y$，那么 A 点就是有效的，并且 $P_X/P_Y=1$。如果偏好要求 $X=2Y$，那么 B 点将是有效的，$P_X/P_Y=2$。如果偏好要求 $P_X/P_Y=1/3$，那么 C 点是有效的。

计算这一生产可能性边界上任何一点的斜率主要是一个微积分问题，因而，我们将在脚注中说明它。[1] 但斜率是 $-X/Y$ 这一比率将在求解许多问题中被证明是有用的。现在，我们必须引进偏好以发现生产可能性边界上的哪个点是经济有效的。

固定比例　假如人们想要消费的两种产品是以固定比例 $X=Y$ 被消费（例如，假设它们是左鞋和右鞋），那么把这一要求代入生产可能性边界方程将可得到

$$X^2+X^2=2X^2=100 \text{ 或者 } X=Y=\sqrt{50} \tag{10.2}$$

这一有效配置在图 10 - 4 中用 A 点表示。生产可能性边界在这一点处的斜率是 $-X/Y=-\sqrt{50}/\sqrt{50}=-1$。因而在这些偏好条件下，$X$ 和 Y 之间的技术权衡比率是一比一；也就是说，在完全竞争市场上，产品将拥有相同的价格（和相对机会成本）。

如果人们的偏好是不同的，那么有效配置也将不一样。例如，如果人们想要消费的两个产品的唯一组合是 $X=2Y$，那么把它代入方程（10.1）将得到

$$(2Y)^2+Y^2=5Y^2=100, Y=\sqrt{20}, X=2\sqrt{20} \tag{10.3}$$

它在图 10 - 4 中如 B 点所示。在这一点，生产可能性边界的斜率是 $-X/Y=-2\sqrt{20}/\sqrt{20}=-2$。所以，$X$ 产品的价格应该是 Y 产品的两倍；事实上，更多的

---

① 采用方程（10.1）的全微分 $2XdX+2YdY=0$，由此解得斜率：$dY/dX=-2X/2Y=-X/Y$。

X 需求与生产这一产品的机会成本递增（正如生产可能性边界的凹形所示）相结合能够解释这一结果。

完全替代　如果产品是完全替代的，个体在两种产品之间的边际替代率将会确定相对价格。这是能够在均衡当中胜出的价格比率，因为在任何其他价格比率处个体均会选择只消费一种产品。例如，如果人们把 X 和 Y 视为完全替代品，他们一直愿意以一比一的比率交易这两种产品，那么只有当价格比率是 1.0 时才能在均衡当中胜出。如果产品 X 比产品 Y 更廉价，那么这个人将会只购买 X，而如果产品 X 比产品 Y 更昂贵，那么他或她将只购买 Y。因而，有效配置将会处于生产可能性边界的斜率是 -1.0 的地方。使用这一事实，我们拥有斜率 $-X/Y=-1$，所以 $X=Y$，因此，均衡必须再次位于图 10-4 中的 A 点。但是要注意到在 A 点的理由不同于我们在固定比例情形当中的理由。在先前的例子中，有效点位于 A 是因为人们想要消费的 X 和 Y 是一比一的比率。而在这一情形当中，人们想要消费的两种产品可以是任何比率，但产品是完全替代的，生产可能性边界的斜率必须是 -1.0。寻找这一曲线发生于何处决定了这一情形当中的有效配置。

为了说明这一点，假设人们把 X 和 Y 视为完全替代的，但是一直愿意用 3 单位的 X 交易 1 单位的 Y。在这一情形当中，价格比率必须是 $P_X/P_Y=1/3$。让它等于生产可能性边界的斜率：斜率 $=-X/Y=-1/3$，所以 $Y=3X$，在生产可能性边界上的点可能通过下式找到

$$X^2+(3X)^2=10X^2=100，所以 X=\sqrt{10} 和 Y=3\sqrt{10} \tag{10.4}$$

这一配置如图 10-4 中的 C 点所示。因为在均衡中 X 的相对价格一定很低，所以为了避免高于 1/3 的不必要的机会成本，这一产品的产量将会相对较小。

其他偏好　寻找其他类型的有效配置和相关价格往往比简单例子更为复杂。然而，寻找生产可能性边界的正确切线的基本方法依然适用。这一切线不仅显示了在边界上哪个配置是有效的（因为它满足了个体偏好），而且也显示了为了使企业和个体达到这个配置所必需的占主导地位的价格比率。

铭刻于心　斜率和切线确定了有效配置

经济学中的效率与企业及个体做出的权衡取舍相关。通过生产可能性边界的斜率和无差异曲线的斜率可以刻画这些权衡取舍。有效的点不可能通过单独处理数量而得到。这往往是学生一开始经常犯的错误——他们试图在没有考虑权衡比率（斜率）的情形下寻找方程的解。这一方法在我们的第一个例子中发挥作用，因为你只是寻找生产可能性边界中 $X=Y$ 的点。但是，即使是在那个例子中，在不知道边界上这一点的斜率时也不可能计算出相对价格。在更为复杂的例子中，在没有仔细考虑所涉及的权衡时，通常是不可能找出有效配置的。

10.4.2 价格、效率和自由放任经济学

我们已经说明，完全竞争价格体系通过依靠个人和企业对自身利益的追求，利用均衡价格所包含的信息，能够达到资源在经济上的有效配置。这一发现为某些经济学家所持的自由放任观点提供了一些科学依据。例如，亚当·斯密做出了如下论断：

> 每个人改善自身条件的自然努力，在自由和安全的条件下发挥作用时，是一个如此强大的原则，以至于它在没有任何帮助的情况下，不仅能够使社会走向富裕和繁荣，而且能够克服法律对其行动的百般刁难。[①]

我们看到这一陈述有很大的理论合理性。如斯密所说，面包师为人们做面包并非出于公益精神，相反，他们从自身利益出发，对市场信号做出反应（亚当·斯密"看不见的手"）。这样，他们的行为由市场协调形成一个有效的、全面的格局。至少在这个简单的模型中，市场体系为资源如何使用强加了一个十分严密的逻辑。

效率理论提出了许多很重要的问题，比如市场建立完全竞争价格水平的能力有多强、是否应该用该理论指导政府政策（例如，政府是否应该避免干预国际市场，正如"**应用 10.2：自由贸易的好处及自由贸易协定**"所建议的）。

应用 10.2

自由贸易的好处及自由贸易协定

几百年来，自由贸易一直是个颇有争议的话题。最具影响力的争论之一发生在 19 世纪 20 年代到 30 年代拿破仑战争之后的英国。最初，争论的焦点在于取消谷物进口的高关税会如何影响社会各群体的福利。在后来持续了近两个世纪的关于自由贸易的争论中，《谷物法》之争中的观点还在不断被重复。

自由贸易的一般均衡理论

为了研究自由贸易对社会各部门的影响，我们需要用到一般均衡模型。一个简单的版本如图 1 所示。该图给出了英国生产的谷物（X）和制造品（Y）的所有可能组合。如果《谷物法》阻止了一切贸易，那么 E 点表示国内均衡。此时，英国两种产品的产量为 X_E、Y_E，一个代表性英国人的效用水平为 U_2。消除关税将降低英国国内的价格比率，从而与更低的世界价格比率持平。在这一价格水平上，英国谷物的产量将从 X_E 减少为 X_A，制造

[①] Adam Smith, *The Wealth of Nations* (1776；repr., New York：Random House, 1937)，508. 引文来自现代图书馆所保管的版本。

品的产量将从 Y_E 增加为 Y_A。与欧洲其他国家的贸易可以保证英国的消费水平为 B 点。英国将进口谷物 $X_B - X_A$，出口制造品 $Y_A - Y_B$，代表性英国消费者的效用上升为 U_3。因此，实行自由贸易政策可以显著地增加福利。

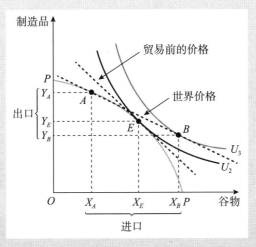

图1 关于《谷物法》争议的分析

谷物贸易壁垒的减少将使资源配置由 E 点移至 A 点，消费由 E 点移至 B 点。如果谷物相对而言是资本密集的，那么作为资源重新配置的结果，资本的相对价格将下降。

但是，贸易同样会影响许多投入品的价格。由于英国产品的产量由 E 点重新配置为 A 点，因此对制造业投入品的需求增加，对谷物投入品的需求减少。这对于英国的工厂工人而言是好消息，而对于土地所有者而言则是坏消息。因此，土地所有者极力反对废除《谷物法》并不奇怪。然而最终，工人和消费者都从贸易中获益的事实占了上风，在 19 世纪余下的时间里英国成为自由贸易最主要的支持者。

现代社会对自由贸易的抵制

由于自由贸易拥有影响各种投入品价格的能力，因此关于这项政策的政治争议至今仍在持续。例如，在美国和大部分其他西方国家，出口工业倾向于使用技术工人和大量高技术资本设备。另外，进口产品通常由低技术工人生产。因此，放松贸易壁垒将引起该国高技术工人工资的升高和低技术工人工资的降低。这从不同的工会在贸易争议中的立场可以看出来——代表高技术工人（如机械师、农业设备行业工人、石油化工行业工人）的工会倾向于支持自由贸易，而代表低技术工人（如纺织工、制鞋工）的工会倾向于反对自由贸易。

进口竞争行业的工人反对自由贸易的原因涉及转换成本。当生产从进口转向出口时，工人不得不从进口产业中转移出来。总的来说，他们最终会被其他行业雇用，但为了得到新的工作，他们必须学习新的技能，而这通常要花一定的时间。许多国家为工人提供培训或额外的失业补助金，通过这样的贸易过渡政策来降低转换成本。例如，美国的贸易调整援助（TAA）计划规定，如果因国际贸易失去工作的工人参加一个培训项目，他就可获得持续 78 周的失业补助金——比普通失业补助项目要长整整一年。如果需要接受补习教育，则可获得更久的失业补助金。连同其他补助（例如健康保险资助），TAA 计划给予受自由贸易影响的工人以极大的缓冲空间。[a] 然而，这种补助是否能完全覆盖贸易的扩大带给个体工人的损失，仍是一个悬而未决的问题。

关于 NAFTA 的争议

在 20 世纪 90 年代早期关于《北美自由贸易协定》（NAFTA）的争议中，上述所有这些议题尤其受到关注。该协定大大降低了美国、加拿大、墨西哥之间的贸易壁垒。早期的一个关于 NAFTA 的影响的计算机模拟结果表明，该协定会给低工资工人带来短期成本，但给所有相关国家的其他工人和消费者带来的收益远高于这些成本。[b] 一些更加复杂的一般均衡模型确实表明，美国低工资工人不会受到太大损害，因为该协定也会改善他们工作的劳动力市场的运作状况。

一般均衡模型预测的 NAFTA 福利结果大体上已经实现。正如模型所预测的，过去十年间，美国、加拿大、墨西哥之间的贸易大幅增加，尤其是过去没有贸易的领域。[c] 模型中预测的贸易扩张对投入品市场的相对良性影响似乎也得到了实际数据的支持。

其他自由贸易协定

NAFTA 的显著成功在二十多年里引发了大量其他自由贸易协定的谈判。当前美国已经与 20 个国家[d] 达成这样的协定，并且在亚洲和南美洲已经形成了更大的泛太平洋协定。尽管"自由贸易协定"这一术语表明了这些是相对简单的协定，但是实际上每个协定均有它自身的独特性。许多这样的特征进入协定当中是因为涉及国家的特殊利益，带来了政治压力，使自己免受一些协定条款的制约。举例来说，由于美国食糖生产商的政治影响力，在许多美国协定中食糖都受到特殊对待。同样，日本大米生产商的政治力量使得各国很难与日本达成一个显著的协定。在最近几年大量的非贸易议题也已经进入贸易谈判当中——特别是那些与环境相关和与合作伙伴国家的工作条件相关的议题。通常这样一个单边的议题可能是有正当理由的——没有人想要与恶化环境或者雇用童工的国家达成协定。但不幸的是，这些议题往往被特殊利益团体用于得到它们在协定条件下通常不可能得到的收益。因而，考虑所有自由贸易协定的细节以理解它们可能产生的真实经济效应，是至关重要的。

思考题

1. 图 1 表明自由贸易带来的效用的增加有两个来源：（1）由于可以消费该国生产可能性边界之外的消费组合而带来的消费增加；（2）由于该国能专业化地生产世界价格相对较高的产品而带来的专业化效应。这在图 1 中如何表示出来？哪些因素决定了这些效应的大小？

2. 图 1 表明一个国家将出口国内相对价格低于国际市场价格的产品（在这个例子中为产品 Y）。什么样的因素决定了这样一个国家的比较优势？

a. K. Baicker and M. Rehavi, "Policy Watch: Trade Adjustment Assistance," *Journal of Economic Perspectives* (Spring 2004): 239-255.

b. N. Lustig, B. Bosworth, and R. Lawrence, eds. *North American Free Trade* (Washington, D. C.: The Brookings Institution, 1992).

c. T. J. Kehoe, "An Evaluation of the Performance of Applied General Equilibrium Models of the Impact of NAF-TA," Research Department Staff Report 320, Federal Reserve Bank of Minneapolis, August (Minneapolis, MN: Federal Reserve Bank of Minneapolis, 2003).

d. 这些协定的细节可以在美国贸易代表办公室找到：www.ustr.gov/trade-agreements/free-trade-agreements.

10.5　为什么市场无法实现经济效率?

我们已经说明，完全竞争市场的经济效率严格依赖于竞争模型中列出的所有假设条件。几个条件可能会阻碍市场产生有效配置。

10.5.1　不完全竞争

不完全竞争（imperfect competition），从广义上讲包括经济参与人（即买方和卖方）在决定价格时拥有市场势力的所有情况。这些情况归结为一点，即由于企业不再是价格接受者，边际收益不再等于市场价格。因此，相对价格就不再准确反映边际成本，价格体系也不再包含确保效率所必需的成本信息。我们将会在第 11 章中学习到，由垄断产生的无谓损失是度量这种无效率的一种好方法。

10.5.2　外部性

当企业之间或企业与个人之间的成本存在某种关系，且这种关系没有反映在市场价格中时，也会出现市场失灵。这样的例子有很多，或许最普遍的一个是，某家企业以工业废气和其他垃圾污染空气，这被称作**外部性**（externality）。该企业的行为增加了其他企业和其他人的成本，但一般的价格体系并未直接考虑这种成本的增加。外部性的最基本问题在于，该产品的企业私人成本不再等于社会成本。当不存在外部性时，企业的成本准确反映社会成本，企业使用资源的成本反映了与该产品有关的所有机会成本。然而，当企业存在外部性时，就有了附加成本——来自对外损害的成本。燃煤炼钢所产生的污染会引起疾病、普遍污染，这些与企业付给工人的工资一样属于成本。但是，企业在决定钢铁产量时，只考虑私人的投入成本，而忽视了污染带来的社会成本。这将使市场价格和（社会）边际成本之间存在差距，从而导致市场错误地配置资源。在第 16 章中，我们将详细讨论这一问题。

10.5.3　公共品

第三种可能影响价格机制效率的因素源自一种特殊的被称作**公共品**（public goods）的产品。它的两个特征使之成为市场效率的阻碍：第一，增加一个消费者，公共品的边际成本为零。在这个意义上，它具有非竞争性，即生产它的成本不一定能被分摊给某个特定的消费者。第二，公共品是非排他的——无法阻止人们从它那里获得好处。也就是说，无论是否支付费用，人们都能消费该产品。

为了说明为什么公共品会影响市场效率，考虑如下最重要的例子——国防。一旦一国建立了国防系统，增加一个受保护者的边际成本是零，因此它是非竞争的。类似地，一个国家的所有人无论是否想要如此，都会受到保护，无论如何都无法把任何一个人排除在外。如果交由私人市场提供，国防服务绝不可能达到一个有效的水平。每个人都有不支付任何费用而寄希望于其他人的激励，每个人都有"搭便车"从而依赖其他人支付的激励。这样，纯市场经济下用于国防的资源将严重不足。为了防止这种无效配置，公共品（例如法律系统、交通控制系统、蚊虫防控）多由政府提供，并以某种强制税收的形式为之提供资金支持。这一过程所产生的经济问题将在第 16 章中详述。

10.5.4 不完全信息

我们关于完全竞争与经济效率之间的联系的讨论一直暗含着这样的假定：经济参与人拥有完全信息。其中最重要的一种信息是市场均衡价格。如果由于某种原因，市场无法形成均衡价格，或者需求者或生产者不知道均衡价格水平，"看不见的手"就无法发挥作用。考虑消费者购买新电视机所面临的问题。这个潜在消费者不仅要判断不同品牌产品的质量，还要了解各个卖家对不同电视机的要价。到目前为止，所有这些问题都通过假设产品同质并且市场价格众所周知而被忽略。正如我们将在第 15 章中看到的，如果没有这些假设，完全竞争市场的效率将存在更大的问题。

10.6 效率和公平

到目前为止，本章讨论了经济效率的概念以及资源能否得到有效配置，并未涉及分配的**公平**（equity）或平等问题，本节将对此进行简要讨论。我们不仅将说明资源配置的公平性是很难定义的，而且还将说明完全竞争价格体系（或者其他资源配置方式）的配置结果不会是公平的。

10.6.1 公平的定义和实现

关于定义什么是"公平"或"平等"的资源配置，首要的问题在于"公平"并没有一个统一的概念。一些人认为，如果在资源配置过程中没有人违反法律，那么这种配置就是公平的——这些人只是将窃取产品定义为"不公平"。还有一些人基于对不平等的厌恶来定义公平的概念。他们认为，只有使所有人均获得相同效用（假设效用可以被衡量且可以被比较）的资源配置才是公平的。更现实地讲，一些人认为美国现阶段的收入和财富的分配是公平的，而另一些人认为是不公平的。福利经济学家给出了许多关于公平的更加具体的定义，但关于某种资源配置是否公平却有着相互冲突的结论。在此问题上没有一致意见。[①]

---

① 当前关于这个问题的讨论，请参见阿马蒂亚·森 1998 年诺贝尔经济学奖演讲稿，重印于 A. Sen, "The Possibility of Social Choice," *American Economic Review* (June 1999): 349 - 379。

10.6.2 公平和完全竞争市场

即使所有人都同意什么是公平的资源（从而人们的效用）配置，仍然存在如何达到这种配置的问题。我们可以依赖于人们的自愿交易来实现公平，还是需要其他更多的条件？为什么自愿交易不能成功地解决问题。如果从一个不公平的资源配置格局开始，自愿交易不一定能消除这种不公平，因为最初受到偏爱的那些人不会自愿同意让自己的境况变糟。同样的道理适用于完全竞争市场中的交易。由于交易是自愿的，即使最终结果是有效率的，最初的不平等也无法被消除。

采取强制措施（例如征税）来实现公平也会产生一些问题。例如，在本书的很多地方，我们提到税收如何影响人们的行为，以及这种扭曲引起的效率损失。利用政府的力量来转移收入可能是一种高成本行为，实现公平的代价是效率的损失。公平和效率之间的权衡取舍是世界上许多政治冲突的主要根源。

10.7 交易的埃奇沃思方盒图

一个被称为埃奇沃思方盒图的图表工具可以很好地描述公平问题。制作一个方盒图，其大小由两种产品（我们简单称之为 X 和 Y）的总产量决定。

如图 10-5 所示，水平长度代表 X 的总产量，垂直高度代表 Y 的总产量。我们将 O_S 点看作第一个人（称为史密斯）的原点，X 的量为 O_S 沿横轴向右的距离，Y 的量为 O_S 沿纵轴向上的距离。图中任意一点都可代表史密斯分配到的 X 和 Y。例如，在 E 点处，史密斯获得 X_S^E 和 Y_S^E。埃奇沃思方盒图的有用之处在于，第二个人（称为琼斯）分配到的量也可由 E 点反映。琼斯获得的是总量中的剩余部分。实际上，我们可以认为琼斯获得的产品数量由原点 O_J 衡量。因此，E 点也代表了琼斯的产品数量 X_J^E 和 Y_J^E。请注意，配置给史密斯和琼斯的产品数量用尽了产品 X 和 Y 的总量。

10.7.1 互惠交易

埃奇沃思方盒图中的任意一点都表示产品在史密斯和琼斯之间的配置情况，所有可能的配置情况都被包含在方盒图中。为了找出哪种配置可能产生互惠交易，我们必须引入偏好。图 10-6 以 O_S 为原点绘制了史密斯的无差异曲线。越往东北方向，史密斯的效用水平越高。琼斯的无差异曲线也可以以 O_J 为原点绘制出来，将其旋转 180 度，放在埃奇沃思方盒图的东北角。越往西南方向，琼斯的效用水平越高。

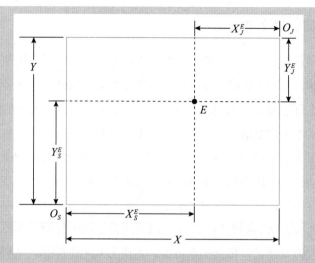

图 10-5 埃奇沃思方盒图

埃奇沃思方盒图呈现了两种产品（X 和 Y）所有可能的配置组合。如果我们将 O_S 点看作史密斯的"原点"，将 O_J 点看作琼斯的"原点"，E 点所代表的配置组合意味着史密斯得到 X_S^E 和 Y_S^E，琼斯获得剩下的（X_J^E 和 Y_J^E）。该图的目的之一是找出图中哪个配置组合可以通过自愿交易实现。

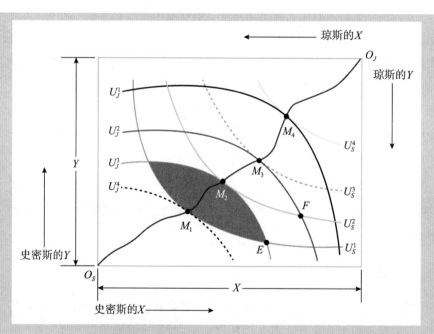

图 10-6 帕累托有效交易的埃奇沃思方盒图

曲线 O_SO_J 上的点都是有效率的，因为在这些点上，琼斯的境况不变糟时史密斯的境况不会变好，反之亦然。另外，如 E 点这样的配置则是无效率的，因为向阴影区域的移动将使两人的境况都得到改善。请注意，在曲线 O_SO_J 上的各点处，史密斯和琼斯的 MRS 相等，这条曲线被称为契约曲线。

使用这种叠加的无差异曲线图，我们可以识别出能够产生互惠交易的配置格局。任一史密斯和琼斯的边际替代率不相等的点都代表了互惠交易的可能性。考虑任意一种配置格局，如图 10 - 6 中的 E 点，它是史密斯的无差异曲线 U_S^1 和琼斯的无差异曲线 U_J^3 的交点。显然，二人在 E 点的边际替代率不相等。图 10 - 6 的阴影部分中的任何配置格局都代表二人的互惠交易——通过将交易移到阴影部分中，他们都可以获得更高水平的效用。

10.7.2　交易的效率

然而，当史密斯和琼斯的边际替代率相等时，这种互惠交易是无法进行的。在图 10 - 6 中，M_1 点、M_2 点、M_3 点和 M_4 点是两人无差异曲线的切点，远离这些点就意味着至少一个人的境况会变糟。例如，从 M_2 点向 E 点的移动将使史密斯的效用由 U_S^2 降为 U_S^1，即使琼斯在这一过程中的境况没有变差。另一个例子是，保持史密斯的效用水平不变，从 M_2 点向 F 点的移动将使琼斯的境况变差。因此，总的来说，在这些切点不存在互惠交易的可能。以意大利科学家维弗雷多·帕累托（1878—1923）的名字命名，这些点被称为**帕累托有效配置**（Pareto efficient alloca-tion）。帕累托是正式交换理论的先驱。请注意，帕累托定义的效率不需要比较不同人的效用，我们无须比较琼斯所得的和史密斯失去的，反之亦然。相反，个人只需为自己做出决策——某个交易是否会提高他的效用。对于所有的有效配置格局，均不存在需要双方都同意的附加交易。

10.7.3　契约曲线

在埃奇沃思方盒图中，所有有效配置点的集合被称为**契约曲线**（contract curve）。在图 10 - 6 中，这些点集表示为连接点 O_S、O_J，经过点 M_1、M_2、M_3 和 M_4（以及其他许多这样的切点）的曲线。契约曲线以外的点（如 E 点和 F 点）是无效率的，互惠交易可能发生。但是，正如它的名字一样，向契约曲线的移动将消除这种可能性；而沿着契约曲线的移动，如从 M_1 点移至 M_2 点，由于一定存在一个赢者（史密斯）和一个输者（琼斯），互惠交易不可能发生。

> **小测验 10.4**
>
> 在以下各情形中，契约曲线是什么形状的？
> 1.史密斯只喜欢产品 X，琼斯只喜欢产品 Y。
> 2.史密斯和琼斯都将产品 X 和产品 Y 视为完全互补品。
> 3.为保持效用不变，史密斯和琼斯都愿意以一单位产品 X 交换一单位产品 Y。

10.7.4　效率和公平

埃奇沃思方盒图不仅描述了帕累托有效，还允许我们用图形表示效率和公平之间的关系。例如，假设每个人都认为平均分配才是公平的。可能所有人都会想起童年分蛋糕或分糖果的经历，每个人分得的份额相等才被认为是合理的。这种配置格局可以用如图 10-7 所示的埃奇沃思方盒图中的 E 点来表示。另外，假设史密斯和琼斯从 A 点开始——在这一点处，史密斯处于相当有利的地位。正如我们之前所描述的那样，M_2 点和 M_3 点之间的任何一种配置都比 A 点好，因为这种自愿的移动将使两人的福利都得到改善。但在这种情况下，平均分配的 E 点没有落在这一范围内。史密斯不会自愿同意移向 E 点，因为那会使他的福利低于 A 点处，他更愿意阻止这场交易，而不是接受 E 点这样的"公平"分配。用福利经济学的话来说，史密斯和琼斯的**初始禀赋**（initial endowment）（即交易最初的格局）太不平衡，以至于自由交易不会带来平均分配的结果。如果要达到 E 点，就必须采取一些强制措施（例如税收）来迫使史密斯接受。正如**"应用 10.3：福利经济学第二定理"**中所显示的，再分配税收可能和竞争市场一起发挥作用，以实现公平与效率兼备的资源配置格局。这一观点已被经济学家证明是一个诱人的前景。

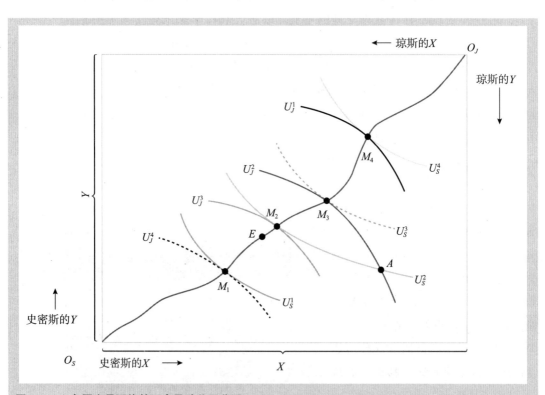

图 10-7　自愿交易可能并不会导致公平分配

　　本图是交换的埃奇沃思方盒图，源自图 10-6。图中 E 点代表对可获得产品的公平分配（假设公平可被定义）。如果个人的初始禀赋位于 A 点，我们将不能指望通过自愿交易达到 E 点，因为在 E 点，史密斯的境况要劣于 A 点。

应用 10.3

福利经济学第二定理

热衷于学习微观经济学的学生将会很高兴地发现,事实上,福利经济学有一个"第二"定理,它与更受欢迎的"看不见的手"第一定理并行不悖。这个定理着眼于公平问题,并阐明完全竞争市场是如何实现这一目标的。具体来看,该定理指出,只要初始禀赋设定得当,任何社会成员之间理想的效用配置都可以通过完全竞争市场经济的运作得以实现。例如,假设平等原则要求效用在史密斯和琼斯之间的配置应当为图 10-6 中契约曲线上 M_2 点和 M_3 点之间的部分。福利经济学第二定理表明,将初始禀赋设定为 F 点,并允许两人在完全竞争市场中交易,就可以实现这一目标。本应用专栏的主题是该定理如何在现实世界中发挥作用。

一次总付型再分配

福利经济学第二定理有时被改述为:"社会政策应当追求效率(竞争性价格),从而尽可能地做大蛋糕——任何由此产生的不平等都可以通过一次总付的征税和转移支付来弥补。"正是这种愿景为许多自由市场政策的拥护者提供了动力。但是至少有两个原因导致了这一观点太过简化:第一,现实世界中大部分税收和转移支付项目都远不是理想的一次总付的。也就是说,所有这些项目都会扭曲人们的行为,从而引起他们自己的福利损失。第二,这种实现公平的方式是在竞争市场经济达到均衡后再进行修修补补,但政治体系实际上是否会采取这种政策仍然是未知的。不过,一次总付的愿景仍然是吸引人的,因为来自完全竞争市场的效率提供了帕累托改善的机会,从中每个人的境况都可以变好。这种方法在应用经济学尤其是法经济学领域中被广泛地应用于评价不同的政策选项。[a] 例如,在契约理论中,律师可能主张不管那些没有预计到的因素是否可能发生,所有的契约都必须被遵守;但是经济学家则会问,违反其中的一些条款是否可能是有效率的,是否会提高所有参与人能够分享的效用。

教育和初始禀赋

另一种找出理想的公平与效率平衡点的办法则更具体地着眼于用一般均衡模型来研究如何改变初始禀赋。许多人都相信教育是使收入分配更公平的最好途径,因此大规模教育补助的潜在效应受到了广泛关注。例如,在最近的一项研究中,作者使用了一个简单的一般均衡模型来研究高等教育补助产生的公平与效率的权衡问题[b],并将其与税收/转移支付项目或对低收入群体的工资补贴所获得的收益进行比较。该模型的一个关键因素是人们有着不同的学习能力,这会影响他们完成学业(即毕业)的概率和未来的工资。对高等教育的大量补助将促使人们的工资均等化。但由于它鼓励人们接受更高的教育,而这与他们的学习能力并不匹配,因此会产生无谓损失。也许令人惊讶的是,作者总结道,教育不是改变初始禀赋的有效方法。他们发现,给定政府支出,工资补贴带来的效用比教育和税收/转移支付项目带来的更多。

10

政策挑战

教育或者培训项目往往被视为比福利项目更好的改善低收入人群境况的一种方法，因为这样的项目扩大了生产，而福利项目可能会减少生产。但是教育或者培训项目是否真能显著增强人们赚钱能力的证据却是不明确的。教育项目能否足够扩张以实现所需的配置目标？或者它是否一直有必要求助于某些形式的（如降低生产的）税收或者转移支付项目？

a. 关于该内容的部分精彩的导言性讨论见 R. Posner, *Economic Analysis of Law*, 6th ed. （New York：Aspen Publishers，2003），chaps. 1 and 2.

b. E. A. Hanushek, C. K. Y. Leung, and K. Yilmaz, "Redistribution through Education and Other Transfer Mechanisms," *Journal of Monetary Economics*（November 2003）：1719 - 1750.

10. 7. 5　生产条件下的公平和效率

在生产模型中检验公平和效率之间的关系更加复杂。在我们迄今为止的讨论中，埃奇沃思方盒图的大小是固定的，并且我们只是考虑给定的两种产品的供给怎样在两个人之间进行分配。在我们允许生产之后，埃奇沃思方盒图的大小不再给定，而是依赖于经济体当中实际生产的产量。当然，我们仍然能够研究在这一生产可能被分配的各种潜在方式中人们所获得的效用。但是现在考察初始禀赋的再分配效应会变得更加复杂，因为这样的再分配实际上可能会影响生产量。举例来说，如果我们考虑一个计划，它将一个拥有技术"初始禀赋"的人所获得的收入再分配给几乎没有技术的人，那么我们将不得不考虑这样一个计划是否会影响高技术个体的工作意愿。我们也应该考虑这一再分配计划是否会影响几乎没有技术的个体的行为。尽管这一效应的大小大体上是一个实证问题，但是这种再分配的尝试可能会对生产产生一些（可能是负面的）效应。然而在概念层面上，我们并不清楚这样的分配实际上是否会提高低技术个体的效用水平——但是产量可能会下降很大从而使得两个人的境况都变差（具体例子参见习题 10. 10）。即使如此大的影响似乎不太可能，但是了解再分配政策对生产的影响仍然很重要，这样才能更好地理解公平和效率之间的潜在权衡。

10. 8　一般均衡模型中的货币

到目前为止，我们已经阐述了完全竞争市场如何建立起一系列价格，在这些价格水平上所有的市场同时达到均衡。在许多地方我们强调过，竞争市场的力量决定的只是相对价格而非绝对价格，为了说明绝对价格是如何决定的，我们必须在模型中引入货币因素。虽然这个问题的完整验证更像是宏观经济学的知识，但在这里我们将简要地讨论货币在与宏观经济直接相关的完全竞争经济中所扮演的角色。

10.8.1　货币的本质和功能

在任一经济体中，货币均有两个基本的功能：（1）作为普遍接受的交易媒介，促进交易的进行；（2）作为价值贮藏手段，使经济参与人可以在做出跨时消费决策时更好地分配财富。只要它的交换作用被普遍接受，并且经久耐磨，任何一种产品都可以用作货币。如今，因为生产货币的成本（如在纸上印刷以前或当时统治者的肖像等）非常低，大部分经济体都使用政府制造的货币（法定货币）。然而在更早期，商品货币较为普遍。这种特殊的产品从我们熟悉的（金、银）到不知名的甚至稀奇古怪的（鲨鱼的牙齿、雅浦岛上的大石滚轮）都有。社会选择它们的货币形式，可能是出于许多经济、历史以及政治上的原因。

10.8.2　作为计价标准的货币

货币最重要的功能之一是作为计价标准，所有的价格都以这种标准计量。一般来说，选择哪种产品（或一篮子产品）作为计价标准，对相对价格没有影响。例如，1 个苹果（产品 1）可换 2 个李子（产品 2）：

$$\frac{P_1}{P_2} = \frac{2}{1} \tag{10.5}$$

报价方式对上式没有影响。假设一个社会选择以蛤蜊作为计价的货币单位，1 个苹果换 4 个蛤蜊，1 个李子换 2 个蛤蜊。如果我们将苹果和李子的蛤蜊价格分别重新记为 P_1'、P_2'，我们有

$$\frac{P_1'}{P_2'} = \frac{4}{2} = \frac{2}{1} = \frac{P_1}{P_2} \tag{10.6}$$

也可以以鲨鱼的牙齿计价，令 10 颗鲨鱼牙齿可交换 1 个蛤蜊，那么产品的价格以鲨鱼牙齿计量则为

$$P_1'' = 4 \times 10 = 40 \tag{10.7}$$

以及

$$P_2'' = 2 \times 10 = 20$$

1 个苹果（要价 40 颗鲨鱼牙齿）仍然换 2 个李子（要价 20 颗鲨鱼牙齿）。

当然，以蛤蜊和鲨鱼牙齿计价并不普遍。相反，社会总是接受纸币作为计价标准。1 个苹果可换 1/2 张印有乔治·华盛顿头像的纸币（即 0.5 美元），1 个李子可换 1/4 张这样的纸币（即 0.25 美元）。因此，以这种货币标准，相对价格仍然保持为 2∶1。计价标准的选择不会决定绝对价格水平。1 个苹果可以换 4 个或者 400 个蛤蜊，只要 1 个李子可以换得的蛤蜊是那个量的一半，相对价格就不会受到绝对价格水平的

影响。不过，绝对价格显然也是重要的，尤其是对那些将货币用于价值贮藏的人来说。大量投资于蛤蜊的人显然会关心他能用这些蛤蜊购买多少苹果。虽然关于价格水平问题的完整理论阐述超出了本书的范围，但在此我们仍给出一些简要的评论。

10.8.3　商品货币

在一个经济体中，货币的生产方式（开采黄金、挖掘蛤蜊或捕捉鲨鱼）与任何其他产品类似，货币的相对价格与任何其他相对价格一样，是由供求力量决定的。影响货币供给或需求的经济力量同样会影响货币的相对价格。例如，15—16 世纪，西班牙从新大陆进口的黄金扩大了黄金的供给，从而引起了黄金相对价格的下跌。也就是说，其他所有产品的价格相对于黄金的价格都上升了，即以黄金计价的大部分产品都普遍出现了通货膨胀现象。当某个因素发生变化，影响被选作货币的产品的均衡价格时，同样的效应就会发生。"**应用 10.4：商品货币**"给出了当代关于以黄金计价还是以其他商品计价的争论。

应用 10.4

10

商品货币

历史上，商品货币和法定货币都曾被广泛使用。如今，我们更习惯于使用法定货币，即由政府制造的成本低于交换价值的货币。控制法定货币供给量的能力赋予了政府控制价格总水平和其他宏观经济变量的能力。相反，以一种特定的商品作为货币更像是出于历史的偶然。人们一旦就某种商品作为交换媒介达成社会共识，流通中该货币的数量就由普通的供给需求规律决定。一些经济学家相信，现在看来使用商品货币是一件合意的事情，因为它严重地限制了政府在货币政策方面的作为。无论对这个问题所持的态度是什么，对商品货币的经验研究均能帮助我们深入了解任何经济体的货币部门和实体部门是怎样联系在一起的。

金本位制

数千年来，黄金一直被用作货币。19 世纪，在金本位制下，金币得以正式化。金本位的建立始于 1821 年，当时英国规定英镑可以以固定价格自由兑换黄金。很快，德国和美国仿效英国。到 19 世纪 70 年代，世界上大部分经济体都将它们通货的价值与黄金挂钩，这就隐性地建立了一种国际固定汇率制度。由于要维持通货与黄金间的固定兑换比例，政府制造法定货币的能力受到了限制。

在金本位条件下，经济生活中有两个方面值得强调：第一，由于在 19 世纪的大部分时间里，经济产出的增长快于黄金供给的增长，产品价格下降，即黄金（以及与黄金挂钩的通货）的价格相对于其他产品的价格上升。第二，该时期的通货膨胀通常与新黄金的发现相联系，美国在 1848 年（加利福尼亚）和 1898 年（育空）发现金矿之后表现尤为明显。

金银复本位制

在美国早期的历史中，金和银都被用作商品货币。政府决定这两种金属的官方兑换比例，但该比例不总能真实地反映其相对的稀缺性。规定的黄金的交换价值通常高于其真正的市场价值，因此大部分货币交易使用黄金。但黄金的供给量增长很慢，这就意味着货币紧缩。威廉·詹宁斯·布赖恩在 1896 年发表的著名演讲《黄金十字架》中请求提高白银的交换价值，从而促使货币总供给能够更加快速地增加。关于金银复本位制的争论还反映在弗兰克·鲍姆的故事《绿野仙踪》中，例如，东方女巫代表着希望维持单一金本位制的东方银行家。[a] 更普遍的是，金银复本位制的经验表明，在商品的潜在价值取决于供求规律时，要维持两种不同商品货币的固定价格是十分困难的。

香烟作为货币

一个关于特定环境下的商品货币的有趣例子来自拉德福所著的有关第二次世界大战集中营的回忆录。[b] 拉德福写道，战俘们很快选定香烟作为商品货币。因为他们普遍认为美国香烟更应该用来抽，因此只有英国或法国香烟被视为货币。包含新鲜烟草的红十字物资的到来，通常导致其他产品的香烟价格普遍上涨。

思考题

1. 假设你可以决定选用哪种商品作为本位货币，你会以哪些标准来挑选用作本位货币的商品？

2. 拉德福对美国香烟的观察给出了一个关于格雷欣法则——劣币驱逐良币——的例子。你能否想出历史上另一个反映这种现象的例子？

a. 更详细的讨论请参见 H. Rockoff, "*The Wizard of Oz* as a Monetary Allegory," *Journal of Political Economy* (August 1990): 739–760.

b. R. A. Radford, "The Economic Organization of a POW Camp," *Economica* (November 1945): 189–201.

10.8.4　法定货币和货币面纱论

关于政府制造的法定货币的分析要更进一步。在这种情况下，政府是唯一的货币供给者，并且可以决定生产多少货币。这种货币供给对实体经济将有什么影响？一般来讲，这与商品货币的影响完全相同。货币供给的变化将扰乱所有相对价格的一般均衡。虽然供给的扩张似乎会降低货币的相对价格（即导致其他产品的货币价格通胀），但是更

小测验 10.5

有时经济学家在绘制供给曲线和需求曲线时，没有注意说明纵轴上的价格是相对（或实际）价格还是名义价格。请解释发生纯粹的通货膨胀（所有价格一起上升的情形）会怎样影响下列情形：

1. 供给曲线和需求曲线图形的纵轴采用相对价格。

2. 供给曲线和需求曲线图形的纵轴采用名义价格。

精确的结论应当依赖于在许多市场的供给和需求的更详细的一般均衡模型。

然而，从大卫·休谟开始的古典经济学家认为，法定货币与其他产品是有区别的，应当被排除在包括需求、供给、相对价格决定的实体经济之外。在这种观点看来，经济可以分为两个部分：一个是决定相对价格的实体部门，另一个是决定绝对价格（即法定货币的价值）的货币部门。因此，货币是实体经济活动的面纱，货币的数量对实体部门没有任何实质影响。[①] 这种说法在多大程度上是正确的，这是宏观经济学中一个十分重要的尚待解决的问题。

小　结

本章始于对完全竞争价格体系的一般均衡模型的描述。在这个模型中，相对价格由供给和需求的作用决定，每个人在做经济决策时均视价格为给定的。然后，我们得出以下关于这种资源配置方式的结论：

- 利润最大化企业将有效利用资源，因此在生产可能性边界上进行生产。
- 利润最大化企业生产有经济效率的产出组合。供求的作用将确保一种产品转换为另一种产品的技术比率（产品转换率，RPT）等于人们愿意交换两种产品的比率（边际替代率，MRS）。亚当·斯密的"看不见的手"对表面上看起来杂乱无章的市场交易发挥着非常显著的协调作用。
- 价格反映边际成本。如果这种能力被某些因素扰乱，那么将阻碍资源进行有效配置。这些因素包括不完全竞争、外部性、公共品。市场价格的信息不完全也会损害完全竞争的效率。
- 在完全竞争条件下，没有什么能保证自由交易会产生公平的配置格局。公平的实现需要一些强制措施来转移收入或改变初始禀赋。这种干预可能会以效率降低为代价。
- 一个完全竞争价格体系只能确定相对价格。为了说明名义价格是如何确定的，必须在模型中引入货币。在许多情况下，货币的数量（以及绝对价格水平）对竞争市场建立起的相对价格没有影响。

复习题

1."需求增加将会提高产品价格，需求下降将会降低产品价格。这就是你需要知道的一

---

① 由此可直接推出休谟首先提出的货币数量论：

$$D_M = \frac{1}{V} \times P \times Q$$

其中，D_M 表示对货币的需求量，V 表示货币流通速度（1美元每年被使用的次数），P 表示价格总水平，Q 表示交易量（通常用实际GDP来近似）。如果 V 固定且 Q 由供求作用决定，那么货币数量增加一倍（与此同时，要求货币供给量等于货币需求量）将导致均衡价格水平增加一倍。

切——一般均衡分析大体上是多余的。"你赞成这一说法吗?你会怎样利用图 10-3 来说明需求会如何影响价格?使用这一图形是否比使用一个简单的供给-需求图形能告诉你更多的内容?

2. 第 9 章中经济效率的实现方法和本章中利用的方法有什么联系?图 9-9 中可能的低效率与图 10-2 中的低效率有什么联系?

3. 为什么生产可能性边界上的资源配置是技术有效的?边界内配置的技术低效率又是指什么?技术低效率一定和产品生产要素的闲置有关吗?在本章介绍的模型中,生产要素闲置是技术低效的吗?

4. 在第 9 章我们显示了税收的征收会导致"超额负担"。你能够怎样使用诸如图 10-3 的一般均衡图形来表明类似的结果?(提示:在使用一般均衡图形时,你必须更准确地知道税收收入是被怎样使用的。)

5. 假设两个国家有不同的生产可能性边界,并且当期在斜率不同(即相对生产成本不同)的两个点处进行生产。如果没有交通成本或其他与交易相关的费用,改变两个国家的生产计划,世界总产量将如何增加?如果两个国家的生产可能性边界都是线性的(斜率不同),请举出简单的数值例子来说明产量的增加,并使用国际贸易理论中比较优势的概念来解释该结果。

6. 使用包含两种产品的资源配置模型(如图 10-2 中的模型)来解释技术效率和经济效率(或分配效率)的区别。你是否同意这种说法:经济效率要求技术效率,但很多技术有效的资源配置并不是经济有效配置?请用图形说明原因。

7. 在第 9 章我们显示了怎样使用单一市场模型来分析需求的变动。你能够怎样使用图 10-3 的一般均衡模型来解释产品 X 需求增加的情形?为什么这样一个偏好的变动会使得 X 的相对价格上升?在这一情形当中 Y 产品的市场会怎样变化?在此你的讨论能否作为短期分析或者长期分析?

8. 相对价格传递了有关生产可能性以及人们偏好的信息。准确地说,这种信息是什么?它的可获得性如何促使资源得到有效配置?垄断或外部性的存在又是以什么方式导致这种信息被扭曲的?

9. 假设由于产品 X(一种非常重要的必需品)的相对价格太高,图 10-3 所示的竞争均衡被认为是不公平的。如果通过一项法律降低 $\frac{P_X}{P_Y}$ 会出现什么结果?

10. 在本书的大部分理论例子中,价格是以美元或美分计量的。对货币的选择是否重要?如果价格以英镑、欧元或日元计量,这些例子一样吗?或者,使用的美元是"1900 年的美元"还是"2000 年的美元"是否重要?比如,你如何将层出不穷的汉堡包-饮料的例子写成以其他通货计量的例子?这样的变化会产生根本的区别吗?或者说,本书中的例子是否体现了实际变量和名义变量的古典二分法?

习 题

10.1 假设芝士汉堡（C）和奶昔（M）的生产可能性边界为

$$C+2M=600$$

a. 画出这个函数的图形。

b. 假设人们偏好于每杯奶昔配两个芝士汉堡，两种产品的产量分别为多少？在图中指出这一点。

c. 已知这种快餐经济经营是有效率的，那么价格比率$\dfrac{P_C}{P_M}$为多少？

10.2 假设一个经济体只拥有一种可用于生产食物和衣服的技术。

产品	食物	衣服
一单位产出需要的劳动力	1	1
一单位产出需要的土地	2	1

a. 假设土地无限，劳动力等于100，请写出并绘制出生产可能性边界。

b. 假设劳动力无限，土地等于150，请写出并绘制出生产可能性边界。

c. 假设劳动力等于100，土地等于150，请写出并绘制出生产可能性边界。（提示：生产可能性边界的截距是多少？土地什么时候得到充分利用？劳动力呢？二者都得到充分利用呢？）

d. 请解释为什么c问中的生产可能性边界是凹的。

e. 请写出c问中作为产出的函数的食物的相对价格。

f. 如果消费者坚持用4单位食物交换5单位衣服，相对价格为多少？为什么？

g. 请解释为什么价格比率为$\dfrac{P_F}{P_C}=1.1$时的产量刚好等于价格比率为$\dfrac{P_F}{P_C}=1.9$时的产量。

h. 假设生产食物和衣服同样需要资本，食物需要0.8单位资本，衣服需要0.9单位资本。有100单位资本可用。这种情况下的生产可能性边界是什么？在这种情形下给出e问的答案。

10.3 假设枪（X）和黄油（Y）的生产可能性边界为

$$X^2+2Y^2=900$$

a. 画出该边界。

b. 如果个人偏好于产品束$Y=2X$，X、Y的产量应为多少？

c. 在b问中的情形下，生产可能性边界的斜率是多少？价格比率是多少？这里的斜率可以通过细微地改变最优点处的X或Y的值来考虑。（提示：通过使用本章的数值例子中采用的方法，表明这一生产可能性边界的斜率是$-X/2Y$。）

d. 用 a 问中的图形表示你的答案。

10.4 鲁滨逊·克鲁索从他每天消费的鱼的数量（F）、椰子的数量（C）以及闲暇的时间（H）中获得效用，效用函数为

效用 $= F^{1/4} C^{1/4} H^{1/2}$

鲁滨逊生产鱼的生产函数为

$$F = \sqrt{L_F}$$

其中，L_F 为他用于生产鱼的时间，他生产椰子的生产函数为

$$C = \sqrt{L_C}$$

其中，L_C 为他用于生产椰子的时间。假设鲁滨逊决定每天工作 8 小时（即 $H=16$），画出他生产鱼和椰子的生产可能性边界，指出他最理想的生产方案。

10.5 假设史密斯和琼斯每人有 10 小时的时间用于生产冰激凌（X）或鸡汤（Y）。史密斯对产品 X 和 Y 的需求给定为

$$X_S = \frac{0.3 I_S}{P_X}$$

$$Y_S = \frac{0.7 I_S}{P_Y}$$

琼斯的需求给定为

$$X_J = \frac{0.5 I_J}{P_X}$$

$$Y_J = \frac{0.5 I_J}{P_Y}$$

其中，I_S 和 I_J 分别表示史密斯和琼斯的收入（工作所得）。

两人不在意他们是生产 X 还是 Y，两种产品的生产函数为

$$X = 2L$$
$$Y = 3L$$

其中，L 是用于生产每种产品的总劳动。

根据这些信息，回答以下问题：

a. 价格比率 $\frac{P_X}{P_Y}$ 应当为多少？

b. 给定价格比率，史密斯和琼斯对 X 和 Y 的需求量为多少？（提示：假设在这里两人的工资等于 1，那么每人的收入为 10。）

c. 为了满足 b 问中的需求，劳动应当如何在 X 和 Y 之间进行配置？

10.6 在鲁里坦尼亚王国有两个地区 A 和 B，这两个地区都生产两种产品（X 和 Y）。

地区 A 的生产函数为

$$X_A = \sqrt{L_X}$$
$$Y_A = \sqrt{L_Y}$$

L_X、L_Y 分别为用于生产 X 和 Y 的劳动。地区 A 的总劳动量为 100 单位，即

$$L_X + L_Y = 100$$

地区 B 与之类似，生产函数为

$$X_B = \frac{1}{2}\sqrt{L_X}, \quad Y_B = \frac{1}{2}\sqrt{L_Y}$$

地区 B 也有 100 单位的总劳动量，即

$$L_X + L_Y = 100$$

a. 计算地区 A 和地区 B 的生产可能性边界。

b. 要使鲁里坦尼亚王国生产的产品在地区 A、地区 B 之间有效配置，需要什么条件（假设劳动力不能在地区间流动）？

c. 计算鲁里坦尼亚王国的生产可能性边界（再次假设劳动力不能在地区间流动）。如果 X 的产出为 12，鲁里坦尼亚王国可以生产多少单位 Y？（提示：图形分析可能有所帮助。）

d. 在没有做出任何明显计算的条件下，解释你能怎样为整个国家构建一个生产可能性边界。

10.7 岛上有 200 磅食物可供应给两个水手。第一个水手的效用函数给定为

$$效用 = \sqrt{F_1}$$

其中，F_1 为第一个水手消费的食物量。第二个水手的效用函数（关于食物消费量的函数）为

$$效用 = \frac{1}{2}\sqrt{F_2}$$

a. 如果食物在两人之间平均分配，两人分别能获得多少效用？

b. 为了保证两人效用水平相等，应当怎样分配食物？

c. 假设第二个水手需要至少 5 单位效用来维持生命。在第二个水手必须获得最低效用水平的限制下，应当如何分配食物才能最大化总效用？

d. 你还可运用其他什么资源配置的标准来分配食物？

10.8 回到习题 10.5，现在假设史密斯和琼斯用纸币进行交易。货币的总供给为 60 美元，每个人都希望持有价值等于每次交易价值 1/4 的货币。

a. 在这个模型中，货币工资率是多少？X 和 Y 的名义价格是多少？

b. 假设货币供给量上升到 90 美元，a 问的答案将有何变化？这个经济是否反映出实体部门和货币部门的古典二分法？

10.9　埃奇沃思方盒图也被用于说明经济作为一个整体时生产可能性边界如何绘制。假设经济只能生产两种产品（X 和 Y），每种产品都有两种投入品，即资本（K）和劳动（L）。为了绘制出 X-Y 的生产可能性边界，我们必须找出总资本和总劳动的有效配置。

a. 画出大小由可获得的资本和劳动总量决定的埃奇沃思方盒图（参见图 10-4）。

b. 方盒图的左下角为产品 X 的等产量曲线图的原点，在图中画出一些 X 的等产量曲线。

c. 方盒图的右上角为产品 Y 的等产量曲线图的原点，在图中画出一些 Y 的等产量曲线（像图 10-5 中那样）。

d. 在你所画的图形中，哪些点是有效率的？使给定的 K、L 的配置有效，需要满足哪些条件？

e. X 和 Y 的生产可能性边界包括埃奇沃思方盒图中所有有效率的点。解释为什么会这样，并解释方盒图中无效率的点为什么位于生产可能性边界内部。

f. 利用方盒图和生产可能性边界的关系，讨论以下情况下生产可能性边界的形状：

ⅰ. 产品 X 的生产只需使用劳动，Y 的生产只需使用资本；

ⅱ. X、Y 的生产都需要使用固定比率的 K 和 L，且二者都是规模报酬不变的；

ⅲ. X、Y 的生产函数相同，且都是规模报酬不变的；

ⅳ. X、Y 的生产函数相同，且都是规模报酬递增的。

10.10　史密斯和琼斯被困在一个荒岛上。每人都拥有一些火腿（H）和奶酪（C）。史密斯对食物很挑剔，只吃固定比例的火腿和奶酪的组合——2 块奶酪配 1 片火腿。他的效用函数为 $U_S = \mathrm{Min}(10H, 5C)$。另外，琼斯的食物口味更灵活，将火腿和奶酪视为完全替代品——总是愿意以 3 片火腿换取 4 块奶酪。她的效用函数为 $U_J = 4H + 3C$。总禀赋为 100 片火腿、200 块乳酪。

a. 请画出这一情形中所有可能交易的埃奇沃思方盒图。这一交易经济体的契约曲线是什么？

b. 假设史密斯的初始禀赋是 40 片火腿和 80 块奶酪（琼斯获得剩下的火腿和乳酪作为她的初始禀赋）。在这个经济体中可能的互惠交易是什么？史密斯和琼斯从这一交易中能够获得多少效用水平？

c. 假设 20 片火腿能够无成本地从琼斯转移到史密斯的禀赋中。现在可能发生的互惠交易是什么？史密斯和琼斯能获得多少效用水平？

d. 假设琼斯反对 c 问提议的火腿转移，并且声称"我宁可扔掉那些火腿也不把它们给史密斯"。如果琼斯践行她的威胁，现在可能的互惠交易是什么？史密斯和琼斯能获得多少效用水平？

e. 假设史密斯预期从琼斯处获得火腿转移，而且由于粗心大意，他的初始火腿禀赋中有 20 片变坏了。假设来自琼斯的转移实际上发生了，现在可能的互惠交易是什么？史密斯和琼斯的潜在效用水平是什么？

f. 假设现在 d 问和 e 问提及的两个不利激励效应同时发生，那么仍然存在的互惠交易机会是什么？史密斯和琼斯的潜在效用水平是什么？

第 6 篇

市场势力

同业中人甚至为了娱乐或消遣也很少聚集在一起，但他们谈话的结果，往往不是阴谋对付公众便是筹划抬高价格。*

——亚当·斯密，《国富论》，1776

在完全竞争的研究中我们始终坚持价格接受者假设，但在本篇中我们将放松这个假设。也就是说，我们将分析这样一种情况：企业有一定的权利来影响其产品的价格。

从第 11 章起，我们开始采用单一供给者（垄断）的简单情形来研究市场势力。在第 11 章我们将考察垄断市场。垄断企业的一个关键特征是，它能够按照自己的意愿来决定自己产品的价格。不过，如果垄断企业打算这么做，它就必须考虑到更高的价格会导致更少的销量。因此，企业必须考虑这样一个事实：任一卖出的产品所带来的边际收益都将少于该产品的市场售价（参见第 8 章）。由于垄断者选择了价格超过边际成本的产出水平，所以这一产出水平将是低效率的。

第 12 章将考察当市场上存在两家或者更多企业时的市场势力问题。这类市场要比完全竞争市场或者垄断市场难研究得多。这类市场和完全竞争市场不同，因为企业不是价格接受者——每家企业都会认识到，自己的行动肯定会影响到其最终获得的价格。但这样一种市场也不同于垄断企业，因为任一企业都不能单独做出利润最大化决策——企业必须考虑竞争对手将采取的具体行动。我们将使用第 5 章介绍的博弈论工具来研究许多越来越复杂的市场互动类型。

---

* 亚当·斯密.国民财富的性质和原因的研究：上卷.北京：商务印书馆，1974：122.——译者注

第11章 垄 断

如果一种产品仅有一个供应商，那么这种特定产品的市场被称为垄断市场。这一企业面对的是整个市场的需求曲线。根据对这条需求曲线的了解，垄断者做出生产多少产品的决策。与完全竞争情况下单家企业的产出决策（该决策不会影响市场价格）不同，垄断者的产出决策将完全决定产品的价格。

11.1 垄断的起因

垄断存在的原因是其他企业认为进入这一市场是无利可图的，或者难以进入该市场。**进入壁垒**（barriers to entry）是所有垄断势力产生的根源。如果其他企业可以进入该市场，从定义上来说这个市场将不再是垄断市场。一般来说有两种进入壁垒：技术壁垒与法律壁垒。

11.1.1 进入的技术壁垒

一个主要的进入技术壁垒是所考虑的产品生产在一个大的产出水平范围内呈现出平均成本递减。这就是说，大型企业比小型企业更有效率。在这种情况下，企业发现利用降价把其他企业挤出市场是有利可图的。类似地，一旦垄断企业建立起来，其他企业将很难进入市场。因为新企业的产量相对较小，所以生产的平均成本很高。由于这种进入壁垒是随生产技术的结果自然发生的，因此，这种垄断有时被称为**自然垄断**（natural monopoly）。

对于一个自然垄断者来说，平均成本的下降幅度仅需相对于所涉及的市场而言是较大的即可，绝对规模的成本下降并无必要。例如，当与全国性市场相比时，混凝土的生产在一个较大的产出范围内并没有呈现出平均成本递减的状况。然而，在一个特定的小镇，平均成本递减可能使得一个混凝土垄断得以建立。混凝土行业的运输成本高昂，容易造成当地对这种产品的垄断。

垄断的另外一个技术基础是有关低成本生产方法的特殊知识。此时，对于害怕对手进入的垄断者来说，问题在于维持这项技术的独占性。当涉及技术时，除非这项技术能够受到专利保护（后面会讨论），否则维持技术的独占性是极其困难的。独特资源的所有权（比如矿产开采权或土地所有权）或所拥有的独特管理才能也可能成为维持垄断的基础。

11.1.2 进入的法律壁垒

许多纯粹的垄断是由法律带来的，而不是由经济状况引致的结果。政府授予垄断地位的一个重要的例子是通过专利提供法律保护。计算机处理器和大多数处方药是两个值得注意的例子，通过专利法的保护，它们将不会面临仿制者的直接竞争。由于这些产品的基本技术被政府指定给唯一一家企业拥有，垄断地位便得以形成。起初，专利系统被写入美国宪法，建立专利系统的依据在于它使得创新更加有利可图，从而激励了科技进步。然而，这样的创新行为所带来的收益是否会超过建立垄断所带来的成本，这是一个存在众多争议的问题。

第二个由法律创造垄断的例子是特许权或许可执照，即授权一家企业在某个市场提供服务。在公共事业（煤气与电力）、通信服务、邮政业、部分航线、某些电视台与广播电台以及其他各种业务中，都会授予这种权利。一些赞成建立垄断的主张（常常是可疑的）经常被提出来，这些人认为在行业中只有一家企业比公开竞争更可取。

在一些实例中，一些人主张对进入特定行业进行管制，以此充分保证质量标准（如行医许可证）或者防止对环境的危害（国家公园的特许经营权）。在很多情形下，这样的进入管制确有其合理性，但是在另一些情形下，正如**"应用 11.1：给小狗洗澡需要执照吗?"**所显示的，其理由往往并不充分。管制的作用主要是限制现已存在的企业所面临的竞争，看起来并没有什么经济意义。

应用 11.1

给小狗洗澡需要执照吗?

联邦政府向许多职业颁发执照，并对无照经营者给予严厉的法律制裁。对其中一些职业来说，执照是其从业资质的重要保证，例如，没有人愿意接受一个江湖庸医的治疗。然而在其他情况下，颁发执照显得限制过多。许多州向诸如入殓师、小狗美容师、器械修理师或高尔夫课程设计师等职业颁发执照。我们在这里把注意力转向三个具体事例，来看一下颁发执照是如何造成垄断的。

殡葬服务[a]

殡葬服务在美国是一项大生意，消费者在该市场上的花费跟电影票的花费一样多。美国各州均对殡葬服务施加管制，限制执照获得者的数量。出现这一结果并不出奇，但是人们一想到那些唯利是图的遗体防腐工所走的捷径，就不寒而栗。一些州做得更出格，它们限制消费者从其他地方购买骨灰盒而只能从殡仪馆购买。由于开市客等零售商标榜通过互联网订购的骨灰盒价格极具竞争力（"949 美元起送"），消费者从骨灰盒管制中的获益并不明显。一项研究比较了各州价格，发现限制销售使骨灰盒售价提高了三分之一。然而，其他州的殡仪馆最终是对其他殡葬服务索取更高价格，结果是葬礼的总费用差不多是一样的。很显然，进入限制足以使得丧葬承办人从每个死者家属中提取一个目标金额，不管这一目标是通过提高骨灰盒价格还是通过提高尸体防腐的香料或药材以及其他服务的价格实现的。

酒庄和网上售酒

随着禁酒令的废除，各州都对如何出售酒精饮料进行多种限制。目前，有 18 个州实行酒庄垄断经营。这些州的消费者必须从"州立商场"购买含酒精的饮料，并且通常需要支付额外的费用。在其他许多州中，经营酒庄需要获得批准，并且在定价、广告、销售布局等方面常常受到限制。有证据表明，具有严格进入限制的各州的酒精饮料价格会贵得多。最近，通过互联网卖酒现象的出现使得当地烈酒垄断者受到了挑战。然而，只有少数州修改了它们的禁令去适应这种创新。2005 年，美国最高法院裁定，对州际葡萄酒销售的限制违反了宪法的商务条款，但是在如何调整法律方面给了各州一定的回旋余地。一些州，如纽约州，很快修订它们的法律，使大多数互联网葡萄酒销售合法化。然而，其他许多州仍在继续给通过互联网购买葡萄酒制造困难。它们对此经常给出的一个理由是为了阻止青少年通过网络购买梅洛葡萄酒。一个更可能的理由是为了保护当地卖酒者的利润（和政治献金）。

出租车

许多城市限制出租车的准入，只限于经特别授权的经营者。从表面上看，这一管制的意图是淘汰那些不讲道德的出租车司机，因为他们可能对新到城镇的乘客要价更高。这一基本原理并不完全与证据相吻合，具体证据倾向于表明出租车费用在受管制的市场中更高。例如，学者们对多伦多的一项研究发现，价格与通常不受管制的市场相比高出大约 225%。[b]

在纽约，出租车营业执照名为"大奖章"，它必须显示在车外面。已经发行了的大奖章超过 13 000 个，听起来似乎挺多，但是在如纽约这样的大城市，这是一个严格的限制。一些观点认为，这一严格程度来自周期性拍卖，在那当中运营者把他们的大奖章出售给出价最高的竞标人。在最近的拍卖当中，一个大奖章的价格上升到超过 100 万美元。

思考题

1. 你能为本应用专栏中描述的进入管制想出可靠的理由吗？许可证能确保质量或达到其他目标吗？你如何确定是否达到这些目标？

2.你认为为什么一些州或国家选择认证特定职业，而其他地方并没有？与竞争市场相比，在目前的安排下谁是获利者、谁是受损者？

　　a.这一事实和研究结果来自 J. A. Chevalier and F. M. Scott Morton, "State Casket Sales Restrictions: A Pointless Undertaking?" *Journal of Law and Economics* (February 2008): 1-23。

　　b.D. W. Taylor, "The Economic Effects of the Direct Regulation of Taxicabs in Metropolitan Toronto," *Logistics and Transportation Review* (June 1989): 169-182.

11.2　利润最大化

　　对于任何一家企业，追求利润最大化的垄断者都将选择这样一个产出水平，在该产出水平上边际收益等于边际成本。垄断者与完全竞争企业不同，垄断者面对的是一条向右下方倾斜的需求曲线，边际收益低于市场价格。为了多销售一单位产品，垄断者必须降低将出售的每一单位产品的价格，为的是产生额外的需求，以吸纳这一单位边际产量。根据边际收益等于边际成本这一等式，垄断者选择的产量使得产品价格高于边际成本。垄断定价的这一特点是垄断对资源配置造成负面影响的主要原因。

11.2.1　图表说明

　　垄断的利润最大化产量由图 11-1[①] 中的 Q^* 给出。在该产量下，边际收益等于边际成本，此时实现了给定需求曲线和成本曲线下的利润最大化。如果一家企业生产的产量低于 Q^*，由于产量减少造成的收益损失（MR）高于成本下降（MC），利润将会减少。生产超过 Q^* 产量的决策也会减少利润，因为增加产量所产生的额外成本高于额外销售形成的收益。因此，在 Q^* 点将达到利润最大化，追求利润最大化的垄断者将选择这个产量。

　　假定垄断者确定的产量水平是 Q^*，市场需求曲线 D 表明，所得的市场价格为 P^*。这是需求者作为一个整体愿意为垄断者的产出支付的价格。在市场上，将可以观察

> **小测验 11.1**
>
> 　　垄断行为也可以看作利润最大化的价格选择问题。
>
> 　　1.为什么一个垄断者只能要么选择价格要么选择产出数量，但不能同时选择两者？
>
> 　　2.垄断者作为一个价格制定者，边际收益等于边际成本规则是如何体现的？

---

　　①　在图 11-1 和本章其他图形分析中，垄断者的短期行为与长期行为没有区别。除了不同成本曲线依赖于企业灵活调整的可能性外，两种情况下的分析是相同的。在短期中，垄断企业与完全竞争企业遵循相同的停业决策判断原则。请注意，我们用 "Q" 表示垄断的产出水平，因为根据定义，整个市场由该企业提供服务。

到均衡的价格数量组合（P^*，Q^*）。[1] 这个均衡将一直持续，直到一些状况发生（比如需求曲线移动或成本发生改变），才能够引起垄断者做出改变产量的决定。

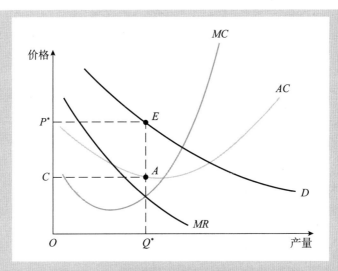

图 11 - 1 垄断市场中的利润最大化和价格决定

一个追求利润最大化的垄断者将选择边际收益等于边际成本的产量。图中，使得边际收益等于边际成本的产量为 Q^*，该产量对应的市场价格为 P^*。垄断利润由矩形 P^*EAC 表示。

11.2.2 垄断供给曲线?

在前面章节呈现的完全竞争市场理论中，说起一条定义明确的行业供给曲线是可能的。供给和需求的单个交点确定了均衡结果。如果需求曲线移动的方向使得交点不变，那么完全竞争均衡仍然一样，如图 11 - 2（a）所示。

在垄断情形下这将不再是正确的。考虑图 11 - 2（b）。一开始时给定的需求曲线是 D_1，与此相关的边际收益曲线是 MR_1。初始的垄断均衡给定为 E 点。现在，假设需求从 D_1 转变为 D_2，并绕初始均衡点 E 旋转。如果垄断拥有一条定义明确的供给曲线，那么这一需求旋转将不会改变均衡结果。然而，图形表明这一均衡结果确实改变了，均衡点从 E 点移动到了 A 点。

没有单条曲线能够刻画垄断企业的供给决策。垄断企业的供给决策是基于边际收益而非直接基于需求，而边际收益取决于需求曲线的形状（也就是说，需求曲线的斜率以及它的水平）。因而，在垄断情形下，我们指的是企业的供给"决策"而非供给"曲线"。

---

① 该组合一定位于需求曲线富有弹性的位置。这是由于边际成本是正的，从而使得利润最大化的边际收益也是正的。但是，如果边际收益是正的，根据第 8 章的内容，需求曲线一定是富有弹性的。能得到的引申结论是，市场在需求曲线缺乏弹性的部分运营可能不是一个强有力的垄断势力的特点。

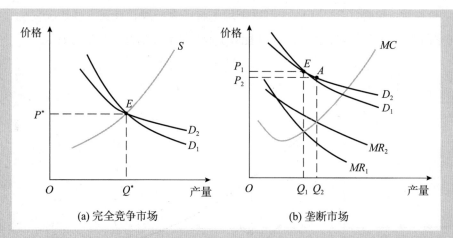

图 11-2　垄断并不存在单一供给曲线

通过均衡点的需求曲线旋转使得完全竞争条件下的均衡是不变的［图（a）］，但是在垄断条件下改变了均衡结果［图（b）］。

小测验 11.2

假设对绝地军刀（一种垄断产品）的需求增加：

1. 你为什么会预期价格和数量可能同时增加？

2. 是否存在某种情况，使得价格和数量向相反方向变动？

11.2.3　垄断利润

垄断者所获得的经济利润可直接从图 11-1 中看到，它可表示为矩形 P^*EAC 的面积，即每单位产品的利润（价格减去平均成本）乘以所出售产品的数量。如图所示，当市场价格高于平均总成本时，利润将为正。由于进入垄断市场是不可能的，所以垄断利润甚至在长期中仍然存在。由于这一原因，有些教材将垄断者获得的长期利润称为**垄断租金**（monopoly rent）。这些利润可以被看作对形成垄断的基础因素（如专利、有利的地理位置或者是小镇上唯一的酒类经营许可证）的回报。其他一些企业也许愿意为获得这一垄断势力支付这样一个数目的租金并获得利润。垄断者为电视或者棒球特许经营权支付的高价格反映了这种租金的资本化价值。

11.3　垄断怎么了？

垄断使任何经济体均面临几个问题。在此，我们考虑两个具体的抱怨：首先，垄断使产量减少；其次，垄断企业征收高价格从而最终使得财富从消费者处通过再分配被转移给"有钱有势"的企业所有者。

我们的讨论将通过图 11-3 进行，它比较了完全竞争市场所生产的产量与只有一家企业的同样市场所生产的产量。为了使图形尽可能地简单，假定垄断者是在边际成本不变的条件下生产，完全竞争行业也表现出不变的边际成本，并与垄断者拥有一样的最小长期平均成本。

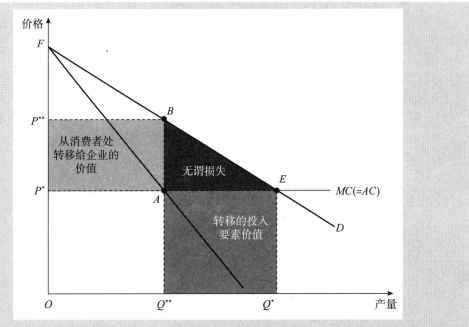

图 11-3　垄断的配置和分配效应

　　完全竞争行业的产出水平为 Q^*，价格为 P^*。垄断者将选择 Q^{**}，价格为 P^{**}。价值为 AEQ^*Q^{**} 的消费者支出与生产性投入被重新配置到其他产品的生产上。有 $P^{**}BAP^*$ 的消费者剩余被转化为垄断利润，无谓损失为三角形 BEA。

　　如果图形中的市场是竞争性的，那么 Q^* 的生产价格为 P^*。对消费者而言，这一产出的总价值由需求曲线下方的面积（也就是面积 FEQ^*O）给出，他们支付 P^*EQ^*O。消费者剩余由这两个面积的差额（三角形 FEP^*）给出。垄断者将会选择产量水平 Q^{**}，此时边际收益等于边际成本。消费者剩余是 FBP^{**}，消费者对垄断产品的支出是 $P^{**}BQ^{**}O$。

11.3.1　无谓损失

　　如图 11-3 所示，如果原来的一个竞争市场被垄断了，那么产量将会从 Q^* 减少至 Q^{**}。这一产出限制是垄断伤害分配的初步迹象。在 Q^{**} 处，需求得不到满足的消费者将乐意支付 P^{**} 以获得额外产量，后者成本只有 MC。然而，垄断者的市场控制和最大化利润的要求阻止了额外资源被吸引进行业中以满足这一需求。

　　为了更精确地测度所涉及的低效率指标，注意当先前的竞争市场被垄断后，消费者从这一产品中所获得的总价值现在已经减少了面积 BEQ^*Q^{**}。然而，这一减少额不完全是损失，因为消费者先前不得不为这些产品支付 AEQ^*Q^{**}，但是现在他们能够将这笔钱花到其他地方。因为垄断者的产量变少，其需要雇用的投入要素也变少。这些被释放出来的投入要素（价值是 AEQ^*Q^{**}）将被用于生产消费者购买的其他产品。

由三角形 BEA 给出的消费者剩余损失是垄断造成的福利减少的明确结果。一些作者会把三角形 BEA 称为"无谓损失"，因为它表示投入品需求者和供给者之间互惠交易的损失（在这当中机会成本用 MC 表示）。这一损失类似于税收的超额负担，正如我们在第 9 章所说明的。它是对由垄断造成的配置损害效应的最好的单个衡量指标。

11.3.2 从消费者到企业的再分配

图 11-3 揭示了市场中的一个额外的再分配。在垄断产量水平 Q^{**} 处，存在着垄断利润，可用面积 $P^{**}BAP^*$ 表示。在完全竞争情形中，这一面积是消费者剩余的一部分。如果市场是垄断的，那么一部分消费者剩余会转化为垄断利润。面积 $P^{**}BAP^*$ 并不必然代表社会福利的损失。它确实测度了从消费者到企业的垄断再分配效应，而这些可能受欢迎也可能不受欢迎。

对于漫不经心的观察者来说，从可能不太富裕的消费者到可能更富有的所有者的再分配将是令人不安的。更加公平的财富分配是可取的，这样社会的较贫穷个体就不必缺乏必需品，而富人却享受着无聊的奢侈品。然而，来自垄断的利润并非总是属于富人。例如，纳瓦霍制造商在大峡谷形成一个垄断以销售产品给旅游者。在这一情形中，垄断利润通过把收入从更富有的旅游者转移给不太富有的纳瓦霍人，从而使得收入分配更加公平。"应用 11.2：谁在赌场里挣钱？"描述了美国土著居民和其他人会怎样试图通过获得赌博垄断权来赚钱。尽管富人仍然比穷人倾向于持有更多的股票，但是由于共同基金和投资于股市的退休金账户的扩张，劳动者持有股票的比例已经随着时间的推移而逐渐增大。因而，一些垄断的所有者是普通民众，而非都是"大亨"。

应用 11.2

谁在赌场里挣钱？

博彩业是许多国家的一项大生意。在美国，赌场每年赚取的总收入在 600 亿美元以上。在一些市场中，赌场的竞争十分激烈。例如拉斯维加斯有许多赌场，似乎没有一家赌场拥有强大的垄断定价权。然而，其他许多地方对赌场的数量和规模采取准入限制。这些限制为能够建立赌场的业主持续获得垄断租金提供了可能。下面通过游船博彩业和印第安博彩业两个实例进行说明。

游船博彩业[a]

密西西比河沿岸的许多州（伊利诺伊州、艾奥瓦州、路易斯安那州和密西西比州）只允许将赌场开设在游船上。游船的数量被严格限定，它们的经营方式同样受到严格管制。例如，某些州强制要求"乘船巡游"。在这种要求下，游船必须真正离港、沿河巡游。顾客必须全程参与巡游，一旦巡游结束，他们就必须离船。这与顾客来去自由的陆上赌场形成了鲜明对比。要求巡游（还有许多其他看起来奇怪的管制）所声称的原因是为了限制赌博成瘾，但是没有证据表明这项管制起到了这样的效果。

对游船博彩业进行管制的一个明显后果是它给各方带来了垄断租金。联邦政府是主要的受益方——它通常对游船的净利润征收 30％以上的税收，因此它有激励采取管制措施来阻止竞争爆发。一些管制措施本身也创造了垄断租金。例如，强制巡游的规定使得许多企业和从事河运业的工人从中受益，若没有这项规定，他们无法从静止的游船中获得收入。最终，游船的主人获得垄断租金。游船许可证备受追捧，有时因涉及贿赂而成为重大政治丑闻的素材。

印第安博彩业

1988 年的《印第安博彩业管制条例》澄清了州和住在边境上的美国土著部落之间的关系，该条例允许这些部落在一定条件下提供赌博场所。自该条例通过以来，120 多个部落已经采取各种形式使赌博合法化。印第安博彩业的收益接近 300 亿美元，约占美国所有赌场收入的一半。印第安博彩业的建立形式不拘一格，从加油站的老虎机到拖车上的纸牌桌，再到全美国最大的位于康涅狄格州的福克斯伍兹赌场。总的来说，对于许多印第安部落来说，合法的博彩业收益已经成为它们的一个重要的收入来源。

印第安博彩业的分配结果总体来说是有益的。经营赌场的部落包括美国一些最穷的人。许多研究证明，随着博彩业的引进，福利支出大幅减少。[b] 博彩业的收入分配仍十分不均衡，特别是小部落（有意思的是，美国最大的部落，亚利桑那州的纳瓦霍族，没有开设赌场）。实际上，福克斯伍兹赌场的为数不多的所有者每年能赚到数百万美元。各类律师、咨询师以及当地官员可能也分享了不少赌场收入。

思考题

1.在美国，一大部分赌博是非法的。非法经营博彩业的现象会如何影响合法博彩业定价（即设定对赢家的赔付）的垄断势力？谁将从打击非法赌博活动中受益？

2.赌场许可的细节会如何影响哪一方从垄断租金中赚钱？赌场工作人员能够成为赌场垄断租金的主要获得者吗？

a. 这部分节选自 W. R. Eadington，"The Economics of Casino Gambling," *Journal of Economic Perspectives* (Summer 1999)：173-192。

b. 相关讨论参见 G. C. Anders，"Indian Gaming：Financial and Regulatory Issues," *Annals of the American Academy of Political and Social Science* (1998)：98-108。

因为完全竞争企业在长期并没有获得经济利润，所以在市场中拥有垄断地位的一家企业能够比竞争市场情形下获得更高的利润。这并不意味着垄断企业必然会赚得巨额利润。两家垄断势力同样强大的垄断企业将可能在盈利方面相差很大。那是因为垄断企业拥有使价格超过边际成本的能力，它正好反映了它们的垄断势力。因为盈利反映出价格和平均成本之间的差额，所以利润并不必然是垄断势力的一个确定结果。

图 11-4 显示了两家有着基本相同的垄断势力（也就是说，这两个图形的价格和边际成本差额是一样的）的企业的需求条件和成本状况。图 11-4（a）的垄断企业赚得高水平的利润，而图 11-4（b）的垄断企业实际上赚得零利润，因为价格等于平均成本。因而，对于一家垄断势力强大的垄断企业来说，超额利润并不是必然的。确实，如果垄断租金主要归于垄断企业使用的投入要素（例如，租用一块位置优越的土地），那么垄断企业本身可能并没有获利。

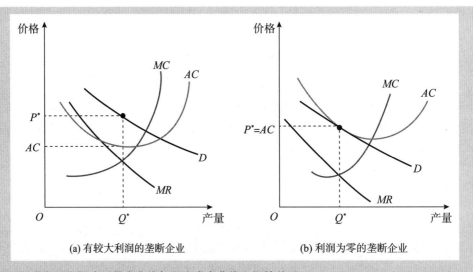

图 11-4　垄断利润取决于需求曲线与平均成本曲线之间的关系

在本图中，两家垄断企业的价格与边际成本之间的差异相等，因此我们认为它们的垄断势力同样强大。然而，由于两家垄断企业的需求曲线和平均成本曲线的位置不同，因此图（a）中的垄断企业将获得高利润，而图（b）中的垄断企业却没有获得利润。利润规模不能成为衡量垄断势力的指标。

11.3.3　无谓损失的数值例子

我们再一次思考第 8 章和第 9 章中介绍的 CD 销售案例，它是经济学家研究垄断效应时所采用计算类型的一个数值例子。表 11-1 再次说明了这一市场的相关信息。现在假设 CD 的边际成本为 3 美元。在边际成本等于定价的情况下，每张 CD 将以 3 美元的价格出售。如表 11-1 所示，每周将出售 7 张 CD。消费者剩余可以通过他们愿意支付的价格减去实际支付的价格（3 美元）计算得到。例如，一个人愿意为第一张 CD 支付 9 美元，而该 CD 只卖 3 美元，那么他或她就得到了6美元的消费者剩余。表 11-1 的第六列对从第 1 张 CD 至第 7 张 CD 的产量水平进行了类似计算。如表所示，当价格等于边际成本时，总消费者剩余为每周 21 美元。

表 11-1 CD市场的垄断效应

价格（美元）	需求条件			平均和边际成本（美元）	消费者剩余		垄断利润（美元）
	数量（张）	总收益（美元）	边际收益（美元）		完全竞争情形（美元）	垄断情形（美元）	
9	1	9	9	3	6	3	3
8	2	16	7	3	5	2	3
7	3	21	5	3	4	1	3
6	4	24	3	3	3	0	3
5	5	25	1	3	2	—	—
4	6	24	−1	3	1	—	—
3	7	21	−3	3	0	—	—
2	8	16	−5	3	—	—	—
1	9	9	−7	3	—	—	—
0	10	0	−9	3			
				总计	21	6	12

注：浅色阴影表示竞争性均衡（$P=MC$）；深色阴影表示垄断均衡（$MR=MC$）。

现在假设 CD 市场被当地一个商人所垄断，CD 的边际成本为 3 美元。这家利润最大化的企业每周将提供 4 张 CD，因为在这个产出水平处边际收益等于边际成本。这一销售水平处的价格为每张 CD 6 美元，利润为每张 CD 3 美元，企业的总利润将达到 12 美元。这些利润代表了前 4 张 CD 购买者的消费者剩余的转移。表 11-1 的第七列是垄断情形下的消费者剩余值。如果单价为 6 美元，第 1 张 CD 的购买者现在得到的消费者剩余只有 3（=9−6）美元；按边际成本定价时他或她享受的另外 3 美元已经转变为垄断利润。如表 11-1 所示，垄断的总消费者剩余每周只有 6 美元。结合每周 12 美元的垄断利润来看，我们容易发现，现在每周存在 3（=21−18）美元的无谓损失。以前消费者剩余的一部分伴随着市场的垄断而消失了。

11.3.4 购买一个垄断地位

图 11-3 假定垄断成本是给定的，并且它们跟竞争性企业的成本是一样的。进一步的考察表明这可能并非实际情形。毕竟，垄断利润为企业提供了吸引人的目标，为实现这些利润，它们可能会支付实际的资源。例如，它们可能会采用密集的

广告宣传，或者为构造对其他企业的进入障碍而进行投资，从而获得垄断利润。同样，企业也可能从政府处寻求特殊支持，以各种各样的税收保护、许可证实施进入限制，或者从管制机构处获得有利的条件。这些活动的相关成本（诸如说客的工资、律师费或者广告费）可能使得垄断者的成本超过竞争性行业的成本。

垄断者的成本可能不同于（并且假定高于）竞争性企业的成本的可能性，对于测度垄断对资源配置的扭曲程度带来了一些复杂性。潜在的垄断利润可能转化成垄断成本，并且这些成本的某些部分（比如说广告费）可能会移动生产商所面临的需求曲线。这一效应使图 11-3 复杂化，在此我们不详细分析它们。[①] 想要尝试获得垄断福利损失的美元价值的实证估计结果的研究者，已经发现它们对于垄断者成本的假定是非常敏感的。在垄断者并非成本递增的假定下得到的福利损失估计值是微不足道的小于 GDP 的 5% 的数据。而在垄断者成本更高的相当极端假定下可推导得到更大的估计结果（可能是 GDP 的 5%）。尽管这些估计结果不同，但是对垄断潜在损失的忧虑在政府主动加强反垄断法（阻止竞争性行业变成垄断行业）和管制（减轻现有垄断中的无谓损失）中发挥了巨大的作用。

11.4 价格歧视

在本章中，到目前为止我们都假设垄断企业以同一价格出售它的所有产品。企业被假定为不愿意或者不能够对不同买者收取不同的价格。这一假设有两个结果。首先，正如我们在前一节所说明的，垄断企业必须放弃一些交易，而如果可以在更低的价格水平上成交，这些交易对双方都有益。这些交易的总价值可用图 11-5（重复图 11-3）中 BEA 的面积表示出来。其次，尽管垄断确实使得消费者剩余的一部分转变为垄断利润，但一部分消费者对产品价值的评价仍会高于垄断者的要价，因此这部分人仍然能保留一部分消费者剩余（图 11-5 中 FBP** 的面积）。这两个方面都存在未开发的机会，这表明垄断企业有可能通过实行**价格歧视**（price discrimination）进一步增加利润。在本节中，我们将对这些可能性的其中一部分进行考察。

11.4.1 完全价格歧视

从理论上说，垄断者实施价格歧视的一种方法是按买者愿意为每特定单位产品支付的最高价格出售产品。在这种策略下，垄断者面临着如图 11-5 所描述的情形，他将以略低于 F 的价格出售第一单位产品，再以更低一些的价格出售第二单位产品，依此类推。当企业有能力以这种方法依次出售每单位产品时，现在就没有

[①] 相对简单的说明，参见 R. A. Posner, "The Social Costs of Monopoly and Regulation," *Journal of Political Economy* (August 1975): 807–827.

理由在产量 Q^{**} 水平处停止生产了。因为它能够以略低于 P^{**} 的价格出售下一单位产品（仍然高出边际成本和平均成本很多）。事实上，企业将继续每次出售一单位产品，直到达到产量 Q^*。由于当产量水平大于 Q^* 时，买者愿意支付的价格低于平均成本和边际成本，因此这些销售是无利可图的。

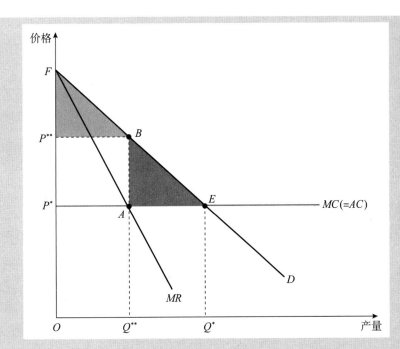

图 11-5 价格歧视的目标

    通过成功的价格歧视，垄断者的价格-产出选择（P^{**}，Q^{**}）为额外的利润提供了目标。通过歧视性的进入费用，它可能获得一部分消费者剩余，即三角形 FBP^{**}（浅色阴影部分）。而通过数量折扣，它可以创造对双方都有利的交易（BEA，深色阴影部分）。

完全价格歧视（perfect price discrimination）策略的结果是企业获得的总收益为 $OFEQ^*$[①]，总成本为 OP^*EQ^*，因此获得面积为 P^*FE 的垄断利润。此时，市场中能获得的所有消费者剩余都转变为垄断利润。在垄断者实施完全价格歧视策略时，消费者通过消费这一产品本应获得的所有额外效用都被榨干了。

出乎意料的是，完全价格歧视策略导致的均衡结果在经济上是有效率的。因为交易在价格等于边际成本的点处进行，市场中不存在未利用的交易机会。当然，为了确定每单位产品的价格，完全价格歧视需要垄断者了解买者对每单位产品的支付意愿。同时，为了防止一些人以低价买进而后再以高价卖给那些本可以向垄断者支付最高价格的人，它还要求该产品不能进一步交易。该定价策略对诸如烤面包机或音乐会门票这类容易被倒卖的产品将不起作用；但是，对于诸如医疗咨询、个人理

---

    ① 一些教材把完全价格歧视称作"一级价格歧视"。在术语里（不一定有用），每个买者面临同样价格菜单的数量折扣和两部定价的策略被称为"二级价格歧视"。市场分隔策略被称为"三级价格歧视"。

财或法律规划等服务来说，上述服务的提供者可能已经具备所要求的垄断势力，并对他们的顾客有足够的了解，因而可以实施完全价格歧视策略。**"应用 11.3：私立大学的资金援助"** 从另一个方面对此进行了观察，该专栏认为定价政策可被用来从毫无戒心的学生中获得消费者剩余。

应用 11.3

私立大学的资金援助

近年来，私立大学采用越来越复杂的分配援助资金的方法。这些方法的结果是对接受同样教育的学生收取不同的净价格。当然，大多数大学不是追求利润最大化的机构，而且资金援助政策具有许多社会救助目标。不过，对该议题复杂性进行考察，可以为其他市场的价格歧视提供有益的启示。

1991 年反托拉斯案

在 20 世纪 90 年代以前，大多数私立大学用直接的方法来决定学生的援助资金。[a] 美国政府提出了一个公式来确定一个学生的需求，有充足资源的大学将提供这种资助。因为公式的具体细节被应用到各所学校时会有所不同，净价格（即"家庭贡献"）仍然不同。为了减少差异，23 所最有威望的私立大学形成叠加集团（Overlap Group）针对这一差异展开了谈判。结果这些学校对每个申请的学生索取同样的净价格（学费减去奖学金）。1991 年美国司法部门质疑该安排是非法操纵价格。在辩护过程中，学校认为上述统一的安排使其能够资助更多有需要的学生。1992 年初，这些学校签署了一项同意判决令，从而使这一案件得以了结，但是根据当年晚些时候通过的《高等教育法》，学校的行为最终不受反托拉斯条款的约束。[b] 然而，该案件造成的影响和高等教育领域日益增长的压力，导致了 20 世纪 90 年代各种各样层出不穷的定价方案。

对每个学生收取不同的价钱？

20 世纪 90 年代所引进的定价策略有多种变体。最负盛名的私立学院发起的某些适当的创新都集中在政府决定援助的旧方法上。一些学校（特别是普林斯顿大学）最后采用更为慷慨的方法——对中产阶级学生大幅降低价格。其他学校采用"优惠套餐"，把它们的资助分为贷款与纯助学金，以此来吸引特定种类的学生。还有许多学校尝试将"绩优"资助（基于前面提及的计算公式）作为对精英学生的额外资金支持。

一些学校出于降低财政援助行动的隐性成本的需要，在 20 世纪 90 年代开始采用更多的创新性定价策略。招生部主任经常获得新的工作头衔（"招新经理"），并开始担心资金援助政策将导致平均"折扣率"下降。一些学校采用复杂的申请者决策统计模型，并用它们来制定定价政策，以最大限度地减少已录取的某个特定学生所需的资金援助。利用学生的专业选择意向信息，甚至包括他或她是否更早地提出申请、是否参观过校园等，这些统计模型试图估计出学生就读该机构的需求弹性。那些需求弹性较小的人将被索取更高的净价格（如提供较少的奖学金）。大学使用的这种方法与被用来实行完全价格歧视的信息密集型技术非常接近。

思考题

1.在本应用专栏中，大学所采用的定价方法是否太见利忘义了？毕竟，大学是寻求在世界行善的非营利机构。在讨论垄断定价的章节里讨论这一主题合适吗？

2.资金援助政策的存在如何导致净价格的差异？其他行业（如汽车制造业）能够用同样的方法对以前的消费者购买方式建立计算机模型，从而设定一个针对个人的价格吗？在其他行业中，什么将限制这种类型的价格歧视？

a.当然，运动员奖学金通常是单独的一类，这类奖学金被奖励给在田径方面有前途的学生。在20世纪60年代以前，资金援助通常基于学术方面的表现及需要。

b.麻省理工学院因拒绝签署这一同意判决令而被告上法庭。它因定价垄断而被判有罪，但这一判决在上诉中被推翻。

11.4.2 市场分隔

垄断企业对每一单位产出实行价格歧视的第二种方式是，将潜在消费者分成两类或者更多类别，并对这些市场制定不同的价格。面对不同市场的价格，如果买者不能够从一个市场转到另一个市场去购买，那么在该策略下垄断企业将比在单一定价策略下获得更多的利润。

> **? 小测验 11.4**
>
> 请解释为什么下列关于市场分隔的利润最大化方法是不正确的。
>
> 1.在两个市场都具有垄断地位且成本相同的企业应该在具有高需求的市场制定更高的价格。
>
> 2.在两个市场都具有垄断地位但边际成本不同的企业应该总是对具有较高边际成本的市场制定更高的价格。

这种情形可以用图11-6说明。图中展现的是在同一个纵坐标下两个市场的需求曲线和边际收益曲线，记录了每个市场对产品的要价。和以前一样，该图假设边际成本在所有产量水平处均保持不变。垄断企业的利润最大化决策将在第一个市场生产 Q_1^*，在第二个市场生产 Q_2^*；每个市场的产量水平都遵循 $MR = MC$ 的规则。两个市场的价格分别为 P_1 和 P_2。从图中我们可以清晰地看出，需求曲线缺乏弹性的市场具有更高的市场价格。[①] 实行价格歧视的垄断者在数量对价格变动不敏感的市场制定更高的价格。

---

① 证明：因为 $MR = P(1 + 1/e)$，$MR_1 = MR_2$ 说明 $P_1(1 + 1/e_1) = P_2(1 + 1/e_2)$。如果 $e_1 > e_2$（举例来说，如果市场1的需求更缺乏弹性），那么为使等式成立，P_1 大于 P_2。

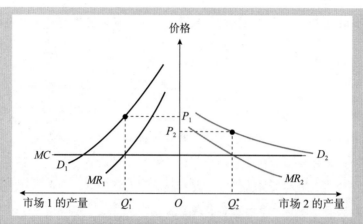

图 11 - 6　市场分隔增加了价格歧视的可能性

　　如果两个市场是分隔的，垄断者可以在两个市场以不同的价格销售产品，以使利润最大化。在每个市场垄断者都将选择使 $MC=MR$ 的产量水平。本图表明，价格歧视者在需求弹性较小的市场定价更高。

　　垄断者能否成功实行这类价格歧视，关键取决于它使市场保持分隔的能力。在一些情况下，这种分隔与地理有关。例如，与美国之外的市场相比，出版商打算在美国收取更高的价钱，因为美国之外的市场竞争更激烈，并且易遭受盗版。在这个例子中，大海使市场得以分隔，很少有人仅仅为了买书而前往国外。然而，如果交通费用非常低，那么这种歧视策略将不会起作用。正如在小镇上不同位置制定不同价格的连锁商场所发现的，人们在有折扣的地方聚集。

　　利用销售时间进行价格歧视也是可能的。例如，深夜或下午放映的电影票价通常比晚上放映的更便宜。对那些希望在黄金时段消费的人加以区分的做法是成功的，因为他们所购买的产品在以后不能被倒卖。一家尝试在一天里以两种价格出售烤面包机的企业可能会发现自己将与精明的顾客竞争，这些顾客以低价买入产品，并在高价时段以低于企业的价格将产品卖给其他消费者。如果消费者自身购物时间可以改变，那么价格歧视政策将不会起作用。一个打算在圣诞节后提供较低价格的企业可能会发现，其圣诞节前的销售业务将面临源自此打算的激烈竞争。通常来说，竞争的出现（甚至来自垄断者的其他活动）使得企业并不能追求纯粹的垄断定价策略。

11.4.3　非线性定价

　　在前一节所讨论的价格歧视策略要求垄断者能够通过观察区分两个市场。只要消费者不容易在两个市场之间轻松漫游，通过观察来区分不同地理市场就是不费吹灰之力的。举例来说，一个图书生产商能够在美国及国外以更高价格出售，它只需要简单地了解零售店的地理位置（或者是该书通过网络购买的发货位置）。一家电影院能够通过要求学生出示一个有效学生证来区分学生和其他人。

　　在无法通过观察将消费者划分至不同市场的情况下，垄断者可以采取一种不同形式的价格歧视。它能够以不同的单价提供不同数量的产品。例如，当地的咖啡店可能销售两种杯型：8 盎司的杯子售价为 1.60 美元，16 盎司的杯子售价为 2.00 美元。由于所有消费者面对的是相同的菜单，所以这并不是对不同顾客采取区别对待的歧视形式。相反，经济学家将其描述为另一种歧视形式，因为消费者最终支付不同的单位价格：购买小杯的消费者每盎司支付 20 美分，而购买大杯的消费者每盎司支付 12.5 美分。

单位价格依销售数量不同而不同的价格策略被称为**非线性定价**（nonlinear pricing）。如果每个消费者对某种产品的潜在需求量均不同，那么非线性定价可能是一个盈利策略。例如，在咖啡的例子当中，消费者通常对咖啡的需求量并不相同。（另一方面，雪铲可能不是一个很好的例子，因为如果代表性消费者购买，可能只想买一把铲子。）垄断者能够通过考虑消费者对不同单位产品估值的变化而微调非线性定价表从而增加利润。消费者对不同单位产品估值变化的一个来源在于个体消费者可能对连续单位产品拥有递减的价值（假定消费者对额外一单位的支付意愿随着每新增一单位而递减）。另外一个变化来源是不同消费者可能比其他人更多地享受该产品，跟其他人相比愿意为大量产品支付更多（咖啡例子中的咖啡迷）。

非线性定价的反面是线性定价，在咖啡的例子当中将允许消费者以一个不变的价格，比如说每盎司 15 美分而添加他们想要的任何数量。因而在前文中，我们已经在没有明确这样说时就已研究了线性定价。在后面几个小节中，我们将讨论涉及非线性定价的一些话题。

两部定价 我们从非线性定价最为简单的形式开始，即两部定价，在那当中消费者必须支付一个进入费用，以获得以不变单位价格购买他们想要的数量的权利。经典的例子是在一些博览会和公园里的游乐设施。消费者被征收进入公园的门票费（比方说 40 美元），然后对他们的每次乘坐游乐设施进行收费（比方说，每次乘坐 1 美元）。一个数值例子能够表示，与只是征收一个不变的每次乘坐价格而没有门票费相比，增加门票费能够增加垄断者的利润。

图 11-7 显示了我们例子中的个体消费者的需求曲线。假设这一消费者是代表性的，因为市场中的所有消费者都拥有跟这个消费者差不多一样的需求。进一步强调它只是单个消费者的需求而非整个市场的需求，我们使用小写字母 d 和 mr 分别表示需求和边际收益。注意消费者不仅只有一次乘坐需求，还有更多需求。向下倾斜的需求曲线 d 显示了乘坐的紧张感在一定程度上会降低消费者的满意度，因而消费者对于额外乘坐的评价会变少，如果他或她已经乘坐很多次的话。在这一例子中，每次乘坐的边际成本是 1 美元。如果垄断型游乐园只是征收每次乘坐的价格而没有征收门票费，那么每次乘坐征收 2 美元是最优的做法。消费者最终会选择 10 次乘坐，公园从消费者处赚得 10 美元的利润（由面积 B 表示）。公园的最终利润将是 10 美元乘以消费者的数量。

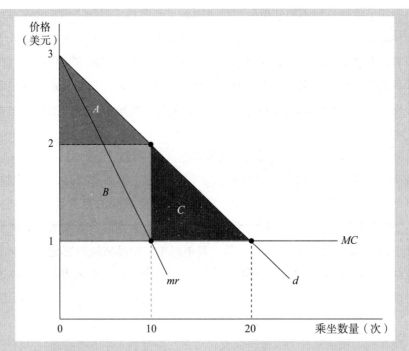

图 11-7　一个游乐园的两部定价

图形表示一个代表性个体的需求曲线。在没有门票费时，垄断型游乐园的最优做法是对每次乘坐征收 2 美元，从这个消费者处获得 10 美元利润。如果它能够征收门票费，那么它能够将每次乘坐的价格降至 1 美元，并且征收门票费。公园最终赚得的利润等于 *A*、*B* 和 *C* 的面积，也即 20 美元。

现在考虑游乐园的定价策略从线性定价转变为征收一个门票费的两部定价计划的情形。盈利最多的两部计划将把每次乘坐价格减至边际成本 1 美元。消费者将会在这一价格处消费 20 次乘坐，所获得的消费者剩余等于 *A*、*B* 和 *C* 的面积，通过使用公式可算出这一三角形区域是 $(1/2) \times (3-1) \times 20 = 20$（美元）。垄断者能够将公园的门票费设定为 20 美元从而攫取所有的消费者剩余。因而公园从每个消费者处攫取的利润是 20 美元，或者说它是没有征收门票费时所赚得利润的两倍。现在，为什么把每次乘坐的价格降低至 1 美元的边际成本是公园的利润最大化结果已很明了：它最大化了消费者剩余，而消费者剩余则由门票费所吸收。

事实上，在这个例子中，垄断者采用两部定价计划的效果非常好，它获得的利润与完全价格歧视下的利润相同。这是例子简单化的结果。在更现实的环境中，还会出现其他复杂情况。在更现实的环境中，消费者并不完全相同。在消费者不完全相同的情况下求解最佳的两部定价计划超出了本章的讨论范围。垄断者将被迫降低门票价格，以避免将过多的低需求者排除在外，然后再通过提高门票价格来弥补减少的收入。"**应用 11.4：米老鼠垄断者**"讨论了世界上最著名的游乐园迪士尼的两部定价计划和各种其他非线性定价策略。

应用 11.4

米老鼠垄断者[a]

佛罗里达迪士尼主题公园的核心魔法王国是一个独具魅力的景点。游乐园迷一致认为魔法王国是无可替代的。由于拥有这样一个市场势力，迪士尼并不羞于研究各种各样的价格歧视方法。

两部定价

在 2014 年，迪士尼魔法王国的定价计划类似于本章讨论的两部定价计划。它收取 95 美元的门票费，之后顾客能够在不需要额外收费处尽可能多地乘坐他或她想玩的游乐设施（受人欢迎的游乐设施只受到长队等候的限制）。这与我们在图 11-7 中的最优两部收费相一致。在那里，我们发现利润最大化的每次乘坐价格等于边际成本。如果人们认为额外乘坐的边际成本接近于零，那么迪士尼的收费计划是利润最大化的。迪士尼大概已经发现 95 美元可使合适数量的人进入该公园。

多日门票

迪士尼庞大的公园群可以让一家人游玩长达一周时间。随着人们花在游乐园的时间越多，后续每一天的价值递减。迪士尼的多日门票采用非线性定价计划，考虑了价值递减的因素。图 1 描绘了天数不同的套餐的价格。从图形可看到它是一个非线性定价计划。一个线性定价计划将是每天价格是一个常数，但是在图形当中，它是递减的。该图形最显著的特征在于消费者在第四天以及之后几乎不再需要支付任何费用。这一策略诱导消费者延长在公园的停留时间，在互补品上消费。

多产品的垄断

迪士尼不只是在它的主题公园里销售游乐设施玩乐服务，它也出售诸如酒店住宿、食物和旅游纪念品等互补品。正如任何公园常客所抱怨的，这些互补品的价格远高于边际成本。不过，这些互补品的价格仍然低于人们可能预期作为唯一垄断者的旅馆、餐厅或者是旅游纪念品店的价格。迪士尼意识到如果这些产品价格太高，它们将会得到游览公园人数剧减的恶果。

市场分隔

迪士尼也使用可观察的消费者特征把他们分到不同的市场。它为那些 10 岁以下的儿童提供一个 6% 的价格折扣。它也为佛罗里达居民提供优惠价格。佛罗里达居民对迪士尼主题公园的评价将会比其他州的居民更低，因为他们"去过那里"，或者因为他们能够更容易转换到游览竞争性公园。

思考题

1. 除了魔法王国，佛罗里达迪士尼主题公园还包括未来世界、动物王国和好莱坞影城。虽然多日门票持有者已经拥有在不同天里去游览不同公园的选项，但迪士尼还允许游

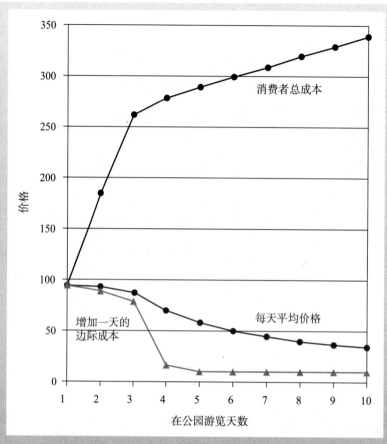

图1　迪士尼主题公园的多日门票价格

　　资料来源：https://disneyworld. disney. go. com/tickets.

客在同一天付费在不同主题公园之间"跳跃"游玩。迪士尼提供这一选项需要付出什么代价吗？请为迪士尼确定的这一费用水平提供一个经济上的理由。

　　2. 布希公司拥有另外一个综合主题公园（包括布希公园和海洋世界）。研究它的定价计划，并与迪士尼进行比较。

　　a. 这一应用专栏的题目是为了向两部定价的第一个分析者致敬，参见 W. Y. Oi，"A Disneyland Dilemma：Two-Part Tariffs for a Mickey Mouse Monopoly，" *Quarterly Journal of Economics*（February 1971）：77 - 96。

　　数量折扣　两部定价潜在地涉及更大购买量的折扣。回到图 11 - 7 的例子，如果我们考虑利润最大化的两部定价计划所涉及的 20 美元门票费和每次乘坐 1 美元，那么一个接受 10 次乘坐的消费者，将对每次乘坐平均支付 3 美元。而如果消费者接受的是 20 次乘坐，那么平均价格下降为 2 美元。潜在的数量折扣正好使得两部定价变得有利可图。它降低了消费者所面临的边际成本，所以他或她消费更多的产品，减少了无谓损失，增加了消费者剩余。因而，垄断者通过采用固定费用（门票费）获得了这一额外的剩余。

　　两部定价并不是产生数量折扣的唯一方法。回到我们的咖啡店例子，该店并没有收取入门费，但是仍然能够提供数量折扣。它是通过提供不同容量杯子来提供数量折扣的，其中更大杯子每盎司的售价会更低。数量折扣对于许多不同产品来说是普遍的，这些产品包括：盒装即食麦片，其中大盒售价更低；以及飞行常客计划，如果乘客在一年内旅行次数超过一定数量，那么航空公司将会赠送免费旅行。

如果垄断者服务的是同样的消费者，那么它将只需要提供一个涉及单个利润最大化数量和价格组合的菜单选项。然而，企业往往提供多个选项，比如在咖啡店中是小号、中号和大号杯，或者在杂货店中是小号、中号和大号麦片盒子。提供几个选项是垄断者应对现实的一种方法，即它所服务的并非同质的消费者，而是对产品估值不同的消费者。这一计划的设计涉及经济学的不对称信息。消费者知道他们的个体估值，但是垄断者可能只知道市场加总的结果。垄断者可能会受到诱惑来以非常高的价格把大数量产品出售给高需求者。对于垄断者来说，不幸的是这一价格不能够太高，否则消费者将会选择更小的菜单选项。我们把非线性定价计划的详细讨论延至关于不对称信息的第 15 章。

与其他价格歧视计划一样，垄断者面临的一个重要问题是防止支付低价的消费者和支付高价的消费者之间的进一步交易。消费者可以以 2 美元购买一杯 16 盎司的咖啡，然后把它倒入两个 8 盎司的杯子中，再转售给其他消费者并从中获利。虽然家人和朋友之间商定分购更多数量的商品并不罕见，但我们通常不会观察到消费者购买陌生人重新包装的产品，这可能是因为这样做不符合习俗，会让人对产品的质量产生怀疑。如果数量折扣变得特别大，我们可能会开始看到更多的消费者转售产品。企业担心重新包装和转售的可能性。例如，一些餐馆向与他人共餐的食客收取餐盘费，而不是向单独点餐的食客收取餐盘费。航空公司要求旅客的身份证明与机票上的姓名一致，表面上看是出于安全考虑，实际上是航空公司为防止消费者将往返机票的个别航段转卖给他人而采取的有效手段。

多产品垄断者的定价 如果企业在市场中对许多相关产品具有定价势力，那么许多价格歧视策略都会成为可能。与对产品单独定价从而把消费者剩余转换为利润相比，所有这些策略都涉及以更多的消费者剩余转变成利润的方式协调不同产品的价格。在一些情况下，通过要求一种产品的使用者购买一件相关的、互补的产品，企业可以直接扩大垄断势力。例如，某些咖啡机的生产者要求消费者更换过滤器时必须从它们那里购买，一些先进的照明设备制造商是其灯泡的唯一供应商。当然，这类产品的准购买者通常知道企业在替换部件方面具有垄断性，因此企业必须小心谨慎，避免因对部件漫天要价而吓跑顾客，同时必须提防那些可能以低于市场价的价格抛售部件的潜在进入者。

其他多产品定价计划跟捆绑产品的创造性定价有关。汽车生产者创造了各种可选套餐，笔记本电脑生产商用特定元件配置它们的机器，中餐馆提供不同组合的午餐。这种捆绑安排获利的关键在于利用不同消费者对捆绑产品的相对偏好差异。例如，一些中式午餐的购买者可能对开胃食物有强烈的偏好但从不吃餐后甜点，而其他人可能会跳过开胃菜却从不错过餐后甜点。但是一份合理定价的"完整午餐"套餐可能会吸引开胃菜爱好者去购买甜点，反过来也一样。相比分开出售开胃菜和甜点，饭店可以从套餐销售中获得更高的收益（和利润）。"**应用 11.5：捆绑销售有线电视和卫星电视服务**"解释了捆绑销售条款为何在一些情形下变得非常复杂。

应用 11.5

捆绑销售有线电视和卫星电视服务

随着有线和卫星技术的发展，电视节目的数量急剧增加，从而为捆绑节目以吸引不同类型消费者提供了可能。

节目捆绑销售理论

图 1 用一个非常简单的例子说明了节目捆绑销售理论。图中显示了四个消费者对体育或电影节目的支付意愿。消费者 A 和 D 是真正的爱好者，分别愿意每月为体育（A）和电影（D）支付 20 美元，而不愿为另一种选择支付任何费用。尽管消费者 B 和 C 的偏好彼此截然不同，但是他们的兴趣更加多样化。如果企业选择分开出售两份套餐，每类节目应该都定价 15 美元。这将给企业带来 60 美元的收入。然而在捆绑销售策略中，如果对每份单独购买的套餐定价为 20 美元，对两份套餐都购买的组合套餐定价为 23 美元[a]，那么这一捆绑销售方案将带来 86 美元收入。捆绑销售可以为提供者增加可观的收入。

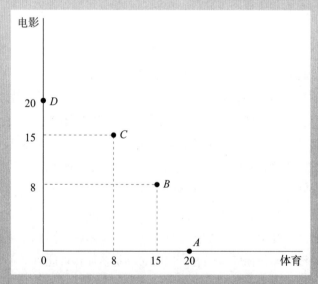

图 1 节目的消费者价值（美元）

四个消费者对电影和体育节目具有不同的偏好，这使得捆绑销售有利可图。

DIRECTV 公司的捆绑销售

捆绑销售的特征可通过 2014 年 DIRECTV 公司的每月费用表加以说明（见表 1）。DIRECTV 公司限制了用户像在所谓的点菜系统中那样挑选个别频道的能力。即使是更低端的 Choice 套餐也是一个捆绑选项——确实是一个大的捆绑——已经包含了新闻、运动、电影、大众兴趣和其他内容等 150 个频道。套餐每升一个级别，就会增加一系列频道，主要是体育和电影频道。每月的费用更高，但是每个频道的价格下降，至少对于 Xtra 套餐和 Ultimate 套餐来说是这样。

表 1　DIRECTV 公司频道捆绑销售示例

套餐	每月费用（美元）	频道	每个频道的价格（美元）
Choice	34.99	150	0.23
Xtra	39.99	205	0.20
Ultimate	44.99	225	0.20
Premier	91.99	285	0.32

资料来源：www.directv.com.

尽管你可能会认为在 Ultimate 套餐之后没有其他套餐了，实际上还有 Premier，它的每月费用和每个频道价格都大幅上涨。对高端捆绑套餐价格猛涨的一个解释是，它包含了 HBO、Showtime 等高级电影频道和地区体育网络，而 DIRECTV 公司提供所有这些频道的成本都相当高。另外一个解释是，DIRECTV 公司认为一些订阅者不会仔细地权衡边际成本和边际收益，而只是简单地选择现成的"作品"。

思考题

1. 我们假设的数据和从 DIRECTV 公司获得的实际数据表明，只有在消费者对捆绑销售的产品具有不同偏好时，捆绑销售才能使利润最大化。为什么你会认为这是捆绑销售理论的普遍结果？

2. 在零售业中为什么捆绑销售的使用并不是很广泛？例如，通过向购物者以适度降低的价格提供事先装满的购物包，超市能够获利吗？

a. 在这一方案下，消费者 A 和 D 将会选择单独套餐，而消费者 B 和 C 将会购买组合套餐。

11.4.4　耐用性

当垄断者销售一种耐用品，也就是说，一种可以在未来多个时期使用的产品时，就会出现有趣的话题。汽车可使用多年，有时是可行驶数万英里里程。计算机软件从来不会恶化（尽管随着计算机硬件和操作系统的更新它会被淘汰）。产品的耐用性是垄断者的一个选择。通过在更高的产品质量和零件上付出更多，一家汽车垄断企业能够延长它的汽车的使用寿命。一家软件垄断企业能够通过延迟发布 2.0

版本而扩展 1.0 版本的生命周期，或者是允许消费者免费更新中间版本（1.1 版本、1.2 版本等）。

一个天真的想法是耐用品垄断者应该让产品尽可能快地磨损掉。这样做，它在未来时期内能够向同样的消费者更加频繁地出售产品。在 20 世纪 60 年代，汽车行业的批评家声称，企业会推行"报废计划"以确保它们更新的汽车能够一直拥有一个市场。然而，这样一个例子是否代表所有的耐用品垄断者，这仍然是个悬而未决的问题。关键点在于消费者会在意他们所购买产品的耐用性。他们将不太愿意为很快磨损的产品支付高价格，因而如果垄断企业扭曲它的产品的耐用性，那么它预先面临销售损失的风险。它导致的结果是很难一般化这样的情形，即垄断企业是否应该生产比在竞争市场中更不耐用的产品——这取决于平均消费者和边际消费者（即"最后的"消费者，在购买还是不购买产品之间无差异）对耐用性的偏好比较。[1]

第二个天真的想法是这样一种情形，即在未来许多时期的各期里出售一种产品的垄断企业，能够通过动态价格歧视的形式获利，它可以以最高价格先把产品卖给需求最高的消费者，然后逐渐降低价格以服务需求越来越低的消费者。因为耐用品将持续许多时期，在一部分消费者购买后，它在这个时期就被移除出市场。天真的想法在于这一策略将允许垄断企业从每个需求部分攫取几乎所有消费者剩余。

实际上，有远见的消费者将会预期到在后期价格会下降，他们将不会乐意在早期以一个将会攫取他们全部消费者剩余的价格进行购买。通过限制它起初收取的价格，动态定价最终将会伤害垄断企业。罗纳德·科斯认为消费者将预期到价格最终会一路下跌至边际成本处。[2] 如果时期足够短，这一下降将会很快发生，那么垄断企业几乎不能够获得利润。在某种意义上，在未来时期的垄断企业变成现在的竞争者。如果时期过短，那么这一竞争是很激烈的。

通过不把自己置身于与自己竞争的情形，即一开始设定一个高价格然后在未来所有时期坚持这一价格，垄断企业将会做得更好。在实践中，这一承诺是很难维持的。在最高需求者的需求得到满足之后，他们将不再"处于市场中"，但只要市场当中还有剩下的消费者乐意支付高于边际成本的价格，企业就有动机违背它的承诺，在后续时期中降低价格以满足需求更低的消费者。因而，垄断企业将会通过歪曲产品的耐用性而获利。通过使产品变得不太耐用，高需求者不得不更频繁地回到市场购买替换品，而当高需求者回到市场时，垄断企业将不太有动机去降低价格。

垄断企业也可以使用类似于减少耐用性的其他策略。一个汽车制造商能够出租汽车而非出售它们。这将使得消费者更加频繁地返回市场（在租约到期而非在汽车损坏之后）。软件公司把更频繁更新的版本投入市场。在艺术市场上，艺术家们有

---

[1] 在一些情况下，竞争性企业与垄断企业会选择相同的耐用性水平。对这些主题的首次讨论可参见 P. L. Swan, "Durability of Consumption Goods," *American Economic Review*（December 1970）：884-894。

[2] R. Coase, "Durability and Monopoly," *Journal of Law and Economics*（April 1972）：143-149。

时会采用一种独特的策略，即在制作了数量有限的编号石版画后，将石头销毁，这无疑是一种长期保持稀缺性和高价格的承诺。

11.5　自然垄断

　　最小化由垄断造成的配置危害的基本方法有两种：（1）使市场变得更具竞争性；（2）对垄断市场进行价格管制。总的来说，经济学家喜欢第一种方法。放松进入壁垒的行为（如取消对执照的限制）能够急剧削弱垄断者控制价格的能力。类似地，反托拉斯法能够削弱垄断企业提高进入壁垒的能力。因为直接的价格管制存在问题（如我们将看见的），因此有利于竞争的解决方法通常来说将更有用。然而，在自然垄断情况下，事实并非如此。当平均成本在整个产量区间都在下降时，使成本最小化的方法将是只由一家企业提供产品。从定义上来说，由许多企业生产产品可能是低效率的，因为这将造成额外的成本。因此，在自然垄断情况下，直接的价格管制可能是唯一的选择。如何实现这一管制是应用经济学的一个重要课题。公共事业、通信业和交通运输业在许多国家都是受到价格管制的行业。尽管在许多情况下这些行业不完全是自然垄断行业，从而这样的管制可能是不明智的，但在另一些情况下价格管制可能是使得这些行业在社会合意的方式下运营的唯一方法。在这里，我们将考察关于这种价格管制的一些问题。

11.5.1　边际成本定价和自然垄断困境

　　许多经济学家认为，与完全竞争情况相似，受管制的垄断企业索取的价格准确地反映生产的边际成本非常重要。这种方法可以使垄断造成的无谓损失最小化。实施边际成本定价策略产生的主要问题是，这将使自然垄断企业在亏损状况下生产。

> **？ 小测验 11.5**
>
> 　　价格管制困境是否适用于平均成本曲线具有 U 形特征的垄断企业？在什么条件下，边际成本定价的管制政策会对垄断企业造成损失？该政策会造成垄断企业倒闭吗？

　　自然垄断，顾名思义，即在一个很大的产出水平范围内平均成本是递减的。该企业的成本曲线可能如图 11-8 所示。在不加管制时，垄断的产出水平为 Q_A，产品价格为 P_A，此时的利润由矩形 $P_A ABC$ 给出。管制机构可能将垄断价格定在 P_R，此价位对应的需求量为 Q_R，该产量水平下的边际成本也为 P_R。结果边际成本定价得以实现。不幸的是，由于企业成本曲线单调递减，价格 P_R（等于边际成本）降到了平均成本以下。在此管制价格下，垄断者必须在面积为 $GFEP_R$ 的损失下运营。既然没有企业可以无限期地承受损失，这就造成了管制机构的困境：要么放弃边际成本定价的目标，要么政府永远补助垄断者。

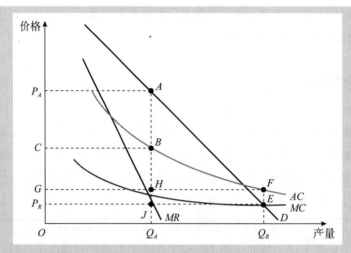

图 11-8 自然垄断的价格管制

因为自然垄断呈现出平均成本递减，所以边际成本低于平均成本。结果，实施边际成本定价政策将造成损失。例如，价格 P_R 实现了边际成本定价的目标，但是必须损失 $GFEP_R$。

11.5.2 双层定价系统

走出边际成本定价困境的一种方法是双层定价系统。在这样的系统中，垄断者被允许向某些用户索取高价，同时对边际用户维持低价格。应用这样的方法，出价高的需求者实际上补贴了低价客户的损失。

图 11-8 说明了这一定价方案。管制委员会可能决定准许企业向某一阶层的购买者索取垄断价格 P_A。在此价位上，需求量为 Q_A。其他客户（认为产品对他们的价值较小的人）将被索取等于边际成本的价格 P_R，需求量为 $Q_R - Q_A$。当总产量为 Q_R 时，平均成本由 OG 给出。利用双层定价系统，从高价位需求者那里获得的利润（由矩形 $P_A AHG$ 给出）补偿了低价销售造成的损失（这些损失由面积 $HFEJ$ 给出）。这里，边际客户确实支付了等于边际成本的价格，并且他们带来的损失由边际内客户带来的利润弥补。

尽管在实践中建立起能够维持边际成本定价并且弥补运营成本的定价方案并非如此简单，但许多管制委员会的确使用多部定价计划故意歧视一部分客户而使其他客户受益。"**应用 11.6：每个人都懂电话费定价吗？**"说明了电信业多年以来是如何定价的，并在转而适应更具竞争性的局势时造成了重大问题。

应用 11.6

每个人都懂电话费定价吗？

1974 年，美国司法部针对美国电话电报公司（AT&T）发起了一项反托拉斯诉讼，认为 AT&T 在电话设备和长途电话服务市场上的垄断不合法。提起一项针对受管制的自然垄断企业的反垄断诉讼是很少见的，关于该诉讼案件合法性的争论一直持续到 20 世纪 80 年代。1982 年底该案达成了一项和解。1984 年 1 月 1 日，AT&T 正式剥离了它的七个地方贝尔运营公司（美国科技、大西洋贝尔、贝尔南方、NYNEX 公司、太平洋特莱西斯、西南贝尔和美国西部）。AT&T 保留了它的长途电话的运营业务。这是一项重大的结构重组，其目标在于提高业绩以及增强美国电信业的竞争力，但是管制的残余影响使这些成果难以实现。

本地电话服务的补贴

AT&T 在拆分之前曾被管制者要求以低于平均成本的价格为本地居民提供电话服务，并通过对长途电话索取高于平均成本的价格来弥补其损失（与图 11-6 中显示的情况相似）。在拆分之前的一段时间里，技术进步（如光纤电缆）迅速降低了长途电话服务的成本。但是管制者选择维持长途服务的高费率和本地服务的低费率，从而增加了对本地消费者的补贴。到 20 世纪 80 年代早期，住宅电话服务成本估计为每月 26 美元，但索取的价格通常只有每月 11 美元。从长途电话及其他来源中所获得的补贴弥补了每月 15 美元的差额。在 AT&T 拆分之后，州管制者发现大幅上调住宅电话费率将在政治上面临不容乐观的前景。在这种情况下，地方管制者继续选择让 AT&T（以及在较小程度上由 MCI 或 Sprint 等其他长途电话公司）对地方运营商给予补贴，这就不足为奇了。

1996 年《电信法案》

降低本地电话服务成本的有前景的方法可能是在这些垄断市场中增强竞争性。根据 1996 年《电信法案》，政府明确了当地通信服务提供者为增强通信市场上的竞争性应该采取的一系列措施。[a]

并不令人惊讶的是，地方企业在法庭上极力反对诸多条款的实施，这使得进入地方市场对于准入者来说成本非常高昂。本地固定电话服务提供者在很大程度上仍然是一家垄断企业。管制者不断尝试通过更多的直接方法来保证本地电话服务的低价格。

技术不是静止不变的

电信业不断的技术进步不允许电话市场停滞不前。自 2000 年以来，光纤电缆的超容量连同新的电话传播技术明显降低了长途电话的价格和盈利性。这导致了几个主要的通信服务提供者（最著名的是世通公司）破产和 AT&T 自身麻烦不断。它同时进一步削弱了管制者对本地服务提供交叉补贴的能力。此外，无线电话网络的迅速增加以及网络电话服务的流行，导致各类本地固定电话服务的可持续发展受到质疑。如同任何快速变化的市场一样，本地电话的管制者很难使各方保持同步。它们一直尝试提供交叉补贴，这主要通过对使用本地服务的商业用户索取更高价格来实现。但是如此不同的定价已经导致许多企业退出本地电话网络。管制者还在电话账单中增加各种类似税收的收费，但事实证明这些收费也是有争议的。看来本地电话服务的价格越来越接近实际成本，这是不可避免的。

思考题

1. 本地电话服务应受到补贴吗？在实践中确保对每个人电话服务的可得性是否会带来理想的社会收益？如果是这样的话，由谁来支付补贴？

2. AT&T 拆分的最初逻辑是它把长途电话市场视为潜在竞争市场，而把本地电话市场看成自然垄断市场。技术的变化支持这一观点吗？

a. 关于相关条款的讨论参见 R. G. Harris and C. J. Kraft，"Meddling Through: Regulating Local Telephone Competition in the United States," *Journal of Economic Perspectives* （Fall 1997）：93-112。

11.5.3　回报率管制

在许多管制情形下所遵循的设定自然垄断企业索取的价格的另一种方法，是允许垄断者索取某一高于平均成本的价格，这个价格足以使垄断者获得公平的投资回报率。随之而来的是以下问题：如何定义公平的回报率？如何对其进行测度？从经济的角度来看，有关此方法的最有意思的问题是，这种回报率管制如何影响企业的决策。例如，如果允许企业获得的回报率超过企业主在完全竞争条件下获得的投资回报率，就会激励企业投入超出需求的资本，以真正实现成本最小化。如果管制者推迟做出费率决定，企业就会有动力尽量降低成本，而这种动力本来是不存在的，因为它们无法立即通过提高费率来收回成本。尽管我们有可能建立关于所有这些可能性的正式模型，但是在此我们并不打算这么做。

小　结

只有一个卖者的市场被称为垄断市场。在垄断情形下，企业面对的是整个市场的需求曲线。与完全竞争市场不同，垄断者的产出决策完全决定市场价格。关于垄断市场定价的主要结论有：

● 追求利润最大化的垄断企业选择使得边际成本等于边际收益的产量水平。由于企业面对的是一条向下倾斜的市场需求曲线，市场价格将超过边际收益和边际成本。

● 价格与边际成本之间的差距是垄断引起资源配置低效率的一种信号。买者愿意为购买多一单位产品付出比生产成本更高的价钱，但是垄断阻碍了这种对双方都有利的交易。这就是垄断造成的无谓损失。

● 由于进入壁垒的存在，垄断在长期仍可能获得正的经济利润。这些利润可能造成不合意的再分配效应。

● 垄断者通过实行价格歧视可以进一步提高利润。价格歧视策略的实施依赖于垄断市场需求的具体性质。

● 如果一个垄断者生产许多不同产品或者它的产品是耐用品，那么它的定价策略将更为复杂。在某些情况下，这种复杂性将导致更强的垄断势力，而在其他情况下垄断造成的扭曲可能会减弱。

● 政府可能会对垄断定价行为进行管制。政府对自然垄断（平均成本在较大的产出水平范围内递减）进行管制时面临困境。管制机构可以选择按边际成本定价（在这种情况下会出现垄断的无谓损失），或者按平均成本定价（在这种情况下，企业将选择生产低效率的产量）。

复习题

1. 在日常的讨论中，人们倾向于谈论垄断企业制定高价格，但在本章中我们讨论的是选择一个利润最大化的产出水平。这两种方法说的是同一件事吗？如果垄断者希望选择利润最大化的价格，它将遵循什么规则？为什么不尽可能地按最高价格进行定价？

2. 为什么进入壁垒对于垄断企业的成功来说至关重要？请解释为什么所有垄断利润都会以提供进入壁垒的要素回报形式出现。

3. "在利润最大化的产出水平下，垄断企业的价格将高于边际成本。这是由于面对向下倾斜的需求曲线，价格高于边际收益。"请解释为何如此，并说明什么因素会影响价格与边际成本之间的差距。

4. 以下是在微观经济学复习讨论会中偶然听到的。

学生 A："为了使利润最大化，垄断者显然应该在价格与平均成本差距最大处进行生产。"

学生 B："不，那只能使每单位利润最大化。为了使总利润最大化，企业应该在价格与边际成本差距最大处进行生产。因为那将使垄断势力最大化，从而使利润最大化。"

你能从这些胡言乱语中理解到些什么吗？你认为这些学生没有很好地掌握哪些概念？

5. "垄断使得通货膨胀永远存在。当工资上涨时，垄断企业会轻易地把增加的成本转移到产品价格上。竞争性企业没有能力进行成本转移。"你同意这种说法吗？垄断企业与竞争性企业对成本增加的反应有什么不同？

6. 图 11-3 说明了市场垄断造成的无谓损失。这一无谓损失是什么？

7. 假设政府向垄断企业征收从量税，你如何用图形来展示这种情形？该税收政策的执行对市场均衡会产生什么影响？你如何分析税收的归宿问题，也即你将如何表明哪些经济主体支付了绝大部分税收？

8. 如果一个垄断者能成功实行价格歧视，请描述它必然会引起的一些交易成本。当垄断者的价格歧视采用市场分隔策略而非采用非线性定价策略时，不同类型的成本是否会更加相关？

9. 假设 Acme 制造公司在生产两种主要装备溜冰鞋和登山背包方面具有市场垄断地位。请用通俗的语言说明：当该公司了解到这两种产品的需求具有相关性且生产两种产品的生产成本具有范围经济（见第 8 章）时，它应该如何对两种产品进行定价？

10. 什么是自然垄断？为什么电力配送或本地电话服务具有自然垄断的特征？为什么自然垄断对电力生产与长途电话服务来说是不太可能的？

习　题

11.1　一个垄断者的边际成本和平均成本为常数，$AC=MC=5$。企业面对的市场需求曲线为 $Q=53-P$。垄断者的边际收益曲线为

$$MR=53-2Q$$

a. 计算使垄断者利润最大化的价格-数量组合以及垄断利润和消费者剩余。

b. 这一行业在完全竞争（价格＝边际成本）情况下的产出水平是多少？

c. 计算 b 问中的消费者剩余。证明它超过 a 问的垄断者利润与消费者剩余之和。由垄断产生的无谓损失为多少？

11.2　一个垄断者面对的市场需求曲线为

$$Q=70-P$$

垄断者的边际收益函数为

$$MR=70-2Q$$

a. 如果垄断者以不变的平均成本和边际成本进行生产，$AC=MC=6$，垄断者将选择什么样的产出水平以使得利润最大化？此产量水平下的价格是多少？垄断者的利润是多少？

b. 假设垄断者的成本结构发生了变化，总成本为

$$TC=0.25Q^2-5Q+300$$

边际成本为

$$MC=0.5Q-5$$

垄断者面对相同的市场需求与边际收益。为了达到利润最大化，垄断者将选择什么价格-数量组合？利润为多少？

c. 现在假设第三个成本结构解释了垄断者的垄断地位，总成本为

$$TC=0.01Q^3-Q^2+45Q+100$$

边际成本为

$$MC=0.03Q^2-2Q+45$$

请再次计算利润最大化条件下垄断者的价格-数量组合。利润为多少？（提示：通常设定 $MC=MR$，并且通常用二次方程式或因式分解法求解 Q 的二次方程。）

d. 画出市场需求曲线、MR 曲线以及 a 问、b 问、c 问中的三条边际成本曲线。注意垄断者获利能力受以下条件限制：（1）面对的市场需求曲线（与 MR 曲线相关）；（2）这一生产的成本结构。

11.3　单一企业垄断整个蜘蛛侠面具市场，有不变的平均成本和边际成本，即

$$AC=MC=10$$

最初，企业面临的市场需求曲线为

$$Q=60-P$$

边际收益函数为

$$MR=60-2Q$$

a. 计算企业利润最大化的价格-数量组合。企业的利润是多少？

b. 假设市场需求曲线变得较陡峭，为

$$Q=45-0.5P$$

边际收益曲线为

$$MR=90-4Q$$

现在企业利润最大化的价格-数量组合是什么？企业的利润是多少？

c. 改变 b 问中的假设，市场需求曲线变得更为平坦，即

$$Q=100-2P$$

边际收益曲线为

$$MR=50-Q$$

现在企业利润最大化的价格-数量组合是什么？企业的利润是多少？

d. 画出 a 问、b 问、c 问三种不同情况下的图形。利用你得出的结果，解释为什么这家企业的面具垄断没有实际意义的"供给曲线"。

11.4　假设呼啦圈市场是由单家企业垄断的。

a. 画出这一市场的初始均衡图。

b. 假设现在呼啦圈的需求稍向外移。证明在一般情况下（与竞争情况相比），预测需求的这一移动对呼啦圈市场价格的影响是不可能的。

c. 当需求曲线移动时，需求价格弹性可能会发生改变。考虑三种可能的方式：递增、递减或不变。在 $MR=MC$ 时，考虑垄断的边际成本在一定范围内可能上升、下降或不变。结果，需求移动与边际成本斜率的图形有 9 种不同组合。分别分析每种情况，看看在哪种情况下，需求移动时我们能对呼啦圈的价格影响做出准确预测。

11.5　假设一公司对名为垄断的游戏具有垄断势力，它面对的需求曲线为

$$Q_T=100-P$$

边际收益函数为

$$MR=100-2Q_T$$

Q_T 为公司两个工厂每小时开发的游戏之和（$Q_T=q_1+q_2$）。如果工厂 1 的边际成本为

$$MC_1 = q_1 - 5$$

且工厂 2 的边际成本为

$$MC_2 = 0.5q_2 - 5$$

那么为了追求利润最大化，公司选择的总产出将是多少？产出如何在两个工厂间分配？

11.6 一家教科书垄断企业能以不变的边际成本（和平均成本）每单位 5 美元生产它所愿意生产的任何产量。假设垄断企业在有一定距离的两个不同市场上出售书籍。第一个市场的需求曲线为

$$Q_1 = 55 - P_1$$

第二个市场的需求曲线为

$$Q_2 = 70 - 2P_2$$

a. 如果算出下面的初步结果，这个问题就容易解决了。对于一条向下倾斜的线性需求曲线来说，当产出为 $Q^*/2$ 时企业所获利润最大。Q^* 为 $P = MC$ 时的产出水平。

b. 如果垄断企业能够维持这两个市场之间的分隔，每一市场的产出水平应该是多少？每一市场的价格是多少？这种情形下的总利润是多少？

c. 如果在两个市场之间邮寄书籍仅仅花费需求者 3 美元，你的答案会怎样改变？在这种情况下，垄断企业新的利润水平是多少？如果邮寄费用为 0，你的答案会有什么变化？

11.7 假设一个完全竞争行业能以不变的边际成本每单位 10 美元生产罗马式蜡烛。一旦该行业被垄断，企业的边际成本就会上升为 12 美元，因为必须支付每单位 2 美元给政客以确保只有这家企业获得罗马式蜡烛生产执照。假设罗马式蜡烛的市场需求曲线为

$$Q_D = 1\,000 - 5P$$

边际收益函数为

$$MR = 20 - Q/25$$

a. 计算完全竞争以及垄断情况下的产量与价格。

b. 计算罗马式蜡烛生产垄断导致的消费者剩余总损失。

c. 画出图形并对你的结果进行讨论。

11.8 考虑以下对垄断企业进行征税的可能方案：

ⅰ. 对利润征收比例税。

ⅱ. 对生产的每一单位产品征税。

ⅲ. 对价格与边际成本之差征收比例税。

a. 分别解释这些税收如何影响垄断企业利润最大化的产出决策。税收是增加还是减少垄断的无谓损失？

b. 画出这三种情况下的结果。

11.9 布鲁斯经营的酒吧是城里唯一的酒吧。一个消费者对酒吧饮料的需求是 $Q=8-P$。这个消费者的相关边际收益是 $MR=8-2Q$。这个酒吧的边际成本为每杯饮料 2 美元。

a. 如果布鲁斯的酒吧对每杯饮料收取不变的价格，而不是使用某种非线性定价策略，那么请计算为该消费者提供服务的利润最大化的垄断数量、价格和利润。如果酒吧在一个平常的晚上为 100 个与这个消费者相同的消费者服务，那么数量和利润是多少？

b. 假设布鲁斯将入场费纳入酒吧定价策略中，但将每杯饮料的价格降低到等于边际成本（我们在本书中显示的是同一个消费者的最优单价）。如何设定最大化利润的入场费？在一个平常的晚上如果 100 个同质消费者到场，酒吧采用这一两部定价策略可以销售多少杯饮料、赚取多少利润？

c. 现在假设除了上述 100 个消费者之外，还有另外 15 个消费者，他们对饮料的需求是原有消费者的两倍（所以每个消费者的需求量为 $Q=16-P$）。布鲁斯的酒吧如果继续采用 b 问中的两部定价策略，能够赚取多少利润？证明酒吧可以通过每杯饮料 3 美元的价格策略赚取更多利润。（提示：第一步，计算将每杯饮料的价格提高到 3 美元后，能收到的最高入场费，并仍能留住 100 个原有消费者。然后计算向所有 115 个消费者收取的入场费，以及以每杯 3 美元的价格向 100 个原有消费者和 15 个新消费者销售饮料的可变销售额所产生的利润。）

11.10 由于将管道铺设到每个家庭的固定成本巨大，所以天然气是自然垄断产业。假定需求量为 $Q=100-P$ 并且边际收益为 $MR=100-2Q$。假定边际成本为 20 美元，天然气管道安装成本为 1 000 美元。

a. 计算不受管制的产业结果（数量、价格、利润、消费者剩余和社会福利）。

b. 管制价格为多少时社会福利最大？在该价格下计算产业结果（数量、利润、消费者剩余和社会福利）。从长远来看，这一政策是否可持续？

c. 计算在较宽松的监管政策下，价格不得高于平均成本的产业结果。从长远来看，这一政策是否可持续？

第12章 不完全竞争

许多真实世界市场落在完全竞争和垄断这两个极端之间。比如，只有一些航空公司能够在两个城市之间开展直接飞行业务。它们可能在一定程度上竞争，但不像完全竞争那样将所有利润消耗殆尽。其他例子包括药物市场、包裹快递市场等各类市场。一个不完全竞争市场的特点是，企业数量少但不止一家，在这一情形下的市场被称为**寡头垄断**（oligopoly）。

经济学家已经提出不完全竞争市场的一系列模型，但这些模型没有一个成为"教科书"模型，所以我们将研究当前使用的一系列基本模型。我们的研究将强调几个主题：首先，博弈论是研究寡头垄断的一项重要工具，综观整章，我们会发现我们是在应用第5章提出的博弈论概念。其次，关于企业选择变量的细微改变，比如它们的行动时机、它们关于市场条件或对手行动的信息等，都会对市场结果产生显著的影响。最后，我们可能不得不接受这样一个事实：仅凭理论很难预测不完全竞争行业的结果；研究现实世界市场的最佳方法可能是理论与经验证据相结合。我们的许多应用专栏都会包含与所考察问题相关的经验证据。

我们的分析将从企业短期决策（定价和产量决策）到长期决策（例如广告、产品设计以及投资决策），再到更长时期的决策（进入和退出决策）。

12.1 概述：同质产品的定价

这一节对本章的主要内容进行了概述。为了确定思路，我们首先研究在生产同一种产品的企业相对较少的市场中企业的定价决策。和之前的章节一样，我们仍然假定市场在需求方是完全竞争的；也即是说，存在大量需求者，每个人都是价格接受者。除此之外，我们还假定市场中不存在交易成本和信息不对称问题，从而相关产品遵守一价定律。这样我们就能准确地讨论这一产品的价格问题。在本章后面部分，我们将放松同质产品的假定，考虑这样一种情形：企业销售的产品彼此略有不同，因此可能会有不同的价格。

12.1.1 竞争结果

如果市场上只有少数几家企业，要准确地预测其定价结果是比较困难的，因为最终的结果取决于市场上企业竞争的激烈程度，而这又取决于企业所选择的竞争策略、企业拥有竞争对手多少信息以及企业之间交流沟通的程度。在本章后面我们要详细学习的伯特兰（Betrand）模型中，相同的企业在市场上初次交锋时同时选择价格，最终竞争的纳什均衡结果是图 12-1 中的 C 点。这一图形假定产品的边际成本（以及平均成本）在所有产量水平上均保持不变。即使市场上只有两家企业，在最终的均衡中，它们的表现也像是在完全竞争市场中一样，确定价格等于边际成本，并且最终利润为零。我们将讨论伯特兰模型能否真正描述现实企业行为，但是对这个模型的分析表明，可以建立严格的博弈论模型，在这种模型中，竞争性结果的这样一种极端情形可能会出现在企业数量很少、非常集中的市场中。

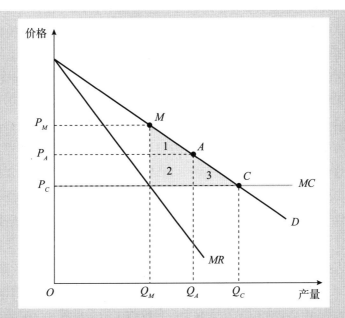

图 12-1　不完全竞争的定价问题

不完全竞争市场均衡可能发生在需求曲线的很多点上，在本图中（假定边际成本在整个产出范围内是不变的），伯特兰均衡在 C 点发生，与完全竞争结果一致。完美卡特尔均衡在 M 点发生，与完全垄断市场一致。大多数竞争结果发生在 M 点与 C 点之间，取决于关于企业如何竞争的假设。例如，古诺博弈均衡可能发生在 A 点上。当从 C 点移动到 M 点时，阴影三角形所代表的无谓损失逐渐增大。

12.1.2 完美的卡特尔均衡结果

在另外一种极端情形下，不同企业作为一个集团，可能会采取卡特尔行动，因为它们认识到可以影响价格并协调决策。事实上，它们可以作为一个完美卡特尔获得尽可能高的利润，即垄断市场所能获得的利润。正如前面所假定的，所有企业的产品边际成本均相等而且不变，产出选择如图 12-1 中的 M 点所示。因为这一协调计划将不得不具体化每家企业的产量水平，所以这一计划也规定了卡特尔赚取的垄断利润如何由其成员进行分享。

一种能够维持卡特尔的方法就是用明确规定的定价策略来约束企业，但这样的合谋定价手段通常是被反托拉斯法所禁止的。如果企业在市场上反复打交道，那么企业并不需要诉诸明显的定价策略。它们可以心照不宣地串通一气。如果任何一家企业压低价格，那么企业可以通过价格战的默示威胁来维持合谋的高价格。我们将正式分析这一博弈，并讨论试图维持合谋所涉及的实际困难。

12.1.3 其他可能性

伯特兰模型和卡特尔模型确定了不完全竞争市场实际价格的外部界限（图 12-1 中的 A 点就代表了处于中间区域的价格），这样的价格组合有无数种可能性，而现有的模型又非常丰富，几乎这个范围内的每一点都可能有一个模型。比如在古诺模型中，企业通过设定垄断产量，而不是像在伯特兰模型中那样设定价格，使得最终的结果位于图 12-1 中的 C 点和 M 点之间，比如说 A 点。我们将详细研究古诺模型。再比如在卡特尔模型中，由于市场的特点，企业很难在 M 点维持完美卡特尔，这可能会导致出现图中 A 点的结果。

最后要说的是，要预测实际市场中发生的结果位于 M 点和 C 点之间的哪一点是很困难的。假设企业在同时博弈中达到纳什均衡，在连续博弈中达到子博弈完美均衡，这将有助于确定企业的行为，但结果仍会因所进行博弈的不同而不同，而且有许多不同的、可信的方法来设定这种博弈。于是经济学家们试图通过经验数据确定现实世界中各行业的竞争力，正如"**应用 12.1：衡量寡头垄断势力**"中所讨论的。由于均衡点的位置决定着社会福利（用生产者剩余和消费者剩余之和进行度量）的大小，确定该点位于 C 点和 M 点之间的哪个具体位置就显得十分重要了。在 C 点处没有无谓损失，社会福利最大化了；而在 A 点处，无谓损失是阴影区域 3 的面积；在 M 点处无谓损失更大了，它包括了阴影区域 1、2、3 的面积总和。从中可知，不完全竞争的市场结果越偏向 C 点而远离 M 点，社会整体福利水平越高。

应用 12.1

衡量寡头垄断势力

正如图 12-1 所示，不完全竞争市场的各种可能模型给出了一系列可能性，从完全竞争的结果（图中的 C 点）到完美卡特尔实现的垄断结果（M 点）。鉴于单独的理论分析并不能确定现实世界中的产业会落在 C 点和 M 点之间的哪个具体位置，经济学家们还需要求助于数据来帮助他们回答这样一个问题。

勒纳指数

询问一个产业究竟落在图 12-1 中的 C 点和 M 点之间的哪个具体位置，实际上就是询问该行业的竞争程度怎么样。使用最广泛的测度工具是勒纳指数（L）。它等于价格和边际成本的差额相对于价格的百分比：

$$L = \frac{P - MC}{P}$$

（指数以百分比表示，可以消除产品的测量单位。）当市场为完全竞争市场时，因为价格等于边际成本，所以勒纳指数为 0；对于垄断或者完美卡特尔结果，我们可以推导出勒纳指数与市场需求价格弹性相关。[a] 更确切地说，勒纳指数取决于需求价格弹性绝对值的倒数：

$$L = \frac{1}{|e_{Q,P}|}$$

从非常有弹性的需求曲线到非常无弹性的需求曲线，勒纳指数从 0 变化到无穷大。

衡量边际成本的问题

粗略一看，你或许会认为计算一个行业的勒纳指数十分容易。人们只需要知道价格和边际成本的相关信息，然后代入上述式子即可。然而不幸的是，实际情况远非我们想象的那么简单。虽然我们容易从产品的广告或实际的销售中获知价格信息，但不幸的是，我们却很难衡量或者获知成本信息。一般而言，企业通常对成本信息会严格保密，因为成本信息具有竞争敏感性。

经济学家们提出了至少三种方法来克服这一度量问题。迄今为止，许多公共事业（电话和电力）都是由政府监管的，公司的价格在成本基础上设定了一定的加价幅度。这种管制形式要求政府搜集受管制企业的确切详细的成本信息，这就成了经济学家的第一种可获得的信息来源。第二种方法是研究一个生产流程足够简单的行业，利用该行业的简单事实就可以推算出边际成本。比如吉尼索乌和穆林（Genesove and Mullin, 1998）[b] 研究中的早期精制糖行业就属于这种行业。该行业边际成本的主要组成部分是原糖成本：108 磅原糖能生产出 100 磅精制糖。结合原糖批发价的数据，1990 年原糖价格大约是 3.3 美元/磅，同时根据生产商在贸易报刊上关于完成精炼过程所需的少量额外劳动力和能源成本（约 25 美分）的声明，作者得出一个合理的边际成本衡量标准，即每磅的边际成本为 108×3.3÷100＋0.25＝3.81 美元。第三种方法适用于大多数没有直接成本衡量标准的行业，具体方法是估算一个复杂的计量经济学模型（基于本章所研究的博弈论模型）。

行业研究

表 1 呈现了一系列研究的勒纳指数估计结果。值得一提的是它广泛的可能性。例如，纺织品、咖啡烘焙和精制糖面临的竞争似乎非常激烈，价格仅比边际成本高 5% 左右（即勒纳指数约为 0.05）。食物加工、烟草和铝面临的竞争似乎较小，价格估计是边际成本的两倍多（勒纳指数大于等于 0.50）。在政府取消准入限制后，乌拉圭银行业面临的竞争似乎大大增强。

表 1   不同行业的竞争程度

行业	勒纳指数
铝	0.59
汽车	
普通轿车	0.10
豪华跑车	0.34
银行（乌拉圭）	
消除进入壁垒之前	0.88
消除进入壁垒之后	0.44
咖啡烘焙	0.06
电力机械	0.20
食物加工	0.50
汽油	0.10
精制糖	0.05
纺织品	0.07
烟草	0.65

资料来源：摘自 T. F. Bresnahan 汇编的研究文献："Empirical Studies of Industries with Market Power," in *Handbook of Industrial Organization*, ed. (Amsterdam: North-Holland, 1989), Table 17.1 and D. W. Carlton and J. M. Perloff, *Modern Industrial Organization*, 4th ed. (Boston: Pearson, 2005), Table 8.7. 铝：V. Suslow, "Estimating Monopoly Behavior with Competitive Recycling: An Application to Alcoa," *RAND Journal of Economics* (Autumn 1986): 389 – 403. 汽车：T. F. Bresnahan, "Departures from Marginal-Cost Pricing in the American Automobile Industry: Estimates for 1977 – 1978," *Journal of Econometrics* (November 1981): 201 – 227. 银行：P. Spiller and E. Favaro, "The Effects of Entry Regulation on Oligopolistic Interaction: The Uruguayan Banking Sector," *RAND Journal of Economics* (Summer 1984): 244 – 254. 咖啡烘焙：M. J. Roberts, "Testing Oligopolistic Behavior," *International Journal of Industrial Organization* (December 1984): 367 – 383. 电力机械、纺织品和烟草：E. Applebaum, "The Estimation of the Degree of Oligopoly Power," *Journal of Econometrics* (August 1982): 287 – 299. 食品加工：R. E. Lopez, "Measuring Oligopoly Power and Production Responses of the Canadian Food Processing Industry," *Journal of Agricultural Economics* (July 1984): 219 – 230. 汽油：M. Slade, "Conjectures, Firm Characteristics, and Market Structure: An Empirical Assessment," *International Journal of Industrial Organization* (December 1986): 347 – 369. 精制糖：D. Genesove and W. Mullin, "Testing Static Oligopoly Models: Conduct and Cost in the Sugar Industry, 1890 – 1914," *RAND Journal of Economics* (Summer 1998): 355 – 377.

一般性经验

    那么到底是什么原因造成了表 1 中一些行业比其他行业竞争更激烈呢？遗憾的是，目前我们还没有足够的经验研究来进行跨行业的系统性比较，但是约翰·萨顿（John Sutton）[c] 提供了到现在为止相当完善的一篇跨行业综述文献。市场竞争程度最明显的决定性因素似乎是相对于固定成本的市场规模。在美国的汽车行业这样一个广大的市场上，虽然固定成本（包括建立一整套生产线、推广新产品的广告等成本）有可能高达数十亿美元，但是市场大到足以支持相当数量的企业，从而导致相对激烈的竞争。而在乌拉圭这样一个较小的市场上，可能只有一家企业可以生存，从而导致了垄断。当然，固定成本的性质也很重要。如果固定成本的增加与市场规模成正比，例如电视广告支出，那么大市场可能不会比小市场支持更多的企业，而这些大市场可能会表现出很高的价格-成本利润率。因此，电视广告和其他形式的广告对一个行业是否重要（对汽车重要，对机床不重要），可能是衡量该行业竞争程度的一个指标。其他可能降低竞争程度的因素包括政府对进入市场的限制和国际贸易壁垒。

思考题

1. 价格数据也可能会存在问题。设想你试图得到关于一种新车模型的价格数据，但是该价格通常是消费者之间相互协商的结果，且通常比市场的黏性价格要低，你将如何处理这个问题？即使是某一特定车型，也有许多选项可供选择，而这些选项包会影响汽车价格，你将如何处理这一事实？

2. 表 1 中有让你觉得惊讶的地方吗？你认为像住宅建筑行业、酿酒行业、计算机行业这些市场的勒纳指数大概会处于什么位置？高等教育行业呢？

a. 由式（9.3）可知企业利润最大化时 $MR=MC$，由式（9.9）可知在完全垄断市场中，企业的边际收益 $MR=P+P/e_{Q,P}$，其中 $e_{Q,P}$ 为垄断市场的需求价格弹性，由此可得 $P+P/e_{Q,P}=MC$。将该式变形之后可得 $P-MC=-P/e_{Q,P}$，即 $(P-MC)/P=-1/e_{Q,P}=1/|e_{Q,P}|$。

b. D. Genesove and W. Mullin, "Testing Static Oligopoly Models: Conduct and Cost in the Sugar Industry, 1890–1914," *RAND Journal of Economics* (Summer 1998): 355–377.

c. J. Sutton, *Sunk Costs and Market Structure* (Cambridge, MA: MIT Press, 1991).

12. 2　古诺模型

我们首先要学习的是**古诺模型**（Cournot model），它得名自最早提出并分析该模型的法国经济学家古诺。[①] 由于正式的古诺模型只是在数学方法上不断地复杂深化，在这里我们只需要简单举例即可说明问题。

假设市场上有两家企业（A 和 B），它们各自拥有一方无成本但有益健康的泉水。它们同时选择在一个竞争周期内的供水量 q_A 和 q_B（以千加仑为单位），同时我们还假定两种泉水是同质产品，因此市场价格是总产量 $Q=q_A+q_B$ 的函数。特别地，我们假定有以下泉水需求方程：

$$Q=120-P \tag{12.1}$$

---

① A. Cournot, *Researches into Mathematical Principles of the Theory of Wealth*, trans. N. T. Bacon (New York: Macmilan, 1897). 古诺是最早将数学应用于经济学分析的人之一，同时他还首创了边际收益概念并将其用于分析垄断企业利润最大化问题，而且给出了经典双头垄断市场模型的正式分析。

由此可得市场需求的反函数如下：

$$P = 120 - Q \qquad (12.2)$$

至此我们定义了一个简单博弈，在该博弈中有两家企业，其行动是产量，收益是利润（利润函数可以从我们假定的需求和成本等信息中获得），然后我们要做的是找出该博弈的纳什均衡解。由于产量 Q 可以是任意大于零的值，因此这是一个具有连续行动的博弈，就像第 5 章中公地悲剧模型的求解方式一样。在这里我们采用同样的方法来求纳什均衡。因此在进一步阅读之前，我们建议读者们回顾一下第 5 章中的纳什均衡、最优反应函数等概念的定义和关于公地悲剧的相关分析，这将对理解本章中的分析很有帮助。

12.2.1 古诺模型中的纳什均衡

对于一组产量 q_A 和 q_B，要成为纳什均衡解，必须使得 q_A 是 q_B 的最优反应，反过来也一样。因此我们首先分析企业 A 的最优反应函数，它将告诉我们在给定企业 B 的产量 q_B 时，企业 A 的利润最大化产量 q_A。在第 8 章中，我们提出了适用于从完全竞争企业到完全垄断企业的利润最大化规则，即利润最大化的产量是边际收益等于边际成本的产量。相同的规则也适用于此处。

此外，企业 A 的边际成本容易计算，由于生产泉水没有成本，所以边际成本为 0；边际收益的计算就稍微复杂一些，总收益是价格和产量的乘积，价格 $P = 120 - Q = 120 - q_A - q_B$，因此总收益为

$$q_A(120 - q_A - q_B) \qquad (12.3)$$

由总收益表达式即式（12.3）可以得出边际收益的表达式[①]，或者简单地接受以下边际收益的表达式：

$$120 - 2q_A - q_B \qquad (12.4)$$

令式（12.4）中的边际收益与边际成本相等即可以得出企业 A 的最优反应函数为

$$q_A = \frac{120 - q_B}{2} \qquad (12.5)$$

我们可以对企业 B 进行同样的分析，得出它的最优反应函数，它可以把 q_B 的利润最大化水平表示为 q_A 的函数

---

① 在式（12.3）中将 q_A 分别乘以括号中各项可得 $120q_A - q_A^2 - q_A q_B$。运用相关微积分的知识对 q_A 求偏导数，可得如式（12.4）所示的边际收益表达式。

$$q_B = \frac{120 - q_A}{2} \tag{12.6}$$

两家企业的最优反应函数可用图 12-2 中的两条最优反应曲线表示。

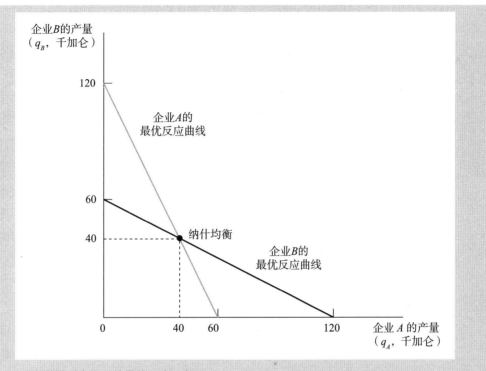

图 12-2　古诺模型中企业的最优反应函数

　　企业 A 的最优反应函数反映的是企业 B 任意产量下利润最大化的产量选择，企业 B 的最优反应函数反映的是企业 A 任意产量下利润最大化的产量选择，纳什均衡解要求两家企业都满足最优反应函数，从图中可以看出唯一符合该条件的点为两条最优反应曲线的交点。

　　纳什均衡要求每家企业都对另一企业做出最优反应，在图 12-2 中同时满足两家企业均是最优反应的点即为两条曲线的交点。其他点不是稳定的，因为一家企业或者另外一家企业都有偏离该点的激励。易知均衡点为 $q_A = 40$，$q_B = 40$［从式（12.5）和式（12.6）或者图 12-2 中均可得出］。在这样一个纳什均衡解中，每家企业生产 40 千加仑泉水，总的产量是 80 千加仑，市场价格为 40（＝120－80）美元/千加仑，每家企业获得的收益和利润相等，均为 1 600 美元，整个行业的收益和利润总和为 3 200 美元。

12.2.2　比较分析与反托拉斯的考虑

　　从上面的分析中我们可以看到，古诺模型的纳什均衡结果介于完全竞争与垄断之间：在企业处于完全竞争市场时，价格将等于边际成本 0，结果是行业总产出为 120 千加仑，整个行业的收益和利润都将为 0。另外，垄断的产出水平将是 60 千加仓，市场价格将是 60 美元，这时的行业总收益与利润为 3 600（＝60×60）美元。[1]
将这些结果放在一起分析可知：古诺模型的竞争均衡价格和行业利润都高于完全竞争水平，但是低于完全垄断情形；行业产量水平低于完全竞争水平，但是高于完全垄断情形。这些企业不会像完全竞争时那样为利润展开激烈竞争，但也达不到完全垄断时的利润水平。

> **？ 小测验 12.1**
>
> 1. 在图 12-2 中，当企业 B 从边际成本为 0 变成有正的边际成本时，它的最优反应曲线会改变吗？这会改变企业 A 的最优反应曲线吗？在同一个图中新的纳什均衡大概位于什么地方？
>
> 2. 如果两家企业的边际成本以相同数额增加，在图中画出新的最优反应曲线和纳什均衡点。如果边际成本下降会怎么样？如果需求曲线的截距变得比 120 更大呢？

事实上，古诺模型中的企业之所以没有获得全部垄断利润，其根本原因在于单家企业没有意识到它自己产量的增加将降低市场的价格，并导致其他企业利润的减少，这样做的最终结果是市场过度生产。根据这一模型，企业有激励通过形成一个卡特尔组织制定明确的规范来限制产量。如果这样的卡特尔不为法律所认可，企业就会通过自发执行限制产量的决策来达到暗中合谋的目标，从而提高产品价格直到完全垄断的水平。但是在一段时间的竞争之后，这样的卡特尔注定是不稳定的，实际上我们早已证明在这样的寡头垄断市场上存在的唯一稳定点就是古诺模型的纳什均衡解。能够提高利润的另一种办法只能是两家企业合并，实质上是将两家企业的古诺模型转变为一家企业的垄断模型。

相对于完全垄断市场而言，消费者实际上受益于古诺竞争均衡时相对的高产出和低价格。政府部门一般会通过反托拉斯法来禁止组成卡特尔的合谋和提高行业集中度的兼并（具体表现为两家大企业的并购一般会受到当局的反托拉斯调查）。假设政府当局的行为符合消费者的利益，那么古诺模型为这些法律提供了一些理由。

铭刻于心　连续拍卖的博弈

用于求解古诺博弈的方法类似于第 5 章求解公地悲剧时所使用的方法。事实上，除了参与人身份（牧羊人对比泉水生产商）和行动（绵羊数量对比泉水数量）的解释之外，这两个博弈是完全一样的。读者能够确认两者的均衡是每个决策者做出 40 单位的选择。

---

① 垄断企业的总收益等于价格乘以数量，前者可以通过式（12.2）中的 120－Q 得出，即总收益为（120－Q）Q。对应的边际收益表达式为 120－2Q。按照边际收益等于边际成本的利润最大化规则，总产量为 60 千加仑。

12.2.3 一般化

古诺模型可以被应用到包含更复杂的需求结构或者成本假设的情形，或者是涉及三个或更多家企业的情形中。随着企业数量的增加，可以证明均衡价格不断趋近边际成本，纳什均衡结果也不断趋近完全竞争的结果。由于古诺模型易于扩展，而且它能得出人们认为更符合大多数市场的现实结果（即市场结果位于完全竞争和垄断之间）的结论，这使得古诺模型成为经济学家的得力助手。"**应用 12.2：加利福尼亚州的古诺模型**"就是将其用于经济政策分析的一个实例。

应用 12.2

加利福尼亚州的古诺模型

各个国家都开始逐渐解除对电力、能源等行业的市场准入限制，但是在美国，这一解禁的步伐十分缓慢，其原因是美国的各个州都有独立的监管机构，这使得任何放松管制的措施都会引起不同集团各个方面的政治争议。在拥有美国最大能源市场的加利福尼亚州（以下简称"加州"），官方最初对电力批发市场放松管制是在 1996 年，但直到 1998 年初才开始出现预售电量的市场交易。早期一些尝试性的模型研究得出了谨慎的结论，即这种交易可能存在市场势力。随后的事件大都证实了这些预测。

基于电力现货市场的建模

在对加州电力市场放松管制的影响的模型分析中，最具有代表性的研究可能是博伦施泰因和布什内尔（Borenstein 和 Bushnell）的一篇经典论文。[a] 在该论文中，作者集中分析了在该州最主要的三家电力公司（太平洋天然气和电力公司、南加州爱迪生公司、天然气和电力公司）以及其他一些州内或者州外的小供应商。最后他们得出的结论是，那些小供应商的行为与在完全竞争市场上一样，但是三家最主要公司的行为却与古诺模型分析的寡头垄断行为十分一致。也就是说，这三家公司在制定自己的产出决策（或者更明确地说，指发电总量）时，都假定其他公司的产出是固定的。他们之后还基于不同的电力需求和州外供应商行为的各种假设，对由此产生的古诺均衡进行了研究。

建模结果

博伦施泰因和布什内尔的研究表明，在某种情况下，加州的电力行业有一定的市场垄断势力，正如我们在应用 12.1 中所了解到的，度量这种市场势力的一种方式就是运用勒纳指数，即价格和边际成本之差占价格的比例。在需求状态正常时期，作者计算出来的勒纳指数在 0.10 左右，甚至更低一点，也就是说，价格只比边际成本多出 10% 左右，但是在电力消费的高峰时段或者月份（比如 9 月），该指数高达 0.50 以上，价格与边际成本之间的差距超过了价格的一半，所以说在高峰时段，这些市场的均衡远远偏离了竞争性水平。有趣的是，他们的研究指出，需求价格弹性的增大将显著弱化市场的垄断势力，但同时也指出，实际上加州政府一直试图保持低的需求价格弹性，从而避免总体价格水平的上涨会过多地转移到消费者身上。

加州的实际价格飙升

从来没有哪个经济模型能如此快速地得到事实的验证。2000 年夏天，西北太平洋的干旱减少了水电的供应，加州出现了相对轻微的电力供应短缺。结果，夏末秋初，电力批发价格迅速飙升。1999 年的正常价格约为每兆瓦时 50 美元，而高峰期的价格则升至每兆瓦时 500 多美元，有时甚至每兆瓦时超过 1 000 美元。这样的结果或多或少都与博伦施泰因和布什内尔的预测相符。因为加州大型电力供应商并不被允许签订长期电力合同，它们别无选择，只能以这些价格进行购买。但是这些公司并不能够把更高价格转嫁给它们的顾客，因此需求量只是稍微减少。到 2001 年，加州几家最大的公用事业公司已申请破产，并被迫将其配电网络的大部分出售给州政府。

思考题

1.本应用中所描述的模型假设在电力供应紧张时，加州的主要电力供应商进行古诺型竞争。这样一个竞争模型能解释 2000 年电力价格的大幅上涨吗？

2.加州电力市场价格飙升的一个结果是，许多人对供应商提起诉讼。参与古诺型竞争的公司是否应被认定犯有"限制贸易合谋罪"？

a. S. Borenstein and J. Bushnell，"An Empirical Analysis of the Potential for Market Power in California's Electricity Industry，" *Journal of Industrial Economics*（September 1999）：285 - 323.

12.2.4 伯特兰模型

接下来我们讨论**伯特兰模型**（Bertrand model）。该模型因经济学家伯特兰(Bertrand)[①] 首先提出而得名。伯特兰认为古诺模型假设企业选择产量是不符合现实的，于是他提出了一个新的模型。在伯特兰模型中企业选择价格，除此之外，伯特兰模型与古诺模型完全一致。之后我们将发现，策略行为变量的微小变化，从古诺模型的产量到伯特兰模型的价格，将会导致竞争均衡结果发生很大变化。

伯特兰模型可以正式表述如下：假设市场上有两家企业 A 和 B，它们以同一固定的边际成本（和不变的平均成本）c 生产同质产品。需要指出的是，这是对古诺模型中产量生产是无成本的一般化假定。企业在单个竞争时期同时选择价格 P_A 和 P_B，企业的产品是完全替代的，即市场上的所有销售都会流向价格最低的企业。如果 $P_A = P_B$，那么两家企业平分市场销量。我们将把需求曲线从古诺模型中假设的线性需求曲线扩展为任何向下倾斜的需求曲线。

我们将寻找伯特兰模型的纳什均衡。在古诺模型中我们先运用边际分析来求得

---

① J. Bertrand，"Théorie Mathematique de la Richess Sociale，" *Journal de Savants*（1883）：499 - 508.

最优反应函数，再确定纳什均衡，但事实上这种方法在这里并不适用，原因是现在的利润函数并不是平滑的。由于需求对价格十分敏感，在 $P_A = P_B$ 的初始状态下，任意一家企业降价（即使幅度很小）的时候，都会使得销量和利润立即翻倍。该模型的简略性使得我们比较容易找到纳什均衡解，之后我们将证明，找到的均衡是唯一正确的解。

12.2.5　伯特兰模型的纳什均衡

伯特兰博弈中的唯一纳什均衡是两家企业都按边际成本收费：$P_A = P_B = c$。当我们说它是唯一的纳什均衡时，我们实际上是做出了两个需要确认的表述：（1）这一结果是一个纳什均衡；（2）并不存在其他纳什均衡。

要证明上述结果是纳什均衡，需要证明该均衡策略是两家企业相对于竞争对手做出的最优反应，也就是说，双方都没有偏离该均衡的动机。在均衡时，企业制定的价格等于边际成本，同时也等于平均成本。但是价格等于平均成本意味着在均衡时企业获得零利润。企业能否通过转向其他价格，从而获得高于它在均衡时所获得的零利润呢？答案是否定的。如果它转向一个更高的价格，将没有任何销量，也就没有利润，这并不严格优于纳什均衡。如果它转向一个更低的价格，它将获得销量，但是对于它售出的每一单位，它将获得一个负的边际利润，因为价格在边际成本之下。因此企业的利润将是负的，比纳什均衡中的利润更低。因为对于企业来说不存在可能盈利的偏离结果，我们已经成功地证明，两家企业都采取边际成本定价是一个纳什均衡。

要证明这是唯一的纳什均衡，就需要考虑很多情形。两家企业都制定比边际成本高的价格，这不可能是一个纳什均衡。如果价格不相等，那么定价更高的企业将不会获得任何需求，因而将没有利润；如果它降低价格，降到比对方价格还低，就能够获得正销售额和利润。

如果双方都采用相同的高于边际成本的价格，那么每家企业都有偏离这样一个结果的激励。通过降低价格，哪怕只是稍微降价，价格几乎没有下跌但是销量很快翻倍，因为降价的企业将不再需要跟另外一家企业平分销量。在纳什均衡处企业的价格也不可能低于边际成本，因为采用更低价格时企业将获得负利润，并且可以从偏向一个更高价格中获益。举例来说，它把价格提高到等于边际成本，此时由于边际成本等于平均成本，这样一个偏离将能确保企业得到零利润而非负利润。

12

12.2.6 伯特兰悖论

伯特兰模型的纳什均衡结果跟完全竞争市场的结果一样，均衡价格等于边际成本，最终企业获得零利润。虽然市场中有两家企业，但是纳什均衡结果跟完全竞争市场一模一样，这样一个伯特兰模型结果被称为伯特兰悖论。当市场上只有少数几家企业的时候，却有这么激烈的竞争，这看起来是十分矛盾的。从某种意义上来说，由于我们并没有假设特定的边际成本 c 和需求曲线，伯特兰悖论是一种普遍性的结果，因此该结论对于任意的 c 和任何向右下方倾斜的需求曲线都适用。

但是从另一个角度来看，伯特兰悖论可能并不具有一般性，因为改变该模型的任何一个假设都能消除这一结果。比如，假设企业决策时选择产量而不是价格，就将导致该模型变成古诺模型。从我们之前对古诺模型的分析中可以看到，企业最后并不是以边际成本进行定价，也并不是获得零利润。当其他一些假设改变的时候，伯特兰悖论将不再成立。这些假设可能包括：一家企业的边际成本比另一家企业的边际成本要高，产品是稍微有差异化而非完全替代的，企业进行重复互动而非单轮次竞争。在下一节我们将看到，如果假设企业有生产产能约束，而不是以固定成本 c 生产无限量产品，伯特兰悖论就能够得以避免。

12.2.7 产能选择与古诺均衡

在伯特兰模型的分析当中，企业没有**产能约束**（capacity constraint）的假定对于鲜明结果是至关重要的。从最初价格相等开始，某企业稍微降价就能使得需求翻倍，当没有产能限制的时候，该企业就能满足其增加的需求，这一点构成了企业单方面降价的激励。如果企业由于产能约束不能够在更低价格水平处满足所有的需求，一些多余需求会留给索取更高价格的企业，这将减弱企业单方面降价的激励。

在很多时候假设一家企业能无限量地满足任意数量的顾客，这是不太现实的。即使顾客现在突然之间比平时翻番了，企业也经常难以满足这种增量需求。现在我们考虑一个两阶段的博弈模型：在第一阶段企业选择建立产能，在第二阶段企业选择产品价格[①]；而且第二阶段的销量不能高于第一阶段选择的产能水平。如果建立产能的成本足够高，我们就可以证明该两阶段博弈的子博弈完美均衡跟古诺模型中的纳什均衡结果一致。

要证明这个结果，我们需要采用逆向归纳法来分析该博弈。假定两家企业在第一阶段已经分别建立了 $\bar{q}_A$ 和 $\bar{q}_B$ 的产能，然后进行第二阶段的定价博弈。设 $\bar{P}$ 为两家企业都达到最大产能时能够满足市场需求的价格，以下情形

---

① 该模型取自 D. Kreps and J. Scheinkman, "Quantity Precommitment and Bertrand Competition Yield Cournot Outcomes," *Bell Journal of Economics* (Autumn 1983): 326–337。

$$P_A = P_B < \overline{P} \tag{12.7}$$

不能构成纳什均衡。因为在这个价格水平上，总需求超过了产能总和，所以企业 A 稍微提高价格之后仍然能卖出 $\overline{q}_A$，从而能增加利润。同样，

$$P_A = P_B > \overline{P} \tag{12.8}$$

也不能构成纳什均衡，因为总需求比产能总和要小，即至少有一家企业（比如 A）的销量低于其产能。如果稍微降价，企业 A 就可以把销量提高至能卖出其产能 $\overline{q}_A$ 的水平，从而增加利润。因此，第二阶段的纳什均衡只能是企业选择某一价格水平，此时产品需求量正好等于两家企业第一阶段确定的产能总和。[①] 即

$$P_A = P_B = \overline{P} \tag{12.9}$$

当预期到第二阶段制定的价格只能使得产品需求量等于产能总和时，第一阶段的产能决策博弈本质上与古诺模型是相同的。由此可以证明均衡的产量、价格和利润都将和古诺模型相同。

两阶段的产能/价格博弈的主要教训是，即使是在伯特兰价格竞争中，在该博弈最终决策（价格制定）之前做出的决定，也会对市场行为产生重要影响。在本章后面我们将多次涉及这个主题。

12.2.8 比较伯特兰模型和古诺模型的结果

伯特兰模型和古诺模型之间的对比十分明显。伯特兰模型在双头垄断市场环境下得出了完全竞争市场的结果，而古诺模型的结果是价格位于边际成本之上，企业能获得正的利润，换句话说，这一结果介于垄断市场和完全竞争市场之间。这些不同的结果意味着企业在双头垄断市场上的实际行为可能具有多样性，它们取决于竞争的具体方式。如果我们考虑产品差异化或者暗中合谋（这也是本章接下来要学习的内容），多样可能性的范围会进一步扩大。因此，要理解现实世界中一个特定行业的竞争程度，需要非常谨慎细致的经验研究，就像我们在应用 12.1 中所讨论的那样。

尽管伯特兰模型和古诺模型存在一些差异，但是两个模型提供了一些共同的见解。实际上这两个模型的均衡结果与囚徒困境模型的均衡结果十分相似。在这三个博弈当中，纳什均衡都不是参与人所能得到的最优结果，参与人通过合作能改善自身福利。比如，在古诺模型中企业通过合作能减少产出；在伯特兰模型中企业通过合作能制定更高的价格；在囚徒困境博弈中参与人选择保持沉默；等等。但合作并不是稳定的，因为参与人都有偏离该合作结果的个人动机。在古诺模型和伯特兰模

---

① 完整的表述应该是，在第二阶段的博弈中价格不相等（$P_A \neq P_B$）时，没有纯策略纳什均衡。低价企业有激励涨价或者高价企业有激励降价，只有在产能足够大的时候，才有可能存在一个复杂的混合策略纳什均衡，但是这种可能性已经被排除了，因为我们假定产能的建立成本足够大。

型的均衡结果中，从某种程度上可以说，企业为自身的利益而进行过度竞争（当然，这对消费者而言是有益的）。

12.3 产品差异化

到现在为止，我们一直都假设企业在不完全竞争市场上生产同质产品。消费者对不同企业生产的产品的需求无差异，因此一价定律得以成立。这些假设在现实世界的市场上可能并不成立。实际上企业通常都会花费大量资源尽量使自己的产品更加与众不同，所采取的手段包括质量和款式上的差异、售后服务保障和承诺、定制服务、产品广告等。这些都需要企业动用额外的一些资源，而企业之所以愿意做这些，是因为能增加利润。产品的差异化还使得一价定律在市场上不再严格成立，因为现在市场上的产品因企业而异，消费者会对一些特定产品及生产该产品的企业产生特定偏好。

12.3.1 市场定义

这种可能性给我们所说的单一产品市场带来了某种模糊性，因为现在我们所面对的是多种紧密联系却又不完全相同的产品。就拿牙膏来说，不同的企业生产的牙膏牌子各不相同，我们是应该把所有这些产品市场看作同一市场，还是应根据含氟牙膏、凝胶牙膏、条纹牙膏或是漂白牙膏等不同类别产品来细分市场？尽管这些问题在行业研究中具有重要的实际意义，但在这里我们并不打算进行分析。相反，我们假设市场由一些略有差异的产品组成，将这些产品组合起来是有用的，因为这些产品之间的相互替代性比组合外产品的替代性更强。

12.3.2 产品差异化的伯特兰模型

目前，我们暂且将所考虑的产品组中的产品及其特点作为给定条件，之后将分析企业希望自己的产品如何实现差异化的问题，包括产品设计的特征、质量和广告宣传力度等各个方面。

建立产品差异化模型的一种方法是明确需求曲线，它是产品自身价格和其他产品价格的函数。例如，假设有两家企业 A 和 B，各自生产一种差异化产品。企业 A 的产品需求函数可能如下：

$$q_A = \frac{1}{2} - P_A + P_B \tag{12.10}$$

同样，企业 B 的产品需求函数可能如下：

$$q_B = \frac{1}{2} - P_B + P_A \tag{12.11}$$

对一家企业产品的需求与该企业产品的价格负相关，与同类的其他产品的价格正相关。比如企业 B 产品的价格越高，就有越多的企业 B 的消费者转向选择企业 A 的产品。如**"应用 12.3：海滩上的竞争"**所示，像方程（12.10）和方程（12.11）这样的需求函数也可以从其个体消费者行为模型中推导出来。

应用 12.3

海滩上的竞争

建立产品差异化模型的一种简单方式是假设企业生产相同的产品，但是区位不同，而消费者不喜欢舍近求远，愿意支付高价就近购买。

霍特林线

霍特林（Hotelling）海滩模型被广泛运用于这类分析，如图 1 所示。[a] 竞争沿着线性海滩展开。海滩上有两家冰激凌企业 A 和 B，它们将各自吸引最近的顾客（因为冰激凌会在购买者回到自己的遮阳伞前融化）。假设冰激凌摊位位于海滩的两端，并假设冰激凌融化给消费者造成的损失是一个特定的值，那么就可以根据这个模型生成方程（12.10）和方程（12.11）的需求曲线。

图 1　霍特林海滩

消费者均匀地分布在从 0 到 1 的直线上，企业 A 和 B 位于该直线的某两个位置上。随着对消费者运输成本的假设的变化，这一位置博弈模型有多种可能的纳什均衡。

政客间的竞争

假定企业位置固定（在直线两端或其他地方），那么运用霍特林模型来分析企业的价格竞争将是十分有趣的，而且也能用该模型来解释企业的区位选择。这些同样可以通过先确定位置再选择价格的两阶段博弈来说明。假定在第二阶段价格是受管制的（比如海滩所在城镇规定冰激凌价格为每个 2 美元），那么第一阶段位置选择的纳什均衡是，两家企业同时选择在该直线中点处紧挨着的位置进行销售。这时每家企业都获得一半的需求量，互相都没有偏离该位置的动机，因为偏离该位置所获得的需求将会少于市场总需求的一半。

这个模型后来被应用到政治竞选中。选民的意识形态从左到右分布在一条直线上，他们将选票投给和自己意识形态最接近的候选人。两名候选人在选举前选择自己的立场。博弈的纳什均衡是候选人处在中间位置，这一事实有助于解释候选人在选举过程中倾向于"向中间靠拢"这一现象。

电视节目安排

霍特林线等模型还可以被用来研究其他一些市场，比如，电视网络可以看作按照观众对两个维度（频道内容和播出时间）的偏好分布来定位。纳什均衡是将频道定位在中间的区域，该区域聚集了一大批偏好相似的观众，这就导致了大批节目在播出时间和播放内容上的扎堆现象。但是这同样也为一些具有特殊定位的频道创造了空间，这些频道可以满足那些对播放内容和播放时间有特殊偏好的观众。在许多情况下（例如情景喜剧的编排），这些均衡点在每一季之间往往相当稳定。然而，有时这些电视节目的安排也会比较混乱，比如地方新闻节目的安排会经常性地变动，每个电视台都在争夺暂时的优势。[b]

思考题

1. 企业的区位因素如何使得它对附近的消费者具有一定的定价势力？当运输成本为零的时候，这种定价势力是否会存在？

2. 1972年，美国联邦贸易委员会对凯洛格公司、通用食品公司和通用磨坊公司提出控诉，称它们大量增加早餐谷物品种，使得新企业没有进入的空间，从而能够获取接近垄断的利润。你如何看待属于霍特林线的谷物类食物的特点？解释产品扩散战略如何发挥作用。

a. H. Hotelling, "Stability in Competition," *Economic Journal* (March 1929)：41-57.

b. 关于为何这种情况下没有纯策略纳什均衡的解释可以参见 M. Cancian, A. Bills, and T. Bergstrom, "Hotelling Location Problems with Directional Constraints：An Application to Television News Scheduling," *Journal of Industrial Economics* (March 1995)：121-123。

? 小测验 12.3

1. 在图12-3中，企业 B 的边际成本提高会使得其最优反应曲线怎样移动？这会改变企业 A 的最优反应曲线吗？在图中标明新的纳什均衡可能出现的地方。

2. 在图中画出当两家企业边际成本增加同样数额时，企业最优反应曲线的变化和新纳什均衡点的位置。如果边际成本降低而非增加，情况又会怎样？如果需求曲线的截距增大一半呢？两个产品的可替代性降低的话又如何？

在给定上述式（12.10）和式（12.11）中的需求函数和一些成本假设之后，我们可以求出这个博弈的纳什均衡解。这个博弈中的两家企业同时选择价格，其实就是产品差异化的伯特兰模型，而不是同质产品的伯特兰模型。由于产品的差异化，利润函数变得平滑，于是我们可以像在古诺模型中那样，通过边际分析方法来求解最优反应函数，从而确定纳什均衡解。除了复杂的计算之外，我们还可以通过图12-3中的图示方法来分析产品差异化的伯特兰博弈的纳什均衡。同样，最优反应函数表示的是在给定竞争者价格的前提下最大化自身利润的定价策略。最优反应曲线是一条向右上方倾斜的曲线：举例来说，即企业 B 产品价格的上升会使得企业 A 产品的需求上升，这时会导致企业 A 通过提高价格来做出反应。这个结果明显不同于古诺情形，在古诺模型中最优反应曲线是向右下方倾斜的（参见图12-2）。但是，无论最优反应曲线是向上倾向还是向下倾斜，纳什均衡都是最优反应曲线的交点。

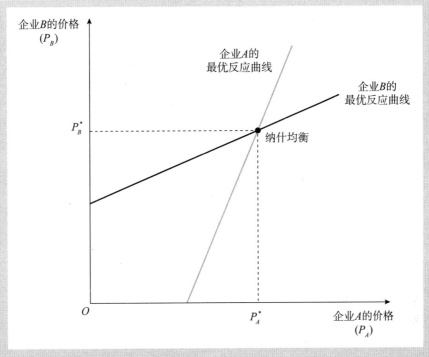

图 12-3　产品差异化的伯特兰模型

给定式（12.10）和式（12.11）中的产品差异化情形下的需求函数，并给定成本假设，我们能得出本图中的最优反应曲线。它反映的是已知其他竞争企业的价格之后，最大化自身利润的价格决策。本模型的最优反应曲线是向右上方倾斜的。拿企业 A 来说，企业 B 的价格上涨会增加企业 A 的产品需求，从而使得企业 A 的价格上升。纳什均衡位于两条曲线的交点处，在该点处企业 A 的价格为 P_A^*，企业 B 的价格为 P_B^*。

12.3.3　产品选择

之前的分析将产品的特征视为既定事实。但是，诸如颜色、大小、功能、原材料质量等产品特征同价格和产量一样，都是企业需要选择的策略。应用 12.3 正式给出了一种企业选择产品特征的正式方法。考虑一个先选择产品特征再选择价格的两阶段博弈。在应用 12.3 中，企业选择产品特征的行为同霍特林线模型中对区位的选择一样（如应用 12.3 中的图 1 所示）。消费者沿着直线分布，可以将这条直线看作地理位置差异的抽象化，也可以让它代表产品空间的差异，比如不同的点代表光谱中的颜色从红色变化到紫色。

在第一阶段的产品特征博弈中，有两种相互抵消的效应在起作用。一种效应是企业都选择位于消费者最集中的地方，因为那里的需求较大。比如消费者最偏好的颜色是米黄色和金属灰色，汽车企业就会倾向于生产这两种颜色的车子。这种效应导致企业相互靠近，即都生产十分相似的产品。另一种是抵消策略效应。企业预期到如果产品是近似替代品，那么它们将在第二阶段的价格博弈中展开激烈竞争。相距较远就会削弱竞争，导致价格上升。这种效应如图 12-4 所示。两家企业产品之间差异化程度的增大使得最优反应曲线发生偏移，最后的均衡结果是双方都以高于纳什均衡的价格出售产品。再回到汽车生产的例子，如果一家企业主要生产小轿车，另一家企业可能就会选择专攻另外一个细分市场，比如运动型多功能车。由于这两种车之间的替代性可能很小，因此一家企业就可以自由提高产品价格，而不用担心顾客流向竞争对手了。这两种相互抵消的效应如何相互抵消并不明确。根据市场的具体情况，两阶段博弈的子博弈完美均衡可能是：在某些情况下，两家企业的位置靠得很近，而在另一些情况下，两家企业的位置却相距甚远。

如果两家企业的产品过于专业化，它们可能就会面临被另一家产品位于它们之间的企业进入的风险。我们将在后面的章节中讨论企业进入和阻止企业进入的问题。

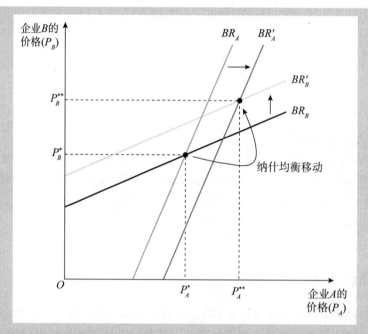

图 12-4　产品差异化程度的增大使价格竞争趋于温和

　　两家企业最初生产差异化程度一般的产品，企业 A、企业 B 的最优反应曲线（分别为 BR_A 和 BR_B）给出了最终的均衡价格。当两家企业产品差异化程度增大时，新的最优反应曲线分别移动至 BR'_A 和 BR'_B，纳什均衡变动到价格更高的地方。

12.3.4　搜寻成本

　　如果产品有差别，那么不同产品的价格可能就各不相同了。比如，若某产品是由更多耐用的材料制成的，生产更高质量产品的企业可能索取更高的价格。如果消费者不完全了解价格，即使同质产品也有可能出现不同价格。建立不完全价格信息模型的一种方法是，假设消费者不知道任意企业的收费价格，但可以通过付出一定的搜寻成本来了解价格信息。搜寻成本可以包括消费者用于了解产品价格信息的一切成本，比如时间、努力、电话咨询费用、网络搜寻费用，甚至可以是驱车前往商店的油费。本章之前的分析都有一个隐含假设，即所有消费者都知道所有产品的市场价格信息，而搜寻成本的引入与前几章有所不同。

根据搜寻成本的具体规定，有许多可能的结果。如果一些消费者的搜寻成本较低，而另一些消费者的搜寻成本较高，那么可能出现的一种均衡是：一些企业专门为知情（低搜寻成本）的消费者提供低价服务，而另一些企业专门为不知情（高搜寻成本）的消费者提供高价服务。[①] 只有靠运气，他们中的一些人才会最终光顾低价商店。**"应用 12.4：互联网搜索"** 探讨了随着消费者对互联网搜索使用量的增多，这种模式的结论会发生怎样的变化。

应用 12.4

互联网搜索

互联网和消费者搜寻成本之间的相互作用比较复杂，一方面，网络使获得价格信息的成本降低了，消费者只需用鼠标轻轻点击，就可以获得报价，而不必驱车前往商店。另一方面，由于网上开店成本远比开实体店低，这使得企业更容易进入市场。进入市场有望提高市场竞争程度，导致更低的市场价格。然而，这样一个故事有些曲折。由于开店就像建立网站一样容易，使用可疑销售策略的"黑店"就会大量出现，因为它们只需要向少数毫无戒心的顾客做几次销售就能获利。这些企业还可以利用互联网技术来对付消费者，使本应高效的搜索受挫。

网上书店的价格离散化

相信没有比特定书名更同质的产品了。然而，对网上书店的调查研究表明，不同零售商之间的价格存在很大差异。其中一项研究发现，畅销的《纽约时报》（*New York Times*）的最高价和最低价之间的差额达到了 8 美元之多，占该日报平均价格的 65%。[a] 通过亚马逊或者巴诺网上书店购买图书的消费者可以节省很多费用。在研究期间（1999—2000 年），亚马逊和巴诺是两家最大的网上书店，占据了网上图书销售额的 80%。价格差异如此之大，可能是因为消费者无法有效地利用比价网站找到愿意压低大型书店价格的小型零售商。或者，消费者可能因为害怕被名声不佳的零售商"宰割"而坚持选择大型书店。正如我们在讨论计算机芯片零售商使用的不正当策略时所看到的，这种担心可能是有根据的。

计算机芯片企业的诱导和转换

G. 埃里森和 S.F. 埃里森曾经研究过在不同网站上计算机处理器和记忆芯片的销售案例。[b] 在这些网站上，价格是关键的广告要素：公司是按照产品价格从低到高排列的，但是产品的其他附属信息并未标示出来，包括运费、保修政策、退货政策和产品质量等。他们

---

① S. Salop and J. Stiglitz, "Bargains and Ripoffs: A Model of Monopolistically Competitive Price Dispersion," *Review of Economic Studies* (October 1977): 493-510.

发现，一些零售商会把一些低质量的产品标以很低的价格，然后当消费者点击进入企业的网址时，会被告知该低价产品质量有多么不好，以此来诱导消费者购买高价的高质量产品。这就是诱导和转换策略。对于那些只需要低质量产品的顾客而言，这样的策略确实提供了一定程度的透明性。这些消费者对价格十分敏感，其需求价格弹性的估计值可能达到−25，甚至更大。对于需要更多搜索的高质量产品而言，弹性一般不会这么极端。也有部分零售商将产品标价为1美元，然后索取40美元的运费。还有一些零售商采用能够欺骗比价网站的算法来使得搜索引擎显示其价格为0，从而使它们在列表中排名靠前，尽管它们实际上是价格较高的零售商之一。

以上讨论的电子芯片企业的价格竞争策略可能是不正当的，但也并非违法的。有很多明显的欺诈行为也困扰着网络消费者。向美国联邦贸易委员会报告的最常见的欺诈行为包括从未发货的互联网拍卖产品、将消费者锁定在高额费用长期合同中的"免费"互联网接入服务，以及获取消费者信用卡和银行账号的各种骗局。[c]

思考题

1. 想一想提供价格对比的那些网站是如何获得收入的。它们利用什么激励措施来提供更透明或更不透明的搜索？如果价格对比网站想要消除一些零售商混淆视听的行为，它们该如何做？

2. 和网店相比，实体店铺的额外支出是让消费者看到所售产品的实体空间，但是"触摸因素"对消费者的购买体验可能是十分重要的。说明在线零售商蚕食销售额可能带来的问题。制造商如何设计与网络零售商及"实体店"零售商的合同，以防止出现这类问题？一种零售形式与另一种零售形式相比，在成本/质量方面还有哪些相对优势？

a. K. Clay, R. Krishnan, and E. Wolff, "Pricing Strategies on the Web: Evidence from the Online Book Industry," *Journal of Industrial Economics* (December 2001): 521–539.

b. G. Ellison and S. F. Ellison, "Search, Obfuscation and Price Elasticities on the Internet," *Econometrica* (March 2009): 427–452.

c. U. S. Federal Trade Commission, "Law Enforcers Target 'Top Ten' Online Scams," October 31, 2000, http://www.ftc.gov/opa/2000/10/topten.shtm, accessed March 8, 2009.

12.3.5 广　告

广告可以分为两类。一类是信息性广告，它提供了许多关于产品价格、属性甚至商铺位置和营业时间等的"硬"信息，报纸中的分类广告就是这种广告的典型例子。经济学家倾向于看好信息性广告，认为它们会降低消费者的搜寻成本，提高信息的透明度，从而增强企业的市场竞争力。另一类是说服性广告，该类广告的目的是说服消费者购买企业的产品，而不去购买与企业产品相似甚至完全替代的其他产品。说服性广告包含一些"软"信息，可能涉及有吸引力的人享受产品的画面，也

许会引导消费者在消费产品时对这
些画面产生积极的联想。这方面的
例子包括啤酒的电视广告，其中一
些啤酒的化学成分与未做广告的廉
价啤酒几乎相同。有的经济学家对
这类说服性广告就不那么乐观，认
为它是通过增加表面上而非实际上
的产品差异来缓和价格竞争的一种
方式。这可能是政府禁止广告的一
个理由。但是大多数研究表明，这
样的限制可能会提高产品的平均市
场价格，从而损害消费者的利益。[①]

> **？小测验 12.4**
>
> 考虑一个两阶段博弈模型，在第一阶段企业选择广告投资，在第二阶段企业选择为差异化产品定价。
>
> 1. 如果广告会使消费者获取所有产品而非单家企业产品信息的可能性增大，那么会产生哪些策略效应？
>
> 2. 如果广告会使消费者相信本产品具有与其他产品截然不同的特性，那么会产生哪些策略效应？

我们通过对不同媒体的广告进行简单分析可以看出，广告是影响企业竞争策略的一个关键因素。我们在讨论产品差异化投资时产生的策略效应同样也会出现在广告中。

12.4　暗中合谋

在之前的分析中我们提到，古诺博弈、伯特兰博弈与囚徒困境博弈有一定的相似性，即如果企业采取合作策略来限制产出或提高价格，双方的利润都会增加，就像囚徒困境博弈中囚徒之间相互合作，都保持沉默，会获得更大的收益一样。在第 5 章中我们还得出了另外一个结论，就是如果囚徒困境博弈能无限次重复进行，那么博弈参与人最终就能想出更多的合作策略。类似的可能性也出现于古诺博弈和伯特兰博弈中。重复这些博弈为企业提供了一种机制，使它们可以通过实行垄断定价政策来获取更高的利润。读者可能需要回顾一下第 5 章关于无限重复博弈的讨论内容，因为下面的分析与此密切相关。

在这里我们要强调一下，我们所建立的暗中合谋模型实际上是从非合作的角度来分析合谋问题的，也就是说，我们是采用博弈论的概念来分析企业能否通过自我强化（self-enforcing）的均衡策略来获取垄断利润。另一种不同的分析角度是，假定企业能够形成卡特尔，在那当中企业通过外部强制实施的合同来限定产量和价格。各国政府有时会允许卡特尔安排具有法律约束力，从英国 19 世纪初的船舶业

---

① 可以参见 L. Benham, "The Effects of Advertising on the Price of Eyeglasses," *Journal of Law and Economics* (October 1972): 337 – 352; and J. Milyo and J. Waldfogel, "The Effect of Price Advertising on Prices: Evidence in the Wake of 44 Liquormart," *American Economic Review* (December 1999): 1081 – 1096。

卡特尔直到今天的职业体育联盟都是如此。[1] 然而，一般而言，这类卡特尔都是违法的。比如在美国，1890 年《谢尔曼法案》的第一部分就规定旨在限制贸易的合谋是非法的，因此潜在的卡特尔成员可能会遇到执法人员的查访。许多国家也有类似的法律。卡特尔安排可能会遇到与暗中合谋安排同样的潜在不稳定性问题，卡特尔成员会在可能的情况下暗中破坏卡特尔安排。正如**"应用 12.5：电气设备大阴谋"**所讲的，在真实世界中的市场上同时存在着大量的暗中合谋和显性合谋。

应用 12.5

电气设备大阴谋

即使一个行业的利润十分可观，垄断的高额利润也会诱使各种卡特尔出现。当市场上只有为数不多的相关企业，且某一企业可以轻易地控制其他企业的行为时，这种诱惑力就会特别大。在 20 世纪 50 年代的电气设备行业就是这种情况，当时该行业制定了一个严密的操纵市场价格的计划。然而，该计划遇到了日益加剧的内部摩擦和外部法律审查。到 20 世纪 60 年代，该计划已经失败，几家大企业的高管被监禁。[a]

发电机与开关设备的市场

电动涡轮发电机和高压开关元件一般都被出售给电力企业。通常这些都是根据独特的规格定制的，其成本可能高达数百万美元。在第二次世界大战之后，由于用电需求的快速上涨，制造这种机器为通用电气、西屋电气、联邦太平洋等大型电气设备生产商带来了十分可观的业务。尽管这些发展前景为从事该业务的大企业带来了丰厚的利润，但事实证明，组成卡特尔以提高价格和利润的可能性更具诱惑力。

串通投标计划

试图建立卡特尔的电气设备企业面临的主要问题是，它们向大型电力企业进行销售时大多采用密封投标的形式。为了避免竞争，它们必须设计一种方法来协调每家企业的投标。通过一种复杂的策略，即把美国划分为不同的投标区域，并利用农历来决定轮到谁在某一区域"中标"，这些企业得以克服密封投标所应保证的保密性。这种做法在十年前一直行之有效。在此期间，电气设备制造商的利润总额可能增加了 1 亿美元之多。

合谋的破灭

20 世纪 50 年代末，由于电气设备行业的领导者（通用电气和西屋电气）被要求将更多的业务份额让给其他企业，该联盟内部的矛盾开始出现。包括进口商和低成本国内生产商在内的一些新进入企业也给卡特尔带来了一些问题。真正给该卡特尔联盟带来致命一击的是一篇新闻报道。该报道的一名报纸记者发现田纳西河流域管理局的一些项目投标书疑

---

[1] 关于船舶业卡特尔的讨论，可以参见 F. Scott Morton, "Entry and Predation: British Shipping Cartels, 1879 - 1929," *Journal of Economics and Management Strategy* (Winter 1997)：679 - 724。注意，即使卡特尔安排不具有法律约束力，也可以通过暴力威胁来执行，如非法的毒品卡特尔。

似雷同。这一发现引发了 1959 年由参议员埃斯特斯·凯福弗（Estes Kefauver）主导的一系列广为人知的公开听证会。其结果是使得联邦起诉了主要的发电机、开关设备和变压器企业的 52 名高管。尽管政府建议对其中 30 名被告处以监禁，但实际上只有 7 名被告入狱服刑。尽管如此，该案的恶名和对涉案人员造成的个人伤害可能对今后建立其他同类卡特尔产生了寒蝉效应。

虽然电气设备制造商此后再也没能够形成明显的卡特尔，但实际上它们似乎转向了暗中合谋。当价格十分透明且产品标准化时，暗中合谋就变得更容易操作了，因为这样各企业就更容易达成共识，知道哪些价格是可以接受的，哪些价格低得令人无法接受，应该用价格战来惩罚。为了解决电气设备不够标准化且价格不够透明的问题，通用电气制定了一个简单公式，以产品属性来计算它们的价格。不久之后西屋电气也出台了相同的价格计算公式，导致两家企业在十多年里的出价完全相同。[b]

思考题

1. 为什么电气设备企业会选择非法的串通投标方式，而不是选择其他暗中合谋的方式？从该行业的交易性质本身来看，明确的固定价格手段是必要的吗？暗中合谋会起作用吗？

2. 起诉诸多电气设备企业是反托拉斯进程中类似"警察与小偷"的为数不多的成功案例，这其中涉及利用窃听、政府披露等手段来获取证明被告违法的证据。如果本例是暗中合谋的话，应该搜集哪些方面的证据？

a. 要获得对这个小插曲更详尽或者更轰动的介绍，可以参见 J. G. Fuller, *The Gentlemen Conspirators*（New York：Grove Press, 1962）。

b. 要了解更详尽的计算方法和内容，可以参见 F. M. Scherer, *Industrial Market Structure and Economic Performance*, 2nd ed.（Boston：Houghton Mifflin, 1980）。

为了更完整地阐述关于合谋稳定性的观点（这也可以被用来分析卡特尔的稳定性），我们将重点分析同质产品的伯特兰博弈（当然，古诺模型也能提供类似的启示）。回顾一下，该博弈只进行一次的纳什均衡是企业的价格都等于边际成本，$P_A = P_B = c$，我们将讨论在重复博弈的情形下，两家企业通过合谋获得垄断利润的条件。我们将利用子博弈完美纳什均衡的概念，以确保合谋不会因威胁或承诺不可信而持续。

12.4.1　有限期博弈

任何一个有限期的重复博弈的均衡和博弈不重复时均相同（在第 5 章对囚徒困境博弈的分析中我们也得出了这样的结论）。通过逆向归纳法来求解子博弈完美纳什均衡的问题可以发现，不管该博弈如何进行，在最后一次博弈中纳什均衡均必定是 $P_A = P_B = c$。任何采取其他策略的承诺或者威胁都是不可置信的。由于博弈重复进行，类似的分析可以被应用到最后一次博弈之前的每个时期，所以唯一的子博弈完美均衡是企业在每一阶段都采用竞争价格。伯特兰模型特殊的假设使得在有限期博弈中暗中合谋的行为难以实现。

12.4.2 无限期博弈

如果企业被认为可以存续无限期，情况将发生重大变化。跟第 5 章一样，假设 g 表示博弈在下一期重复的概率，则 $1-g$ 表示在当期之后产品的博弈终止的概率。因而，博弈至少持续一期的概率是 1，至少持续两期的概率是 g，至少持续三期的概率是 g^2，依此类推。

在无限期内，没有办法采用逆向归纳法从最后一期来获得非竞争的合谋策略。现在我们考虑在每个时期企业都将垄断价格设定在 P_M 的水平上，然后直到某一企业偏离该价格，启动触发策略。一旦任一企业私自降价，其他企业则从该时点开始进行价格战，即将价格定在边际成本 c 处。在之后的博弈当中，令价格等于边际成本的威胁是可置信的，因为这就相当于每个时期不断地实现纳什均衡。要证明这样的触发策略是子博弈完美纳什均衡，只需要说明在给定的时期内，企业都没有偏离合谋的价格水平 P_M 的激励。考虑以下情况：假设企业 A 在某一时期想进行欺骗，在知道企业 B 会选择 $P_B = P_M$ 时，企业 A 可以将价格设定为略低于 P_M 的水平，从而独占整个市场份额。因此它将获得这一时期几乎全部的垄断利润 π_M，但是在其后的时期会一无所获，因为单方面降价的行为将触发价格战，即价格等于边际成本。假如企业 A 不选择违约，而是继续选择合谋均衡，那么它将永久性地和企业 B 平分市场，并可以永久性地在每一时期获得 $\frac{\pi_M}{2}$ 的利润。考虑到到达未来时期的可能性，企业预期的合谋均衡的利润流的现值为

$$\left(\frac{\pi_M}{2}\right)(1+g+g^2+\cdots)=\left(\frac{\pi_M}{2}\right)\left(\frac{1}{1-g}\right) \tag{12.12}$$

根据简化无穷级数的标准结果，公式成立。[①] 降价将是无利可图的，如果

$$\pi_M < \left(\frac{\pi_M}{2}\right)\left(\frac{1}{1-g}\right) \tag{12.13}$$

这一条件对于足够高的 g，也就是 $g \geqslant 1/2$ 是成立的。看待这一条件的另外一种方法是把 g 视为对企业耐心的测度指标。博弈在将来持续的可能性越大，企业越乐意为未来收益前景放弃当前的收益。企业越有耐心，降价的惩罚（以由合作产生的未来利润损失的形式）相对于降价的短期收益就越严重。条件（12.13）表示的结果是，企业只有具有足够耐心才能维持合谋。

除了市场在未来持续的概率，另外一个影响企业耐心的因素是利率。利率越高，在当期赚得的收益相对于未来时期就越有价值，因为在高回报条件下当前收益

---

① 第 5 章的脚注表明 $g+g^2+g^3+g^4+\cdots=g/(1-g)$。这一数列在此是 1 加上那一数列：$1+g+g^2+\cdots=1+g/(1-g)=1/(1-g)$。

可用于投资。企业也将没有多大耐心等待未来收益。

我们正在讨论的使用触发策略的这类合谋是默示的：企业实际上从来没有在众所周知的"密谈室"里见面。合谋也是自我执行的：企业并不需要外部权威来执行这样一个结果。

12.4.3 一般性与局限性

我们很自然地会想到将上述情形扩展到多家企业的情况。比如在有 N 家企业时，和之前的分析一样，偏离垄断定价的收益仍然是 π_M。从式（12.12）中我们可以看出，合谋均衡的持续利润流的现值为

$$\left(\frac{\pi_M}{N}\right)\left(\frac{1}{1-g}\right) \tag{12.14}$$

因为在均衡中有 N 家企业，所以每家企业只获得 $1/N$ 的垄断利润。因而欺骗无利可图的新条件变成了

$$\pi_M < \left(\frac{\pi_M}{N}\right)\left(\frac{1}{1-g}\right) \tag{12.15}$$

它只在 $g > 1-1/N$ 时成立。N 的值越大，连续概率 g 越不可能满足条件［见式（12.15）］。因此，企业数量的增加使得暗中合谋更加难以实现。由于对企业不利就是对消费者和社会有利，我们可以认为当企业不能合谋以限制价格时，廉价的产品将增加消费者效用和社会福利水平。这也为反托拉斯当局限制并购等可能形成合谋的行为提供了一定的理论支持。

伯特兰模型的竞争结果与暗中合谋模型的垄断结果之间的对比说明，博弈论模型中暗中合谋的可行程度对所做的特定假设十分敏感。在暗中合谋模型中，我们假定企业 B 容易发觉企业 A 是否进行了欺骗，但实际上，企业 A 可以秘密地采取降价策略，其他卖家或许要很长一段时间之后才能发现这种价格偏离行为。在该模型中，发现欺骗行为的滞后使得周期长度增加，而增加周期长度又类似于降低博弈继续的概率 g（因为博弈结束的概率会随着时间的推移而增加）。从式（12.13）中易知，利率的提高使式子右边的值下降，这样合谋就更难以实现了。当其他企业只能通过销售量的下降观察到价格下跌时，为了制止某一企业的欺骗行为，它们就不得不在需求低迷时加入价格战了，但是在这样的情况下，有可能并没有任何企业进行欺骗。

当企业像古诺模型那样采取产量竞争策略或者生产差异化产品而非同质产品时，决定合谋能否保持稳定的方程与式（12.13）有些许差别。由于轻微的降价不能保证一家企业获得全部的市场份额，欺骗带来的当期收益可能并没有那么大，这使得合谋更容易达成。式（12.13）右边由惩罚策略带来的未来收益损失可能也没

有那么多，因为在欺骗之后的纳什均衡中，它们还是能获得一定的正利润，这种影响使得合谋更难达成。与基本的伯特兰模型相比，这两种相反的效果使得产量竞争或者产品差异化的竞争在结果上更为模糊，很难确定究竟结果是会促进合谋行为，还是会抑制合谋行为。

其他类别的模型还包括两家企业在不同市场上竞争的例子。比如两家航空企业可能在许多城市间的线路上相互竞争，如果缺乏竞争对手在某些线路上的价格信息，和在其他线路上相比，企业在这些线路上就更难实现合谋。由于某条线路上的价格战可能引发全面价格战，这一威胁将可能会使得特定市场上很容易实现的合谋行为转移到其他市场。

正如我们可以预见的，这些合谋模型推导出的结果各有不同[1]，但不管在哪个模型中，在确定暗中合谋是否带来了可行的策略选择时，纳什均衡和子博弈完美均衡的概念都起着十分重要的作用。

12.5 进入与退出

在完全竞争市场的价格决定中，新企业能自由进出市场这一假定起着关键的作用。自由进出使得长期利润受到潜在进入者的限制，同时也使得企业在长期中选择在长期平均成本曲线的最低点处生产。当完全竞争市场变成寡头垄断市场时，自由进出仍然起着作用。只要企业有可能进入，长期利润就会受到限制。当进入无须任何成本时，长期中的经济利润为零（正如完全竞争的情形）。

在前面的章节中，我们基本没有考虑市场进入和退出的策略处理方式，我们一直假设潜在的进入者仅仅关注当前的市场价格，并与自己的（平均或者边际）成本做简单的比较，而且当企业发现无利可图时，就立刻离开市场。但是学习到现在，我们应该想到进入与退出的问题也是相当复杂的，其中最基本的问题是，当企业希望进入或者离开市场时，它们一定要推测其行动对下一时期的价格会产生什么样的影响。而做出这样的推测显然需要企业考虑竞争对手的反应，因此，看似直截了当的比较价格与成本的决策，可能包含了许多策略方法，尤其是当企业对其竞争对手的信息掌握得不够全面时。

12.5.1 沉没成本与承诺

许多关于进入过程的博弈论模型均强调企业对特定市场承诺的重要性。如果在某个市场上运营，生产的性质要求企业进行专用性资本投资，而且这些资本很难转为他用，那么进行这种投资的企业作为市场参与人本身就做出了某种承诺。正如我

---

[1]　J. Tirole, *Theory of Industrial Organization* (Cambridge, MA: MIT Press, 1988), chap. 6.

们在第 7 章中所描述的，这种投资支出被称为沉没成本。沉没成本包括如下不同类型的支出：特定类型设备（如一台制造新闻纸的机器）的支出，或对从事特定工作的工人进行的职业训练（如培训工人如何使用制造新闻纸的机器，拓展其技能）方面的支出。沉没成本与我们所谓的固定成本有许多相似之处，因为即便没有产品产出，这两种成本也都是要支出的。它们的不同之处在于，许多固定成本是定期支出的（比如工厂供暖的支出），但沉没成本作为进入过程的一部分，是一次性支出的。更一般地说，任何沉没成本决策都是一种无法逆转的决策。企业在做此项投资时，它已对这一市场做出承诺，这也许会对其策略行为产生重要的影响。

12.5.2　先动优势

从表面上看，沉没成本作为企业对市场的一种承诺，使企业在竞争中处于不利地位，但是在许多模型中却并非如此。相反，一家企业经常宣称自己对某个市场做出了某种承诺，并在此过程中限制竞争对手认为有利可图的行为。因此，许多博弈论模型都强调了这种先动优势。

下面我们将之前学习的古诺模型作为数值例子进行分析。在该模型中，两家泉水生产企业可以无成本地生产泉水，企业面临的市场需求由 $Q=120-P$ 给出。我们可以分析得出，纳什均衡产出是每家企业生产 40 千加仑水，并获得 1 600 美元的利润。现在假设企业 A 先一步决策，做出某一产出水平的承诺，企业 B 观察到企业 A 的决策之后再决定产出水平，于是可以通过逆向归纳法来解这个序贯博弈的子博弈完美纳什均衡。首先分析企业 B 的均衡策略，企业 B 将在给定企业 A 的产出条件下最大化自身的利润。在式（12.6）中我们已经得出了该解，即企业 B 的最优反应函数为：

$$q_B=\frac{120-q_A}{2} \tag{12.16}$$

企业 A 可以根据上式计算出对自己生产的泉水的净需求

$$q_A=120-q_B-P=120-\left(\frac{120-q_A}{2}\right)-P=60+\frac{q_A}{2}-P \tag{12.17}$$

由此可得反需求函数为

$$P=60-\frac{q_A}{2} \tag{12.18}$$

已知企业 A 的反需求函数表达式[①]，可以证明企业 A 的边际收益曲线为

---

① 企业 A 的总收益函数为 $P\cdot q_A=(60-q_A/2)\cdot q_A=60q_A-q_A^2/2$。对 q_A 求偏导数后可得企业 A 的边际收益函数为 $60-q_A$。

$$60-q_A \tag{12.19}$$

企业 A 最大化利润要求选择使式（12.19）表示的边际收益等于边际成本的产量。由于生产无成本，边际成本可以看作 0，于是 $q_A=60$。当给定企业 A 的产出为 60 千加仑时，可以得出企业 B 的产出为

$$q_B = \frac{120-q_A}{2} = \frac{120-60}{2} = 30 \tag{12.20}$$

当总产出为 90 千加仑时，市场价格为每千加仑 30 美元，企业 A 的总利润为 1 800（$=60\times30$）美元，这比古诺模型中 1 600 美元的纳什均衡收益要高。企业 B 的利润则相应减少到 900 美元，这说明了一种后发劣势。有时候这种结果被称作**斯塔克尔伯格均衡**（Stackelberg equilibrium），它以首先发现古诺序贯博弈中先动优势的一名德国经济学家的名字命名。

图 12-5 来源于图 12-2 的最优反应曲线，当企业 A 首先采取行动时，可以得知企业 B 会根据企业 A 的产出做出最优反应，即均衡点会在企业 B 的最优反应曲线上，而且该点可使企业 A 的利润最大化。该点即斯塔克尔伯格均衡点，此时企业 A 的产量比古诺模型的纳什均衡产量更多。企业 A 之所以获得先动优势，在于它做出了更高产量的承诺，企业 A 的承诺导致企业 B 降低产量，而企业 B 减产导致价格水平上升，从而使得企业 A 从中获益。只有当企业 A 的产出决策是基于不可逆的沉没成本，且能够先于企业 B 采取行动并被企业 B 观察到时，斯塔克尔伯格均衡才是可行的。正是因为企业 A 的决策是不可逆的，才导致它能做出偏离最优反应曲线的承诺。如果企业 A 的承诺不可置信，最终的结果还是会回到纳什均衡的水平，即每家企业都生产 40 千加仑的产量。

12.5.3 进入障碍

有时先动优势大到足以阻止所有竞争对手进入。直观上来讲，这似乎很合理，因为先动者可以选择很大的产能水平，从而阻止其他企业进入。但是这样的决策在经济上未必是合理的。例如，在古诺模型中，泉水生产企业 A 能阻止其他所有企业进入的唯一途径，是以边际成本和平均成本处的价格来满足所有市场需求，也就是说，该企业不得不以零价格提供 $q_A=120$ 的产品，从而得到一个完全成功的进入障碍（entry deterence）策略。显然，这样的一个策略导致企业获得的利润为零，而没有达到利润最大化。作为替代方案，企业 A 适当地允许一些新的企业进入或许更为有利。

当生产具有规模经济时，阻止进入的可能性会更大一点。如果先动企业具有足够大的运营规模，也许就能限制潜在进入者的规模，因为此时潜在进入者必须承受很高的平均成本，以至于在它进入市场后将无利可图。

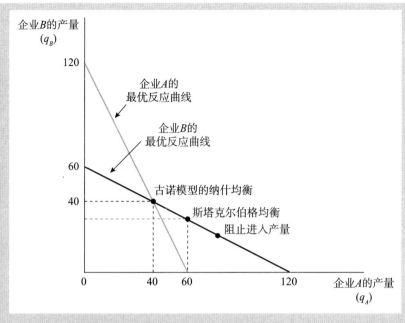

图 12-5　斯塔克尔伯格均衡和进入障碍

　　如果企业 A 能够获得先动优势，它就能有效地选择一处位于企业 B 的最优反应曲线上的产量。企业 A 将选择的点要使得其利润最大化，图中标明斯塔克尔伯格均衡点为 $q_A=60$。从古诺均衡点处提高产量，直到斯塔克尔伯格均衡点，这使得企业 B 的利润减少。企业 A 甚至会承诺一个比斯塔克尔伯格均衡点更高的产量来减少企业 B 进入可能获得的利润，直至企业 B 所得利润比固定进入成本更少，从而阻止企业 B 进入。

12

12.5.4　一个数值例子

　　将规模经济引入古诺模型的最简单方法就是，假设每家泉水生产企业必须支付固定的运营成本。如果固定成本为 785 美元（一个仔细挑选的数字！），当企业 A 先进入市场并选择 $q_A=60$ 千加仑的产量时，企业 B 仍然有激励进入市场，这时企业 B 在每个时期的利润为 115

> **？ 小测验 12.5**
>
> 　　1. 在数值例子中，假设企业 B 的进入成本为 700 美元，而不是 785 美元，这会对企业 A 的进入障碍策略产生何种影响？
>
> 　　2. 假设企业 B 的进入成本为 910 美元，又将如何影响企业 A 的进入障碍策略？

（＝900－785）美元。然而，一旦先动企业选择 $q_A=64$ 千加仑的产量，企业 B 进入市场就必须选择 $q_B=28[=(120-64)/2]$ 千加仑的产量。在总产量为 92 千加仑的条件下，价格为 28 美元，这时企业 B 的利润为负 [利润＝$TR-TC=(28\times28)-785=-1$]，因此企业 B 将选择不进入市场。于是企业 A 将独占市场，此时价格为 56（＝120－64）美元，利润为 2 799 [$=(56\times64)-785$] 美元。规模经济和先动优势使得企业 A 能够实施进入障碍策略，从而大幅提高其利润。当然，为了使该策略有效，企业 A 必须能够在企业 B 做出基于沉没成本的进入决策之前，做出基于沉没成本的产出决策。

12.5.5 限价策略

到现在为止，关于进入决策的策略选择的讨论主要集中在沉没成本与产出承诺上。还有一种明显不同的关于进入障碍的分析方法，即在位的垄断者有可能仅仅通过定价政策就能阻止其他企业进入市场。也就是说，是否存在这样的一种情况：垄断者企图以低价（限价）策略来阻止其他企业进入市场？

在大多数简单情况下，答案是否定的。关键问题是，价格并不是沉没的。在一些市场上，价格每天都会变动，有时候甚至频繁调整，比如在航空市场上，企业随时根据航班的上座率进行价格调整。不同时期的价格相互之间并没有什么关联，所以一个在位垄断者没有理由通过限价来阻止其他企业进入市场，因为把价格限定在 $P_L < P_M$（P_M 为垄断企业利润最大化的价格），仅仅会降低当期利润，并且之后也没有任何策略收益。[①]

在更复杂的模型中，或许可以说明为何各个时期的价格前后相关。首先，一个可能的原因是，如果价格是通过全国性的广告活动确定的，那么之后要变动这一价格就比较困难。比如一家照相机生产商在《大众摄影》（*Popular Photography*）这类月刊上刊登广告之后，会发现要在一个月内更改价格并重新打广告是非常困难的事情。其次，企业有可能面临一条学习曲线，即随着生产的不断扩大，工人们经验的累积使生产更有效率，从而导致生产成本不断下降。在第二次世界大战期间，生产军用飞机的成本随着产量的翻番下降了 20%。[②] 当学习曲线存在时，垄断企业可以通过制定低价来进行大规模生产，从而降低成本，因此，当潜在进入者出现时，垄断企业可以保持扩张和低成本优势。最后，消费者在不同的企业间转换会支付一定的成本。

消费者对某产品的质量等各个方面留下好印象之后，就很难转向另一质量未知的产品。消费者实际上相当于和某个特定供应商签订了一份长期合同，就像在手机市场上那样。如果要进行新老供应商的转换，就相当于要重新签订合同，消费者也许仅仅出于厌烦这种重新签订合同的情形而不愿意转换。当存在这种转换成本时，垄断者便通过低价策略拥有了大量消费者，这样潜在进入者就面临更艰难的情形，即潜在进入者必须提供大幅的价格优惠，才能诱使那些原本被在位者"俘获"的消费者转向自己这边。

---

① 可竞争市场可以被看作正式分析限价策略的一个重要模型。在该模型中，只有在位企业在当前价格稳定且潜在进入者即使以稍微低于市场价格的价格进入市场也难以获得收益时，市场才处于均衡。这样的话，在位者就必须采取限价策略来阻止其进入，有时候价格甚至低到等于平均成本的水平（此时为零利润），因此隐性假定是在位企业在阻止进入的前后会采取同样的价格，这一点难以证实。

② T. P. Wright, "Factors Affecting the Cost of Airplanes," *Journal of Aeronautical Sciences* (February 1936)：122-128.

12.5.6 信息不对称

之所以初始价格具有策略效应，还有一个原因，即在位垄断企业可能比潜在进入企业拥有更多的市场信息。这样的话，在位者可以通过信息优势来阻止竞争者进入。我们来看看图 12-6 中的扩展型博弈。在这里企业 A 是在位垄断者，其生产成本可能是高的，也可能是低的，两种情形的概率一样。成本类型可能来自过去的投资，也可能来自运气。企业 A 知道它自己的成本信息，但是企业 B 并不知道，很明显，企业 B 进入市场后能否获得利润要取决于企业 A 的成本。如果企业 A 的成本很高，企业 B 进入就有利可图（$\pi_B = 3$）；但是如果企业 A 的成本很低，企业 B 进入就会亏损（$\pi_B = -1$）。我们将这样的情况称为**信息不对称**（asymmetric information），也就是说，至少有一个参与人不能确定博弈的支付。在第 15 章中我们会更详细地学习不完全信息情形下的博弈，现在我们按照不完全信息博弈的习惯引入第三个参与人——"自然"。自然随机决定了企业 A 的成本高低。

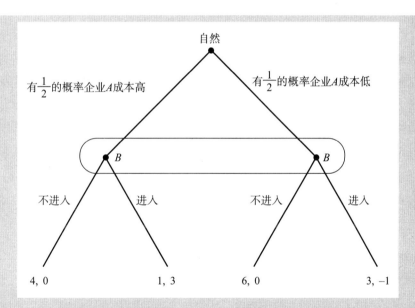

图 12-6 信息不对称情形下的进入博弈

　　企业 A 的成本高低由"自然"以相同概率随机地决定，企业 B 观察不到企业 A 的成本信息。当企业 A 是高成本的时，它进入市场可以获得正的利润；当企业 A 是低成本的时，企业 B 进入市场则利润为负；当企业 B 没有关于企业 A 的更详细的成本信息时，会选择进入市场。企业 A 则可能会采取低价策略并将之作为低成本的信号来阻止企业 B 的进入。

　　那么这时企业 B 该怎么做呢？在没有更多的信息时，可以运用第 5 章提出的期望值的计算公式。企业 B 进入的期望收益等于企业 A 高成本的概率（1/2）乘以此时企业 B 进入可以获得的利润（3），加上企业 A 低成本的概率（1/2）乘以此时企业 B 进入可以获得的利润（-1），即进入的期望收益为 1 ［=(1/2)×3+(1/2)×(-1)］。因为期望收益 1 大于不进入的利润（0），所以企业 B 在对企业 A 的成本没有更多的信息时，仍然会选择进入。

此博弈的关键之处在于，企业 A 能否影响企业 B 的判断。当企业 A 是低成本类型的时，它当然会告诉企业 B，使得企业 B 选择不进入，因为企业 B 不进入该市场对企业 A 是有利的。但是即使企业 A 是高成本类型的，它也会有激励撒谎，声称自己是低成本类型的，从而阻止企业 B 进入市场。如果没有任何证据证明企业 A 的成本很低，那么企业 B 就不应该相信企业 A 的说法。在位企业初始采取低价策略可能是一种更加可置信的信号，因为如果价格足够低，高成本的企业 A 就无法谎称自己是低成本类型的。也就是说，企业 A 因为选择低价策略（而不是垄断价格）来迷惑企业 B 所造成的损失，会超过阻止企业 B 进入带来的收入。类似这种信号策略会使得低成本的企业 A 初始承受一些利润损失，但能够阻止企业 B 进入，还是划算的。这就为以低价作为进入障碍策略提供了理论基础。

12.5.7 掠夺性定价

前面我们用来研究限价的工具同样适用于对**掠夺性定价**（predatory pricing）策略的分析。限价与掠夺性定价在一定意义上只是字面上的差别：限价是用来阻止试图进入但还未进入的潜在企业进入某市场的策略，而掠夺性定价是用来减少已经进入市场的现存企业数量的一种策略。自 19 世纪末标准石油公司确立其垄断地位以来，约翰·D. 洛克菲勒（John D. Rockefeller）以毁灭性的低（掠夺性）价格将竞争对手逐出市场，这个案例已成为美国商业史上的一个神话。尽管标准石油公司故事背后的商业逻辑与经验事实的作用经常会打折扣（参见"**应用 12.6：标准石油公司的神话**"），但是通过掠夺性定价来促使在位企业退出市场这种策略的可行性持续不断为理论建模提供许多有趣的素材。

应用 12.6

标准石油公司的神话

1911 年标准石油公司的案例是美国反托拉斯法历史上的里程碑之一。在该案例中，洛克菲勒的标准石油公司被指控试图垄断美国石油的开采、精炼与分销，而这一点违反了《谢尔曼法案》。人们认为标准石油公司获得垄断势力的手段之一就是掠夺性定价策略。政府声称该企业为了将其他企业驱逐出市场，一般会先大幅降价，然后在其他企业退出或者被它兼并之后，又将价格提高到垄断价格的水平。关于标准石油公司这种运作方式的观点最早是由专门揭露黑幕的记者塔贝尔（Tarbell）提出的，自那之后这一观点就成为 19 世纪商业实例中经久不衰的一个话题。[a]

掠夺性定价理论

蕴含在标准石油公司掠夺性定价背后的经济学理论远比新闻记者带有修辞性的介绍更为复杂。经济学家们为掠夺性定价策略提供了三种可能的解释，其中有些在本章正文中已有论述。

首先，实施掠夺性定价的企业可能是想传达给进入者关于市场竞争极其激烈的一种信号，比如它的成本很低，那样的话，其他企业继续待在该市场就很有可能是无利可图的。该说法要求其他企业缺乏市场信息，而这实际上并不太合理。

其次，一家想成为垄断者的企业可能会通过耗尽其他小企业的资本来迫使其退出市场。假设掠夺者的效率并没有其他企业高，为了使竞争对手获得负的利润，就必须以低于平均成本的价格销售产品，同时它还需要能够满足由低价引致的额外需求。因此，掠夺性企业会在一段时间内遭受相对较大的损失，并希望以此来迫使其他企业退出，从而最终获得垄断利润。在这种情况下，我们很难确定到底是掠夺性企业在这种低价下能坚持久一点，还是其他企业能坚持久一点，尤其是竞争对手知道价格最终必须恢复到正常的盈利水平。基于同样的道理，我们也很难判定，其他企业是会退出还是会被出售给掠夺性企业。

最后，企业通过掠夺性定价能获得一定的声誉。通过掠夺现存的竞争者吓走潜在的进入者，掠夺性企业实际上是为了获得长期利润而牺牲了当期利润。该理论要求潜在进入企业相信，有一定的小概率掠夺者可能不会牺牲当前利润。跟之前一样，这要求假设竞争企业对市场缺乏本应拥有的信息。

关于标准石油公司的实际证据

出于对实际的经济证据并不像诽谤言论那样有力的怀疑，马吉（J. S. McGee）重新审视了关于标准石油公司的所作所为的历史记录。在 1958 年一篇著名的文章中，马吉得出的结论是，标准石油公司不仅没有采用掠夺性定价手段，而且实际上采用的价格政策并未带来驱逐竞争者的市场效果。[b] 马吉考察了在 1871—1900 年期间被标准石油公司收购的 100 多家企业。他发现，并没有证据表明是掠夺性定价政策导致了这些公司的出售。事实上，在许多案例当中，标准石油公司为收购这些企业给出了相当有吸引力的价格，被收购企业在该过程中都获得了正的收益。马吉还考察了标准石油公司的零售企业对那些在 19 世纪末期的汽油和煤油商业圈附近的批发商和小零售商市场的影响，一个很明显的结果是，标准石油公司的销售手段比之前的企业更优秀（这些手段之后被其他企业迅速掌握了）。但是在当地市场降价的策略却并没有被标准石油公司采纳。所以可以说，尽管标准石油公司的确获得了在炼油业的垄断地位，这种垄断势力引起了政策制定者的注意，但这种垄断似乎并不是通过掠夺性定价策略获得的。

思考题

1. 如果事实并不支持标准石油公司采取了掠夺性定价政策，你认为是什么原因让人们如此广泛地认为该公司采取了这项政策？在 19 世纪末，是什么类型的市场多样化趋势影响着石油的价格？这有没有可能是对掠夺性定价行为的一种误解？

2. 标准石油公司案例中的另一争论在于，洛克菲勒获得了从铁路部门到航空部门的石油优惠税率。为何铁路部门会与标准石油公司签订这样的优惠税率？它们在拒绝其他货主而选择标准石油公司的过程中是否获得了一定的利润或者租金？

    a. 塔贝尔和洛克菲勒之间的对抗关系对早期的美国商业规范的确立起到了重要的作用，进一步的讨论参见 R. Chernow, *Titan: The Life of John D. Rockefeller* (New York: Random House, 1998)。

    b. J. S. McGee, "Predatory Price Cutting: The Standard Oil Case," *Journal of Law and Economics* (October 1958): 137–169.

许多关于掠夺性定价策略的模型的结构与限价模型十分相似，即在位企业都希望其对手（掠夺性定价）或潜在的对手（限价）退出市场，因此会采取一些必要的行动作为信号传递给竞争对手，从而影响它们对进入市场后的获利前景的预期。比如在位企业可能通过制定掠夺性定价策略，采取低价政策来试图告诉对手，它属于低成本类型，或者市场需求很小。对手一旦相信这些市场信息，就可能会重新估算生产决策的预期盈利，并进一步决定退出这一市场。

与相关的限价模型相比，这样的掠夺性定价模型其实是不太切合实际的，因为掠夺性定价的前提是竞争对手已经进入市场，而在进入市场的这段时间里，对手就能得知市场的一些信息，从而就不太可能像限价模型中的潜在进入者那样受到不完全信息的干扰。相比之下，另一类更合理的模型则会假定企业若想持续在位，就需要不断追加投资，此时资本不足的企业无法继续投资，就将被迫离开市场。在这种假设之下，在位企业就有掠夺性定价的激励，因为那样可以通过耗尽对手可用的资源来击败它们。所有掠夺性定价模型都有这样一个共同之处，即在位企业为了可以预期到的长期收益，都必须在对手还在市场上时做出一定的短期牺牲。由此衍生出一个微妙的问题，即在面临掠夺性竞争时，为何竞争对手不能从银行或其他金融机构贷款，并以此作为它将一直留在市场上的一种承诺呢？经济学家们则证明了，由于金融市场上的不完全信息，即银行和其他一些金融机构对企业盈利能力等各方面的信息并不完全了解，企业很难从金融机构处不受限制地借贷。基于这种考虑，掠夺性定价就是一种可行的策略。其实无论是在进入者销售产品的实体市场上，还是在进入者借贷的金融市场上，都存在着信息不对称的可能，因而这种信息不对称始终是大多数掠夺性定价模型的核心假设。

12.6 其他不完全竞争模型

到目前为止，我们应该已经知道在价格、产量、产品特性、进入与退出等策略变量都不确定的情况下，分析一个完整的博弈论模型是异常复杂的。经济学家们往往建立相关的模型来集中分析一些策略，而假定其他策略变量不变，以简化这样的分析。可能你并没有这样考虑过，其实我们已经学习了一个最有名的简化模型，即完全竞争模型。实际上企业是价格接受者这个假设就是不完全符合现实的。在一个极端的例子中，我们可以假设某企业将产量增加 100 万倍，这样的变化就足以对市场价格产生影响了。当然，对于完全竞争市场上的小企业而言，产量增加 100 万倍并不现实，因此价格接受者的假设可能并不是那么不可靠。为了支持不完全竞争的假定，经济学家们提出了一些将完全竞争的某些要素与垄断及寡头垄断的要素结合起来的简化模型。在许多应用中，我们将会看到这些模型对分析很有帮助。下面我们就来学习这些模型。

12.6.1 价格领导模型

我们要学习的第一个不完全竞争的简化模型是**价格领导模型**（price-leadership model）。该模型和现实市场上的许多情形十分相似。在许多市场上，一家或一组企业被看作价格方面的领导者，其他企业则根据领导者的价格来调整自己的价格。从历史上的实例来看，这种价格领导者的行为有很多，比如第二次世界大战之后早期的美国钢铁行业以及计算机行业形成时期 IBM 公司的"保护伞"价格等。

图 12-7 给出了价格领导模型中价格决定机制的正式分析。我们假定一个行业由单一的制定价格决策的领导者企业和一批按照领导者决定的价格进行决策的**竞争性追随者企业**（competitive fringe）组成，需求曲线 D 表示整个市场的总需求，供给曲线 SC 表示追随者企业的总的供给决策。根据这两条曲线，可以得出行业领导者面临的需求曲线（D'）。在 P_1 或更高的价格水平处领导者的销售量为 0，因为追随者提供了所有的市场需求。对于比 P_2 更低的价格水平，领导者独享市场的所有需求，因为追随者在该价格水平处不愿意提供任何产品。在介于 P_1 和 P_2 之间的价格水平处，需求曲线 D' 由市场总需求减去追随者的供给曲线而得，即领导者获得的是追随者没有满足的需求，因此有时 D' 也被称为价格领导者的剩余需求曲线。

给定领导者的需求曲线 D'，可以得出其边际收益曲线（MR'），结合领导者自身的边际成本曲线（MC），可以得出领导者利润最大化的产出水平 Q_L。这时的市场价格为 P_L，给定市场价格下的追随者的总产出为 Q_C，行业总产出为 Q_T（$=Q_L+Q_C$）。

价格领导模型走了一条捷径，它假定追随者是价格接受者，而不是正式地用博弈论来分析其策略行为。这个简化使得分析更容易。当追随者由为数众多的小企业组成且领导者比所有其他企业规模都大时，这样的简化是合适的。该模型走的另一条捷径是，并没有说明产业中的价格领导者是如何被选定的以及当一些群体成员决定挑战领导者的地位与利润的时候，会发生什么情况。尽管如此，这个模型依然真实地说明了如何综合完全竞争市场与垄断市场的因素来分析不完全竞争条件下的定价策略。

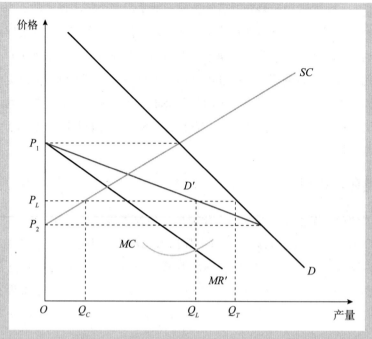

图 12-7　价格领导行为的正式模型

　　曲线 D' 表示领导者面临的剩余市场需求，它可以通过市场总需求（D）减去追随者的供给（SC）得到。在给定 D' 时，价格领导者的利润最大化产出水平为 Q_L，市场中的均衡价格为 P_L。

12.6.2　垄断竞争模型

　　垄断竞争（monopolistic competition）模型也将完全竞争和垄断市场的元素综合在一起，如图 12-8 所示。之所以说是垄断，是因为我们假定企业对产品的价格具有一定的控制力，这可能是由于每家企业生产的产品均略有差异。因此，企业面临的是向右下方倾斜的需求曲线，而不是如完全竞争那样的水平需求曲线。之所以说是竞争，是因为该市场的进出完全自由。自由进入市场仍能导致均衡利润趋于零。首先，假定代表性企业面临的需求曲线为 d，这时能获得正的利润。由于有获利机会，新的企业被吸引进入市场，使得单家企业的需求曲线 d 内移（因为现在有更多的企业在同一市场上销售产品了）。实际上新企业的进入通过将原有企业的需求曲线内移到 d' 处，就使得利润为零了。但是使用这一需求曲线得到的利润最大化产出水平 q' 和平均边际成本最低的点 q_{min} 并不相等。相反，企业的产出水平比它有效率的产出水平低，造成了 $q_{min} - q'$ 水平的产能过剩。[1]

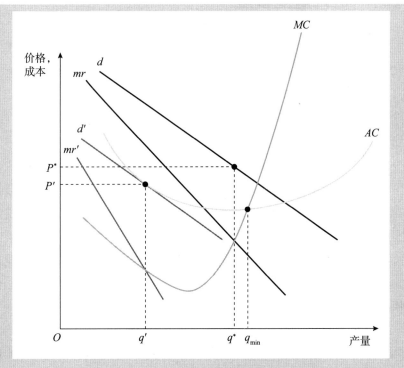

图 12-8　垄断竞争

　　在位企业最初面临的需求曲线为 d，边际收益为 mr，q^* 为利润最大化的产出水平。当进入没有成本的时候，追逐利润的新企业进入市场会导致原有企业的需求曲线内移到 d'，利润水平下降到零。这时的产出水平 q' 低于边际成本最低的产出水平 q_{min}。该企业存在着 $q_{min} - q'$ 的产能过剩。

　　垄断竞争的分析忽略了策略选择的情况。它假定企业的需求函数从 d 移动到 d' 而不深入考察导致这种移动的内在的策略原因。实际上，在更完善的博弈论模型中，有可能在位者的利润并不会因为自由进入而减少。考虑以下简单例子，即市场上最初有一家垄断企业，该企业生产可替代性较高的产品，即使垄断企业获得了丰厚的垄断利润，其他企业也会犹豫是否进入该市场，因为进入可能会导致像伯特兰悖论一样的情形（因为产品都是高度替代的），进入获得的收益有可能还比不上为此付出的固定成本。只有当企业的规模相对于市场来说足够小，以至于任何企业的策略对市场上的其他企业都几乎没有影响时，不考虑企业的策略选择才具有一定的现实性。也正是因为这一点，垄断竞争模型应用最成功的情形是在加油站、便利店以及宾馆等行业的本地市场竞争中。在这些市场上，产品都有细微的差别（包括产品特性和商店位置的差异等），而且进入的成本相对较小。

---

　　[1]　参见首先分析这种情形的 E. H. Chamberlain，*The Theory of Monopolistic Competition*（Cambridge，MA：Harvard University Press，1950）。

12.7 进入壁垒模型

除了价格领导模型和垄断竞争模型外，本章其余的模型都是研究市场上只有少数几家企业的寡头垄断模型。比如在我们分析古诺模型和伯特兰模型时，都假设市场上只有两家企业。对于只有少数几家企业的寡头垄断模型，若要适用于现实当中的分析，这个市场的进入就一定是有成本的，即需要存在进入壁垒。在第 11 章有关垄断的讨论中，我们已经提出了一些进入壁垒，读者现在最好回顾一下。

不完全竞争市场还有一些新的特有进入壁垒。比如产品差异化和广告带来的强烈的品牌意识往往可以抬高进入壁垒。定价策略的多样化也可能会在很多方面作为一种壁垒阻止新企业的进入。由于进入会导致市场竞争更激烈，因此这会降低进入之后的收益水平。就像在古诺模型中那样，随着企业数量的增加，均衡产出逐渐从垄断水平增加到完全竞争水平。同样，在伯特兰模型中，随着企业数量的增加，合谋越来越难维持。在位企业还可能通过操纵价格决策来使潜在进入者相信进入将无利可图。

进入壁垒通常是政府反托拉斯部门审查并购案例时最关注的核心指标。并购会直接减少市场中的企业数量（比如某一市场中两家企业的并购使得原本四家企业变成三家），但是根据我们所学的模型可以知道，企业数量的减少会弱化竞争，同时提高市场的价格水平。对于负责将产品价格维持在较低水平的反托拉斯部门而言，如果它们相信这些模型，就应该慎重考虑是否允许每一项并购。如果进入壁垒很小，从而任何短期的价格上涨都会鼓励新企业进入，就不会有太多关于进入壁垒的争论了，而且这样的进入壁垒将使得价格长期保持在较低水平上。兼并案件有时取决于对进入成本和预计进入所需的时间（即长期应该是多长的时期）的衡量，当企业为它们的并购寻求支持时，大多会声称该项并购将是十分容易且迅速的。

小　结

在本章中，我们引入了一些最常用的模型来分析介于完全竞争与垄断这两种极端情形之间的不完全竞争市场。这类市场的特点是，对市场价格有一定影响力的企业相对较少，即它们并非价格接受者，但是没有哪家单一的企业有完全的市场统治力。这种情况下暂时还没有出现被理论界普遍认可的市场行为模型。我们介绍了经济学家用来研究此类行业（通常被称为寡头垄断）的各种模型，针对这样的模型得到了本章的下列主要结论：

● 由于市场上只有少数几家企业，企业之间的策略互动是我们需要重点考察的内容。在博弈论中介绍的一些概念，比如纳什均衡和子博弈完美纳什均衡，对于我们正式地分析这些策略之间的相互影响很有帮助。

●寡头垄断市场上的均衡结果包括类似完全竞争的结果（伯特兰模型）、类似垄断的结果（暗中合谋模型），以及介于两者之间的市场结果（古诺模型）。

●最优反应函数为我们分析寡头垄断市场模型提供了一种十分有效的工具，比如古诺模型和产品差异化的伯特兰模型。

●市场的细节对均衡结果有着巨大的影响。这些细节包括策略变量（价格或产量）的选择、产品的差异化、产能约束的存在、对于市场条件的信息、重复博弈等。

●企业总是试图获得不完全竞争的垄断利润，这些利润会通过竞争耗散。形成不完全竞争的手段包括形成卡特尔或者暗中合谋。卡特尔或者暗中合谋能否维持稳定取决于破坏协议时可以获得的当期收益，以及因欺骗而受惩罚后长期中损失的大小。企业数量越少，企业越忍耐，卡特尔和合谋就越稳定。

●除了标准的定价与产出决策之外，两阶段博弈论模型还可以被用来理解很多其他策略选择情形，包括广告、产品差异化程度的选择、产能决策、进入障碍策略等。

●在对市场条件或者金融机构有着不对称信息时，很难评判阻止企业进入的定价策略（限价）和减少在位企业的定价策略（掠夺性定价）是否能起到预期的作用。

●垄断竞争和价格领导等简化模型，在正式的博弈论模型过于复杂的情况下非常有用。

复习题

1.为什么图 12-2（古诺模型）和图 12-3（产品差异化的伯特兰模型）中的企业最优反应曲线的交点能够以图示方法构造出纳什均衡的概念？

2.商业钓鱼（commercial fishing）经常被用来作为古诺模型的数量竞争例子。你还能想到其他行业吗？你能否举出若干企业间展开价格竞争的行业的例子？在这些例子当中，有哪些行业的产能约束至关重要，从而使得两阶段的产能-价格决策模型可以适用？

3.伯特兰悖论是根据一个关键假设推导得出的，即假设任何企业产品的需求都对其他企业的定价敏感。为什么这个假设对于伯特兰模型的均衡结果至关重要？如果消费者因为转换成本而不愿意从一家企业转移到另一家企业，这会对均衡结果产生什么样的影响？伯特兰悖论还有哪些关键假设？

4.在你手头的报纸上寻找信息性广告和诱导性广告。在电视节目当中找找这些例子。你专门挑选出的这些广告成功地说服过你购买某一产品（比如橙汁）或者某一特定品牌的产品（比如果缤纷）吗？

5."历史上没有哪个卡特尔能长期存在，总会有太多机会让人选择欺骗。"这里所说卡特尔成员的"欺骗"是指什么？例如，当某一石油输出国组织（OPEC）的成员进行欺骗时，该成员会怎么做？为什么这会慢慢瓦解卡特尔？

6.考虑这样一家企业的两阶段博弈：企业先做出关于产品特性（比如产品设计、霍特林线上的区位、产能、广告等）的策略选择，再在价格和产量上展开竞争。为什么这时子博弈完美纳什均衡是一个有用的均衡概念？哪种不正常的纳什均衡会被排除？

7. 考虑高清电视的市场。随着消费者对其熟悉程度的不断提高和电视节目的不断开发，可以预见这一市场会不断扩大。如果在构建生产线上有先动优势存在，那么是什么决定了一家企业能先行动？如果企业争做先动者，那么是否存在某种利润最大化条件？在这一条件下，企业应该在预期需求达到峰值前多久开始增加产能？

8. 解释通过先行投资引发的进入障碍和通过限价引发的进入障碍之间的区别。这两种进入障碍策略如果要成功，需要满足什么假设？试着构造一种情形来使得这两种策略都能对在位企业有效。

9. 假定某企业正考虑是否要投资一项研究，该研究有可能导致生产成本的下降。假定该企业可以排他性地从这项研究中获益，那么当该企业是垄断者或者像在古诺模型与伯特兰模型中那样与另一企业竞争时，由成本下降带来的利润增加值会变大吗？

10. 在图 12-8 中，垄断竞争企业面临的需求曲线与平均成本曲线在 q' 点相切，解释为什么这一位置是该企业的长期均衡点。也就是说，解释为什么最终均衡时边际收益等于边际成本，并且长期利润为零。

习 题

12.1 给定如下形式的价格博弈：市场上有两家企业，它们都可以采取高价策略或低价策略，策略的支付由下面的标准型给出。

		B	
		低价	高价
A	低价	2，2	4，1
	高价	1，4	3，3

a. 找出该博弈的纳什均衡。

b. 为了使该博弈变成像古诺博弈那样的数量博弈，你应该改变什么条件？

12.2 根据图 12-1，给定如下形式的市场总需求函数：

$$Q = 10\ 000 - 1\ 000P$$

同时边际成本维持不变，即 $MC = 6$。从给定的需求中一家企业能得出以下边际收益函数：

$$MR = 10 - \frac{Q}{500}$$

a. 画出需求曲线、边际成本曲线和边际收益曲线。

b. 计算完全竞争条件下均衡的价格和产量，即 C 点代表的价格和产量，同时算出此时该行业的利润、消费者剩余以及社会总福利。

c. 计算垄断（或完美卡特尔）条件下均衡的价格和产量，即 M 点代表的价格和产量，同时算出此时该行业的利润、消费者剩余、社会总福利以及无谓损失。

d. 计算处于 C 点和 M 点中点处的 A 点的价格水平和产量水平。该点代表的是不完全竞争条件下的市场均衡。算出这一点处的行业利润、消费者剩余、社会总福利以及无谓损失。

12.3　让我们回到本章之前的古诺模型。在该模型中，市场需求为

$$Q = 120 - P$$

现在我们假定生产成本不再为零，而是

$$MC = AC = 30$$

计算现在的纳什均衡产出、价格与利润水平。

12.4　考虑本章提出的产品差异化的伯特兰竞争模型。其中假定企业 A 和企业 B 的需求曲线分别由式（12.10）和式（12.11）给出，现在我们假设企业的边际成本都是固定的，分别为 c_A 和 c_B，由此可得企业 A 的最优反应函数为

$$P_A = \frac{1 + 2P_B + 2c_A}{4}$$

企业 B 的最优反应函数为

$$P_B = \frac{1 + 2P_A + 2c_B}{4}$$

a. 画出这两条最优反应曲线。当 $c_A = c_B = 0$ 时，计算该博弈的纳什均衡，并在图中标出该点。

b. 在图中标示出当 c_B 增加时最优反应函数和纳什均衡的变动。

c. 在图中标示出企业 A 为价格领导者、企业 B 为价格追随者的斯塔克尔伯格竞争均衡的点大概在什么地方。当企业选择价格的时候，先行动和后行动各有什么好处？

12.5　假定企业 A 和企业 B 都以固定的边际成本和平均成本进行生产，其中 $MC_A = 10$，$MC_B = 8$。对于给定的价格，市场需求为

$$Q = 500 - 20P$$

a. 当企业进行伯特兰类型的竞争时，纳什均衡的市场价格将是多少？（假设价格的最小变动单位是1便士可能会有助于分析，即价格可以是 10、9.99、9.98，但不会是 9.995。）

b. 这时每家企业在均衡中可以获得多少利润？

c. 如果存在伯特兰悖论，那么它体现在该例子的哪些方面？

12.6　回顾一下本章所讲的斯塔克尔伯格模型。在该模型中，企业选择产量，且企业 A 先行动，企业 B 观察到企业 A 的行动之后再行动。和之前的假设一样，市场需求为

$$Q = 120 - P$$

同时假定生产成本为零。

a. 由之前的分析可知，企业 B 的最优反应函数为

$$q_B = \frac{120 - q_A}{2}$$

下面将该式代入企业 A 的利润函数中［即式（12.3）］，从而计算关于 q_A 的企业 A 的利润函数表达式，记为 π_A。然后将该式代入企业 B 的利润函数中，从而计算关于 q_A 的企业 B 的利润函数表达式，记为 π_B。最后计算当企业 B 生产零产量时企业 A 关于 q_A 的利润函数表达式，记为 π_M（其中下标 M 实际上是指当企业 B 产量为零时，企业 A 就相当于垄断者了）。

b. 运用上述表达式填写下面的表格。

Q_A	π_A	π_B	π_M
0			
20			
40			
60			
80			
100			
120			

c. b 问的答案跟正文中所说的斯塔克尔伯格模型中企业 A 会选择 $q_A = 60$ 的结论一致吗？当企业 B 的进入需要略多于 400 的成本时，企业 A 需要生产多少才能阻止企业 B 的进入？如果企业 B 的进入成本约为 100 呢？在本例中企业 A 阻止企业 B 进入市场的策略值得吗？

12.7 试根据本章中式（12.15）的形式总结出在无限重复博弈中要达成稳定合谋的话，企业数量 N 和概率 g 之间需要满足什么关系。给定 $g = 0.95$，能维持稳定合谋的企业数量最多是多少？

12.8 考虑一个企业 A 与企业 B 之间的两阶段博弈。在第一阶段企业同时选择进入或者不进入市场的行动，其中进入市场需要付出 10 单位的固定进入成本；在第二阶段，若两家企业都进入市场则进行价格竞争。该博弈的收益如下：如果没有企业进入，价格竞争是可以忽略不计的，双方利润都为零。如果只有一家企业进入，它将获得 30 美元的垄断利润。如果两家企业同时进入，它们就会像伯特兰模型中的同质产品情形一样展开竞争。

a. 根据逆向归纳法将该博弈回归到第一阶段进入与否的决策，用 2×2 矩阵的形式写出该博弈的标准型。

b. 解出该博弈的混合策略纳什均衡（可以参见第 6 章中混合博弈的概念）。

c. 对比该博弈的混合策略纳什均衡与伯特兰悖论的异同。

12.9 本书提到了一个掠夺性定价模型，其中一家在位企业试图"打败"一个竞争对手，耗尽竞争对手在市场上继续经营的资源，迫使其退出。考虑图 12 - 9 对该模型给出的具体例子。如图所示，有三种可能的结果。如果进入者 E 没有进入，使在位者 I 独自经营，在

位者的总收入为 3 600。如果进入者花费固定进入成本 $K<1\,600$ 并且没有被掠夺，每家企业赚得 1 600（不包括进入成本）。如果进入者进入，而在位者掠夺进入者，它可以耗尽进入者的资源并强制其退出行业。在掠夺期间，进入者付出成本 F_E，在位者付出成本 F_I（其中 F 代表"斗争"）。计算 $F_I>2\,000$ 和 $F_I<2\,000$ 的子博弈完美均衡。掠夺是否在均衡中被观测到？禁止掠夺的法律是否会影响均衡？

12.10 现在我们假定原油市场的总需求为

$$Q_D=70\,000-2\,000P$$

式中，Q_D 是每年以千桶为单位衡量的原油需求量，P 是每桶原油的价格。再假定市场上有 1 000 家相同的小型原油企业，每家企业的边际成本为

$$MC=q+5$$

式中，q 为代表性企业的产出数量。

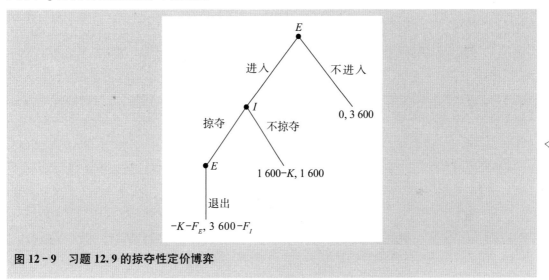

图 12-9 习题 12.9 的掠夺性定价博弈

a. 当每家小型企业都是价格接受者时，计算均衡时代表性企业的供给曲线（$q=\cdots$）、市场总的供给曲线（$Q_S=\cdots$）以及市场均衡时的价格水平（其中，$Q_D=Q_S$）。

b. 假设现在新泽西州的一家企业由于发现了大量原油储备而可能成为市场的价格领导者。该领导者企业可以以每桶 15 美元的不变边际成本和平均成本进行生产。同时假定其他追随者企业的供给行为并没有变化。计算这时价格领导者企业面临的需求曲线。

c. 我们假设价格领导者企业的边际收益由

$$MR=25-\frac{Q}{1\,500}$$

给出，此时价格领导者企业为了使利润最大化，应该生产多少产品？该市场的价格和总产出为多少？

要素市场

土地的产出……由社会的三个阶层瓜分，即土地所有者、耕种土地所需的资本的所有者以及从事耕种的劳动者。制定调节这种分配的法律是政治经济学要探讨的主要问题。

——大卫·李嘉图，《政治经济学及赋税原理》，1817

我们在前面两篇所描述的产品市场供给和需求这两种市场力量同样决定了要素的价格（诸如劳动力工资或者新设备的成本）。当我们考虑要素市场的时候，与产品市场主要的区别在于供给和需求的作用正好相反。要素需求来自企业想要使用这些要素来生产产品。因而，要素需求理论是企业利润最大化决策的一个方面。要素供给理论更是多种多样。诸如资本设备这类要素是由其他企业生产的。这一供给过程与其他任何产品的供给并没有什么不同。然而，在一些情形下，要素是由个体直接提供的；最重要的是，个体决定他们将从事什么工作、预期得到什么样的工资。因而，为了检验这些供给决策，我们必须回到个体效用最大化理论上来。

要素市场定价的研究是重要的，主要是因为个体从这些市场当中获得他们的收入。举例来说，如果我们想要理解工人工资的趋势，那么我们必须理解决定这些工资的市场是怎样运作的。经济政策中一些最重要的问题与怎样改善要素市场的运行相关。

第7篇由两章构成。第13章将形成要素市场定价的一些一般化理论，特别关注市场的需求侧。我们将表明利润最大化会怎样直接导致企业要素的需求理论。这一理论将清楚地预测企业会对要素价格做出怎样的变化。在第13章的附录中，我们将展示个体效用最大化理论能够怎样用于发展劳动供给的一般理论。

第14章将考察时间和利率影响要素定价的方式。它将从利率如何由贷款的供求决定的一般理论开始。然后，该章将研究利率如何影响企业对资本设备或有限自然资源的需求等重要决策。

第13章 要素市场定价

要素的价格通常也是由供求力量决定的。不过，在这种情况下，市场的角色经常会被颠倒过来。现在，企业作为市场的需求方，需要雇用投入品来满足它们的生产需要。这些投入是由个人通过他们从事的工作和他们的储蓄提供的资本资源来提供的。在这一章里，我们将通过建立一些模型来探讨要素价格的形成过程。我们将首先针对需求方进行一个相当深入的讨论，之后较为简洁地总结关于供给方决策的性质。本章的剩余部分将用来检验供求双方是如何互相作用，进而确定要素价格的。最后，本章的附录部分将进一步详细解释劳动供给的一些问题。第 14 章将讨论投入定价中主要与资本有关的问题，如时间和利率在经济决策中的作用。

13.1 要素需求的边际生产率理论

在第 9 章里，我们简单地讨论了李嘉图关于经济租金的理论。该理论是边际学派发展的一个重要开端。李嘉图认为价格在很多方面是由边际生产者的成本决定的，这一观点代表了现代微观经济学的萌芽。对这一观点的一个应用就是生产要素需求的边际生产率理论。这一节将详细研究这个理论。

13.1.1 利润最大化行为和要素雇用

在第 8 章里，当我们讨论利润最大化时，已经叙述了要素需求的边际生产率理论的基本概念。当时我们表明，利润最大化假设的含义之一是企业将做出边际投入选择。更准确地说，我们指出了一家考虑利润最大化的企业将不断地投入生产要素，直到最后一单位要素的成本等于该单位要素所带来的收益。如果我们用 ME_K 和 ME_L 来分别表示多雇用一单位资本和劳动的边际支出，相对地，我们用 MR_K 和 MR_L 来分别表示额外雇用这一单位的资本和劳动各自为该企业带来的边际收益，那么利润最大化决策将会要求：

$$ME_K = MR_K$$
$$ME_L = MR_L$$

(13.1)

13.1.2 价格接受者的行为

如果企业在资本和劳动力市场上都是一个价格接受者，那么这将简化关于边际支出的决策。在这种情况下，企业通常会以市场上所确定的租金率（v）来雇用最后一单位资本要素，以市场上所确定的工资率（w）来雇用最后一单位劳动要素。因此，利润最大化的决策将会要求：

$$v=ME_K=MR_K$$
$$w=ME_L=MR_L \tag{13.2}$$

这些等式简单地说明了一家作为要素价格接受者、追求利润最大化的企业，它最后购买的那一单位要素的成本价格等于它雇用最后一单位要素所带来的收益。如果企业的雇佣决策影响要素价格，则必须考虑到这一点，我们将在本章之后的部分讨论这种情况。

13.1.3 边际产品收益

为了分析多雇用一单位某种要素所带来的额外收益，这一过程需要两个步骤。首先，我们必须问：这一额外的要素能够生产出多少产品？正如我们在第 6 章所讨论的，这个数字是由生产要素的边际生产率决定的。举个例子，如果一家企业多雇用一个工人一小时来制鞋，这个工人的边际生产率（MP_L）恰好等于他额外一小时所制造的鞋的价值。

在生产出这些额外产品之后，必须把它们卖出去。评价这个卖出的价值是我们分析多雇用一单位一种要素这一过程的第二步。我们已经在前面几章广泛地讨论了这一问题——销售额外一单位产出所获得的收入，这被定义为边际收益（MR）。那么，如果额外雇用的一个工人可以每小时生产 2 双鞋，然后企业能够以 4 美元/双的价格卖出这些鞋子，则雇用这个工人一小时为企业增加了 8 美元的收益。企业会将这一数字与工人的时薪进行比较，以决定是否应该聘用他或她。

通过销售额外一单位产出可得到要素边际生产率和边际收益的综合效应，它被称为**边际产品收益**（marginal revenue product，MRP）。使用这一符号，企业的利润最大化规则可变为：

$$v=ME_K=MR_K=MP_K \cdot MR=MRP_K$$
$$w=ME_L=MR_L=MP_L \cdot MR=MRP_L \tag{13.3}$$

因而，任何要素的边际产品收益均显示了通过多雇用一单位要素可得到多大的额外收益，它正好是进入利润最大化企业雇佣决策的数量。因而我们能够使用这一概念研究当企业所面临的条件发生变化时，这些决策会如何变化。

13.1.4　一种特殊的情形——边际产品价值

如果我们假设企业在竞争市场中销售自己的产品，这样的话，投入要素的利润最大化规则将体现得更加简单。在那种情况下，企业在产品市场中就是一个价格接受者，那么多销售一单位产品的边际收益就是这单位产品的市场价格（P）。根据这个结论，即作为产品的价格接受者的企业，其产品的边际收益等于产品价格，式（13.3）在利润最大化规则下将变为[①]：

$$v = MP_K \cdot P$$
$$w = MP_L \cdot P$$

(13.4)

相对地，由于它们确实实现了边际生产率的价值，我们称式（13.4）右边为资本和劳动的**边际产品价值**（marginal value product，MVP）。那么在这个简单情形下，利润最大化的最终等式如下所示：

$$v = MVP_K$$
$$w = MVP_L$$

(13.5)

我们来看看为什么这些是利润最大化规则所需要的条件。再次考虑那个制鞋工人的例子。假设这个工人可以一小时生产 2 双鞋，并且每双鞋卖 4 美元。这个工人的边际产品价值是每小时 8 美元。如果每小时的工资比 8 美元少（如每小时工资为 5 美元），企业会因多雇用一个工人一小时而增加 3 美元收益；此时利润未达到最大，故企业将继续雇用工人。同样，如果工资是每小时 10 美元，企业会因少雇用工人

一小时而获得 2 美元收益。只有当工资和劳动的边际产品价值相等时，利润才会达到最大化。**"应用 13.1：航空燃油和杂交种子"**将说明利润最大化规则在投入要素选择上的应用。

> **? 小测验 13.1**
>
> 假设一家企业在它所销售的产品市场中是垄断者，但是它必须在竞争市场中雇用它的两种生产要素。
>
> 1. 如果这家企业是在竞争市场中销售产品，那么这一垄断者是雇用更多还是更少的工人？
>
> 2. 垄断者所雇用的工人的边际生产率与它在产品市场中是竞争性的时的工人边际生产率相比，会得到怎样的结果？

[①] 式（13.3）或式（13.4）所反映的要素需求理论也意味着企业将会最小化成本。为了看清这一点，只需把两式进行相除：

$$v/w = (MP_K \cdot MR)/(MP_L \cdot MR) = MP_K/MP_L = (MP_K \cdot P)/(MP_L \cdot P)$$

因为 $v/w = MP_K/MP_L$ 正好是成本最小化所需要的条件（参见第 7 章），所以遵循要素需求的边际生产率方法的企业也正好能够最小化成本。要特别注意的是，不管企业是在垄断市场还是在竞争市场当中销售产品，这一条件均成立。

应用 13.1

航空燃油和杂交种子

尽管我们对投入要素的需求仅以资本和劳动作为例子，但这个理论适用于企业使用的任何投入要素。在这里我们讨论两种特殊要素，来展现边际生产率理论也适用于它们。

航空燃油

航空燃油的价格在过去40年中剧烈波动。例如，在1970—1980年间，燃油价格的涨幅超过了7倍，燃油成本占航空总成本的比重从13%上升到接近30%。然而自1980年以来，燃油成本出现了一个缓慢的下降，1999年甚至降幅超过42%。2000年，燃油成本只占航空总成本的12%。在2002年之后，航空公司的燃油成本再次迅速上涨，到2008年中期差不多增加了两倍。2009年价格经历了短期下滑之后，燃油成本持续上涨趋势。到2013年燃油成本占航空运营成本将近35%。[a]

为适应这些趋势，航空公司面临很多问题。当然，在短期中，很少有公司可以应对这些不断变化的燃油成本。它们必须飞行那些已经属于它们的航线，而这就有了相对固定的燃油需求。在更长期，虽然航空公司已经可以使其机队适应市场上的燃油价格，但是因为引进新飞机需要很长时间，这就导致航空公司很容易滞后于现实市场的变化。举个例子，20世纪80年代早期，通过购买节能型飞机，航空公司大幅节省了燃油，以应对燃油价格同期大幅增长的局面。每加仑燃料的乘客里程增加了一倍。这个趋势突然在20世纪90年代急剧放缓了，随之而来的是当时燃油成本保持在较低水平，航空公司也将更多注意力放在人力资源管理和其他管理费用上。2002年以后，燃油成本的突然上升使得许多航空公司措手不及。虽然有少数航空公司〔主要是西南航空（Southwest）〕已通过购买远期合约对冲燃油费，但是大部分航空公司面临高达50%的费用增加。同样，在短期内，除了在滑行时关闭发动机之外，航空公司在节省燃油方面几乎无能为力。但是高额的燃油价格似乎将会在长期内影响航空公司对飞机类型的挑选。然而，从更长时期来看，航空公司正投资于更轻型的飞机（诸如波音787）以及能够更有效地节约燃油成本的喷气式发动机。

杂交种子

玉米杂交种子于20世纪30年代面世。在随后的几十年间，这一新发明的产品传遍世界。计量经济学家兹维·格里利克斯（Zvi Griliches）详细考察了美国农场主在面对这些新种子时的决策。[b]在格里利克斯的有关技术变迁的经济学分析的开创性研究中，他指出，农民的利润最大化计算使之做出这种决定。在某些州（如艾奥瓦州），农民们希望采用杂交种子后产量可以大幅增加。如果那样就会有大量新种子被采用。采用新种子相对缓慢的州，如亚拉巴马州，是由于这里的天气和土壤条件不是特别有利于杂交种子。

最近关于杂交种子在世界各地传播的研究都得出了类似的结论。在那些杂交种子能带来高盈利的国家（如印度），这些种子都被广泛采用，并且产量已经急剧扩大。类似的快速采用较多发生在东南亚地区。然而，这个"绿色革命"没有在非洲西部产生重要影响，因为在那里，干燥气候和农产品价格的严格管制大大降低了杂交种子的盈利。

思考题

1. 航空公司应如何根据燃油价格的变化来调整其航线和飞机类型？拥有多种类型的飞机是否有利于航空公司在短期内进行迅速调整？弊端呢？如果你察看下机场，似乎不同航空公司对这一问题会有不同的解决方法。你能够给出理由吗？

2. 经济学界曾有一场关于"农民理性"的大辩论，格里利克斯的论文是其中一个组成部分。一些经济学家认为，应该像对待企业那样，把农民当作一个利润最大化者来研究。其他人则认为，由于受到传统因素或信息渠道少的影响，农民并不是"经济人"。你支持哪个结论？格里利克斯的研究对此有何贡献？

a. 数据来自美国交通统计网站：www. transstats. bts. gov。

b. Z. Griliches, "Hybrid Corn: An Exploration in the Economics of Technical Change," *Econometrica* (October 1957): 501 – 522.

13.2 对要素价格变化的反应

假设任一要素（如劳动）的价格下降了，那么，企业面对这一变化而加大对这一要素的需求，这看起来是理所当然的。在这一节我们将提供更加详细的分析，来说明为什么企业利润最大化模型会支持这一结论。

13.2.1 单一要素情形

让我们先看看短期内，当一家企业固定自己的资本要素投入，而只能改变自己的劳动要素投入时的情况。此时，劳动要素的边际生产率递减，所以劳动的 MVP（$=P \cdot MP_L$）将随着劳动时间的增加而逐渐下降。向下倾斜的 MVP_L 曲线如图 13-1 所示。在工资率 w_1 下，一个利润最大化的企业将雇用 L_1 单位的劳动。

如果工资率下降到 w_2，企业将雇用更多的劳动（L_2）。在这样一个更低的工资下，更多的劳动被雇用，因为企业"承担得起"这样一个更小的边际劳动生产率。如果它仍然雇用 L_1，这家企业将无法达到利润最大化，因为此时处于边际上的劳动所创造的额外收益大于雇用它的成本。当只有一种要素可以变动时，边际劳动生产率递减假设能够确保在劳动力价格下跌时导致更多工人被雇用。[①]边际产品价值曲线就反映了这个变化。

---

① 因为边际劳动生产率为正，雇用更多的劳动也就意味着产量将上升并且工资率将下降。

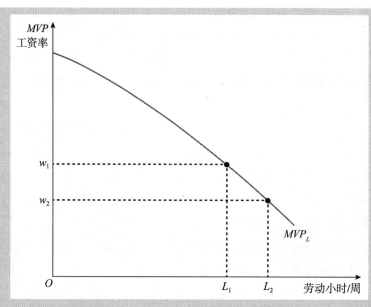

图 13-1　在单一要素价格变动情形下，当工资率下降时，劳动要素的变化

在工资率为 w_1 时，雇用 L_1 可达到利润最大化。如果工资率下降到 w_2，在负斜率的 MVP_L 曲线的假设下，需要增加雇用到 L_2 方可达到利润最大化。

13.2.2　一个数值例子

举一个投入要素决策的数值例子，可以看看第 6 章汉堡包天堂的雇佣决策。表 13-1 反映了当汉堡包天堂使用 4 个烤架（$K=4$）时的边际劳动生产率。正如该表所示，随着每小时更多工人使用烤架，边际劳动生产率会下降——第一个工人每小时生产 20.0 个汉堡包，然而第十个工人每小时只能生产 3.2 个汉堡包。为了计算这些工人的边际产品价值，我们简单地将这些产品乘以汉堡包的市场价格 1 美元。这些结果出现在表 13-1 的最后一列。在市场工资为每小时 5 美元时，汉堡包天堂应当雇用 4 个工人。此时每个工人的边际产品价值都超过了 5 美元，这样企业从每个人身上都赚取了一些利润。第五个工人的 MVP 只有 4.7 美元，因此此时增加一个工人是毫无道理的。

表 13-1　汉堡包天堂利润最大化的雇佣决策

每小时劳动投入	每小时汉堡包产量（个）	边际产量（个）	边际产品价值（1 美元/个）
1	20.0	20.0	20.00
2	28.3	8.3	8.30
3	34.6	6.3	6.30
4	40.0	5.4	5.40

续表

每小时劳动投入	每小时汉堡包产量（个）	边际产量（个）	边际产品价值（1美元/个）
5	44.7	4.7	4.70
6	49.0	4.3	4.30
7	52.9	3.9	3.90
8	56.6	3.7	3.70
9	60.0	3.4	3.40
10	63.2	3.2	3.20

在每小时 5 美元以外的工资水平上，汉堡包天堂会雇用不同数量的工人。例如，在工资为每小时 6 美元时，只有 3 个工人被雇用。另外，在工资为每小时 4 美元时，将会雇用 6 个工人。MVP 的计算结果完全提供了关于汉堡包天堂的短期雇佣决策的信息。当然，烤汉堡包的工人工资的变化，也可能导致该公司重新考虑应该使用多少烤架——一个我们即将探讨的主题。

13.2.3　两要素情形

当企业可以改变两种（或者更多种）要素投入时，模型会变得更加复杂。此时，边际劳动生产率递减的假设会造成误解。如果 w 下降，可能不仅劳动投入会产生变化，而且资本投入也会产生变化，从而需要选择一个新的成本最小化的要素投入比例（参见在第 7 章的分析）。在资本投入改变后，整条 MP_L 曲线移动（工人现在在一个不同数量的资本下工作），此时我们之前关于工资如何影响雇佣决策的分析就会失效。本节的其余部分将提出一系列看法，以证明即使有了许多投入，w 的下降仍将导致对劳动的需求量的增加。

13.2.4　替代效应

在某种程度上两种要素的分析和我们在第 3 章对个人对产品价格变化的反应的分析类似。当 w 下降时，我们可以将所雇用的 L 的总效应分解为两个部分：替代效应和产出效应。

为了研究**替代效应**（substitution effect），我们将 q 固定在 q_1。在 w 下降后，为保持原先的产量 q_1，将会有劳动替代资本的趋势。这种效应反映在图 13-2（a）中。因为用最小成本来生产 q_1 的条件要求 $RTS = \dfrac{w}{v}$，工资率的下降迫使要素投入比例从 A 点变动到 B 点。可以很清楚地从图 13-2（a）中看出，由于等产量曲线 q_1 是凸形的，替代效应会导致因工资率 w 的下降而加大劳动投入。这家企业将使用更多的劳动密集型方式来生产 q_1。

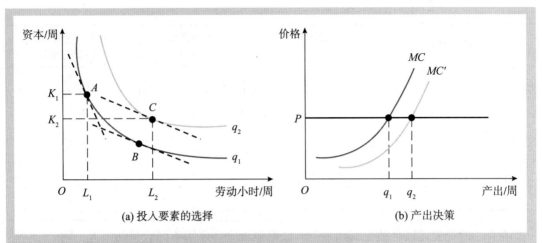

图 13-2　当劳动力价格下降时的替代效应和产出效应

　　当劳动力价格下降时，即使产量固定不变，替代效应也会促使更多劳动被雇用。这表现为在图（a）中，从 A 点移动到 B 点。工资率的变动当然也会使得企业的边际成本曲线移动。在通常情况下，边际成本曲线（MC）会随着工资率的下降而向下移动，如图（b）所示。在新的边际成本曲线（MC'）下，企业选择更高的产量（q_2）。由于这一产出效应，劳动的雇用增加了（到 L_2）。

13.2.5　产出效应

　　然而，当 w 下降时，一家企业通常不会保持产量不变。w 的变化将会影响企业的成本，它将会促使企业改变它的产量。正是在研究这种效应即**产出效应**（output effect）时，企业利润最大化问题与人的效用最大化问题的类比被打破了。理由就在于，消费者有预算约束，但是企业并没有。企业尽可能生产利润最大化所需的产量，它们对投入品的需求源自这些产量决策。为了弄清楚产量是如何决定的，我们必须先理解企业的利润最大化产出决策。w 下降了，因为它改变了相关的要素成本，所以会导致企业扩展线移动。结果，企业的全部成本曲线都将移动，这样企业很可能会选择其他产量，而不是产量 q_1。

　　图 13-2（b）显示了最为普遍的情形。由于 w 的下降，企业的边际成本曲线下降到 MC'。利润最大化产量由 q_1 上升到 q_2。[1] 现在需要在一个更高的产量上，利润最大化条件 $P=MC$ 才能得到满足。回到图 13-2（a），产量的增加会导致企业需要更多劳动。综合替代效应和产出效应，投入要素的选择将移动到等产量曲线 q_2 上的 C 点。这两个效应最终导致了如下结果：当 w 下降时，企业增加 L。[2]

---

　　① 假设价格（P）是一个常量。如果一个行业里所有的企业都面临工资率的下降，它们就会改变自己的产量；这样整个行业的供给曲线就会向外移动，因而价格会下降。只要该企业产品的市场需求曲线是向下倾斜的，本章的分析就不会受到严重影响，即使更低的价格导致了更多的产品需求。

　　② 我们无法明确地说明资本数量（或其他投入要素的数量）对工资率的下降的反应。替代效应和产出效应的作用相反（如图 13-2 所示），最终的结果取决于这两个效应的相对大小。

13.2.6　企业劳动需求小结

因此，我们得出结论，利润最大化企业之所以会增加对劳动的雇用，原因有两个：第一，与其他生产要素相比，当劳动力的价格变得相对便宜时，企业会用劳动替代其他生产要素。这就是替代效应。第二，工资率的下降降低了企业的边际成本，从而促使企业增加产量，因此企业会增加包括劳动在内的全部生产要素的雇用量。这就是产出效应。

这个结论适用于任何生产要素。自然不难反过来推出，当一种要素价格上升时，企业会减少对它的雇用量。我们已经清楚地指出了企业的要素需求曲线是非常明确地向下倾斜的：价格越低，对该要素的需求越大。[①]

13.3　要素需求对要素价格变化的反应

替代效应和产出效应概念帮助我们解释了单一要素价格变动后企业的反应。假设工资率上升，我们已经知道对劳动的需求会减少。现在我们来考虑这种减少将达到何种程度。

13.3.1　易于替代

首先，考虑替代效应。由于 w 上升而导致劳动需求下降，下降的程度将取决于企业获得替代劳动的其他投入要素的难易程度。一些企业发现，用机器来替代工人是十分容易的事情，于是这些企业对劳动的需求会迅速下降。其他企业可能以一种固定比例的技术进行生产。对于它们来说替代是不可能的。替代效应的大小也取决于允许调整的时间长短。在短期内，企业可能有一批机器，需要固定的工人，因此短期替代的可能性很小。然而，在长期内，企业有可能改进自己的机器，使其仅需要更少的工人操作，因而替代的可能性变大。例如，在短期内，由于挖煤的设备需要一定数量的工人来操作，因此煤炭工人工资上升的替代效应很小。然而，在长期中，有明显的证据证明，通过设计出更加复杂的机器设备，煤炭业资本密集度更高。在长期里，资本大规模地替代了劳动。

13.3.2　成本和产出效应

工资率的提高同样会增加企业的成本。在一个竞争的市场里，这会使得所生产的产品价格上升，而人们会减少对它的购买。因此，企业将要降低它们的产量；由

---

① 事实上，这个论断的证明不像这里所说的这么简单。更加复杂的情况是，当生产要素是低档产品时，价格下降后不能引起边际成本曲线向下移动。然而，只要产品面对一条向下倾斜的需求曲线，企业对要素的需求曲线的斜率就是负的。

于更少的产品被生产出来，产出效应会使得企业雇用更少的工人。因此，产出效应增强了替代效应。产出效应的大小取决于：（1）由于工资率的上升，边际成本的提高程度。（2）在更高的价格上，对产品的需求量的减少程度。第一个变化的大小取决于劳动对整个生产成本有多么重要，而第二个变化的大小取决于产品的需求价格弹性的大小。[①]

> ### ❓ 小测验 13.2
>
> 假设州法律要求对每一个加油泵都要配备一个工人，并且假设加油泵总是在为驾驶员的汽车加油。
>
> 1. 加油工人工资的上升，是否会导致更少的工人被雇用？解释其原因。
>
> 2. 假设加油工人的工资占总加油成本的1/3，且汽油的需求价格弹性为−0.5。加油工人的需求价格弹性是多少？

在劳动成本占总成本的比重较大且劳动的需求非常具有弹性的行业里，产出效应将会很大。例如，由于劳动成本是餐馆运营成本的主要组成部分，并且人们对在外就餐的需求是具有弹性的，那么餐馆服务员工资的上升很有可能会导致很大的负面产出效应，从而降低对服务员的需求。工资的增长将引起价格较大幅度的上升，导致人们大幅减少外出就餐的次数。另外，需求的产出效应对制药工人的影响很小，因为直接的人力成本只占整个医药行业总成本的很小一部分，并且对药品的需求是缺乏价格弹性的。工资的上升对成本的影响很小，药价的上涨不会明显地减少对药品的需求。所有这些劳动需求的特征都体现在"**应用 13.2：最低工资争议**"里。

应用 13.2

最低工资争议

1938 年的《公平劳动标准法》（Fair Labor Standards Act）规定了全美国最低工资为每小时 0.25 美元。联邦最低工资在 2009 年提高到每小时 7.25 美元，此后一直保持在这个水平。2014 年，奥巴马总统提议将联邦最低工资提高到每小时 10.10 美元，有几个州还采用了更高的水平。例如，华盛顿州的西雅图-塔科马（Seattle-Tacoma）地区采用了 15 美元的最低工资标准。提高最低工资始终是一个有争议的政治问题，因为有些经济学家认为这种增加可能会适得其反。

[①] 阿尔弗雷德·马歇尔是第一个认识到当一种要素价格发生变化时产生的所有效应的经济学家。他指出，任何要素（如劳动 e_l）的需求价格弹性都与以下因素有关：（1）用劳动替代其他要素的难易程度（e_s）；（2）劳动成本在总成本中的份额（s）；（3）根据方程 $e_l = -(1-s)e_s + se_D$ 确定的所生产产品的需求价格弹性 e_D。因为 e_s 是正的，e_D 是负的，这个表达式中的两项都是负的，所以劳动的需求价格弹性肯定是负的。

一个图形分析

图 1 说明了最低工资的可能影响。图 1 (a) 显示了劳动力市场的供求曲线。基于这些曲线，一个均衡工资 w_1 在市场上得以建立。在这个工资水平上，一个代表性企业雇用 l_1 [显示在图 1 (b) 中企业的等产量曲线图中]。假设现在法律规定的最低工资为 w_2。这个新的工资导致该企业减少了自己所雇用的劳动，从 l_1 下降到 l_2。同时，在供给市场，在最低工资限制下有较多的劳动（L_3）供给。这种不恰当的最低工资导致过剩的劳动供给 $L_3 - L_2$。

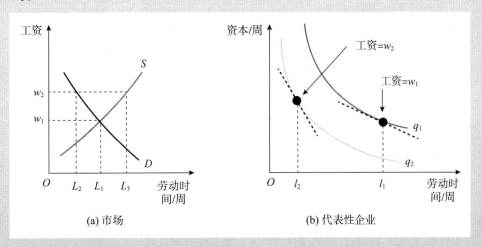

(a) 市场　　　　　　　　　　(b) 代表性企业

图 1　在完全竞争的劳动力市场上最低工资的影响

不恰当的最低工资 w_2 会导致企业雇用的劳动减少到 l_2，这既是因为资本（或其他投入要素）的替代效应，又是由于产出缩小所造成的产出效应。

最低工资和青少年失业

一些经验证据表明，最低工资法的修改对提高青少年失业率产生了严重影响。青少年是最有可能受到最低工资法影响的劳动力市场参与者，因为他们的技术通常属于低端水平。少数族群成员的失业率通常超过 30%，可能尤其容易受到影响。

证据的争议

1994 年在一项有影响的研究中，戴维·卡德（David Card）和阿兰·克鲁格（Alan Krueger）质疑了最低工资减少就业机会这个观点。[a] 在这项研究中，作者比较了在新泽西州的最低工资提高后新泽西州和宾夕法尼亚州快餐业的就业水平变化。其结论是，没有发现最低工资提高带来的负面影响。然而，这个结论并没有得到普遍认可。基于这些州类似的快餐连锁店（汉堡王、温蒂汉堡和肯德基等）的数据分析发现，结论和卡德等人的相反。更一般地讲，卡德及克鲁格的研究中所使用的方法，已经引起很大争议。[b] 不过，虽然理论模型提供了准确的预测，认为提高最低工资会减少就业，但要对这种效应进行实证检验还比较困难。[c]

政策挑战

与许多经济问题一样，最低工资之所以引起争议，是因为较高的最低工资代表了两个理想目标之间的权衡：(1) 每个从事全职工作的人都应该获得"生存工资"；(2) 认为需要低工资来鼓励企业雇用低技术工人。在这种情况下，做出明智的政策选择需要大量信息。你需要知道有多少从事最低工资工作的人依靠这些工作的收入作为家庭的主要收入来源，以及提高最低工资标准会对这些人的收入产生怎样的影响。对这些问题都不容易给出明确的答案，因此，选民和决策者对最低工资立法的立场往往模棱两可，也就不足为奇了。

a. David Card and Alan Krueger, "Minimum Wages and Employment：A Case Study of the Fast-Food Industry in New Jersey and Pennsylvania," *American Economic Review*（September 1994）：722-793.

b. 与卡德及克鲁格相反的结论发表在 1995 年 7 月的 *Industrial and Labor Relations Review* 上。

c. 这一证据的最新综述可参见 D. Neumark, J. M. I. Salas and W. Wascher, "Revisiting the Minimum Wage-Employment Debate：Throwing out the Baby with the Bathwater?" NBER Working Paper ♯18681，January，2013。在这篇文章中作者得出了这样一个结论，即最低工资每上涨 10%，青少年雇用率会下降 3%。

13.4 要素供给

企业有三个基本的要素来源。劳动来自个人，个人在众多雇用机会中做出选择。资本设备主要由其他企业生产，可以直接购买或租用一个时期。最后，企业从土地上获取自然资源，且直接利用自然资源，比如埃克森公司从土地中开采原油，然后从原油中提炼汽油；或者企业从其他企业购买自然资源，比如杜邦公司购买埃克森公司的石油做原料。研究生产资本设备和自然资源的企业的供给决策无须发展任何新工具。既然之前我们已经讨论了仅为消费者生产产品的企业，我们已经知道了如何模型化供给决策。因此，我们可以放心大胆地假设，为其他企业生产投入品的企业有一条向上倾斜的供给曲线。[①]

然而，研究劳动供给则是不同的课题。劳动要素（构成了大多数企业的大多数成本）是由个人提供的，所以我们之前对企业的供给研究所积累的知识对劳动供给分析并没有太大帮助。实际上，资本供给有一部分是由个人完成的。此时，个人提供资金（通常是通过银行或者证券）给企业。企业的供给行为模型无法帮助我们理解这个过程。在本章的附录里，我们将详细考察劳动供给模型。在这里，我们总结一些关于劳动供给曲线的结论。与利率相关的投入品的供给问题（如面向企业的贷款供给或一种自然资源的供给决策）将在第 14 章讨论。

劳动供给和工资

对于个人而言，他们所赚取的工资代表着他们不工作的机会成本。当然，不可能一天工作 24 小时，所以个人必然要承担一些机会成本。他们可能拒绝工作太长

---

① 那就是说，除了垄断企业以外，我们在第 11 章所用的分析也适用于这里。

时间，决定早点退休，或者选择在家工作。我们推测认为，所有这样的决定都是为了实现效用最大化。那就是说，个人会权衡工作获得的金钱利益和非工作行为所带来的精神享受。

工资率的变化会改变机会成本，从而改变个人的决策。正如我们在本章附录中将指出的，尽管情况相对复杂，但一般来说，我们可以预期工资的增长会鼓励更多人参与工作。工资提高后，人们可能会自愿同意加班或兼职，他们可能会推迟退休，或者减少在家工作。从图形上看，劳动供给曲线的斜率为正：工资越高，劳动供给越多。

关于劳动供给，有两个例外必须牢记在心。第一，"工资"应做广义解释，包括各种形式的补偿。额外福利（如医疗保险）、带薪休假和企业支付的托儿费用都是现金收入的重要补充。当我们说到市场工资时，其实包括了工人所获得的全部收益，当然，这些也都算作企业的成本。

劳动供给理论的第二个需要注意的重要方面是，供给决策取决于个人偏好。如果人们喜欢一份工作远胜于另一份，这可能是因为前者提供了一个更加舒适的工作环境，这样劳动供给曲线将会有所不同。类似地，如果对工作的态度改变了，供给曲线也会移动（例如 20 世纪六七十年代的已婚妇女工作潮）。因此，大量的非经济因素会影响劳动供给曲线。

13.5　要素均衡价格决定

综合以上分析，我们得出了一个如何确定要素价格的直接看法。这个过程表现在图 13-3 中我们熟悉的需求曲线（D）和供给曲线（S）上。在图 13-3 中，我们展现了一般劳动力市场是如何决定均衡工资率的。但是这个图也同样适用于拥有特殊技能的工人或者其他要素市场。给定供给-需求交叉图，均衡工资是 w^*，雇用的均衡劳动是 L^*。正如其他市场一样，这个均衡状态将会长久保持，直到供给曲线或需求曲线发生变化。又如在应用 13.2 中所说的，政府工资管制也可能会影响均衡结果。

13.5.1　供给和需求的移动

尽管现在我们可能很熟悉如何分析供给曲线和需求曲线的移动了，但是要素市场的一些细节问题还是和产品市场有很大的不同，因此有必要进行一些回顾。边际生产率理论为我们理解需求的移动提供了指导。任何影响企业生产的变化（如发明了更加节约劳动的技术）都会导致企业的要素需求曲线发生变化。另外，由于对要素的需求最终来自对这些要素所生产产品的需求和为这些产品所支付的价格，因此，任何发生在产品市场上的变动都会改变要素需求曲线。比如，一方面，对四轮汽车需求的增加会提高这种汽车的价格，同时增加对制造这种汽车的工人的需求；

另一方面，进口衣服的增加，造成衣服降价，会减少对制衣工人的需求。这种情况能够在图13-3中反映出来，表现为需求曲线移动到 D'。这种移动的影响是会降低制衣工人的均衡工资，从 w^* 降到 w'，制衣工人的均衡数量也因此降低，从 L^* 降到 L'。如果工资没能迅速调整（可能是工资由于传统习惯或者长期合同而固定了），那么在向新均衡的变动过程中，失业就会出现。

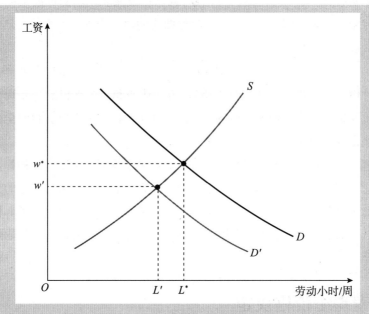

图 13-3　要素市场均衡

均衡工资 w^* 是由劳动力市场的需求曲线（D）和供给曲线（S）共同决定的。需求曲线移动到 D'，自然会导致工资下降到 w'，劳动供给下降到 L'。如果工资没有迅速下调，就会产生失业。

> **小测验 13.3**
>
> 在美国，工人承担的社会保障税税率约为6%，相应地，企业承担的税率也为6%。什么因素决定了是谁实际上在支付这些税款？

要素供给曲线的移动也受很多因素的影响。对于其他企业制造的投入品（如电力设备、火车车厢等等），完全可以采用标准的供给曲线来分析——任何影响生产这些投入品的企业的成本的因素，都会导致供给曲线的移动。像劳动投入、个人偏好的变化（包括对工作的普遍态度和对某些特殊性质工作的态度）都会导致供给曲线移动。

表13-2总结了所有这些导致要素需求曲线和供给曲线移动的因素。将这些因素牢牢记住，对于你试图理解整个经济体的运行很有帮助。因为人们都是从要素市场获得收入，因此任何关于福利的考察都需要理解这些因素。"**应用13.3：工资不平等为什么在加剧？**"考察了最近的一些趋势。

表 13 - 2　导致要素需求曲线和供给曲线移动的因素

需求	劳动供给	资本供给
需求曲线向外移动	**供给曲线向外移动**	
产品价格上升	对闲暇的偏好下降	设备制造者的投入成本下降
边际生产率提高	工作的吸引力提高	制造设备的技术进步
需求曲线向内移动	**供给曲线向内移动**	
产品价格下降	对闲暇的偏好上升	设备制造者的投入成本上升
边际生产率下降	工作的吸引力降低	

应用 13.3

工资不平等为什么在加剧？

工人工资在整个历史上呈现出很大程度的不平等。例如，在《理想国》（*The Republic*）中，柏拉图（Plato）感叹的是，有的人获得的收入超过别人 9 倍。近年来，工资不平等现象似乎在世界各地均有所加剧，特别是在美国。

度量工资不平等

理解工人之间工资不平等的第一步是要考虑度量问题。工人之间存在收入差距的原因之一是，他们的工作小时数不同，也可能有的工人只是从事季节性工作。因此，在研究不平等问题时，通常只关注全职、全年工作的人。研究人员常常只考察男性（或女性），以控制近年来工作场所劳动者性别结构的巨大变化。最后，重要的是考察总工资（包括福利），否则，工人的薪酬结构的变化会影响不平等趋势。

关于上述各种问题的研究倾向于认为，在 1967—2007 年的 40 年间，美国的工资不平等现象显著加剧。比较常见的度量不平等的方法是，比较全部工人工资分布中处于第 90 百分位的工人的工资（在 2010 年约为 10 万美元）和处于第 10 百分位的工人的工资（18 000 美元）。对于男性、全日制、全年的工人而言，这个 90/10 比率在 1967 年约为 4.2。到 2010 年，这个比率已经上升到 5.5，工资不平等程度显著增加。[a] 欧洲国家在此期间也经历了一个较小但仍显著增加的不平等。

供给-需求分析

慎重考虑劳动力市场需求和供给趋势是了解这些不平等趋势的一个很好的起点。[b] 任何增加了对低工资工人的供给或增加了对高工资工人的需求的因素都将是对该趋势的一个可能解释。增加了对高工资工人的供给或增加了对低工资工人的需求的因素往往会阻止此趋势的发展。

研究人员已经确定，劳动需求的两种重要趋势将增加不平等程度。首先，最重要的是，最近几年，对技术工人的相对需求急剧增加，特别是那些具有计算机工作经验的工人。[c] 第二个影响劳动力市场的趋势是，对低工资工人的需求一直在下降。经济学家们确定了这一趋势背后的两种影响力量：（1）在整个经济当中，制造业的重要性不断下滑；（2）主要产品进口持续增长，而这些产品是由非熟练工制造的。美国工会组织的减少也可能产生了一些影响，它减少了工会成员赚取的工资溢价。

劳动供给变动也加剧了工资不平等程度。至少在某些地区，大量（合法和非法的）移民在 20 世纪 90 年代增加了低工资劳动力的供给。妇女劳动供给的增加可能已经加剧了一些低工资男性工人工资的下降趋势。然而，总体而言，在影响不平等方面，这些相对供给效应似乎不如需求因素重要。

政策挑战

许多人认为，美国（可能还有其他国家）的工资不平等现象过于严重。你如何判断不平等现象是否"过于严重"？如果你认为不平等现象过于严重，你可能会提出哪些政策来改变这种状况？例如，哪些以供求为导向的政策可能会对工资不平等现象产生重大影响？使用这种基于市场的方法有哪些潜在缺点？假设你选择更直接的税收/转移计划来拉平工资，这种方法有哪些潜在缺陷？更广泛地说，我们应该关注工资不平等本身还是应该关注相关的贫困和低收入问题？

a. 这些数据来自美国人口普查局，网址为 http://www.census.gov/hhes/income/data/historical/inequality/。

b. 虽然有点过时，但仍值得参考，计量检验请参见 L. F. Katz and K. M. Murphy, "Changes in Relative Wages, 1963–1987: Supply and Demand Factors," *Quarterly Journal of Economics* (February 1992): 35–78。

c. 为更全面地检验技能和工资之间的关系，可参见 C. Goldin and L. F. Katz, *The Race Between Education and Technology*. Cambridge, MA. Harvard University Press, 2010; J. E. DiNardo and J. Pischke, "The Returns to Computer Use Revisited: Have Pencils Changed the Wage Structure Too?" *Quarterly Journal of Economics* 112 (1), February 1997, pages 291–303 提供了不同而且有点半开玩笑的观点。

13

13.6 买方垄断

在某些情况下，对于所购买的要素来说，企业并不是一个价格接受者。企业也许必须提供高于目前现行工资水平的工资，以吸引更多的员工；或企业可能通过限制其购买，以一个更好的价格获得一些设备。为了解释这些情况，最方便的方法就是讨论一种极端的情况：要素市场的**买方垄断**（monopsony）（只有一个买方）。

13.6.1 边际支出

如果要素只有一个购买者，那么企业将面对整个要素市场的供给曲线。为了增加它所雇用的工人，例如说多雇用一个工人或更多，那么这家企业沿着供给曲线移动到一个更高的点。这不仅涉及要给最后一个工人更高的工资，而且要给已被雇用的其他工人额外的工资。这里多雇用一个工人所额外增加的成本超过了他或她的工资率，此时我们之前所做的价格接受者假设不再成立。一种替代说法是，一个买方垄断者面对某条向上倾斜的要素供给曲线时，**边际支出**（marginal expense）会超过要素的市场价格。对于劳动要素而言，多雇用一个工人的边际支出（ME_L）会超过市场工资率（w）。

请注意要素的边际支出和垄断者的边际收益这两个概念的相似之处。这两个概念都用在企业具有市场势力的前提下，并且它们的选择都会影响市场价格。在这种情况下，企业不再是价格接受者。相反，企业认识到自己对价格的影响，也将会利用这种影响为自己创造最大化的利润。

13.6.2　一个数值例子

这个差别很容易用一个数值例子说明。假设黄石国家公园是熊看守人的唯一雇主。假设愿意干这份工作的人数（L）是小时工资（w）的一个简单线性函数：

$$L = \frac{1}{2}w \tag{13.6}$$

工资和雇用熊看守人的数量的关系可以参见表 13-3 的前两列。总劳动力成本 $w \cdot L$ 位于表格第三列，雇用一个熊看守人的边际支出位于第四列。每增加一个熊看守人的额外费用都会超过那个人的工资。这里的原因很明显。因为不仅新雇用的工人接受了更高的工资，而且已被雇用的其他工人的工资也相应提高了。一个买方垄断者将会将这些额外的费用纳入雇佣决策的考虑中。

表 13-3　黄石国家公园雇用熊看守人的成本

小时工资（美元）	每小时工人数	每小时总成本（美元）	边际支出（美元）
2	1	2	2
4	2	8	6
6	3	18	10
8	4	32	14
10	5	50	18
12	6	72	22
14	7	98	26

我们可以用图形来说明这个关系。图 13-4 给出了熊看守人的供给曲线（S）。如果黄石国家公园希望雇用 3 个工人，它必须支付每小时 6 美元，那么总成本是每小时 18 美元。这种情况反映为供给曲线上的 A 点。如果黄石国家公园决定雇用第四个工人，它必须给每个人每小时 8 美元的工资——它必须在供给曲线上移动到 B 点。总成本是每小时 32 美元，这样雇用第四个工人的边际支出是每小时 14 美元。通过观察总成本的矩形面积，我们可以看出为什么边际支出高于给第四个工人的工资。这个工人的工资是深色阴影部分——每小时 8 美元。其他 3 个工人以前的工资

是每小时 6 美元，现在也变为每小时 8 美元。额外的成本用浅色阴影部分表示。这 4 个工人的总劳动成本比 3 个工人的总劳动成本多这两个阴影的面积。故边际支出超过了工资的原因是黄石国家公园是这个特殊岗位工人的唯一雇主。

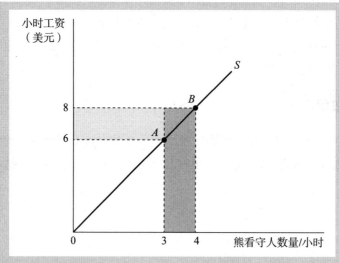

图 13-4 雇用熊看守人的边际支出

既然黄石国家公园在本例中是熊看守人的唯一雇主，那么如果它希望雇用第四个工人，它就必须将小时工资从 6 美元提高到 8 美元。雇用这个工人一小时的边际支出就是 14 美元——他或她的工资（8 美元，用深色阴影区域表示）加上给其他 3 个工人每小时额外增加的 2 美元（用浅色阴影区域表示）。

13.6.3 买方垄断者的要素选择

对任何一家利润最大化的企业来说，一个买方垄断者会雇用一种要素，直到这种要素的边际收益等于边际成本。以劳动为例，这要求：

$$ME_L = MVP_L \tag{13.7}$$

在价格接受者面临无限弹性的劳动供给的特殊情况下（$ME_L = w$），式（13.5）和式（13.7）相同。但是，如果企业面对的是向上倾斜的劳动供给曲线，式（13.7）就有了不同的结果，就像我们刚刚展示的那样。

13.6.4 一个图示说明

图 13-5 反映了买方垄断者对劳动的选择。企业对劳动的需求曲线（D）建立在企业是一个价格接受者的假设下。ME_L 曲线与劳动供给曲线（S）的构造大致和边际收益曲线与需求曲线的构造相同。因为 S 是向上倾斜的，ME_L 曲线会位于 S 的上方。买方垄断企业实现利润最大化时的劳动使用量是 L_1。在这个使用量上，边际支出等于边际产品价值（MVP_1）。当劳动供给量为 L_1 时，工资为 w_1。劳动量没有达到在一个完全竞争市场中的雇用量（L^*）。企业通过限制需求来最大限度

地利用自己在劳动力市场上的垄断势力。

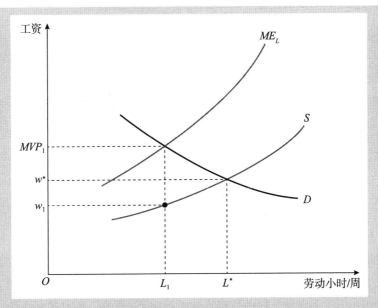

图 13 - 5 买方垄断情形下劳动力市场的价格

如果一家企业面对向上倾斜的劳动供给曲线（S），它会根据劳动的边际支出曲线（ME_L）来决策。因为 S 是向上倾斜的，ME_L 曲线会位于 S 的上方。曲线 S 可以被看作劳动的平均成本曲线，ME_L 曲线是曲线 S 的边际量。在 L_1 处，均衡条件是 $ME_L = MVP_L$，这样市场上工资为 w_1。

这个分析和我们在第 11 章对垄断的分析在形式上具有明显的相似之处。尤其是对于垄断者来说，需求曲线是由单一的一个点组成的。在图 13 - 5 中，这个点是 (L_1, w_1)。买方垄断者选择了供给曲线 S 上所有这些点中最可取的一点。企业不会选择其他点，除非有一些外生因素的变化影响了劳动的边际产品价值，例如对企业产品需求的变动或者技术进步。

13.6.5 再次回到数值例子

让我们再次回到表 13 - 3 所表示的黄石公园雇用熊看守人的决策。假设经过仔细计算，公园管理者认为，根据到公园参观受到良好管理的熊的游客增加量来看，每个熊看守人的边际产品价值是每小时 18 美元。然后表 13 - 3 的数字表明公园应该以每小时 10 美元的工资雇用 5 个工人。如果公园试图雇用第六个工人，那么它将不得不将所有工人的工资提高至每小时 12 美元，使得与雇佣相关的边际支出是 22 美元，也就是以 12 美元雇用第六个工人，而将 10 美元用于支付前面雇用的每个工人，每人每小时多了 2 美元。很显然雇用第六个工人是说不通的，因为他或她将只增加 18 美元的新增游客收益。也要注意到当公园雇用 5 个工人时，每个工人每小时只赚得 10 美元，而工人对于公园的价值是每小时 18 美元。边际生产率和所支付工资的这一差异在完全竞争性的劳动力市场当中并不能持续，因为其他公司将会发现从黄石国家公园雇用熊看守人是有利可图的。但是在这一情形当中，差异可能持续存在，因为公园是这一特殊技能人员的唯一雇佣者。

铭刻于心　　计算边际支出需要一条供给曲线

边际支出概念基于一条向上倾斜的供给曲线。正是因为一家企业必须为多雇用一个工人支付更高工资，所以雇用工人的边际费用超过了实际上支付的工资。在不知道企业面临的劳动供给曲线的信息时，不能够计算出这一额外的费用。它正好与产品的垄断供给是一样的情形，即在不知道产品需求曲线的相关信息时，不能够计算出边际收益。

13.6.6　买方垄断者和资源配置

除了限制自己的要素需求以外，买方垄断者对要素的支付也少于要素的边际产品价值。这个结论也展现在图 13-5 中。在买方垄断者偏好的劳动供给量（L_1）处，工资 w_1 更占优势。但是在这个要素需求水平上，企业愿意支付 MVP_1：这是多雇用一个工人向企业提供的额外收益。在 L_1 点处，买方垄断企业向工人的支付少于该工人给企业带来的收益。这是一个明确的迹象，表明这家企业使用的劳动太少。通过从整个经济系统的其他地方吸引工人到这个行业中，总产量会增加。从图形容易推断出，买方垄断企业面对的劳动供给曲线越缺乏弹性，这种资源配置不当的程度就越大。劳动供给对低工资越不敏感，买方垄断企业越可以利用这种情况赚取利润。

小测验 13.4

在图 13-5 中，买方垄断是否造成了无谓损失？这个损失在图中是用哪个部分表示的？谁承担了这个损失？

13.6.7　买方垄断的原因

为实施买方垄断行为，企业必须在特定的要素市场上拥有一个相当大的势力。如果这个市场是完全竞争的，垄断就无法发生，因为其他企业会意识到在 MVP 和要素成本之间的差异反映了潜在利润。它们会相互竞争要素，抬高要素价格，直到价格等于边际产品价值。在这种条件下，劳动供给对任何一家企业均将接近无限弹性（因为可能存在现有的其他备择工作），实施买方垄断行为将是不可能的。我们的分析表明，在现实世界中，投入要素缺乏有效竞争这一原因会造成垄断。例如，某企业会获取垄断势力，主要是因为它是某小镇唯一的雇主。因为搬家对工人来说成本太高了，因此可供选择的其他工作机会不具有吸引力，结果企业对工资的支付具有很大的影响力。类似地，有时候情况可能是，只有一家企业雇用某种特殊的要素。如果某种要素被投入其他行业的前景不具有吸引力，结果该要素对企业的供给将缺乏弹性，那么企业就会拥有市场垄断机会。例如，有多年工作经验的核潜艇设计工程师只能为一两家生产这些船只的企业工作，因为其他工作不能充分利用这些工程师的特殊技能，从而使得其他工作不是特别有吸引力。由于政府在生产某些特殊产品（如太空旅行、武器和政府办事处等）上具有垄断地位，因此它有能力行使买方垄断势力。在其他情况下，一些企业可能组成卡特尔形式的集团，统一做出雇佣决策（同时，这也可能发生在它们的产量决策上）。"**应用 13.4：体育明星市场中的买方垄断**"说明了在可以直接度量运动员边际价值的情况下的这种关系。

应用 13.4

体育明星市场中的买方垄断

偶尔力量强大的雇主卡特尔也能成功地实现买方垄断。由于职业运动联盟可以限制球队雇用运动员时可能发生的竞争，这就可以给出几个非常生动的例子。

为什么研究体育运动？

虽然一些经济学家可能的确是狂热的体育运动爱好者，但这不是他们研究体育运动明星工资的最重要理由。与此相反，职业运动员是少数可以直接观察到工人生产率的行业之一。棒球的平均击球率、篮球或曲棍球的得分率、橄榄球的防守擒抱"拦截"率都可以测量，并且（更重要的是）与到场的观众数和电视收视率相关。这些都提供了单个人边际产品收益的清晰证据，这些信息虽然简单，但在其他劳动力市场中并不容易找到。

职业棒球大联盟

纵观大联盟的历史，职业棒球大联盟通过一个保留条款（reserve clause）把球员绑定在他最初签约的那支球队，以此来限制各球队对球员的竞争。该条款所形成的垄断因一系列法庭案件而得到加强，这些案件实际上禁止了球员根据美国反托拉斯法对大联盟提起诉讼。G. W. 斯库利（G. W. Scully）在 1974 年的一篇著名论文中，建立了一系列关于买方垄断效应的数值估计。[a] 斯库利分析了球员个人表现的哪些方面（平均打击率、上垒率、平均跑垒数等）与球队的整体表现关系最为密切。他对这些数据的分析表明，大多数球员的边际产品价值大幅超过了他们的工资。大明星们的收入，相对于他们为自己的球队所做的贡献来说，明显过低了。例如，桑迪·科法克斯（Sandy Koufax，20 世纪 50 年代和 60 年代道奇队著名的左投手）的所得可能还不到他的贡献的 25%。

一旦球员们认识到保留条款的后果，他们有组织地采取反对行动只是一个时间问题。1972 年的一次球员罢工［与圣路易斯红雀队的外场手科特·弗劳德（Curt Flood）所采取的法律行动类似］最终导致合同中写入了球员自由转会的条款，以此条款部分取代原先的保留条款。虽然职业棒球大联盟采取了一些行动，试图重新建立它们的卡特尔地位，例如规定球队的工资上限和限制联赛扩张，但它们已无法恢复 1970 年之前的强势地位。

篮球和迈克尔·乔丹

对职业篮球球员的收入进行的类似研究表明，美国职业篮球联赛（NBA）有时能够行使买方垄断权。虽然 NBA 从来没有利用过保留条款（这是因为，不像美国职业棒球大联盟，

NBA 没有反托拉斯法的豁免权），但是各种各样的运动员选拔限制和最高工资条款在一定程度上起到了限制工资的作用。20 世纪 50 年代和 60 年代的明星，如威尔特·张伯伦（Wilt Chamberlain）、比尔·拉塞尔（Bill Rusell）以及奥斯卡·罗伯逊（Oscar Robertson）是最有可能受到这种限制的明星。但看起来，即使是迈克尔·乔丹（Michael Jordan）（无疑是 20 世纪 90 年代最有名的体育明星）的所得也可能偏少了。当然，我们很难为乔丹感到惋惜，因为他在结束了短暂而平庸的棒球小联盟生涯后，每年仍有超过 1 000 万美元的收入（还有耐克和 MCI 的代言收入）。但实证研究表明，从乔丹打球时 NBA 电视收视率更高的排名结果来看，他可能为整个 NBA 带来了每年超过 7 000 万美元的收入。[b]

思考题

1. 职业大联盟认为，它们需要限制球员的薪酬竞争，以确保联赛中的竞争平衡。为什么这种说法有一定可信度？球队是否需要用垄断势力来解决这个问题？

2. 美国全国大学体育协会（NCAA）当前禁止学生运动员为他们的体育运动表现获得任何形式的报酬。假设学校从体育运动（特别是足球和篮球）中获得巨额收入，那么 NCAA 是否可被视为一个垄断卡特尔？在实践中在大学体育运动中对最佳运动员的争夺是如何体现的？参加职业比赛的可能性会怎样影响学校和运动员的决策？

a. G. W. Scully, "Pay and Performance in Major League Baseball," *American Economic Review*（December 1974）：915 - 930. 关于体育明星市场的更多细节可以参见 Scully 的专著 *The Business of Major League Baseball*（Chicago：University of Chicago Press，1989）。

b. J. A. Hausman and G. K. Leonard, "Superstars in the National Basketball Association：Economic Value and Policy," *Journal of Labor Economics*（October 1997）：586 - 624.

13.6.8 双边垄断

在某种情况下，要素市场的供求双方都有垄断势力。那就是说，要素的供给者是一个垄断者，要素的购买者也是一个垄断者。在这种**双边垄断**（bilateral monopoly）情形下，要素的价格是不确定的，并且最终取决于谈判双方的力量对比。

图 13 - 6 说明了这个一般的结果。虽然在这个图中，供给曲线和需求曲线在点 (Q^*, P^*) 相交，但市场均衡不会发生，因为在这个要素市场，供给者和需求者都不是价格接受者。相反，要素的垄断供给者将根据与需求曲线 D 相关的边际收益曲线 MR 来计算出自己所偏好的均衡点 (Q_1, P_1)。另一方面，要素的垄断需求者将会用边际支出曲线（ME）来计算出自己所偏好的均衡点 (Q_2, P_2)。买方垄断和卖方垄断双方都会试图控制雇用数量，但是这两个对立方对于市场上要素的支付显然有不同的想法。由于供给方要求 P_1、需求方要求 P_2，这将导致双方进行一些谈判。主要行业旷日持久的劳资纠纷，以及体育和娱乐界名人的"拒不让步"，都是这种市场结构的明证。**"应用 13.5：超级明星"** 研究了摇滚明星的不完全竞争市场。

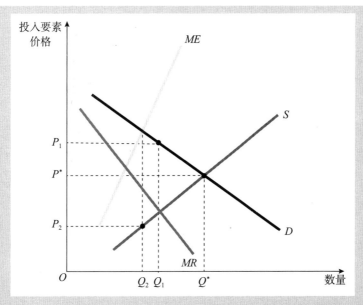

图 13-6 双边垄断

当需求方和供给方都有垄断势力时，价格是难以确定的。供给者希望的均衡是 (Q_1, P_1)，需求者希望的均衡是 (Q_2, P_2)。

应用 13.5

超级明星

各行各业都有超级明星。高级律师、医生、首席执行官、高尔夫球员、室内设计师和摇滚音乐家都赚取了巨额的金钱。下面我们描述关于超级明星的一般经济理论，然后看看摇滚乐手这个更为具体的案例。

超级明星理论

虽然经济学家关注超级明星的薪酬已有一百多年的历史[a]，但第一个详细的经济理论是由舍温·罗森在 1981 年提出的。[b] 他解释说，超级明星获得巨额薪酬，是因为他们的天赋才能稀缺。拥有这些稀缺才能的超级明星将可以获得更高的工资，并且可以服务更多的人。因此，他们的总收入快速增长，并超过了其才能本身的实际价值。对于表演艺术家来说，这一事实也是明显的：艺术家为更多的消费者表演，其服务成本却没有任何显著的增加——一位歌手为 10 个人表演和为 10 000 个人表演，在成本方面几乎是一样的。才华横溢的艺术家始终具有一些市场势力，但他们也面临着其他艺术家的竞争。实际上，任何艺术家能取得多少经济租金，将取决于他有多少同类的竞争对手。

摇滚音乐会的证据

超级明星理论可以被广泛运用于许多场合的定价问题。在一个特别有趣的应用中，阿兰·克鲁格用它来解释在 1996—2003 年间摇滚音乐会门票的价格急剧上升现象。[c] 根据克鲁格的数据，在这 7 年间一个摇滚音乐会门票的平均价格上升幅度超过 80%。这一涨幅也远远超过同一时期电影和体育门票的涨幅，而且伴随着新明星和艺术家的诞生。这一涨幅似乎也不能通过音乐会成本的增加来加以解释。实际上，随着新音频技术的引入，这些成本可能会有所下降。

克鲁格研究了导致摇滚音乐会门票价格上涨的三个可能的原因：

第一，他检验了以下可能性：这种趋势可能反映了超级巨星的回报增加。在罗森的原始模型中，对明星的服务需求的增加确实提高了巨星的相对回报率。但是，根据克鲁格的研究结果，这不是摇滚音乐会门票价格急剧上升的原因。

克鲁格的第二个解释是，1996 年以后摇滚音乐会市场的垄断更加严重。在 1996 年之后，最大的音乐会举办方所举办的音乐会份额有一个明显的增加，所以价格的上涨可能代表了垄断势力的增长。但在 20 世纪 80 年代，摇滚音乐会的举办权越来越集中在少数人手中，克鲁格却发现，几乎没有证据表明这段时间音乐会举办方获得了巨大的利润。

第三，在克鲁格所检验的时间段内，就摇滚音乐会门票价格上涨的原因来说，笔者最喜欢的解释是盗版音乐的飞速增长。摇滚艺术家主要有两项业务：音乐会演出；以 CD 形式或在互联网上销售音乐。此前，因为出席了音乐会的人也可能购买音乐 CD，音乐会组织者会降低门票价格，以扩大 CD 销售。最近，由于 CD 销量已经被盗版侵蚀了，艺术家可能会发现，低价策略不太妥当，应选择行使其市场势力，提高音乐会的价格。克鲁格将这一假设归功于歌手大卫·鲍伊（David Bowie）。鲍伊告诫他的同行们，如果将来想要挣钱，最好习惯巡回演出。

思考题

1. 有人认为，超级明星运动员、音乐家或首席执行官配不上他们的高薪，因为如果从事其他职业，他们的收入都会低得多。你同意这种说法吗？这种高薪是否类似于垄断利润，可能代表了资源分配的扭曲？

2. 音乐和其他版权材料的盗版是否一定对艺术家不利？他们从这种活动中获得了什么好处？艺术家应该如何最佳地行使其版权？

a. 例如，在他的《经济学原理》（*Principles of Economics*）第八版（London：McMillan and Co.，1920）中，阿尔弗雷德·马歇尔（Alfred Marshall）分析了一个歌剧表演家伊丽莎白·比林顿（Elizabeth Billington）在 1801 年的一个季节里赚取了 10 000 英镑的事例。

b. S. Rosen, "The Economics of Superstars," *American Economic Review* (December 1981)：845-858.

c. A. B. Krueger, "The Economics of Real Superstars：The Market for Rock Concerts in the Material World," *Journal of Labor Economics* (January 2005)：1-30.

小 结

在本章，我们描述了关于要素市场的几个模型。本章的结论有：

● 企业雇用任何要素都将遵守以下规则：当企业雇用最后一单位要素的边际支出等于出售该要素生产的产品所带来的边际收益时，此时的要素数量就是企业想要雇用的。

● 如果企业在要素市场和产品市场上都是价格接受者，利润最大化原则将要求它雇用的要素水平为：每种要素的市场价格（例如，工资）等于该要素的边际产品价值（例如，$P \cdot MP_L$）。

● 当一种要素的价格上升时，企业有两个理由来减少对它的雇用：第一，更高的价格会导致企业用其他要素来替代价格上升的要素。第二，更高的价格会增加企业的成本，并导致产品减少，这种产出效应也会导致企业雇用更少的要素。

● 要素供给曲线是向上倾斜的。资本和机器设备的供给决策非常类似产品供给曲线，劳动供给曲线涉及个人决策（具体可见本章附录）。

● 要素市场的均衡类似于产品市场，虽然供给曲线和需求曲线移动的原因有所不同。

● 如果一家企业是某个要素市场唯一的雇主（买方垄断），它的雇佣决策会影响要素市场的价格。多雇用一单位要素的边际支出会超过该要素的价格。企业会将这个因素考虑在自己的雇佣决策中——它们将会把雇用数量限制在完全竞争市场均衡水平之下。

复习题

1. 在要素的供给-需求模型中，谁是需求者？你将用什么假设来解释他们的行为？在这个模型中，谁是供给者？你将用什么假设来解释他们的行为？

2. 利润最大化规则意味着企业会通过边际方法来决定要素选择。本章中出现的下述边际规则是这一基本思想的特殊应用，请解释其原因：

a. $MR_L = ME_L$。

b. $MP_L \cdot MR = ME_L = w$。

c. $MVP_L = ME_L = w$。

d. $MVP_L = w$。

e. $MVP_L = ME_L > w$。

如果企业遵守这些规则，它们是否也会生产利润最大化的产量？换句话说，它们是否按照 $MR = MC$ 进行生产？按照这些规则，它们是否也会实现成本最小化？请用你的直觉和数学方法来解释自己的答案。

3. 如果作为价格接受者的企业只有一种可变要素，解释为什么它的 MVP 曲线会同时是这种要素的需求曲线。但是如果企业有两种或两种以上的可变要素，其中一种要素的需求曲线能否反映全部要素的 MVP 曲线？

4. 要素价格的下降会导致一个利润最大化的企业同时经历替代效应和产出效应并雇用更多的要素。解释利润最大化假设是如何被用来解释这些效应的变动方向的。如果要素不是低档产品，你是否必须在你的分析中坚持这一假设？你是否认为一个相近的结论可以适用于低档产品要素情形？

5. 假设企业具有固定投入比例的生产函数，且其所需要的一种要素价格下降了。为什么这种变化不会带来任何替代效应？那么，是否会带来产出效应？什么决定了这些效应的大小？

6. 由于要素价格是由供求关系解释的，重要的是要了解各种因素如何改变这些曲线。对于可能影响特定劳动力市场的市场均衡的以下因素，描述哪一条曲线会改变，以及这种改变将如何影响工资率：

- 工人生产的产品价格上涨。
- 替代劳动的要素成本增加。
- 其他市场提供的工资增加。
- 大量新工人涌入市场。
- 规定企业为员工提供健康保险（解释为什么这可能会导致两条曲线都改变）。
- 制定工资税。

7. 在第9章中，我们介绍了与竞争性均衡相关的消费者剩余和生产者剩余的概念。在要素市场竞争均衡的供求图中，类似的区域应该如何解释？

8. 在第11章中，我们说明了对一个卖方垄断者而言，边际成本和边际收益的关系如下：

$$MR = P\left(1 + \frac{1}{e}\right)$$

其中，e 是产品的需求价格弹性。对一个买方垄断者而言，多雇用一个工人的边际支出和边际收益有一个与之类似的关系：

$$ME = w\left(1 + \frac{1}{e}\right)$$

其中，e 是劳动力的供给价格弹性。将这个等式应用在以下环境中：

a. 企业是劳动力市场的价格接受者，$ME = w$；

b. 企业面对的劳动供给曲线不是无穷弹性的，此时 $ME > w$；

c. ME 和 w 之间的差距越大，e 越小。

直观地解释以上全部结果。

9. 你如何度量一个垄断者在要素市场上的影响力？一个垄断者是否一定能获得利润？为了表示出垄断者的利润，你需要在图 13-5 中增加点什么？

10. "在双边垄断的情况下，双方更容易在数量上达成一致，而不是在价格上达成一致。"请解释原因。

习 题

13.1 一个地主有 3 个肥沃程度不同的农场（A、B 和 C）。这 3 个农场在有 1 个、2 个和 3 个工人时的产出分别为：

工人数	产出		
	农场 A	农场 B	农场 C
1	10	8	5
2	17	11	7
3	21	13	8

例如，如果每个农场只雇用 1 个工人，总产出将是 10＋8＋5＝23。这代表了一个不好的人力资源配置，因为当把农场 C 的工人分到农场 A 后，总产出将是 17＋8＝25。

a. 如果市场允许地主雇用 5 个工人，那么产出最多的工人配置应该是怎样的？最后一个工人的边际产量是多少？

b. 如果我们假设农场的产品在一个完全竞争市场上售出，每一单位农产品的价格为 1 美元，然后我们假设劳动力市场的均衡是有 5 个工人被雇用。那么工资是多少？地主的利润是多少？

c. 虽然本章大部分讨论涉及边际思想，但是本习题中的数据使用总产量水平。如何根据所提供的数据计算劳动的边际产品价值？使用这个表，指出对于工资率为 5 美元、4 美元、3 美元，怎样应用条件 $w＝MVP_L$。

13.2　如果一家企业每小时贴信封的函数是 $q＝10\ 000\sqrt{L}$，L 是这家企业每小时雇用的工人数。进一步假设贴信封是一个完全竞争市场，且市场价格是每贴一个信封 0.01 美元。一个工人的边际产量为

$$MP_L＝\frac{5\ 000}{\sqrt{L}}$$

a. 在市场工资分别是 10 美元、5 美元、2 美元时，多少工人会被雇用？利用你的结果来画出劳动需求曲线。

b. 假设该企业以 10 美元的工资雇用员工。那么当一个贴好的信封价格分别是 0.10 美元、0.05 美元、0.02 美元时，多少信封会被贴好？用你的结果画出信封的供给曲线。

13.3　假设在完全竞争的混凝土管市场中，有固定的 1 000 家同质企业。每一家企业生产整个市场的 1/1 000 数量的产品，每一家企业的生产函数都为

$$q＝\sqrt{KL}$$

并且对于生产函数来说：

$$RTS(L\ 对\ K)＝\frac{K}{L}$$

假设市场对混凝土管的需求为

$$Q＝400\ 000－100\ 000P$$

其中，Q 是总的混凝土管数量。

a. 如果 $w=v=1$ 美元，典型企业会采用的 K 和 L 的比例是多少？长期中混凝土管的平均成本和边际成本是多少？

b. 在长期均衡中，均衡价格和均衡数量是多少？每家企业会生产多少？每家企业会雇用多少员工？总的就业数是多少？

c. 假设市场工资 w 上升为 2 美元，而 v 仍保持在 1 美元。代表性企业的资本劳动比率会有什么变化？这种变化如何影响它的边际成本？

d. 在 c 问的条件下，长期市场均衡是什么？混凝土管行业有多少劳动会被雇用？

e. 从 b 问到 d 问，总的劳动需求量的改变有多少是由于工资的变动产生的替代效应，有多少是由于产出效应？

13.4 假设劳动需求曲线是

$$L=-50w+450$$

供给曲线是

$$L=100w$$

其中，L 代表雇用的人数，w 代表每小时的工资水平。

a. 在这个市场中均衡的 w 和 L 是多少？

b. 假设政府希望通过给每个已就业的人提供补贴的方式，将均衡工资提高到每小时 4 美元。补贴金额是多少？新的就业均衡是多少？补贴总额是多少？

c. 假设不同于补贴的做法，政府宣布最低工资为每小时 4 美元。在这个工资水平下，多少工人被雇用？有多少人会失业？

d. 画出你的答案。

13.5 假设商务车租赁这一行业是完全竞争市场，对这项业务的需求函数是

$$K=1\,500-25v$$

供给函数是

$$K=75v-500$$

式中，K 代表企业租赁的汽车数，v 代表每天的租金。

a. 市场的均衡 v 和 K 是多少？

b. 假设一项石油贸易禁令的颁布导致汽油的价格迅速上升，以至于现在的企业必须在租赁汽车的同时考虑这项成本。它们租赁汽车的需求函数变为

$$K=1\,700-25v-300g$$

式中，g 表示每加仑汽油的价格。当 $g=2$ 美元、$g=3$ 美元时，均衡的 v 和 K 分别为多少？

c. 画出你的结论。

d. 假设汽车租赁公司向政府投诉，由于天然气价格由每加仑 2 美元上涨到每加仑 3 美

元，它们收到的租金下降。政府需要对汽车租赁公司给予多少补贴才能恢复天然气价格为每加仑 2 美元时收到的租金？这种补贴的收益如何在租车的需求者和供应商之间分摊？

13.6　假设某企业的劳动供给曲线为

$$L = 100w$$

它的劳动边际支出曲线为

$$ME_L = \frac{L}{50}$$

式中，w 是市场工资。假设企业的劳动需求曲线（边际产品价值）为

$$MRP_L = 10 - 0.01L$$

a. 如果企业是一个买方垄断者，当利润达到最大时会雇用多少工人？工资是多少？此时工资等于该水平下的 MRP_L 吗？

b. 假设现在企业必须在一个完全竞争的劳动力市场上雇用工人，但是它在产品市场上仍然是一个垄断者。该企业现在需要雇用多少工人？工资是多少？

c. 画出你的结果。

13.7　卡尔服装厂在一个小岛上拥有一家大型制衣工厂。卡尔的工厂是大多数岛上居民的唯一雇主，因此卡尔服装厂成了买方垄断者。制衣工人的供给曲线是

$$L = 80w$$

劳动的边际支出是

$$ME_L = \frac{L}{40}$$

其中，L 是工厂所雇用的人数，w 是工人每小时的工资。假设卡尔服装厂的劳动需求曲线（边际产品价值）为

$$MVP_L = 10 - 0.025L$$

a. 卡尔服装厂为了实现利润最大化，会雇用多少工人？工资是多少？

b. 假设现在政府对全部制衣工厂颁布了最低工资法案。如果最低工资是每小时 3 美元、3.33 美元、4 美元，卡尔服装厂现在分别会雇用多少工人？有多少人会失业？

c. 画出你的结果。

d. 最低工资法案的强制执行在买方垄断市场和完全竞争市场中造成的结果有什么不同（假设最低工资均高于市场决定的工资）？

13.8　阿贾克斯煤矿公司（Ajax Coal Company）在它所在地区是唯一的雇主。它可以雇用任何所希望数量的男女员工。女性的劳动供给曲线由

$$L_f = 100w_f \text{ 和 } ME_f = \frac{L_f}{50}$$

确定。男性的劳动供给曲线由

$$L_m = 9w_m^2 \text{ 和 } ME_m = \frac{1}{2}\sqrt{L_M}$$

确定。w_f 和 w_m 分别代表女性工人和男性工人每小时的工资。假设阿贾克斯煤矿公司在完全竞争市场上以每吨 5 美元的价格出售它的煤，同时它雇用的工人（不管是男性还是女性）每小时可以挖 2 吨煤。如果企业希望最大化利润，多少男性工人和女性工人应当被雇用？给他们的工资分别是多少？该公司每小时可以从挖煤机器中获得多少利润？当阿贾克斯煤矿公司因被某种力量约束（如市场势力）而不得不对所有工人基于他们的边际产品价值支付相同的工资时，结果有什么不同？

注：以下习题主要涉及第 13 章附录中的材料。

13.9 史密斯太太从遗产中得到每天 10 美元的保证收入。她的偏好要求她总是将一半的潜在收入用于休闲（H）并将一半的潜在收入用于消费（C）。

a. 史密斯太太的预算约束是多少？

b. 每天史密斯太太应当用多少时间来工作和享受闲暇，从而实现她的效用最大化？假设市场工资分别是 1.25 美元、2.50 美元、5.00 美元、10.00 美元。

c. 画出上述 4 种不同工资下的预算约束线和史密斯太太效用最大化的选择。（提示：在画预算约束线时，请记住当 $H = 24$ 时，$C = 10$ 而不是 0。）

d. 画出史密斯太太的劳动供给曲线。

e. 如果史密斯太太的遗产增加到每天 20 美元，那么她的劳动供给曲线（由 d 问计算出）如何移动？画出这两条供给曲线，并标出相应的变化。

13.10 一个销售员具有形如 "效用 $= \sqrt{wl}$" 的效用函数，其中 w 是每小时的工资，l 是一天中的工作小时数。他在两份工作间选择。第一份工作是工作日工作 8 小时，每小时工资为 50 美元且不变。第二份工作是工作时间随意，他有时候只工作 4 小时，有时候工作 12 小时。

a. 如果工作 4 小时和工作 12 小时的概率都是 0.5，要让这个人接受这份有风险的工作，每小时的工资要多高？

b. 假定这份风险性工作如 a 问所述，对日常收入的比例税会影响这个人的工作选择吗？

c. 如果每日收入按照累进税率计算，其中最初 300 美元的每日收入不纳税，而每日收入超过 300 美元的部分是以 50% 的税率纳税的，那么 b 问的答案是什么？

d. 什么样的比例税率会产生与累进税相同的税收收入，但不影响这个人在工作中的选择？

第 13 章附录 劳动供给

在本附录中，我们会用效用最大化模型来研究个人的劳动供给决策。本附录的基本目标是为劳动供给曲线提供更为详尽的分析，在第 13 章正文中我们已经用这一曲线来解释了工资的决定。

13A.1　时间配置

在第 2 篇，我们学习了一个人是如何在大量可选产品中分配自己的固定收入的。人们在决定如何度过自己的时间时也必须做出类似的选择。一天（或者一年）的小时数是固定不变的。给定一定的小时数，任何人均必须决定多少小时用来工作、多少小时用来消费（不管是买车，看电视剧，还是去看歌剧）、多少小时用来自我保养、多少小时用来睡觉。表 13A-1 展示了男女之间以及世界各国之间的时间使用有相当大的差异。通过研究人们如何配置其时间这一问题，经济学家就可以弄明白劳动供给决策背后的奥秘了。将工作看作人们配置自己时间的众多选择中的一个，可以让我们更好地理解，当机会改变后，人们的劳动供给决策是如何变化的。

表 13A-1　时间配置（典型的一周时间的配置百分比，%）

	男性			女性		
	美国	日本	俄罗斯	美国	日本	俄罗斯
工作	28.3	33.6	35.1	15.4	15.3	25.4
家务劳动	8.2	2.1	7.1	18.2	18.5	16.1
个人保健和睡觉	40.6	43.1	40.4	42.6	42.9	41.6
闲暇和其他	22.9	21.2	17.4	23.8	23.3	16.9

资料来源：F. T. Juster and F. P. Stafford, "The Allocation of Time: Empirical Findings, Behavioral Models and Problems and Measurement," *Journal of Economic Literature* (June 1991), Table 13A.1.

13A.1.1　一个简单的关于时间使用的模型

我们假设对任何人来说，时间只能用来干两件事情：要么是在劳动力市场上以每小时 w 的工资来工作，要么是不工作。我们认为不工作的时间是用于**闲暇**（leisure）的，但是对于经济学家来说，"闲暇"这个词并不意味着无所事事。不用在劳动力市场上的时间可以用于许多活动，如在家中做家务、自我完善或者消费（看电视或玩保龄球都是需要时间的）。[①] 全部这些活动都能增进一个人的福利，并且他们通过配置时间来达到效用最大化。

更具体地说，假设效用取决于消费（C）和闲暇（H）。图 13A-1 展示了一组效用的无差异曲线。这个图跟第 2 章中的图十分相似。它表明了 C 和 H 的不同组合，这些组合产生了不同程度的效用。

现在我们必须研究一下这个人的预算约束线。如果我们研究的时间段是一天，这个人可以工作（$24-H$）小时。也就是说，他或她将所有未用于闲暇的时间都拿来工作。对于这项工作，他或她将一小时赚得 w 美元，并将工资用于购物。

13A.1.2　闲暇的机会成本

每当人们多将一个小时用于闲暇时，他们就会少收入 w 美元。因此，小时工资就代表了闲暇的机会成本。人们必须为每一个他们不工作的小时"支付"这一成本。通常用于计算的

---

① 有关时间配置问题的经典研究，请参见 G. S. Becker, "A Theory of the Allocation of Time," *The Economic Journal* (September 1965): 493-517。

工资率是实际工资，它反映了工人用其收入能够购买的消费品的量。当典型产品的价格为 0.25 美元时每小时 1 美元的名义工资提供的购买力与当该产品售价为 25 美元时每小时 100 美元的工资提供的购买力相同。在任何一种情况下，每个人都必须工作 15 分钟才能购买这一产品。或者说，在这两种情况下，一个人多休息一小时的机会成本就是不能消费 4 件产品。在"应用 13A.1：时间的机会成本"中，我们将考察一些生活中使用时间的例子，并且描述机会成本的定义是如何解释人们的时间选择的。

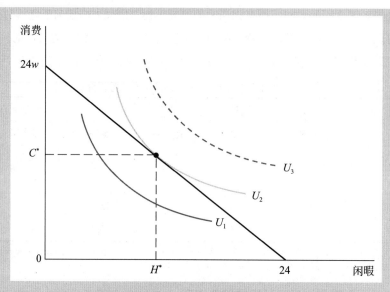

图 13A-1 闲暇和工作的时间配置，效用最大化的时间选择

给定他或她的预算约束，一个人效用最大化的选择是 H^* 小时的闲暇和 C^* 小时的消费。在这一点上，他或她想要用 H 交换 C 的数量（MRS）等于他或她在市场上可以用 H 交换 C 的数量（每小时实际工资为 w）。

应用 13A.1

时间的机会成本

当人们对他们可能使用时间的各种方式做出选择时，他们将会考虑到机会成本。认识到这个事实，我们对以前不理解的行为就有了更好的洞见。

交通工具选择

在选择以什么途径去上班时，人们不仅考虑花费的金钱，也考虑花费的时间。研究表明，通勤者对时间成本十分敏感，特别是在等公交和火车时。[a] 人们在选择不同的交通方式时，他们的时间成本大约是市场工资的一半。例如，和在旧金山湾区捷运（BART）系统相关的研究发现，票价只占乘客出行总成本的大约四分之一。更为重要的是到达 BART 车站、停车、等待火车、旅行以及从市中心车站到达最终目的地所涉及的时间成本。而正是这些成本促使市区的大部分通勤者继续使用私家车，即使政府对公交运输系统进行了重大投资。

孕育孩子

虽然这个问题对非经济学家来说似乎很奇怪，但许多经济学家通过关注孩子相对于产品的成本来研究人们生孩子的决定。最重要的成本之一是，选择抚养孩子而不是追求市场就业的父母放弃工资的机会成本。这些成本不仅超过一个孩子的总养育成本的一半，而且在不同家庭之间也有很大差异，这取决于照顾孩子那一方潜在的工资率。许多经济学家认为，妇女实际工资的上升是第二次世界大战后大部分西方国家出生率显著下降的主要原因。例如，在美国，出生率（每 1 000 人中的出生人数）从 1950 年的 24.1 下降到 2009 年的 13.8。在德国、法国和日本，下降幅度更大。类似地，西方国家的出生率低于发展中国家，部分原因是发展中国家生养孩子的成本更低（照顾孩子的人的工资更低）。[b]

寻找工作

当人们寻找新工作时，他们面临着空置岗位的不确定性。他们必须投入时间和其他资源来寻找一个合适的工作。在人们如何搜寻工作方面，时间的机会成本再一次发挥了重要的作用。例如，受雇的人可能只接受那些升职可能性高的面试，因为他或她不得不请假去面试。另外，一个失业的人会通过更多的途径去寻找工作，其中一些方式（如跟雇主详细地讨论）可能相当耗费时间。他或她是否有领取失业津贴的资格，也会影响到失业人员寻找工作的紧迫性，因为这些福利为失业人员进一步搜寻工作提供了重要补贴。事实上，计量经济学的研究结果表明，每周的失业救济金每增加 10%，会引致半个星期的额外失业。[c]

思考题

1. 为什么对城市公共交通选择的研究发现，人们对时间的估价只有其潜在工资率的约一半？选择理论是不是就意味着工作和闲暇之间的边际替代率应该由全额工资给出？

2. 关于生育的研究表明，高收入家庭往往比低收入家庭少生孩子。这个发现是否与这个理论相一致，即人们选择生小孩的数量取决于他们的收入和抚养小孩的相对价格？

a. 参见经典文献 T. A. Domencich and D. McFadden, *Urban Travel Demand* (Amsterdam: North Holland Press, 1973)。

b. 一个使用经济学原理来讨论出生率变化规律的研究，请看 G. Becker, "On the Interaction between Quantity and Quality of Children," *Journal of Political Economy* (March/April 1973): S279 - S288。

c. 一个综述，请看 P. M. Decker, "Incentive Effects of Unemployment Insurance," in *Unemployment Insurance in the United States*, ed. C. O'Leary and S. Wandner (Kalamazoo, MI: Upjohn Institute, 1999)。

13A. 1. 3　效用最大化

为了展示消费和闲暇的效用最大化选择，我们首先绘制出预算约束线。这就是我们在图 13A - 1 中所做的。如果一个人根本不工作，他或她可以将 24 小时用于闲暇。这是预算约束线的横截距。另外，如果一个人24 小时全部用来工作，他或她将可以购买

🔖 小测验 13A. 1

你会如何根据以下偏好为个人画出效用最大化的点？

1. 无论工资怎么变化，史丹迪小姐都每天工作 7 小时。

2. 梅洛先生目前没有工作，但如果给他合适的工资，他可能会工作。

$24 \times w$ 美元的产品。这是预算约束线的纵截距。预算约束线的斜率是 $-w$。这反映了机会成本——每增加一小时闲暇，就会减少价值为 w 的消费。例如，假如 $w=10$ 美元，这个人如果工作 24 小时，他或她会赚取 240 美元，每少工作一小时就会损失 10 美元。

给定预算约束，这个人会选择 H^* 小时闲暇而剩余时间用于工作，从而使得自己效用最大化。从这样的工作中获得收入后，他或她可以购买 C^* 单位的产品。在利润最大化点，预算约束线的斜率（$-w$）等于无差异曲线 U_2 的斜率。换句话说，这个人的实际工资等于闲暇对消费的边际替代率。

如果这些没有做到，效用可能不会达到最大。举个例子来说，假设一个人的 MRS 是 5，表明此人愿意放弃 5 单位的消费来获得额外 1 小时的闲暇。再假设实际工资为 10 美元。如果再多工作 1 小时，他或她可能赚取 10 单位的消费（它的价值就是 10 美元）。这很明显是一个无效率的结果。若再多工作 1 小时，这个人可以额外消费 10 单位；但是他或她只需要 5 单位的消费就可以达到跟以前一样的效用。在额外工作的 1 小时内，这个人比自身所需的多赚取了 5（＝10－5）单位的消费。因此他或她在最初时肯定没有达到效用最大化。类似的证据可以在任何 MRS 和市场工资不同的案例中找到，这证明了只有两个比率相等时，才能达到真正的效用最大化。

13A.2 实际工资的变动所导致的收入效应和替代效应

实际工资的变动可以用我们在第 3 章研究价格变动的方法来研究，当 w 上升时，闲暇的价格变得更加昂贵了——人们必须为每小时的闲暇放弃更多的工资。w 上升对闲暇的**替代效应**（substitution effect）会导致闲暇减少。由于闲暇变得更昂贵，人们有理由少消费它了。然而，w 上升的**收入效应**（income effect）会导致闲暇增加。因为闲暇是一个正常产品，更高的 w 会导致更高的收入，从而会增加对闲暇的需求，因此，收入效应和替代效应的方向相反。这就不可能预测出 w 上升是增加还是减少对闲暇时间的需求。因为在时间使用方面闲暇和工作是相互排斥的，所以这也表明当工资变动时，预测工作时间的变化是不可能的。

13A.2.1 图形分析

图 13A-2 中的两个图表明了 w 上升的两种不同效应。在这两个图中，最初的工资都是 w_0，消费和闲暇最理想的选择分别是 C_0 和 H_0。当工资率增加到 w_1 时，效用最大化的点会移动到（C_1，H_1）点。这个改变可分为两个效应。替代效应表现为在无差异曲线 U_0 上从（C_0，H_0）点移动到 S 点。这个效应在图 13A-2 的两个图中都会减少闲暇时间。由于闲暇的相对价格提高了，人们自然会用消费来替代闲暇。

从 S 点到（C_1，H_1）点的移动代表着实际工资更高时的收入效应。因为闲暇是一个正常产品，收入的增加也会导致对闲暇需求的增加，因此，收入效应和替代效应对 w 上升的反应是相反的。在图 13A-2（a）中，w 的上升导致闲暇的减少；也就是说，替代效应大于收入效应。另外，在图 13A-2（b）中，收入效应更大些，因此 w 的上升造成了闲暇的增加。当 w 上升时，这个人实际上会选择工作更少时间。在需求分析中，我们会认为这一结果是不寻常的——当闲暇的价格上升时，这个人反而需要更多的闲暇。对于正常产品，收入效应和替代效应在同一方向起作用，并且当价格上升时，数量下降。而对于闲暇，收入效应和替代效应的作用是反向的。因此，准确预测一个人面对工资上涨的反应是不太可能的——他或她可能增加或减少工作时间，这都基于他或她的偏好。**"应用 13A. 2：低收入家庭福利优惠"**表明了预测工资补贴会怎样影响劳动供给实际上是很棘手的。

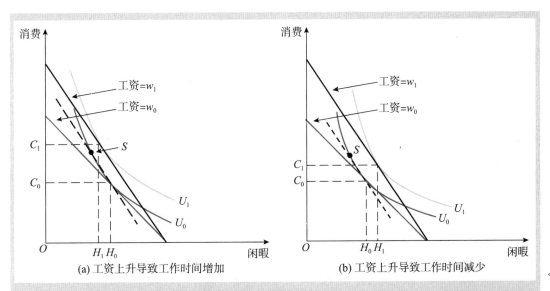

图 13A-2　实际工资的变动所导致的收入效应和替代效应

因为一个人是一个劳动供给者，实际工资的上升所造成的收入效应和替代效应对闲暇（或者工作）需求的影响是反向的。在图 13A-2（a）中，替代效应（移动到 S 点）大于收入效应，故一个更高的工资会导致闲暇下降到 H_1。因此，工作时间增加了。在图 13-2（b）中，收入效应大于替代效应，闲暇增加到 H_1。在这种情况下，工作时间减少了。

应用 13A. 2

低收入家庭福利优惠

美国在 1975 年首次制定了低收入家庭福利优惠（Earned Income Tax Credit，EITC）作为增加低收入人群工作回报的一种方法。[a] 在随后几十年里抵免规模已经扩大了许多倍，最近大多是与奥巴马政府 2009 年的经济刺激方案相关。我们的劳动供给模型能够用于表示 EITC 给予工人的复杂激励。

EITC 的设计

图 A1 显示了在 2007 年生效的 EITC（对于有两个或者更多孩子的家庭）。对于年收入少于 12 000 美元的人，EITC 支付这些收入的 40%。[b] 对于收入在 12 000 美元和 15 400 美元之间的人，最大抵免额是 4 800 美元。对于收入大于 15 400 美元的人，抵免额将以 21% 的比率逐步递减，也就是说，所给出的抵免规模是 EITC＝4 800 美元－0.21×（收入－15 400 美元）。一些代数能够用于表示在收入是 38 257 美元时，EITC 达到零。

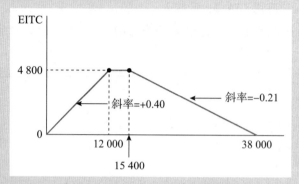

图 A1　2007 年的 EITC 计划

EITC 对工作的正面和负面激励。

EITC 的激励

一种研究这一复杂设计下所包含的激励的方法，是检验它会怎样影响低收入工人所收到的工资。对于那些年收入少于 12 000 美元的工人来说，EITC 代表工资增加了 40%。一旦抵免额达到最高的 4 800 美元"平台期"，那么它对于收入在 12 000 美元和 15 400 美元之间的人所收到的边际工资不会产生任何影响——它纯粹只是一个现金补助。对于工资超过 15 400 美元的人来说，EITC 对工资施加了 21% 的隐性"税收"——在边际处，他们每赚得 1 美元只能拿到 0.79 美元。因而，我们对收入效应和替代效应的讨论表明，EITC 对最低工资工人将会有非常强的积极工作激励，但是它对工资略高的工人将会产生负面的工作激励。

EITC 效应的研究

对 EITC 的劳动供给效应的研究大体上与这些预期一致。例如，布鲁斯·迈耶（Bruce Meyer）发现 EITC 的制度明显地增加了低工资单亲父母的劳动力市场参与度——提供的更高净工资促使那些没有工作的人进入劳动力市场。[c] 然而，迈耶几乎没有发现支持 EITC 造成工资略高的工人减少工作时间的内在负面激励的证据。对于这些人来说，工作时间似乎是相对固定的，尽管有减少工作的激励，但却无法减少。

政策挑战

几乎所有福利项目均必须有类似于 EITC 中的逐步淘汰设计来防止每个人都符合条件。保持低水平的逐步淘汰率能够减少它们的负面激励效应，但是更低水平必然意味着有更多的人符合福利补贴条件。在多个项目下（例如，EITC 与食物券及住房补贴组合），逐步淘汰率能够形成一道"福利墙",它对于增加工作提供了严重的负面激励。有办法解决这一问题吗?应该如何整合方案以防止形成严重的不利因素?

a. 虽然 EITC 在技术上是一种税收抵免,可被用来抵消赚取收入者的联邦所得税,但抵免是"可退还的"这一事实意味着,即使收入低到不用缴纳所得税的人也能享受它。本应用专栏中所讨论的 EITC 更适用于有受抚养子女的人,而没有子女的人的 EITC 金额较小。

b. 在 2009 年的经济刺激方案中这一比例提升至 45%。

c. Bruce D. Meyer, "Labor Supply at the Extensive and Intensive Margins: The EITC, Welfare, and Hours Worked," *American Economic Association Papers and Proceedings* (May 2002): 373 - 379.

13A.3 市场的劳动供给曲线

如果我们假设在大多数情况下工资的替代效应大于收入效应,个人的劳动供给曲线将是向上倾斜的。我们可以通过将不同个体的供给曲线加总起来,建立一条市场的劳动供给曲线。在每一个可能的工资率上,我们将每一个人愿意用于工作的时间加总起来,从而得到市场的劳动供给。特别有趣的是,在这个过程中,工资率的上升可能会促使更多的人参加工作。换句话说,工资上涨可能会诱使一些曾经不愿意出来工作的人出来工作。图 13A - 3 用两个人的简单例子来说明了这种可能性。当实际工资低于 w_1 时,没有人愿意参加工作。因此市场的劳动供给曲线 [图 13A - 3 (c)] 表明,在实际工资低于 w_1 时,没有劳动供给。超过 w_1 的工资促使个人 1 进入了劳动力市场。然而,只要工资在 w_2 以下,个人 2 就不会去工作。只有当工资超过 w_2 时,这两个人才都会选择参加工作。正如图 13A - 3 (c) 所示,这些新工人进入的可能性会使市场的劳动供给在某种程度上变得比我们假定工人数量是固定的时对工资率更敏感。改变工资率可能不仅会使得现有的工人改变其工作时间,而且可能更重要的是,它会改变劳动力市场的结构。

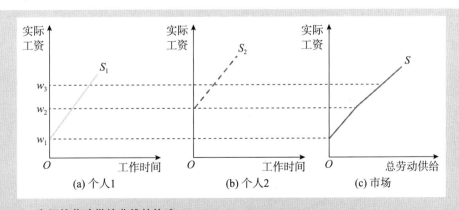

图 13A - 3 市场的劳动供给曲线的构建

当实际工资上升时,劳动供给会因两个原因而增加:第一,更高的工资会使得每一个人工作更长时间;第二,更高的工资会导致更多的人选择参加工作,进入劳动力市场(如个人2)。

小　结

在本附录里，我们讨论了劳动供给的效用最大化模型。这个模型是对我们在本书中前面部分所介绍的一个经济选择理论的应用。虽然结论和我们之前得到的类似，但此时我们关于劳动供给有了新的见解，包括：

● 个人关于劳动供给的决策可以看作是其对时间配置的一个决策。市场工资代表个人选择不工作的机会成本。

● 市场工资的上升会对个人的劳动供给产生收入效应和替代效应。这两种效应的作用方向相反。一个更高的工资所导致的替代效应会使得人们更愿意工作，而收入效应令人们更愿意选择闲暇。

● 市场劳动供给曲线的构建也需要考虑个人的劳动力参与决策。

第14章 资本和时间

在本章中，我们将目光转向资本市场。在某些方面，这与在前面章节中对于一般要素市场的讨论区别不大。企业取得资本设备的原因和它们雇用任何要素的原因相同——利润最大化。因此，本章将继续应用雇用要素的一般原则，即某一要素的边际产品收益与其市场租金率相等，此时达到最优要素雇用数量。资本市场的研究中需要加入的新维度，主要是要明确考虑时间问题。由于机器在未来的许多年中都可以生产有价值的产出，我们需要考虑到，在不同时期发生的价值只有在计入可能的利息所得之后才能相互比较。本章的一个基本目的就是清楚地说明：利率是如何影响资本设备的租金率，并进而决定该雇用多少资本的。

14.1 时期与经济活动中的流量

在我们的研究开始之前，最好弄清楚一些概念性问题。众所周知，时间是连续的——时间如流水，一去不复返。然而，将时间分割成一个个期限通常是有用的，例如分割成日、月、年。对经济活动来说也是如此。尽管经济活动（如生产和销售汽车）的进行多少也算是连续的，但是通常比较方便的做法是将之划分成分散的期限，讨论市场在每天、每月、每年的基础上达到均衡。这就是我们在本书中的做法——例如，多数图形都表示"每个时期的数量"。因此，这些数量是每个时期的"流量"。正如人们会用每小时的加仑数来衡量河水的流量一样，经济活动也通常以每个时期的流量来计算。例如，国内生产总值（GDP）以每年的总产出来衡量，而总的花生产量则以每年的蒲式耳数来计量。

经济交易通过两种重要方式跨期发生。第一，有些产品可能是"耐用的"，也就是说，它们可以使用不止一期。与本章最为相关的是，比如企业购买机器，希望在未来的多个时期内持续使用。为了做出购买决策，企业必须考虑到将来。不过，当我们考虑到对未来的预期的时候，许多新的、有趣的问题出现了。

第二种经济交易跨期发生的方式是通过借贷。个人可以通过借钱来增加他或她某一期的支出，并且贷款必定要在未来某个时期偿还（通过减少支出）。类似地，企业可以在某一时期借款来购买设备，然后在未来进行生产，并以此偿还贷款。在下一节中，我们会看到对贷款的供给和需求是如何决定利率的。然后我们会展示利率是如何成为基本的价格，将不同时期的经济活动——尤其是企业的投资决定——连接在一起的。本章的附录则研究了关于利率的一些数学概念。

14.2 个人储蓄——贷款的供给

当个人从他们的现期收入中拿出一部分储蓄时，这些储蓄有两个重要的经济效应。第一，他们腾出了一些资源。如果他们不进行储蓄，这些资源将用于生产他们现期的消费。现在，这些资源可以用来生产企业需要的投资品（楼房和设备）。第二，储蓄也为企业提供了它们可以用来进行投资的资金。通常来讲，个人不会直接把他们的资金"借给"企业，而是间接地通过银行或股票市场等金融中介进行。在对于利率的决定的学习中，我们将个人的储蓄决策看作是向企业直接提供贷款。

14.2.1 储蓄的两阶段模型

我们可以用一个简单的效用最大化模型来说明个人的储蓄决策。假设我们只关心两个时期——今年和明年。今年的消费由 C_0 来表示，明年的消费由 C_1 来表示，而且个人的效用仅由这些因素决定。此人现在的收入是 Y 美元，可以选择在今年消费 C_0，或者节省一部分钱并在明年消费 C_1。在消费 C_1 之前，今年节省下的所有收入都会产生利息（实际利率 r[①]）。对于个人来讲，问题就是如何在给定这些预算约束的条件下达到效用最大化。

14.2.2 图形分析

图 14-1 显示了这个效用最大化的过程。无差异曲线显示了不同的 C_0 和 C_1 的组合所能带来的效用。为了理解这个（跨期的）预算约束，首先考虑当 $C_1=0$ 时的情况。此时 $C_0=Y$，也就是不会有任何收入被储蓄起来进入时期 1。另外，如果所有收入都被储蓄起来，$C_0=0$，$C_1=(1+r)Y$。在第一年，此人可以把他或她所有的收入以及产生的利息一起用于消费。例如，当 $r=0.05$（也就是 5%）时，C_1 就会是 $1.05Y$。此人通过等待所产生的利息，使得自己在时期 1 能够比在时期 0 拥有更多的消费。

给定图 14-1 中的两个截距，个人的预算约束可以用连接它们的直线来表示。效用最大化在边际替代率（MRS）等于 $(1+r)$ 的 (C_0^*, C_1^*) 点达到。也就是说，效用最大化要求人们愿意用 C_0 换取 C_1 的比率与他或她能够在市场上通过储蓄

[①] 也就是说，利率应该是根据在两个不同时期内购买力的变化而调整的。实际利率向消费者提供了这一年的实际消费可以如何与下一年的实际消费相交易的信息。在本章附录中，我们将探讨名义利率和实际利率之间的关系。然而，本章中的所有分析都是基于实际利率。

来交易这些产品的比率相等。利率明显是这个案例里重要的一部分，因为它衡量了个人选择在现在而不是将来消费所承受的机会成本。

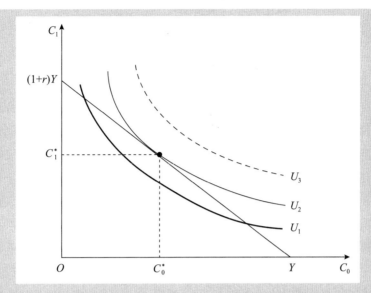

图 14 - 1　储蓄决策

　　一个现期收入为 Y 的人可以选择在现在消费 C_0，或者（在利率为 r 时）储蓄起来，从而在下一年消费 C_1。这里，个人的效用最大化选择是 C_0^* 和 C_1^*。现期的储蓄是 $Y-C_0^*$。

14.2.3　一个数值例子

　　为了提供如图 14 - 1 所示的跨期效用最大化类型的一个数值例子，我们必须假定某个具体的效用函数。例如，假设效用采用的是一个对数形式：$U(C_0, C_1) = \ln C_0 + \ln C_1$。在这种情形下，边际替代率[①] $MRS = C_1/C_0$，所以效用最大化要求

$$MRS = C_1/C_0 = 1+r \text{ 或者 } C_1 = (1+r)C_0 \tag{14.1}$$

也就是说，在这样一个简单效用函数下，时期 1 的消费将会大于时期 0 的消费，因为时期 1 的消费更便宜，这提供了为时期 1 的资金赚取利息的可能性。举例来说，如果 $r=0.05$，时期 1 的消费将会比时期 0 的消费多出 5%。当初始收入固定时，比如说 100 美元，它能够实现这样一个过程，即通过在时期 0 消费 50 美元，以 5% 的利率投资 50 美元，从而使得时期 1 的消费可达到 52.50 美元。注意，即使这个消费者一开始时平分他或她的 100 美元，在时期 1 的消费最终也会变大，因为所赚得的利息也会花费在时期 1 上。习题 14.2 和习题 14.3 考虑了这一储蓄行为的某些不一样的效用函数的含义。并且在应用 14.4 中，我们将充分扩展这里所使用的这类效用函数的含义。

---

　　①　在这当中，$MU(C_0) = 1/C_0$，$MU(C_1) = 1/C_1$，所以 $MRS = MU(C_0)/MU(C_1) = C_1/C_0$。

铭刻于心	跨期选择也必须遵循预算约束

正如我们所有的消费者选择问题一样，图 14-1 显示的相切条件和式（14.1）并不足以解决这一问题。更确切地说，相切条件必须结合一个预算约束条件，才能确定最终选择是什么。

14.2.4 r 变化的替代效应和收入效应

实际利率 r 的变化，改变了未来与现期消费的相对价格。r 上升所引起的替代效应和收入效应如图 14-2 所示。其中，r 升高至 r'，使得这个人沿无差异曲线 U_2 上移至 S 点——这就是替代效应。而当 r 的值升高时，C_0 的机会成本升高，这个人将会用 C_1 来代替 C_0。也就是说，他或她会储蓄更多。但是 r 的上升同样也会使这个人的预算约束向外移动，因为他或她的境况变好了。这样的收入效应导致了偏好的消费点从 S 移动到了（C_0^{**}，C_1^{**}）。假设 C_0 和 C_1 都是正常产品，这样的移动应该会使它们都增加。r 的上升对 C_0（并随之对储蓄）的最终影响是无法确定的——替代效应使储蓄增加（C_0 减少），而收入效应使储蓄减少（C_0 增加）。净效应取决于这两种效应的相对大小。[①] 总的来说，经济学家相信替代效应可能会比较强一些，因而 r 的上升会对储蓄有激励作用。这就是图 14-2 中所描述的。但是对于这种效应的大小也有着很大的争议，正如 **应用 14.1：我们需要给予储户税收优惠吗?** 所阐述的那样。

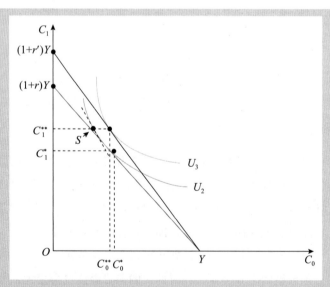

图 14-2　r 上升对储蓄的作用模糊

r 上升至 r' 引起替代效应，使得 C_0 从 C_0^* 降至 S（储蓄增加）；r 的上升还引起收入效应，使得 C_0 从 S 升至 C_0^{**}（储蓄减少）。在图 14-2 中，r 的上升引起了储蓄的净增长。

[①] 考虑实际工资上升时劳动供给的变化，也存在相同的模糊性——参见第 13 章附录的讨论。

我们需要给予储户税收优惠吗？

从国际标准来看，美国的个人储蓄率是很低的。在 2012 年，美国总的个人储蓄量仅占可支配收入的 5.6%。这一数字低于美国历史上大部分时期的水平，并且比许多其他国家[a]都明显偏低（在这些国家储蓄率超过 10% 是很普遍的）。如此低的储蓄率引起了许多担忧。有些研究者担心个人在退休之后，或者在紧急情况发生时，是否有足够的储蓄。另一些人担心储蓄量不足会导致无法为将来的人提供足够的资本积累。因此，近些年引入了许多针对储蓄的税收优惠计划。

近期的储蓄激励计划

许多近期的储蓄激励计划结构都很相似。它们都对那些对计划有贡献的储户减税。[b]这个计划中的储蓄不在联邦所得税的征收范围内，来自储蓄的所得在人们退休之后进行支付时才被征税。这类计划的三个基本类型是：

● 个人退休账户（IRA）：由个人自行设立。只有低收入的人才能通过参加 IRA 削减个人所得税，但是对计划中资金的返利部分，每个人都可以在退休之前享受相应的收益免税。

● 401（k）计划：由雇主设立，有时会为其员工的计划提供匹配的缴款。储蓄和返利在员工退休之前都是免税的。

● 基欧（Keogh）计划：与 IRA 和 401（k）计划相似，但目标是从事个体经营的个人。这个计划有比其他计划更高的缴费限额。

理论上的储蓄效应

对个人储蓄的各种各样的税收优惠的效果是不明确的。尽管特殊的税收待遇确实使得储户税后的利率升高，但是我们在图 14-2 中的讨论显示，这种变化对储蓄的影响是不确定的——实际利率提高的收入效应和替代效应是相反的。此外，特殊的税收待遇并非对所有储蓄都有效，而是只对特定计划的参与人才有效，这导致储户将他们的资金转移至有税收优惠的计划，但并没有增加他们的总储蓄。因此，这些计划的迅速发展并不应该作为能够刺激储蓄的证据。

关于储户和消费者的研究

由于储蓄激励计划涉及税收收益的大幅减少，许多学者都在研究这些计划究竟能否达到增加储蓄的目标。大多数研究都使用个人储蓄行为的数据来检验这种影响的存在性。不幸的是，这种研究被一个严重的问题扰乱了：不同的人对储蓄有非常不同的态度。有些人是认真的储蓄者，他们会以多种方式积攒财富。其他人是从来不储蓄的消费者。参与特定储蓄计划的个人都表明他们所属的"储蓄者"类别。但是如果将这些人的储蓄行为与没有参加计划的人的储蓄行为相比较，就很有可能会得出这些计划会增加储蓄的错误结论。更加正确的解释是，参与计划只起到了识别那些倾向于储蓄更多的储蓄者的作用。研究者无法解决样本选择问题，特定储蓄计划的真实效应在很大程度上还是未知的。

政策挑战

美国的低个人储蓄率会构成一个政策问题，因为与储蓄率较高的情形相比，它更难为投资带来足够的资金。然而，正如这一例子所显示的，试图通过特殊税收优惠来增加储蓄面临着困难：一方面是因为这样的激励可能并不能很好地发挥作用，另一方面是因为大多数税收优惠可能被给予那些不管如何都会储蓄很多的人。一种略有不同的方法是通过征收一般销售税来"惩罚"当前的消费。但这种方法也会给低收入者带来困难，除非对某些主要类别的商品免税。其他方法，如限制消费信贷或开展支持储蓄的广告宣传，似乎也存在同样的问题。因此，似乎没有人有一个非常有吸引力的增加储蓄的计划。事实上，许多政府政策（如社会保障或医疗保险）似乎都与这一目标背道而驰。

a. 从某种程度上来讲，美国的低储蓄率可能反映了错误的测量方式。参见 W. G. Gale and J. Sabelhaus, "Perspectives on the Household Savings Rate," *Brookings Papers on Economic Activity*，no. 1 (1999)：181 - 224。

b. 1998 年生效的罗斯个人退休账户（Roth IRA）不包括现期的削减，但是所有退休福利在领取时都是免税的。

14.3 企业对资本和贷款的需求

在第 13 章中，我们知道了追求利润最大化的企业会在设备的租金率 v 等于边际产品价值的点租用设备。为了理解这种需求与贷款需求的联系，我们需要理解租金率的本质。我们的分析起点是，假设企业所用的所有资本都是从其他企业处租用来的。然后，企业直接拥有自己设备的情况就很容易解释了。

小测验 14.1

研究图 14 - 1 和图 14 - 2 的结果的一种方式就是考虑以 C_0 来衡量 C_1 的相对价格：

1. 解释为什么 C_1 的相对价格由 $1/(1+r)$ 得出。如果 $r=0.10$，那么 C_1 的相对价格是多少？解释这个价格的含义。

2. 为什么 r 的上升使得 C_0 的相对价格上升？为什么这个人对价格上升的反应在这里是不确定的，而在第 3 章中却不是这样？

14.3.1 租金率和利率

在现实世界中，许多资本设备都是租用的。赫兹租赁公司每年向其他企业出租数百万辆车；银行和保险公司实际上拥有很多商业飞机，并把它们出租给航空公司；建筑企业在需要时要租用特种设备（例如起重机）。在这些时候，企业租用设备每期需要支付的租金（v）由出租企业（例如赫兹租赁公司）的平均成本决定。有两种成本是特别重要的：折旧成本和借款成本。折旧成本反映了设备在使用的每个时期的物理损耗。对于出租企业来说，借款成本可能是显性的，也可能不是。如果它们使用贷款来购买设备，利息就是显性成本；如果它们使用内部资金来购买设备，那么利息就是隐性成本，或者说是机会成本。因为资金被绑定在设备上，企业就失去了将之存入银行的所得。因此，无论它们是通过何种方式购买设备的，利息成本总是与提供出租设备的企业有关。

总的来说，可以预料到，折旧成本和借款成本都与市场中设备的租用价格成比例。如果 P 代表这个价格，d 是每期的折旧率，r 是利率，我们对租金率（v）可以有如下表达：

$$租金率＝v＝折旧成本＋借款成本＝dP＋rP＝(d＋r)P \tag{14.2}$$

举例来说，假设一家保险公司拥有一架波音 777 飞机，并租给美国联合航空公司。假设这架飞机的现值是 5 000 万美元，而预期的折旧率是每年 10％，实际利率是 5％。这家保险公司拥有这架飞机的年总成本就是 750 万美元（500 万美元的折旧和 250 万美元的利息成本）。如果要让这次出租飞机的成本与利润相抵，这就是每年需要向美国联合航空公司收取的费用。

式（14.2）清楚地显示了企业对设备的需求与利率负相关的原因。当利率较高时，设备的租金率也较高，企业会试图用更便宜的要素来替代它。当利率较低时，租金率也较低，企业会租用更多设备。随着设备租金的这些变化，对于用来购买设备的贷款的需求也会发生变化。当利率较高时，对贷款的需求减少，因为购买设备的需求下降了。而当利率较低时，出租设备的企业会增加它们的可用设备，因此贷款额增加。

14.3.2　资本设备的所有权

当然，大多数资本设备还是属于使用它们的企业；只有相对较小的部分是租来的。但是这并不影响式（14.2）的正确性。拥有设备的企业其实有两种业务——它们既生产产品，也将设备租给自己。作为设备出租者，企业受到与以租赁为主营业务的企业相同的经济因素的影响。所支付的隐性租金与谁拥有设备无关。[1] "**应用 14.2：税收会影响投资吗?**"显示了式（14.2）在研究政府的税收政策如何影响企业购买资本设备的决策时所发挥的作用。

应用 14.2

税收会影响投资吗?

尽管针对纯经济利润的课税不会影响企业的要素投入决策，但是美国的实际所得税在

---

[1]　所有者在决定是否要购买新设备时所必须计算的现值，与它们为设备所支付的隐含租金率之间的关系，见本章附录中的分析。

很多方面与这样的纯税收有所区别。最重要的是，企业自有资本的机会成本在美国的税法中是不予扣除的，并且在计税时所确认的折旧通常比经济中真实发生的折旧要少。因此，应对式（14.2）进行修正，以考虑企业的所得税对资本投入租金率的影响。我们可以将 v 的表达式写成如下形式：

$$v=(r+d)P(1+t) \qquad （i）$$

式中，t 是单位资本的有效税率。在通常情况下，t 是正值。但是有些时候，政府可能会给予特定资本投入补助，那么 t 就会是负值。因为税收改变了企业为它们的资本支付的租金率，它们必然会影响要素选择。

税收政策的基本方面

美国联邦政府对投资的税收政策在近些年经历了许多变化。税收政策的三个基本方面是最近经常调整的：

● 在某些情形下企业税率已经下降，虽然它目前还是世界上最高的税率之一。

● 引入加速折旧法，旨在使得折旧提存与真实经济中设备经历的折旧更为接近。

● 引入几种资本购买的投资税收减免法，后又废除。

税收政策简史

资本税的大幅削减主要是在 1962 年肯尼迪（Kennedy）执政时进行的。那时的折旧提存——尤其是对生产设备的——还相当慷慨。对于所有的新投资都有暂时 7% 的税收减免。根据这样的估计，这些变化可能使得总的资本设备购买增加 20% 之多。[a]

类似的变化在里根（Reagan）执政的早期（1981 年）也曾被提出。尤其重要的是，对于建筑物和长期使用的设备有更加慷慨的折旧政策。在某些情况下，这些补助可能为投资带来补贴。但是里根的最初政策在 1982 年就得到了重大的修正。也就是说，慷慨的政策没有什么时间去影响投资行为，所以在 20 世纪 80 年代的大部分时期都没有什么影响。

在克林顿（Clinton）执政期间，政策的变化主要涉及投资税收减免。这些减免针对的是研发支出以及小企业的新投资。在布什（Bush）的第二个任期内，税收激励所针对的范围相对狭窄（例如对乙醇生产的优惠）。在 2009 年奥巴马的刺激税收计划下，抵免主要集中在创造就业和促进"绿色"技术，而不是普遍增加投资上。

税收政策的影响

尽管原则上税收政策的变化会影响租金率这一点看起来十分明显，但是税收的变化是否会对企业的要素投入决策有重要影响，相关证据却相当模糊。这种影响可能比较小的一个原因是，对投资的税收优惠可能也会使资本设备的价格升高，由此在很大程度上抵消了它对于降低租金率的直接效果，参见式（i）。[b] 另一个可能性是，投资激励的高度选择性（和政治性）本质上可能只会导致企业改变它们所购买的东西，而不是投资总量。

政策挑战

因为企业对结构和资本设备的需求相当有弹性，所以税收政策显然在刺激这类投资的需求上是有效果的。在设计这类政策时所面临的政策问题是如何避免向企业提供投资于错误事物的人为激励。当然，可能最有意义的例子是私人住房，在那当中相对于人们没有这样一个补贴时，税收优惠条件使得他们会购买更大的住房。然而，还有许多其他例子，在那当中税收政策只偏好于某些类型的（政治上受欢迎的）投资。税收减免的一些例子包括历史修复、"绿色"投资，以及某些农田类型（甚至是圣诞树农场）。至今还不清楚是否可能形成能够避免这类政治目标的投资的税收激励。

a. R. E. Hall and D. W. Jorgenson, "Tax Policy and Investment Behavior," *American Economic Review* (June 1967): 391-414. 霍尔和乔根森（Hall and Jorgenson）准确地展示了不同的税收要素是如何影响资本的租金率的。

b. A. Goolsbee, "Investment Tax Incentives, Prices, and the Supply of Capital Goods," *Quarterly Journal of Economics* (February 1999): 121-149.

14.4 实际利率的决定

既然现在我们已经描述了贷款市场的两个方面，我们就为阐述实际利率的决定过程做好了准备。图 14-3 显示了贷款的供给与实际利率 r 的关系是一条向上倾斜的曲线。这条曲线反映了我们的假设，即个人储蓄（以及对企业的贷款）会随着利率的提高而增长。这种对贷款的需求有负的斜率，因为更高的利率对企业的设备租金率有抑制作用。均衡点（Q^*，r^*）也就是贷款的需求量与供给量相等的点。此均衡利率提供了能将不同的经济时期联系在一起的价格。

由于对贷款收取利息在历史上一直很有争议（参见"**应用 14.3：高利贷**"），我们有必要更完整地探讨一下图 14-3 中所描述的均衡的本质。基于两个原因，我们可以预计图中显示的均衡实际利率（r^*）为正。从提供贷款的个人的角度来看，他们会预见到这样做会有一些

> **小测验 14.2**
>
> "纯粹的"通货膨胀（也就是所有的价格都以相同的幅度变化）对企业的决策应该没有任何实质性影响。请用式（14.2）和第 13 章中的要素决策理论来解释，在企业决定使用多少资本的时候，为什么会是这样的。

14

回报。毕竟借款人是在请求储户将其现期消费的一部分推迟到将来。我们可以观察到，人们天生"缺乏耐心"，因而在延期消费时需要某种补偿。从借款人的角度来看，企业会愿意对贷款人支付一些费用，因为它们认为购买资本设备是有利可图的。举一个简单的例子，假设机器不会折旧。那么式（14.2）显示了企业会持续购进更多的资本设备，直到 $r=v/P$ 的点。也就是说，直到此点，企业所要支付的利率与它们通过购买机器所能得到的回报相等（都是价格 P），并因此节省了从别人那里租用机器的成本（v）。因此，在市场经济中，利率由贷款人的意愿和借款人资本投资的生产率共同决定。

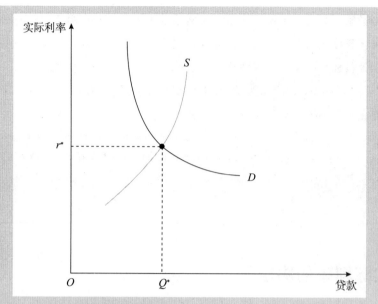

图 14 - 3　在贷款市场中实际利率的决定

个人通过储蓄对贷款进行供给。企业需要贷款来购买资本设备。这两种力量决定了实际利率 r^* 的均衡。

应用 14.3

高 利 贷

尽管图 14 - 3 中所画的均衡看起来很有道理，但是几个世纪以来，可能没有什么其他价格比贷款利率的变化更富有争议了。多数主要的宗教，都曾在某些时候谴责利息就是剥削。许多哲学家，特别是持马克思主义立场的，也得出了相似的结论。直到今天，许多国家还明确地限制利率。美国多数州也有高利贷法令来限制能向消费者的借款行为收取的费用。在本应用专栏中，我们来简要地考察一下关于利息的争议，主要目的是区分有关这一问题的实证的和规范的（参见第 1 章）观点。

宗教和文学作品中的观点

对贷款收取利息的反对声音可以追溯到古希腊哲学家。阿尔弗雷德·马歇尔宣称亚里士多德将金钱视作"没有增值作用的"，而从中得到利息是"非自然的"。[a] 在《圣经·旧约》中，摩西说："我民中有贫穷人与你同住，你若借钱给他，不可如放债的向他取利。"后来《圣经》的注释在一定程度上澄清了这一禁令的性质，暗示只有在"弟兄"借钱给"弟兄"（通常指犹太人借钱给犹太人）的交易中才禁止收取利息。贷款给"外邦人"收取利息是允许的。对支付利息持否定态度的其他宗教包括印度教和伊斯兰教中的大多数教派（稍后将进行探讨）。[b]

世界文学作品有时也反映了这种宗教观点。例如，但丁在地狱中为放高利贷者保留了一个特殊的地方。最著名的例子可能是莎士比亚的戏剧《威尼斯商人》，该作品集中描写了高利贷者夏洛克，以及他的如果逾期不还，要从安东尼奥身上割下一磅肉的借款合约。其他文学作品还包括阿奎那和圣雄甘地等的作品。

限制高利贷的规范依据

众多限制高利贷的看法主要基于两个相关的理念：(1) 借款人通常出于急迫的需求借款，因此要求他们支付利息会使他们的境况恶化。(2) 放款人在提供贷款时，其实并没有承担什么真正的成本。由这些理念可以推导出不应该收取利息的结论。注意，这是一个对经济应当如何运作的规范性说明（人们的结论可能不同）。在图 14-3 中显示的均衡对于真实世界中利率的升高做了一个积极的预测。使这种预测与人们的观点相一致，有时可能是非常困难的。

穆斯林抵押贷款

美国的穆斯林若想要申请抵押贷款来购买房子，很明显会面临困难。《古兰经》总的来说是禁止支付或者获得利息的，所以既想要遵守教义，又想要买好房子，穆斯林就不得不进行很多年的储蓄。最近，美国的金融机构开发了许多被穆斯林学者认为与《古兰经》相一致的特殊类别的抵押贷款。这些抵押贷款［有时被称作穆拉巴哈（Murabaha）贷款］的一般理念是，让这些金融机构购买房子，再租给居民。然后居民支付房子的租金加上额外的一部分金额，从而可以慢慢地把房子买下来。因为金融机构合法地对房子进行了投资，并由此降低了居民的风险，因此赚取"利润"与伊斯兰法规相符。

思考题

1. 在《新约》中，耶稣将"钱商"从圣殿中赶出。根据一些研究，这些人参与了放贷活动。其他研究表明，他们可能是外汇交易商。你认为耶稣在对待这两种职业时应该采取不同的态度吗？

2. 大多数州要求贷款人公布其所发放贷款的实际年利率。在穆斯林抵押贷款的情况下应如何解释这一法律？

a. A. Marshall, *Principles of Economics*, 8th ed. (London: Macmillan & Co., 1950), 585.

b. E. L. Glaeser and J. Scheinkman, "Neither Borrower nor a Lender Be: An Economic Analysis of Interest Restrictions and Usury Laws," *Journal of Law and Economics* (April 1998): 1-36. 该文对借贷的宗教观点做了一个很好的概括。

实际利率的变化

关于利率决定的简单理论同样为利率变化的原因提供了解释。一方面，任何导致企业对资本设备的需求增加的原因都同样会导致对贷款的需求增加。这些原因包括使设备生产率提高的技术进步、市场中设备实际价格的下降以及对企业产品在未来将会有更多需求的预期。这些效应都使贷款需求曲线向外移动，使实际利率上升。另一方面，任何影响个人储蓄的因素也会影响贷款的供给。例如，政府在未来将会提供的退休金可能会减少个人现期的储蓄，由此提高实际利率。类似地，对于储蓄的税收削减可能会增加贷款的供给，降低实际利率。"应用14.4：实际利率悖论"考察了与在经济中观察到的利率水平相关的一些问题。

应用 14.4

实际利率悖论

过去100多年的历史数据显示，相对无风险投资的利率是每年1%～2%。许多金融经济学家认为这一利率太低以致不能与信贷的供给和需求理论相符，因而低利率构成了一个悖论。在这个应用专栏当中，我们研究这一悖论并且为它提供一些解释。

水果树的经济学

经济学家概念化实际利率决定过程的一种方法，是假定由超出个体储蓄者控制的实际力量产生了经济的消费增长。实际经济就好像是一棵每年都会为消费者结出更多水果的水果树。因而实际利率水平的作用是形成一个均衡，在那当中消费者对增长率感到满意。举例来说，在过去100年里实际人均消费的年增长率大约是1.8%，所以实际利率将会反映一个均衡，当且仅当消费增长率是人们所想要的水平时。有趣的是，如果消费者偏好是本章前面我们的数值例子所使用的消费者偏好，1.8%的消费增长率正好与实际利率1%～2%相吻合。在那里我们表明，如果$U(C_0, C_1) = \ln C_0 + \ln C_1$，效用最大化要求$C_1/C_0 = 1+r$，所以实际利率为1.8%确实也吻合消费增长率1.8%。不幸的是，许多经济学家并不认为人们的偏好采用的是这样一种简单形式。

实际利率应该更高的理由

经济学家认为人们需要一个更高的利率激励以让消费以每年1.8%的水平增长，主要有两个方面的原因：

缺乏耐心：许多经济学家认为人们会贴现未来消费所获得的效用。我们的数值例子假设这一年和下一年消费在数值上是相等的。然而，如果人们贴现下一年的消费（遵循"一鸟在手"的原理），那么他们将要求更高的实际利率以增加未来的消费。

波动性厌恶：许多经济学家也认为人们厌恶他们的消费水平发生波动。他们宁愿拥有一个相同的消费流而不是一个保持增长的消费流（例如，年轻人借贷以使今天的消费量超出其收入允许的消费量）。这是另外一个支持更高实际利率的理由——让人们接受不断变化的消费水平。

已对这两个因素展开研究的经济学家得出结论，根据我们的简单例子，他们应该在1.8%的实际利率上加上3～4个百分点。[a]所以，我们应该预期实际利率是5%～6%而非实际观察到的1%～2%。

可能的解释

当然，事实就是如此，所以经济学家一直在寻找对实际利率的历史低水平的可能解释。

两种解释看起来特别吸引人。第一，消费是一种习惯。在一年中的消费会带来下一年更多的消费。如果是这样的情形，那么人们确实想要让消费随时间推移而增长，所以有利于实际利率上升的因素的作用就会减弱。第二个可能性在于人们为消费融资的能力会受到约束。举例来说，企业可能不太乐意向那些几乎没有信用记录的人提供贷款。因为这样的约束会减少信贷市场的需求侧，信贷市场的出清需要一个更低的实际利率（见图 14-3）。然后，总体而言，实际利率可能根本就不是一个悖论。

思考题

1. 你认为 1% 或 2% 的实际利率低吗？你愿意购买一项承诺会带来如此回报的投资吗？如果不愿意，那么给定政府债券市场必须处于均衡中，历史回报怎么会如此之低？

2. 我们的"水果树"消费增长模型会不会看起来相当不自然？你认为什么样的因素会导致消费随着时间的推移而产生的实际增长？这些因素是怎样影响实际利率的确定过程的？

a. 例如，可参见 N. R. Kocherlakota, "The Equity Premium: It's Still a Puzzle," *Journal of Economic Literature* (March 1996): 42-71。

14.5　现期贴现值

也许从研究跨期决策经济学中得到的最重要的教训是，必须考虑到利率。发生在不同时间的交易不能直接比较，因为在这两个日期之间已经或可能已经赚取（或支付）了利息。例如，今天支付一美元的承诺与一年后支付一美元的承诺是不一样的。今天的一美元更有价值，因为它可以以一年的利息进行投资。为了使随着时间的推移发生的交易具有可比性，实际的美元金额必须根据潜在的利息支付的影响进行调整。

14.5.1　单期贴现

在只有两个时期的情况下，这个过程非常简单。因为今天投资的任何美元都会以 $(1+r)$ 的系数增长，明年才能得到的 1 美元在今天的现值是 $1/(1+r)$ 美元。例如当 $r=0.05$ 时，今天的 1 美元投资在明年将会增至 1.05 美元。因此，明年承诺的 1 美元大概值今天的 0.95 美元。[①] 也就是说，今天投资 0.95 美元将会在一年之后收获 1 美元。要计算一年之后支付的资金的**现值**（present value），必须应用贴现因子 $1/(1+r)$。表 14-1 的第一列显示了不同利率下的贴现因子——很明显，利率越高，贴现因子就越小。

---

① 准确地说，$1/(1+0.05)=0.952\,38$。

表 14-1 不同时期和利率下 1 美元的现值 单位：美元

支付之前的年限	利率			
	1%	3%	5%	10%
1	0.990 10	0.970 87	0.952 38	0.909 09
2	0.980 30	0.942 60	0.907 03	0.826 45
3	0.970 59	0.915 16	0.863 86	0.751 31
5	0.951 47	0.862 81	0.783 51	0.620 93
10	0.905 31	0.744 05	0.613 91	0.385 55
25	0.780 03	0.477 55	0.295 31	0.092 30
50	0.607 90	0.228 10	0.087 20	0.008 52
100	0.369 69	0.052 03	0.007 60	0.000 07

14.5.2 多期贴现

我们可以容易地将贴现的概念扩展到任意时期。正如我们在本章附录中所展示的那样，n 年后支付的 1 美元的现值由下式给出：

$$n \text{ 年后 1 美元的现值} = 1/(1+r)^n \text{（美元）} \tag{14.3}$$

> **？小测验 14.3**
>
> 一个州彩票目前提供 2 000 万美元的强力球奖金，它将分 20 次按每年 100 万美元的分期付款支付给幸运的中奖者。这一资金真的值 2 000 万美元吗？你如何判断它的实际价值？

这里的贴现因子考虑到了等待 n 年，而不是马上得到这笔钱而放弃的复利。表 14-1 显示了这种贴现是怎样取决于利率（r）和等待的年份（n）的。对于更高的 r 和/或更大的 n，这个因子可以很小。例如，利率为 10%、10 年后支付的 1 美元在今天仅仅价值 0.39 美元。如果支付被延迟到 100 年之后（利率仍然是 10%），其现值还不到 1% 美分！这些计算清楚地表明，很久以后的支付的现值可能非常小，因而我们不应当对如此遥远的支付在大多数经济决策中所占比例十分小而感到惊讶。

14.5.3 现值和经济决策

当我们将目光投向跨期经济决策时，个人效用最大化和企业利润最大化的概念仍然是与此密切相关的。但是为了将贴现考虑进去，多期的情况必须重新表述。对于企业来说，这种重新表述是容易理解的。我们不再假设企业是最大化利润的，而是最大化所有未来利润的现值。事实上，利润最大化理论的所有结论都可以通过修正后的公式予以应用。[①] 例如，利润最大化要求那些收益和成本可能并非同时发生的企业要选择边际收入的现值等于边际成本的现值的点。有时候当谈到跨期决策时，经济学家会稍有不同地表述利润最大化假设——他们假设企业决策是为了最大化未来利润的现值。但是这意味着另一种版本的利润最大化，因为企业的价值仅仅是它所产生的未来利润。

现值的概念对于个人的决策同样很重要。尽管我们不会讨论这些联系，但是习题 14.8 和习题 14.9 为你提供了一些练习。有时候，人们无法理解利率的作用，可能因此被一些销售商欺骗，学习这些知识能够远离这些欺骗。"应用 14.5：现金流的贴现和衍生证券"展示了一些复杂的现值计算。它们可能会使最为精明的投资者都感到迷惑。

应用 14.5

现金流的贴现和衍生证券

现值的概念可以应用于任何模式的现金流入或者流出，从而提供了一种考察复杂交易的一般方法。下面我们来看两个例子。

抵押贷款支持证券

住房抵押贷款是最为普遍的个人贷款类型。这种贷款要求住房拥有者每个月支付固定的金额，通常为期 30 年。多数抵押贷款也允许提前还款，而不必支付罚金。因为抵押贷款的时间实在很长，所以一个活跃的、可以让原放款人将抵押贷款卖给其他人的二级市场就发展起来了。通常来说，许多抵押贷款会被绑在一起来达到买卖的规模。而最近金融市场的创新将这个过程推进了一步，创造了一种新的证券，仅代表一篮子抵押贷款中的一部分。这些新的证券叫作"抵押担保债券"（CMO）。例如，一个 CMO 可能仅包括给定的一篮子抵押贷款中每月支付的利息。而另一个可能包括同一个篮子里所有的实际还款。

计算一个 CMO 的现值基本上是对本章附录中式（14A.25）的直接应用。每一个预期的现金流都必须适当地贴现到今天。不幸的是，根据条件的变化，人们可能会突然改变他们的抵押贷款偿还行为，从而造成了在现实计算中常常出现的不确定性。

房利美的惨败

房利美是美国抵押贷款证券的最大交易商。它的准政府地位允许它以相当低的利率借贷并且把实收款项用于投资各种各样的抵押贷款产品。该公司的麻烦始于 2002 年，当时，它遭遇到抵押贷款收入时间和偿还时间模式之间的"错配"问题。在 2008 年这一情形明显恶化，因为房利美持有的许多抵押贷款未能按期还款。最终，政府接管了该公司，房利美的惨败给纳税人带来了大量潜在成本。

[①]　如欲了解更多，参见习题 14.8。在公司财务理论中，在选择用来计算未来利润现值的利率时，会有一些争议，但是在这里我们不予考虑。

信用违约掉期的对冲风险

任何还款流的买家都面临着借款人拖欠这些付款的可能性。信用违约掉期（CDS）对此提供了一种保险形式。这些有价证券代表着一个承诺，如果借款人确实违约，则复制所拟议的还款流。提供这样一种产品的企业会因此获得"保费"。然而，为信用违约掉期这一溢价进行定价是困难的，一部分是因为违约的潜在可能性只能靠猜测，另一方面是因为（不可测的）违约时间也会影响定价。

美国国际集团的惨败

尽管购买信用违约掉期对于风险厌恶型贷款人来说具有相当大的意义，但正如2008年保险公司美国国际集团（AIG）所发现的，出售这一衍生产品本身也会形成特殊风险。AIG是世界上最大的信用违约掉期销售者。由于在2008年初信用条件恶化，企业潜在的违约风险明显扩大。因为许多信用违约掉期合约要求AIG提供担保以确保它能够还清它的信用违约掉期合约，该公司很快发现它并没有拥有足够的担保品。最终，它求助于美国政府紧急贷款以满足它的信用违约掉期购买者的需求。通过一系列交易，联邦政府短期内贷给AIG大约1 820亿美元。然而，直到2012年底，AIG实际上才还清所有这些资金。

思考题

1. 尽管这个例子中所描述的衍生证券有时结果很糟糕，但是它们的基本原理看起来是合理的。你认为发明CMO和CDS的原因是什么？它们服务于什么目标？你能够想出服务于其他目标的衍生证券吗？

2. 衍生证券的发展是否应该受到严格的监管，还是我们应该只依赖于市场来发展这类金融创新工具并为它们定价？当情况变得糟糕时，政府是否应该向企业提供临时性援助？

14.6　不可再生资源的定价

对自然资源定价是将时间和利率纳入经济考虑因素的重要方式之一——尤其是那些不可再生资源。从罗伯特·马尔萨斯（Robert Malthus）开始担心19世纪英格兰的人口增长起，人们就经常担心我们正在"耗尽"此类资源，而市场压力可能会加速这一过程。在这一节，我们试图通过关注资源稀缺可能影响这些资源当前定价的方式来阐明这一重要问题。

14.6.1　稀缺性成本

不可再生资源的生产与其他经济产品的生产的区别是，对于固定的总量来说，今天的生产就意味着未来可用资源的减少。与此相对，企业今年的产出决定并不会对下一年的产出有所影响。因此，涉及开发不可再生资源的企业必须额外考虑一点：未来可能无法进行生产并销售的机会成本。这些额外的成本被定义为**稀缺性成**

本（scarcity cost）。当然，认识到这些成本并不意味着要利用有限的资源进行生产的企业总是选择不生产，不断囤积这些资源以供将来售出。但是企业在做决策时也必须谨慎地考虑到所有的机会成本。

图 14-4 揭示了稀缺性成本的含义。如果没有稀缺性成本，S 就是资源的行业供给曲线。这条曲线反映了实际生产资源的边际成本（即钻井、开采和/或提炼的成本）。由于将来减少的销售存在额外的成本，稀缺性成本将企业的边际成本曲线向上移动，因此，新的市场供给曲线是 S'，而 S 和 S' 之间的差距代表了稀缺性成本。一旦计入这些成本，现期产出就从 Q^* 降至 Q'，市场价格从 P^* 升至 P'。这些变化有效地激励了对资源的"保护"——企业会从市场中保留一部分额外的资源，以便在将来的某些时候出售。

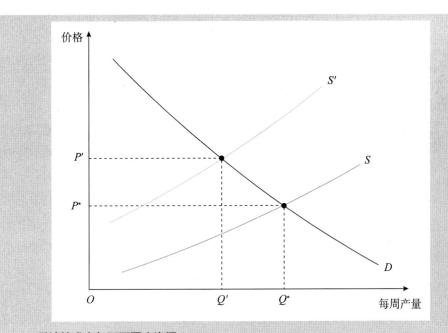

图 14-4 稀缺性成本与不可再生资源

　　开发不可再生资源的企业考虑当前生产的边际成本和未来生产的机会成本。企业的市场供给曲线（S'）超出它们的边际成本曲线，超出部分为稀缺性成本。

14.6.2 稀缺性成本的规模

　　稀缺性成本的实际价值取决于企业对资源的未来价格的看法。当期进行有限资源的生产会造成收益损失，资源的拥有者如果要正确地计算出这些损失的现值，就必须拥有关于这些价格的信息。[①] 举一个简单的例子，假设一个铜矿的拥有者相信，在 10 年后，铜的价格将会是每磅 1 美元。又由于铜的总量是固定的，因此，今天

_____

　　① 如果企业并非真正拥有资源（例如，假设处在公共土地上的煤矿），那么它们可能不会将稀缺性成本计算在内，因为企业可能认为将来无法继续利用资源。在第 16 章中，我们明确地考虑了资源公有所产生的外部性。

售出 1 磅铜，就代表失去 10 年后的 1 美元。如表 14-1 所示，当实际利率是 5% 时，此机会成本的现值约为 0.61 美元。假设铜矿的拥有者对铜是在今天还是在 10 年后出售并不关心，当前的市场价格应该约为 0.61 美元，因为这是唯一能反映现期和未来交易的均衡价格。假设生产铜的实际边际成本为每磅 0.35 美元，那么稀缺性成本就是每磅 0.26 美元。也就是说，每磅的价格将超过边际成本 0.26 美元。在这种情况下，价格超过边际成本并不像我们曾考虑过的那样，是无效率的标志。相反，这里的价格反映了资源使用的效率，因为消费者支付了与现期的资源生产相关的所有成本。

14.6.3　资源价格的时间模式

本部分讨论的一个重要结论是，在实际生产成本不变或企业对未来价格的预期不变的情况下，随着时间的推移，我们可以预期资源的相对价格是随实际利率上升而不断提高的。在我们前面的例子里，由于假设实际利率是 5%，预期铜的实际价格应以每年 5% 的速度增长。只有沿着这样的路径，在 10 年之后价格才能和 1 美元的现值相等。

> **？ 小测验 14.4**
>
> 假设氪石在地球上被发现，并且一家公司拥有全世界的供应量。
>
> 1. 垄断企业是否应该考虑稀缺性成本？
> 2. 垄断行业目前生产的氪石会比竞争行业少吗？

从其他角度也能直观地得出这个结论。任何拥有一些有限数量自然资源的企业，都以与评估其他投资相同的方式来为所持有的资源估值。由于实际利率代表了其他可能的投资收益，只有在资源价格以同样的速率上涨时，它们才能为拥有者带来收益。如果价格的上涨速度比实际利率要小，自然资源就会成为一种较差的投资，企业就会将资金移至别处。而价格上涨速度比实际利率大也是不稳定的，因为很快就会有投资者迅速抬高资源的当前价格，以获得额外的诱人收益。关于资源定价的这个重要结论可被用于研究经济中的多个重要问题，正如"**应用 14.6：任何资源都是稀缺的吗？**"中所示的那样。

应用 14.6

任何资源都是稀缺的吗？

"任何资源都是稀缺的吗？"这个问题当然是故意抬杠的。毕竟，地球的大小是有限的，因此自然资源（在空间里储存的资源）的总量最终也是固定的。今天的任何生产都必然会导致明天的产出量的减少。根据这种标准，所有的自然资源都是稀缺的。然而，这种稀缺性的经济后果是不明确的。

资源的价格趋势

在过去的一个世纪中，自然资源实际价格的基本走势是下降的。正如表 1 所示，在历史上，不同的资源如石油、煤、铝的价格每年都会下降一两个百分点。类似地，农田的价格实际上也是下降的，尽管速度比自然资源要慢。从这些数字中我们很难概括出实际的稀缺性价值，因为开采、提炼和勘探的相对成本下降了，这可能掩饰了稀缺性成本的上升态势。从 1970 年开始，资源实际价格的下降就减缓了，这确实可能意味着其与稀缺性成本的相关性不断增强。尽管如此，由稀缺性推动实际资源价格上涨的前景仍未成定局。

表 1　自然资源的实际价格（1990 年＝100）

资源	1870 年	1910 年	1950 年	1970 年	1990 年
石油	700	250	150	80	100
煤	550	350	200	110	100
铜	1 000	500	250	160	100
铁矿石	1 000	750	200	120	100
铝	—	800	180	110	100
农田	200	375	80	105	100

资料来源：改编自 W. D. Nordhaus, "Lethal Model 2: Limits to Growth Revisited," *Brookings Papers on Economic Activity*, no. 2 (1992): 24-26。

稀缺性的含义

即使自然资源的实际价格会遵循一条上升的路径，以表明其稀缺性，市场对这种趋势的反应可能也会很复杂。对总产出（GDP）的最终影响将会取决于许多因素，例如企业用价格更为稳定的要素来替代那些价格上升的投入要素的能力、资源价格上升趋势所导致的各种形式的节能型技术革新以及消费者降低对资源密集型产品的消费的意愿等。要想建立一个包括所有这些反应的模型，将是一项十分艰难的任务。一个谨慎的估计表明，到 2050 年，资源的稀缺性可能导致实际经济增长率降低 0.3%，这一降幅中有超过一半是因为不断加重的能源稀缺。[a] 当然，这个相对适度的估计是否会实际发生，是谁也说不准的事情。

思考题

1. 在解释市场价格的时候，应当如何将不断变化的资源开采费用作为一个因素包括进来？这种变化通过何种方式来掩盖稀缺性价值的变化？不断变化的相对开采成本所带来的可预期的最大影响是什么？

2. 为什么经济学家和环境科学家在资源稀缺性问题上观点如此不同？环境科学家难道不理解价格机制的运行能够减轻资源稀缺的影响吗？还是经济学家们错误地认为，在环境受到威胁时，市场会有效运行？

a. W. D. Nordhaus, "Lethal Model 2: Limits to Growth Revisited," *Brookings Papers on Economic Activity*, no. 2 (1992): 1-43.

小　结

在本章，我们考察了一些有关资本市场上跨期决策的经济问题。讨论主要集中在实际利率（r）所扮演的角色上，它本质上是联系一个时期和下一个时期的"价格"。这次考察所得的一些重要结论如下：

- 实际利率会影响个人的储蓄决策。尽管利率变化带来的收入效应和替代效应所起的作用方向相反，但是一般认为（跨期）替代效应更大一些。因此，r 的上升会导致储蓄（和贷款）的上升。

- 无论企业是租用还是自己拥有设备，实际利率都代表了企业资本的成本。r 的上升会提高资本设备的租金率，减少对它们的使用，也减少对贷款的需求。

- 实际利率由贷款的供给和需求决定。贷款是由个人通过储蓄提供的，而企业需要贷款来为购买资本设备提供资金。

- 由于存在机会成本——利息，不同时期的支出和收入不能直接相比较。这种现金流必须被贴现之后，才能在一个共同现值的基础上进行比较。投资决策尤其需要应用贴现。

- 有限资源的生产涉及反映稀缺性的额外成本。这些成本的产生是由于当前生产涉及某种机会成本，该成本表现为放弃未来销售机会。

复习题

14

1. 有些经济变量是"存量"，即它们所代表的某物的总价值是在某一时点而不是每期的"流量"。解释下面的流量和存量变量之间的联系。

流量	存量
个人储蓄	个人财富
企业投资	企业资本
教育	人力资本
黄金的产量	黄金

2. 解释为什么图 14-1 所描述的跨期预算约束可以解释为要求个人选择 C_0 和 C_1，从而使得消费的现值等于他们现期的收入。

3. 假设一个人在给定的消费水平上，无论是现期消费还是未来消费，所能获得的效用都是一样的。假设消费的边际效用也是递减的，为什么你会认为他是没有耐心的，即总是选择 C_0 比 C_1 更大？（提示：以 C_0 表示的 C_1 的相对价格是多少？）

4. 有时退休计划者会建议人们为退休收入设定目标。例如，这种建议可能是"确保在你 60

岁的时候你已经攒下了 100 万美元"。假设目标保持不变，实际利率的上升会如何影响人们为了达到此目标而储蓄直到实现所需的水平？当实际利率变化时，保持目标不变还合适吗？

5. P. T. 布劳沃德（P. T. Blowhard）是壕沟（Ditch）工业公司的 CEO。听闻他要针对挖壕沟的投入选择做如下声明："我们借款 100 000 美元来购买沟神钻机（Ditch Witch），尽管这台机器现在对任何其他企业来说都毫无价值，但我们要为此每年支付 8 000 美元的利息。我们可以通过借款 70 000 美元来买一台新的沟神王钻机（Ditch King）来进行同样的工作，而利息只有 5 600 美元。"你对此论述做何评论？假设这些机器相互之间是完全替代品，使用租金率最低的机器可以最小化成本。哪一台机器的租金率比较低？

6. 为企业购买新的大楼可以节约多少租金？CEO 布劳沃德对此进行了计算，并通过讨论其计算来显示他的经济学智慧："我们如果购买自己的大楼，每年可以省下 25 000 美元租金。表 14A-3（见第 14 章附录）显示，在 25 年的时间里，按照 5% 的实际利率计算，省下来的钱的现值约为 350 000 美元。但这显然还是低估了，因为存在普遍通胀，我们的租金一定会上升。因此我十分确信，以 500 000 美元以下的价格购买大楼，对我们来说都是有利可图的。"CEO 这次说对了吗？他应该如何将预期的通胀计入未来的租金？

7. 图 14-3 显示了实际利率是如何由贷款的供给和需求决定的。解释为什么这个过程同样决定了资本拥有者在实物资本投资上所可以预期的收益率。也就是说，你如何使得可贷资金的利率理论和资本回报的利率理论相一致？如果你是富有冒险精神的，你可以用你在宏观经济学中所学的任何理论来协调这些理论。

8. 假设奇迹谷物（Wonder Grain）的一个垄断农场主必须在今年支付生产的所有成本，但是要等下一年才能把产品售出。为什么这个农场要获得利润最大化产出水平，必须满足 $MR=MC(1+r)$？解释为什么这个利润最大化条件将所有成本都包括了？如果利率上升，这个农场主将如何改变他或她的产量决定？请直观地解释你的结果。解释为什么这个农场应该雇用任何要素投入（例如劳动），直到 $MRP_L=w(1+r)$。

9. 为什么稀缺性成本只有在资源有限的情况下才会产生？鱼或树木等可再生资源的生产者是否也会遇到稀缺性成本？解释这些情况的区别。

10. 我们关于可耗竭型资源的定价理论认为，这些资源的价格（相对于其他产品的价格）会以与实际利率相同的速度增长。关于自然资源的实际生产成本，这个结论做了什么样的假设？

a. 它是固定的。

b. 它以与总的通货膨胀率相同的速度增长。

c. 相对于其他产品来说，它的价格也以与实际利率相同的速度增长。解释你的答案，并讨论如果你的假设不成立，预期资源的价格将如何变化。

习 题

14.1 个人在计划他或她下两期的消费时，所面对的预算约束就是跨期预算约束，其中在这两期里消费和支出的现值必须相等：

$$C_0+C_1/(1+r)=Y_0+Y_1/(1+r)$$

其中，Y 和 C 分别代表收入和消费，下标代表两个不同时期。

　　a. 解释这个约束的含义。

　　b. 如果 $Y_0>C_0$，那么这个人在第 0 期进行储蓄。为什么这暗示了 $Y_1<C_1$？

　　c. 如果这个人在第 0 期就开始储蓄，为什么 Y_0-C_0 比 C_1-Y_1 要小？

　　14.2　灵活的菲尼克斯（Flexible Felix）将现在和未来的消费视为完全替代品。当然，他也会将未来的消费略微折价，以反映他生活的不确定性。因此他的效用函数为：

$$U(C_0，C_1)=C_0+C_1/(1+\delta)$$

式中，δ（一个小的正数）是他对 C_1 的贴现率。

　　a. 画出菲尼克斯的无差异曲线。

　　b. 证明，当 r（实际利率）超过 δ 时，$C_0=0$。

　　c. 证明，当 $r<\delta$ 时，$C_1=0$。

　　d. 你如何概括一个人的储蓄行为和他或她的没耐心程度之间的关系？你得出了什么结论？

　　14.3　普鲁登斯（Prudence）和格利特（Glitter）是室友，他们从大学毕业之后得到了相同的工作。这份工作在今年支付给他们 50 000 美元，在下一年支付 55 000 美元。这两个室友有不同的效用函数，他们的边际替代率分别为：

普鲁登斯的 $MRS=C_1/3C_0$

格利特的 $MRS=3C_1/C_0$

假设实际利率为 10%。

　　a. 每个人的收入现值各是多少？

　　b. 先看普鲁登斯，她的效用最大化条件是什么？

　　c. 为了满足效用最大化条件，从而使得她的消费现值等于收入现值，普鲁登斯应如何在 C_0 和 C_1 之间选择？她在第 0 期将借入或储蓄多少钱？

　　d. 对于 c 问，回答关于格利特的情况。

　　14.4　机器人科学（Robotics）公司仅使用计算机驱动的机器人来生产可爱的玩具。每年生产的玩具数量（T）由 $T=10\sqrt{R}$ 给出。R 是在每年的生产中使用的机器人。

　　a. 若每个机器人的市场价格为 2 000 美元，实际利率为 0.05，机器人的折旧率为 0.10，企业使用机器人的隐性租金率是多少？

　　b. 企业生产 T 的总成本函数是什么？

　　c. 若可爱玩具的售价是 60 美元，企业会选择生产多少？（提示：若总成本 $=kT^2$，那么使用微积分知识我们可以知道边际成本 $=2kT$。）

　　d. 企业每年会投入使用多少机器人？

　　14.5　Acme 垃圾填埋场公司正在考虑购买 10 辆新的垃圾收集车。每辆收集车要花费 50 000 美元，可以使用 7 年。该公司估计，只要收集车持续使用，这次购买就可以使其每年增加 100 000 美元的收入。假设实际利率为 10%，生产商应该购买这 10 辆收集车吗？如果实际利率降至 8%，你的答案会变化吗？

14.6 随着时间的推移，苏格兰威士忌的价值也会增长。对于任意时间 t，一桶威士忌的价值由 $V = 100t - 6t^2$ 决定。这也就意味着威士忌价值成比例地以速率 $(100 - 12t)/V$ 升高。

a. 画出这种苏格兰酒的价值函数。

b. 在 t 为何值时，一桶酒的价值最大？

c. 若实际利率为 5%，经销商应在何时立刻把酒卖掉？

d. 若实际利率变为 10%，经销商的决定会如何变化？（提示：要解答 d 问，你需要使用二次方程。）

14.7 为了计算有限资源的稀缺性成本，必须假定未来某天的价格。例如可以假设铂金的实际价格在 25 年后会达到每盎司 4 000 美元。

a. 若实际利率为 5%，并且生产铂金的实际成本在此后 25 年内都不会发生变化，那么今天的均衡价格应为多少？

b. 如果现在生产铂金的成本是每盎司 100 美元，现在的稀缺性成本为多少？

c. 25 年后的稀缺性成本会是多少？

d. 假设资源市场处于均衡中，铂金的实际生产成本保持不变，那么 50 年后铂金的实际均衡价格会是多少？

注意： 习题 14.8～14.10 广泛使用了本章附录中的复利理论。

14.8 一个固执的人寿保险推销员这样提议："对于你现在的年龄（40 岁），100 000 美元的终身寿保计划要比定期寿保计划好得多。终身寿保计划要求你在接下来的 4 年中每年支付 2 000 美元，之后就不用再支付了。而定期寿保计划要求你在剩余的时间内每年都必须支付 400 美元。我们假设你还能存活 35 年，也就是说，对于终身寿保计划来说你需要支付 8 000 美元，但是对于定期寿保计划来说你要支付 14 000 美元！该做什么样的选择就很明显了！"

a. 该做什么样的选择很明显吗？最佳选择是如何取决于利率的？

b. 如果利率是 10%，哪种计划是最佳选择？

14.9 一个卖汽车的人曾经对本书作者之一做过如下提议："如果你用现金购买这辆价值 10 000 美元的轿车，你就会在以后的 3 年中失去至少 1 500 美元的利息（假设利率是每年 5%）。如果你参加我们的一个低成本汽车贷款，你只需要在随后的三年中每个月支付 315 美元。总共支付 11 340 美元——10 000 美元的购车款和 1 340 美元的利息。我们的汽车贷款可以为你节省 160 美元的利息。"你对此论述做何评论？

14.10 尽管永久债券在美国是非法的，但是有时候假设利息是永久性支付的，可以很容易说明基于式（14A.24）的一些结论。请用该式来说明：

a. 假设没有通货膨胀，每年支付 10 美元，实际利率为 5% 的债券的价值是 200 美元。

b. 如果通货膨胀率是每年 3%，利率也以同样的速度上涨，永久债券的价值仍然是 200 美元。

c.如果通货膨胀率是每年 3%，债券固定支付 10 美元，那么以下两种方式都能够表明永久债券的现值是 125 美元：

ⅰ.假设名义利率是 8%，用这个利率来贴现。

ⅱ.根据通货膨胀率来调整每个时期的 10 美元支付，使用 5% 的实际贴现率来贴现。〔提示：当 r（实际利率）和 p^e（预期通货膨胀率）的值都较小时，使用约等式 $(1+r)(1+p^e) \approx 1+r+p^e$ 会更容易。〕

第 14 章附录 复 利

人们几乎每天都会遇到复利。衡量银行账户的回报、估计汽车贷款的真正成本以及用抵押贷款购买一栋房子都涉及利率的计算。如何进行这些计算？本章附录将会展示其中几种方法。将要介绍的方法不仅在经济学课堂中会用到，在许多个人经济决策中也同样有用。

14A.1 利 息

利息（interest）是针对货币的时间价值的支付。一个借款人为了他或她自己的目的，在某个时候需要资金，而作为回报则要给贷款人一些补偿。通常，利率是以所借资金（本金）的某个百分比来表示的。例如，年利率 5% 意味着借入 100 美元的人每年要支付 5 美元利息。

在本章附录中，我们假设市场年利率为 i，并且这个利率将持续到下一年。处理从一个时期到另一个时期变化的利率是一件相对简单的事情，但我们在这里不考虑它们。同时，i 是名义利率（例如银行提供的利率），还是根据期间通货膨胀率调整过的实际利率，这个问题我们也没有太在意。[1] 复利的计算对于名义利率和实际利率来说是一样的。

14A.2 复利的计算

如果你在银行内存放资金超过一个时期，你就会得到复利（compound interest）——不仅你的本金会产生利息，在之前时期得到的、存放在银行中的利息也会产生利息。复利是相对复杂的，并且在长期内可能会导致戏剧性的增长。

14A.2.1 一年的利息

如果你以利率 i 投资了 1 美元，那么在一年年末你会有：

$$1+1\times i=1\times(1+i)(\text{美元}) \tag{14A.1}$$

例如，如果 i 是 5%，那么在一年年末你会得到：

$$1+1\times0.05=1\times1.05=1.05(\text{美元}) \tag{14A.2}$$

14A.2.2 两年的利息

如果在第一年年末，你将你的钱留在银行中，你的本金 1 美元和第一年你所得的利息都

---

[1] 关于名义利率与实际利率的关系的讨论，见本附录后面。

会再产生利息。因此在第二年年末你会得到：

$$1\times(1+i)+1\times(1+i)\times i =1\times(1+i)(1+i)$$
$$=1\times(1+i)^2(美元)\tag{14A.3}$$

将 $(1+i)^2$ 展开会有助于理解这个等式：

$$(1+i)^2=1+2i+i^2\tag{14A.4}$$

在第二年年末，1 美元会增长为：

$$1\times(1+i)^2=1\times(1+2i+i^2)$$
$$=1+1\times(2i)+1\times i^2(美元)\tag{14A.5}$$

在第二年年末，你将会得到以下三部分的总和：

a.你的本金 1 美元；

b.1 美元本金两年的单利，即 $1\times(2i)$（美元）；

c.第一年利息产生的利息，即 $[(1\times i)\times i]=1\times i^2$（美元）。

如果利率为 5%，在第二年年末你会得到：

$$1\times(1.05)^2=1\times(1.102\ 5)=1.102\ 5(美元)\tag{14A.6}$$

这代表了你的本金 1 美元、本金在两年中产生的利息（即 0.1 美元）以及第一年的利息产生的利息（0.05 美元的 5%，即 0.002 5 美元）的总和。你得到的比 1.10 美元要多，这一事实就是复利（也就是过去的利息产生利息）的结果。如果我们将目光投向更长时期，这种复利效应就变得更显著了。

14A.2.3 三年的利息

如果现在你将过了两年、变成了 $1\times(1+i)^2$ 美元的这些资金在银行中再存放一年，那么在第三年年末你将会得到：

$$1\times(1+i)^2+1\times(1+i)^2\times i =1\times(1+i)^2(1+i)$$
$$=1\times(1+i)^3(美元)\tag{14A.7}$$

对于 5% 的利率，这个量是：

$$1\times(1+0.05)^3=1\times1.157\ 625=1.157\ 625(美元)\tag{14A.8}$$

你得到的比 1 美元的本金和三年的单利之和（0.15 美元）要多这一事实反映了复利的作用。

14A.2.4 一个总的公式

到现在为止，这个模式应该已经很清楚了。如果你将 1 美元在银行里存放任意 n 年，则在这个时期结束时你会得到：

$$1美元在 n 年中复利的价值=1\times(1+i)^n(美元)\tag{14A.9}$$

如果是 5% 的利率和 10 年时期，你会得到：

$$1 \times (1.05)^{10} = 1 \times 1.628\ 89 \cdots \approx 1.628\ 89（美元）\tag{14A.10}$$

如果没有复利，你将会得到 1.50 美元——你的本金 1 美元加上 10 年时期每年 0.05 美元的利息。另外的 0.128 89 美元是通过复利得来的。

❓ 小测验 14A.1

项 $(1+i)^3$ 可以展开为 $1 + 3i + 3i^2 + i^3$。为了完整体现复利效应，请详细解释该公式中的每一项。你可能需要进行因式分解来使你的解释清楚明了。

为了进一步说明复利的作用，表 14A-1 展示了 1 美元在不同时期、不同利率下按复利计算的价值。[①] 请注意在较长的时期内复利发挥的重要作用。例如，表中显示，在 5% 的利率下，1 美元在 100 年后会增长至 131.50 美元。这代表了本金 1 美元、5 美元的单利（100 年内每年 0.05 美元）以及巨额的前期利息产生的利息 125.50 美元。在更高的利率水平下，复利的效果会更显著。因为这样的话可以产生利息的前期利息会更多。在 1% 的利率下，100 年累积下来的资金中大概只有 26% 产生自复利。在 10% 的利率下，累积下来的巨额资金中有 99.9% 以上代表了复利的作用。

表 14A-1　初始投资 1 美元在不同利率和时期下的复利效果　　　单位：美元

年限	利率			
	1%	3%	5%	10%
1	1.010 0	1.030 0	1.050 0	1.100 0
2	1.020 1	1.060 9	1.102 5	1.210 0
3	1.030 3	1.092 7	1.157 6	1.331 0
5	1.051 0	1.159 0	1.276 3	1.610 5
10	1.104 6	1.344 0	1.628 9	2.593 7
25	1.282 0	2.094 0	3.386 3	10.834 7
50	1.645 0	4.384 0	11.467 4	117.390 9
100	2.705 0	19.219 0	131.501 3	13 780.612 3

14A.2.5　任意金额的复利

至此，我们在所有计算中都使用 1 美元，这只是为了方便起见。任意其他金额的增长都可以以完全相同的方式进行。投资 1 000 美元与投资 1 000 张 1 美元的效果是一样的——在 5% 的利率下，一年之后会增至 1 050（=1 000×1.05）美元；10 年之后会增至 1 629（=1 000×1.629）美元；在 100 年后会增至 131 501（=1 000×131.501）美元。

用代数方法来计算，在利率 i 下，n 年 D 美元投资将会增至：

---

① 本章附录中的所有计算都是用一部惠普金融计算器完成的——它是一部广受推荐的设备。德州仪器公司计算器的更新版本也是个不错的选择。

$$n \text{ 年 } D \text{ 美元投资的价值} = D \times (1+i)^n (\text{美元}) \qquad (14\text{A}.11)$$

"**应用 14A.1：疯狂的复利**"展示了利用这个公式的一些极端情况。

应用 14A.1

疯狂的复利

如果时间足够长，复利的效果可能十分庞大。下面是作者最喜欢的三个例子。

曼哈顿岛

传说中，1623 年荷兰殖民者从土著居民手中"买下了"曼哈顿岛，当时只花了微不足道的 24 美元。对这个故事的通常版本是，卖者在这个交易中简直相当于被抢劫了。但是如果假设他们将这些钱拿去投资了呢？股票的平均实际收益率是 7%，让我们来计算一下这 24 美元如果投资在股票上，在出售曼哈顿岛之后的 390 年中会如何增长。

$$\text{到 2013 年这 24 美元的价值} = 24 \times (1.07)^{390}$$
$$= 24 \times 288\,000\,000\,000$$
$$= 6\,912\,000\,000\,000 (\text{美元})$$

也就是说，这些资金将增长到近 7 万亿美元——这个价值可能比曼哈顿岛上的土地今天的价值还要高。

费城的马粪

19 世纪 40 年代，费城的马匹数以每年 10% 的速度增长。市政官员害怕过分拥挤，决定限制城市里马匹的数量。这是件好事！如果 1845 年的 50 000 匹马继续以每年 10% 的速度增加，到 2013 年会有相当多的马：

$$\text{到 2013 年的马匹数量} = 50\,000 \times (1.10)^{168}$$
$$= 50\,000 \times (8\,994\,000)$$
$$= 449\,720\,000\,000$$

近 4 500 亿匹马会给这座城市带来一些问题。假设每匹马每天产生 0.25 立方英尺的粪便，那么每年就会有厚度为 3 000 英尺左右的粪便覆盖在费城的每一平方英尺的土地上。幸好"兄弟般爱之城"（the City of Brotherly Love）（作者尼科尔森的故乡）通过政府的行动避免了这一情况的出现。

澳大利亚的兔子

兔子是在 1860 年首次被引入澳大利亚的。在这个国家它们几乎没有天敌，于是迅速成倍地增长起来。如果我们假设由两只兔子开始这个过程，兔子总数以每年 100% 的速度增长，那么仅仅 20 年后就有：

$$\text{到 1880 年的兔子数量} = 2 \times (1+1)^{20} = 2^{21} = 2\,097\,152$$

如果在接下来的133年里兔子继续增长，到2013年将有2^{154}只兔子，相当于澳大利亚每平方英尺有数万亿只兔子。显然，他们建造防兔篱笆的做法是正确的。

思考题

1.这些例子中荒谬的数字显示，计算中有地方出错了。你是否能准确地指出为什么它们纯粹都是胡话？

2.在很高的利率水平下复利可能会导致惊人的结果。通常人们会关注一些发展中国家很高的利率（50％或者更多），并且计算它们在短短几年时间内就会变得多么富裕。人们忘记了什么？

14A.3 贴现值

由于投资的资金会产生利息，所以今天你能够得到的1美元比到明年才能得到的1美元要更有价值。你可以将今天得到的1美元存入银行，在一年之后就可以得到多于1美元。如果你一年之后才得到这1美元，这个本可以得到的利息就没有了。

经济学家使用贴现值——或者更简单地说，**现值**（present value）——来反映这个机会成本的概念。一年之后才能得到的1美元的现值，简单地等于你要在一年之后得到的1美元的话现在所必须存入银行的金额。例如，如果利率是5％，一年后1美元的现值大概等于0.95美元——如果你今天用0.95美元去投资，你将在一年之后得到1美元，所以说0.95美元准确地反映了一年后1美元的现值。

14A.3.1 代数定义

更正式地说，如果利率是i，那么一年后1美元的贴现值是$1/(1+i)$美元，因为：

$$\frac{1}{1+i} \cdot (1+i) = 1(美元) \tag{14A.12}$$

如果$i=5\%$，一年后1美元的贴现值（PDV）是：

$$PDV = \frac{1}{1.05} = 0.9524(美元) \tag{14A.13}$$

也即：

$$0.9524 \times 1.05 = 1(美元) \tag{14A.14}$$

类似地，可以使用任何利率来计算。例如，如果利率是3％，那么一年后的1美元贴现值是0.971美元；但当利率是10％时，贴现值就是0.909美元。利率越高，贴现值越低，因为等待得到这1美元所损失的机会成本更大了。

如果等待两年才能得到支付，那么由于损失了两年的利息，机会成本就更大了。在5％的利率水平下，0.907美元在两年后可以变成1美元，也就是说，$0.907 \times (1.05)^2 = 1$（美元）。因此，两年后支付的 1 美元现值只有 0.907 美元。更概括地讲，对于任意利率 i，两年后支付的 1 美元的现值为：

$$两年后支付的 1 美元的现值 = 1/(1+i)^2（美元） \tag{14A.15}$$

对于 5% 的利率来说就是：

$$两年后支付的 1 美元的现值 = 1/(1.05)^2$$
$$= 1/(1.1025) = 0.907（美元） \tag{14A.16}$$

14A.3.2 贴现值的一般公式

这个模式同样很清楚。对于任意利率 i，在任意 n 年之后支付的 1 美元的贴现值是：

$$n 年后支付的 1 美元的 PDV = 1/(1+i)^n（美元） \tag{14A.17}$$

贴现值计算是复利的反向计算。在复利的计算中，即式（14A.9），需要乘以因式 $(1+i)^n$，而在贴现值的计算中，即式（14A.17），则要除以该因式。类似地，n 年后支付的 D 美元的现值为：

$$n 年后支付的 D 美元的 PDV = D/(1+i)^n（美元） \tag{14A.18}$$

通过比较式（14A.11）和式（14A.18），你可以看到因式 $(1+i)^n$ 在公式中位置的不同。

在表 14A-2 中，作者们再次拿出计算器来计算了不同利率和时期后支付的 1 美元的贴现值。表中的项是表 14A-1 中各项的倒数，原因是复利和贴现是看待同一过程的两种方式。在表 14A-2 中，利率越高，特定年限后支付的 1 美元的贴现值越小。类似地，对于给定的利率，支付之前的时间越长，贴现值就越小。例如对于 10% 的利率来说，50 年后才支付的 1 美元的贴现值还不到今天的 1 美分（0.008 52 美元）。"**应用 14A.2：零息债券**"显示了贴现值的计算是如何在一种非常流行的金融资产中得到应用的。

表 14A-2 不同利率和时期下 1 美元的贴现值　　单位：美元

年限	利率			
	1%	3%	5%	10%
1	0.990 10	0.970 87	0.952 38	0.909 09
2	0.980 30	0.942 60	0.907 03	0.826 45
3	0.970 59	0.915 16	0.863 86	0.751 31
5	0.951 47	0.862 81	0.783 51	0.620 93
10	0.905 31	0.744 05	0.613 91	0.385 55
25	0.780 03	0.477 55	0.295 31	0.092 30
50	0.607 90	0.228 10	0.087 20	0.008 52
100	0.369 69	0.052 03	0.007 60	0.000 07

注：表中各项正好是表 14A-1 中各项的倒数。

零息债券

美国政府中期债券在过去是每半年付息一次的。对于利息，每只债券都有一系列的息票。持有者要把息票剪下来拿到美国财政部去领取利息。这就是"食利人"（上了年纪的靠持有的债券维生的守财奴）这个词的来源。当然，在今天息票已成为过去。债券持有者的信息都被记录在计算机文件里，而每到付息时支票都会按时送到他们手中。但是关于债券是"在特定日期可以拿去领取利息的一大本息票"的这个概念催生出了各种各样的创新。

零息债券的发明

最为重要的创新之一就是在 20 世纪 70 年代末期，金融机构开始大规模购买政府长期债券，并将利息（和本金的）支付"剥离出来"，形成某种单独的金融资产。举例而言，考虑一只 10 年期的中期债券，承诺每 1 000 美元债券每半年支付 20 美元的利息，并在 10 年后返还 1 000 美元的本金。一个大型金融机构可以购买 1 亿美元的这种债券，并在未来 20 个半年付息日，每次都可以得到 200 万美元利息。企业也可以出售 10 年到期的本金 1 亿美元。结果就是根据持有的债权创造出了 21 种新的金融资产。由于这些资产所承诺的回报都是由金融机构实际持有的债券来提供保障的，因此，它们对在未来这些特定日期需要资金的人来说是一项低风险投资。

PDV 公式的应用

由于利息和本金的支付在未来的某些日期才能得到，我们必须计算它们在今天的现值。我们假设利率为 5%，6 年后的 20 美元在今天价值 $20/(1+i)^6 = 20/(1.05)^6 = 14.92$（美元）。支付 14.92 美元来购买 6 年期、返息 5% 的 20 美元的人可以避免利息分期支付的问题。

零息债券的收益率

零息债券通常在公开市场当中进行交易。这种承诺在未来支付某个设定数额的债券的价格由供求力量决定，正如任何其他产品一样。随后使用这一市场价格，通过使用现值公式就可以计算出所承诺的潜在收益率（即实际利率）。举例来说，在 2013 年末，一只承诺在 10 年后支付 100 美元的 10 年期本息分离债券的定价大约是 72 美元。这一投资的收益能够通过求解下列方程的 i 而计算得到：

$$72 = \frac{100}{(1+i)^{10}}$$

或者

$$(1+i)^{10} = \frac{100}{72} = 1.388\ 9$$

所以

$$1+i=(1.388\ 9)^{0.1}=1.033\ 4$$

所以，这一零息债券所承诺的隐含利率是大约 3.34%。[a] 一个人以 72 美元购买这一零息债券，将等价于他或她的投资在 10 年后实现 3.34% 的利率。

思考题

1. 购买零息债券的人都必须一直持有到期吗？假设一个购买了如上所述的 10 年期本息分离债券的人在 4 年之后想要卖出它。他或她此项投资的实际收益率由什么决定？如果他或她想要将收益进行新的 10 年期投资，其收益率由什么决定？

2. 美国国库券的运作非常类似本息分离债券。到期价值为 1 000 美元的国库券进行折价售卖，买方通过持有到期获得隐含收益。例如，到期价值为 1 000 美元、65 天到期的国库券现在售价为 997 美元。这项投资的年收益率是多少？（提示：你要先计算投资的日收益率，然后将这项日收益率在 365 天内以复利计算才能得到有效的年收益率。）

[a]. 实际利率比这一数值还稍微低点，因为所考虑支付的利息是基于每天而非计算当中所假定的每年（参见应用 14A.3）。这一本息分离债券的每日收益率大约是 3.29%。

14A.4　贴现支付流

在不同时期支付的钱有不同的贴现值。在计算不同时点发生的支付流的真正价值时，必须非常小心——把它们简单地相加显然是不合适的。现在我们考虑一个有时会让作者很生气的情况。许多州的彩票承诺大奖奖金为在 25 年中进行支付的 100 万美元（或者有时多得多）。但是每年 40 000 美元、持续 25 年的支付并不"值"100 万美元。实际上，在 10% 的利率下，这样的现金流的现值仅有 363 200 美元——远远不到州政府虚假宣传金额的一半。下面的部分描述了计算过程。关于贴现支付流其实没有什么新的东西要学——它的计算总是要求小心地使用一般贴现公式。然而有时候重复使用公式会很消耗时间（例如收入会在未来的 100 个不同时点进行支付），我们这里的主要目的就是提出一些捷径。

> **小测验 14A.2**
>
> 如果利率是 5%，你愿意在第 5 年拥有 1 000 美元还是在第 25 年拥有 3 000 美元？如果利率变为 10%，你的答案会改变吗？

14A.4.1　代数表达

考虑一个支付流，该支付流承诺从明年开始每年支付 1 美元，并持续三年。应用式（14A.18），可以容易地看到这个支付流的现值为：

$$PDV=\frac{1}{1+i}+\frac{1}{(1+i)^2}+\frac{1}{(1+i)^3} \tag{14A.19}$$

如果利率是 5%，那么此时现值就是：

$$\frac{1}{1.05}+\frac{1}{(1.05)^2}+\frac{1}{(1.05)^3}=0.952\,3+0.907\,0+0.863\,9$$
$$=2.723\,2(美元) \tag{14A.20}$$

所以，由于在计算现值时要考虑失去的利息，三年中每年支付 1 美元的价值不到 3 美元，而是要少得多，就像在彩票的例子中那样。如果承诺支付的现金流的持续时间比三年还长，那么式（14A.19）中就要加入额外项。五年中每年支付 1 美元的现值是：

$$PDV=\frac{1}{1+i}+\frac{1}{(1+i)^2}+\frac{1}{(1+i)^3}+\frac{1}{(1+i)^4}+\frac{1}{(1+i)^5} \tag{14A.21}$$

在 5% 的利率水平下大概是 4.33 美元。再一次看到，五年中每年支付 1 美元的价值不到 5 美元。

只要增加正确数量的项，PDV 公式就可以被推广应用到任意年数（n）：

$$PDV=\frac{1}{1+i}+\frac{1}{(1+i)^2}+\cdots+\frac{1}{(1+i)^n} \tag{14A.22}$$

表 14A-3 使用这个公式来计算不同利率和不同年限的每年 1 美元的价值。表中数字的一些特性很重要，在讨论现值时应当记住。正像之前所指出的那样，从现值的角度来看，"流"的实际价值都达不到支付的那个美元数。这些数字往往少于支付 1 美元的年数。即使是对于较低的利率来说，差距也是可观的。若利率为 3%，100 年中每年支付 1 美元，其现值只有 31 美元。对于更高的利率来说，贴现的效果就更明显了。如果利率是 10%，100 年中每年支付 1 美元，其现值还不到 10 美元。

表 14A-3　不同利率和时期中每年支付 1 美元的现值　　　　　单位：美元

年限	利率			
	1%	3%	5%	10%
1	0.99	0.97	0.95	0.91
2	1.97	1.91	1.86	1.74
3	2.94	2.83	2.72	2.49
5	4.85	4.58	4.33	3.79
10	9.47	8.53	7.72	6.14
25	22.02	17.41	14.09	9.08
50	39.20	25.73	18.26	9.91
100	63.02	31.60	19.85	9.99
永续	100.00	33.33	20.00	10.00

14A.4.2　永续支付

表 14A-3 最后一行的各项显示了每年支付 1 美元的"永续"支付流的价值。为了理解其计算过程，我们可以改用稍微不同的方法来提出这个问题。在任意利率 i 下，你要投资多

少钱（X 美元）才能永久地每年获得 1 美元收益？也就是说，我们想找到满足下式的 X：

$$1 = i \times X \tag{14A.23}$$

但这仅仅意味着

$$X = 1/i \tag{14A.24}$$

也就是表中数据的计算方式。例如，在 5% 的利率下，永续地每年支付 1 美元的现值为 20（$= 1/0.05$）美元。如果利率是 10%，那么这一数字就是 10（$= 1/0.10$）美元。这种永续的**支付流**叫作**永续年金**（perpetuity）。尽管严格来讲在美国这是非法的，但一些其他国家确实允许订立这种无限期的合同。例如在英国，17 世纪最初订立的永续年金仍然在买卖。式（14A.24）显示，即使是承诺支付无限数量（因为支付永不停止）的永续年金，从现值来看也不是很多。实际上，如果利率相对较高，那么在 25 年或者 50 年后或者是永久支付每年 1 美元没有多大区别。例如，在 10% 的利率下永续年金（承诺支付无限多的金额）的现值仅比承诺 25 年内每年支付 1 美元的现值高 0.92 美元。25 年后收到的无限金额今天只值 0.92 美元。①

14A.4.3　变化的支付流

每年支付相同金额的支付流的现值可以用每年 1 美元的现值乘以支付数额来计算。在本部分开头提到的彩票例子中，我们计算了 25 年、每年支付 40 000 美元的现值。可以根据表 14A-3 中 10% 利率下每年支付 1 美元的现值的 40 000 倍来计算（40 000 × 9.08 = 363 200 美元）。任意其他持续支付流的现值都可以使用类似的方式计算。

当支付额逐年变化时，计算过程可能会变得很复杂。每次支付都必须使用式（14A.18）中的正确贴现系数来分别贴现。我们可以用更概括的方式来说明，用 D_i 代表在任意第 i 年中支付的数额。那么支付流的现值就是：

$$PDV = \frac{D_1}{1+i} + \frac{D_2}{(1+i)^2} + \frac{D_3}{(1+i)^3} + \cdots + \frac{D_n}{(1+i)^n} \tag{14A.25}$$

---

①　使用永续年金公式是计算有限年限流量的简单方式。假设我们想要计算 10% 利率、25 年期、每年支付 1 美元的现金流的现值。如果使用式（14A.22），我们就要计算 25 项。但是我们可以注意到，25 年的支付流是减去 26 年及其后支付的永久支付。永续支付流的现值为：

$$\frac{1}{i} = \frac{1}{0.10} = 10（美元）$$

而从第 25 年开始的永续支付流现值为：

$$\frac{10}{(1+i)^{25}} = \frac{10}{(1+0.10)^{25}} = \frac{10}{10.83} = 0.92（美元）$$

25 年的支付流的价值为：

$$10 - 0.92 = 9.08（美元）$$

即表 14A.3 中所给出的数字。

更为概括地说，在利率 i 下，持续支付 n 年每年 1 美元的支付流的现值为：

$$PDV = \frac{1}{i} - \frac{\frac{1}{i}}{(1+i)^n} = \frac{1}{i} \left[1 - \frac{1}{(1+i)^n} \right]$$

这里，每一个 D 都可能是正的，也可能是负的，取决于是获得资金还是支出资金。在有些情况下，计算可能非常复杂，就像我们在应用 14.5 中所看到的那样。但是式（14A.25）还是能提供一种计算所有现值的标准形式。

14A.4.4 计算收益率

式（14A.25）也可以用来计算任何支付流所承诺的**收益率**（yield）。也就是说，我们可以使用该式计算将任意支付流贴现到买者必须支付的价钱时使用的利率。如果我们假设 P 是支付流的价格，并且知道支付的时期（$D_1, \cdots, D_n$），那么式（14A.25）就会变为：

$$P = PDV = \frac{D_1}{1+i} + \frac{D_2}{(1+i)^2} + \cdots + \frac{D_n}{(1+i)^n} \tag{14A.26}$$

即，现在 i 是待计算的未知数。我们设 $\delta = 1/(1+i)$，就可以知道如何解这个式子了。式（14A.26）可以写作：

$$P = \delta D_1 + \delta^2 D_2 + \cdots + \delta^n D_n \tag{14A.27}$$

这是个关于未知数 δ 的 n 次多项式。利用这个等式通常可解出 δ，因此也就能解出支付流的收益率（或内部收益率）。

14A.4.5 阅读债券表

这种计算最普遍的应用之一就是计算债券的收益率。大多数普通债券会承诺在给定的年限中每年支付利息，并且在债券到期时偿还本金。例如，假设一个债券经纪人的债券表列出了一项"2038 年 5 月到期的 6.25% 债券"，现售价为 1 260 美元。这只债券就是承诺每年支付票面价值（1 000 美元）的 6.25%，从 2013 年开始的 25 年支付结束后返还 1 000 美元本金。这只债券的收益率可以由下式中的 δ［有 $i = (1-\delta)/\delta$］给出[①]：

$$1\ 260 = 62.5\delta + 62.5\delta^2 + \cdots + 62.5\delta^{25} + 1\ 000\delta^{25} \tag{14A.28}$$

计算结果相当于 4.46%，这就是这只债券的收益率。注意，在此情况下，收益率比利率要小，部分原因是债券的现售价比 1 000 美元要高。

14A.5 复利的频率

迄今为止我们仅仅讨论了每年复利一次的利息支付。也就是说，利息在每年年末进行支付，直到下一年开始时利息本身才开始计息。在过去，银行就是这样运作的。每年 1 月，储户要把存折拿到银行去，这样就可以加上上年的利息了。在 1 月 1 日取出钱的人会失去本年的利息。

然而从 20 世纪 60 年代开始，银行和其他金融机构都开始更频繁地使用复利，一般是每日一次。由于更频繁地计复利意味着之前的投资可以更加迅速地开始赚钱，这对投资者来说提供了一些额外的利息。在这一部分，我们使用已经找到的工具来探讨这一话题。

---

① 实际计算比这里描述的要稍微复杂一点，因为必须根据支付利息和本金时的实际日期进行调整。一般利息每半年支付一次。

14A.5.1 半年复利

就像之前一样，假设年利率由 i 给出（或者像我们的某些例子中一样，为 5%）。但是现在假设银行同意一年支付两次利息——1 月 1 日和 7 月 1 日。如果你在 1 月 1 日存入了 1 美元，到了 7 月 1 日就会增长至 $1 \times (1+i/2)$ 美元，因为你已经得到了这半年的利息。如果利率是 5%，7 月 1 日你就会在 1.025 美元而非 1 美元的基础上赚取利息。

到年末，你就会有 $1.025 \times 1.025 = 1.050\,63$（美元），这比年复利得到的 1.05 美元稍微多一些。更概括地讲，对于任意利率 i，在一年年末，半年复利的收益是：

$$1 \times (1+i/2)(1+i/2) = 1 \times (1+i/2)^2 \tag{14A.29}$$

可以用一个简单的代数式来表示，这比年复利要更多：

$$1 \times (1+i/2)^2 = 1 \times (1+i+i^2/4)$$
$$= 1 \times (1+i) + 1 \times i^2/4 \tag{14A.30}$$

很显然，这比 $1 \times (1+i)$ 要更大。式（14A.30）的最后一项反映了在前半年所赚取的利息——$1 \times (i/2)$——乘以后半年的利率（$i/2$）。这就是半年复利所额外获得的部分。

14A.5.2 一般处理方法

我们可以将该代数讨论扩展至更频繁地计复利——每季、每月或者每日——的情形，但是不用加入很多新信息。更频繁地计复利会持续地增加 5% 年利率下可实际提供的有效收益。表 14A-4 显示了在不同的持续时间内，计复利的频率不同将会有什么影响。使用月度而非年度复利的收益相对较大，尤其是在长期内，有效收益率的微小差异可能会产生巨大影响。然而，从月度到每日计复利的涨幅相对不多。更频繁地计复利（每一秒？）所能得到的额外收益就更小了。"应用 14A.3：连续复利"显示了，由于某些原因，使用这样频繁的复利可以使计算大大简化。

表 14A-4 在年利率 5%、不同的复利频率和不同年限下的 1 美元的价值　单位：美元

年限	频率			
	每年一次	半年一次	每月一次	每日一次
1	1.050 0	1.050 6	1.051 2	1.051 3
2	1.102 5	1.103 8	1.104 9	1.105 2
3	1.157 6	1.159 6	1.161 5	1.161 8
5	1.276 3	1.280 1	1.283 4	1.284 0
10	1.628 9	1.638 6	1.647 1	1.648 7

续表

年限	频率			
	每年一次	半年一次	每月一次	每日一次
25	3.386 3	3.437 1	3.481 6	3.490 0
50	11.467 4	11.813 7	12.121 8	12.180 3
100	131.501 3	139.563 9	146.938 0	148.360 7

应用 14A.3

连续复利

可能这会很令人吃惊，但是在连续复利（在每一瞬间都计算复利）的计算中所需的数学知识真的非常简单。熟悉连续复利可以让你对利息的计算做一个很好的估计，否则这可能会很麻烦。

令人惊讶的 e

在数学中最重要的常数[a]之一就是 "e"，其值约等于 2.718 281 828。数学家欧拉（Euler）在 1727 年发现了这个常数，也解释了选择这个字母的原因。这个常数好像在数学中随处可见。对于我们来说，e 的最重要的价值就在连续复利的计算中。考虑年利率 i，在一年中计复利 n 次。复利的结果是：

$$\left(1+\frac{i}{n}\right)^n$$

如果 n 达到无穷，那么这个表达式的值就是 e^i。例如，$i=0.05$，$e^i=e^{0.05}=1.051\ 27$。那么年利率 5% 的连续复利的有效年收益率就是 5.13%。如果连续 t 年计复利，那么 1 美元就会变为 $1\times(e^i)^t=1\times e^{it}$（美元）。

70 规则

连续复利的一个简单应用就是提供了一种基于经验的简略方法，来计算任意给定利率下翻倍的情形。为了找出计算翻倍所需时间的方法，我们要解出 $e^{it}=2$ 中的 t。使用自然对数：

$$t^*=\frac{\ln 2}{i}=\frac{0.691\ 3}{i}$$

如果我们将 0.691 3 约等于 0.70，这就是 "70 规则"。为了计算任意翻倍的时间，只需用利率去除 0.70。例如，任何每年增长 5% 的事物都会在约 14（＝0.70/0.05）年之后翻倍。

积和商的增长率

当经济量遵循指数增长率时，涉及两个或多个序列的联合计算可以非常简单。例如，假设我们有两个序列，x 和 y，分别以 r_1 和 r_2 的速率增长，那么 $x \cdot y$ 的积就会这样增长：

$$z = x \times y = e^{r_1 t} \times e^{r_2 t} = e^{(r_1 + r_2)t} \qquad (\text{i})$$

也就是说，两个变量乘积的增长率与两个变量的增长率之和相同。例如，如果实际 GDP 每年增长 3%，通胀率是每年 2%，那么名义 GDP 就是以 5% 的速率增长。两个变量的商的增长率也有类似的计算结果。也就是说，两个变量之商的增长率与两变量增长率之差相同。例如，如果实际 GDP 每年增长 3%，人口增长率是每年 1%，那么人均 GDP 就会以 2% 的速率增长。

贴现

对于连续复利，合适的贴现率就是 e^{-it}，它与离散型复利中的 $1/(1+i)^t$ 扮演着相同的角色。任何连续的支付流都可以用这个因子来贴现出今天的现值。举一个简单的例子，在 5% 的利率水平下，25 年内每年支付 1 美元，贴现值为：

$$
\begin{aligned}
PDV &= \int_0^{25} 1 \times e^{-0.05t} \, dt = 1 \times \frac{e^{-0.05t}}{-0.05} \Big|_0^{25} \\
&= 1 \times \left(\frac{e^{-1.25}}{-0.05} - \frac{1}{-0.05} \right) \\
&= 20 \times (1 - e^{-1.25}) = 14.27(\text{美元}) \qquad (\text{ii})
\end{aligned}
$$

思考题

1. 美国消费者价格指数在 1995 年是 152，在 2013 年是 233。你会如何应用复利公式来计算这 18 年中的年变化率？

2. 你会如何将式（ii）变形来计算永久性每年支付 1 美元的价值？

a. 可以显示 e 的重要性的一件事，是 Google 在 2004 年首次公开上市时精确地售出了价值 2 718 281 828 美元的股票。也就是说，它售出了价值为 e 的十亿倍的股票。该公司在 2005 年的股票发行是基于 π 的。

14A.5.3 实际利率对比名义利率

尽管我们并没有在这一附录的复利讨论中区分实际利率和名义利率，但是第 14 章的分析已经清楚地表明对于许多经济决策来说重要的是实际（通胀调整的）利率。在这一小节中，我们将研究名义利率这一更常见的概念和实际利率之间的关系。

假设你现在正在考虑 1 美元的一期贷款。借款人同意支付你一期的名义利率 i。因而，他或她承诺在下期返还给你 $1 \times (1+i)$ 美元，但是这一承诺完全是按照名义价值计算的——它并没有考虑在这两期之间的任何可能的通货膨胀。因为作为一个出借人你最终关心的是你从你的贷款中所收到的钱能够在下一年购买的东西，所以你需要用预期通胀来贴现你收到的钱。如果总体价格水平的预期变化比例是 p^e，那么你的贷款返还额的实际价值是

$$\text{还款的实际价值} = \frac{1+i}{1+p^e} \qquad (14A.31)$$

现在，我们使用这一表达式来将这一贷款所支付的实际利率（r）定义为

$$1+r=\frac{1+i}{1+p^e}, \text{ 或者}(1+r)\cdot(1+p^e)=1+i \tag{14A.32}$$

如果我们现在展开式（14A.32）的左侧，我们得到

$$(1+r)(1+p^e)=1+r+p^e+rp^e=1+i \tag{14A.33}$$

最后，因为 r 和 p^e 都比较小，所以我们能够使用这一近似结果，即 $rp^e\approx 0$，因此方程（14A.33）能够改写为

$$i=r+p^e \text{ 或者}r=i-p^e \tag{14A.34}$$

也就是说，我们能够一直从名义利率当中减去价格的预期变化比例来计算实际利率。举例来说，如果一个贷款承诺的名义利率是 5%（即 0.05），预期价格在那一期会上涨 2%（也就是说，0.02），那么这一贷款所承诺的实际利率是 3%（0.03＝0.05－0.02）。在许多经济学问题中，在呈现的是名义利率而所需要的是实际利率的情形下，这就正好是你所需要做出的调整。尽管我们通常预期名义利率是正的（没有人会在预期到未来返还的钱会更少的情形下还愿意借出金钱），但式（14A.34）表明实际利率很容易会出现负值。举例来说，如果一笔贷款的名义利率是 4%，预期通胀是 7%，这意味着实际利率是－3%。很显然，任何潜在的借款人如果不在这样一个有利的实际利率下借款，那么将是一个愚蠢的人。确实，这似乎是对美国在 2001—2005 年发生的房产泡沫的一个解释，当时（给定住房的预期价格升值率很高）抵押贷款的实际利率对于许多借款人来说实际上是负的。

14A.6 投资决策的贴现值分析

我们在第 14 章中讨论了资本需求，贴现的概念为这一讨论提供了另一种方法。当企业购买一台机器时，从效果上来讲是购买了未来的净收益流。为了决定是否要购买机器，企业必须对这个收益流赋值。因为收益会在未来的许多时期内被返还给企业，依前述逻辑，企业应该计算收益流的现值。只有这样，企业才能将购买资产的机会成本准确地考虑在内。

考虑一家企业正在决策是否要购买一台机器。预期这台机器将可使用 n 年，并且在这 n 年中可以为所有者带来实际收益（即边际产品价值）流。用 R_i 来表示第 i 年的收益。如果 r 为其他投资的实际利率，并且这个利率在以后的 n 年中也被预期可以持续，那么对于所有者来说，这台机器的贴现值（PDV）由下式给出：

$$PDV=\frac{R_1}{1+r}+\frac{R_2}{(1+r)^2}+...+\frac{R_n}{(1+r)^n} \tag{14A.35}$$

此式代表了准确地考虑了支付发生在不同的年份之后，这台机器所能带来的支付流。如果支付流的现值超过了机器的价格（P），那么企业就应该购买。即使考虑到机会成本，这台机器所承诺的回报也高于购买成本，因此企业会争先恐后地购买机器。另外，如果 P 超过了机器的现值，那么企业最好将资金投资于承诺回报率为 r 的替代方案。如果考虑到放弃的收

益，这台机器还不值它自己的价钱，那么就不会有追求利润最大化的企业会购买这样一台机器。

在竞争市场上，只有机器的价格恰好等于它带来的净收益的贴现值时才能达到可维持的均衡。这样才既不会出现对机器的超额需求，也不会出现超额供给。因此，市场均衡要求：

> **? 小测验 14A.4**
>
> 式（14A.33）假设机器不会折旧。如果机器以每年 d 的速率折旧，这个式子应如何变化？如果机器还是能够永久使用的（尽管可能磨损得非常厉害），它的租金率还会像在第 16 章中给出的那样——$v=(r+d)P$ 吗？

$$P=PDV=\frac{R_1}{1+r}+\frac{R_2}{(1+r)^2}+\cdots+\frac{R_n}{(1+r)^n} \tag{14A.36}$$

贴现值和租金率

为简单起见，假设现在有一台不会折旧的机器，并且其边际产品价值每年都相同。回报将等于机器的租金率（v），因为这正是其他企业为了使用这台机器愿意在每个时期支付的价格。有了这些简化的假设，我们可以写出拥有机器的贴现值：

$$PDV=\frac{v}{1+r}+\frac{v}{(1+r)^2}+\cdots+\frac{v}{(1+r)^n}+\cdots \tag{14A.37}$$

省略号代表了支付会永久持续下去。但是由于 $P=PDV$ 的均衡，我们早先关于永续年金的讨论给出了：

$$P=\frac{v}{r} \tag{14A.38}$$

或者

$$v=rP \tag{14A.39}$$

这与式（14.1）中 $d=0$ 的情况相同。在这个例子中，贴现的标准使得结果与之前使用租金率方法所得的相同。在均衡下，机器必须能够为所有者带来承诺的现行回报率。

小 结

本附录论述了与复利概念相关的数学计算。在不同时点支付的货币的价值是不一样的（由于在遥远的未来支付的钱会使我们失去一些潜在利息），所以在不同支付计划之间抉择时要非常谨慎。通过讨论这些问题我们说明了：

● 在计算复利时，需要计入对之前已支付的利息所支付的利息。本利和系数 $1+(i)^n$——n 为计复利的年数——反映了这种复利。

● 未来支付的钱不如立刻支付的钱有价值。为了比较在不同日期进行的支付，需要计算贴现值，才能计入与失去的利息相联系的机会成本。

● 计算支付流需要将每次支付都用合适的本利和系数来贴现。简单地将不同日期支付的钱相加是不对的。

● 更频繁地计复利会带来更高的有效收益，因为之前支付的利息可以更迅速地开始赚取利息。然而增长率是有上限的。

● 名义利率和实际利率之间的关系由式 $1 = r + p^e$ 联系在一起（其中，p^e 是这个时期价格的预期变化比例）。

● 贴现值公式提供了另一种衡量投资决策的方法，与在第 14 章正文中已经学到的方法相比，利用该方法会得到同样的结果。

14

市场失灵

> 边际私人净产品……归于负责投资资源的那个人。在某些条件下它会等于边际社会净产品，在某些条件下它会大于边际社会净产品，在某些条件下它会小于边际社会净产品。
>
> ——阿瑟·庇古，《福利经济学》，1920

在第 5 篇我们看到，竞争市场在某些条件下会导致资源的有效配置。这一效率可能无法实现的一个主要原因是企业拥有市场势力——这是我们在第 6 篇中研究的情形。在本书的最后部分，我们将更广泛地探讨竞争市场可能无法产生有益结果的其他原因。我们也将检验可用于解决这些竞争市场"失灵"问题的潜在方法，以让竞争市场更好地发挥作用。

第 8 篇有三章内容。在第 15 章，我们将详细考察信息在经济活动中的作用。我们将特别关注经济参与人可能拥有关于潜在市场上交易的不同信息的情形。我们将说明为什么市场在信息不对称情形下会表现糟糕。

第 16 章将研究市场交易影响没有直接参与交易的第三方的情形。这一章的重点是探讨两种类型的外部性。首先我们讨论环境的外部性，也就是说，市场交易有利于或者有害于第三方的情形。我们将表明在某些情形下这类问题存在有效的市场导向的解决方法。第 16 章所检验的第二种外部性类型是公共品外部性。它们出现于这样的情形中：某类产品并不能够排除人们从中获利，因而人们拥有避免为它付费的动机。这一问题的解决方法通常是强制征税，尽管这一方法的经济效率通常可能也是一个悬而未决的问题。

最后，第 17 章将简要地考察迅速扩张的行为经济学领域。我们具体关注市场参与人可能犯错或者理性受到其他限制的情形。我们将表明，如果人们做出了错误的决定，那么家长式政府就有可能（尽管绝不是肯定的）通过建议更好的决策或禁止错误的选择来改善他们的处境。

第15章 信息不对称

在前面的章节中，我们分析了市场是如何实现资源的有效配置的，也考察了一些妨碍这一有效配置实现的因素（例如垄断等）。在本章中，我们将看到另一种因素——参与人缺少关于市场的完整信息——也可能导致市场无效。在一些模型中，某个参与人可能比其他参与人拥有更多关于不确定经济环境的信息；通过运用博弈论，我们将能够分析一系列此类模型。关于该参与人所拥有的多于其他参与人的信息有不同的称谓，如隐藏信息、私人信息或者**不对称信息**（asymmetric information）等。博弈论将使我们更好地理解那些可能被用于应对不对称信息的"聪明的策略"。即使市场参与人采用了这些聪明的策略，市场仍不如所有参与人都拥有完全信息时那样有效。

在本章中建立起来的许多分析工具使我们能够分析大量重要而有趣的经济现象。当老板不能监视员工的一举一动时，他如何确保员工在努力工作？当企业难以测量员工的实际能力时，它如何确保它所雇用的是高水平员工？雇主能否将应聘者的教育程度作为其实际能力的体现？当咖啡店不了解每个顾客的具体需求量时，它如何确定每一杯咖啡的容量和价格以尽可能地赚取利润？当购买者不能判断旧车的质量时，旧车市场是否会成为一个充斥着劣质品的柠檬市场？是否只有那些高风险人群，也就是保险成本最高的顾客，才会成为健康保险的投保人？一个赌徒应当在何时虚张声势地下注？

不对称信息博弈是近年来经济学研究的热点领域。考虑到这一学科的复杂程度，本章提供的虽然仅仅是一个最简要的描述，但已足以让你感受到该领域令人振奋的发展状况。我们从一个或许是研究不对称信息的最简单的设定开始：合约只涉及两个参与人，其中一个拥有更为充分的信息。即使在这个被称作"委托-代理模型"的简单设定下，我们也已经能研究许多有趣的问题。之后我们将关注一些更为复杂的情况。

15.1 委托-代理模型

我们通过研究一个简单却十分重要的博弈——委托-代理模型来开始我们对不对称信息博弈的学习。这个博弈涉及两个参与人在不确定环境下签订的合同。其中提出合同要约的参与人被称为**委托人**（principal），而决定是否接受合同并执行合同条款的参与人被称为**代理人**（agent）。代理人通常是拥有私人信息的一方。

委托-代理模型具有如表 15 - 1 所示的广泛应用。值得注意的是，同一个主体在某种情形下是委托人，但在另一种情形下却可能是代理人。例如，一家公司的首席执行官在和公司员工的关系中是委托人，但在和公司所有者即股东的关系中却是代理人。在本章余下的内容中，我们将对表 15 - 1 中的一部分应用情形进行详细研究。我们将从其中的两个——特许经营和医疗服务——委托-代理问题开始，因为它们有助于提纲挈领地表达本章的主旨。参见"应用 15.1：特许经营和医疗服务的委托人和代理人"。

表 15 - 1　委托-代理模型的应用

委托人	代理人	代理人的私人信息	
		隐藏行动	隐藏类型
患者	医生	努力、不必要的程序	医疗知识、情况严重性
管理者	工人	努力	工作技能
股东	管理者	努力、执行决策	管理技能
学生	导师	准备、耐心	专业知识
垄断者	消费者	滥用产品	产品估价
人寿保险商	保险购买人	冒险行为	早先的条件
父母	孩子	行为不良	道德品行

应用 15.1

特许经营和医疗服务的委托人和代理人

经济生活中的委托-代理问题十分普遍，甚至在快餐店经营和医疗服务提供中也存在。通过仔细考察我们会发现，二者具有很多共同之处。

特许经营

许多大型商家通过特许经营合同来经营它们的地方性零售点。以麦当劳为例，实际上遍布各地的黄金拱门的零售点并非都归总公司所有。取而代之的是，地方性的麦当劳店通常属于一些小规模的投资者，他们向总公司购买了特许经营权。特许经营合同这种方式被

麦当劳和其他商家广泛采用这一事实表明，它在解决产业中的委托-代理问题时十分有效。[a]

一个必须解决的问题是，如何把运作零售点的成本降到最低。快餐食品业的边际收益通常很低，因此成本的一个微小增加都将可能使原本盈利的零售点变得无利可图。从而，保持低成本的平稳运作需要管理者时刻关注。然而对于公司总部而言，想要随时监控遍布各地的所有零售点的日常运作是几乎不可能做到的。特许经营合同为此提供了一种解决方案。特许加盟商可以保留其零售点创造的很大一部分利润，因此即使没有公司总部的直接监控，它们也有足够的激励对其零售点进行有效管理。

在解决该问题的同时，特许经营却带来了另一个问题。麦当劳的成功在很大程度上依赖于它在所有零售快餐点的一致性。无论是在缅因州还是在加利福尼亚州，顾客都清楚地知道麦当劳汉堡包的口味。然而对于按比例分享利润的特许加盟商而言，通过降低产品和服务的质量来降低成本的做法或许是充满诱惑力的，虽然这破坏了所有加盟商质量的一致性，但它因此而承担的损失远远低于总公司所承担的。正因为如此，特许经营合同中往往包含保持质量一致的附加条款。同样以麦当劳的特许加盟商为例，它们必须保证达到规定的食物质量和服务标准，并且只能在那些符合总公司所设定的标准的供应商那里购买原料（例如汉堡包、冷冻薯条、小圆面包、餐巾纸等等）。反过来，它们也会在管理方面得到麦当劳总部的协助，并享受麦当劳的商誉（以及全国性的广告服务）。

医生和病人

一个类似的问题出现在医生和病人之间。当人们突然生病时，他们通常对什么是错误的或最有希望的治疗方法知之甚少。他们把自己交给医生治疗，因为他们相信医生拥有更多的专业知识，并能因此而制订出更合适的治疗方案。此时，医生成为病人的代理人。但有不少理由让人相信，医生选择的治疗方案将不会和一个拥有同等医学知识的病人为自己选择的方案相同。通常情况下医生不会为病人的治疗费用买单；对于医生自己而言，他为病人所开出的所有处方的价格都是零。在很多情况下，医生也是治疗服务的提供者，他或她甚至会从开出的处方里直接获得金钱利益。有不少研究发现了这种"医生创造出的需求"的证据，多数结果显示这种效应虽然相对较小，但十分显著。

医生的双重代理人身份

大多数就医者都为自己购买了医疗保险。因为保险公司需要依赖于医生来提供治疗，这就产生了第二层委托-代理关系：保险公司需要采用某些方法来限制医生开出超过正常需求量的药品和提供超出正常需求量的医疗服务。传统的服务费保险形式很难提供这种限制，因为保险公司无法监测到每个医生的决策过程。这也是健康维护组织（HMO）等健康保护机构采用了预付费制度的原因之一。在这种保险制度下，投保人每年交纳一定的年费，这些年费覆盖了他或她的整个医药需求。因此年费成了医生的预算约束，医生在开处方时将不得不更认真地考虑自己所开出处方的治疗成本。

思考题

1. 美国许多州都颁布了通过限制总公司的行为来保护特许加盟商的法律。例如，某些州不允许总公司建立新的特许加盟店，如果这对已有的特许加盟店来说不公平的话。这一限制将如何影响特许经营合同的效率？

2. 为什么有些就医者讨厌他们的健康维护组织？我们是否需要给予参与健康维护组织的病人以权利法案来保证他们得到公平的对待？

a. 对实证证据的综述，可参见 F. Lafontaine and M. E. Slade, "Retail Contracting: Theory and Practice," *Journal of Industrial Economics* (March 1997): 1-25。

根据代理人是否拥有关于其控制下的行动或无法控制的先天特征的私人信息（代理人的"类型"），分析方法会有一些不同。表 15.1 举例说明了这两种情况。我们将依次研究它们，首先从研究隐藏行动的情况开始。

15.2 工人的道德风险

在委托-代理模型中，代理人拥有关于其行为的私人信息，这种模型被贴上了各种**道德风险问题**（moral-hazard problem）的有色标签。代理人可能最终会选择一个有利于他或她，但是不利于委托人的行动。如果行动是隐藏的，那么委托人没有办法阻止这一结果。在此我们将避免自己判断，但是人们可能原谅委托人，反而认为这样一个代理人并不道德，因而保险公司在该行业早期发明了这一标签。

具体来说，我们将基于表 15-1 中委托人是管理者和代理人是工人的情形，在这一节中完整地讨论道德风险问题。可能作为女性在管理层中的代表名额不足的一种解决方法①，经济学家往往假设管理者是女性，而工人是男性，我们也将遵循这一传统。为了使得例子更加具体，假设工人的工作是组装电子产品。通过花费更多的精力（而管理者往往不容易观察到），工人能够通过减少缺陷产品而增加合格品。

这一情形能够被构建成一个序贯博弈，其中管理者先行动，为工人提供一个管理合同，而工人后先动，决定是否接受合同，而如果接受合同，决定花费多少精力。我们将使用子博弈完美均衡概念，在这一情形中它保证了下列内容：

1. 如果合同提供给工人的报酬至少与他拒绝合同的最佳选择一样高，工人就接受合同。

---

① 女性占 40% 的管理者岗位，但是在制造行业中只占 23%，这是根据美国审计总署的报告得出的结论：*Women in Management: Analysis of Female Managers' Representation, Characteristics, and Pay*, GAO-10-892R, Washington DC: September 20, 2010。

2. 工人在考虑合同报酬和劳动成本的情况下，选择努力水平以最大化自己的效用。

换句话说，工人的行为是为了他自己的利益，而不是为了管理者的直接利益。只有在合同中规定了激励措施的情况下，工人才会间接地为管理者的利益行事。

最后一点是我们分析道德风险问题的核心。当一个组织涉及不止一个个体时（这里指的是涉及一个管理者和一个工人的公司），就不能简单地假设他们是一致行动的。这样的假设与我们对微观经济主体行为的所有假设都不一致。在整本书中，我们都假设代理人按照自己的最佳利益行事，无论是消费者最大化效用、企业最大化利润还是参与人在博弈中采取最佳对策。我们对委托-代理问题的分析可以被认为是最大化行为对涉及不止一个人的组织的自然延伸。

15.2.1　关于努力水平的完全信息

首先假定管理者能够完全观察到工人的努力水平。在这一情形中，努力水平能够被视为生产过程中如资本或劳动一样的一种要素。用 E 表示努力水平，E 的利润最大化水平类似于第 13 章中 K 或者 L 的利润最大化水平。然后让我们开始回顾一下那一章的一些主要结果。我们看到一种要素的利润最大化水平是雇用额外一单位该要素的边际成本与那一单位所产生的边际收益相等。例如，在劳动要素的例子中，如果企业在劳动力市场中是一个价格接受者，那么劳动的边际成本是工资水平 w。如果企业以市场价格 P 竞争性地出售它的产品，那么新增一单位劳动所产生的边际收益就是边际产品价值 $MVP_L = MP_L \cdot P$。也就是说，额外一单位劳动多生产 MP_L 单位的产量，每单位以价格 P 销售出去。劳动的利润最大化水平满足：

$$w = MVP_L = MP_L \cdot P \tag{15.1}$$

我们能够借用这些想法计算努力的利润最大化水平。图 15-1 阐明了这一计算结果。水平线是工人努力水平的边际成本，标示为 MC_E，即完全补偿他稍微更加努力工作的负效用所需的额外报酬。虽然努力水平的成本明显是从工人视角来看的一个测度指标，但是它对企业来说也变成一个经济成本：如果企业试图侥幸支付更少，那么工人要么拒绝按照规定的努力水平工作，要么在必要时辞职。努力水平是一个很难量化的变量。数字以这样一种方式衡量努力，即一单位努力水平是需要 1 美元补偿才能抵消的努力量。这就允许 MC_E 是一条高度为 1 美元的水平线。（这一表示是为了方便，如果 MC_E 是一条向上倾斜的曲线，那么分析也将是类似的。）努力水平的边际产品价值，$MVP_E = MP_E \cdot P$，用向下倾斜的曲线来表示。它之所以向下倾斜，是因为在维持其他要素不变条件下，努力水平表现出递减的边际生产率。只有工人更加专心地工作，才能够阻止许多额外的缺陷。MC_E 和 MVP_E 曲线的交点确定了利润最大化的努力水平 E^*，或者换句话说，努力水平位于它的边际产品价值为 1 美元的地方。

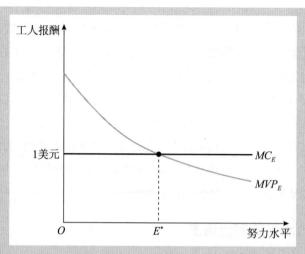

图 15 - 1 在完全信息条件下的努力水平选择

当管理者要求工人付出的努力水平 E^* 由工人努力水平的边际成本和它给企业带来的边际产品价值的交点确定时，企业的利润达到最大化。

管理者能够向工人提供什么合同以实现图中的结果？一种可能性是合同说明"为了拿到任何报酬你必须付出 E^* 单位的努力水平"。报酬将必须这样设定：在扣除努力的负效用之后（依据我们的计算是 E^* 美元）所得到的结果不低于工人能够从其他企业所获得的报酬。很可能工人不仅会考虑替代性工作所提供的工资水平，而且考虑它们所需的努力水平。因为努力水平是可观测的，所以管理者能够观察以确保工人付出目标努力水平 E^*。

15.2.2 不可观测的努力水平

更现实的情形是，管理者并不能够完全观察到工人的努力水平。毕竟，管理者无法每时每刻盯着工人，以确保他是在工作而非在工厂游荡或者是查看电子邮件。即使管理者就在工人身边，她也很难判断他的专注程度。

虽然管理者可能无法观察到工人的努力水平，但是她可能能够观察到他所组装的没有缺陷的设备的数量 q，并且能够采用以 q 为条件的激励方案 S 来让工人付出更高努力水平。例如，一个线性的激励方案可能采用这样的形式

$$S = a + bq \tag{15.2}$$

其中，a 是不管产量为多少工人均可收到的固定报酬，b 是计划的"动力"，测度了工人的报酬是怎样密切地与他的表现相关的。

图 15 - 2 刻画了激励方案的一些例子。直线 S_1 对应于完全不依赖表现（零动力）的固定报酬。而在直线 S_2 和 S_3 中，工人报酬确实依赖于他的表现。直线 S_2

有适度的斜率，因而是一个有适度动力的激励方案。工人报酬随着 q 的上升而增加，但是增加不那么迅速。直线 S_3 是一个高动力激励方案。工人没有收到固定报酬，相反，他对于所组装的每台没有缺陷设备获得销售价格 P。

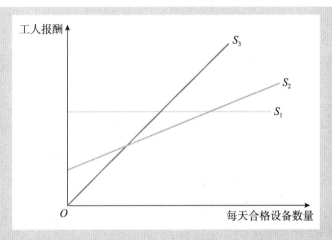

图 15−2　激励方案的动力

　　直线 S_1、S_2 和 S_3 对应不同的激励方案，它们连接了工人报酬和他的表现（在此，是生产出的没有缺陷的设备，q）。激励方案的斜率，也被称为它的"动力"，测度了工人报酬是如何紧密地与他的表现相关的，具体范围从没有任何关联的情形（固定报酬，S_1）到管理者让工人持有销售组装设备所获得的收益的情形（直线 S_3）

　　图 15−3 绘出了由图 15−2 的激励方案所诱导出的努力水平。工人选择的努力水平通过他额外的努力水平的边际成本和边际价值的交点得到。他的努力水平的边际价值取决于他的激励方案的动力。激励方案 S_1 没有动力。因为工人的报酬并不依赖于他的努力水平，那么他将选择不付出任何努力。中等动力激励方案 S_2 导致适度的努力水平（E_2），而高动力激励方案 S_3 会导致三者中最高的努力水平（E_3）。

　　我们将更多地讨论激励方案 S_3 所诱导的均衡努力水平。因为 S_3 把每单位销售的所有收入转移给工人，企业没有任何留存，所以工人努力水平的边际价值与企业在图 15−1 中的 MVP_E 曲线一样。工人将选择的努力水平 E^* 跟完全信息情形下一样。这是一个一般化的结果：即使是在出现信息不对称的情形下，通过让工人持有他的努力水平产生的所有收入，就能够诱导出工人有效的努力水平。

　　虽然 S_3 诱导出了有效的努力水平，但是任何一个明智的管理者都不会向工人提供这样的方案。它放弃了所有收入，分给了工人，企业一无所获。一种可能是向工人预先收取加盟费，然后让他从其产出中获取部分收益。这样一个方案如图 15−4 的直线 S_5 所示。这一方案并不像它一开始听起来的那么疯狂：在某些露天大型运动场，项目供应商为在比赛期间的销售权利付费，但是保留大部分项目销售收入。安利公司（一家生产健康和美容产品的企业）的销售员也拥有类似的薪酬方案。然而，这样的方案是不常见的，下一节将提供一些理由。

15

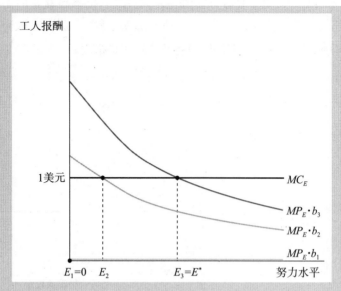

图 15-3　工人被诱导出的努力水平

　　边际成本（1美元）和边际价值的交点给出了工人所选择的努力水平。他的努力水平的边际价值依赖于他面临的激励方案的动力。方案 S_1 没有动力（$b_1=0$），所以工人的努力水平对于他没有任何边际价值，这使得他不付出任何努力水平（$E_1=0$）。激励方案越有动力，工人付出的努力水平越高。方案 S_3 让工人保留他组装设备的所有收入（$b_3=P$），从而使工人得到与努力水平相同的边际价值，正如图 15-1 的 MVP_E 曲线一样，此时工人的有效努力水平为 $E_3=E^*$。

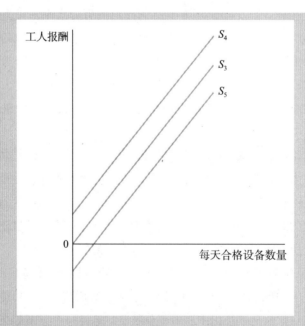

图 15-4　工人参与决策

　　在确定了激励方案的斜率后，其截距决定了工人的参与决策。根据他最好的选择，如果他不签署合同，截距可能位于 0 处，如曲线 S_3 所示；企业也可能向工人支付固定报酬，如曲线 S_4 所示；企业还可以要求工人支付加盟费，如曲线 S_5 所示。企业的最佳方案是采用能诱使工人参与的最低那条线即 S_5 所代表的方案。

15.2.3 高动力激励问题

高动力激励看上去解决了道德风险问题。不幸的是，在我们的简单模型之外存在着导致高动力激励出现问题的一些因素。

在经济学文献中受到最广泛关注的问题是工人一方的风险厌恶。假设存在着组装设备是否有缺陷的不确定性。尽管在组装过程中小心

> **小测验 15.1**
>
> 图 15-1 显示了从企业和管理者双方的角度看，为什么 E^* 点是最佳努力水平。解释为什么在完全信息情形下，企业不愿意把管理者的努力程度推到一个比 E^* 点更高的点，即使边际产品价值对于更高的努力水平仍然是正的。

谨慎可能会减少缺陷产品的可能性，但是出现缺陷产品的原因可部分归结为在工人控制之外的随机手工操作或者电子失灵。把工人报酬和非缺陷产品的数量相挂钩，将会在他的报酬当中引进不确定性。激励方案的动力越高，引进的不确定性就越大。当然，固定报酬没有不确定性。另外，诸如图 15-2 的曲线 S_3 的高动力激励方案可能会导致很大的波动。确实，提前收取工人一个费用以此作为他获得产出收入的索取权，就可能让不够幸运的工人在每天结束之后带回家的钱少于他一开始的钱。正如在第 5 章所讨论的，风险厌恶个体厌恶不确定性；为让他们接受一个公平的赌局，需要付费给他们。通过把工人报酬和不确定性结果绑定在一起，工人的报酬中加入了不确定性，这使工人暴露在风险中。对于企业来说，把工人暴露在风险中是昂贵的，因为一个个体承受风险的能力低于一家大型企业承受风险的能力，后者可以在不同工人中多样化缺陷产品的风险（参见第 5 章对于多样化的收益的讨论）。一家公开持有的企业通常会有许多股东，他们只持有很小一部分股票，因而进一步地分散了企业运营中的任何风险。一个个体工人可能需要增加大量的风险溢价，从而补偿他的激励方案所增加的风险。最后，管理者可能会决定降低提供给工人的激励方案的动力，并接受这样一个事实，即努力水平虽然会降低，但是会认为降低风险溢价是值得的。

如果努力水平能够观测，那么风险厌恶将不会阻止管理者和工人获得有效结果。工人报酬将直接以他的努力水平为条件，而努力水平完全是在他的控制下，他对此并没有任何不确定性。努力水平的信息不对称使得激励方案以诸如无缺陷产品等不确定性因素为条件，这又让工人暴露在风险中。

因而，在努力水平激励和风险之间存在着一个权衡。在一个极端，高动力激励方案能诱导出更高努力水平，但是会把风险厌恶的工人暴露在大量风险中，可能需要高的风险溢价才能使得工人接受风险。而在另外一个极端，固定报酬无法诱导出任何努力水平，但是不会把工人暴露在任何风险中。给风险厌恶型工人提供最优方案可能涉及在这两个极端之间的某些妥协。

15

除了风险厌恶之外，高动力方案还存在其他问题。第一，工人可能不能够为了加入公司而提供大额的前期加盟费。第二，如果工人从增加产量中获得大部分利益，那么他的管理者可能就不会尽职做他那部分工作以增加产量。例如，工厂是否拥有一个可靠的电力来源，以保证工人所使用机器的正常运作，这在许多发展中国家中依然是未能解决的问题。在工作日的大部分时间里，频繁断电会使得工人不太可能生产任何东西。但如果是工人而非管理者获得高动力激励方案，那么管理者几乎没有动力去购买发电机或者与公用事业公司协商以获得更可靠的电力供应。第三，从企业外部雇用的工人几乎没有任何关于企业运营的信息。管理者可能通过夸大他们预期能够生产或者收入的多少来招募工人，这使得一个高动力激励方案看起来比实际上更加有利可图。心存疑虑的工人可能反而坚决要求一个固定工资，无论经理是否诚实地说明了工作的实际困难程度。

15.2.4　高动力激励的替代方案

如果由于上述原因，管理者不能够向工人提供高动力激励，那么她可能会诉诸其他策略以让工人能够努力工作。其中的一种可能性是监督工人。不幸的是，监督可能并非一个完美的解决方案。度量某些像"努力水平"这样朦胧的东西可能相当困难。即使测量努力水平是可能的，又拿什么来保证被雇用来执行监督工作的那个人会仔细认真地完成工作呢？监督者也可能面临着跟工人同样的道德风险问题。此外，它存在着这样一个激励，即工人会贿赂监督者以让其提交关于他或她努力水平的良好报告。

解雇工人的可能性可能会提供粗鲁的激励。管理者可能拥有这样一个整体印象，即哪个工人是多产的，哪个工人不是多产的，并且能够时不时地把那些非多产的工人解雇掉。对于那些能够以相似工资找到另外一份工作的人来说，解雇的威胁可能并不是一个大的惩罚。然而，如果企业支付一个**效率工资**（efficiency wage），即一份比工人通常在其他地方可获得的工资更高的工资，那么丧失这一溢价的威胁将会使得他们努力工作。

另外一种可能性在于工人喜欢看起来不错的内部晋升，或者是在其他地方获得一个更高报酬的工作。一些人认为这样一种情形可能使得工人过度工作，比方说律师事务所或者投资银行的新员工，或者是助理教授，他们一周的工作时间有时会超过100小时。工人可能会用勤奋来代替天赋上的不足，试图让潜在雇主相信他们实际上更有才华。潜在雇主可能不会受到愚弄，但在就业市场的激烈竞争中，一个人可能不得不过度工作以避免被误认为是天赋不高的人。

15.2.5　一个数值例子

作为道德风险问题的一个数值例子，考虑前面一些章节被称为汉堡包天堂的企业，但是现在把它称为手持设备天堂，以反映本章工人组装的产品类型。表15-2

展示了各种努力水平下的工作设备产量。为方便表示，设定工人一单位努力水平所涉及的边际成本是 175。

表 15-2　工人努力水平对手持设备天堂的运营的影响

每天工人努力水平	每天生产的工作设备	努力水平的边际产量	收入（每台设备 100 美元，美元）	努力水平的边际产品价值（美元）	工人努力水平的总成本（美元）	工人努力水平的边际成本（美元）
1	5	5	500	500	175	175
2	9	4	900	400	350	175
3	12	3	1 200	300	525	175
4	14	2	1 400	200	700	175
5	15	1	1 500	100	875	175

在完全信息条件下，有效的努力水平是 $E=4$。这一努力水平会得到产量的收入和工人总成本两者之差的最大数值（$1\,400-700=700$）。第四单位努力水平的边际产品价值是 200，超过了这个工人这一单位努力水平的边际成本 175，所以管理者应该要求工人至少付出这样一个努力水平。此时要求工人更努力工作将是无效的（也就是要求 $E=5$），因为第五单位努力水平的边际产品价值是 100，它小于工人的边际成本 175。执行这一完全信息的解决方案的合同，取决于工人能够从他的次优外部选择当中赚取多少（减去努力成本之后的）净收入。假设它是 300，那么管理者能够通过如下方式实现完全信息条件下的解决方案：如果他付出 $E=4$ 的努力水平，则向工人提供 1 000 的报酬，否则的话不支付任何报酬。这一报酬（即 1 000）将能够涵盖工人努力总成本 700 并且提供足够的额外报酬（300）以匹配工人的最优外部选择，以确保他能够接受合同。

如果努力水平是不可观测的，那么管理者能够考虑提供不同激励方案以试图诱导努力水平。表 15-3 呈现了两个例子。

表 15-3　手持设备天堂的各种激励方案

工人每天的努力水平	每天生产的工作设备	激励方案 S_2（$a=200$，$b=50$）			激励方案 S_5（$a=-400$，$b=100$）		
		总报酬（美元）	边际报酬（美元）	企业利润（美元）	总报酬（美元）	边际报酬（美元）	企业利润（美元）
1	5	450	250	50	100	500	400
2	9	650	200	250	550	400	400
3	12	800	150	400	800	300	400
4	14	900	100	500	1 000	200	400
5	15	950	50	550	1 100	100	400

注：█代表激励方案 S_5 的均衡，█代表激励方案 S_2 的均衡。

所选择的下标是为了让你能够把激励方案跟它们的图形相对应。激励方案 S_2 提供 200 的固定报酬和每单位 50 的激励报酬。如果提供这一激励方案，那么工人将会选择付出努力水平 $E=2$。额外增加一单位努力水平会多生产三台工作设备，产生的额外报酬是 150。它并不能够涵盖他额外单位努力水平的边际成本 175。在总收入扣除了工人的总支付之后，方案 S_2 的企业均衡利润是 250。激励方案 S_5 比 S_2 提供更高的动力，每单位提供 100 的激励报酬。这一方案本质上把设备销售的边际产品价值移交给工人，但是要求工人为企业付出一个 400 的固定报酬。这一方案会诱导工人付出更高的努力水平，实际上与完全信息条件一样，$E=4$。在这一方案下的利润是 400（不管工人努力水平如何，企业都同样从工人处获得 400 的固定报酬）。

> **小测验 15.2**
>
> 假设管理者给工人提供的激励方案是 $b=75$，所以它的动力是在数值例子的两个方案之间。
>
> 1. 这一方案会诱使工人付出多少努力水平？
>
> 2. 假如工人在他的最优替代工作中能够获得 300（扣除了努力成本），那么为确保工人接受合同，管理者应该提供的固定报酬 a 是一个什么样的水平？

若只是基于表格中的信息，管理者应该提供方案 S_5 而非 S_2。企业在均衡处赚得更多利润 400 而非 200。然而，方案 S_5 在实践中并不能很好发挥作用可能存在着其他理由，即在关于高动力激励方案问题的一小节提及的所有理由。举例来说，如果一天生产的工作设备数量具有一些随机性，并且工人是风险厌恶的，那么他可能需要获得一个溢价以补偿他的风险。他可能不乐意接受一个要求他支付 400 给企业的合同；只有企业向他提供固定报酬，他才愿意参与。如果是这样的话，更低动力的激励方案如 S_2 可能反而比 S_5 能让企业盈利更多。

15.2.6　企业中的高管

到目前为止，道德风险的分析只是以一线工人作为参与人，他们处于企业管理中的底层。分析同样适用于处于高层的高管人员。在这一新的设定中，它对应于表 15-1 的第二行，我们拥有一个稍微反转的角色，在那当中高管扮演代理人角色，而股东则扮演委托人角色。股东（或者是代表股东利益的薪酬委员会）试图设计一个激励方案来诱导管理者为公司努力工作。管理层的努力可能会为公司带来数十亿美元的额外收入，而不是带来几个生产更多没有缺陷产品的部门，因此仔细地设计管理者激励方案可以提供巨大的报酬。[1]

---

[1] 一些经济学家认为，高管们非但不懒惰，反而有相反的问题：他们喜欢经营尽可能大的公司的声望。高管们可能会试图"建立帝国"，批准投资项目而不考虑其盈利能力。股东很难猜测哪些投资是有利可图的，因为做出此类决定的专业技能可能就是雇用该高管的初衷。

正如我们在前面所看到的，诸如图 15-4 中的激励方案 S_4 既确保委托人从交易中得到某些东西，也向代理人提供了强有力的激励。在当前情境中，S_4 的结果等价于让股东把企业出售给管理者。管理者获得了她努力水平增加时产生的全部边际产品价值。当然，股东并不会免费把公司的所有收益移交给管理者，他们会要求她为他们的股份付费。尽管让管理者买下公司的全部产权看起来是古怪的，但是它时不时地发生过。比如，在 2013 年，迈克尔·戴尔精心策划了一笔 250 亿美元的交易，买下了他创立和运营的计算机公司戴尔。

除了把公司出售给管理者之外，还有其他实用方法能够增加管理者激励方案的动力。公司可以向她提供一个基于公司绩效的奖金。她能够收到公司股票份额，其价值会随着公司的财富水平自然地波动。正如"**应用 15.2：股票期权的利弊**"所分析的，股票期权也是管理者激励报酬的一种形式，政府看起来也无法下定决心是否支持。

应用 15.2

股票期权的利弊

股票期权赋予其持有人在未来以固定价格购买股票的权利。如果该股票的市价上升，期权持有人将会受益，因为他们能以低于市价的价格购买该股票（他们很可能立刻转手出售而获利）。期权经常作为激励计划被公司奖励给管理者，因为管理者为提高自己手中的股票价格，将会努力提高公司股价。

股票期权方式的流行

近年来把股票期权作为管理者激励措施的公司越来越多。在 1980 年以前，绝大多数公司都没有向高管提供期权，即使在那些提供期权的公司，股票期权也只在管理者的总报酬中占很小的比例。但是到 2000 年，许多大型公司高层管理者的总报酬中有一半以上都是股票期权，有些期权的价值甚至达到了数亿美元。这一激励方式的流行有多个原因。首先，整个 20 世纪 90 年代股票价格的大涨使得这种方式对管理者们有了更大的吸引力。其次，从公司的角度看，期权的成本核算方式（在很多公司被作为零成本）使得公司找到了一种低成本的薪酬支付方式。最后，1993 年颁布的税法当中有一条特别规定：公司每年付给其管理者的薪酬不能超过 100 万美元，除非这种薪酬和公司的未来绩效挂钩——这成了促进期权使用的又一个因素。

期权的激励作用

股票期权显然成功地将管理者的报酬和公司财务业绩联系在一起了。一项研究估计，股票期权方式提供的薪酬-绩效比是传统年薪制的 50 倍。[a] 就相同的成本来看，股票期权也比简单地赋予经理人公司股票具有更有效的薪酬-绩效比。例如，公司将 1 万股每股价格为 100 美元的股票赠与经理人，公司将花费 100 万美元。如果公司股票上涨 10%，经理人

15

将获利 10 万美元。如果公司给予经理人一个以 100 美元每股的固定价格购买 10 万股公司股票的期权，当公司股价同样上涨 10％时，经理人将得到 10 倍的收益（100 万美元）。

但实际上股票期权的激励作用是复杂的，它还取决于期权赠与的具体方式以及股价与公司绩效之间的具体联系。例如，当公司给股票持有者支付大笔股息时，期权的价值将下降，因此公司经理人有减少分红的动机。另外，当公司股票的波动幅度较大时，期权将会更有价值。这是因为：如果股价上升，期权持有者的正收益是无上限的；而如果股价下降，其损失却是以零为下限（此时期权被称作"价外期权"）。因此，期权方式将可能诱使经理人做出一些超常规的风险投资。

预期之外的激励效果——财务作假

当股价上涨时，持有大量股票期权的管理者将能获得巨额的收益。近年来，管理者通过股价上涨时行权而获取数亿美元的例子已经屡见不鲜。然而，通过期权方式来激励 CEO 的手段却产生了一个意料之外的效应：CEO 可能通过操控信息来影响股价。例如，世界通信公司（WorldCom Corporation）在 2001 年通过隐藏近 40 亿美元公司费用的财务手段来使公司看上去盈利状况更好。该公司的 CEO 也因此在卖出其持有的公司股票时大赚了一笔。另外，像安然（Enron）和泰科（Tyco）出现的这类财务丑闻也在一定程度上与期权持有者通过抬高股价获利的动机有关。能否通过改善股票期权合约来规避这些问题至今仍然是一个未知的问题。

思考题

1. 迈克尔·埃斯纳（Michael Eisner）作为迪士尼公司的首席执行官，曾经得到了价值 5 亿美元的公司股票期权。你认为假设他只得到了价值 5 000 万美元的期权，他对公司的管理是否会差一些？

2. 如果公司股价下跌，股票期权将变得一文不值。如果期权合约承诺在股价下跌时期权中规定的购买价格可以下调，将会有怎样的效果？

a. B. J. Hall and J. B. Liebman, "Are CEOs Really Paid Like Bureaucrats?" *Quarterly Journal of Economics* (August 1998): 653－691.

15.2.7 总 结

总之，我们自然会问，存在道德风险问题的结果与没有私人信息的完全竞争市场标准模型的结果有何一致性。首先，道德风险的存在会引发标准模型中完全不存在的偷懒和低效率的可能性。回到道德风险问题的版本，其中代理人是工人，委托人是管理者。如果努力是可观察的，工人就不会付出那么多努力。即使管理者在信息不对称的情况下尽其所能提供激励措施，她也必须在激励措施的收益与让工人承担过多风险的成本之间进行权衡。

其次，尽管工人可以被视为与标准模型的任何要素（资本、劳动、物质资料等）一样，但是出现的道德风险问题使工人变成了独一无二的要素类别。因此，对这一要素支付跟企业租用资本一样的固定数额是远远不够的。工人的生产力取决于他的报酬结构。

在新闻中已出现了道德风险这一术语，特别是在关于全球金融危机以及后续的政府救助的报道中。"**应用 15.3：金融危机中的道德风险**"讨论了本章的概念会怎样有助于公众弄懂这些新闻报道的意思。

应用 15.3

金融危机中的道德风险

术语"道德风险"反复出现在最近关于金融危机的新闻报道当中[a]，一些评论员认为危机可能会把全球经济拖入一个严重且长期的衰退中。在这一应用专栏中，我们将试图理解这一情境中使用的术语，并把它与本章所介绍的概念联系起来。

危机的范围

截至本文撰写之时，全球经济正在经历一场严重的金融危机。美国许多主要投资银行都已倒闭、被接管或被转为商业银行。许多商业银行经历了"挤兑"（储户竞相在银行准备金耗尽之前提取资金）或倒闭。银行、企业和消费者获得信贷的渠道基本被冻结。全球股市经历了断崖式下跌。

虽然导致危机的原因尚未完全明了，但一个重要的促成因素似乎是房地产泡沫的破灭。房价暴跌降低了投资和商业银行持有的抵押贷款和衍生证券的价值。银行的损失被放大，因为它们借贷购买更多的这些证券，实际上是在房市上加倍下注。如果房地产市场保持强劲增长势头，这一赌注将带来巨额收益，但如果房价下跌，这一赌注将带来巨额损失。证券的复杂性加上全球经济走向的不确定性使得我们很难预测银行和其他公司的偿付能力。面对这种不确定性，投资者不愿意投资政府债券以外的任何东西，导致私人信贷市场冻结。

政府紧急救助

美国政府和其他国家政府采取激进政策以防止金融体系进一步解体，因为它们担心大型银行倒闭和信贷市场冻结会像传染病一样蔓延，导致其他银行倒闭并加剧预测中的经济衰退。美国财政部为接管投资银行贝尔斯登提供了便利。美国财政部以优惠条件向接管方摩根大通提供了近 300 亿美元的贷款（以贝尔斯登的高风险投资作为抵押品）。美国国会通过了一项 7 000 亿美元的银行救助计划，让政府以高于市场价格的价格购买银行的抵押贷款和衍生证券。最近，世界各国政府开始通过购买银行股票为银行提供额外资本。

道德风险

在这里，我们将政府视为委托人，将银行视为代理人。政府/委托人希望银行/代理人以谨慎的方式行事（这里指"努力"），这样它就不必接受救助，也不会损害金融体系中与之相互关联的其他银行。政府试图通过监管和救助条款来鼓励审慎行为。然而，救助政

15

策，如以高于市场价格的价格买入银行的不良证券或向表现不佳的银行提供资金等救助政策，都会降低图 15-2 中激励方案的动力（斜率）。使银行免受其不审慎行为造成的部分损失，将会减少其从事审慎行为的动力。

美国政府采取了一些措施，以避免开创鼓励不谨慎行为的先例。在贝尔斯登合并案中，美国政府最初只同意在向贝尔斯登股东提供的价格足够低的情况下促成交易（2 美元，远低于历史最高价 172 美元）。它拒绝救助另一家大型投资银行雷曼兄弟。在 7 000 亿美元的救助计划中增加了惩罚参与计划的首席执行官的条款，如取消过高的薪酬、奖金和遣散费。

思考题

1. 哪些救助政策似乎能维持金融市场的稳定？既然各国政府都在采取救助措施，那么媒体是否继续将道德风险作为金融市场的重要问题进行报道？

2. 在没有具有法律约束力的合同的情况下，委托人仍然可以通过保持自己的声誉来减轻代理人的道德风险，即使这样做在短期内也会损害委托人的利益。除了银行监管之外，我们还能在哪些生活领域看到委托人试图建立这种声誉？

a. 例如，可参见 D. Henninger, "Welcome to 'Moral Hazard'," *Wall Street Journal* (October 2, 2008): A17。

15.3 关于消费者类型的私人信息

接下来我们谈谈委托-代理模型的另一个主要变体。在道德风险问题中，代理人对其在签订合同后选择的行动拥有私人信息。但与道德风险问题不同的是，本节所研究的信息问题涉及代理人在签订合同之前所拥有的关于其类型（先天特征）的私人信息。

为了进行更具体的分析，我们考虑这样一种应用情况：委托人是一家垄断企业，代理人是其产品消费者。消费者对企业产品有不同的估值，但这些估值是不能被该垄断者观测到的。垄断者为消费者提供的是不同的数量规模对应不同价格的菜单。这一设定和第 11 章中所讨论的二级价格歧视是一致的。在二级价格歧视的设定下，垄断者提供给消费者的产品不具有固定的单位价格，而是一份因量计价的菜单，其中很可能涉及量大从优的折扣，而让消费者自己在该菜单中进行选择。我们此处的讨论在前面的分析的基础上再稍微详细一些，并且更强调当代理人有关于他或她的类型的私人信息时，委托-代理问题的重要特征。

此类二级价格歧视的常见例子包括咖啡店同时提供 12 盎司、价格 1.5 美元的咖啡和 24 盎司、价格 2.5 美元的咖啡。当然，这种歧视也许不一定是数量上的，也可能是质量上的。飞行航班上的头等舱有更豪华的座椅、更舒适的空间以及比经济舱更美味的食物，这些服务的成本甚至可能是经济舱的三到四倍。垄断者如何决定这样一份包含不同的量价组合或者质价组合的菜单？这实际上构成了向客户提供的合同。在接下来的几个小节里，我们将详细分析这个问题。

15.3.1　单一消费者类型

在这一小节中，我们考察垄断企业面对的所有消费者都从该产品中获得同样剩余的情形。也即是说，这些消费者属于同样的类型。为了简化分析，我们考虑一个具有代表性的消费者，并假设垄断者具有恒定的边际成本和平均成本。图 15 - 5 描绘了这种情况的最终解。如图所示，q^* 是个体需求曲线与边际成本曲线的交点，这一数量水平与完全竞争情况下的数量是一致的。这一结果不足为奇。正如第 11 章所述，在此类情况下，完全竞争市场会使得资源实现经济意义上的最优配置。此处得出的结论是，垄断企业能够实现资源最优配置，但是因对所有产品组合收取一样的价格，而将全部剩余据为己有。消费者愿意购买阴影面积（A 和 B）所表示的所有产品组合。这就是垄断企业收取的费用。扣除总成本（等于面积 B）之后，垄断企业能够获取面积 A 所表示的利润。

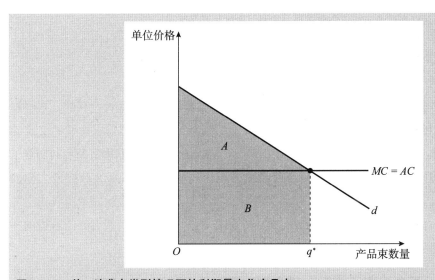

图 15 - 5　单一消费者类型情况下的利润最大化产品束

　　面对单一、有代表性的消费者，垄断企业选择产品束 q^* 以使其利润最大化，该产品束由其边际成本曲线 MC 和个体需求曲线 d 的交点给出。垄断企业收取等于阴影面积（A 和 B）的产品束价格，并赚取等于面积 A 的利润。

15.3.2　两个消费者类型：完全信息

如果垄断者拥有关于类型的完全信息，并且能够基于这一信息采取行动（也就是说，能够要求消费者只购买属于他或她具体类型的产品束而非其他产品束，并且能够阻止消费者在他们之间转售产品束），那么两个消费者类型的分析跟单一消费者类型的分析并没有增加任何新的内容。图 15 - 6 显示了这一情形。一类消费者

（"高价值类型"）从产品中获得高价值，另一类消费者（"低价值类型"）获得较低价值。

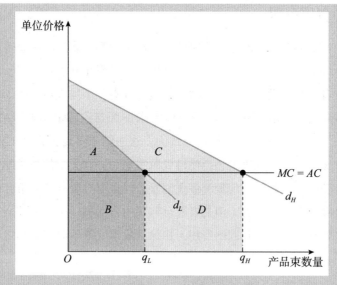

图15-6　完全信息且存在两个消费者类型情况下的利润最大化产品束

面对高价值类型和低价值类型两种消费者时，垄断者选择边际成本曲线与各自边际消费者剩余曲线的交点所决定的产品束。相对于低价值类型消费者选择 q_L 而言，高价值类型消费者选择更大的产品束 q_H。

如果垄断者能观测到某个消费者属于低价值类型，那么为最大化利润，它将提供给他或她产品束 q_L，这正好是由边际成本曲线和低价值类型需求曲线的交点确定的数值。产品束价格等于阴影面积 A 和 B，从该消费者处所获得垄断者利润等于区域 A 的面积。与此相似，如果消费者原来属于高价值类型，那么利润最大化的产品束 q_H 将由高价值类型的边际消费者剩余曲线和垄断者的边际成本曲线相交所确定。产品束价格等于阴影区域 A、B、C 和 D 的面积，从该消费者处所获得的垄断者利润等于 A 和 C 的面积。

15.3.3　两个消费者类型：信息不对称

如果垄断者不能观测到消费者的具体类型，完全信息下的利润最大化策略就不能起作用。针对高价值类型消费者的产品束 q_H 的设置目的是榨取其全部消费者剩余。然而，高价值类型消费者却能够通过转向购买针对低价值类型消费者的产品束 q_L 而获取正的消费者剩余。图15-7展示了其中的原因。通过购买产品束 q_L，高价值类型消费者得到的消费者总剩余为其边际剩余曲线以下、q_L 以左的面积，即 A、B 和 C' 三个区域的面积之和。减去其价格（深色阴影面积 A 和 B）之后，高价值类型消费者得到了一个相当于浅色阴影面积 C' 的正的消费者剩余。这一选择优于无剩余的购买产品束 q_H 的情形。

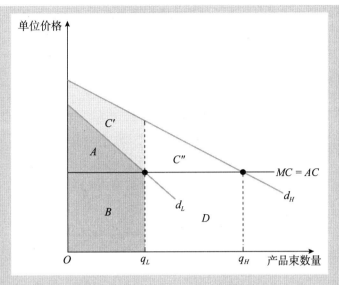

图 15 - 7　完全信息与激励不相容

　　图 15 - 6 中的产品束在这里再次出现，但已不是激励相容的。高价值类型消费者将通过购买针对低价值类型消费者的产品束而获得等于面积 C' 的剩余。

　　以榨取了所有高价值类型消费者的剩余的价格销售产品束 q_H 并非**激励相容**（incentive compatible）的。在两种产品束都可选的情况下，高价值类型消费者有动机选择本是针对另一种类型消费者的产品束。产品束 q_H 可以通过将价格降低到高价值类型的消费者能获得与购买产品束 q_L 时相同的消费者剩余来变为激励相容的。特别是，产品束 q_H 的价格需要降低的幅度为面积 C'（从而等于 A、B、C'' 以及 D 的面积之和）。

　　垄断者还能做得比这更好一些。它可以减少针对低价值类型消费者的产品束的数量。这样做一方面降低了从低价值类型消费者那里获得的利润，另一方面，更大的影响在于减弱了这种产品束对高价值类型消费者的吸引力。高价值类型消费者对于单位数量有更高的估值，因此低价值类型产品束数量的减少使得他或她不再选择该产品束。在此作用下，垄断者不需要再留给高价值类型消费者如此多的剩余，因此能够对产品束 q_H 收取更高的价格。

　　利润最大化的产品束如图 15 - 8 所示。将低价值类型产品束从 q_L 减少到 q_L' 的确减少了从低价值类型消费者那里获得的利润，其减少的部分等于三角形 E 的面积。但是这一过程也降低了低价值类型产品束对高价值类型消费者的吸引力。这样，产品束 q_H 的销售价格可以增加 F 的面积而仍然是激励相容的，也即，高价值类型消费者仍然会选择购买 q_H 而不是购买低价值类型产品束。

　　通过减少低价值类型产品束的数量，垄断者牺牲了效率。低价值类型消费者将付出更多来增加他或她的产品束数量。而垄断者的好处是它能够从高价值类型消费者那里得到更多的收益。如图 15 - 8 所示，从高价值类型消费者那里得到的收益

15

（面积 F）大于它因为降低了低价值类型产品束数量而遭受的损失（三角形 E 的面积）。

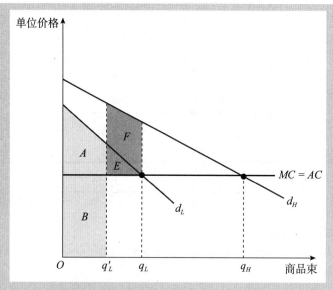

图 15 - 8　信息不对称情形下的利润最大化产品束

通过减少低价值类型产品束的数量，垄断者向低价值类型消费者的销售利润减少了面积 E。但是这一损失会得到更多的补偿，因为在维持激励相容（等于面积 F）条件下，高价值类型产品束的价格会提高。

垄断者减少低价值类型产品束数量的幅度取决于两类消费者各自的数量。如果低价值类型消费者数量较大，垄断者将不会选择太大的降低幅度，因为这样做会导致较大的损失，而高价值类型消费者的数量又不足以增加太多的收益。反之，高价值类型消费者的数量越多，垄断者愿意降低低价值类型产品束数量的幅度越大。事实上，如果高价值类型消费者的数量达到一定数量，垄断者可能选择不提供低价值类型产品束，而仅仅提供高价值类型产品束。这样会使得垄断者能够获得高价值类型消费者的所有剩余，因为这些消费者没有其他选择。

15.3.4　一个数值例子

考虑一家咖啡店的例子，它为 200 个消费者提供服务，其中 100 个是普通的咖啡饮用者（低价值类型），100 个是咖啡迷（高价值类型）。该店能够在一杯咖啡当中放上一个、两个或者三个浓缩咖啡球，即使是咖啡迷也会有他们的局限，因为他们认为四个咖啡球太多了。消费者需求——考虑到咖啡球离散的性质，它表现为阶梯函数而非线性函数——如图 15 - 9 所示。通过观察由浅色阴影面积所表示的高价值类型消费者的需求曲线，我们看到第一个咖啡球的边际价值是 2 美元，第二个咖啡球的边际价值是 1.50 美元，第三个咖啡球的边际价值是 1.00 美元。低价值类型消费者的需求曲线，如深色阴影面积所示，显示出第一个、第二个和第三个咖啡球的边际价值依次分别为 1.50 美元、0.75 美元和 0.25 美元。该咖啡店的平均成本和边际成本固定不变，每个咖啡球为 0.50 美元。

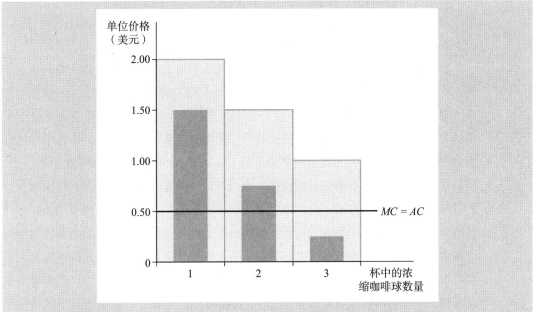

图 15-9 咖啡店的例子

杯中浓缩咖啡球数量不同的高价值类型消费者的需求曲线用浅色阴影条形图表示，而低价值类型消费者的需求曲线则用深色阴影条形图表示。

作为一个思维实验，假设该咖啡店能够识别消费者类型，并且强迫消费者购买专为他或她设计的咖啡。利润最大化的菜单会涉及在大咖啡杯当中放进三个咖啡球，把它以 4.50（＝2.00＋1.50＋1.00）美元的价格卖给高价值类型消费者，并把两个咖啡球放在小咖啡杯里，把它以 2.25（＝1.50＋0.75）美元的价格卖给低价值类型消费者。这一菜单榨取了两类消费者的所有剩余。第三个咖啡球对于低价值类型消费者的边际价值并不能够证明制作它的边际成本是合理的，因此用更大杯卖给他们将会是无效的。

现在把整个实验先放一边，并更加现实地假定，对于不同类型消费者存在信息不对称。该咖啡店将不知道哪个消费者属于高价值类型，并且不能够禁止他们购买只有两个咖啡球的小杯。为了诱导高价值类型消费者购买更大杯的咖啡，它的价格不得不降至 3.25 美元。这样一个新的、更低的价格会给高价值类型消费者同样带来 1.25 美元的消费者剩余，这与他或她以 2.25 美元价格购买有两个咖啡球的咖啡所得到的消费者剩余一样。该咖啡店从 100 个高价值类型消费者处获得的利润是 175［＝100×（3.25－1.50）］美元，从 100 个低价值类型消费者处获得的利润是 125［＝100×（2.25－1.00）］美元，合计 300 美元。

咖啡店甚至会做得更好，只要它把小杯咖啡里的咖啡球数量从 2 个减至 1 个，并把它的价格降至 1.50 美元。这将会使得小杯咖啡对于高价值类型消费者的吸引力下降，允许该店把大杯咖啡的价格提高至 4.00 美元。该咖啡店从 100 个高价值类型消费者处所获得的利润是 250［＝100×（4.00－1.50）］美元，从 100 个低价值类型消费者处所获得的利润是 100［＝100×（1.50－0.50）］美元，合计 350 美元。与小杯咖啡里放两个咖啡球的菜单相比，利润增加了 50 美元。

要注意到该咖啡店并不能够尽可能地压榨低价值类型消费者所能获得的所有利润。低价值类型消费者每个人将乐意为新增一个咖啡球支付 0.75 美元的价格，它高于制造它的成本即 0.50 美元。但是在小杯里放两个咖啡球会使得它更能吸引高价值类型消费者，相比于支付 4 美元获得三个咖啡球会更有吸引力。小杯中咖啡球数量的减少并不是伤害了低价值类型消费者，而是减少了小杯对咖啡迷的吸引力，因而允许该店对大杯收取更高的价格。通过以这样的方式调整菜单，小杯中减少一个咖啡球必然会减少它对于高价值类型消费者和低价值类型消费者的吸引力，但是其减少的速率在前者中会大于后者。事实确实如此，因为高价值类型消费者对于每个咖啡球赋值更多。小杯咖啡里的数量从两个咖啡球降至一个，将允许该店对大杯多收取 0.75 美元，并且可使高价值类型消费者仍然会购买它。另外，该咖啡店从每杯售出的小杯咖啡里只丧失了 0.25 美元利润，因为第二个咖啡球对于低价值类型消费者的边际价值并不会大于边际成本。

如果有足够的消费者是高价值类型的，那么该咖啡店将会决定只提供放有三个咖啡球的咖啡，售价是 4.50 美元，正如在完全信息的思维实验里一样，它榨取了高价值类型消费者的所有剩余。该咖啡店将会有效地拥有关于消费者类型的全部信息，因为只有咖啡迷会出现并以这样一个高价格来购买它。

❓ 小测验 15.3

这家咖啡店的数值例子假设每种类型有 100 个消费者。相反，假设只有 40 个低价值类型消费者。

1. 证明在信息不对称情况下，当咖啡店向高价值类型消费者销售含三个咖啡球的咖啡和向低价值类型消费者销售含一个咖啡球的咖啡时，商店的总利润至多为 290 美元。

2. 证明如果完全从菜单上去掉小杯，只向高价值类型消费者提供大杯，商店可以赚取更多的利润。

同样的逻辑也适用于航空公司的票价，只是把 q 重新解释为产品束的质量而非数量。消费者在任何时候只需要一次飞行，但是那次飞行的质量可能随座位的大小、膳食的质量以及其他便利设施而变化（用 q 表示）。航空公司在一次航班当中可能提供不同的舱位等级，比方说商务舱和经济舱。通常经济舱的乘客乐意为增加座位的舒适度和改善膳食服务而支付超过边际成本的价格：它可能只需要花费比方说 30 美元（按照额外的座位软垫、更多的燃料或者更好的膳食）就可以让经济舱的飞行变得相当舒适。但是航空公司可能仍然会把经济舱的座位设置得很小并限制膳食。如果经济舱太过于舒适，那么商务乘客就几乎没有任何理由为座位支付过高价格。经济舱的一些不适会吓跑商务舱乘客，使他们不敢购买经济舱机票。

15.3.5 隐藏类型的无效率

因为本章属于关于市场失灵的部分，所以值得回到整个例子并且识别在隐藏类型时所出现的无效率，这是值得的。为了努力从高价值类型消费者中榨取更多的利润，委托人扭曲了低价值类型产品的数量或者质量，使其低于完全信息条件下有效的水平。在咖啡店的数值例子当中，出售给低价值类型消费者的咖啡在完全信息条件下有两个咖啡球，但是在信息不对称条件下只有一个。对于咖啡店来说，减少数量是有利可图的，但是它导致的结果是社会福利会有所损失。在航空公司的例子中，经济舱座位或者膳食质量与完全信息情形下相比可能更低，它是无效率的。

15.3.6 保修和保险中的逆向选择

当企业出售的不是诸如咖啡或者航空旅行等产品，而是一个诸如为消费者提供保修或者保险的更加复杂的合同时，无效率的情况可能会更加糟糕。不管一杯咖啡会被出售给谁，制作一杯咖啡的成本都是一样的，与此相反，履行合同的成本可能取决于消费者的类型。

考虑割草机如果坏掉了会承诺更换的保修情形。它是否会坏掉取决于它的构造质量（可能所提供的保修最初是为了给那些质疑它质量的消费者提供某些保证），但是也取决于消费者的隐藏类型。割草机更有可能会坏掉，如果使用者院子里满是树根和石头而非光滑和平整的。然而，第一个消费者类型将最容易被提供完全保修的割草机所吸引，因为合同把他们可能替换新割草机的高成本转移给了企业。这些高成本消费者比例的上升将会迫使企业提高均衡价格，导致其他消费者可能替换使用不太昂贵但只有有限的或者没有保修的割草机。这些效应可能是螺旋上升的，直至只有几乎肯定会破坏他们的割草机的成本最高的消费者才会购买有完全保修的割草机。这样的保修往往会吸引和服务于那些成本最高的消费者。这正是企业所担心的问题，因此这类问题拥有一个特别的名称：**逆向选择问题**（adverse-selection problem）。"**应用 15.4：保险中的逆向选择**"提供了关于这一问题的更详细内容，因为它是在这个重要的市场背景下出现的。

试图处理逆向选择问题的企业可能会导致无效率。为厌恶风险的消费者提供完全保修或者保险覆盖，这对于风险中性的企业来说将是有效的，但是在拥有隐藏类型的均衡当中，这种情况并不会出现。企业可能只是提供部分保修，可能会对保修收取退货费，或者是实施免赔额，或者是共同支付保险。不太可能提出索赔的消费者类型可能会被价格完全挤出市场。

应用 15.4

保险中的逆向选择

逆向选择思想的最早应用，甚至这个术语本身的起源，都是在对保险市场的研究中。正如我们在第5章中所看到的，精算公平的保险能够增加风险厌恶型消费者的效用水平，这意味着面对不同损失概率的个人应当支付不同的保费。但保险公司面临的一个困难是如何估计不同投保人的损失概率，从而准确地对保险服务定价。当保险公司拥有的信息少于投保人时，逆向选择将可能破坏整个保险市场。

一个理论模型

这一情况如图1所示。假定在初始状态下两个消费者面临相同的未来消费状态，由 A 点表示。如果消费者1具有一个相对低的风险从而引致状态2的出现，该消费者的保险成本将会相对较低，其预算约束线由 AE 表示。如果保险能够公平定价，那么风险厌恶型消费者将选择完全保险，从而移动到确定线上的 E 点上。对于消费者2而言，损失发生的概率大一些，其保险成本由 AF 表示。这个消费者也有可能选择完全保险从而移动到 F 点上。然而，如果保险公司不能分辨出两个消费者各自的风险程度，那么这两个解不可能同时实现。消费者2将会发现，他或她能够通过购买本来是为消费者1设计的保单而获得效用。这意味着保险公司在 AE 保单上将会遭受损失，从而不得不提升 AE 保单的价格，而这又会损害消费者1的效用。在这类逆向选择问题中是否存在解是一个复杂的问题。消费者1可能会选择完全不参与保险，而不是购买一个不公平定价的保险。[a]

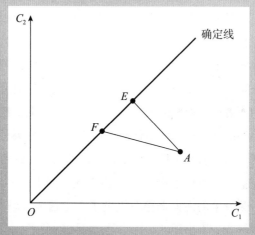

图1 保险市场中的逆向选择

两个消费者面临相同的未来消费前景，由 A 点表示。低风险消费者能够以 AE 所代表的价格购买保险，而高风险消费者必须支付 AF 的价格购买。如果保险公司不能区别出这两种类型的消费者，高风险类型消费者将会选择 AE 所代表的保单，从而使保险公司无利可图。而低风险类型消费者将会因为这类保单的缺失而受到损失。

安全驾驶员的保单

逆向选择问题出现在各类保险中，例如人寿保险、健康保险、洪水保险和汽车保险等。

现在我们考虑汽车保险的例子。传统上，保险公司采用事故数据，通过因素分析来对投保人进行分组，例如对年轻男性和城市居民这类似乎更容易出现车祸事故的投保人收取较高的保费。然而，这种风险评级方法遭到了一定的批评，被认为将安全驾驶员和不安全驾驶员分到了一组从而是不公平的。例如，1989 年首先在加利福尼亚州发起的一个投票运动在很大程度上抵制了这种做法，投票者强烈要求基于个人而不是组群来进行风险评级。然而由于个人层面的数据难以获得，且在风险预测上作用有限，从而这个运动的一个主要结果是强迫保险公司基于所有组群来进行评级。这一法规的主要受益者当属洛杉矶那些年轻的男性驾驶员。正如图 1 所示，那些风险较低的人群（女性驾驶员和加利福尼亚州农村地区的驾驶员）将会成为受损者。

政策挑战

美国《平价医疗法案》（通常被称为"奥巴马医改计划"）包含的许多条款可以被视为解决逆向选择问题的条款。请解释一下在健康保险的具体情境下的逆向选择问题。研究一下美国《平价医疗法案》并且识别出旨在解决逆向选择问题的条款。请解释一下为什么这些条款将会起作用。

a. 对该问题的一个原创性研究，参见 M. Rothschild and J. Stiglitz, "Equilibrium in Competitive Insurance Markets: An Essay on the Economics of Imperfect Information," *Quarterly Journal of Economics*（November 1976）: 629–650。

15.4 竞争市场中的不对称信息

到目前为止，我们对委托-代理模型的研究都是在一个简单的设定下进行的，该设定只涉及一个代理人和一个委托人。（在涉及几个代理人的少数情况下，例如咖啡店的几个顾客，这并没有使分析复杂化，因为代理人没有直接竞争。）在本节中我们将看到，在一个市场环境的设定下，当委托人之间相互竞争或代理人之间相互竞争，或者两个竞争同时存在时，结果将有哪些不同。

15.4.1 多个代理人情形下的道德风险

在基本的委托-代理模型中，增加代理人的数量既可能降低也可能增加道德风险，这取决于模型设定的细节。首先假设一个委托人需要雇用数个代理人来完成某个任务。在这个设定中，道德风险问题将可能变得更为严重。每一个代理人都可能会选择偷懒，寄希望于其他代理人的努力工作。在一个较大的团队中，可能很难识别出哪些人在努力工作，哪些人在偷懒，这就很可能导致所有人都选择偷懒。为大量代理人同时提供较强的激励是很困难的事情，因为即使将企业出售给他们，每个代理人也只能获得企业总利润的一小部分。

另外，如果市场中存在多个代理人，但每个代理人为一家企业或一个委托人工作，那么道德风险问题将可能比单个代理人的情况要小一些。通过将每个代理人所经营的企业与其他代理人所经营的企业相比较，可以降低代理人努力程度的不确定性。如果企业的总利润较低，同时市场中同类型的其他企业也如此，那么可以推断出，差的绩效很可能是由随机的市场因素造成的而不是由代理人偷懒造成的。反之，如果除某一企业外的其他企业的绩效都很好，那么这很可能是由该企业的代理人偷懒造成的。当企业之间的经营业务较为相似而且企业面临的市场力量也较为相似的时候，企业之间的这种相互比较是十分有效的。

15.4.2 拍 卖

考虑一个垄断者-消费者模型，但此处我们假设该垄断者仅向几个相互竞争的消费者出售有限数量的产品（如果垄断者在不变的边际成本下生产无限数量的产品，那么即使有多个消费者，消费者之间也不会存在竞争，这就和我们之前分析的逆向选择问题没有区别）。这样就形成了一个拍卖的设定。自从威廉·维克里（William Vickery）做出奠基性工作之后，拍卖问题受到了越来越多的关注，而维克里本人也因此获得了诺贝尔经济学奖。[①] 作为一种市场机制，拍卖方式在各种产品的出售中得到了广泛应用，这些产品包括无线电波频谱、国库券、法拍屋和拍卖网站"易趣"上的收藏品。（参见应用9.1的相关讨论。）

拍卖中的消费者竞争能够帮助垄断者解决逆向选择问题。高价值类型消费者被迫出高价竞拍，以避免该产品落入其他竞拍者之手。而拍卖的具体结果依赖于具体的经济环境（各个消费者都拥有哪些信息）以及拍卖模式的设定。

拍卖形式有许多种，既可以是密封拍卖，也可以是公开叫价拍卖。其中密封拍卖既可以是第一价格密封拍卖（出价最高的竞标人获得标的物且支付他或她自己的报价），也可以是第二价格密封拍卖（出价最高的竞标人获得标的物，但支付所有竞标人的报价中次高的报价）。公开叫价拍卖既可以是升价型的，即所谓的英式拍卖——竞标人由低到高地出价，直到没有人再报出更高的价格为止；也可以是降价型的，即所谓的荷兰式拍卖——由拍卖方从叫一个非常高的价格开始，然后逐渐降低叫价，一直进行到某个竞拍者表示接受该点的价格才终止。拍卖人可以决定是否设定一个"保留条款"，即要求出价必须高于某个特定的价格，否则拒绝出售。除此之外还存在一些奇特的拍卖方式。例如，在"全支付"拍卖中，赢者和输者均需要支付他们的竞价。应用9.1中所描述的一分钱拍卖使用的就是这一拍卖形式。

维克里得出的一个重要但令人吃惊的结论是：在一个简单的设定下（风险中立的竞标人完全清楚自己对标的物的估值，没有合谋等），上面列举的种种拍卖方式（以及许多其他拍卖方式）在均衡状态下向垄断者提供相同的期望收益。为了分析

---

① W. Vickery, "Counterspeculation, Auctions, and Competitive Sealed Tenders," *Journal of Finance* (March 1961)：8-37.

这一结果为何是惊人的，我们详细考虑两种拍卖形式，即第一价格密封拍卖和第二价格密封拍卖。假设竞标的产品是唯一的。在第一价格密封拍卖中，所有竞标人同时上交密封的竞价书。拍卖人打开所有的竞价书然后将标的物给予出价最高者，最后该竞标人支付其出价。在均衡状态下，每个竞标人的出价将会严格小于该产品对他或她所值的价值（我们将它简称为他或她的"估值"）。如果竞标人的出价是他或她的估值，那么竞标人会得到零剩余（失败的竞标人获得零剩余，获胜的竞标人把他或她的全部估值转移给了垄断者从而同样获得零剩余）。如果出价小于他或她的估值，存在着这样一种机会，即其他人的估值因而其竞价会足够低，以使得竞标人赢得标的物时会获得一个正的剩余。

在第二价格密封拍卖中，出价最高者最终支付出价次高者的报价，而非他或她自己的报价。在这种拍卖模式下，竞标人的占优策略是按他或她自己的估值来报价。这本身就是一个有趣的结果，且值得进行一番详细分析。假设 b_1 是参与人 1 的报价，b_2 是参与人 2 的报价。表 15 - 4 是该博弈的规范式。但表 15 - 4 只展示了博弈的一部分内容，因为它只列出了参与人 1 的收益，且只展示了他或她的两个策略，即按他或她的估值投标（$b_1 = 50$）以及低于他或她的估值投标（$b_1 = 30$）。由该表的第一列结果可以看出，如果 $b_2 < 30$，那么无论参与人 1 的出价是 30 还是 50，他或她都将赢得竞标，支付 b_2，其收益为 $50 - b_2$。这两种策略的收益相等。同样，由该表的最后一列结果可以看出，如果 $b_2 > 50$，那么无论参与人的出价是 30 还是 50，他或她都将输掉竞标，从而收益为 0。这两种策略的收益依然相等。然而，让我们再来看中间一列结果，如果 b_2 在 30 和 50 之间，那么对参与人 1 而言，出价 50 比出价 30 占优，因为如果出价 30，他或她将输掉竞标从而收益为 0，但若出价 50，他或她将获胜并得到 $50 - b_2 > 0$ 的收益。正如画线的收益所示，对于参与人 1 而言，出价 50 在所有情况下都至少和出价 30 一样好，且在参与人 2 的某些策略下严格地比出价 30 好。利用同样的逻辑也可以分析出，对于参与人 1 而言，出价 50 也占优于其他备选策略。这意味着对于参与人 1 而言，出价 50 是一个占优策略。

表 15 - 4　在第二价格密封拍卖情况下，出价 50 是参与人 1 的占优策略

		参与人 2		
		$b_2 < 30$	$30 < b_2 < 50$	$b_2 > 50$
参与人 1	$b_1 = 30$	$\underline{50 - b_2}$	0	$\underline{0}$
	$b_1 = 50$	$\underline{50 - b_2}$	$\underline{50 - b_2}$	$\underline{0}$

当我们理解了第二价格密封拍卖的均衡后，我们就可以将其和第一价格密封拍卖进行比较。对于垄断者的收益而言，两种形式的拍卖各有利弊。一方面，竞标人在第一价格密封拍卖中的竞标价格低于其估值，而在第二价格密封拍卖中却并非如此，这对于第二价格密封拍卖而言是"利"。另一方面，获胜竞标人在第一价格密封拍卖中支付所有报价中的最高者，但在第二价格密封拍卖中仅仅支付第二高者，

这对于第一价格密封拍卖而言是"利"。令人吃惊的结果是，这些优劣势完美平衡，从而二者为垄断者带来相同的预期收益。

> **小测验 15.4**
>
> 表15-4中的分析展示了参与人1倾向于选择投标价50（他或她的估值）而不是30（低于他或她的估值）。请用同样的方式分析参与人1倾向于选择50而不是70（高于他或她的估值）。

在一些更为复杂的设定中，各种不同的拍卖方式不一定造成相同的收益。通常考虑的一种情况是，假设该产品对所有竞标人有相同的价值，但是他们并不清楚这一准确的价值是多少。他们仅能对可能的价值进行一个不精确的估计。例如，一个油田的竞标人可能会分别对该油田地表以下的存油量进行调查分析。所有竞标人的调查成果汇总后可能会对该油田的实际存油量有一个较为准确的估计，但每个竞标人自己都只拥有一个粗略的估算。另外一个例子是，一件艺术品的价值在很大程度上取决于它的转手价格（除非竞标人打算将其作为家族的永久收藏），而转手价格又取决于其他竞标人的估值；每个竞标人都准确地了解它对自己的价值，但不了解它对其他竞标人的价值。这种情况被称为**共同价值设定**（common-values setting）。

在共同价值设定中最有趣的新问题是**赢者的诅咒**（winner's curse）。竞标成功者将认识到其他竞标人对该标的物的估值都低于自己的出价，这意味着他很可能高估了该标的物的价值。赢者的诅咒有时使一些经验不足的竞标人为自己的竞标获胜而追悔莫及。而一些老练的竞标人预防这种情况的办法是，将投标价格压低到他们对该标的物的估价以下，从而不会因为赢得竞标而后悔。

对共同价值设定的分析是复杂的，并且不同的拍卖方式在这种设定下不再获得相等的收益。简单来讲，这种价值需要由其他竞标人的信息来共同决定的拍卖通常倾向于为垄断者提供更高的收益。例如，在这种情况下第二价格密封拍卖比第一价格密封拍卖往往更好，因为第二价格密封拍卖中赢者支付的价格取决于其他竞标人对该标的物的估值。如果其他竞标人对该标的物的估值不高，那么次高的投标价将会较低，从而赢者支付的价格也较低，这有助于解决赢者的诅咒问题。

15.4.3 柠檬市场中的逆向选择

在拍卖问题中我们假定有单个卖者和多个潜在的买者对应，我们同样可以假定市场中有多个卖者和多个买者对应。在这样的设定下，一个特别有趣的问题是，假设每个卖者对他们出售的产品均有私人信息。正如乔治·阿克洛夫（George Aker-lof）在他那篇为他赢得诺贝尔经济学奖的论文中所展示的，在均衡状态下，可能只有质量最低劣的产品，也即所谓的"柠檬"才会被出售。[1]

---

[1] G. A. Akerlof, "The Market for 'Lemons'：Quality Uncertainty and the Market Mechanism," *Quarterly Journal of Economics*（August 1970）：488 - 500.

为了得到更多的认识，让我们考虑二手车市场。假设这些旧车分为两类（优质车和柠檬），且只有汽车的所有者知道他或她的车属于哪一类。既然买者不能分辨出优质车和柠檬，那么所有的旧车都将以同样的价格出售——一个居于两类车各自的真实价值之间的价格。此时优质车的所有者将选择不出售（因为优质车的价值在该市场价格之上），而柠檬的所有者将选择出售（因为柠檬的价值在市场价格之下）。从而，只有柠檬才会在市场上出售，因而被交易的车辆的质量低于预期质量。

和质量信息对称情况下的标准竞争模型结果相比，柠檬问题导致旧车市场的效率低了许多（事实上在标准模型中，不存在产品质量信息是否对称的问题，因为所有产品都被假定为具有同样的质量）。市场中的一个部分彻底消失了——与其一起消失的是这些细分市场的交易收益——因为高质量的产品将不再出售。在极端情况下，市场甚至可能完全消失（或者仅剩一些质量最低的产品在出售）。

可信赖的二手车交易商，或者公众掌握汽车购买的专门知识，或者卖者提供表明他们的车辆没有任何毛病的证明，或者卖者提供退款保证，这些均可以减轻柠檬问题。

但是任何购买过二手车的人都知道，潜在的柠檬问题是实实在在的。"**应用 15.5：寻找柠檬**"讨论了从小型敞篷货车到棒球自由球员再到纯种赛马市场的柠檬问题的证据。

> **? 小测验 15.5**
>
> 以二手车市场为例。
>
> 1.车主可能比潜在买家更了解有关汽车的哪些信息，从而成为私人信息的来源？
>
> 2."解决"柠檬问题符合谁的利益？卖家、买家还是两者兼而有之？双方可以采取哪些措施来解决这个问题？

应用 15.5

寻找柠檬

经济学家曾经致力于在现实中寻找柠檬模型所预言的产品质量明显恶化的市场。这里我们来看三个例子。

小型敞篷货车

尽管由于买家和卖家之间存在信息不对称，二手小型敞篷货车市场可能会展现出质量恶化的情况，但事实上并非如此。1982 年的一项调查表明，20 世纪 70 年代所交易的小型敞篷货车中 60%是二手的。[a] 在控制了每辆货车的已行驶里程这一变量之后，作者并未发现二手车和新车的维修记录有显著的差别。作者为这样一个结果提供了两种解释。首先，货车的买家或许在分辨二手车的维修次数方面有一些专业知识，或者能通过在购买之前的反复比较来获得这样的信息。其次，在一些情况下，卖家主动提供该车的维修记录，以收取一个好的价钱。

棒球自由球员

职业棒球运动员在为最初签约球队效力满特定年数之后可以成为"自由人"。由于运动员的现役球队对该运动员的身体素质、综合能力等的了解比其潜在雇主更多，因此"二手运动员"市场也许会因为信息不对称而成为另一个质量恶化的市场。与这一思路一致的是，一项研究发现，自由运动员在新东家那里，在伤病名单上的时间几乎是续约旧东家的自由运动员的两倍。[b] 当然，球队之间毫无疑问也会认识到这种交易中包含的负向激励，因此，详尽的体检和其他形式的试训等近年来成为一种流行的趋势。没有哪个球队愿意花数百万美元来购买一个"废人"，如果这种情况可以避免的话。

纯种赛马

许多赛马的小马驹都是通过拍卖来进行交易的。其中大型拍卖活动之一是每年 9 月在肯塔基州列克星敦附近举行的基尼兰拍卖（Keeneland auction）。一篇文章研究了小马驹在 1994 年的交易价格，发现该市场中存在柠檬问题的迹象。[c] 作者将所有卖家分成两组——其中一组卖家既养马也参与赛马，而另外一组仅仅从事养马业务。作者推断，仅仅从事养马业务的卖家会将他们所有的小马驹都拿来拍卖，而同时参加赛马的卖家可能会选择将最好的小马驹留给自己。那些潜在的买家虽然对这些小马驹的质量拥有相对较少的信息，但他们知道每一匹小马驹来自哪个组，因此将会怀疑同时养马和参与赛马的卖家将会提供相对较多的柠檬。

而拍卖的价格也在一定程度上证实了这个预期。作者发现，在控制了诸如小马驹父母的质量这一类变量之后，来自同时养马和参与赛马这一组的小马驹价格明显低于仅仅从事养马业务的一组。特别是，作者估计，卖家在 1993 年每多参加 1 次赛马，其在 1994 年的小马驹出售价格将会降低 1%。显然，参加基尼兰拍卖的买家对于购买那些来自可能将好马留下的卖家的小马驹十分谨慎。

思考题

1. 上述每个例子中的买家都倾向于采取一定措施来解决由不对称信息引起的问题。你认为卖家是否有同样的激励来将信息提供给买家？

2. 20 世纪 90 年代末期有大量互联网新兴企业的新股发行上市。柠檬模型可以怎样被运用到这些新股发行中？后来的事件是否证实了这一模型的结果？

a. E. W. Bond, "A Direct Test of the 'Lemons' Model: The Market for Used Pickup Trucks," *American Economic Review* (September 1982): 836 - 840.

b. K. Lehn, "Information Asymmetries in Baseball's Free Agent Market," *Economic Inquiry* (January 1984): 37 - 44.

c. B. Chezum and D. Wimmer, "Roses or Lemons: Adverse Selection in the Market for Thoroughbred Yearlings," *Review of Economics and Statistics* (August 1997): 521 - 526.

15.5 信　号

到目前为止，我们关于隐藏类型问题的分析都集中在缺少信息的一方首先行动，向具有私人信息的一方提出一个合同要约。例如，垄断者先行动，向消费者提供一份具有不同量价组合的菜单，其中消费者拥有关于他们的估值（类型）的私人信息；然后消费者行动，选择他们要购买的产品束。

反过来的情况也是可能的。拥有私人信息的一方也可能率先采取一些行动，发出一些表明自己类型的信号。这类例子有很多。一个学生可能会选择展示他接受了更多的教育来作为一个信号，向潜在的雇主表明他的杰出能力。一个人也可能开一辆很炫的车来向其潜在的配偶发出一个关于财富的信号，或者赠送一个钻戒来作为感情的信号。一个网站也可能通过自己很专业的页面来向用户表明自己稳定、可靠的运营。一个运营中的企业可能通过低定价策略来向潜在进入者表明自己是一个"难缠的"对手。押一把高的赌注也许是一个赌徒表明自己拿了一手好牌的信号，尽管玩家可能在虚张声势。[①]

在正式的术语中，这种设定被称为信号博弈。在信号博弈中，"自然"首先行动，它随机地为第一个参与人选择一种可能的类型。该类型是一个私人信息，第二个参与人不知道。第二个参与人所知道的只有"自然"的选择范围及每个选项的概率。第一个参与人首先行动，即发送一个信号，该信号能够被第二个参与人观测到。基于该信号提供的信息，第二个参与人更新对第一个参与人的类型的信念。此时第二个参与人选择策略，然后博弈结束。

15.5.1 斯宾塞教育模型

我们将通过以下例子来分析信号博弈——斯宾塞教育模型（Spence education model）。[②] 该模型是以其作者、诺贝尔经济学奖得主迈克尔·斯宾塞（Michael Spence）来命名的 [他和我们之前在柠檬问题中提到的乔治·阿克洛夫以及信息经济学的另一个奠基人约瑟夫·斯蒂格利茨（Joseph Stiglitz）一起获得了那一年的诺贝尔经济学奖]。假定工人有两种类型，高技术工人和低技术工人，且两种类型的概率相等。其中低技术工人将不会为企业带来生产者剩余，而高技术工人会产生边际产品收益。该公司根据雇用工人的利润做出招聘决定，该利润等于他的边际产品收益减去他的工资，这将在以后计算并减去。而技术是工人的私人信息，雇主无法观测到。在做出雇佣决策之前，工人可以选择接受教育。我们此处将做出一个极端的假定，即教育丝毫不能直接增强工人的生产能力。但是，它可以向未来的雇主提供一个关于技术水平的信号，因为高技术工人更容易接受更多的教育。以 c 来表示接受教育的成本，其中 $c=c_L$ 表示低技术工人的成本，而 $c=c_H$ 表示高技术工人的成本，且 $c_L > c_H$。这个关于高技术工人更容易接受教育的假定对于该信号模型十分关键。如果高技术工人接受教育的成本等于或者大于低技术工人，那么教育将不会成为关于技术水平的信号。

图 15-10 显示了斯宾塞教育博弈的博弈树。自然首先行动，它选定工人的技

---

① 柠檬问题也可以被看作一种信号。通过出售一辆车，卖者在向买者传递关于该车质量的一种信号，即该车的质量并非良好，否则卖者会选择继续持有它，而不是按照现行市场价格将其出售。当然，卖者或许并不愿意发出这样的信号。

② A. M. Spence, "Job Market Signaling," *Quarterly Journal of Economics*（August 1973）：355-377。

术水平是高还是低，二者各占 1/2 的概率。工人了解到自己的技术水平后决定是否接受教育（这可以理解为高中毕业之后的一个附加教育；或者大学教育之后的一个更高层次的教育，例如 MBA）。企业观测到工人的教育决策，但观测不到工人的实际类型。假定企业是需要大量人才的代表性企业，从而工人的工资是竞争性的；也即是说，所有的期望边际产品收益都会成为工人的工资，因此企业在扣除工资之后期望利润为零。

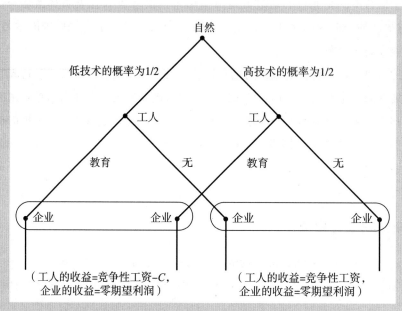

图 15-10　斯宾塞教育博弈的扩展式

　　自然随机地为工人选择类型。然后工人做出是否接受教育的决策。椭圆形框中包含的企业决策点说明，企业只能观测到工人的教育决策，但不能观测其技术水平。正文中所计算出的收益表明，工人的竞争性工资由代表性企业对工人技术水平的信念决定。

　　信号博弈常含有多重均衡，在这个模型中也如此。在寻找这些均衡的过程中，区分分离均衡和混同均衡将是有用的。在一个**分离均衡**（separating equilibrium）中，不同类型的工人选择不同的行动，从而行动成为区分工人技术水平的完美信号。在**混同均衡**（pooling equilibrium）中，所有类型的工人都选择同样的行动，从而均衡时的行动是一个无信息量的信号。无信息的参与人除了知道自然赋予每个工人类型的概率之外，其他都不知道。

15.5.2　分离均衡

　　我们从研究分离均衡开始。只有一种分离均衡是有意义的：高技术工人选择接受教育而低技术工人选择不接受教育（另外一种可能是低技术工人选择接受教育而高技术工人选择不接受教育，但这种结果是无意义的）。在这种情况下竞争性工资如何决定？如果企业看到某个工人接受了教育，它将知道工人肯定是高技术的，从

而将会为企业带来 r 的边际产品收益。企业间对工人的竞争将使得该工人的工资上升到 r，企业获得的利润为零。如果企业观测到某个工人未接受教育，它将知道该工人必定是低技术的，为企业带来的边际产品收益将是零，从而企业愿意支付给该工人的工资也是零。因此分离均衡的策略总结起来就是：高技术工人选择接受教育，而低技术工人选择不接受教育；企业支付 r 的工资给接受教育的工人，支付零工资给未接受教育的工人。

回忆第 5 章中的内容，在一个简单博弈中，验证纳什均衡的方法是看是否存在某个参与人希望单独偏离这个均衡。在信号博弈中，对均衡的验证稍微复杂一些，我们需要验证每一种类型中的每一个参与人是否有偏离的动机。在我们的教育博弈中，我们首先来验证企业是否愿意单独偏离这个分离均衡。既然能够以现行工资支付给工人，那么企业没有理由支付一个更高的工资水平。如果企业支付一个更低水平的工资，它的工人将流失到其他企业中去，在一个竞争市场中，它将获得零利润，这并不严格优于现在的均衡状况（同样是零利润）。接下来我们来验证，两类工人是否有偏离均衡的动机。在均衡状态下，高技术工人获得的工资是 r 减去其教育成本 c_H。如果高技术工人偏离均衡选择不接受教育，企业将认为该工人是低技术的从而支付的工资为零，因而该工人不能得到收益（尽管他同时也节约了接受教育的成本）。要使高技术工人不愿意偏离均衡，需要：

$$r - c_H > 0 \tag{15.3}$$

在均衡状态下，低技术工人的收益是零。如果低技术工人偏离均衡，通过接受教育来假装成高技术工人，他的收益是高技术工人的工资 r 减去他的教育成本 c_L。要使低技术工人不愿意偏离均衡，需要：

$$r - c_L < 0 \tag{15.4}$$

将条件（15.3）和（15.4）结合在一起，分离均衡的实现需要 $c_H < r < c_L$。换句话说，要使分离均衡成立，高技术工人和低技术工人的教育取得成本之间的差距要足够大，从而使受教育者获得的收益 r 落在二者之间。

在分离均衡下，每一类型的工人都按照其生产率来获得工资。这种情况下存在一定的净损失，即高技术工人需要支付一定的成本来接受教育。这是社会资源的浪费，因为它不会提高生产率。但教育对于高技术工人来说仍然是划算的投资，因为受教育者能因此而获得更高的工资。

15.5.3　混同均衡

接下来我们来研究混同均衡，特别是，在该混同均衡下两种类型的工人都将接受教育。其思想是，低技术工人选择和高技术工人一样的行动，从而避免因被区分出来而得到一个低的工资。在均衡情况下，企业从一个工人的教育上不能得到关于该工人技术的任何信息。企业的最佳猜测是，该工人是低技术或高技术类型各占 $\frac{1}{2}$ 的概率，这正是自然在初始时对工人的类型选择的概率。企业从工人那里得到的边际产品收益等于高技术的概率 $\frac{1}{2}$ 乘以高技术工人产生的边际产品收益 r，加上低技术工人的概率 $\frac{1}{2}$ 乘以低技术工人产生的边际产品收益 0：$\frac{1}{2} \times r + \frac{1}{2} \times 0 = \frac{1}{2}r$。因此竞争性工资是 $\frac{1}{2}r$。

我们需要验证是否有参与人愿意单独偏离该混同均衡。如分离均衡的情况一样，此处的竞争性工资被设定在企业的期望利润为零处，从而企业偏离该均衡将得不到好处。剩下的问题是，是否有某类工人愿意通过不接受教育来偏离该均衡。既然低技术工人的教育成本较高，那么我们首先考虑他们是否会偏离均衡。在均衡状态下，低技术工人的收益是其工资 $\frac{1}{2}r$ 减去其教育成本 c_L。他们单独偏离到"不接受教育"的收益取决于未受教育者的竞争性工资，进而取决于企业对未受教育者的技术的判断。概率论的法则在此处几乎不能对这种判断提供任何指导，因为一个未受教育的工人在此处对于企业来说完全是出乎意料的：在均衡状态下企业未遇到过这样的工人。博弈论的研究者们在这个棘手问题上投入了相当大的精力，试图探寻出在出现未预期事件情况下的一个合理判断。然而不幸的是，这个问题尚未解决。在当前的应用中，假定企业对于一个未受教育的工人的技术持悲观的判断。即企业相信，如果一个工人选择不接受教育，那么该工人是一个低技术工人。[①] 在这种情况下，通过偏离到"不接受教育"，一个低技术工人节约了教育成本，同时也得到零工资，从而其总收益为零。当 $\frac{1}{2}r - c_L > 0$ 时，低技术工人将选择不偏离。要使该混同均衡成立，低技术工人与高技术工人混同的成本即接受教育的成本，相对于期望工资来说不能过高。

小测验 15.6

假设高技术工人接受教育的成本更高：$c_L < c_H$。

1. 会有分离均衡吗？
2. 会有混同均衡吗？

我们也可以看在两种类型的工人都选择不接受教育时是否有混同均衡。这样一个均衡是否存在同样是由企业在面对一个预料之外的事件时的判断决定的，只是在这种情况下，预料之外的事件是观测到一个接受了教育的工人。只要企业不是特别相信凡是接受了教育的工人都是高技术类型的，那么混同均衡就存在，两种类型的工人都将选择不接受教育。

----

① 另外，假定当遇到一个未受教育的工人时，企业完全不能给出判断同样是合理的。在这种信念下，工人们没有理由选择接受教育，从而混同均衡即两种工人都选择接受教育的情况不会出现。

15.5.4　掠夺性定价及其他信号博弈

斯宾塞教育模型只是对信号博弈的一个应用。其他重要的应用，包括曾在第 12 章的不完全竞争中提到过的掠夺性定价，即一个在位者通过长时间的低价策略来驱赶其竞争对手。正如在第 12 章中所讨论的那样，除非存在私人信息，否则很难将掠夺性定价模型化为均衡策略。

一种可能的情况是在位者有关于其成本的私人信息。在位者的成本越低，其所定的价格也就越低，无论其是垄断者还是面临其他进入者的竞争。在位者的定价越低，新进入者在和它的竞争中获得的收益就越低。在位者的成本可能低到足以使新进入者在与其竞争中无利可图。如果新进入者知道在位者的成本如此之低，它可能会选择不进入该市场，或者在已经进入的情况下选择退出该市场。这样一个低成本的在位者可能会从发出其成本较低的信号中获益，从而将自己与进入可能有利可图的高成本企业区分开来。因此低成本的在位者可以试图通过在初始阶段定低价来表明其类型，定价低到高成本企业宁愿有进入者进入市场，也不愿在初始阶段收取如此低的价格。在掠夺博弈中还可能有其他均衡，即高成本类型的在位者与低成本类型的在位者选择在初始阶段定低价——这样做的话，能避免新进入者知道其类型从而成功避免其进入。

正如先前所提到的，信号博弈的应用还有很多。扑克牌游戏可以被理解成一种信号博弈。扑克牌游戏的一个有趣的特征是两种极端情况，即手握非常好的牌和手握非常差的牌的玩家都能够因混同成其他类型而获利。拿了一手非常好的牌的玩家希望对手认为他的牌并非很好，从而引诱对手不断下注；拿了一手非常差的牌的玩家可以通过虚张声势让对手认为其手中握有好牌而放弃下注。

15.5.5　信号博弈中的低效率

在信号博弈中，私人信息的存在导致了低效率。在斯宾塞教育模型中，无论在哪种均衡情况下，某种类型的工人（甚至在某些情况下两种类型的工人）都接受了教育，尽管从社会福利的角度看，教育对于提高生产率是无益的。在企业具有工人生产率的完全信息的标准模型中，工人无须寻求浪费性的教育。这是信号博弈中的一个典型发现。具有私人信息的一方将因为寻求向其他参与人发送信号而偏离有效的均衡。[①]

小　结

在本章中，我们将对博弈论的分析扩展到其中一个参与人拥有私人信息的情形中。本章

[①] 在极少的一些情况下，发送关于私人信息的信号将会提高效率。反常的是，如果市场已经是低效的（比如说是由垄断或者由外部性导致的），由私人信息导致的无效将使问题得到改进。例如，在有一个垄断在位者的掠夺模型中，因为发送低成本信号而产生的低定价将提高消费者剩余或者社会福利，至少在开始阶段是如此。

的一些要点如下：

● 与完全信息的标准模型相比，私人信息导致了市场无效率。它可能导致偷懒、供给水平低下或者其他经济决策的扭曲，具体情况取决于具体模型。在极端情况下，私人信息能导致整个市场消失。

● 低效率并非来自企业最大化利润或者消费者最大化效用的失灵。参与人依然被假定为最大化自己的收益，但在信息不对称情况下最大化收益却导致了无效率。

● 委托-代理模型是研究私人信息的一个简单的起点。委托人需要谨慎地设计其提供给代理人的合同，且需认识到该合同必须激励代理人做出恰当的选择，并且首先要有足够的吸引力来使代理人愿意接受该合同。

● 在委托-代理模型的一个版本中，代理人采取隐藏行动。在另一个版本中，代理人的类型是隐藏的。

● 我们在一个应用专栏中研究了隐藏行动问题（也称道德风险问题）。在这个应用专栏中，工人的努力提高了企业的产出。只有在获得与绩效挂钩的激励合同的情况下，工人才会付出努力。但是，将薪酬与绩效挂钩有一个缺点，那就是让工人面临风险，而他必须得到补偿。

● 我们在一个应用专栏中研究了隐藏类型问题。在该应用专栏中，垄断企业向具有不同产品估值的消费者销售产品。垄断可能会扭曲低价值类型消费者的合同选择权，以降低对高价值类型消费者的吸引力。这使得垄断企业可以提高高价值类型合同选择权的价格。

● 在保修和保险等合同中，信息不对称问题尤为严重。可能会出现一个竞争选择问题，即服务成本最高的消费者最终更有可能被合同吸引。

● 让消费者在拍卖中竞争有利于垄断者解决逆向选择问题。在简单的设定下，多种不同拍卖形式产生相同的均衡收入，但在更为复杂的设定下这一结论不成立。

● 在柠檬市场中，卖者对他们自己的产品具有私人信息。其结果可能是，市场中没有哪一个持有高质量产品的卖者愿意以现行价格出售自己的产品。

● 在信号博弈中，具有私人信息的参与人首先行动。信号博弈常常具有多重解，包括分离均衡（即率先行动一方的行动完全表明了他的类型）以及混同均衡（即所有类型的参与人都选择同样的行动）。

复习题

1. 考虑一个厌恶风险的经理人的道德风险问题，该经理人代表股东们经营一家企业，但其努力程度不能被观测到。解释激励和风险之间的权衡是如何阻碍企业得到最有效的结果的。如果努力程度可以被观测到，道德风险问题将如何消除？如果努力程度不可观测但经理人是风险中性的，道德风险问题是怎样被消除的？

2. 许多职业运动员和其效力的运动队之间的合同都带有激励条款。你能举出一些这样的例子吗？你认为道德风险对于职业运动员而言是一个严重的问题吗？为什么？考虑对那些经验不足的新运动员使用激励合同的问题。他们的上场时间可能取决于教练的决定。激励合同将怎样恶化激素类药物的使用问题？

3. 对于以下各种类型的保险，解释道德风险和逆向选择问题将如何产生。

a. 寿险；

b. 健康保险；

c. 房屋保险；

d. 汽车保险；

e. 失业保险。

保险公司能够怎样调整保险合同来减轻道德风险以及逆向选择问题？

4. 一家计算机生产商对它出售的笔记本电脑提供顾客自选的质保业务。该生产商在提供这一质保时，就它的笔记本电脑的质量向潜在顾客发送了一个怎样的信号？这是否降低了消费者购买这一质保的激励？假设消费者分为两类：第一类是高强度使用者，他们将笔记本电脑带着一起出行，从而使其处于损坏的风险中；另一类是低强度使用者。解释市场力量将如何导致该质保的价格反映高强度使用者的损坏风险，而非所有消费者的平均风险。

5. 考虑这样一种情况：垄断者设定一个关于价格/数量的菜单，而市场中有两类消费者，且各自的类型不能被垄断者观察到。在这一设定下无效率的根源在于，垄断者扭曲了低需求者的产品束。垄断者为什么会选择这样做？参考图 15 - 9 进行解释。为什么高需求者的产品束没有同时被扭曲？

6. 著名喜剧演员格劳乔·马克斯曾说过："我绝不会加入一个让我成为会员的俱乐部。"为了适用于市场环境，这句话可以改写为："我永远不会从愿意卖给我的卖家那里买东西。"这句话适用于什么样的市场条件？将这句话与阿克洛夫的柠檬模型联系起来。此外，用这句话来帮助确定柠檬模型中低效率的根源。

7. 在第二价格密封拍卖中，按照你所知道的标的物价值来出价为什么是一个好的主意？同样的做法在第一价格密封拍卖中为什么是一个坏的主意？参照对赢者的诅咒的解释，为什么在你不是十分清楚标的物价值的情况下，按照你的估值出价是一个更坏的主意？

8. 在一个信号博弈中，首先行动的参与人可能是两种类型中的一种。在观测到该参与人的信号之前，什么决定了另外一个参与人对其类型的判断？在分离均衡下，在观测到率先行动者的信号之后，后行动的参与人必须对先行动者的类型有什么信念？在混同均衡中，后行动的参与人必须有什么信念？

9. 在我们所研究的斯宾塞教育模型中，均衡的无效之处是什么？为什么信息不对称（即企业不知道工人的生产率但工人自己知道）的出现会导致这一无效率？我们看到，在特定情况下至少有三种可能的均衡：两种类型的工人（高生产率工人和低生产率工人）都接受教育的混同均衡；两种类型的工人都不接受教育的混同均衡；以及只有高生产率工人接受教育的分离均衡。其中是否有某种均衡的效率优于其他均衡？工人们是否喜欢拥有私人信息？你的答案是否取决于工人的类型？

10. 假设你发明了一种测试方法，能够轻松地检测出斯宾塞教育模型中工人的生产率。谁将有兴趣出钱来购买这一测试方法？工人们是否会出钱参与该测试？企业是否会愿意掌握它？一种可能的测试方法是让工人在初始阶段经历一个试用期，在此期间企业观测工人的生产率，根据他们的表现来选择是不接受该工人还是调整其工资。这一策略将对教育的回报产生怎样的影响？你能想到企业在现实世界中使用这种策略的市场吗？

习 题

15.1 本组装了 iSpy 的部件，这是一种通过客户手机应用程序进行远程控制的监控设备。通过付出努力 E，他生产的设备量为 $q = \sqrt{E}$，这意味着他的努力的边际产量是

$$MP_E = \frac{1}{2\sqrt{E}}$$

iSpy 的售价为每台 100 美元。本的每单位努力的边际成本为 1 美元。他的经理莎拉考虑了三种不同的激励策略：

● 策略 1 是支付给他固定的 750 美元。
● 策略 2 是支付给他 500 美元，加上他在本周组装的 iSpy 的销售收入的 40%。
● 策略 3 是支付给他在本周组装的 iSpy 销售收入的 80%，但没有固定支付。

对于每个策略回答下面的问题：

a. 如图 15-2 所示，在同一个图上表示出每个激励合同，横轴表示数量（每周无瑕疵的部件），纵轴表示支付（每周报酬）。

b. 确定在每个策略下本组装的 iSpy 数量。

c. 确定莎拉应该采用哪种策略。

15.2 克莱尔（Clare）是一家钢琴店的经理人。她的效用函数为：

效用 $= w - 100$

其中，w 是她的总薪酬，而 100 代表了她为经营这家钢琴店而付出的努力程度。如果不经营这家钢琴店，克莱尔的次优选择给她带来的效用水平为零。该钢琴店的总利润依赖于一些随机因素。有 50% 的概率是盈利 1 000 美元，有另外 50% 的概率是盈利 400 美元。

a. 如果股东们选择拿出一半的利润和她分享，她的期望效用是多少？她是否会选择接受该合同？如果仅仅拿出 1/4 和她分享呢？她愿意接受的最低分享比例是多少？

b. 如果股东们愿意将钢琴店卖给她，克莱尔最多愿意出价多少？

c. 如果股东们的方案是：假如钢琴店的盈利为 1 000 美元，他们为克莱尔提供 100 美元的奖金。那么要使克莱尔接受该合同，除此之外还需要提供多少的固定报酬？

15.3 回到习题 15.2。假设克莱尔能像之前那样选择努力，也可以选择不努力。如果她选择不努力，她将不会付出努力成本，从而其效用等于 w，但此时钢琴店的盈利将是确定的 400 美元。

a. 如果股东们拿出一半的利润和她分享，克莱尔会选择什么努力水平？她是否会接受该合同？如果仅仅拿出 1/4 和她分享呢？她愿意接受的最低分享比例是多少？

b. 假设股东们的方案是：如果钢琴店盈利 1 000 美元，她将得到 100 美元的奖金。证明在该方案下她不会努力工作。她能够接受的最低奖金是多少？如果要使她接受该合同，除此之外还需要提供给她多少固定报酬？

15.4　一个即食谷物制造商面临两种消费者，成人和儿童，他们的需求如下表所示：

谷物盎司	该盎司给成人提供的边际价值	该盎司给儿童提供的边际价值
第一	20	40
第二	16	32
第三	12	24
第四	8	16
第五	4	8
第六	0	0

谷物的边际成本是每盎司 0.15 美元。由于成人讨厌甜的儿童谷物，儿童讨厌全纤维成人谷物，故厂商对于两个消费者类型有完全信息。在这种完全信息的设定下，厂商对成人和儿童提供的最佳价格分别是多少？

15.5　雅哈布（Ahab's）咖啡店共有 150 个顾客。其中 50 人是小需求者，100 人是大需求者，他们的咖啡需求量也因此不同。小需求者对咖啡的评价是前 8 盎司每盎司 0.10 美元，8 盎司以上为 0 美元。大需求者对咖啡的评价是前 10 盎司每盎司 0.15 美元，10 盎司以上为 0 美元。每盎司咖啡的成本是 0.05 美元。

a. 如果能将大杯咖啡卖给大需求者，将小杯咖啡卖给小需求者，而且能阻止他们分别购买针对另一类型需求的咖啡（要么供自己消费，要么转售给他人），雅哈布咖啡店的利润最大化策略是什么？雅哈布咖啡店将获得多少利润？两类消费者各自的剩余是多少？

b. 在接下来的问题中，假设雅哈布咖啡店被禁止根据顾客的类型来收取费用。通过计算 a 问中大需求者购买小杯咖啡的剩余大于购买大杯咖啡的剩余来证明，a 问中的策略将无效。

c. 要使 8 盎司小杯咖啡和 10 盎司大杯咖啡都有人买，雅哈布咖啡店能为大杯咖啡和小杯咖啡制定的最高价格分别是多少？计算在这一策略下，雅哈布咖啡店能够获得的最大利润。

d. 证明通过将 c 问中的小杯咖啡从 8 盎司减少到 6 盎司，雅哈布咖啡店能够盈利更多。

e. 证明通过完全忽略小需求者，雅哈布咖啡店只卖大杯咖啡且只有大需求者购买，雅哈布咖啡店能够获得的利润比 c 问和 d 问中的更高。

15.6　假设和其他鞋店一样，比恩（Bean）鞋店有一项政策是可以拿穿破之后的鞋来换新鞋。假设鞋的顾客中有两类：其中一半顾客是脑力劳动者，其将鞋穿破的概率只有 20%；而另一半是体力劳动者（例如建筑工人、护理人员），其将鞋穿破的概率是 60%。每双鞋的生产成本是 25 美元。

a. 假如鞋店不能区分两类顾客，它能在保持盈亏平衡的情况下收取的最低价格是多少？（这一价格是竞争市场中的一般价格。）

b. 假如脑力劳动者顾客认为该鞋的价值低于 a 问中的价格，均衡会发生怎样的改变？在新的均衡中，什么是产生无效率的可能根源？

c.假如鞋店能够为以旧换新的质保收取一个额外的价格，并假定只有体力劳动者顾客购买这一质保，请计算新的竞争均衡。

15.7　特斯（Tess）和梅格（Meg）是一幅油画作品拍卖会上仅有的两个竞标人。两人都以相同的概率分属两种类型：一种是低价值类型，认为该作品值 100 万美元；一种是高价值类型，认为该作品值 200 万美元。每个人都知道自己的类型，但只知道另一个人属于哪种类型的概率。

a.假设他们通过第二价格密封拍卖竞拍。均衡的竞价策略是什么？计算卖家的期望收益。

b.假设有三个竞标人，重新计算 a 问。如果有 N 个竞标人呢？

c.解释你在 a 问和 b 问中的答案可以怎样用来计算第一价格密封拍卖的期望收益。

15.8　假设二手车市场上有 100 辆车出售，其中 50 辆是优质车，每辆价值 10 000 美元；另外 50 辆是次品，每辆价值 2 000 美元。

a.如果买主不能观测到车的类型，计算出买主愿意为每辆车出的最高价格。

b.假设市场中有足够的买主竞争，以至于最终结果是汽车以他们愿意出的最高价格出售。如果优质车的卖者认为其每辆车价值 8 000 美元，均衡将是怎样的？如果优质车的卖者认为其每辆车价值 6 000 美元，均衡又是怎样的？

15.9　某家企业从每个低技术工人身上获得的边际产品收益是 100，从每个高技术工人身上获得的边际产品收益是 200。有 1/4 的工人是低技术的，其余的是高技术的。

a.如果竞争性企业不能获得任何关于工人类型的信号，它们将付出的均衡工资是多少？

b.低技术工人和高技术工人的教育成本分别是 c_L 和 c_H。在怎样的条件下，存在一个分离均衡？

c.假设 $c_L = 50$ 且 $c_H = 0$。描述一个两种类型的工人都愿意接受教育的混同均衡。记住要明确定义企业在看到一个未受教育的工人时的判断。同样地，描述一个两种类型的工人都不接受教育的混同均衡。

15.10　一家在位企业可能是低成本类型的，其不变的边际生产成本是 10；也可能是高成本类型的，其不变的边际生产成本是 20。两种情况的概率分别是 t 和 $1-t$。该在位企业的类型是私人信息。在第一期中，该企业作为垄断者进行生产。一家边际生产成本为 15 的企业想要进入该市场。进入市场至少需要一个较低的固定成本。假如该企业进入市场，它将知道在位者的边际成本，且两家企业在第二期中进行同质产品的伯特兰竞争（对伯特兰竞争的讨论见第 12 章）。消费者需求在各期是相等的。假设两期之间没有贴现因素，因此在位者的目标是最大化第一期和第二期的利润之和。

a.如果新进入者进入该市场，第二期博弈的纳什均衡是什么？对于在位者的各种类型，解出该模型。

b.证明如果新进入者相信在位者确实是低成本类型的，它将选择不进入；如果它相信在位者确实是高成本类型的，它将选择进入。

c.假设低成本类型在位者的垄断价格高于 20。利用你在 b 问的答案，证明在一个分离均衡中，20 是低成本类型的在位者能够收取的最高价格。

第 16 章　外部性和公共品

在第 10 章，我们谈到了福利经济学第一定理。该定理指出，在某些条件下，依赖于竞争市场将会得到一个经济有效的资源配置状态。我们也指出存在着许多情形，它们会使得完全竞争市场无法实现这样一个资源配置有效的结果。在本章中，我们将研究这一市场失灵的两个最为重要的例子。我们将首先描述外部性的一般问题——在这一情形中某类产品的生产或者消费影响了第三方，这一第三方实际上没有牵涉到这一交易过程当中。同时，我们也将讨论私人市场所引起的外部性问题的各种可能解决方法。本章的最后几节将集中讨论一种特定类型的外部性——个体从公共品中获益的例子。在那当中，我们最感兴趣的问题是，究竟有多少种好的公共决策（比如投票）能够实现这类产品的有效资源配置。

16.1　外部性的定义

外部性（externality）就是一个经济当事人的行为对另一个经济当事人的福利产生了影响，且这种影响并没有被纳入正常运行的价格系统。这一定义强调一个当事人对另一个当事人直接的非市场影响，比如，向空气中排放的油烟，或者是出现在饮用水中的有毒化学物质。这一定义并不包括通过市场所产生的影响。比如，我在你到达商店之前买了一件待售的衬衫，我的这一购买行为使你无法获得这一件衬衫，从而会影响到你的效用。但是，这并不是我们所讲的外部性，因为这一影响发生于市场情形当中。① 它的出现并不影响市场有效配置资源的能力。因为到底是你还是我最终获得这件衬衫，这只是一个分配问题。真正的外部性能够发生在任意两个当事人之间。在此，我们首先用例子解释企业间的负（或有害的）外部性和正（或有益的）外部性的情形，然后我们将考虑企业与人之间的外部性，并总结出人与人之间的一些外部性。

---

① 有时这类影响被称为"货币的"外部性，以区别于我们将要进行讨论的"技术的"外部性。

16.1.1　企业间的外部性

考虑这样的两家企业——一家生产眼镜片，另一家生产木炭。［这是一个摘自19世纪《英国法律》（*English Law*）的一个真实案例。］如果高质量眼镜片的产量不仅依赖于眼镜片企业所选择的投入量，而且依赖于木炭的产量，那么我们可以说木炭的生产会对眼镜片的生产有外部性效应。假设这两家企业地理位置相邻，而且眼镜片企业位于木炭企业的下风处。在这一情形下，高质量眼镜片的产量可能不仅依赖于眼镜片企业所使用的投入量水平，而且依赖于空气当中的木炭含量，它会对眼镜片所使用的精密刨光机产生影响。反过来说，这些污染物取决于木炭企业的产量。尽管眼镜片企业对这一负外部性没有控制权[①]，木炭产量的增加也会导致高质量眼镜片的产量下降。

两家企业之间的关系也可能是互益性的。许多正外部性的例子都相当富有田园气息。最有名的例子，或许当属詹姆斯·米德（James Meade）所提出的两家企业：一家通过饲养蜜蜂生产蜂蜜，另一家生产苹果。[②] 因为蜜蜂以苹果花粉为食，增加苹果的产量将会改进蜂蜜企业的生产率。这对蜜蜂的饲养非常有利，对于养蜂人来说是一个正外部性。与此相应的是，蜜蜂为果树授粉，养蜂人为果园主提供了有益的外部性。我们将在本章后面详细地讨论这一例子，因为出乎意料的是，养蜂人与果园主的关系，在经济学研究外部性的含义方面发挥了重要的作用。

16.1.2　企业和人之间的外部性

企业可能直接影响人们的福利。一家水泥企业直接把灰尘排放到空气当中，以有害健康和增加尘垢的形式，给生活在企业附近的人们增加了生活的成本。相似的效应出现在企业对水的污染（比如，采掘企业把废物倾倒在苏必利尔湖中，这会减少苏必利尔湖对那些想在那里钓鱼的人的娱乐价值）、土地的滥用（露天采矿所形成的难看的坑洞可能妨碍了水的供应）、噪声的生产（位于大都市的机场所造成的噪声）等情况中。在所举的这些例子当中，至少在初步的检查中可以发现，企业在进行生产多少的决策时，似乎并不考虑这些外部性的成本。

当然，人们也可能对企业有外部性影响。汽车驾驶所产生的污染不利于柑橘的生长，清理人们留下的垃圾以及涂鸦则是商场的主要费用开支之一，而大学校园里周六晚上的摇滚音乐会所造成的噪声可能会影响附近宾馆的租金。在这些例子里，没有简单办法使受影响的一方可以强迫产生这些外部性的人承担由他们的行为所引致的全部成本。

---

① 随着本章的分析的推进，我们将会发现很有必要重新定义"没有控制权"（no control）这一假定。

② James Meade，"External Economies and Diseconomies in a Competitive Situation," *Economic Journal*（March 1952）：54 - 67.

16.1.3 人与人之间的外部性

最后，一个人的行为可能会影响其他人的效用。电台声音开得太大，抽烟，或者在高峰期开车，这些都是可能负面地影响其他人效用的消费行为。与此相反，种植怡人的花卉，或者清扫人行道上的积雪，这些则可能是对其他人的效用提供了有益的外部性的消费行为。在许多情形中，受影响的双方通过谈判而非通过市场交易来解决这些外部性问题。

16.1.4 外部性相互作用的本质

虽然上面所举的这些外部性的例子，把一个当事人描述成问题的"始作俑者"，而另一个当事人则是无助的受害者（或者受益人），但这并不是看待这一问题的有用方式。通过定义可知，外部性要求（至少）有两方，而且每一方都可被视为问题的"始作俑者"。如果眼镜片企业没有位于木炭企业的火炉附近，它的刨光机将不会有任何的负效应；如果个体并不居住在机场跑道附近，机场噪声将只是无足轻重的问题；而假如你不在声音所及的范围之内，那么其他人把电台音量调高也不会是个什么问题。认识到这些相互作用的关系，并不是打算为污染者开脱"罪名"，而只是为了说明这一问题的本质。在所有这些例子当中，两个经济当事人试图使用同一资源（正如我们在**"应用 16.1：二手烟"**中所解释的），而且也并不存在毋庸置疑的经济学原理可以被用来决定谁的诉求更强大。

应用 16.1

二 手 烟

对二手烟问题的争论，使得经济学当中所出现的许多关于外部性的话题得以解释和说明。二手烟［或者更为正式的说法是环境烟草烟雾（environmental tobacco smoke，ETS）］一词，是指吸烟者对香烟和其他烟草的消费对周边的第三方所产生的影响。这一影响不同于吸烟者对自身的伤害效应，后者从严格定义上来讲，是大体上并不涉及外部性的行为。

二手烟的健康效应

尽管二手烟是令人讨厌的事情这一点毋庸置疑，但是 ETS 是否会产生严重的健康恶果这一问题却颇具争议。美国环境保护署（Environmental Protection Agency）估计：每年有将近 2 200 起因人们生前曾接触过 ETS 而导致自身死于肺癌的事故。该机构表示，如果把 ETS 对心脏病的可能影响也考虑进去，那么死亡数目将会更高。但是这些估计，正如许多对传染病的估算情形一样，是基于对生活或者工作过程中接近吸烟者的人跟那些没有接近吸烟者的人所进行的简单比较而得出的结果。因而，很可能存在能解释这一关系的

16

其他因素。然而，不管证据是否科学，许多人都认为二手烟是有伤害性的，并且已经采取了一系列私人的或者集体的行动，以减轻这一外部性的影响。

ETS 外部性的相互作用实质

正如所有的外部性一样，ETS 外部性也有相互作用的效应。吸烟者用烟伤害了周边的人，但是周边的人试图限制吸烟者的"权利"，这加强了吸烟者的不便利性，而当周边没有人时，这种不便利性就不会存在。尽管吸烟者的不便利性成本很少被人提及，但是它并不是无足轻重的。比如，一项对工作场所限制吸烟的潜在影响进行估计的研究发现，每年吸烟消费者的剩余损失近 200 亿美元。[a] 当然，这样的估计可能有点偏离事实。但是使用一个"免费的"资源（在此是空气）的权利的任何设定将会明显影响所牵涉各方的福利，正是这一事实使得二手烟这一话题颇具争议。

私人行动

多年来，事关二手烟的处理都是通过私了的方式来解决的。人们在他们自己家里或者他们所拜访的家里决定在什么时间以及在什么地方吸烟。铁路有专门的吸烟车厢，飞机和餐厅有吸烟区，而工人将对他们是否被允许在工作中吸烟进行谈判。诸如此类的对吸烟这种私人活动的限制，在最近这些年已经不断被强化，这大体上是对市场压力所做出的反应。比如，所有的航线全航程禁烟，许多餐厅也已经提出禁止吸烟的要求。许多宾馆声称只提供无烟房，有些宾馆已经开始用楼层区分吸烟者和不吸烟者。许多公共场所，比如电影院或者运动场，也已经禁止吸烟。

集体行动

对于 ETS 的忧虑也已经反映在对政府监管的需求当中。实际上，美国职业安全和健康管理局（Occupational Safety and Health Administration）已经提出在所有工作地点禁止吸烟的提议。最近的民意调查也表明，许多人支持在所有公共场所进行更为广泛的禁烟活动。一些经济学家已经提出这样的疑问：这样的额外限制（超过了那些已采用的私人行动）是否真的有效？他们要求提供更多清晰的证据来证明吸烟者和不吸烟者的私人选择并不足以改善许多吸烟外部性的负面效应问题。然而，在吸烟者人数不断下降而不吸烟者不断积极地捍卫他们权利的情形下，吸烟管制很可能将会变得越来越严格。

思考题

1. 一些人认为，吸烟者用他们的行为抬高了不吸烟者的健康和保险成本，形成了额外的外部性。这种效应是否可被称为外部性？如果是这样，那么，这一外部性是如何扭曲资源配置的？一个有效的市场应该怎样处理由吸烟风险所带来的各种问题，例如健康保险溢价问题？

2. 不吸烟者往往能够通过他们自己的行为（比如拒绝光顾那些允许吸烟的场所）来避免 ETS。如果是这样，在确定针对 ETS 的最优政策时，应该如何考虑不吸烟者因采取此类行动而产生的成本？

a. W. K. Viscusi, "Secondhand Smoke: Facts and Fantasy," *Regulation*, no. 3 (1995): 42-49.

16.2 外部性和资源配置效率

在许多情形中，我们已描述的外部性的存在会造成市场运作无效率。我们已经在第 10 章中简要讨论了其中的理由，并且通过眼镜片企业和木炭企业的例子再次重复了这个理由。眼镜片的生产没有产生任何外部性，但是却受到木炭企业的负面影响。现在我们明白了在这种情况下，资源的配置可能会无效率。要记住，资源有效配置的价格必须等于它们在各自市场上真实的社会边际成本。如果眼镜片市场是完全竞争的（正如我们所假设的，两个市场都是完全竞争的），它的价格实际上等于它的产品的私人边际成本。既然眼镜片的生产中没有外部性，在这种情况下就没有必要区分私人边际成本和社会边际成本了。

对于木炭企业，这个问题变得更加复杂。木炭企业将会生产私人边际成本等于价格时的产量。这是利润最大化假设的一个直接结果。然而，由于生产木炭对眼镜片的生产具有负面效应，这里的私人边际成本不可能等于社会边际成本。相反，**社会成本**（social cost）等于私人成本加上由于木炭的产量而造成的眼镜片产量下降或质量下降的额外成本。木炭企业没有认识到这个效应，从而生产出过多的木炭。如果把资源重新配置一下，将部分木炭企业的资源转移到别的产品上，社会将变得更加美好。

一个图形说明

图 16-1 解释了由木炭生产的外部性所导致的资源不合理配置的情形。假定木炭企业是一个价格接受者，它的产品需求曲线是现行市场价格（如 P^*）处的一条水平线。利润在 q^* 产量水平上最大化。而价

格等于木炭的私人边际成本（MC）。然而，由于木炭生产对眼镜片企业造成了外部性，木炭生产的社会边际成本（MCS）超过了 MC，如图 16-1 所示。MCS 曲线和 MC 曲线之间的垂直距离，衡量了额外生产一单位木炭给眼镜片企业所带来的损害。在 q^* 处，生产木炭的社会边际成本超过了人们所愿意支付的价格（P^*）。此时，资源出现了不合理的配置，产量应该减少到社会边际成本和价格相等的 q' 处。在产量减少的过程中，总社会成本的减少额（ABq^*q' 区域）超过了木炭总支出的减少额（AEq^*q' 区域）。这一比较的结果表明，通过减少木炭的产量，资源的配置可以得到改善，因为社会成本减少的数额超过了消费者在木炭支出方面减少的数额。消费者能够在比木炭花费更低社会成本的其他方面，重新配置他们的支出。

16

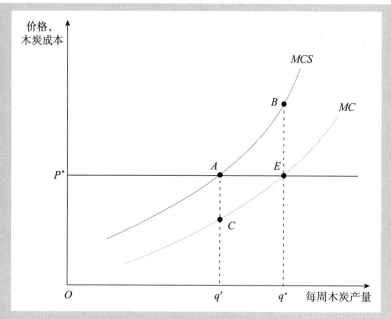

图 16 - 1　木炭生产所造成的外部性导致了资源的不合理配置

　　因为木炭的生产加大了眼镜片企业的成本，木炭生产的社会边际成本（MCS）超过了私人边际成本（MC）。在一个完全竞争的市场里，企业会以价格 P^* 生产 q^*。然而，在 q^* 处，$MCS > P^*$，将产量减少到 q' 会改进资源配置的效率。那么，经过双方的协商，可能能够自发地达到产量 q'。

16.3　产权、谈判和科斯定理

　　然而，外部性一直会扭曲资源配置这一结论不应当被不加怀疑地接受。为了进一步探讨这一问题，我们需要引进产权的概念，用它表示这些权利在两家企业间可以进行怎样的自愿交易。通俗地讲，**产权**（property rights）是这样的法律界定：它规定了谁拥有某个产品以及允许这一产品的当前所有者进行交易的类型。有些产品可以被定义为**公共财产**（common property），即它在很大程度上是由社会所拥有，并且能被任何人所使用；其他一些产品能被定义为**私人财产**（private property），即它是由具体某个人拥有。私人财产有可能是可交易的，也有可能是不可交易的，这取决于这一产品能不能跟其他人进行交易。在这本书中，我们主要关注可交易的私人财产，只考虑几种类型的财产。

16.3.1　无成本的谈判和完全竞争市场

　　对于所争论的木炭-眼镜片外部性问题，考虑木炭企业和眼镜片企业所共同拥有的空气的产权性质，这将是一件有趣的事。假设现在定义一种产权，即法律规定其中的一家企业有权单独使用空气，但是企业之间能够自由地谈判，以决定怎样更好地使用这一空气。首先，你可能认为，如果把空气使用权给予木炭企业，污染将会产生；如果把空气使用权给予眼镜片企业，空气将依然纯净，刨光机将正常运转。但现实可能并不是这样的，因为你的草率结论没有考虑到双方可能达成的交易。实际上，一些经济学家认为，如果不存在交易（谈判）成本，双方独自行动，将会实现有效率的产出（q'）。不管谁"拥有"使用空气的权利，均会出现这一结果。

16.3.2 污染企业拥有产权

假定木炭企业拥有由它任意使用空气的权利，那么它必须把与所有权相关的成本（如果有的话）加到它的总成本当中去。什么是与该空气所有权相关的成本呢？在此，机会成本的概念提供了这一答案。对于木炭企业来说，把空气当作灰尘的释放场所，会带来使用空气的成本，该成本是其他企业为这一资源的最佳替代使用方式所愿意支付的代价。在这一例子中，只有眼镜片企业对空气有一些替代用途（保持空气干净无污染）；而且该企业愿意为干净空气所支付的价格正好等于由木炭污染空气给它造成的损害。如果木炭企业能够准确地计算它的成本，它的边际成本曲线（包括空气使用权的隐性成本）变成了图 16-1 的 MCS，因而企业将生产 q'，同时把剩余的空气使用权销售给眼镜片企业，其费用在 AEC（生产 q' 而非 q^* 的木炭所损失的利润）和 $ABEC$（眼镜片企业为避免木炭产量从 q' 上升到 q^* 所愿意付出的最大支付额——换言之，它是扩大木炭产量的总社会成本）两者之间。

16.3.3 受损害的企业拥有产权

如果是由眼镜片企业拥有可随意使用空气的权利，也可以得到同样的结果。在这一情形中，木炭企业将乐意为生产某单位木炭的权利支付它的每单位产量所赚得的利润（我们再次假定并不存在带来更少破坏性的生产木炭的方法）。眼镜片企业将会接受这样一个支付额，只要它能够弥补木炭企业增加产量对眼镜片企业所施加的成本。对于木炭企业来说，当产量小于 q' 时，木炭企业所愿意支付的价格（$p^* - MC$）超过额外污染的成本（$MCS - MC$）；当产量超过 q' 时，木炭企业所愿意支付的价格（$p^* - MC$）小于额外污染的成本（$MCS - MC$）。因此，两家企业最终的谈判结果将是木炭企业的产量为 q'。再次，正如木炭企业拥有空气使用权一样，通过两家企业之间的自愿谈判，同样可以达到有效的资源配置水平。在这两种情形当中，发生了一部分木炭生产，因而存在着一些污染。没有木炭生产（同时也没有污染）这一结果是无效率的，如生产 q^* 产量一样——稀缺的资源同样没有得到有效配置。在这一情形中，可以通过所涉及企业间的谈判来实现木炭产量、眼镜片产量和空气污染的最优水平。

16

16.3.4 科斯定理

我们已经表明，两家企业独自行动能够实现有效率的产出水平（q'）。假定进行这一交易是无成本的，双方都会认识到达成这一交易的好处。每一方都将受到"看不见的手"的指引，达到通过理想合作后所能实现的同样产出水平。不管空气使用权归属哪一方，都能达到合意的产出水平。生产污染的企业有着同样的激励去选择一个有效率的产出水平，如受损害的企业所选择的一样。两家企业自由谈判的能力，使得每一方在它们的决策过程中都能够认识到外部性的真实社会成本。这样的一个结果有时被称为**科斯定理**（Coase theorem）。它是由经济学家科斯首次提出[①]、后人用他的名字命名的。"**应用16.2：产权和自然界**"主要讨论了产权的适当界定如何能在出现外部性的情形下改进资源的配置效率。

应用 16.2

产权和自然界

产权的具体界定和强制执行，会有助于外部性问题的解决。这一观念已经提供了一些出乎人意料的洞见。这些洞见当中一些最为诗情画意的例子，跟自然环境有关。

蜜蜂和苹果

蜜蜂为苹果树授粉，而苹果花则为蜜蜂提供了花蜜来生产蜂蜜。尽管这些外部性看起来很复杂，然而，在这一情形当中的市场已经运作良好。在许多地方，养蜂人和果园主之间已经达成了很好的谈判合同。在标准的合同中，是给养蜂人租金，让其蜜蜂为许多苹果树授粉。研究发现，这些合约中所支付的租金能够准确地反映生产的蜂蜜的价值。比如，苹果树种植主必须比苜蓿种植主支付更高的租金，原因是苹果花所产的蜂蜜相对较少。因为谈判成本在受这些外部性影响的租金当中所占的比例相对很小，所以这是科斯定理能够直接适用的一种情形。

贝类水生物

捕捞过度源自外部性——没有一个捕鱼者会考虑到他或她的捕鱼行为会减少其他人的捕鱼量。在公海里，不存在解决这类外部性的简单办法——执行产权的成本太高了。但是在沿海岸地区，产权能够得以有效监管，过度捕捞的损害效应能够减轻。当这些产权能够得以界定并实现时，私人所有者将认识到他们的捕捞措施会怎样影响到他们自有的鱼类资源存量。

对于沿海岸的贝类水生物，比如牡蛎和龙虾，这一结论已经有很好的文字记录。在产权能够明确界定的捕鱼地区，从长期来看，平均捕鱼量相当高。举例来说，对比20世纪60年代弗吉尼亚州和马里兰州的牡蛎产量可以发现，弗吉尼亚州的渔获量高出近60%。作

[①] 可参见 Ronald Coase，"The Problem of Social Cost," *Journal of Law and Economics*（October 1960）：1-44。

者认为，出现这一结果的主要原因是，相比于马里兰州的法律来说，在弗吉尼亚州的法律下，私人沿海捕鱼的权利更容易执行。[b] 比较缅因州沿海岸地区的家庭所有和公共拥有的龙虾养殖场的收获量，也可以发现同样的结果。

大　象

当非洲国家试图保护它们的大象群时，它们也发现了产权执行的潜在环保价值。在过去，打猎者可以肆无忌惮地杀死大象。国际约束在阻止这种屠杀上基本无效。比如，20 世纪 80 年代，在东非国家，比如肯尼亚，大象的总量下降超过了 50%。

一些南非国家，特别值得一提的是博茨瓦纳，对大象的保护采取了不同的方法。这些国家通过给予一定量的大象捕猎许可证，允许村民把他们当地的大象变为他们自己的私有财产，同时也鼓励他们在保护大象的地区发展旅游业。关键是，大象已经从公共的自然资源转变为居民的私人资产，这使得居民有动机去最大化这一资产。博茨瓦纳的大象总量现在至少翻倍了。

思考题

1. 在蜜蜂-苹果案例中，值得考虑通过谈判来达成满意的合同，同时在某些情况下，蜜蜂可能在该合同约定的区域范围之外"闲逛"。在这种情形下，哪些因素将决定制定私人产权合同是否在成本方面具有有效性？

2. "私有化野生自然资源"（正如博茨瓦纳对大象所采取的措施）的概念，难道不是非常粗鲁的重商主义（commercialism）吗？难道就没有更好的办法来形成天然资源保护的道德规范，从而使得每个人都在保护地球野生物种方面达成一致意见吗？

a. 对这一问题的经典研究参见 S. N. S. Cheung, "The Fable of the Bees: An Economic Investigation," *Journal of Law and Economics* (April 1973): 11-33。

b. R. J. Agnello and L. P. Donnelly, "Property Rights and Efficiency in the Oyster Industry," *Journal of Law and Economics* (October 1975): 521-533.

16.3.5　分配效应

使用空气的产权归属于谁，这会产生分配效应的问题。如果木炭企业拥有空气使用权，它将会得到眼镜片企业所支付的使用费，而这会使得木炭企业的处境至少跟它生产 q^* 产量水平时一样好。而如果眼镜片企业拥有空气使用权，它所收到的空气使用费至少能够弥补空气污染给它造成的损害。因为按照科斯的结论，最终资源配置不会受到产权归属于哪一方的影响[①]，对各种可能的结果的任何评价，是基于平等的假设做出的。比如，如果木炭企业的所有人非常富有，而生产眼镜片的老板则非常落魄，基于分配公平的考虑，我们可能认为空气使用权应该被授予眼镜片企业。而如果情况正好相反，生产眼镜片的老板很富有而木炭企业的所有人很穷苦，

---

① 假定产权归属于哪一方的财富效应并不影响木炭市场的需求和成本之间的关系。

> **小测验 16.2**
>
> 科斯定理不仅要求产权能够具体界定，而且要求不存在交易成本。
>
> 1. 如果交易成本为零，但是产权并不存在，有效性能否实现？
>
> 2. 如果交易成本很高，但是产权能具体界定，有效性能否实现？你对于这一问题的答案，是否依赖于产权归属于哪一方这一前提？

我们可能认为应该把空气使用权给予木炭企业。价格系统有时能解决外部性造成的资源配置问题，但是它不一定会实现公平的解决方案。然而，诸如产权归属的公平问题，出现在每一个分配决策中而不仅仅出现在外部性的研究当中。

16.3.6 交易成本的作用

科斯定理的结果，关键在于零交易成本的假定。如果达成谈判的成本很高，那么这一自愿交易系统的运行将不能实现有效的结果。在下一节，我们将分析交易成本很高的情形，同时表明竞争性市场需要一些帮助，才能实现有效的结果。

16.4 高交易成本下的外部性

当交易成本很高时，外部性可能会造成经济福利的实际损失。根本问题是，在高交易成本条件下，经济当事人没有压力去考虑他们所造成的外部性。因而，在这些情形中，针对外部性的所有解决办法，均必须找到某种途径来使得当事人能够内部化这些效应。在这一节，我们将看一看三种这样的解决办法，而每一种办法都有各自的优势和劣势。

16.4.1 法律赔偿

法律的运作有时可能提供了一种把外部性纳入考虑的方式。如果那些受到外部性损害的人有权依据法律对损害事件提起法律诉讼，那么这一事件诉讼的可能性就会导致外部性被内部化。比如，如果如图 16-1 所示的木炭企业会因为它对眼镜片企业造成损害而遭到起诉，那么随着木炭产量的上升，弥补损害的罚款会增加生产成本。因而，木炭的边际成本曲线将上移至社会边际成本处，有效的资源配置得以实现。

这一讨论的结果表明，不同类型的法律可能适用于不同类型的外部性，这取决于交易成本是高还是低。当交易成本很低的时候，在物权法下仔细界定产权，就能实现有效的结果，因为科斯定理适用于这一情形。而当交易成本很高的时候，就应该使用侵权法，因为法律诉讼才能使得那些造成外部性的人认识到他们所造成的损害。因而，法律赔偿的可能性，对科斯定理有一个重要的互补作用。[1]

---

[1] 这些思想首次出现在 G. Calabresi and A. D. Melamed, "Property Rules, Liability Rules, and Inalienability," *Harvard Law Review*（March 1972）：1089-1128 中。值得注意的是这里所描述的法律诉讼，只是为了获得补偿性损害赔偿，用以补偿外部性所造成的损害。对于惩罚性损害赔偿的讨论，可参阅应用 16.3。

当然，使用法律体系需要实际资源。律师、法官以及专家证人的价格并不便宜。随着受损害一方人数的增加，这些成本可能成倍增加。因而，使用法律以获得像市场一样的解决外部性的满意方法，任何对此的全面评价，都必须考虑使用法律的成本。然而，在许多外部性的例子当中，比如汽车事故或者其他类型的个人伤害事件，使用法律体系很可能是非常快速的解决之法。"应用 16.3：产品责任"关注的是在产品安全问题中使用法律途径的一些优势和劣势。

应用 16.3

产品责任

最近几年，对产品安全的关注与日俱增。在此，我们看一看这一趋势背后的法律和经济学问题。

科斯定理

产品造成伤害的情形，在我们的定义下并不一定是外部性，因为产品的供给者和消费者本身就存在市场关系。在完全信息和低交易成本条件下，科斯定理表明，即使产品具有危险性，依然有可能实现有效的资源配置。图 1 以链锯为例对此情形做了一个简单的说明。对链锯的使用会增加人们的效用（比如，在没有其他工具的情形下试图锯断一棵倒下的树），但是也会给人造成伤害。根据法律规定的免责声明（让买家小心），消费者对所有造成的伤害负责。此时需求曲线由图中的 D 表示，链锯的供给曲线将只反映生产的成本，用曲线 S 表示。市场均衡发生于 (P^*, Q^*)。与此相反，假定供给者对链锯所造成的所有伤害负责，则这些伤害的成本 (c) 将使得供给曲线向上移至 S'。需求者现在将知道他们在进行链锯操作过程中所受到的伤害会得到赔偿，那么他们将会愿意在每一产出水平上多支付 c——需求曲线将向上移动 c。新的市场均衡将是 $(P^* + c, Q^*)$。此时，产量依然不变，但是价格明显地反映了伤害的成本。不管法律体系处于何种位置，有效的链锯产量都将被生产出来。

不完全信息

如果链锯交易的双方并不完全知情，那么两种不同法律体系下的结果将会有所差异。在这一情形中，达成有效的解决方法，将需要对信息最充分的一方施加产品责任。举例来说，假设许多链锯伤害的发生，是由于消费者不知道企业生产的链锯有瑕疵。此时，由企业来承担法律责任，将会使得它们考虑给消费者造成伤害的成本。与此相反，如果许多伤害的发生是因为人们用链锯做愚蠢的事情，则选择"货物出门概不退换，买主需自行当心"的法律责任，会使得使用者有小心使用的激励，这同样也能实现有效性。

惩罚性损害

在不同的法律体系下，图 1 都能实现有效性，因为双方都能在他们的决策中内部化伤害的成本。用法律术语来讲，支付的这些成本被称为补偿性损害赔偿，因为这些支付正好

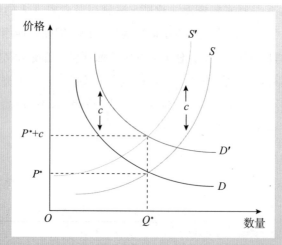

图1 产品责任的科斯定理

如果由需求者承担法律责任，市场将在（P^*，Q^*）处达到均衡；如果由供给者承担责任，均衡将发生在（P^*+c，Q^*）处。在两种不同的法律体系下，都生产出同样的产量。

可以补偿所发生的伤害成本。在美国法律体系下（虽然在其他一些国家的法律体系下这并不存在），受到产品伤害的一方同时也可以诉求惩罚性损害赔偿。这些损害赔偿的目的是"传递一个信息"，而非补偿实际发生的物质损害。大体上来讲，经济学家对实行这一损害赔偿是否明智表示怀疑，因为它们可能过度阻碍了有价值的生产，使得企业采用了过多不符合成本-收益分析的安全设施。

政策挑战

这一案例表明产品责任法在改善风险产品的资源配置方面发挥着潜在有益的作用，特别是当消费者不知道这些风险的时候。然而，在实践中，产品责任案件因为得到截然不同的结果以及对企业施加了不现实的损害评估而备受批评。许多观察者已建议产品责任法（以及与它密切相关的医疗事故法律）可以通过收紧科学证据的标准和对某些类型的索赔设置上限来进行所需要的改革。在这些限制和帮助市场内部化伤害之间实现正确的平衡并非轻松的任务。

16.4.2 税 收

第二种实现外部性内部化的途径是通过税收。这一矫正方法是由福利经济学家 A.C.庇古（A.C.Pigou）在 20 世纪 20 年代首次提出的[①]，它现在仍然是主流经济学家解决许多类型的外部性的方法之一。

税收方法可由图 16-2 解释。MC 和 MCS 分别表示木炭产量的私人边际成本和社会边际成本，木炭的市场价格是给定的 P^*。每单位征收 t 数量的税收将使得企业的净价格所得降至 P^*-t，在此价格水平处，木炭企业将选择生产 q' 产量。税

[①] 参见 A.C.Pigou，*The Economics of Welfare*，4th ed.（London：Macmillan，1946）。庇古同时也强调给生产正外部性的企业提供补贴的必要性。

收使得企业将它的产量减少至社会最优的产量水平处。在 q' 处，木炭企业产生了 $P^* - t$ 的私人边际成本，同时给眼镜片企业施加了每单位为 t 的外部性成本。因而单位税收正好等于木炭企业给眼镜片企业带来的额外成本。[①] 政府管制者的关键问题是决定合适的**庇古税**（Pigovian tax）。

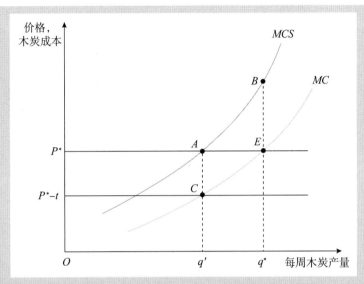

图 16 - 2　外部性问题的税收方法

　　对每单位产品征收 t 的税收将使得木炭的净价格降至 $P^* - t$。在这一价格水平处，企业将选择生产木炭产量的社会最优生产水平 q'。

16.4.3　对外部性的管制

　　第三种控制高交易成本情形下的外部性的方法是管制。为了厘清管制中的一些话题，让我们考虑一些针对环境污染的政策情形。图 16 - 3 的横轴表示，和没有任何管制情形下的污染水平相比，因为某些原因（比如管制）而导致环境污染减少的比例。图 16 - 3 中的曲线 MB 表示额外减少 1 单位（采用百分比）污染所获得的额外社会福利。这些福利包括可能改善的健康水平、可获得的额外的娱乐和审美的好处以及其他企业改善的生产机会。对于许多经济行为来说，假定所提供的这一利益表现出递减的回报——MB 曲线向下倾斜，它反映出了这样一个事实，即随着更严厉的控制措施的实施，从污染的额外减少量中获得的边际收益是递减的。

　　图 16 - 3 中的 MC 曲线表示减少环境污染排放量的边际成本。正斜率的曲线反映出我们通常的边际成本递增的假定。控制最初的 50% 或者 60% 的污染排放是相对低成本的行为，但是控制最后一个小比例的污染排放量的成本则相当高。随着污

---

　　① 请注意，庇古税等于产出 q' 处的外部性危害（AC 的距离）。若税金等于产出水平 q^* 处的外部性危害（BE 的距离）就太大了。

染减排比例接近 100%，边际成本急剧上升。

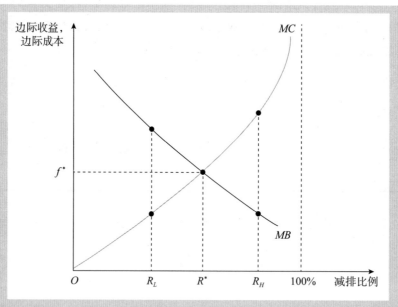

图 16 - 3　最优污染减排

　　MB 和 *MC* 分别反映了污染减排的边际收益和边际成本。R^* 代表污染减排方面的最优资源配置。这种结果可以通过如下方法来实现：或者征收一笔排污费 f^*；或者发放可以进行市场交易的污染许可证；或者进行直接控制。

16.4.4　最优管制

　　给定如图 16 - 3 所示的图形，很明显，R^* 是污染减排比例的最优水平。对于小于 R^* 的比例（比如说，R_L），进一步加强环境污染排放控制的边际收益超过了实现更低污染水平的边际成本，因而排放量应该进一步减少。污染减排比例超过 R^* 同样是无效的——环境污染控制过度。在 R_H 处，控制排放的边际成本超过了所获得的边际收益，因而可能需要放松一部分管制措施。存在着最优的污染减排比例（即 R^* 小于 100%），虽然这一观点对于非经济学家来说实在是匪夷所思，但是这一观点反映出我们整本书所研究的资源有效配置的基本原理。

16.4.5　收费、许可证和直接控制

　　我们可以通过三种常见的管制政策，让 R^* 的污染减排比例得以实现。第一，政府可以采取庇古税类型的排污费 f^*，对没有达到这一标准水平的每一百分点征收费用。面对这样的收费，污染企业将会选择最优的减排比例 R^*。对于污染减排小于 R^* 的水平，费用超过了污染减少的边际成本，因而利润最大化的企业将选择继续减少污染排放。然而，当污染减排比例超过 R^* 水平时，企业不再盈利，所以企业将倾向于选择对它的污染减排比例（100－R^*）进行付费。污染费的一个重要特征是企业能够自由地选择以最小化成本的方式实现 R^*。这一实现方式，既可以

是采用减少产出的技术，也可以是采用污染控制技术，还可以是两者的组合。

第二，如果政府管制者发行允许企业"生产"（$100-R^*$）比例不受管制的污染排放许可证，这一手段也可以实现同样的有效资源配置结果。如果许可证能够自由地交易，那么它们的售价将为 f^*，如图 16-3 所示。在这一情形下，污染许可证的竞争市场确保了污染排放减少量的最优水平将以最小化社会成本的方式得以实现。

第三种管制方法，是通过简单的直接管制，直接将污染减排比例定为 R^*。美国常常这样做，企业被告知它们所允许的废物排放量水平。从原理上讲，这样的一种直接管制方法，复制了通过法律诉讼、庇古税或者可进行市场交易的许可证等资源配置方式。正如常常出现的情形，如果直接控制能明确实现 R^* 的

> ### 小测验 16.3
>
> 假设政府没有关于企业造成污染的成本的详细信息。
>
> 1. 为什么上述三种达到 R^* 的策略优于让企业安装一个专业设备来使其达到 R^* 的管制措施？
>
> 2. 这三种策略在多大程度上最大限度地减少了政府需要的信息？

精确机制（比如，通过安装某一具体类型的污染控制设备），那么，综合其他方式以最小化成本的激励也消失了。"应用 16.4：发电厂排放和关于全球变暖的争论"考察了在环境政策中当前面临的主要问题。

应用 16.4

发电厂排放和关于全球变暖的争论

电力在许多工业经济的能源使用中占了将近 50%，而且许多电力是通过燃烧矿物燃料生产出来的。这一燃烧会产生许多有害于健康的副产品，包括硫酸、硝酸和汞等。电力生产的许多管制传统上集中于这些污染物。然而，最近关注焦点已转移到管制二氧化碳上，它是燃烧矿物燃料的一个产物，先前被认为是"无害的"。在这个应用专栏中，我们先看一下控制发电厂产生的硫酸的努力。然后，我们开始考虑全球变暖的话题以及试图控制二氧化碳排放的建议。

硫酸管制

发电厂排放的硫酸会产生"酸雨"，这一过程会损害湖泊和森林。控制这一排放的许多尝试已经遵行"命令和控制"（CAC）方法。在这一方法下，空气质量标准通过法律确定，并且要求厂房安装具体设备以使它们能够满足这些标准。为了实现确定的目标，许多大型发电厂必须安装"洗涤器"以清洗和排出它们燃料堆里的烟气。各种各样的研究已发现，这些管制手段的成本效益并不是特别好。造成这些额外成本的主要原因在于管制缺乏弹性——工厂不能自由地调整所需的技术以适应一般的气候或者地理现实。对成本效益的

研究得出了如下结论：在美国，成本可能已经超过最低成本理想值的两倍或者更多。

排污费

许多经济学家偏爱的一种替代的更加有效的方法，是采用庇古的建议，对发电厂的有害排放物征税。在这样一个收费条件下，公用事业机构所有者将可以自由地选择任何技术，在边际成本等于或者小于这一费用条件下实现承诺的减排量。这一效应的计算机模拟结果表明，它将是更加划算的。日本和法国两国已经大量使用这一排污费方法。

排污权交易

1990年《清洁空气法》修正案纳入了监管程序方面的一项创新，预计将提高CAC方法的成本效益。根据该计划，发电厂如果将某些污染物（主要是二氧化硫）的含量降至低于空气质量标准规定的水平，就可以获得"积分"。然后，发电厂可以将这些积分出售给其他企业。购买企业可以在其积分范围内超过空气质量标准。原则上，这一方法能够减少与实现任何具体空气质量标准相关的总体成本，因为那些能以最低边际成本实现额外减排量的企业会这样做。这种排放交易的研究结果表明，与纯粹的CAC相比，成本节约了约50%。[a]

关于全球变暖的争论

近年来，人们越来越关注发电厂（和其他矿物燃料的燃烧）排放的二氧化碳（CO_2），主要是因为这些排放物可能会导致全球变暖。虽然科学证据并不完善，但人们已达成一定共识，即允许二氧化碳在大气中积聚可能会在未来100年内使气温升高2~3摄氏度，导致国内生产总值的潜在损失在5%或以上。根据《京都议定书》，各国必须将二氧化碳排放量大幅减少到远低于1990年的水平，以应对这一威胁。许多国家（包括美国）还没有明确签署这一议定书，部分原因是对是否需要立即采取行动以及限制二氧化碳排放可能会带来什么样的回报等问题尚没有明确的答案。

第14章的一些数学知识可能有助于澄清为什么各国很难就全球变暖政策达成共识。假设在未来100年里预期GDP增长率为g。如果我们用Y表示当前GDP，那么100年后的GDP将是$Y(1+g)^{100}$。如果及时的二氧化碳政策将节约5%的GDP，那么这一政策的收益将是$B=0.05Y(1+g)^{100}$，但是现在这些收益必须按这100年期间的资本的边际成本（r）进行贴现。所以，我们得到这一重大反全球变暖倡议的估计收益的最终价值是

$$B=\frac{0.5Y(1+g)^{100}}{(1+r)^{100}} \tag{1}$$

很显然，这一表达式的值取决于g和r的值。如果我们使用可能达成共识的值，即$g=0.03$，$r=0.05$，那么这一表达式的值将变成$B=0.007\,3Y$。也就是说，节省的占100年后GDP 5%的现值，稍微小于当前GDP的1%。然后，依据这一计算结果，人们可能乐意为减少二氧化碳排放量而支付一个适度的金额，但又不至于严重地妨碍经济发展。当然，假如g和r发生变化，那么这些计算结果将会发生很大变化——这也就是政策如此有争议的另外一个原因。假设的微小变化就会导致对政策的总体评估出现巨大差异，因为其后果发生在遥远的未来。[b]

奥巴马的总量管制与排放交易政策

因为采用 CAC 环境政策的经验已证明它是如此昂贵，所以许多经济学家支持一种处理二氧化碳问题的替代性排放交易方法。在这一计划下，二氧化碳排放量将在某个水平上被实施总量管制，为了实现这一水平，政府将发放许可证。这些许可证将可以在开放市场上进行交易，因而形成了一个二氧化碳的"价格"。给定这些价格，发电厂（以及要求拥有许可证的其他企业）随后将会选择成本最小化的技术。然后排放量的总量管制可以随着时间的推移而逐步下降，以达到给定科学证据所决定的最优目标水平。

这正是在 2009 年早期奥巴马政府所给出的建议。在这个计划下，美国的二氧化碳排放量到 2020 年将会逐渐下降到比 2005 年还低 14％的水平，而到 2050 年将会下降到比 2005 年还要低 83％的水平。碳排放许可证将由政府拍卖，预计将在 10 年内筹集约 7 000 亿美元。当然，这样的成本最终将被转嫁给电力消费者。据估计，电力成本将比原来上涨 7％～10％。然而，这种成本增加在全美国范围内并不一致。[c] 在采用高二氧化碳排放方法发电的地方，尤其是在采用燃煤发电的地方，这种成本增加幅度最大。

政策挑战

制定有效的二氧化碳排放监管方法或许是许多国家未来十年面临的最大政策挑战。政策应对措施不仅要灵活，以适应新出现的科学证据，而且必须能够抵御旨在为特殊利益集团谋利的各种政治企图。需要解决的几个问题包括：

● 二氧化碳的总量控制应该多严格？这个问题将隐含地表明我们愿意花多少钱来实现二氧化碳减排。

● 谁的排放应该受到限制？针对发电厂实行总量管制与交易政策相对容易，因为发电厂很少，而为其他排放者设计二氧化碳减排政策则困难得多，而且容易受到政治压力的影响。例如，原则上，减少汽车尾气排放可以通过一种更高的汽油税实现，但这种税不会直接对二氧化碳排放征收，因此其激励效果比发电厂的情况更为复杂。

● 如何处理排放许可证收益？大规模的总量管制与排放交易计划将产生大量收益。这些收益可用于资助其他形式的政府支出或减少其他税收。对于这些不同方法的可取性的看法显然会有很大差异。

a. R. Rico, "The U. S. Allowance Trading System for Sulfur Dioxide: An Update on Market Experience," *Energy and Resource Economics* (March 1995): 115–129.

b. 对这些主题的进一步讨论，可参见 Martin L. Weitzman, "A Review of the Stern Review on the Economics of Climate Change," *Journal of Economic Literature* (September 2007): 703–724。

c. 对于采纳总量管制与排放交易政策的许多主题的讨论，可参见 Congressional Budget Office, *An Evaluation of Cap-and-Trade Programs for Reducing U. S. Carbon Emissions*, June (Washington, DC: Congressional Budget Office, 2001)。

16.5 公共品

政府的行为存在严重的外部性。对于政府所提供的许多产品，其益处为所有居民所共享。比如，国防是所有政府提供的主要职能之一。所有居民都能从中获益，不管他们是否为国防交税。更为普遍的是，政府建立了产权、制定了合同法等从而使经济活动能够发生在一个法治的环境中。而从这一环境中所获得的好处，同样为所有居民所共享。

总结这些观察到的现象的一种方法是得出这样一个结论：政府向它的居民提供了许多公共品。在某种意义上，政府跟其他组织，比如工会、职业协会甚至是大学生联谊会、妇女社团相比并没有多大的差异：都是为它们的成员提供好处，同时也向它们的成员施加义务。政府与它们的不同之处主要在于政府能够实现规模经济，因为它们能够向每个人提供福利，也因为它们拥有可通过强制性税收为它们的行为进行融资的能力。

16.5.1 公共品的性质

前面对公共品的讨论是循环论证的——政府被定义为公共品的生产者，而公共品则被定义为政府所生产的东西。许多经济学家［始于保罗·萨缪尔森（Paul Samuelson）］已经试图对公共品这一术语下了一个更为具体也更为技术性的定义。[①] 这样一个定义的目的，是使这些产品的公共性质有别于那些适合私人市场的产品。对于公共品的最为一般的定义强调了两种性质，它们能够概括政府生产的许多产品：非排他性和非竞争性。

16.5.2 非排他性

一种能够区分出许多公共品的性质，是它能否阻止人们从所提供的产品当中获益。对于许多私人产品来说，排他性无疑是可能的。如果我不对汉堡包付费，我能够很容易地被排除出对汉堡包的消费。而在另一些情形当中，排他性要么代价甚高，要么在技术上不可行。国防就是一个典型的例子。一旦陆军和海军建立起来，在这一国家中的每一个人，不管他们是否已为之付费，就都能从它们的保护当中获益。同样的评价也可适用于地区层面的公共品，比如，对蚊虫的控制或者对疾病的疫苗注射。在这些情形中，一旦实行这些计划，同一社区的任一居民就都能从这些计划当中获益，而且不能阻止其他人获得这些益处，不管他或她是否已为之付费。

---

① 可参见 Paul A. Samuelson，"The Pure Theory of Public Expenditure，" *Review of Economics and Statistics* (November 1954)：387 – 389。一般的含义是政府不应该生产私人产品，因为竞争市场会做得更好。

这些**非排他性产品**（nonexclusive goods）会引起市场问题，因为人们倾向于"让其他人去做"，而自己从他人的支付当中获益。

16.5.3　非竞争性

许多公共品的第二种明显的性质是非竞争性。**非竞争性产品**（nonrival goods）是能够为额外的消费者以零边际成本提供好处的产品。对于许多产品来说，额外的消费量就必须付出某些生产的边际成本。比如，一个消费者想要多消费一个热狗，由于企业为完成它的生产需要各种资源，因此他或她需要付费。然而，对于某些产品来说，情形就不一样了。考虑这样一种情形：非高峰期在高速桥上再多行驶一辆汽车。因为桥已在那里，再多一辆交通工具行驶，并不需要消耗额外的资源，而且不会减少对其他任何东西的消费。同样，再多一名观众观看电视节目，并不需要额外的成本，即使这一行动会产生额外的消费。额外使用者对这一产品的消费是非竞争性的，因为这一额外的消费的边际社会生产成本为零；这样的一个消费，不会降低其他人的消费能力。同样地，非竞争性产品也会引发市场问题，因为它的有效价格（等于边际成本）为零。

16.5.4　公共品的分类

非排他性和非竞争性的概念是相关的。许多产品既有非排他性，也有非竞争性。国防和对蚊虫的控制就是这样两个例子，对它们来讲排他是不可能的，同时，额外的消费也能够以零边际成本发生。还可能存在其他许多类似的例子。

但是，这两个概念并不是一样的。有些产品可能拥有一种性质而没有另一种性质。比如，阻止渔船出海捕鱼是不可能的（或者至少成本很高）。但是，增加一艘渔船，它就会以减少所有相关渔船的捕鱼量这一形式增加社会成本。同样，在非高峰时期对桥的使用可能是非竞争性的，但是可以通过收费站排除潜在使用者。表 16-1 展示了根据产品具有排他性和竞争性的可能性所进行的交叉分类。该表提供了适合每一个类别的一些产品的例子，除了左上角的之外，其余类别的产品往往是由政府生产的。非竞争性的产品有时是私人生产的，比如私人桥梁、游泳池、公路等，即使这一使用的边际成本为零，消费者也必须付费使用。不付费的消费者能够被排除在这些产品的消费之外，因而私人企业能够抵消为这一产品的生产所耗费的成本。① 然而，即使在这一情形下，资源配置的结果也将是无效的，因为价格超过了边际成本。

---

① 允许施加排他性机制的非竞争性产品有时可被称为俱乐部产品，因为提供这些产品可能通过私人俱乐部的形式实现。这样的俱乐部可能会征收"会员费"，同时允许会员无限制地使用。俱乐部的最优规模是由生产这一俱乐部产品所出现的规模经济确定的。对此的分析，可参见 R. Cornes and T. Sandler, *The Theory of Externalities*, *Public Goods*, *and Club Goods* (Cambridge：Cambridge University Press, 1986)。

表 16-1　公共品和私人产品的类型

		排他性	
		是	否
竞争性	是	热狗、汽车、房子	钓鱼场所、公共牧地、清洁空气
	否	桥梁、游泳池、混乱的卫星电视信号	国防、蚊虫控制、正义、思想

为简单起见，我们将不具有表 16-1 所列两种性质的产品定义为**公共品**（public goods），也即，这样的产品能够提供非排他性的收益，而且能够以零边际成本被提供给额外的使用者。公共品同时具有非排他性和非竞争性。

16.6　公共品和市场失灵

公共品的定义表明了为什么私人市场不能够提供充足数量的公共品。对于具有排他性的私人产品来说，某产品的购买者能够独自占有这一产品的全部收益。比如，如果史密斯吃了一块猪排，就意味着琼斯没有从这一猪排中获得效用。用于生产猪排的资源可以被视为对史密斯的福利有贡献，而他或她愿意为猪排的价值付费。

而对于公共品来说，情形就不一样。购买一个公共品，任何一个人都不能够把该产品所提供的所有好处归于他或她自己。这既是因为无法阻止其他人从这一产品中获益，同时也因为其他人使用这一产品的成本为零。从这一公共品中获得的潜在收益，将会超过任一购买者所获得的好处。然而，购买者在他或她的支出决策过程中，并不会考虑这一购买行为对其他人的潜在收益。结果是，私人市场对公共品的资源配置是不足的。在我们开始对这一主题的一般分析之前，先看一看公共品的一种类型——思想，这对于我们的分析是大有裨益的。思想，正如"**应用 16.5：思想作为一种公共品**"所表明的，私人生产对此帮助甚微。

应用 16.5

思想作为一种公共品

新产品或者艺术创作具有公共品所定义的两种性质。思想是非排他性的，因为没法阻止其他人使用这一思想。它们也是非竞争性的，因为额外使用某一思想的边际成本为零。由于这两种性质，在市场经济条件下，有价值的思想很可能生产不足。当人们知道其他人能够很容易地复制其工作时，人们将不愿意花时间从事新的发明，或者创作艺术和文学作品。《美国宪法》已经意识到这一事实，因而，《美国宪法》赋予国会权力，"通过确保作者或者发明者对他们的代表作和发明拥有一定时间的排他性权利，来促进科学和有用艺术的发展"。也即，国会被赋予这样一个权力：它可以把正常来讲可能是公共品的产品，合法地转变为私人产品，从而使得作者或者发明者在一段时间内对该产品有排他性的控制权。这样一个供给的好处是，它提供了创造新"知识产权"的激励。其劣势是，它给予了这一产权所有者临时性的垄断权。在这两者之间寻找合适的权衡，对于美国和其他国家来说，已经被证明是十分困难的。[a] 在此，我们来看下面两个例子。

药物专利

研发一种新药是一个昂贵的过程。有些估计表明，对于每一种成功的新药品，成本可高达 10 亿美元。然而，一旦新药被研发出来，其他人就能够以很低的边际成本复制这一药品。因而，搭便车行为很可能会削弱发明新药品的激励。而授予专利会形成临时性的产权，有助于避免这一问题。然而，专利是很有争议的，因为它们给专利拥有者提供的垄断使得公司能够对需求最多的药品收取远高于边际成本的价格。对于治疗艾滋病（AIDS）的药物，特别是在非洲地区，这一问题变得特别突出。人们提出了很多建议，比如，对药品专利实行强制许可，或者是缩短引进通用药来替代许多个别药品的时间。一些人还建议，药物购买者应该形成垄断性的卡特尔组织（可见第 12 章）来对抗药物垄断势力。比如，已经有人提议美国的医疗保健组织应该跟药物公司进行价格谈判，但是这种做法在当前是被法律所禁止的。当然，这样的一些行动，也可能会对激励发现新的、延长寿命的药物产生影响。

音乐和电影

音乐和电影受到著作权法保护。这些法律试图通过使作者拥有其努力的成果，从而提供经济利益来激励个体创作这些作品。著作权法起源于 18 世纪初，起初主要适用于印刷作品。唱片技术的出现，特别是数码文件的使用，更加突出了著作权法的重要性。因为数码文件能够以边际成本为零的方式被复制，创作者很容易丧失他们对知识产权的控制权。非法复制和传播音乐作品活动非常猖獗，部分原因在于 MP3 的成功。一些估计表明，在听众之间传输的音乐文件中，只有不到 10% 的文件会向艺术家支付版税。电影的 DVD 文件也面临着同样的情形。有时，甚至新影片还未在电影院上映，人们就已经获得它的拷贝。几个主要的唱片公司和影片公司正在不断寻找法律和技术手段来解决这些问题。

政策挑战

要制定保护知识产权的最佳政策，就必须认真考虑为知识产权的生产提供激励与因知识产权所有者的垄断而造成的无谓损失之间的权衡。原则上，人们可以想象，这种权衡会对不同类型的财产产生不同程度的保护。也就是说，专利或版权保护的期限可以不同，或要求各种类型的权利共享，这取决于这些相对成本和收益。例如，一些医疗保健倡导者认为，当主要受益者是低收入国家的居民时，药品专利权应允许仿制药的出现（艾滋病相关药品就是这种情况）。一些富有创造力的艺术家认为，应更严格地实施版权保护，而许多数字化倡导者则反对这一观点。显然，达成面面俱到的政策共识是非常困难的。

a. 对于这一应用专栏所提出的主题的完整讨论，可参见 W. M. Landes and R. A. Posner, *The Economic Structure of Intellectual Property Law* (Cambridge, Mass.：Harvard University Press, 2003).

图形说明

公共品市场的资源配置为什么会不足？解释这个问题的一种方法，是通过看这种产品的需求曲线。对于私人产品，我们发现市场需求曲线是通过水平加总个人需求曲线得到的（见第 3 章）。在任一价格水平处，每个人的需求量加总起来就是市场的总需求量。市场需求曲线表明了人们对额外一单位产出所给予的评价。对于公共品来说（它对每个人均提供同样的数量），我们必须垂直地加总个人需求曲线。为找到社会是怎样评价某一公共品生产水平的价值的，我们必须知道，每个人是怎样评价这一产出水平的，然后再把这些评价加总起来。

这一思路如图 16-4 所示，它只展示了两个人的情形。公共品的总需求曲线是通过垂直加总个人的需求曲线得到的。在曲线上的每一个点表示了个体 1 和个体 2 愿意为某一具体的公共品生产所支付的金额。再多生产一单位公共品对双方都是有益的，因为该产品是非排他性的，因而，为了评价这一收益，我们必须加总每个人所愿意支付的金额。如图 16-4 所示，通过将个体 1 所愿意支付的金额与个体 2 所愿意支付的金额相加，即可得到两人的支付总额。与此相反，在私人市场上，再多

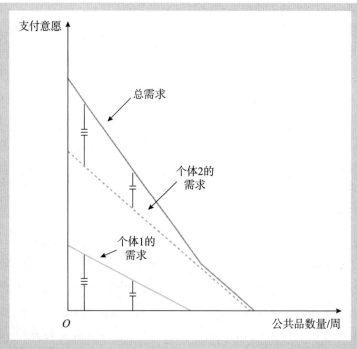

图 16-4 公共品需求曲线的推导

　　［≡，＝］表示距离相等。因为公共品是非排他性的，人们为一额外单位所愿意支付的价格（他们的边际评价）等于每一个体所愿意支付的价格的总和。在此，个体 1 所愿意支付的价格垂直地加总在个体 2 所愿意支付的价格之上，就可以得到公共品的总需求曲线。

生产一单位只对最终消费它的那个人有益。在图 16 - 4 中，因为每个人的需求曲线均在公共品的总需求曲线之下，所以，没有一个买者愿意做出支付，尽管对于社会整体来说，这一支付是值得的。所以，在许多情形当中，私人市场可能低估了公共品的收益，原因在于，它们没有考虑到这一产品所造成的外部性。因此，对于公共品的资源配置也就不足。

16.7 公共品问题的解决办法

因为私人市场不能有效地配置资源以进行公共品的生产，所以需要寻找其他机制。然而，不幸的是，正如任何试图组织一次野餐（或者让他或她的儿女打扫房间）的人很快就会发现的，让人们自愿地提供公共品是一项艰巨的任务。因为人们知道，不管他们对公共品的生产是否有贡献，他们都将从这一产品当中获益，所以每个人都有成为**搭便车者**（free rider）的激励。也即他们将不对生产做贡献，而希望其他人做贡献。一般来讲，这将导致公共品的生产不足问题。

16.7.1 纳什均衡和生产不足

解释这种生产不足的方法，依赖于纳什均衡的概念，第 5 章已对此概念进行了介绍。考虑表 16 - 2 所表示的两个舍友的情形。每个舍友可能打扫房间，也可能不打扫房间。在这一博弈当中，打扫给两个参与人所提供的效用大于不打扫的脏乱环境所提供的效用。只是每个

> **小测验 16.4**
>
> 1. 请解释，如果要发生搭便车现象，为什么公共品必须具有非排他性特征？
>
> 2. 具有非竞争性但不具有非排他性的公共品会出现搭便车现象吗？为什么这种产品的生产效率会很低？

人都期望他或她的舍友打扫房间，而打扫之后的结果大家可共同享受。与此相反，相对于单独打扫房间来说，每个舍友更倾向于选择不打扫。在这个博弈中（类似于第 5 章中的囚徒困境博弈），唯一的纳什均衡是每个参与人都不打扫房间。任一个参与人做出打扫的选择，都将会导致另一个参与人做出不打扫的选择。但是这一脏乱的均衡结果次优于两个参与人都打扫房间的情形——帕累托改进需要某种程度的强制执行。

表 16 - 2 在打扫房间博弈中纳什均衡是公共品生产不足

		B	
		不打扫	打扫
A	不打扫	1, 1	3, 0
	打扫	0, 3	2, 2

16.7.2 强制性税收

虽然打扫房间的例子相比较于涉及国防或者提供公共健康这类公共品的问题来说显得微不足道，但是这一问题的性质，对于任一公共品来说都是一样的。搭便车问题无法避免。因而，必须寻找某一强制机构来确保有效的生产。更多的情形往往是，这一方法依赖于某种像税收一样的措施。也即必须用某种方式强迫群体的成员为公共品的最优产量付费，才能使群体的成员从公共品中获益。在强制性税收条件下存在有效的均衡，这一事实由瑞典经济学家埃里克·林达尔（Erik Lindahl）在1919年首次做出了解释。林达尔的观点能够在只有两个个体（在此，用史密斯和琼斯表示）的社会当中用图示给予说明。在图16-5中，曲线SS表示史密斯对某一具体公共品的需求。与一般用纵轴表示公共品的价格所不同的是，我们用史密斯必须支付的公共品成本比例标记（它从0到100%）。SS曲线的斜率为负，表示在一个更高的公共品税收价格下，史密斯对公共品的需求量变小。

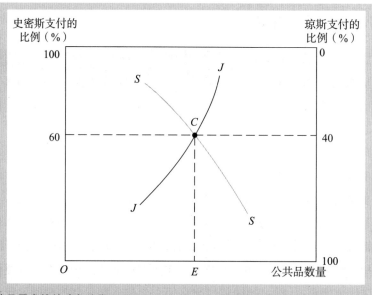

图16-5 公共品需求的林达尔均衡

曲线SS表示随着史密斯必须支付的税收份额的增加，史密斯对公共品的需求随之下降。利用同样的方式可以构造琼斯对公共品的需求曲线JJ。C点表示林达尔均衡，公共品的供给水平为OE，史密斯支付60%的成本。任何其他公共品数量都不是均衡数量，因为可获得的资金要么太多，要么过少。

琼斯对公共品的需求曲线也可用同样的方式推导出来。然而，我们在右纵轴上标记琼斯所支付的成本比例，并且颠倒了成本比例的顺序。这样，随着纵轴的上升，所表示的税收价格更低。按照这一规定，琼斯对公共品的需求曲线（JJ）有正的斜率。

16.7.3 林达尔均衡

图 16-5 中的两条需求曲线在 C 点处相交，此时的公共品产量为 OE。在这一产量水平上，史密斯愿意支付 60％的产品成本，而琼斯则支付 40％。C 点是均衡的，理由如下。对于产量小于 OE 水平的情形，两个人所愿意支付的公共品成本比例加总起来大于 100％。他们将会投票赞成增加产量水平（但在下一节中可见对这一评论的警告）。而对于产量大于 OE 水平的情形，人们不太愿意支付生产公共品的总成本，可能会投票减少这一产量。只有产量水平 OE 是**林达尔均衡**（Lindahl equilibrium），在该点处的税收份额，正好能够支付政府所承担的公共品的产量水平。

不仅这一税收责任的分配会导致人们对公共品需求的均衡，而且它也可能表明这一均衡是有效的。林达尔在公共品问题的解决方法中所引进的税收份额发挥了"伪价格"的作用，它因模拟了竞争性价格系统的功能而有效。不幸的是，正如我们现在所要检验的一样，这并不是特别实用的方法。

16.8 显示对公共品的需求

虽然林达尔均衡是有效的，但是计算最优税收份额却需要个体对公共品的需求信息。一个重要的问题是，怎样使人们显示出这些需求信息？在普遍的市场交易当中，人们可通过选择购买或者不购买某一产品的方式显示出他们的需求。如果某人真的喜欢史蒂文·斯皮尔伯格（Steven Spielberg）的电影，那么他或她会通过租用电影的方式显示其偏好。通过减少奥利弗·斯通（Oliver Stone）的电影片，他或她显示出它们可能并不值这个价。然而，由于搭便车问题的存在，让人们显示出对公共品的需求是很困难的。如果每个人都知道他或她的税收份额是基于他或她个人对公共品的需求，那么这就存在明显的使人们试图隐瞒这一需求的激励。当然，政府可能尝试许多计划，以诱导人们显示出他们的真实偏好；然而，这一工作的结果，往往令人灰心丧气。"应用 16.6：为公共广播筹款"描述了一个大家可能很熟悉的情形。最后，政府将可能偏离理想的林达尔均衡，而诉诸更为实用的方法，以确定应该在公共品上花费多少。

16

应用 16.6

为公共广播筹款

20 世纪 60 年代，在美国，电台和电视广播公司的建立，被视为媒体设计的一次革命。与单独通过税收进行融资（在许多其他国家就是这一情形）不同的是，美国的公共广播和公共电视的大部分融资，打算通过听众和观众的自愿捐赠而获得。

公共广播是否为公共品？

无线广播的电视和电台看起来似乎很符合公共品的定义。广播是非排他性的，因为任何听众或观众都不会因为使用"正在广播的"内容而被排除在外。该产品也是非竞争性的，因为如果增加额外一个使用者，成本并不会增加。然而，在电视台和电台两者中苦壮成长起来的商业市场，需要谨慎对待这样一个结论：广播在私人市场当中必然会出现生产不足问题。

正是广告和广播两者之间的互补关系，缓解了广播这一公共品的筹款问题。把广播视为传播广告信息的途径，则广播既是排他性的（那些没有付费的不能广播），也是竞争性的（若一个广告商购买了一个广告时段，则其他人无法使用这一时段）。因而，广播的普遍供给不足问题看似不太可能。与此相反，一些类型的节目（比如关于儿童的、文化的或者公共事务的）对于广告者来说没有吸引力，因而在私人市场中会出现供给不足的问题。[a]正是这一类型的节目需要获取政府资助和自愿公共捐赠的支持。

搭便车的后果

不幸的是，公共品最为普遍的搭便车问题倾向于削弱这一自愿资助。通过许多评估结果可知，只有不到10%的电视观众进行了自愿捐赠。而对于公共广播也接近同样的比例。[b]虽然广播公司采取了广泛的筹款活动，以更多的使不捐赠者感到内疚的微妙心理压力等方式鼓励人们进行捐赠，但是这些活动最多只能算是实现了一小部分的成功。因而，公共广播已经不得不转向另一个筹款来源——不断地增加广告，而广告起初被视为与广播哲学相违背。今天，许多公共电视在开播剧情之前会播放一系列简短的广告，而在剧情结束后又会播放这些广告，试图努力让观众记住这些广告。公共广播的广告压力已经没有那么大了，但是在这种情况下近些年它的广告时间也已经延长。

技术和公共电视

由于有线电视的普及，公共电视的境况在最近几年已经恶化。因为有线电视大幅增加了可选节目的数量，所以公共电视能够服务于尚未开发的观众偏好这一观念已经变得越来越值得怀疑了。相比较于那些由商业数据网络提供的电视节目（例如A&E、学习频道、历史频道以及家政园艺频道），公共广播电视与它们没有什么不同。确实，这些新的网络已经不断地与公共电视竞争同样类型的节目，这吸引了一些备受欢迎的捐款。而公共电视的自愿资助量已经下降（至少在一些地区是这样），这一公共品的长期生存能力依然让人忧心忡忡。

思考题

1. 广告商所支持的节目和观众想在电视上看的节目是否会存在冲突？公共广播的支持机制是否会减轻这些冲突？

2. 在许多国家，公共广播是通过直接的税收进行资助的。你怎样才能确定这一直接的政府资助是否会改善福利水平？

a. 判断这一市场是否已经提供这一节目是困难的，因为公共广播也会挤出私人选择。对该问题的讨论，可参见 S. T. Berry and J. Waldfogel, "Public Radio in the United States: Does It Correct Market Failure or Cannibalize Commercial Stations?" *Journal of Public Economics* (February 1999): 189-211。

b. 对公共广播中的搭便车的直接证据的讨论，可参见 E. J. Brunner, "Free Riders or Easy Riders? An Examination of Voluntary Provision of Public Radio," *Public Choice* (December 1998): 587-604。

地区公共品

一些经济学家认为，显示对公共品的需求，在地区层面比在国家层面更容易实现。[①] 因为人们从一个地区到另一个地区的流动相对自由，通过选择居住在能够向他们提供效用最大的公共品税收组合的社区，可以显示出他们对当地公共品的偏好。"用脚投票"提供了一个显示对公共品偏好的机制，它跟"用货币投票"显示出对私人产品的需求是一样的道理。那些想享受高质量的学校服务或者高水平的警察保护的人，通过选择定居在高税收的区域而为此"付费"。而那些不太偏好这些好处的人，可能会选择居住在其他地方。这些经验表明，某些政府职能的分散化也许是可取的。

16.9 为公共品投票

在许多公共机构中，投票可以被用来决定公共品的生产和融资问题。在许多场合，人们直接对政策问题进行投票。例如，美国新英格兰地区的城镇大会、美国许多全州范围的公民普选（比如，将在应用 16.7 中讨论的情形）以及瑞士所采取的许多公共政策都是这样的情形。许多小群体和俱乐部，比如农民合作社、大学教师团体或者当地扶轮社，也能够通过直接投票的方式做出社会决策。在其他场合，人们也发现，建立一个代议制政府更为便利。在该制度下，人们直接投票选举政治代表，然后由政治代表专门负责政策问题的决策。

为了研究公共品的决策是怎样做出的，我们从直接投票开始进行分析。直接投票是重要的，不仅因为这样的程序可能适用于许多场合，而且因为选举代表也往往是通过直接投票（比如美国国会）的方式，因而我们所说明的理论也适用于这些场合。在本章后面，我们将对代议制政府的特殊问题进行分析。

16.9.1 多数规则

因为有这么多的选择是通过多数规则进行的，所以我们往往倾向于认为这是一种默认程序，而且也许是进行社会选择的最优程序。但是，一个简略的分析会让人认为，一个政策要获得 50% 的赞成票才能被采纳，并没有什么特别神圣的地方。举例来说，《美国宪法》在它的修正案变成法律之前，必须有 2/3 的州同意这一修正案；必须有 60% 的美国参议员投票赞成才能限制某些具有争议话题的辩论。确实，在一些机制当中，社会决策可能要求全体一致同意。我们对林达尔均衡概念的讨论

[①] 可参见 C. M. Tiebout，"A Pure Theory of Local Expenditures," *Journal of Political Economy*（October 1956）：416–424。

结果也表明，确实存在一个税收份额的分配，而在对公共品进行投票表决时，这一分配份额需要获得全体一致的支持。但是要达成全体一致同意的协议，存在信息交流困难问题，它也可能会受到相关投票人的策略性手段和搭便车行为的约束。如果详细地探究一个社会中何种力量导致了对全体一致同意的偏离，并转而选择其他投票比例，将显得离题甚远。相反，我们假设我们所讨论的投票决策是采用多数规则。你也可以考察某个决策的通过比例不是 50% 的一些情形。

16.9.2 投票悖论

在 18 世纪 80 年代，法国社会理论家孔多塞（M. De. Condorcet）观察到多数规则投票制度的一个奇怪现象——它们可能无法达成确定的结果，而是在各备择方案之间不断循环。孔多塞悖论可用表 16-3 的一个简单情形加以说明。假定有三个投票人（史密斯、琼斯和福德）在三个政策方案中进行选择。

表 16-3 产生投票悖论的偏好顺序

投票人	偏好顺序		
史密斯	A	B	C
琼斯	B	C	A
福德	C	A	B

注：A＝低支出水平政策方案；B＝中等支出水平政策方案；C＝高支出水平政策方案。

这些政策方案代表了某一项公共品的三个支出水平（A 代表低支出水平政策方案，B 代表中等支出水平政策方案，C 代表高支出水平政策方案）。史密斯、琼斯和福德对这三个政策方案的偏好通过表 16-3 中所列举的顺序得以显示。比如，史密斯偏好方案 A 甚于方案 B，偏好方案 B 又甚于方案 C，但是琼斯则偏好方案 B 甚于方案 C，偏好方案 C 甚于方案 A。表 16-3 所描述的偏好顺序产生了孔多塞投票悖论。

考虑对方案 A 和方案 B 进行投票。方案 A 将胜出，因为它是史密斯和福德所偏好的方案，而只有琼斯反对。而对方案 A 和方案 C 进行投票，同理也可推出方案 C 将以 2∶1 的投票结果胜出。但是对方案 C 和方案 B 进行比较，可以发现，在前面投票结果中被排除的方案 B 却胜出了，因而社会的选择将是循环的。在后续选择中，任何一个在初始决定中胜出的方案，随后又被另一个替代方案所打败，因而无法达成任何决策。在这一情形下，最终所选择的方案，却是依赖于这些看似无关紧要的细节，比如，何时终止表决，或者是在议程中议案的表决顺序，而非按照某些理性的方式从投票人的偏好推导出来。

16.9.3 单峰偏好和中间投票人定理

投票人偏好的不可调和程度导致了孔多塞投票悖论。我们可能会问，对所允许的偏好类型做出限制，是否会产生稳定的投票结果？对这一可能性的主要结论，是邓肯·布莱克（Duncan Black）在 1948 年提出的。[①] 布莱克说明，在对议题的投票是一维的（比如，在公共品上支付多少）而且投票人的偏好是单峰偏好的情形下，稳定的投票结果就一定会出现。

为了理解单峰的含义，再次考察孔多塞投票悖论。在图 16-6 中，通过假设与表 16-3 所记录的方案 A、B 和 C 的偏好顺序相一致的效用水平，我们可以用图示法说明产生悖论的偏好。对于史密斯和琼斯来说，偏好是单峰的——随着公共品支出水平的上升，只存在一个局部的效用最大化选择（史密斯选择方案 A，琼斯选择方案 B）。然而，福德的偏好，却有两个局部最大值（A 和 C）。正是由于这两个偏好，才产生了循环的投票结果。相反，如果福德的偏好如图 16-6 中的虚线所示（此时 C 是唯一的局部最大值），那么就不会存在投票悖论。在这一情形下，方案 B 将胜出，因为这一方案以 2∶1 的投票结果同时打败方案 A 和方案 C。此时，B 正好是中间投票人（琼斯）最偏好的选择，她的偏好正好处在史密斯的偏好和福德改进的偏好"中间"。

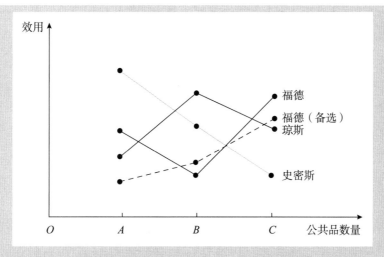

图 16-6 单峰偏好和中间投票人定理

   这一图形展示了表 16-3 的偏好。史密斯和琼斯的偏好是单峰的，但是福德的偏好是双峰的，而这导致了投票悖论的产生。相反，如果福德的偏好是单峰的（如虚线所示），方案 B 将会被选择，而它正好是中间投票人（琼斯）所偏好的方案。

布莱克的结果具有普遍性，可以适用于任何数目投票人的情形。如果选择是一维的，偏好是单峰的，多数规则将会导致所选择的方案是**中间投票人**（median voter）最为喜欢的。因而，这一投票人的偏好将决定所做出的社会选择。"应用 16.7：限制公共支出的全民投票"将考察在使用实际投票结果来推断投票人的态度时所出现的一些问题。

---

① Duncan Black，"On the Rationale of Group Decision Making," *Journal of Political Economy* (February 1948)：23-24.

应用 16.7

限制公共支出的全民投票

最近几年，美国许多州已经通过了税收限制条例，而且几个宪法修正案也已经提议在联邦层面实行税收限制。在此，我们看一下这些法律背后的影响力。

加利福尼亚州第 13 号提案

税收限制的思想大体上源于 1977 年"加利福尼亚州第 13 号提案"（California's Proposition 13），该提案表决时以 2：1 的差额勉强获得通过。该提案起初要求对加利福尼亚州家庭财产的课税比例最高不能超过 1975 年该财产市场价值的 1%，同时也对未来几年的税收增加进行了严格的限制。它导致 1978—1979 年这一财政年度的财产税收入下降了将近 60%。

人们已经提出了两个假说来解释为什么投票人要求政策做出如此大的改变。第一个假说把第 13 号提案视为改变当地税收收入来源的需求。在这一观点下，居民大体上对当地服务的现有水平比较满意，但是想让州的其他税源（主要是收入所得税和销售税）承担更大部分的负担，特别是在对公立学校的资助方面。第二个假说则把第 13 号提案视为居民认为当地政府规模过度膨胀，并且想要削减这一规模的意愿表示。对第 13 号提案所进行的广泛调查发现，这两个假说都得到了经验证据的支持。[a] 在第 13 号提案获得通过之后，加州的投票人确实提高了州的其他税种。但是也有证据表明，支出明显低于没有第 13 号提案时的水平。政府就业规模和政府雇员的工资也已经缩减。

马萨诸塞州和密歇根州

对于其他税收限制的动机的研究证据却有与投票人的动机相矛盾的趋势。比如，拉德和威尔逊（Ladd and Wilson）使用个人调查数据检验了马萨诸塞州的投票模式以及在 1980 年"$2\frac{1}{2}$ 提案"$\left(\text{Proposition } 2\frac{1}{2}\right)$ 的法律条文——一个跟第 13 号提案类似的提案。[b] 与对加利福尼亚州的研究相一致，他们也发现了与这样的观念（即投票人只是想改变当地税收来源，比如税收主要来源从财产税转变到收入所得税）相矛盾的证据。但是，投票人害怕失去极其重要的服务（特别是学校），也不愿意看到它们的缩减。相反，他们偏好政府的更大效率，但是人们对实质上必需的政策应该是怎样的这一问题的答案模棱两可。通过研究投票人对许多其他州税收限制的全民公投的观念，也可获得相似的结论。投票人看似对税收实行限制满怀热情，但是对应该在哪里缩减支出却很少有具体的建议。存在着这样的一些证据，即如果能够维持学校和公共安全方面的支出（在预算中明显占最大比例的部分），投票人很愿意对当地和州水平的税收进行限制。

伊利诺伊州的本地规则

一项对伊利诺伊州社区采用的本地规则所进行的研究，因为消除了州水平对于支出的限制，所以能使投票人的动机清楚明白地显示出来。[c] 在这一情形中，作者指出，更多的异质性社区似乎偏好于保持对本地支出的约束，而那些有更多同质人口的社区更偏好于放弃约束。对这一发现的解释是，正如蒂伯特（Tiebout）的本地公共品模型所表明的，相对同质的社区成员可能对政府的合适规模和政府功能有相同的看法。但是，在异质性社区里，投票人可能担心那些偏好支出的人将占优势，因而投票人觉得需要一些外在的约束。

思考题

1. 自第二次世界大战以来，政府支出占 GDP 的比重事实上在每一个西方国家中的升幅都很大。你会如何解释这一上升趋势？它是对公共品需求变化的准确反映，还是对民主国家倾向于更大规模的公共支出结构的反映？

2. 美国在国家层面提出了两个税收限制规定：（1）平衡预算的需要；（2）对政府支出占 GDP 比重的限制。本章的分析是否提供了任何理由来让我们认为这两个规定都可能是一个好主意？

a. "Forum on Proposition 13," *National Tax Journal* (March 1999)：99 - 138.

b. H. Ladd and J. B. Wilson, "Why Voters Support Tax Limitations—Proposition $2\frac{1}{2}$," *National Tax Journal* (June 1982)：127 - 148.

c. J. A. Temple, "Community Composition and Voter Support for Tax Limitations：Evidence from Home-Rule Elections," *Southern Economic Journal* (April 1996)：1002 - 1016.

16.9.4 投票和有效的资源配置

投票在许多情形当中，确实界定了资源在公共品生产中的配置。一个重要的经济问题是：这一配置是否有效？或者它是否会导致资源配置的不合理，就跟私人市场对公共品进行配置的结果一样？不幸的是，经济学家很少发现这样的情形，即可以通过公共品需求的林达尔均衡以及采用中间投票人方法实现有效的资源配置。举例来说，事实上每一个西方国家自第二次世界大战以来，公共品占 GDP 的比重都在不断增长。毫无疑问，这一情况至少部分地反映了这些国家的中间投票人的态度，但是这一趋势是否反映了向着更好的有效配置的移动？它会不会是因为之前没法实现的对公共品的需求现在得到满足了？或者是由于投票机制的失灵造成了公共品的过度生产？对这些问题，经济学家尚没有达成一致意见。

投票支持公共品作为一种资源配置方法存在的主要问题之一是，投票本身并不能提供足够的关于偏好的信息，以实现有效的资源配置。因为资源是有实际成本的，任何合理的配置机制都必须以某种方式揭示出人们支付这些成本的意愿。但是，投票并不能给选民提供任何方式来表明他们对特定公共品的渴望程度。在选择一种商品而非另一种商品时，向选民提供的选项通常也不会非常明确地说明潜在的权衡。事实证明，经济学家和政治学家在设计更多信息丰富的投票方案方面颇具创新性，这些投票方案让人们对自己对公共支出选择的强烈感受有一些发言权。但到目前为止，这些方法都没有特别有效地让人们透露他们对公共品的需求。事实证明，市场机制是搜集这类信息的一种非常有效的方式，涉及为生产私人产品分配资源，但要找到一种同样有效的方法来搜集信息以有效地生产公共品，则要困难得多。

16.9.5 代议制政府和官僚机构

大体上，在复杂的社会里，公共品生产的资源配置问题会变得更为复杂；它往往必须通过代议制立法机构或者行政官僚机构执行许多政府程序，才能被提供出来。被选举出来的代表或者在政府机构工作的公务员，可以被视为投票人的代理人，投票人才是公共品的最终需求者。但是，正如任何委托人/代理人的关系一样，在投票人和那些被选出来代表他们的人之间，也存在着明显不同的动机。正如我们在第15章中所研究的情形一样，代理人可能会利用他们和他们所代表的委托人（这里指投票人）之间非对称信息的优势来增加他们自身的效用水平，但是却偏离了投票人对公共品的偏好，从而扭曲了资源的有效配置。因而，正如在出现公共品的场合，私人市场无法提供有效的配置一样，政府也可能实现不了公共品的有效供给。比如，许多经济当事人会寻求自身的利益，利用政府获得垄断收益；而假如没有政府的帮助，这些收益是无法获得的。比如，他们可能支持政府对其所在的受限制的竞争市场进行援助，或者是他们可能寻求只对他们有利的政府支出。通过这样的**寻租行为**（rent-seeking behavior），如果投票人的偏好能够直接衡量的话，他们可能迫使政府代理人偏离了投票人事实上所偏好的资源配置水平。然而，研究发生这种情况的所有可能途径，将远远超出本书所关注的主题。

小 结

在本章开头，我们说明了外部性可能造成资源的配置不当。然后，我们通过观察得到了许多结果。

● 当交易成本很低、产权完全界定时，外部性问题的解决不需要任何政府干预。不管产权如何分配，双方之间的私人谈判都会导致有效的资源配置（科斯定理）。

● 有些外部性，比如与环境污染相关的外部性，交易成本很高。在这一情形下，为实现有效的资源配置，可能需要法律或者政府干预（尽管干预并不一定能确保实现有效的资源配置）。

● 矫正有害外部性的传统方法，是由庇古首次提出的，即对造成外部性的企业征收最优税额。

● 环境管制能通过排污费、污染许可证或者直接控制等方法来实现。在最简单的情形中，在理论上，这三种方法最终都能实现同样的结果。然而实际上，由于对企业的激励不同，不同的方法会导致不同的结果。

● 纯公共品既有非排他性又有非竞争性——一旦该产品被生产出来，就不能阻止任何人获得它所提供的收益，而且额外增加的人能以零成本获得该产品所提供的好处。这些性质给私人市场造成了一个问题，因为人们无法自由选择购买经济有效数量的公共品，因此公共品的资源配置可能不足。

● 在理论上，产品对纳税人值多少钱，就向其征收等额的税款，这一强制征税方法能够使公共品在有效的产量水平上实现供给。然而，衡量这一需求可能会很困难，因为每个人都有动机低报他或她的需求，从而成为搭便车者。

● 直接的投票可能会产生悖论，然而在一些情形中，多数规则会导致中间投票人所偏爱的政策被采纳。

复习题

1. 如果一家企业通过竞买抬高另一家企业的投入要素的价格，这会使得另一家企业的生产成本上升。这一情形并不是我们所定义的外部性。但是如果一家企业通过污染环境而提高另一家企业的生产成本，这就是外部性。解释这两种情形的区别。为什么第二种情形会导致无效的资源配置，而第一种情形却不会？

2. 我们对经济效率的一般定义，关注的是交易双方的互惠性。解释为什么外部性的出现，会导致某些交易的互惠性消失。用图 16-1 进行说明。

3. 对科斯定理的证明，要求企业认识到它们决策的显性成本和隐性成本。如果一家企业不能减少它的污染，那么它可能会造成隐性成本，解释一下这一情形。在企业计算这些成本时，为什么零交易成本的假定至关重要？

4. 解释一下，为什么图 16-3 的减排控制水平 R^* 是满足经济效率的。为什么给定的 R_L 和 R_H 减排水平会导致无效？在这些减排水平上，会发生哪些无效的交易类型？

5. 图 16-3 表明能够通过选择收取排污费的方式，达到与直接控制一样的污染减排水平。解释一下为什么企业会做出与在直接控制方法下一样的选择。如果政府管制当局不知道真实的排放控制边际成本，这一相等条件是否必然成立？

6. 对于下面的每一产品，解释一下它是否具有非排他性、非竞争性，或者是两者都有。如果产品没有公共品的特征，但它是由政府生产的，你能给出原因吗？

　　a. 电视接收器；

　　b. 无线电视传播；

　　c. 有线电视传播；

　　d. 初等教育；

　　e. 大学教育；

　　f. 电力；

　　g. 一类邮件的投递；

　　h. 低收入家庭住房。

16

7. 解决公共品问题的林达尔方法在自愿的基础上实现了经济效率。为什么每个人对在林达尔方法中所确定的税收份额，能自愿地达成一致意见？他或她需要做出什么选择？

8. 为什么"投票悖论"是一个悖论？循环投票方案有哪些不可取的地方（如果有的话）？在这种情况下，将如何做出决策？

9."在完全竞争条件下，用货币投票会实现经济效率，但是民主投票（一人一票）却无法实现经济效率。"你是否赞成这一说法？为什么一人一票的具体化，反而会妨碍经济效率的实现？

10. 为什么个人或企业会进行寻租行为？他们会在这一行为上花费多少？具体来说，寻租行为怎样破坏了资源配置？

习 题

16.1 假设一家公司在完全竞争的木炭行业生产木炭，其中木炭的价格为每吨 20 美元。然而，这家公司比其他公司具有竞争优势，因为它位于风景优美的河流处，所以其生产成本相对较低。该公司的总成本为 $TC(q)=0.2q^2+200$，边际成本为 $MC(q)=0.4q$，其中 q 代表了该公司每天的木炭产量。

a. 这种情形下该公司每天的木炭产量为多少？它会获得多少利润？

b. 假设这家公司的下游有一家眼镜制造商，每天会产生 $0.1q$（其中 q 代表了该公司每天的木炭产量）的额外成本。木炭生产的社会边际成本是多少？这家公司的社会最优产出水平是多少？

c. 如果政府打算对木炭公司征税以使得它的产出位于社会最优水平，应该征收多少税（每吨木炭的征税量）？

d. 如果政府征收 c 问中的税收量，木炭公司还会继续在此地生产木炭吗？

e. 画出这个问题的答案。

16.2 在帕果-帕果（Pago-Pago）岛上，有两个湖泊和 20 个渔民。每个渔民都可在任一湖中捕鱼，而且可保持获得那个湖的平均捕鱼量。在 X 湖里，总的捕鱼量由下式给出：

$$F^X = 10L_X - \frac{1}{2}L_X^2$$

式中，L_X 表示在该湖中捕鱼的渔民数量。额外增加一个渔民所增加的捕鱼量为 $MP_X = 10 - L_X$。而对于 Y 湖，则存在这样的关系：

$$F^Y = 5L_Y$$

a. 在这一社会组织下，总的捕鱼量将是多少？解释一下这一均衡中的外部性的性质。

b. 帕果-帕果岛的首领曾经读过一本经济学书，认为可以通过限制 X 湖中所允许的渔民数量来提高总捕鱼量。为了最大化总捕鱼量，X 湖中所允许的渔民的正确数目是多少？在这一情形下总捕鱼量是多大？

c. 由于人们大体上反对强迫，首领规定对在 X 湖中捕鱼要持有捕鱼许可证。如果许可证方法能够使得劳动力实现最优配置，那么许可证的成本是多少（以捕鱼量表示）？

16.3　假定乌托邦的石油业是完全竞争的，所有企业都从一个石油层（而且它几乎是取之不竭的）提取石油。每个竞争者都认为它可以以每桶 100 美元的稳定世界价格出售其所能生产的所有石油，一口油井一年的运营成本是 10 000 美元。

石油层每年的总产出（Q）是油井数目（N）的函数，具体来说，

$$Q = 500N - N^2$$

每一油井所生产的石油产量（q）由以下式子给定：

$$q = \frac{Q}{N} = 500 - N$$

而第 N 个油井的边际产量由以下式子给定：

$$MP_N = 500 - 2N$$

a. 描述在这一完全竞争情形下的均衡产量和均衡油井数量。行业中的私人边际成本和社会边际成本是否一致？

b. 假定政府对石油层实行国有化，那么它应该运营多少油井？总产出将是多少？每一油井的产出将是多少？

c. 作为国有化的替代方法，乌托邦政府正在考虑对每一油井收取年度许可经营费，以阻止石油层的过度开采。为了使这一行业实现最优的油井规模，许可经营费应该是多少？

16.4　科约特（Coyote）先生购买了多种捕捉走鹃的设备。他发现，他所购买的设备总是无法实现企业所承诺的效果。比如，他所购买的走鹃火箭炮打不中要害，反而后坐力会把他推向陡峭的悬崖；走鹃火焰喷射器只会烤焦他的胡须，而安装架上的弹性网只会把他罩住，却没能罩住走鹃。

a. 说明科斯定理将怎样适用于捕捉者和生产捕捉走鹃设备的企业间的交易。在完全信息情形下，不管法律责任如何界定，该捕捉设备能否拥有有效的操作特性？

b. 许多捕捉者，包括科约特先生在内，在使用他们的设备时是相当粗心大意的。如果这一粗心大意不受法律责任分配的影响，而且企业也完全知道这一情形，那么这一情形的出现是否会改变你对 a 问的答案？

c. 假设当他们知道企业将对任何伤害负法律责任的时候，捕捉者变得更加粗心大意。这一情形会怎样影响你对 a 问的答案？

d. 假定一家企业（著名的 Acme 制造公司）拥有生产这一捕捉走鹃设备的垄断权。如果是这样的话，那么这一变化会怎样影响你对 a 问的答案？

注：这个问题是在一篇知名的漫画文章中提出的。（参见 Ian Frazier, *Coyote v. Acme*, New York：Farrar, Straus and Giroux, 1996。）

16.5　正如苹果-蜜蜂外部性的例子所说明的，假定养蜂人住在一个 20 英亩大的果园附近。每一蜂箱的蜜蜂能够为 1/4 英亩的苹果树授粉，能使苹果树的产出价值增加 25 美元。

a.假定每一蜂箱生产的蜂蜜的市场价值是 50 美元，养蜂人的边际成本如下式所示：

$$MC = 30 + 0.5Q$$

式中，Q 表示所采用的蜂箱的数量。在缺乏任何谈判的情形下，养蜂人将会有多少蜂箱的蜜蜂，而果园将有多大比例的苹果树得到授粉？

b.为促使养蜂人安装额外的蜂箱，果园主可以对养蜂人进行补贴。对每一蜂箱的最大补贴额是多少？为使养蜂人能够用足够多蜂箱的蜜蜂为整个果园授粉，果园主是否不得不支付这样一个最大额？

16.6　一项政府研究已经得出结论说，从控制母牛所产生的沼气中获得的边际收益如下式所示：

$$MB = 100 - R$$

式中，R 在此表示由于监管而减少的比例。对于农民来说，沼气减少量的边际成本（通过更好的母牛饲养方式）为

$$MC = 20 + R$$

a.沼气减少量的社会最优水平是多少？

b.假如政府打算征收沼气费，农民必须对他们没有减少的沼气量的每一个百分点支付费用，那么沼气费应该怎样设定，才能实现最优的水平 R？

c.假设在这一市场当中，有两个农民，他们有不同的减少沼气的成本。第一个农民的边际成本为

$$MC_1 = 20 + \frac{2}{3}R_1$$

而第二个农民的边际成本为

$$MC_2 = 20 + 2R_2$$

总的沼气减少量是这两个农民沼气减少量的平均值。如果政府强制规定每一个农民的沼气减少量为通过 a 问计算出来的最优产量水平，那么总的沼气减少量以及这一减少量的成本是多少（假定不存在沼气减少量的固定成本）？

d.相反，假如政府收取如 b 问所描述的沼气费，那么，总的沼气减少量以及这一减少量的成本是多少？

e.解释一下为什么 c 问和 d 问会得出不同的结果。

16.7　假定有一个只有两个人的社会。个体 A 对蚊虫控制的需求曲线是

$$q_A = 100 - P$$

而个体 B 对蚊虫控制的需求曲线为

$$q_B = 200 - P$$

a. 假定蚊虫控制是非排他性的产品——一旦它被生产出来，每个人都能从中获益。假如它能以每单位 50 美元的不变边际成本生产出来，那么这一行为的最优产量水平是多少？

b. 假如蚊虫控制的生产留给私人市场解决，那么它的产量水平是多少？你的答案是否依赖于每个人假定其他人会这样做的情形？

c. 假如政府打算生产最优的蚊虫控制水平，那么生产这一最优水平所花费的成本是多大？如果这一成本按照每个人从这一蚊虫控制当中所获得的收益的比例进行分摊，那么每个人所应当分配的税额是多大？

16.8 假定社会中只有 3 个人（A、B 和 C），他们对政府是否应该承担某一具体项目进行投票表决。令这一具体项目对 A、B 和 C 每人的净收益分别为 150 美元、140 美元和 50 美元。

a. 如果项目成本为 300 美元，而且这些成本平均分摊，那么在多数规则下人们是否赞成政府承担这一项目？在这一方案下，每个人的净收益是多少？总的净收益是否为正？

b. 假定项目的成本为 375 美元，这些成本同样由三个人平均分摊，现在在多数规则下人们是否赞成这一项目？总的净收益是否为正？

c. 假定（与事实相悖的推测）投票能够在自由市场中进行买卖。描述一下你预期 a 问和 b 问将会得出什么样的结果。

16.9 普莱森特维尔镇（Pleasantville）正在考虑建造一个游泳池。建造和管理一个游泳池需要镇政府每天花费 5 000 美元的成本。普莱森特维尔镇存在着使用游泳池的 3 个潜在团体：（1）每天愿意为游泳池支付 3 美元的 1 000 个家庭；（2）每天愿意为游泳池支付 2 美元的 1 000 个家庭；（3）每天愿意为游泳池支付 1 美元的 1 000 个家庭。同时，假定计划中的游泳池很大，因而不管每天有多少个家庭前往游泳池，这一数目都不会影响那些愿意为这一游泳池付费的人。

a. 这一游泳池有公共品的哪种性质？它没有公共品的哪种性质？

b. 建造这一游泳池是否为对资源的有效使用？

c. 考虑允许家庭进入游泳池的 4 种可能定价方案：（1）3 美元；（2）2 美元；（3）1 美元；（4）0 美元。这些价格中的哪一个能覆盖游泳池的成本？哪一个价格将会实现资源的有效配置？

d. 是否存在允许家庭进入游泳池的一种定价方案，它既足以覆盖游泳池的成本，又能实现资源的有效配置？

e. 假定这一游泳池每天最多能容纳 2 000 个家庭。如果每天允许家庭进入游泳池的数量超过 2 000 个，那么任一家庭（不管有没有孩子）对这一游泳池的支付意愿会降低到每天

0.5 美元。此时，对这一游泳池的有效定价方案是多少？

16.10　对小熊软糖的需求如下式所示：

$$Q = 200 - 100P$$

而小熊软糖能以不变的边际成本 0.5 美元进行生产。

a. 企业将愿意向政府支付多大的费用，以获得生产小熊软糖的垄断地位？

b. 这一费用是否代表着从寻租行为中产生的福利损失？

c. 这一寻租行为的福利成本是多少？

16

第17章 行为经济学

本书迄今为止采用的是**新古典经济学**（neoclassical economics）视角。它往往假定一个经济参与人——一个消费者、企业或者是足球运动员——会做出完全理性的决策。这些决策是参与人在所能获知的知识范围内最大化参与人的收益（效用、利润或者是在不同情形下的目标分数）。然而，这并不是说我们会一直假定参与人拥有经济环境的完全信息。私房屋主可能预见到他或她的房子不会面临火灾、洪涝或者其他破坏，因而为省钱不购买私房屋主保险；但是在事前并不知道事故会否发生时，正确的决策应该是购买保险。在涉及不确定情形时，我们前面的分析假定参与人会最大化期望收益。

经济学的其中一个特别活跃的主要领域意识到经济活动参与人的行动可能并非完全理性的，他们并不能够像机器一样计算最大化的报酬或者期望收益。他们有时可能会在计算中犯错。他们可能拥有导致他们做出并非最大化他们收益（至少是以货币报酬进行度量的收益）的其他心理偏差。这个新的研究领域是**行为经济学**（behavioral economics）。它并非把完全理性视为理所当然，而是试图测度理性行为实际上是怎样的；当行为偏离完全理性时，研究它为什么会偏离完全理性。这一研究分支试图把心理学的洞见和方法整合进经济学。丹尼尔·卡尼曼（Daniel Kahneman）和阿莫斯·特沃斯基（Amos Tversky）是这个经济学领域的两个先驱者，尽管经济学界声称他们是经济学家，因为他们在 2002 年获得诺贝尔经济学奖[①]，但是他们实际上是受过心理学训练的心理学家。本章将会提及丹尼尔·卡尼曼和阿莫斯·特沃斯基以及促进这一研究领域的井喷式发展的其他贡献者。

17.1 我们是否应当放弃新古典经济学?

理解参与人实际上是如何做出决策的，跟假定在理想的、完全理性的方式下如何做出决策相比，前者明显比后者更有吸引力。那么，我们是否应当完全放弃新古典经

---

① 特沃斯基在获得诺贝尔经济学奖之前已经逝世。

济学，转而支持行为经济学呢？我们是否已经在理性模型研究中浪费了前面 16 章的时间？对于这些问题我们最好有更好的答案，而更好的答案是"不是"！

第一，不管新古典模型是应用于消费者、企业还是足球运动员，这均能提供充分的行为预测结果，它确实比没有模型更好。当然，增加真实的心理因素可以不断改善这些模型。与此同时，随着这些模型的改善和融合，标准模型将会持续显示它的价值。

第二，因为决策者在不同时间会尝试不同决策，同时会学会经济环境的知识，所以理想的理性行为可以为实际决策的最终走向提供一个基准。新古典模型在用于预测不熟悉环境的本能决策者的行为时可能表现不佳，但是在用于预测有经验的参与人的长期行为时可能表现更好。市场力量会惩罚企业所犯的错误：那些管理者犯了许多错误的企业，或者是由管理者运营的正在经历严重偏差的企业，将会在一段时间之后停业。然而，究竟是新古典模型还是行为经济学模型表现得更好，并且它们的表现是否会随着时间推移而变化，这确实是一个实证研究的主题。

第三，即使实际行为不符合长期的理想行为，理想的完全理性行为也能够为我们提供比较实际行为的标准。若没有一个比较的标准，我们很难讨论偏差。

第四，新古典模型为对经济学情境建模提供了重要准则。正如对一个问题可能有一百万个错误答案但是正确答案却只有一个，行为很可能会有一百万种可能偏差但是理性行为却只有一种。与深入解释某个具体行为不同，这一倾向可能会把行为归结为偏差，它虽然拟合具体环境但是无法被一般化。当然，随着行为经济学的不断成熟，所获得的决策心理知识持续不断地被融入在不同情境中拥有预测能力的一些一般化命题当中，这一劣势将会不断减少。

17.2 人类决策行为的局限：一个综述

行为经济学相关研究成果的一般主题是人类做出收益最大化决策的能力可能是有限的。这些局限可分为三个领域：

- 有限的认知能力；
- 有限的意志力；
- 有限的利己。[1]

[1] 行为经济学的这一分类应归于 R. Thaler and S. Mullainathan, "Behavioral Economics," in N. Smelser and P. Baltes, eds., *International Encyclopedia of Social Sciences* (New York: Elsevier, 2001): 1094-1100. 其他有用的综述包括：一个聚焦于行为经济学在金融市场中的应用研究的综述：N. Barberis and R. Thaler, "A Survey of Behavioral Finance," in G. Constandinides, M. Harris, and R. Stulz, eds., *Handbook of the Economics of Finance* (New York: Elsevier, 2003): 1051-1121；一个强调实地实验证据的一般化综述：S. Della Vigna, "Psychology and Economics: Evidence from the Field," *Journal of Economic Literature* (June 2009): 315-372；以及一个研究行为经济学的生物基础的综述：C. Camerer, G. Loewenstein, and D. Prelec, "Neuroeconomics: How Neuroscience Can Inform Economics," *Journal of Economic Literature* (March 2005): 9-64.

本章的余下部分将围绕这一分类展开。

在这里，我们将对所要讨论内容提供一个预览。第一个局限（有限的认知能力）涉及复杂决策，或者是需要一些计算的决策。例如，关于不确定性的决策，需要个体能够运用概率和期望值进行计算。关于投资的决策可能需要人们理解现值贴现公式。一台理想计算机器能够快速进行所需要的计算并且帮助人们做出正确的决策。现实个体在进行复杂计算时可能会犯错误，或者可能会完全避开计算而依赖于有根据的推测。我们将要研究的是，由此所产生的决策是否平均来看往往是正确的，在这当中只是出现少数的或者随机的错误，抑或决策是否一直偏离某个方向。有自知之明的人是否会意识到他们潜在的错误，并且采取措施减少由此引发的问题？市场力量是倾向于增强还是弱化认知错误的后果？

随后我们将会研究第二个局限：有限的意志力。这些局限对于动态决策是重要的，也即决策涉及一些时间元素，在这种情况下，提前采取的行动可能会产生更长期的影响。例如，在一周开始时，一个学生可能会计划在这一周里为一个测验进行学习。但是当到了那个时间点时，电视或者视频游戏的诱惑力可能太强，从而使得他或她放弃学习计划。之后，这个学生可能甚至为没有学习而后悔。这样一个自我控制力问题可能出现在许多情形当中，诸如饮食、运动、抽烟、储蓄等。我们会描述一个自我控制问题模型，在那当中，与人们为未来某个时刻进行计划相比，人们往往会给予当前时刻更大的幸福感权重。

最后，我们将会回到第三个人类局限：有限的利己。人类可能并非只是关心他们自己的收益、收入或者消费；他们可能也关心其他人的收益、收入或者消费。当然，这对于标准经济学来说并非一个完全外来的概念。长期以来，经济学家一直在构建和研究利他行为，例如，父母可能会为孩子或者其他家庭成员所做出的牺牲行为，或者是慈善行为。在标准模型当中很容易捕捉到利他主义的简单形式。其他人的福利对于消费者而言可能只是跟购买汉堡、电视等相类似的另一种产品。然而，标准模型很难捕捉更加复杂的人际价值观，而它正是行为经济学所进入的领域。人们可能不仅仅只是关心他们自己和其他人最终得到的收入或者消费水平。他们可能从诸如公平和正义等更宽泛的目标当中获得直接效用。你究竟是善待别人还是讨厌别人，可能并非预先确定的，而可能依赖于他们先前是否善待你或者是否讨厌你。我们将会把这些人际价值观整合进我们的决策模型当中。这些价值观在博弈论范畴的策略性情境当中最为重要。随后我们将会在本章末尾了解到这些更加宽泛的概念可能使我们改进第5章的博弈论分析。

17.3 有限的认知能力

话说有这样一个古老的传说：一个王后想要奖励一个屠龙英雄。为了表现她对智力游戏的兴趣，王后提供两个奖金供英雄选择。第一个奖金是一个月内每天收到

100 000 美元。第二个是每天收到双倍的数额，从 1 美分开始，第一天是 1 美分，第二天是 2 美分，第三天是 4 美分，依此类推一个月。这个英雄究竟应该选择哪个奖金？在某种意义上，这是一个简单的经济选择。它没有涉及权衡；英雄应该选择有更多钱的那个奖金。假定一个月里有 31 天，第一个奖金的价值为 31×100 000＝310 万美元。英雄选择第一个奖金，因为第二个奖金在一开始时只有 1 美分，看起来不会值太多钱。然而，这个英雄上当了。第二个奖金价值的数学公式是 $2^{30}/100$，使用计算器可以得到它超过了 1 000 万美元。因而，理性选择应该是第二个奖金。英雄做出错误选择的结果是放弃了几百万美元。（他依然带走了 300 多万美元，因此我们不需要觉得他很不幸。）

> ### 小测验 17.1
>
> 1. 使用计算器确认一下王后提供的第二个奖金的价值。
>
> 2. 假定王后提供第三个奖金。这一奖金在第一天是 10 000 美元，在有 31 天的一个月里每隔一天奖金翻倍。在做任何计算之前，猜测一下英雄是否应该拿这样一个奖金。请用计算器计算准确的奖金价值以检验你的猜测结果。

王后之所以能够通过一个小把戏来考验英雄，那是因为她意识到许多人并不熟悉诸如每天翻倍的**指数增长**（exponential growth）过程。[1] 他们更熟悉那些增长更为缓慢的简单线性趋势。在没有计算器的时代，比如在英雄的年代想必就没有计算器，人们使用经验法则从而导致他们低估指数增长率。虽然王后和英雄的故事是虚构的，然而正如在"**应用 17.1：家庭理财**"里所记录的，金融机构在当前正是使用这类方法来让消费者以高于市场利率的利率贷款，而以低于市场利率的利率进行理财储蓄。

应用 17.1

家庭理财

管理家庭财务乍看之下是一项简单的任务，但仔细观察就会发现其中的复杂性。父母每年应为子女未来的大学费用储蓄多少钱？他们应该为退休储蓄多少钱？他们应该把这些储蓄投资到哪里，银行、股票市场还是黄金市场？经济学家研究了普通人是否具备回答这些问题的基本数学技能，人们能否利用这些技能来规划未来，以及这些规划与专家理财顾问的建议有多接近。

金融计算能力

为了检验人们是否拥有基本的数学技能来进行简单的金融决策，一个调查询问了下列问题：一个银行账户用 200 美元开户，它支付顾客 10% 的利息。那么在两年后你的这一账

---

[1] 第 14 章附录包含了对指数增长的扩展讨论，因为它适用于利率的计算。

户中将有多少钱? 尽管本书的读者回答这个问题不会有太大困难, 但是研究发现, 能够正确回答问题的被试不到五分之一。[a] 在没有外部帮助条件下 (向聪明的邻居学习, 聘请专业的财务规划师, 或者阅读关于这个主题的好书), 这些结果表明平均来看居民可能很难做出正确的金融决策。

退休计划

这一研究的进一步证据表明, 许多人并非从外部获取相关金融决策的帮助, 而只是靠他们自己。对于那些年老一些的受访者, 退休是一个与他们密切相关的话题, 然而只有三分之一的人考虑他们退休后将需要多少钱, 而且不到五分之一的人拥有储蓄计划。拥有金融计算能力的受访者是更好的计划者。即便考虑了所有其他可能解释计划和财富水平的特征 (诸如教育和收入等), 更好的计划者也累积了更多的退休财富。金融计算能力看来是一个有用的生活技能, 普通大众却很少人拥有它。

汽车贷款

在正文中英雄选中王后提供的正确奖金的困难之处, 跟五分之四的受访者正确回答上述银行账户问题的困难之处, 两者有着共同的联系。两者均需要处理复利增长, 而倾向于使用线性近似思维的人们往往会严重低估它们。

维克托·斯坦戈 (Victor Stango) 和乔纳森·津曼 (Jonathan Zinman) 的研究表明, 对于任何给定的贷款还款流, 人们思维中的这种偏差导致他们低估隐含的年利率 (APR)。[b] 贷款人有动机通过宣传每月还款额低来欺骗消费者, 使其接受高利率的汽车和其他消费贷款。这种策略之所以奏效, 是因为同样的使英雄低估复利增长的偏差也会使借款人低估贷款本金余额下降的速度。例如, 如果一笔五年期贷款为 10 000 美元, 那么在整个贷款期间的平均本金余额仅为 5 000 美元左右, 这是因为每个月的分期付款会偿还部分本金。作者发现, 在假设性问题中低估利率的消费者获得的贷款条件最差 (年利率更高)。更有趣的是, 他们获得相对较高年利率的时间恰好是政府对真实贷款法规 (要求贷款人在广告中报出年利率) 执行不力时。人们可能会认为竞争会将高利率贷款人赶出市场, 但贷款的复杂性 (规定每月还款额、利率和还款期) 可能会让贷款人掩盖高利率, 使消费者难以货比三家。

政策挑战

近期美国经济危机的一个症状是, 逾期房贷和取消抵押品赎回权的情况越来越多。一些人将此归咎于掠夺性贷款人, 它们诱使天真的消费者签订复杂的合同 (涉及可调整利率、气球付款和其他不利因素), 并签署了消费者不理解的不利条款。

阅读一些报纸上关于《抵押贷款改革和反掠夺性贷款法》的报道。该法案于 2009 年 3 月提交美国众议院。该法案的潜在成本和收益是什么? 取消抵押品赎回权问题在多大程度上可被归因于消费者的天真, 而不是经济状况的意外下滑?

a. A. Lusardi and O. S. Mitchell, "Baby Boomer Retirement Security: The Roles of Planning, Financial Literacy, and Housing Wealth," *Journal of Monetary Economics* (January 2007): 205-224.

b. V. Stango and J. Zinman, "Fuzzy Math, Disclosure Regulation, and Market Outcomes: Evidence from Truth-in-Lending Reform," *Review of Financial Studies* (February 2011): 506-534.

人类并非计算器。有限认知会损害人们做出正确经济决策的能力，诸如在王后关于最大奖金的谜题中，或者是在我们即将学习的其他经济决策中。有限认知能力将会不断增加更为复杂的决策的紧张状态。下面的任何一个因素均会增加这一复杂性：

- 涉及指数增长的复杂公式；
- 不确定性；
- 选择太多；
- 多步推理。

当面对需要高认知水平但是不能够像计算机一样精确进行的实践时，人类必然得求助于捷径和经验法则。这些方法在某些情境中可能是准确的，但是在另一些情境中可能是错误的。行为经济学家正试图揭示出这些经验法则是什么，并且确定它们在什么时候会产生糟糕的决策，在什么时候不会产生糟糕的决策。下面几节将会更为详细地研究上面所列示出来的每个增加复杂性的因素。

17.3.1 不确定性

在不确定性下的决策涉及许多复杂性。在阿莱悖论这一著名的例子当中，阿莱提供了下面两个赌局的选择：

阿莱情境 1： 在下面两个赌局中进行选择。赌局 A 提供 89％的概率赢得 1 000 美元，10％的概率赢得 5 000 美元，而 1％的概率一无所有。赌局 B 确定性地提供 1 000 美元。

阿莱情境 2： 在下面两个赌局中进行选择。赌局 C 提供 11％的概率赢得 1 000 美元，89％的概率一无所有。赌局 D 提供 10％的概率赢得 5 000 美元，90％的概率一无所有。

在进行任何数学计算前，在每种情境中你将会做出哪个选择？经济学家莫里斯·阿莱（Maurice Allais）提出了这个后来以他的名字命名的悖论，假设（而且后续的实验也已表明）许多人会选择 B 而非 A，选择 D 而非 C。[1] 在第一种情境中，人们似乎偏好确定性的东西；而在第二种情境中，由于不存在确定性事件并且概率相当接近，人们似乎爱好更高的金额。

事实上，这一反应集合包含了一个不一致性问题。如果从 B 中所获得的效用超过从 A 中所获得的效用，那么被试会偏好 B 而非 A，即：

$$U(1\ 000) > 0.89U(1\ 000) + 0.1U(5\ 000) + 0.01U(0) \tag{17.1}$$

在上面的公式中我们使用第 4 章所讨论的期望值公式。当偏好 D 而非 C 时，

---

[1] M. Allais, "Le Comportement de l'Homme Rationnel devant le Risque: Critique des Postulats et Axiomes de l'École Américaine," *Econometrica* (October 1953): 503-546.

则有

$$0.9U(0)+0.1U(5\,000)>0.89U(0)+0.11U(1\,000) \tag{17.2}$$

然而，式（17.1）可化简为 $0.11U(1\,000)>0.1U(5\,000)+0.01U(0)$，式（17.2）则正好与之相反，因而这两个条件是不一致的。

行为经济学家对这个不一致现象提供了一个解释，即人们很难用期望值公式进行思考。具体来说，当涉及小概率时他们往往会遇到问题，倾向于高估它们，这可能是因为他们更习惯于使用一个所有数字都有相同权重的简单平均数公式。这可能解释了为什么人们并不倾向于 A，如果他们错误地赋予一无所有的渺茫概率（1%）更大的权重的话。

在卡尼曼和特沃斯基所进行的一组实验中，不同群体的被试面临下列两种情境中的其中一种[①]：

卡尼曼和特沃斯基情境 1：被试预先拿到 1 000 美元，除此之外必须在两个赌局之间做出选择。赌局 A 提供 50% 的概率赢得 1 000 美元，50% 的概率一无所有。赌局 B 确定性地提供 500 美元。

卡尼曼和特沃斯基情境 2：被试预先拿到 2 000 美元，除此之外必须在两个赌局之间做出选择。赌局 C 提供 50% 的概率损失 1 000 美元，50% 的概率一无所有。赌局 D 则确定性地损失 500 美元。

作者发现，在第一种情境当中有 16% 的被试选择 A，而在第二种情境中有 68% 的被试选择 C。虽然两种情境采用的是不同的框架方式（第一种情境是在相对较小的初始报酬当中增加盈利，第二种情境则是在一个相对更大的初始报酬当中扣除损失），但是它们之间的分配却是一致的。A 和 C 都同样是有 50% 的概率获得 1 000 美元，有 50% 的概率获得 2 000 美元，而 B 和 D 则是确定性的 1 500 美元支付。简单改变选择的框架方式，这从经济学角度来看应该是无关紧要的，但是实际上却导致人们改变了他们的决策。

同样，其中的一个解释是，被试往往会在涉及不确定性决策的费劲计算中犯错。从 A 到 D 这四个赌局均提供了相同的期望回报（1 500 美元）。风险厌恶型被试将会选择没有风险的赌局（B 或者 D），而选择 C

> **小测验 17.2**
> 用类似图 17-1 的图形说明在卡尼曼和特沃斯基情境当中，那些有着标准风险厌恶偏好的被试将会选择 B 或者 D 而非其他赌局。

而非 D 的被试，可能早已迷失于选择框架的表达当中，并且可能没有正确计算或者完全没有计算最终分配的款项。

---

① D. Kahneman and A. Tversky, "Prospect Theory: An Analysis of Decision under Risk," *Econometrica* (March 1979): 263-291.

17.3.2 前景理论

卡尼曼和特沃斯基持有不同的观点。实验中的选择反映的不是错误，而是被试的合理偏好，但是这一偏好并不适用于标准模型。他们提出一个新的模型，称之为**前景理论**（prospect theory），其核心要点在于，人们对他们当前财富的微小损失非常敏感。

这些偏好没法出现于我们在第4章中所讨论的标准效用函数中，如图17-1（a）所示。拥有标准偏好的人本质上对很小的赌局是风险中性的，而只有在财富出现很大波动的赌局中才会担心风险问题。

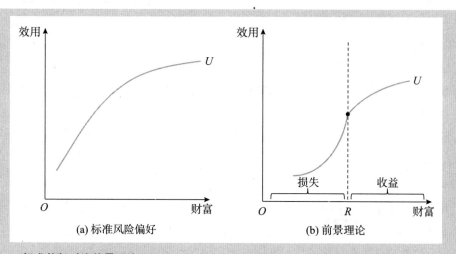

图 17-1 标准偏好对比前景理论

表现出风险厌恶的标准效用函数如图（a）所示，图（b）则描述了前景理论的效用函数。发生于R点的弯折意味着个体从微小损失当中所承受的伤害比从微小收益当中所获得的收益要大得多，尽管对更大损失的敏感性会递减，因为当从R点的左边向右移动时曲线变得更平坦。

通过在当前财富水平的效用函数中设置一个结点（称为参考点R），可以构建厌恶小赌局的模型，如图17-1（b）所示。函数在R点左边的斜率比在R点右边的斜率更陡峭，因而微小收益并不能弥补微小损失。效用函数越远离R的左边变得越平坦，表明人们对大额损失不太敏感。当财富发生变化时，效用函数发生移动，因而在新的财富水平上形成新的结点。新财富水平形成一个新的参考点。个人效用不再像标准效用函数一样只是最终财富的函数，而是他或她达到最终财富的路径（收益或者损失）的函数。图17-2表明了这样一个效用函数能够怎样描述卡尼曼和特沃斯基的实验结果。在第一种情境中，如图（a）所示，1 000美元的初始报酬把参考点移动到R′。新增加的报酬（A中以1/2概率获得1 000美元而B中则确定性地获得500美元）被视为收益。被试对收益拥有标准偏好。给定提供同样期望收益的两个结果，被试偏好确定性的结果（B）而非有风险的结果（A）。而在第二种情境当中，正如图（b）所示，更大的初始报酬 2 000 美元把参考点往右边进一步移动，因而额外的转移支付现在被视为损失。对于被试来说，确定性地损失500 美元是如此痛苦以至他们用它交换有着更小概率损失更大金额的选项。这在图中显示为 C 点位于 D 点之上。

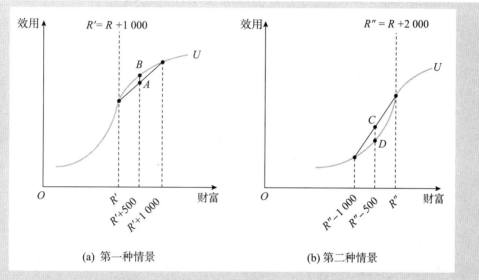

图 17 - 2　用前景理论解释卡尼曼和特沃斯基的实验结果
　　在第一种情境中，相对于初始的 1 000 美元禀赋，被试把选择作为收益进行评价。第二情境将参考点进一步地移动了 1 000 美元，因此现在变化被视为损失。在图（a）中被试偏好 B 而非 A，在图（b）中被试偏好 C 而非 D，尽管 A 和 B 提供同样的最终分配结果，B 和 D 也提供同样的最终分配结果。

　　在经济学理论中存在着一个很大的争议，即怎样更好地处理诸如阿莱或者卡尼曼和特沃斯基实验所显示的异常选择结果。是把这些结果构建为错误的模型更好些呢，还是它们是正统的理性偏好，只不过要求我们反思它们对于理性的含义？一个实证检验考察了允许这些被试有更多时间来熟悉选择情境时的表现，以便让他们尝试不同选择并且习得经验。如果被试持续表现出异常选择，那么它们可能是正统的理性偏好。如果他们转而做出了理性选择，那么异常选择可能只是一个错误。[①]

17.3.3　框　架

　　卡尼曼和特沃斯基实验揭示出被试的决策会简单受到采用两种不同叙述方式表达同样选择的框架影响。人们在一个选项被表述成相对于较小初始禀赋的收益时所做的选择，明显不同于当选项被表述成相对于较大初始禀赋的损失时的选择。这样

① 在本书后面我们将会更多地阐述学习是否会减少行为偏差。对于前景理论，通过在实验中检验拥有水杯或巧克力棒禀赋的被试是否不愿意放弃所拥有的禀赋，约翰·李斯特（John List）发现只有无经验的市场参与人的行为表现倾向于前景理论；有经验的市场参与人（在这个案例中是卡片展的交易商）拥有标准偏好。可参见 John List，"Neoclassical Theory Versus Prospect Theory：Evidence from the Marketplace，" *Econometrica*（March 2004）：615 – 625。

一个选择措辞的微小变化能够影响决策的现象被称为**框架效应**（framing effect），心理学家和行为经济学家发现了它并把它广泛地应用于人类决策的许多不同领域。人们会更偏爱被标示为80%瘦肉的牛肉，而非被标示为20%肥肉的牛肉。人们会认为拥有52%的命中率的篮球运动员比那些有48%的失误率的运动员要好。病人可能会选择有95%生存率的手术，而避免有5%死亡率的手术。[①]

> **? 小测验 17.3**
>
> 根据最新民意调查，有61%的居民对当选官员的业绩表示满意，而有39%的居民则表示不满意。
>
> 1. 支持者将会乐意看到这些民意调查怎样进行报道？
>
> 2. 反对者将会乐意看到这些民意调查怎样进行报道？

总而言之，人们更倾向于偏好以积极特征作为选择框架的选择。由于经济学理论倾向于关注真实结果而较少关心措辞，所存在的框架效应对经济学提出了一个难题。可以确定无疑的是，这是心理学能够有助于经济学的领域。经济学家需要更好地理解如下这些问题，即框架效应什么时候是最强的，人们是否能够通过生活的历练看穿框架，以及框架效应能够怎样更好地融合进标准经济模型当中。

17.3.4 选择悖论

我们回到我们所列举的使决策复杂化的下一个影响因素。经济学家倾向于认为更多的选择往往会改善人们的处境。人们能够自由地忽略他们并不喜欢的选择，而一些额外的选择可能最终会成为首选。

心理学家已经指出这一观念可能存在例外情形。如果人们面临太多选择，那么他们可能会不知所措。更多选择可能使人们境况变得更糟糕的观点被称为"选择悖论"。[②] 清楚表明这一悖论的实验是在食品杂货店里进行的。在一个实验当中，桌子上放着六种不同的果酱供人品尝；而在另外一个实验当中，则放着二十四种果酱供人品尝。实验者发现，消费者在只展示六种果酱的第一个实验当中更有可能购买。在各种不同情形当中重复该实验，结果均一致表明，当提供给消费者更多选择时，消费者享受到的购物乐趣反而减少，从而购买量也减少。

当然，品尝和比较二十四种不同的果酱是乏味和复杂的。一个更合理的想法是，与从二十四种果酱中选择相比，人们不购买果酱的处境要好得多。更好的购物策略可能是限制人们面临的选择数量，就像在第一个实验当中那样限制为六种。这将使购物者在面临更多选择时境况不会变得更糟。然而，从二十四种果酱当中随机选择六种果酱作为样本，跟初始时仅提供六种果酱作为样本，两者不可相提并论。

---

① 对于框架效应文献的综述，可参见 I. P. Levin，S. L. Schneider，and G. J. Gaeth，"All Frames Are Not Created Equal：A Typology and Critical Analysis of Framing Effects," *Organizational Behavior and Human Decision Processes* (November 1998)：149－188。

② B. Schwartz，*The Paradox of Choice：Why More Is Less*（New York：HarperCollins 2004）.

商店为了突出重要性可能会选择最好的六种，而从二十四种当中随机选择出的六种，可能并非消费者的最好选择。另外一个策略可能是对果酱进行分类，比如把二十四种果酱分类为含糖和不含糖两大类，再进一步按水果类别进行分类，依此类推，最后只是将如图 17 - 3 所示的落入最为突出的子类别中的一小部分数量供人品尝。形成这样一个分类可能需要顾客拥有某些产品而没有另外一些产品的体验或经历。例如，葡萄酒爱好者能够把成百上千种酒非常迅速地分为两三个类别，但若是让他们在果酱之间进行选择，他们可能也会一筹莫展。

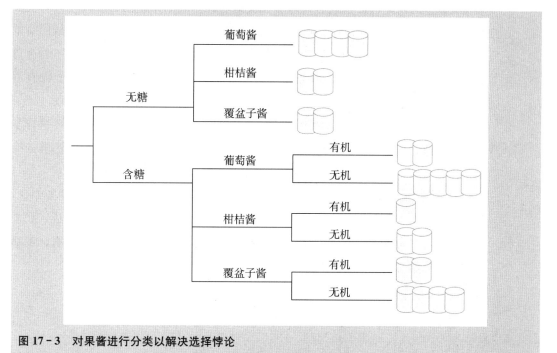

图 17 - 3　对果酱进行分类以解决选择悖论

　　面对在果酱之间进行选择的实验，顾客能够通过各种性质对果酱进行分类，所划分的子类别在这个例子当中最多只有五个选项。

17.3.5　多步推理

　　我们清单的最后一项认知能力的可能局限，是指在思考某些复杂问题时涉及<u>多步推理</u>的困难。这一话题往往出现在一些博弈和其他策略性情境当中。[①] 以国际象棋为例。如果是由两台有着无限计算能力的超级计算机来下国际象棋，那么这盘棋将不会那么有趣。双方将有可能会通盘考虑所有的可能性，并确定第一个行动者将获

---

　　① 　多步推理可能适用于并非策略性的决策问题。依据 X. Gabaix，D. Laibson，G. Moloche，and S. Weinberg，"Costly Information Acquisition：Experimental Analysis of a Boundedly Rational Model，" *American Economic Review* (September 2006)：1043 - 1068，实验被试可以在各种赌博中进行选择，并被允许付费了解在每种赌局中他们所偏爱的次序是否为"赢家"。要想了解赌局的最佳顺序，被试需要提前几步思考。大多数被试选择的顺序在只了解一个赌局时是高效的，但在了解多个赌局时则是低效的。这表明被试善于提前一步思考，但不能提前更多。

胜，第二个行动者将获胜，或者比赛将以平局告终。当然，这样一台拥有无限计算能力的超级计算机并不存在，而且国际象棋是如此复杂以致我们现有的计算机迄今为止并不能够找出最好步骤来"解决"它。国际象棋是相当有趣的，因为我们的认知局限并不允许我们通盘考虑所有棋局的结果。

在第5章的博弈论当中，当我们进行序贯博弈的时候，参与人思考逻辑长链条得出结论的能力是至关重要的。在这个博弈当中最先行动的参与人需要预期后行动者将会如何对他们的行动做出反应。子博弈完美均衡这样一个隐含在我们所假定的均衡概念中的假定，是指参与人能够完美地考虑博弈结果。当每个人有行动机会时，每个人均预期到其他每个人将会理性地进行博弈。在诸如序贯的性别战的简单博弈（可参见图5-3）中，只有两个序贯决策，并且每个人只有两个行动（看芭蕾舞或者拳击比赛），因此认为参与人的认知能力不会限制通盘考虑，这并非没有道理的。然而，诸如国际象棋这样更为复杂的博弈则明显会存在认知能力局限。

尽管如图17-4所示的蜈蚣博弈并不像国际象棋这么复杂，但是它需要进行多步推理。博弈有着一百个小的阶段（因而得其名）。在每个阶段，参与人能够选择结束博弈（E）或者让它继续（C）。让博弈继续时参与人能够获益，因为双方参与人的收益在此之后是不断累积的。然而，如果参与人在某个给定的阶段准备停止，那么另外一个参与人将有动机占有这一先机，在这之前终止博弈。举例来说，如果参与人在第二阶段终止，那么参与人1获得0，但是如果参与人1占有先机，正好在博弈一开始时结束，那么会获得1。

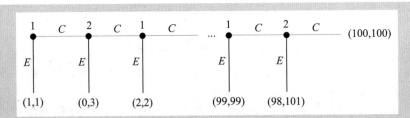

图 17 - 4　蜈蚣博弈

参与人1和2轮流行动一百次，每次每人要么结束博弈（E），要么让它继续（C）。括号里的第一个收益是参与人1的收益，第二个收益是参与人2的收益。理论上，每个参与人都会推断出另外一个人会结束博弈，因此他们将会提前一步结束博弈。在子博弈完美均衡当中，参与人1立即结束博弈，因而参与人的收益很小。在实验当中，被试会让博弈进行一会儿，因此收益会增加。

如果参与人能一直推算到博弈结束时，他们将会意识到，参与人2将会在他达到（100，100）之前终止博弈，比最后阶段多获得一单位奖金。但是参与人1将会在倒数第二阶段终止博弈。从博弈最后阶段至开始阶段延续这一逻辑，可以发现结果（子博弈完美均衡）应该是参与人及时地终止博弈，此时与博弈进行至最后阶段相比（每人得100），双方只得到一个相当低的收益（每人得1）。

现实主义者可能考虑的是，乐意或者能够通盘考虑 100 步逻辑的一般参与人需要看透这一博弈，但是如果博弈并没有一开始就结束而是进行一会儿，那么收益会增加，这对于参与人来说是有利的。即使其中一个参与人比如说参与人 1 足

小测验 17.4

与实现一个均衡相反，假定参与人 1 认为参与人 2 在最后阶段以某个概率选择 C（继续）。那么这一概率应该为多少，才会使得参与人 1 在倒数第二阶段选择 C（继续）而非 E（结束）？

够精明从而能够通盘考虑，但是如果他或她认为存在这样的概率，即另外一个参与人并不足够精明从而意识不到博弈应该马上结束，那么冒让博弈进行一会儿的这一风险将是值得的。如果参与人 2 马上选择 E，那么风险就是微小的损失（1），但是让博弈进行下去的潜在收益却相当大（最大是 100）。与理论上所预测的结果相比，在实验当中这一博弈（或它的其他变体）会进行更长时间，参与人也赚得更多。[①]

在蜈蚣博弈中，精明的参与人并没有优胜于不精明的参与人。在痛苦的终结之前稍微提前结束博弈，他们能多获得一两个额外的点数，但并不多。而在其他情境当中，精明的参与人比不精明的参与人拥有更大优势。例如，在国际象棋中，一个著名大师能够在很短的回合内打败新手。"**应用 17.2：冷门上映**"提供了另外一个例子，它表明经营好电影片和差电影片市场的精明电影工作室，可能会试图通过阻止评论家提前评论来将差电影片推荐给毫无戒心的电影观众。

应用 17.2

冷门上映

2004 年夏天，20 世纪福克斯公司推出了《异形大战铁血战士》。与绝大多数电影不同的是，发行方不允许影评人在首映周末前观看，因此电影观众必须在没有看到评论的情况下决定是否观看这部电影。这部电影在成为周末票房冠军，全美总票房达 3 800 万美元。然而，负面评论一出，电影的票房就像气球一样一落千丈。[a]

让电影在没有评论的情况下上映的策略被称为"冷门上映"。据推测，电影制片方在预期影片会受到影评人的批评时，就会采取这种策略。如果电影观众看不到差评，也许他们就会认为这部电影具有平均质量。

理性的电影观众

如果电影观众利用所有可获得的信息来做出理性的决定，他们就不会被冷门上映策略所迷惑。他们应该把没有任何评论看作是电影质量的一个非常糟糕的信号。在一项关于冷门上映电影的学术研究中，布朗、卡默尔和洛瓦洛发现，对冷门上映电影的评分只有平均

① R. McKelvey and T. Palfrey, "An Experimental Study of the Centipede Game," *Econometrica* (July 1992): 803–836.

水平的一半（25分）。（总分为100分，平均水平电影为50分，而冷门上映电影为25分左右。）[b]

如果电影观众将这一预期的质量应用于冷门上映电影，那么它会瓦解冷门上映这一盈利策略。这一瓦解是这样起作用的。所有电影，虽然普普通通，但是它们仍比平均冷门上映电影要好，因为它们会让已播放的电影与平均冷门上映电影有所不同。这将使得冷门上映成为一个糟糕质量的信号。同样，那些比平均水平更好的电影会被放映，依此类推，直到除了最差的电影之外的所有电影都会寻求评论。这样一个过程可被称为一个"信息瀑布"（information cascade）。尽管制片方希望对市场隐瞒这些质量，但是最终市场还是会完全揭示所有电影的质量。

某些时刻愚弄某些人

在实践中市场并非以这样的方式起作用。作者表明，保持质量（通过影片最终获得的评分体现）和其他因素不变，冷门上映会变成一个盈利策略，总体票房收益大约提高15%。这提供了证据表明，平均来看消费者并没有看穿制片方的策略，没有把冷门上映作为电影质量糟糕的信号，而只是推断影片具有平均质量水平。

制片方拥有更高水平的策略性思维。它们完全使用冷门上映策略的事实表明，它们意识到至少某些常看电影的人是能够被愚弄的。出人意料的并非制片方使用冷门上映策略，而是它竟然很少使用这样一个策略。许多糟糕影片本应该采用《异形大战铁血战士》的方式，尽管在上映周末之后票房轰然下跌，但是它在之前已赚得足够多的钱。倘若考虑国际收益和DVD收益，它最终实现了盈利。可能制片方害怕消费者获悉冷门上映的秘密，如果它们过于频繁地使用这一策略的话。冷门上映电影的数量在过去几年里与日俱增，这表明制片方已逐渐发现这一策略是盈利的。在2008年有29部影片是冷门上映电影，这包括《第一滴血》《这不是斯巴达》《电锯惊魂5》。[c]

思考题

1. 考虑这样一个事实，即冷门上映在最近变得更为普遍。这样一个事实是否会影响这样一个信号，即你作为一个完全理性和完全知情的消费者，与过去相比现在将会降低对冷门上映电影的消费？

2. 在一些情况下，制片方冷门上映持续获得好评的影片（例如，在2006年上映的《航班蛇患》）。你能够解释出现这些情形的原因吗？

a. G. Snyder, "Inside Move: Cold Shoulder? Genre Pix Nix Crix but Generate B. O. Heat," *Variety International* (September 5, 2005). Available at http://www.variety.com/article/VR1117909980.html.

b. A. L. Brown, C. Camerer, and D. Lovallo, "To Review or Not to Review? Limited Strategic Thinking at the Movie Box Office," *American Economic Journal: Microeconomics* (May 2012): 1-26.

c. P. Chattaway, "This Movie Was not Screened for Critics, 2008," *Filmchat Blog* (original post January 1, 2008). Available at http://filmchatblog.blogspot.com/2008/01/this-movie-was-not-screened-for-critics.html. 作者列示了自2006年以来未经预审的影片名单。

17

17.3.6　进化和学习

从进化的角度来看，人类的计算能力比不上超级计算机并不奇怪。人类的进化祖先狩猎者-采集者所面临的问题塑造了人类的认知能力。从这一角度来看，值得注意之处并不在于我们可能难以在头脑中评估一个复杂的数学公式。更值得注意之处在于，我们能够计算和进行高等数学运算！毕竟，我们还不清楚这些认知能力直接带来了哪些进化优势。也许，它们是我们能够决定是否冒险迁移到新的领地，或者能够理解部落中的社会等级制度的副产品。这两者都可能需要令人惊讶的复杂思维。

人类的认知能力并不完全由先天决定。这些能力在我们的学校教育及以后的学习过程中不断发展。我们能够学习。在通常情况下，一个特定的新科目或问题起初看起来很难，但经过学习和练习后，就会变得更加熟悉和容易理解。例如，中级微观经济学在本学期开始时似乎是一个令人生畏的科目，但也许读到这里，核心概念对你来说已经是第二天性了（作者希望如此）。

学习视角表明人类在不熟悉的情境当中做出复杂决策时最有可能犯错。被试可能不太熟悉阿莱、卡尼曼和特沃斯基及其他研究者的相关实验关于赌局的抽象选择。如果被试在日常生活当中经常更频繁地碰到这样的赌局，那么他们可能会通过试错做出正确的选择。

因而，如果学习视角是正确的，那么行为经济学可能是对短期行为的一种近似。而有着完全理性决策假定的新古典经济学，可能是对决策变得更加熟悉时的长期行为的一种良好近似。"应用 17.3：在第四次进攻中大胆尝试"提供了反对这一观点的证据。职业足球教练是世界上最擅长其工作的工种之一，他们一次又一次地面对每一场比赛，但他们似乎还会对他们本应熟悉的决策犯错。"应用 17.4：让我们来做个交易"的受控实验室实验则表明了相反的结果。首先，许多被试在是与他们的初始选择保持一致，还是在知道新信息之后更换选择的决策（打开可能放着奖金的门）当中往往做出错误选择。如果给予学习机会，许多被试到实验结束时将会意识到更换决策会更好。

17

应用 17.3

在第四次进攻中大胆尝试

在美式足球运动中，一支球队有一系列机会（被称为"进攻机会"）将球移动总共 10 码。如果球队在第四次也是最后一次进攻前还没有向前推进 10 码，它可以做两件事中的一件："凌空踢飞"或者"大胆尝试"。根据球队距离球门线的远近，有两种踢法：如果距离相对较近，可以通过门柱踢出一记射门得分，得 3 分；如果距离较远，可以把球踢给对手，把对手推回自己正在防守的端区。"大胆尝试"是指在最后一次机会中，试图弥补剩下的十码。如果不成功，就把球传给在那个位置的另一支球队。如果成功，这支球队至少在接下来的一系列进攻中保持控球权，这样就有可能最终将球带进对手的端区，从而获得7分的达阵得分（实际上是 6 分加上一个很少失手的加分球）。

教练的压力

在第四次进攻时，是凌空踢飞还是"大胆尝试"，这是球队教练最难做出的决定之一。需要考虑的因素有很多，不仅包括不同策略可能产生的分数，还包括每种情况下成功的概率，以及由此产生的对手的场上位置。场上位置很重要，因为随着比赛的进行，它会影响两队得分的机会。教练只有极短的时间做出决定。这场比赛，或许还有整个球队的赛季，都可能取决于这一决定。如果这个策略被证明是不成功的，那么球迷们的尖叫和第二天媒体预期中的事后指责也会给球队增加压力。

另外，如果有人能够做出正确的决策，肯定是美国国家橄榄球联盟的教练们。由于球队每年的预算可达数亿美元，因此它们能够雇用全世界最好的和最有经验的教练。这些教练往往拥有难以超越的胜利记录，部分原因是他们在第四次进攻中做出正确的决策。

太过于保守？

通过使用 1998—2000 年所有国家橄榄球联盟赛次的数据，经济学家戴维·罗默运用复杂的统计技术在每种不同的情形（包括球队当前的场上位置和"大胆尝试"时所需要的码数）下计算了在第四次进攻中凌空踢飞和"大胆尝试"所获得的分数差异。[a] 他所发现的结果颠覆了传统的认知。处于球门区 10 码内的球队应该"大胆尝试"，即使它们还需要5 码才能取得成功。即便是倒退到自己的球门区，如果它们只需要不多的码数，一支球队也应该"大胆尝试"。

实际上国家橄榄球联盟教练的决策更加保守。在得分区的 10 码内，当距离超过 2 码时，许多球队通常会放弃"大胆尝试"，相反会选择凌空踢飞。罗默的研究结果表明，教练并没有采取更加激进的策略，从而错失良机。

迈克尔·刘易斯（Michael Lewis）是一本广为流传的书的作者，他的书提出了如何利用经济学和统计学知识来提高棒球队和其他职业运动队的成绩，指出了罗默的研究在一些教练中引起的愤怒反应。一位教练说："如果我们都听这位教授的话，我们可能都得去找教授工作了。"[b] 刘易斯提出了教练不遵从罗默的建议的原因：一是他们可能犯了战术性错误。也许他们没有充分考虑到，如果在靠近球门区的地方"进攻"不成功，让对手处于不利的场上位置的价值。二是教练可能具有前景理论偏好。他们可能会把射门得分算作当前总得分的一部分，并且非常厌恶"大胆尝试"而失去这些分数的风险。即使他们自己没有这种偏好，他们的行为也可能符合其他人（球队老板、球迷或媒体）的利益。

思考题

1. 你认为美国国家橄榄球联盟的训练策略最终会因为罗默的研究而改变吗？你的预测是否取决于教练不遵循这一策略的根本原因（错误还是偏好）？

2.假设你是美国国家橄榄球联盟的一支球队的教练，而对手的实力比你们队强很多。这将如何影响你决定踢凌空球还是"大胆尝试"？

a. D. Romer, "Do Firms Maximize? Evidence from Professional Football," *Journal of Political Economy* (April 2006)：340-365.

b. M. Lewis, "If I Only Had the Nerve," *ESPN Magazine* (December 18, 2006).

应用 17.4

让我们来做个交易

《让我们来做个交易》是几十年前在电视上首次亮相的游戏节目，它非常受欢迎，至今仍在重播。在节目的一个环节中，蒙蒂·霍尔（Monty Hall）让挑战者选择三扇门。其中一扇门后面是价值不菲的奖品，可能是 1 000 美元或一辆新车。另外两扇门后面是安慰奖（不值钱的奖品）。挑战者从三扇门中选择一扇。蒙蒂·霍尔将揭晓另外两扇门中的一扇后面的安慰奖。然后，挑战者可以选择是坚持最初的选择还是换到剩下的那扇门。

事实上，对于《让我们来做个交易》节目是否向挑战者提供过这种选择，还存在一些争议。丹尼尔·弗里德曼（Daniel Friedman）对旧节目记录问题的研究表明，可能没有。[a] 尽管如此，"三扇门问题"（又称"蒙蒂·霍尔问题"）的传奇故事还是有了自己的生命力，引发了一场关于挑战者是应该坚持己见还是改变选择的争论。

艰难的抉择

是坚持己见还是应该改变选择，这个决定很难做出。人们首先想到的可能是，蒙蒂·霍尔揭晓安慰奖并不能改变每扇门后面都有可能藏有贵重奖品的事实。按照这种思路，人们应该在坚持己见还是改变选择之间毫无差异：两扇门仍然有同等的机会获得奖品。

进一步的考虑显示出正确的选择是改变选择。看透这一点的其中一种方法是注意到挑战者选中门的初始概率是 1/3，而选错门的概率则是 2/3。在蒙蒂·霍尔揭示出最差奖品的一扇门后挑战者选择错误的概率仍然是 2/3，但是现在挑战者准确知道想要改变的另外一扇门并且它正确的概率是 2/3。[b] 也即，如果挑战者改变选择，那么赢得贵重奖品的概率是原来的两倍。

实验室实验

弗里德曼在实验室当中模拟游戏节目的决策，但是采用更小的奖金（如果选择正确可获得 30 美分）。被试改变决策（理性选择）的比例少于三分之一。

弗里德曼随后进行实验的不同版本，在那当中允许被试学习。在其中一个变化版本当中，他告知被试他们的选择所产生的收益以及他们从其他选择当中所赚得的收益。通过重复游戏，那些坚持初始选择的被试知道改变选择往往会赢得更多。结果是有超过一半的人决定改变选择。画出学习比率图后，如果允许他们参与足够多的重复实验，作者认为有超过 90% 的人最终会改变选择。

17

游戏节目作为一个实验

游戏节目是经济学理论的绝佳试验场。正如实验室一样，它们往往提供了简单情境，在那当中很容易看到挑战者的决策是符合还是不符合理论。而与实验室不同，奖金相当高。实验室的奖金受限于研究者的预算。例如，在弗里德曼的实验当中，做出正确决策只能获得几十美分。批评者想知道如此低的奖金是否足以使人们认真考虑相关决策。游戏节目中的收益——价值数千美元甚至在某些情形下价值数万美元——将足以使挑战者费尽心思进行思考。现在已有许多经济学文章使用游戏节目作为试验场，包括研究挑战者是否拥有与《千爵史诗》（*Card Sharks*）的前景理论相符的偏好，以及研究挑战者是否会在《危险边缘》（*Jeopardy*）中做出明智的策略性决策![c]

思考题

1. 如果你正在设计经济学的一个新的实验室实验，你将会让被试参与多少次实验以允许他们熟悉情境？它是否取决于某些因素？你将会怎样确定实验的"正确"次数？

2. 在获得奥斯卡奖的影片《贫民窟的百万富翁》中，影片的男主角是一个游戏节目的挑战者，主持人试图给予他一个错误答案以让他输掉这场比赛。[d]（该男主角明智地选择忽视主持人的"提示"。）如果蒙蒂·霍尔在《让我们来做个交易》中对于挑战者怀有的同样敌意，那么这可能会出现在什么时候以及谁会选择改变选择的机会？改变选择对于挑战者来说是否为正确决策？相反，如果蒙蒂·霍尔对于挑战者怀有慈善之心呢？

a. D. Friedman, "Monty Hall's Three Doors: Construction and Deconstruction of a Choice Anomaly," *American Economic Review* (September 1998): 933-946.

b. 贝叶斯法则的统计学公式可正式证明这一结果。

c. 这些研究包括：R. Gertner, "Game Shows and Economic Behavior: Risk-Taking on 'Card Sharks'," *Quarterly Journal of Economics* (May 1993): 507-521; A. Metrick, "A Natural Experiment in 'Jeopardy!'," *American Economic Review* (March 1995): 240-253。

d. *Slumdog Millionaire* (Fox Searchlight, 2008).

学习视角并不能对并非频繁做出的高风险决策做出明确的预测。我应该上哪所大学？我应该嫁给谁（或娶谁）？我应该选择哪种抵押贷款？一方面，由于决策是一次性的，决策者几乎没有学习的机会。另一方面，具有高风险的选择会使得人们花额外的时间深思熟虑以做出正确的选择。理解这些决策中的行为偏差，是一个相当重要的研究主题。

17.3.7 自我意识

一个拥有有限认知能力的个体，如果能够意识到自己的局限性，与那些没有意识到的人相比，处境要好得多。这个人可能会避免接受赌局或其他提议，除非他或她非常确定没有损失的可能性。毕竟，那些看起来划算的交易可能是一个误解。在外界看来，这个人似乎不愿冒小风险，而且过于谨慎，但这两种情况都可能是对决策失误的自然反应，特别是对于在不熟悉情境中所做出的决策而言。当面临大量选择时，这个人的有限认知能力会在分类方面面临困难，因而这个人将倾向于采取谨慎的做法，拒绝考虑所有决策，正如在关于选择悖论的章节中面临几十种果酱的实验中的被试一样。

17.4 有限的意志力

当人们面临短期成本能产生长期收益的决策时，就会出现完全理性的第二个局限。考虑一个学生每天面临的决策：是否进行学习的决策。学习需要费尽心力。看电视、参加体育运动或者与朋友应酬往往更令人愉悦。另外，学习会提供长期回报，诸如增长知识、获得更好成绩和更好的未来职业前景。在一周开始时，当坐下来做学习计划的时候，一个完全理性的学生将会权衡学习的短期成本和长期收益，并且制订一个行动计划，留出学习和休闲的时间。他或她将会毫不费劲地坚持这一计划，因为在后面每一时刻他或她所权衡的成本和收益，都跟在这一周开始做计划的时候一样。

然而，在现实当中，坚持这一计划并不是一件容易的事情。当到了学习时间的时候，学生往往会受到休闲活动乐趣的诱惑。学生用于学习的时间会比他或她想要学习的时间少，并且后面甚至会后悔花在学习上的时间太少。问题就在于人们的观点似乎会随着时间的推移而变化。当人们处于当下时，学习的痛苦和休闲的乐趣看起来权重很大。而当人们摆脱了当下时（要么是之前做计划的时候，要么是之后回想起来的时候），学习的长期收益看起来变得重要了。个人偏好在不同时间并非一致的。坚持初始的理性的行动计划，需要意志力来忽视短期诱惑。有时，意志力会失效，从而人们会偏离计划。

行为经济学试图将标准模型中不存在的非常现实的自我控制问题纳入其中。下面我们将会讨论已经形成的最为简单的模型，它涉及双曲线贴现。

17.4.1 双曲线贴现

为了对有长期后果的选择建模，我们可以想象人们体验着每个选择随时间变化的效用量（对于收益它是正的，对于损失它是负的）。在所有时期总和最高的选择，对于个体来说是最优的选择。例如，假定两个选择在一周之内会产生结果。第一个选择在第一天会带来-10单位效用，在后面六天每天会带来2单位效用；第二个选择在第一天会带来-5单位效用，在后面六天每天会带来1单位效用。那么第一个选择的效用总和是

$$-10+2+2+2+2+2+2=2$$

而第二个选择的效用总和是

$$-5+1+1+1+1+1+1=1$$

因此，这个人应该偏好第一个选择。

允许人们对不同时期所获得的效用赋予不同权重，就可以解决意志力问题。具体来说，假定在当前时期的效用获得完全的权重（权重为 1），但是在后面时期所获得的效用的权重只是 w，w 是 0 和 1 之间的某个数。那些 $w<1$ 的人可以说表现出**双曲线贴现**（hyperbolic discounting）。"贴现"一词与这样一个事实有关，即与当前效用相比，未来效用被赋予较低的价值。"双曲线"一词与效用价值的立即急剧下降有关，在当前时期之后，它会趋于平稳，很像双曲线在远离原点后迅速下降，然后趋于平缓。正如我们将看到的，双曲线贴现会导致偏好随着时间的推移而不一致，并导致意志力问题。一个 $w=1$ 的人不会表现出双曲线贴现，最终也不会出现意志力问题。

17.4.2 一个数值例子

回到学生在星期天为这一周制订学习计划的例子。这个学生决定在周一是否学习以参与周五的考试。假定这个学生在周二、周三和周四还有其他活动，因此唯一的学习时间是周一。学习相对于休闲的替代活动来说并不令人愉悦，因而在周一会提供 -20 的效用量。学习会使得考试成绩更高，周五会提供 30 的效用量。（这些效用数值是相对于不学习的效用而言的，后者每天为 0。）这个学生是否应该学习？如果应该，能否实现这一计划？

首先，考虑这个学生没有表现出双曲线贴现的情形。在星期天制订这一学习计划时，他或她将会做出是否学习的决策，以使得从星期天的视角看的总效用值是最高的。图 17-5（a）显示了他或她从星期天的视角赋予每天效用量的权重。正如图（a）显示，该学生对于这一周的任何一天所获得的效用均赋予同样的权重 1。学习提供的效用加权总和等于 -20+30=10。因为这一加权总和大于不学习的加权总和（0），所以这个学生将会计划学习。当到了周一时，这个学生对于效用量的权重跟之前一样，每天均是 1，如图（c）所示。从星期一的视角看学习和不学习所获得的效用加权总和跟从星期天的视角看是一样的，因而这个学生最终将会执行星期天的计划，在星期一开始学习。

其次，考虑这个学生表现出双曲线贴现的情形。为了使用一个整数，假定 $w=1/2$，这意味着在这一周后面的效用只有今天效用的一半。在星期天他或她在计划阶段所使用的权重如图 17-5（b）所示。从星期天的视角看的效用加权总和是 $(1/2)(-20)+(1/2)\times30=5$。因为这一加权总和大于不学习时所获得的效用 0，所以这个学生将会计划学习。虽然从星期天的角度来看，这个学生未来的贴现效用比没有双曲线贴现的学生要大得多，但是这两类学生对星期一的效用估值均等于对星期五的效用估值。

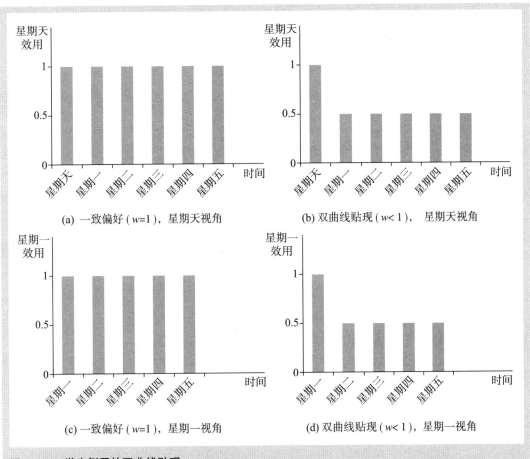

图 17 - 5　学生例子的双曲线贴现

图形显示了个体对是否学习的决策赋予的随时间推移而变化的效用量的权重。图（a）和图（c）显示了个体在没有双曲线贴现时对效用赋予的权重，分别为图（a）的星期天视角和图（c）的星期一视角。图（b）和图（d）显示了个体在星期天（图 b）和星期一（图 d）的双曲线贴现的权重。

当到了星期一时，对于具有双曲线贴现特征的人来说事情发生了变化。这个学生赋予效用流的权重现在如图 17 - 5（d）所示。因为星期一现在是当前的时期，学生对星期一所获得的效用赋予了完全权重，之后的每天只赋予一半权重。现在学习的加权效用总和是－20＋(1/2)×30＝－5。因为加权效用总和是负的，因此学生选择不学习，放弃了前一天的学习计划。

双曲线在不同时间是不一致的。学生在这一时间之前想要学习并且计划这么做，但是当到了学习时间时，当前的痛苦太大，学生反而追求休闲。很容易看到学生是否遵循整个学习计划依赖于 w 的值。给定

❓ 小测验 17.5

这一例子表明当学习成本是 20 单位效用时，具有双曲线贴现特征的学生并没有执行学习计划。在什么样的成本水平上这个学生会执行学习计划？

w，从星期一视角看的加权效用总和是－20＋(w)×30。如果 w＞2/3，那么它是正

17

的。我们能够把 w 当作意志力的测度指标：如果 w 足够高，这个学生将有足够的意志力执行学习计划，否则的话则不执行。

17.4.3 进一步的应用

我们已经集中讨论了有限意志力会怎样影响学生的学习行为。有限意志力可能会影响生活的许多其他方面——任何有着长期后果的决策。饮食和锻炼的决策就是最佳的例子。人们可能拥有维持健康饮食和周期性锻炼的良好意愿，因为这两者均有着长期的健康收益，但是当需要节制或忍受锻炼的痛苦时，个人的意志力往往会减弱。

另一个应用例子是储蓄。储蓄需要人们延迟消费的短期乐趣，以累积能够随复合利率及其他投资回报增长的储蓄的长期收益。有限意志力可能会阻止人们达到储蓄目标，因为他们可能会发现很难延迟他们消费的乐趣。容易获得信贷，也即使用信用卡，可能会使问题变得更加严重，因为它使一个人超越他或她当前的收入并且让他或她陷入很难在之后尽快摆脱的负债困境。信用卡的更大余额可能是某个人以这种方式借款所做出的理性计算的一个信号，而当个体的长期利益可能是减少支出并增加储蓄时，它也可能是一个冲动性支出的信号。

可能意志力问题的最为严重的例子是药物或者酒精上瘾。成瘾者可能意识到这一习惯正在摧毁他或她的生活，但是在短期内仍然无力打破困境。

17.4.4 承诺策略

如果人们正在承受自我控制问题，当他们意识到他们存在这样一个问题时，他们会处于一个相对更好的状态。随后他们能够尝试想出帮助他们承诺初始计划的其他策略。荷马史诗《奥德赛》提供了这样一个承诺策略的著名例子。英雄船长奥德修斯将要遭遇塞壬。她们是海妖，拥有无可抗拒的容貌和美妙的歌声，能够诱惑船员使船只触礁沉没从而让船员命丧大海。奥德修斯（以他的聪明著称）让所有船员蒙上他们的眼睛并且塞住耳朵，并把自己绑在桅杆上，以防他在领航时跳入大海。通过使用这一策略，船只安全通过危险之地，全体船员毫发无损。

通过提高个体想要避免的行动成本或者降低个体想要承诺的行动成本，承诺策略就起作用。在奥德修斯的例子中，他把他绑在桅杆上可以避免他跳入大海的选择，我们可以把它等价于增加这一行动的成本直至令人望而却步的水平。神话之外的承诺策略例子，包括移除让学生分心的东西，诸如移除在他或她的房间里的电视和视频游戏，以使之更好地执行学习计划。一开始扔掉电子产品看似一种奇怪的策略，因为丢弃了我们认为有实用价值的产品。一个没有自我控制问题的真实的完全理性个体在没有诸如电视或者视频游戏时境况会恶化。然而，一旦我们假设个体存在自我控制问题，那么扔掉这些东西之后这个人的处境会变好（至少从计划阶段的视角看），因为它移除了可能使他或她违背学习计划的可能诱惑。

这里的分析正好与第 4 章讨论的选择价值相反。在那一章当中，我们发现在出现不确定性时选择是有价值的，因为正被讨论的选项在确定性情境当中可能会变成最好的选择，如果它优于其他选择的话，个体应该只选择该选项。在这一章当中，我们已经从完全理性的决策者转移到存在局限的个体，更多选项并非一直是好事。在计划阶段，个体可能乐意抛弃选项以阻止他或她采用短期有吸引力但是长期有害的行动。

其他承诺策略的例子包括节食者把高脂肪食物扔进垃圾桶。当然，这个人总是可以通过再次购物来获取替代食物，但是扔掉食物会增加吃高脂肪食物的成本，因为这需要人们付出额外的购物努力。额外的花费和延迟可能足以让这个人克服诱惑。另一种承诺策略是争取同伴的支持：如果你坚持计划，他们会表扬你；如果你不坚持，他们会鄙视你。戒酒互助会（Alcoholics Anonymous）等旨在帮助人们克服成瘾问题的项目，通过为成瘾者配对赞助者（可能会提供表扬和有益建议的前成瘾者），为成瘾者提供支持。

"应用 17.5：对你自己施加一份合同"描述了一种新颖的承诺策略：让人们承诺一定数额的钱，如果他们违背承诺，这笔钱就会被没收。押注的金额越高，表示这个人想要避免的行为（暴饮暴食、不运动、不学习）的代价就越高，这个人就越有承诺力来避免这种行为。该应用专栏描述了两个行为经济学学者为促进这种承诺而建立的一个网站。

应用 17.5

对你自己施加一份合同[a]

研究行为经济学的教授们自己也不能幸免于意志力问题。耶鲁大学的两位教授迪安·卡兰（Dean Karlan）和伊恩·艾尔斯（Ian Ayres）发现很难保持理想体重，于是想出了一种绝妙的方法来做到这一点。该策略依赖于经济激励，其工作原理如下。向朋友承诺在某一天达到目标体重，然后保持这个体重。拿出一笔钱，比如 100 美元，如果目标没有达到或保持，这笔钱就会被没收。失去 100 美元的威胁可能会让人抵制短期内打破饮食或锻炼计划的诱惑。如果承诺成功了，这笔钱就不需要支付，只需要承诺。

教授们声称，他们个人的利害关系远不止 100 美元——大约 5 000 美元。两人都声称自己没有付出任何代价就坚守了自己的目标。

菲律宾的储蓄计划

卡兰早期关于通过使用带有承诺特征的储蓄账户来增加储蓄的研究支持了使用带有经济激励的合同来解决自我控制问题的想法。该研究为储蓄者提供了开设一个账户的可能性，该账户在达到某个目标日期或储蓄金额之前限制取款。更有可能出现自我控制问题的被试（基于对延迟满足的假设性问题的回答）在有机会的情况下，更经常选择加入这些新储蓄账户。加入这些新储蓄账户后，被试的储蓄几乎增加了一倍。

17

回到数值例子

为了了解用金钱支持承诺如何有助于解决自我控制问题，回到正文中的例子。一个学生计划星期天在星期一学习（当天花费 20 美元）以准备周五的考试（如果准备充分，当天将获得 30 美元），但他在之后的每天效用都将减半。在没有任何支出的情况下，我们看到学生并没有执行星期天的学习计划，因为星期一从学习中所获得的加权效用总和是负的：$-20+30/2=-5$。但是如果学生在星期天承诺如果他或她星期一不学习，他或她将支付超过 5（以效用计算），那么这将会诱导学生去学习，因为现在从星期一视角看，学习的损失超过了不学习的损失（-5 或者更多）。

stickK. com

耶鲁大学的教授们开发了一个网站 http://www.stickK.com，它通过让人们填写表格、设定承诺金额、提供支付卡（如果没有兑现承诺就会被收取费用）并选择一个人作为"仲裁员"来验证承诺是否兑现，从而简化了承诺合同。截至本文撰写时，已有超过 25 万份合同被签署，承诺金额达到 1 700 万美元，承诺内容从戒烟到停止咬指甲，再到完成一个剧本，五花八门。为了进一步提高承诺的价值，人们可以选择将这笔钱放弃给敌人，也可以选择放弃给一个支持自己强烈反对的事业的慈善机构（比如你反对的政党）。

大量其他应用程序已用于帮助对抗自我控制问题。这些应用程序能够阻止人们在特定时间访问社交网站、电子邮件以及其他计算机娱乐网站。通过虚拟健身小组，成员可以跟踪彼此在实现锻炼目标方面的进展，社交网站自身也可以成为一个自我控制的积极力量。

思考题

1. 你将会选择谁作为你承诺合同的"仲裁员"？选择一个朋友作为承诺合同的"仲裁员"的缺点是什么？选择一个敌人呢？

2. 哪类自我控制问题更容易在合同当中具体化并且拥有一个"仲裁员"监督者？哪类问题很难进行监督？

a. 标题源自 2009 年 3 月 17 日访问的网站 http://www.stickK.com。

b. N. Ashraf, D. Karlan, and W. Yin, "Tying Odysseus to the Mast: Evidence from a Commitment Savings Product in the Philippines," *Quarterly Journal of Economics* (May 2006): 635 - 672.

17. 5 有限的利己

在这一节当中，我们将学习对决策者的第三个限制。在经济学家的简单模型中，决策者至少完全最大化了他或她自己的收益。人们的利己局限在于他们不仅考虑他们自己的物质福利，他们也会关心人际价值观，诸如声望、公平和正义。例如，我们很难争论说人们基本上不在乎其他人怎样看待他们。大量的钱和努力被花在选择正确的服装上，不仅在于它们所提供的温暖和舒适——只要人们回到家里，人们往往会换上其他衣服——还在于它们使得人们显得更有吸引力。人们更乐意做出大量牺牲，不仅是为了他们的社会地位，还是为了公平、正义或者其他人际价值观。

这些人际价值观可能是我们的成长经历灌输给我们的，或者可能更多的是出于本能，也许从我们遥远的狩猎者-采集者祖先起就通过演化力量融进我们体内。例如，驾驶似乎能激发我们与生俱来的正义感。我们中的许多人都有过被其他司机截停（或其他被认为具有攻击性的行为）后"热血沸腾"的经历。对于某些人来说，人的情绪是如此强烈，以至于他们会做出肢体反应，向不良司机打手势或猛烈驶向他们。这些反应代价高昂，因为它们会增加发生事故或遭到不良司机报复的风险。一个理性的驾驶人如果只关心金钱回报的最大化，是不会做出这些代价高昂的肢体反应的，因为没有可抵消的金钱利益。向不良司机索取公道可能会带来非货币回报。

在本节中，我们将研究行为经济学家将人际价值观纳入标准模型的尝试。有些人际价值观，如利他主义，可以无须对标准模型做太大改动就能对其做出解释。而有些人际价值观，如公平与正义，则需要对人际互动进行更深入的研究，从而进入博弈论领域。我们将修正我们在第 5 章关于博弈论的分析，以描述这些人际价值观。

17.5.1　利他主义

美国 2012 年的慈善捐赠总计超过 3 000 亿美元。[①] 除了衣食住行之外，父母对子女付出了更多（更不用说大学学费的大量账单）。这些大额支出反映了**利他主义**（altruism）。它指对除了自己之外的其他人的福利的关注，不管是需要帮助的其他人还是家庭成员。

利用标准模型不难刻画利他主义。图 17 - 6 显示了个体的效用函数，这个人（称为个体 1）关心另外一个人（称为个体 2）的福利。与各轴表示个体 1 的诸如饮料或汉堡包等产品消费不同，各轴表示的是每个人的总体消费。也即个体 2 的更多消费（如纵轴所显示的）被个体 1 视为一个"产品"。正如第 2 章一样，效用最大化的选择位于预算约束线和无差异曲线相切的地方，如图中的 A 点所示。利他主义的个体 1 最终将给予个体 2 一些收入。如果个体 1 是完全自私者，那么他或她将不会给出任何收入，此时个体 1 的消费点将会位于 S 点。

17.5.2　公平感

对其他人际价值观的建模需要更多的工作。行为经济学家已经注意到实验室的被试偏离了标准博弈论的预测结果，因为他们看起来拥有公平偏好，乐意放弃一些钱而选择一个参与人之间收益更加平均的分配方案。这在最后通牒博弈实验当中可看得最为清楚，正如在前面章节当中关于博弈论的应用 5.4 所描述的。这一博弈的

---

① *Giving USA 2013*：*The Annual Report on Philanthropy for the Year 2012*（Giving USA Foundation，2013）.

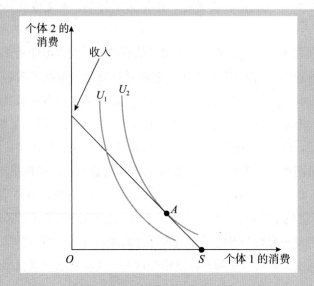

图 17-6 利他主义

自利的个体将会保留所有收入用于他或她自己的消费（S 点）。如果个体 1 对个体 2 是利他的，那么个体 1 将偏好于给予个体 2 一些钱以提高个体 2 的消费量（A 点）。

简化版本如图 17-7 所示。在序贯博弈中，参与人 1 先行动，提出一个合计 10 美元的在他或她和第二个参与人之间的分配方案。随后第二个参与人选择是否接受这一方案。如果分配方案被拒绝，那么双方一无所获。在这个最为简化的版本当中，参与人 1 能够做出两个可能的提议方案：一个低分配方案（将 1 美元给予参与人 2，自己拿 9 美元）和一个平均分配方案（两个参与人平分 10 美元）。正如逆向归纳法所显示的，在子博弈完美均衡当中，提议者选择低分配方案，响应者选择接受（选择 A）。参与人 2 接受包含低分配方案在内的所有出价水平，因为若是拒绝，他或她的货币收益将会减少。由于知道参与人 2 会接受所有出价水平，参与人 1 做出最不慷慨的分配方案。

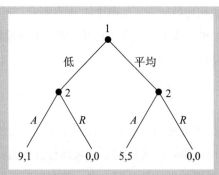

图 17-7 最后通牒博弈

在最后通牒博弈的这个简化版本中，参与人 1 先行动，提供合计 10 美元的低（1 美元）或者平均（5 美元）份额。随后参与人 2 决定是接受出价（A）还是拒绝它（R）。

这是理论上的结果。正如在应用
5.4 中所描述的，实验结果明显不同。
在许多情形当中，参与人 1 提议一个
平分整笔钱的方案。如果提议者给出
的是低分配方案，那么响应者往往会
拒绝它。行为经济学已经解释了理论
和实验的这一差距，表明被试并不仅
仅关心最大化货币收益，而是还拥有
一个公平偏好。如果在博弈当中他们
和其他参与人赚得的收益存在巨大差
距，那么被试会选择负效用。值得指

> ### 小测验 17.6
>
> 回到蜈蚣博弈（见图 17.4）。现在假
> 设除了关心货币收益之外，两个博弈参与
> 人都偏好公平，他们的收益之间的每一美
> 元差距（以绝对值计算）都会导致他们损
> 失 1 单位效用。
> 1. 写出这个新博弈的展开式。
> 2. 找到均衡。公平能否为本章前面引
> 用的蜈蚣博弈中的实验行为提供另一种
> 解释？

出的是，这与利他主义不同：一个利他主义被试会从其他被试的收益中获益，而不管
他们的相对位置如何；与此相反，一个拥有公平偏好的被试，只有当收益使得他们的
地位相对公平的时候，他才会因其他人获得收益而感到高兴。

图 17-8 显示了如果我们增加公平偏好，博弈会怎样变化。在图（a）中，假定
两个参与人对于他们所赚得的每美元获得 1 单位效用，但是当这两个参与人的收益存
在差距时，他们的效用会减少（1 美元减少 1 单位效用）。如果一个低分配方案被接
受，那么参与人 1 的收益从 9 下降到 1，因为它不得不根据参与人之间 8 美元的货币
收益差额进行调整。参与人 2 的收益从 1 降到 -7。在这些新的收益水平下，参与人 2
更加偏好于拒绝一个低分配方案。参与人 1 最终选择一个平均分配方案作为子博弈完
美均衡的结果。图（b）提供了另外一个模型，在其中一个参与人并不在乎公平；只
有赚得较少的参与人在乎公平。这可以被视为一个嫉妒模型。在这个模型中，如果低
分配方案被接受，那么参与人 1 的效用水平是 9，参与人 2 的效用水平是 -7。

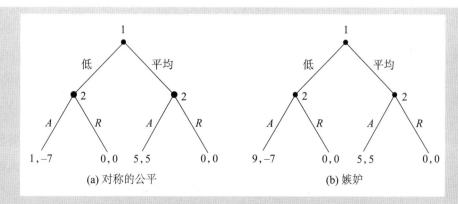

图 17-8 有着不同公平偏好的最后通牒博弈
我们对前一图形的纯粹货币收益做了相应修正以反映公平偏好。在图（a）中，增加货币收益之间的差距对于
两个参与人来说是有代价的。在图（b）中，货币收益的差距只伤害赚得较少的参与人。

图（b）中的子博弈完美均衡与图（a）中一样，两者均涉及接受平均分配方案。在这一均衡背后的逻辑是不同的。图（a）中的两个参与人均拥有公平偏好，参与人 1 偏好平均分配方案，因为他或她并不喜欢收益大大超过参与人 2。图（b）中只有参与人 2 拥有公平偏好，参与人 1 提出一个平均分配方案，但这只是出于他或她害怕参与人 2 由于嫉妒而拒绝一个低分配方案。

行为经济学家早已试图识别出这些稍微不同的公平模型哪个会在真实世界中起作用。其中的一种解决方法是采用一个诸如独裁者博弈的新博弈结构，如图 17-9 所示。独裁者博弈与最后通牒博弈相似，唯一的例外是前者在初始分配之后不存在第二个阶段。参与人 1 的提议不需要参与人 2 的反应而能够直接执行。图（a）提供了这样一个博弈的货币收益（它实际上只是参与人 1 的简单决策而非一个完全成熟的博弈）。图（b）显示了当参与人 1 关心公平时收益将会怎样进行调整，即使他或她领先其他参与人。图（c）表明只有赚得较少的参与人关心公平情形下的收益。图（b）和图（c）中的这两个博弈有不同的预测结果；参与人 1 应该在图（b）中提出公平分配方案，而在图（c）中提出低分配方案。正如在应用 5.4 中进一步讨论独裁者博弈时所指出的，实验结果有点不同。从最后通牒博弈转变为独裁者博弈会增加被试做出的低分配方案的数量，但是一些被试在独裁者博弈中继续提出公平分配方案。虽然我们尚在等待进一步的实验证据，但可能最为实用的假定是一些人比另外一些人更注重公平。

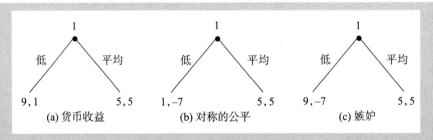

图 17-9　独裁者博弈

独裁者博弈是指参与人 1 的选择不需要参与人 2 的响应而能够直接执行。这三个图形显示了收益会怎样随着参与人的偏好而变化。在图（a）中，两个参与人只在乎货币收益；在图（b）中，两个参与人对于公平均拥有相同的偏好；在图（c）中，只有赚得较少的参与人在乎收益差距。

图 17-8 中的两个图形并没有用尽行为经济学家已经提出并且进行检验的不同公平偏好模型。一些人认为，与关注公平相比，人们反而更关注奖励其他人的良好行为并且惩罚他们的不良行为。这类行为被称为**互惠**（reciprocity）。另外一些人认为人们更关注他们看起来是公平的而非实际上是公平的。如果他们确定没有人在观看，那么他们会表现不同。应用 5.4 讨论了用于检验这些不同公平理论的一些模型，包括详细的程序以确保被试不能够观察到执行实验的人。

17.5.3 市场交易 VS 个人交易

一个人的人际价值观可能取决于这个人与谁互动。个体可能对家庭、朋友和社区成员具有完全的利他主义，但是对陌生人可能具有较少的利他主义。这可以解释为什么慈善捐赠倾向于集中在社区之内，而非一个人对世界上的所有其他人都具有普遍的利他主义，人们可能会预期到这一点。这也可以解释实验室实验所显示的人际价值观的一些变动。那些把匹配被试视为共同社区成员的被试可能会对他们表现出很强的人际价值观。那些把匹配被试视为"匿名的其他人"的被试可能不太关心人际价值观，相反会最大化货币收益。在实验当中一个参与人究竟使用什么相关的框架来看待其他人可能是非常不稳定的，因为这可能依赖于微乎其微的细节。

一个似乎对行为会产生重要效应的细节是商业交易和个人交易的区别。在商业交易中，人们倾向于表现为理性的收益最大化者。他们试图尽可能地为他们自己获取更多收益。在个人交易中，他人评价开始变得至关重要，因而引导人们表现出更加利他主义或者更注重公平。把金钱引进个人关系当中可能会产生不正当的结果，因为它会导致人们把这一交易重新构造为商业行为。结果可能非常出乎意料，例如当日托服务中心对迟接小孩施加罚金时他们的表现。请参见**"应用 17.6：日托中心的延迟接送"**。

应用 17.6

日托中心的延迟接送

人们在市场交易与个人交易中的表现不同。当采用通常的框架在实验室进行最后通牒博弈时，正如我们已看到的，人们表现出公平偏好，平均划分那笔钱并且拒绝低分配方案。把同样的博弈转变成买者和卖者之间的市场交易，实验行为结果表现出更少的公平感，人们会提出和接受更低额的分配方案。[a] 一个独一无二的实地实验清楚地呈现出商业交易或者个人交易的框架效应。

延迟的罚金

实验是在日托中心进行的。[b] 一个长期困扰日托中心的问题就在于心不在焉或者工作繁忙的父母有时每天来接孩子太晚了。让日托中心开到很晚才关门对于日托中心来说代价很高，因为它必须支付员工加班工资并且这对于员工来说可能是一个负担。

为了研究货币激励对这一迟到问题的效应，研究者进行了一个实验，他们接触了同样一个城市里的一些日托中心。他们随机选择一个样本日托中心施加一个罚金（对于迟到 10 分钟及以上的罚金大约为 5 美元）。这一罚金的效应出乎人意料。与预期会减少迟到现象相反，迟到的家长数量反而翻倍了。

对此的一个解释是，在施加罚金之前，家长对日托中心及其员工的福利赋予了相当大的权重，他们尽最大努力及时来接小孩子。当施加一个罚金时，交易不再是个人交易而是变成了商业交易。父母只是比较了小额的5美元成本与稍微工作晚一些的收益，往往会发现迟到反而更划算。

持续性

在允许家长有一段时间适应罚金制度后，研究人员重新改变了实验：取消了所有日托中心的罚金以让它们恢复到初始状态。取消罚金后未能产生矫正效应。在先前施加罚金的中心中家长迟到的数量是先前没有施加罚金时的两倍。很显然，一个临时的罚金制度足以调整父母对日托中心及其员工的态度，并且这一态度会持续存在，不管实际的罚金水平是多少。

别把商业和娱乐混为一谈

日托中心的实验表明了为什么人们不太愿意在个人关系当中引进金钱。人们倾向于"借"面粉和鸡蛋给用光这两样东西的邻居，也乐意在没有交换任何现金的情形下做其他好事。与弄明白谁为谁做了什么好事相比，为这些好人好事付费，难道不是更为有效的事情吗？在工作当中，同事之间相互帮助且没有发生金钱交换，在家庭当中也发生同样的事情。对于已经学习了市场优势的经济学学生来说，一开始时往往会感到比较困惑：如此多的行为在不考虑金钱和价格的市场之外是有效的。实地实验的结果表明，这可能是因为它鼓励人们按照他们的人际价值观采取行动。

社会在自愿基础上似乎发现了一些可以接受的交易，但是一旦牵涉到金钱则会使人反感。性是一个具体例子：许多州仍然执行反对卖淫的法律，同时废除了禁止通奸的法律。人类器官是另外一个例子：为肾脏付费可能会增加供给并能挽救那些等待移植的人的生命，但是关于一个肾脏或者其他器官的市场的想法看起来是如此令人反感，以至于政策制定者不得不三思而行。[c]

思考题

1. 如果罚金从5美元上升到6美元，那么接送迟到的数量会发生怎样的变化？如果增加到50美元甚至是500美元呢？如果画出接送迟到的平均数量（纵轴）和迟到罚金水平（横轴），那么这个图看起来是什么样子的？

2. 从你的个人经历当中想一想对不良行为收取小额罚金或者对良好行为奖励小额奖金的一些例子。在这些情形当中价格将产生预期效应还是将产生反常效应？

a. E. Hoffman, K. McCabe, K. Shachat, and V. Smith, "Preferences, Property Rights, and Anonymity in Bargaining Experiments," *Games and Economic Behavior* (November 1994): 346–380.

b. U. Gneezy and A. Rustichini, "A Fine Is a Price," *Journal of Legal Studies* (January 2000): 1–17.

c. A. Roth, "Repugnance as a Constraint on Markets," *Journal of Economic Perspectives* (Summer 2007): 37–58.

17.6 政策含义

在本书最后一篇关于市场失灵的其他章节中，我们考察了市场的两种可能的无效率来源：一种是非对称信息（第 15 章），另一种是外部性（第 16 章）。然而在更早的章节当中，我们看到市场势力也能成为无效率的来源，例如当第 11 章中的垄断者限制产出以使价格高于边际成本时，这会导致无谓损失。

然而，行为经济学家提供了市场失灵的其他来源：有限的认知能力和有限的意志力会导致参与人在市场中做出错误的决策。而且，精明的企业可能会理解消费者偏差，并且可能试图利用这些偏差来为自己谋取利润。一些行为经济学家基于这类逻辑认为政府应该发挥家长式作风，在市场当中干预以解决参与人失误并且克服其他理性的局限。相反，一些新古典经济学家则认为参与人拥有最强的激励和最佳的信息来自己做出正确的决策。他们认为政府的家长式作风会增加而不是减少市场失灵。在经济学中这是一个矛盾，因此我们试图在下面呈现双边的思想。

17.6.1 借贷和储蓄决策

借贷或储蓄决策可以作为一个具体的例子。正如应用 17.1 所讨论的，当涉及复杂利息计算和其他难以解决的数学决策问题时，人们往往容易犯错误。因而，认知能力的局限可能导致错误的储蓄决策，可能有偏地导致人们储蓄过少。由于人们会受到当前消费的诱惑，因而意志力的局限也可能导致人们储蓄过少。

可能有助于人们做出正确储蓄决策的政府干预将是强制储蓄计划，比如要求人们至少储蓄收入的 15％，或者对储蓄进行补贴，比如免除利息收入的所得税，正如应用 14.1 所讨论的美国正在执行的个人退休金账户（IRA）。政府可以让人们用自己的方式（比如股票、债券和银行账户）对储蓄进行投资，或者直接对他们征税并且为他们投资。政府通过诸如美国的社会保障等退休金项目可以有效地做到这一点。对于诸如个人退休金账户和社会保障项目等政策干预，其中的一个观点是行为偏差会导致人们储蓄太少，而如果强制规定某个最低储蓄水平或者补贴他们的储蓄，情况将会有所好转。从借贷来看，如果由于计算错误或者意志力问题而认为人们会借更多钱，那么政府应该管制信用卡，比如对每人持有的信用卡数量或者每张卡的信用额度设定上限，或者要求人们在申请一张新卡到能够使用它之前需要等待一段时间。正如应用 17.1 所示，如果人们倾向于根据借贷数量和期限信息错误计算利率，那么政府可以管制利率水平或者它们的广告方式（美国的真实借贷法案）。

17.6.2 其他产品或服务

在其他领域的政府干预能够解决行为经济学所提出的问题。如果消费者在零售商店被大量的选择所淹没，那么政府可以限制商店提供的产品数量或者对总体货架空间进行征税。如果非理性的选择会导致暴饮暴食，那么政府可以禁止高热量或高脂肪的食物，或者对它们征税。当然，全世界的许多政府已经禁止某些麻醉药，对烟酒进行限制或者征收高额税收。这些政府干预的许多观点本质上具有家长式作风，它再次基于行为经济学已确认的问题。

17.6.3　市场方法

一些新古典经济学家并非完全相信行为经济学的研究已经证实了理性存在的局限。他们并不能确定政府干预能够改善以系统性方式犯错的人类决策。如果人们持有这样一个观点，那么政府对实际上并非错误选择的干预可能会导致无谓损失，正如第9章所显示的价格管制和税收一样。

一个不太极端的观点是，虽然人们确实会犯错误，但是这些错误的后果可能会随着时间的推移而减轻。人们可能会随着经验的增多而学习做出更好的决策，或者从有经验的朋友、同事或者专业人员处获得建议。人们可能学会避免那些"好得难以置信"的机会，维持现状，除非人们确定新机会是一个好的选择，或者意识到实在难以抉择，因而在做出这些决策时特别在意。尽管对现状的偏差可能并非完全有效的，但是它提供了相当令人满意的福利水平。在提供旨在解决行为偏差问题的产品和方法时，市场可能会发现一个盈利机会。从长期来看，这些机制中的任何一个均能够减轻行为经济学所提出的问题。

竞争本质上能否最终克服任何行为偏差或者理性局限，这是经济学最近感兴趣的问题。完全竞争模型可能表明，从长期来看市场将会提供最好的产品或服务，并且以边际成本出售。好企业将会驱逐坏企业，好的选择将会驱逐坏的选择。然而，竞争的作用是有限的。不同消费者喜欢不同的东西，大量的产品或者选择从长期来看会持续存在，而非市场收敛于一个"正确"的产品或者选择。此外，人们的认知局限可能会使他们成为不完美的购物者，所以提供糟糕或者昂贵选择的企业可能长期存在于市场当中。[①]

17.6.4　"助推"市场

如果政府出于家长式作风而采用管制、税收或者补贴等手段干预市场，那么它对潜在的行为问题存在犯错误的风险，并且在之前不存在无谓损失的地方产生无谓损失。保持对自愿选择的适度干预可能有助于以较小风险解决行为问题。政府可以尝试增加简单信息的可获得性，以帮助消费者做出复杂选择。政府可以自己供给这一信息，或者是强制企业以某种标准格式时不时地提供这样的信息。美国政府就是

---

① 可阅见 X. Gabaix and D. Laibson，"Shrouded Attributes，Consumer Myopia，and Information Suppression in Competitive Markets，"*Quarterly Journal of Economics*（May 2006）：505-540。

这么做的，前面所提及的真实借贷法案，其中的一个条款就要求贷款者采用贷款的年利率，它是一个用于比较完全不同以及有着复杂条款的两笔贷款的相对吸引力的一个简单数字。另一个例子就是要求在食物包装后面采用标准格式显示营养信息。

另一个能够解决行为问题与此同时仍然保留自愿交易的最佳特征的温和干预手段，是提供一个对大多数消费者有利的默认选项，但是如果他们想要的话允许他们做出不同选择。由于选择并没有受限，因此它可以最小化扭曲自由决策的任何无谓损失，但若消费者坚持默认选项，本来可能做出错误决策的消费者最终将不会有太糟糕的结果。

企业为它们的雇员提供的固定缴款退休计划即 401（k）计划就是这样一个例子。当默认选项是不参与，需要主动决定才能选择加入计划时，结果是参与 401（k）计划的雇员少于一半。而当默认选项转变为参与时，几乎所有雇员都会参与这一计划。[①] 如果企业留意到雇员为退休储蓄得太少，那么一个自然的政策反应将是把默认选项设定为参与。那些由于某些特殊原因而储蓄太少的雇员同样能够选择跟原先一样的储蓄水平。

两位顶尖的行为经济学家在最新的畅销书中建议企业和政府运用同样的"助推"思想，即选项应该怎样呈现才能突出对人们最有利的选项，并把它运用在除了退休储蓄之外的许多其他领域，从提供明智的默认健康计划到在自助餐厅里巧妙码放食物，以便人们首先看到健康食物。[②]

小 结

本章对行为经济学进行了入门介绍。通过融合心理学和经济学，这个与日俱增的研究领域试图理解实际决策会怎样以及为什么会偏离理想的完全理性决策。本章讨论的主要知识点如下：

● 偏离完全理性的情形可以分为三类：有限的认知能力、有限的意志力和有限的利己。

● 当涉及复杂公式、不确定性和有大量选择的决策时，认知能力会特别有限。实验已经发现这类决策中存在某些系统性偏差。

● 早期有影响力的行为模型是前景理论。依据这一理论，人们把他们当前的财富水平作为参考点，并且不喜欢从这一点开始的任何小额损失（与标准理论正好相反，后者认为人们对于小额赌局应该是风险中性的）。在只改变了决策框架的相同情境中，拥有这些偏好的人可能会做出不同决策。

---

① B. Madrian and D. F. Shea, "The Power of Suggestion：Inertia in 401（k）Participation and Savings Behavior," *Quarterly Journal of Economics*（November 2001）：1149 - 1187.

② R. H. Thaler and C. R. Sunstein, *Nudge：Improving Decisions about Health, Wealth, and Happiness*（Yale University Press，2008）.

● 拥有有限意志力的人可能会随时间推移而表现出不一致性。例如，虽然制订了锻炼和学习计划或者戒烟计划等，但是真正到了那个时间点人们并不能够坚持这类计划。我们研究了双曲线贴现模型，在那当中人们会随着付诸实施的计划而改变他们对当前和未来福利的相对权重。

● 在策略性情境中，人们可能并不会最大化他们的货币收益，因为他们可能拥有其他人际价值观，诸如利他主义、公平和正义等。我们研究了对这些人际价值观建模的方式。

● 行为经济学提供了政府干预市场以修正参与人的非理性决策的进一步理由。如果政府把理性决策曲解为错误的行为，那么这样的干预可能会损害社会福利。政策制定者可能采用的一种折中方法是：突出强调他们认为对人们有利的选项，但是仍然允许人们自由选择其他选项。

复习题

1. 描述这一章所识别的理性决策的三种局限。

2. 区分行为经济学和新古典经济学。每种方法的相对优点是什么？你是否预期相对优点会随着知识的进步而变化？

3. 在市场中通常能观察到的一个古怪现象是超市索取的价格是以 99 结尾的（因此我们看到 1.99 美元、5.99 美元等价格）。解释一下经济学家为什么对这类定价会感到困惑不解。一些人认为这是由于商店试图利用购物者的认知局限。它可能是哪类认知局限？你是否认为市场力量会阻止企业以这种或者其他方式利用消费者？

4. 行为经济学家对实验所发现的异常现象有不同看法。一些人把异常现象视为决策行为出现错误的证据。其他人则认为异常现象提供了对人类真实偏好的一种新见解。它对于政策来说有什么不同？哪个理论是正确的？如何用实验来检验这些理论？

5. 按照前景理论的说法，人们厌恶小风险。在一个效用函数当中怎样描述这一点？它与第 4 章的标准理论所讨论的在不确定环境下的选择会有怎样的不同？

6. 有人认为，在蜈蚣博弈当中，如果参与人是短视的，那么其福利状况会更好。是否还存在参与人的行为偏差会带来好处的其他情形？

7. 奥德修斯让人把自己绑在桅杆上，这显示出他怎样的理性水平？请提供真实世界当中应用承诺机制的其他三个例子。

8. 区分利他主义、公平和互惠。建议采用与最后通牒博弈相关的实验，以体现这些人际价值观对被试的重要性。

9. 在网上可获得大量免费的信息。网页作者可能是利他的。至少给出网站传播信息的其他两种动机。哪种动机看起来最适合你所喜爱的传播信息的某个网站？

10. "行为经济学证明了一个家长式作风的政府干预市场的正当性。"请从正反两方面解释这一观点。在本书当中还有哪些市场失灵证明了政府干预的正当性？为解决行为问题而进行干预的观点，是强于还是弱于为解决其他市场失灵问题而进行政府干预的观点？

习 题

17.1 王后让一个屠龙英雄在两个奖金之间做出选择。第一个是每天提供 100 000 美元，连续提供 d 天；第二个是每天提供的奖金数量翻倍，持续 d 天，奖金从 1 美分起步（因此第一天是 1 美分，第二天是 2 美分，第三天是 4 美分，依此类推）。

a. 给出计算每个奖金在 d 天后的数量的公式。

b. 画出 d 值从第 0 天到第 31 天的结果。

c. 通过使用你画出的图形，根据王后提出的天数 d，你建议英雄应该选择哪个奖金？

17.2 假如你是本章所提的莫里斯·阿莱进行的涉及四个赌局的实验室实验的一个被试。赌局 A 是有 89% 的机会赢得 1 000 美元，有 10% 的机会赢得 5 000 美元，有 1% 的机会一无所有。赌局 B 是有 100% 的机会赢得 1 000 美元。赌局 C 是有 11% 的机会赢得 1 000 美元，有 89% 的机会一无所有。最后，赌局 D 是有 10% 的机会赢得 5 000 美元，有 90% 的机会一无所有。你对金钱的效用函数是 $U(x)=\sqrt{x}$。

a. 计算每个赌局的预期效用。

b. 在第一种情境中，让你在 A 和 B 当中做选择。给定你的效用函数，你将会选择哪一个？

c. 在第二种情境中，让你在 C 和 D 当中做选择。给定你的效用函数，你将会选择哪一个？

d. 比较两种情境中你的选择结果，并且把它们与正文中报告的实际实验结果相比较。

17.3 重新翻到第 5 章，尤其要仔细阅读图 5-1 中的囚徒困境博弈。假设这些收益是货币收益。

a. 假设参与人只在乎货币收益，1 美元=1 单位效用。找出纯策略纳什均衡。

b. 假设参与人拥有公平偏好。每个参与人对于他们收益之间的每美元（绝对值）的差额会损失 1 单位效用。请画出新的标准形式，并分析因徒困境博弈的收益将会怎样变化。找出纯策略纳什均衡。

c. 假设参与人拥有不同于 b 问的公平偏好。假设只有那个赚钱较少的参与人会在意公平。当其中一个参与人赚的钱比另外一个参与人少时，每少 1 美元他或她会损失 1 单位效用。画出反映这些新偏好的因徒困境博弈的标准形式。找出纯策略纳什均衡。

17.4 重新翻到第 5 章，尤其要仔细阅读表 5-5 中的性别战博弈。假设这些收益是货币收益。

a. 假设参与人只在意货币收益，1 美元=1 单位效用。纯策略纳什均衡是什么？

b. 假设参与人拥有极端的公平偏好。每个参与人对于他们之间的每单位收益差额（绝对值）会损失 10 单位效用。画出新的标准形式，分析性别战博弈的收益会怎样变化。找出纯策略纳什均衡。

c. 假设参与人拥有不同于 b 问的公平偏好。现在只有那个赚钱更多的参与人在意公平。

这个参与人会因赚钱更多而愧疚，对于每单位收益优势会损失 10 单位效用。画出反映这些新偏好的性别战博弈的标准形式。找出纯策略纳什均衡。

17.5 翻到图 17-7 中的最后通牒博弈。假设收益是货币收益。

a. 假设参与人只在意货币收益，每 1 美元＝1 单位效用。找出子博弈完美均衡。

b. 假设参与人并非完全的利他主义者。他们对于他们赚得的每单位货币会获得 1 单位效用，但是对于其他人所赚得的每单位货币会获得 1/2 的效用。画出反映新收益的扩展形式。找出子博弈完美均衡。

c. 假设参与人是完全的利他主义者。对于他们的总收益的每单位货币会获得 1 单位效用。画出反映新收益的扩展形式。找出子博弈完美均衡。

d. 假设参与人是完全无私的，对于其他人所获得的每单位货币会得到 1 单位效用，但是对于他们自己的收益则没有效用。画出反映新收益的扩展形式。找出子博弈完美均衡。参与人 1 最终是选择参与人 2 所偏好的结果吗？

17.6 朱莉娅去逛当地的食品杂货店并准备购买一罐果酱。当她面对如图 17-3 所示的二十四种果酱时她感到不知所措。

a. 假设她做决策时，通过两两比较来评估二十四种果酱，那么她将不得不比较多少次？如果每次比较需要耗费 1 秒钟，那么她需要花费多长时间？

b. 假设她做决策时采用不同的方法。首先，她分开考虑不同类别，并且只在各类别当中成对比较从而寻找最好的。然后她从每类中选出最好的，再两两比较它们。通过使用这一方法，她是否减少了比较次数和总决策时间？

17.7 威尔和贝基是两名大学生，他们在周日做周一计划，安排学习时间以应付周二的测验。威尔对未来效用赋予的权重跟对当前效用赋予的权重一样。贝基更加冲动。他对当前时期的效用赋予权重 1，但是对未来时期所获得的效用赋予权重 w，其中 $0 < w < 1$。用 s 表示周一学习的效用成本，用 b 表示因为学习因而测验做得好而在周二获得的效用。

a. 当 s 和 b 满足什么样的条件时，威尔将会开始做复习备考计划？为了完成他的计划，需要满足什么样的条件？

b. 当 s 和 b 满足什么样的条件时，贝基将会开始做复习备考计划？为了完成她的计划，需要满足什么样的条件？

17.8 一致先生和双曲先生都在第 1 期试图制订第 2 期自己进行多少运动量的计划。运动跟其他休闲活动相比不太有吸引力，它会导致第 2 期损失 100 单位效用。运动在第 3 期提供健康收益，因此会在第 3 期产生 250 单位效用。他们对每期效用所赋予的权重如下表所示：

	第 1 期	第 2 期	第 3 期
一致先生	1	0.5	0.25
双曲先生	1	0.35	0.175

按照这一表格，一致先生未来每期效用的权重会下降一半，双曲先生的权重跟一致先生相关，差别在于双曲先生在本期之后的各期权重会减少 30%。

a. 一致先生是否在第 1 期做运动计划？他在第 2 期会坚持这一计划吗？

b. 证明双曲先生将不会坚持他的这一运动计划。

c. 假定双曲先生能够在第 1 期签订一个合同，规定如果在第 2 期不能坚持运动计划他将不得不付出一个金额 x。为了帮助他坚持这一计划，x 的值应该为多大？

17.9　皮特的偏好由下面的效用函数给出。在参与赌局之前他的财富水平被作为参考点。他在参考点上的每单位财富获得 1 单位效用。超过参考点的收益是每美元 1 单位效用。在这个参考点下方损失 1 美元会减少 2 单位效用。在面临不同赌局的选择时，他将会选择能够带来最高预期效用的赌局。他已签约成为实验的一个被试。在开始实验之前，他的财富是 10 000 美元。

a. 在第一个实验中，他需要在两个赌局之间做出选择。对他来说，赌局 A 是赢得 250 美元或者损失 100 美元的概率均为 50%，赌局 B 则是确定性地得到 30 美元。他将会选择哪个赌局？

b. 在第二个实验中，他获得 100 美元的初始奖金。然而，要求他在两个不同赌局中做出选择。对他来说，赌局 C 是赢得 150 美元或者损失 200 美元的概率均为 50%，赌局 D 则确定地损失 70 美元。如果他所计算的参考点包括 100 美元的初始奖金，那么他将会做出怎样的选择？假如他的参考点是初始的 10 000 美元财富，也即他把 100 美元视为他从赌局当中所获得的金额的一部分，那么他的选择是否会发生变化？

c. 如果皮特只在意他在实验结束之后能够获得的最终财富，那么他的选择跟 a 问和 b 问的选择是否一样？

17.10　反式脂肪薯片的供给是竞争性的。它的供给曲线是

$$Q_s = \frac{P}{2}$$

这些薯片的需求是

$$Q_D = 100 - 2P$$

a. 请计算均衡价格、产量、消费者剩余、生产者剩余和社会福利。

b. 假设消费者由于认知局限或者意志力局限而做出非理性决策，这导致他们购买了过多薯片。他们做出理性决策时的真实需求如上面的式子所示，他们所感知的或者"错误"的需求是

$$Q_D = 200 - 2P$$

请计算均衡价格和产量。在图形当中表示出无谓损失三角形并且计算无谓损失。

c. 为了纠正无谓损失问题，政府应该施加什么样的从量税？

d. 假设政府犯了一个错误，第二个需求才是源自理性决策的真实需求。这时政府引进税收产生的无谓损失是什么？

17

术语表

A

会计成本（accounting cost）：为投入要素所记录的支付数额。

逆向选择问题（adverse-selection problem）：最糟糕的代理人最想要与委托人进行交易。

代理人（agent）：在一个委托-代理模型中，依照合同条款行动的参与人。

利他主义（altruism）：考虑其他人的福利。

不对称信息（asymmetric information）：在带有不确定性的博弈中，一个参与人拥有而另一个参与人所没有的信息。

平均成本（average cost）：总成本除以产量；对每单位成本的一种通常的衡量方式。

平均影响（或效应）（average effect）：在某个特定的 X 取值处，Y 对 X 的比值（也就是从函数起点处发出的射线的斜率）。

B

逆向归纳法（backward induction）：通过从博弈的末尾向起始倒推分析来求解均衡的方法。

进入壁垒（barriers to entry）：阻碍新企业进入市场的因素。

行为经济学（behavioral economics）：偏离完全理性的经济行为研究。

伯特兰模型（Bertrand model）：指一个寡头垄断模型，其中的企业同时选定同质产品的价格。

最优反应（best response）：给定其他参与人的行动，在所有可能的策略中为一个参与人创造最高收益的策略。

最优反应函数（best-response function）：在给定某个参与人的支付最大化选择的条件下，关于另一个参与人任一连续行动的函数。

双边垄断（bilateral monopoly）：供给方和需求方都在其中拥有垄断势力的市场。在这样的市场中，价格是不确定的。

预算约束（budget constraint）：收入对个人所能购买的产品组合所施加的限制。

C

产能约束（capacity constraint）：给定一家企业的资本和其他可得投入的数量，其所能生产的产品数量的限度。

其他条件不变假设（ceteris paribus assumption）：在经济分析中，保持所有其他因素不变,而只允许正在被考察的那个因素发生改变的假设。

科斯定理(Coase theorem):如果交易是无成本的,那么外部性的社会成本将被纳入各方的考虑范围,且无论产权是如何分配的,资源分配的结果都将是一样的。

公共财产(common property):可以被任何人无成本地使用的财产。

共同价值设定(common-values setting):产品对所有竞标人而言均具有相同的价值,但是每个竞标人只能对那个价值做出不准确的估计。

竞争性追随者企业(competitive fringe):指一群企业,在一个价格领导企业主导的市场中,它们作为价格接受者。

互补品(complements):指这样两种产品,当一种产品的价格提高时,另一种产品的需求量就会下降。

完备偏好(complete preference):指这样的假设,一个人对于任意两个选项都能够说明更偏好哪一个选项。

复合产品(composite goods):为了分析的方便,将花费在相对价格不变的几种不同产品上的支出合并为单一产品的支出,这一单一产品被称为复合产品。

复利(compound interest):对先前所得利息所支付的利息。

成本不变情形(constant cost case):指这样一种市场,其中企业的进入和退出对企业的成本曲线不造成影响。

消费者剩余(consumer surplus):消费者个人愿意为所购买物品付出的最大额与其实际支付额之间的差。

等高线(contour lines):二维空间中的一组线,它们用于表示可以得到相同的因变量取值的各种自变量取值的组合。

契约曲线(contract curve):在一个交换情形中,对现有产品所有有效的配置方式的组合。曲线以外的点必然是没有效率的,因为人们能够通过向曲线移动而明确地改善处境。

古诺模型(Cournot model):指一个寡头垄断模型,其中的企业同时选择产量。

需求交叉价格弹性(cross-price elasticity of demand):保持需求的其他影响因素不变时,由一种产品价格变动百分之一所导致的另一种产品需求量的百分比变化。

D

无谓损失(deadweight loss):未转移给其他方的消费者剩余和生产者剩余上的损失。

需求函数(demand function):说明需求量是如何依赖于价格、收入和偏好的一种表达形式。

因变量(dependent variable):在代数学中,其数值由另一个变量或另一组变量决定的变量。

折旧公式(depreciation schedule):将一项耐用资产的预付款在不同时期之间划分的一个公式。这一公式可以是简单的(等额分期付款),也可以是复杂的(与资产磨损率匹配或者是最小化税负的比率)。

报酬(或收益)递减(diminishing return):指这样一种假设:随着更多的产品被生产出来,生产额外一单位产品的成本是上升的。

规模不经济(diseconomies of scale):平均成本随着产量增加而上升。

多样化(或分散化)(diversification):将风险分散至多种选择上,而不是仅限于一种选择。

占优策略(dominant strategy):相对于所有其他参与人的策略的最优反应。

E

经济成本（economic cost）：与一项经济决策相关的所有成本。

经济利润（economic profit）：企业总收入与总经济成本之差。

经济有效的资源配置（economically efficient allocation of resource）：对资源的一种配置方式，其中消费者剩余和生产者剩余的总和达到最大化。它反映了对稀缺资源的最佳（效用最大化的）利用。

经济学（economics）：研究稀缺资源在其备择用途中如何配置的一门学问。

规模经济（economies of scale）：平均成本随着产量增加而下降。

范围经济（economies of scope）：当一家多产品企业某种产品的产出增加时，其另一种产品的成本就下降的情形。

效率工资（efficiency wage）：设定的高于市场水平的工资，以使得工人害怕被解雇。

弹性（elasticity）：它衡量的是，由一个变量变化百分之一所引起的另一个变量的百分比变化。

均衡价格（equilibrium price）：使得买方对某种产品的需求量等于卖方对其的供给量的价格。

公平（equity）：产品或效用配置是公正的。

扩展线（expansion path）：一家企业选择用以达到各种产出水平的成本最小化的投入品组合（在投入品的价格保持不变的情况下）。

期望值（expected value）：从一个不确定赌局中得到的平均结果。

指数增长（exponential growth）：每期增加一倍或其他比例。

扩展式（extensive form）：将一个博弈表述成一棵树的形式。

外部性（externality）：一方的经济活动对另一方造成的没有被价格体系考虑进来的影响。

F

公平赌局（fair gamble）：期望值为零的赌局。

公平保险（fair insurance）：保费等于损失期望值的保险。

企业（或厂商）（firm）：任何将投入转化为产出的组织。

企业的短期供给曲线（firm's short-run supply curve）：在短期中，一家企业的价格和供给量间的关系。

福利经济学第一定理（first theorem of welfare economics）：一个完全竞争的价格体系能够带来经济有效的资源配置。

固定成本（fixed cost）：与投入相关的、短期内固定不变的成本。

固定投入比例的生产函数（fixed-proportions production function）：一种生产函数，其中一种投入必须以相对于另一种投入的固定比例而得到使用。

聚点（focal point）：基于博弈以外信息进行协调的逻辑结果。

框架效应（framing effect）：同样一个选择采用不同方式呈现会导致不同的决策。

搭便车者（free rider）：某种非排他性产品的消费者，该消费者没有为此付费而希望其他消费者付费。

函数记号（functional notation）：表明一个变量（Y）的取值依赖于其他变量（X）或变量组的取值的一种方式。

G

一般均衡模型（general equilibrium model）：关于一个完整市场体系的经济学模型。

吉芬悖论（Giffen's paradox）：一种产品的价格上升反而导致人们对其的消费量增加的情形。

H

齐次需求函数（homogeneous demand function）：当价格与收入同比例增加时，需求量不发生变化的需求函数。

双曲线贴现（hyperbolic discounting）：在当期之后所获得的效用权重急剧下降。

I

不完全竞争（imperfect competition）：指这样一种市场情形，其中买方或卖方对产品或服务的价格可以施加一定的影响。

激励相容（incentive-compatible）：用于描述使得代理人能够做出委托人所预期的选择的合约。

收入效应（income effect）：由实际收入变动引起的需求量的变动。它表现为向着一条新的无差异曲线的移动。

工资率（w）变动的收入效应（income effect of a change in w）：实际工资率上升所引起的向着一条更高的无差异曲线的移动。如果闲暇是一种正常产品，那么工资率（w）上升将导致个人工作得更少。

需求收入弹性（income elasticity of demand）：收入变动百分之一所引起的对一种产品需求量的百分比变化。

不完全信息（incomplete information）：一些参与人掌握了另一些参与人没有掌握的博弈信息。

需求增加或减少（increase or decrease in demand）：由另一种产品的价格、收入或偏好等变动所引起的需求的增加或减少。用图形表示为整条需求曲线的移动。

需求量增加或减少（increase or decrease in quantity demanded）：由产品价格变动所引起的需求量的增加或减少。用图形表示为沿着一条需求曲线的移动。

成本递增情形（increasing cost case）：指这样一种市场，其中企业的进入会提高企业的成本。

自变量（independent variable）：在一个代数方程中，某个不受其他变量取值影响且可以取任何值的变量。

无差异曲线（indifference curve）：用来表示可以提供相同效用水平的所有产品或服务的组合的曲线。

无差异曲线图（indifference curve map）：用来表示一个人获自所有可能的消费选择的效用的等值线（或等高线）图。

个人需求曲线（individual demand curve）：在保持其他因素不变的条件下，产品价格和其需求量之间关系的图形表达。

低档产品（inferior goods）：一种随着收入的增加，对其的需求量减少的产品。

初始禀赋（initial endowment）：贸易开始时初始持有的产品。

截距（intercept）：当 X 等于 0 时的 Y 值。

利息（interest）：为资金的当前使用所进行的支付。

等产量曲线（isoquant）：一条曲线，它用来表示可以得到相同产量的各种投入组合。

等产量图（isoquant map）：企业生产函数的等值线（或等高线）图。

L

闲暇（leisure）：耗费在除了工作外的任何其他活动上的时间。

林达尔均衡（Lindahl equilibrium）：人们对公共品的需求与每个人必须为之支付的税收份额之间的平衡关系。

线性函数（linear function）：图形表示为一条直线的方程。

长期（long run）：指一个时期，其中企业在做决策时可以将其投入要素考虑为可变的。

长期供给弹性（long-run elasticity of supply）：长期中，价格变动百分之一所引起的供给量的百分比变化。

M

边际成本（marginal cost）：多生产一单位产品的额外成本。

边际影响（或效应）（marginal effect）：在某个特定的 X 取值处，一单位 X 值的变动所引起的 Y 值的变动（也就是函数在该处的斜率）。

边际支出（marginal expense）：雇用额外一单位某项投入的成本。如果企业面临的是一条关于投入品的向上倾斜的供给曲线，那么边际支出将超过投入品的市场价格。

边际产量（marginal product）：当保持所有其他投入要素不变时，增加额外一单位某种特定投入所能得到的额外产出。

边际替代率（marginal rate of substitution, MRS）：当一个人得到额外一单位一种产品时，他愿意为之削减的另一种产品的数量的比率。它是一条无差异曲线的斜率的绝对值。

边际收益（marginal revenue）：每多销售一单位产品给企业带来的额外收益。

边际收益曲线（marginal revenue curve）：表明企业的销售量与售出最后一单位产品所获得的收益之间关系的曲线，可以由需求曲线推导得到。

边际产品收益（marginal revenue product）：由雇用额外一个工人或一台机器所生产的产品售出后所得的额外收益。

边际产品价值（marginal value product）：边际产品收益的一种特殊情形，其中企业对于其产出而言是一个价格接受者。

市场需求（market demand）：所有潜在购买者对一项产品或服务的总需求量。

市场需求曲线（market demand curve）：在所有其他因素保持不变的条件下，对某项产品或服务的总需求量与它的价格之间的关系。

市场线（market line）：一条表明一个投资者可以通过金融资产组合达到的风险和年回报率之间关系的线。

市场期（market period）：指较短的一个时期，其中供给量是固定的。

中间投票人（median voter）：指某个投票人，他或她对某件公共品的偏好代表了所有投票人对该产品偏好的中点位置。

微观经济学（microeconomics）：研究个人和厂商所做的经济决策及那些决策是如何创造市场的学科。

混合策略（mixed strategy）：从一些可能的行动中随机择取的策略。

模型（model）：抓住经济是如何运行的本质特征的简单理论描述。

垄断竞争（monopolistic competition）：指一种市场，其中每家企业都面对着一条向下倾斜的需求曲线，而且不存在进入壁垒。

垄断租金（monopoly rent）：垄断者在长期中赚取的利润。

买方垄断（monopsony）：一种市场条件，其中某家企业是一种特定的投入品市场上的唯一买方。

道德风险问题（moral-hazard problem）：代理人的最佳隐藏行动可能不利于委托人。

N

纳什均衡（Nash equilibrium）：一组策略的集合，满足每个参与人的策略相对于其他策略而言都是最优反应。

自然垄断（natural monopoly）：一家企业在一个宽广的产出水平区间里都表现出平均成本递减的特征。

新古典经济学（neoclassical economics）：假定完全理性的最大化行为。

非排他性产品（nonexclusive goods）：无法排除任何人享用其提供的利益的产品。

非线性定价（nonlinear pricing）：单位价格依销售数量不同而不同的价格策略。

非竞争性产品（nonrival goods）：额外的消费者可以以零边际成本使用的产品。

标准式（normal form）：使用支付矩阵的博弈表达形式。

正常产品（normal goods）：随着收入的增加，对其的购买数量将增加的产品。

O

寡头垄断（oligopoly）：企业数量少但超过一家的市场。

机会成本（opportunity cost）：一件产品的成本，它用生产该产品所放弃的备选用途的价值来衡量。

期权合约（option contract）：一项提供权利而非义务的合约，它用以完成跨越一个特定时期的经济交易。

产出效应（output effect）：一种投入品价格的变动对企业雇用的投入品数量造成的影响，这一影响是由企业产出水平的变动引起的。

P

帕累托有效配置（Pareto efficient allocation）：一种对可得资源的配置方式，其中不存在可以利用的互惠互利的交易机会。也就是说，这是一种配置状态，其中没有人可以在其他人境况不恶化的条件下改善自己的处境。

局部均衡模型（partial equilibrium model）：关于一个单一市场的经济学模型。

完全价格歧视（perfect price discrimination）：以可得的最高价格卖出每一单位产品。即在一个给定的市场中，获取所有可得的消费者剩余。

永续年金（perpetuity）：每年支付一定数量的金额直至永远的承诺。

庇古税（Pigovian tax）：对一种外部性征收的税或给予的补贴，它能够使得私人边际成本与社会边际成本相等。

混同均衡（pooling equilibrium）：在一个信号传递博弈中，所有类型的参与人都选择相同的行动。

实证-规范的区别（positive-normative distinction）：试图解释世界是什么样子的理论和假定世界应当怎样的理论之间的区别。

掠夺性定价（predatory pricing）：一个在位者制定一个低价，以促使竞争对手退出。

现值（present value）：未来经济交易的价值被贴现到现在的价值，这样可以把潜在的利息支付的影响考虑在内。

价格歧视（price discrimination）：以不同的价格出售相同数量的产品。

需求价格弹性（price elasticity of demand）：一种产品的价格变化百分之一所引起的对该种产品的需求量的百分比变化。

价格接受者（price taker）：其购买或出售的决策对一种产品的当前市场价格不造成任何影响的企业或个人。

价格领导模型（price-leadership model）：一个主导型企业策略性地行动，而一群小企业表现为价格接受者的模型。

委托人（principal）：在一个委托-代理模型中，提出合同的参与人。

私人财产（private property）：由特定的人拥有且可以排除他人使用的财产。

概率（probability）：一个事件发生的相对频率。

生产者剩余（producer surplus）：生产者得自一件产品的价值扣除他们为生产它而承受的机会成本后的额外价值。它是所有生产者在现行市场价格下愿意为售出一件产品而支付的总额。

生产函数（production function）：投入和产出间的数学关系。

生产可能性边界（production possibility frontier）：一种表示在给定资源数量条件下可能生产出的所有产品组合的图像。

真（或严格）子博弈（proper subgame）：博弈树的一部分，它包括不与同一椭圆中的另一点相连的初始决策点及其以下的所有分支。*

产权（property rights）：对谁是一件产品的所有者及该所有者对它可进行哪些交易的法律规定。

前景理论（prospect theory）：人们对当前财富的微小损失非常敏感的理论。

公共品（public goods）：既无排他性又无竞争性的产品。

纯策略（pure strategy）：确定地进行的单一行动。

R

技术替代率（rate of technical substitution, RTS）：保持产量不变时，增加一单位某种投入，另一种投入的减少量；它等于等产量曲线斜率的负数。

实物期权（real option）：出现在金融以外情境中的期权。

互惠（reciprocity）：奖励良好行为，惩罚不良行为。

租金率（rental rate）：租用一台机器每小时所花费的成本。

寻租行为（rent-seeking behavior）：企业或个人对政府政策施加影响，以增加他们自身的福利。

规模报酬（或规模收益）（returns to scale）：当所有投入品成比例增加时，产出增加的比例。

李嘉图地租（Ricardian rent）：由低成本企业的所有者赚取的长期利润。它可能被资本化到这些企业的投入要素的价格中去。

风险厌恶（risk aversion）：人们拒绝接受公平赌局的倾向。

风险中性（risk neutral）：人们愿意接受任何公平赌局的倾向。

S

稀缺性成本（scarcity cost）：放弃未来生产的机会成本，因为现在的生产会消耗可耗尽（不可再生）的资源。

分离均衡（separating equilibrium）：在一个信号传递博弈中，每种类型的参与人各选择一个不同的行动。

短期（short run）：指一个时期，其中企业在做决策时必须将某些投入视作固定不变的。

短期供给弹性（short-run elasticity of supply）：在短期中，当影响供给的其他因素保持不变时，价格变动百分之一所引起的供给量的百分比变化。

短期市场供给曲线（short-run market supply curve）：在短期中，一件产品的市场价格和市场供给量之间的关系。

---

* 简言之，就是开始于非起点节的单点节的子博弈。——译者注

停产价格（shutdown price）：在此价格之下，企业在短期内将选择不再生产。它等于平均可变成本的最小值。

联立方程（simultaneous equation）：多于一个变量的一组方程，为求解出一个特定的解，必须把它们联合起来。

斜率（slope）：图中直线的方向；它表示一单位 X 的改变量所带来的 Y 的改变量。

社会成本（social cost）：生产的成本，它同时包括投入成本和由生产引起的外部性所造成的成本。

斯塔克尔伯格均衡（Stackelberg equilibrium）：序贯形式的古诺博弈中的子博弈完美均衡。

阶段博弈（stage game）：被重复进行的简单博弈。

统计推断（statistical inference）：使用现实数据和统计技术来确定定量的经济关系。

子博弈完美均衡（subgame-perfect equilibrium）：在每一个严格子博弈上都构成一个纳什均衡的策略。

替代品（substitutes）：指这样两种产品，当一种产品的价格提高时，另一种产品的需求量就会增加。

替代效应（消费中的）〔substitution effect (in consumption)〕：由一件产品替代另一件产品所引起的需求量的变动。它表现为沿着一条无差异曲线的移动。

替代效应（生产中的）〔substitution effect (in production)〕：当其他产出保持不变时，投入品价格变动所引起的一种投入品对另一种投入品的替代。

工资率（w）变动的替代效应（substitution effect of a change in w）：实际工资变动所引起的沿着一条无差异曲线的移动。工资率（w）的上升导致个人工作量增加。

沉没成本（sunk cost）：一旦发生就不能收回的支出。

供给反应（supply response）：需求条件变动所引起的供给量的变化。

供给-需求模型（supply-demand model）：一种描述产品价格如何通过产品购买者和出售它们的企业的行为决定的模型。

T

关税（tariff）：对一种进口产品征收的税。它可以等价于贸易中的一项配额或是一种非数量限制。

税收归宿理论（tax incidence theory）：针对考虑一种税的所有市场反应后的最终税收负担的研究。

技术进步（technical progress）：生产函数的一种变动，它使得使用更少的投入就可以达到给定的产出水平。

假设检验（testing assumption）：通过检验模型基本假设的有效性来对经济模型进行检验。

预测检验（testing prediction）：通过考察经济模型能否准确预测现实世界中的事件来检验经济模型。

选择理论（theory of choice）：研究人们如何在偏好与约束条件的共同作用下做出选择的理论。

偏好的传递性（transitivity of preference）：指这样的性质，如果对 A 的偏好胜过 B，对 B 的偏好胜过 C，那么对 A 的偏好必定胜过 C。

触发策略（trigger strategy）：一个重复博弈中的策略，其中一个参与人为了惩罚另一个参与人的背叛合作而停止合作。

U

效用（utility）：人们从其经济活动中获得的愉悦感或满足感。

V

可变成本（variable cost）：与投入相关的短期内可以变动的成本。

变量（variable）：代数学中的基本元素，通常被称作 X、Y 等，它们在一个方程中可以被赋予任何数值。

W

工资率（wage rate）：雇用一个工人每小时所花费的成本。

赢者的诅咒（winner's curse）：竞标成功意味着所有其他竞标人都认为拍卖标的物并不值最高出价人的报价。

Y

收益率（yield）：以某个特定价格购买的一项支付流所承诺的有效（内部）收益率。

奇数题答案

这部分包含了习题中大多数奇数题的答案。

第 1 章

1.1 a.

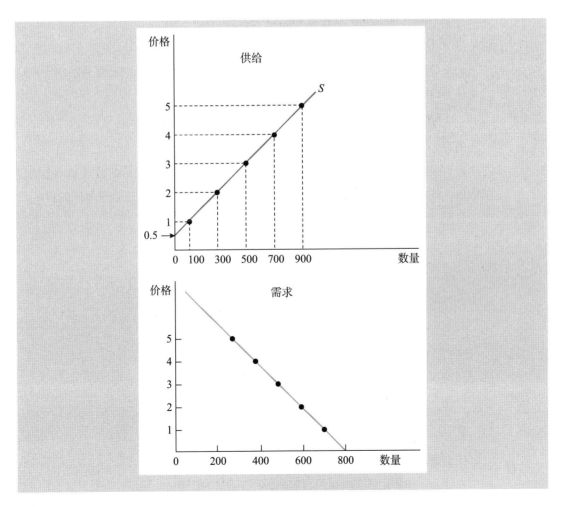

b. 供给点看起来是一条直线，使用 $\dfrac{\Delta Q}{\Delta P}=200$，所以 $Q=a+200P$。当 $P=1$ 且 $Q=100$ 时，这意味着 $a=-100$。所以最终的供给方程是 $Q_S=-100+200P$，对需求数据采用同样的逻辑可以得到 $Q_D=800-100P$。

c. 如果 $P=0$，$Q_S=-100$（$Q_S=0$ 是因为不可能会有负的供给），$Q_D=800$，$ED=800$。

d. 如果 $P=6$，那么 $Q_S=1\ 100$，$Q_D=200$，$ES=900$。

1.3 在各个价格水平处的超额需求是

$$P=1,\ ED=700-100=600$$
$$P=2,\ ED=600-300=300$$
$$P=3,\ ED=500-500=0$$
$$P=4,\ ED=400-700=-300$$
$$P=5,\ ED=300-900=-600$$

拍卖人会发现均衡价格位于 $ED=0$ 处。

b. 以下是拍卖人从叫卖数量当中所获得的信息：

$$Q=300,\ PS=2,\ PD=5$$
$$Q=500,\ PS=3,\ PD=3$$
$$Q=700,\ PS=4,\ PD=1$$

所以，拍卖人知道 $Q=500$ 是一个均衡。

c. 许多叫价拍卖是以这样一种方式进行操作的——尽管所供给的数量是一个固定的数量。许多金融市场是以"出价"和"要价"进行操作的，这近似于 b 问的程序。

1.5

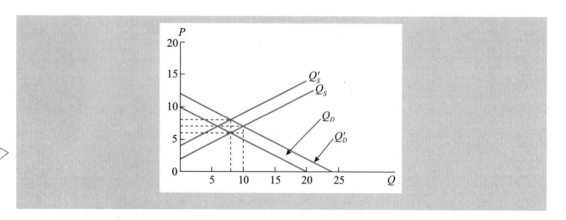

代数解题过程如下：

a. $Q_D=-2P+20$

$Q_S=2P-4$

令 $Q_D=Q_s$，即 $-2P+20=2P-4$

$$24=4P$$

$$P=6$$

代入 P 得到 $Q_D=Q_s=8$。

b. 现在 $Q'_D=-2P+24$。

令 $Q_D=Q_s$，即 $-2P+24=2P-4$

$$28=4P$$

$$P=7$$

代入得到 $Q_D=Q_s=10$。

c. $P=8$，$Q=8$（详见图形）。

1.7　a.

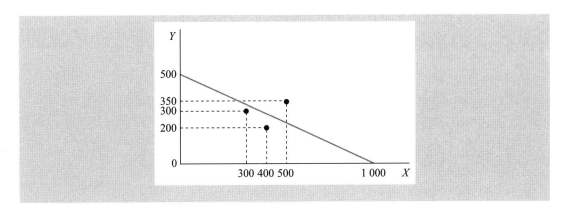

b. 这些点均位于边界下方。

c. 这一点位于边界上方。

d. 不管生产多少，$1Y$ 的机会成本均是 $2X$。

1.9　a. $X^2+4Y^2=100$。

如果 $X=Y$，那么 $5X^2=100$，且 $X=\sqrt{20}$ 和 $Y=\sqrt{20}$。

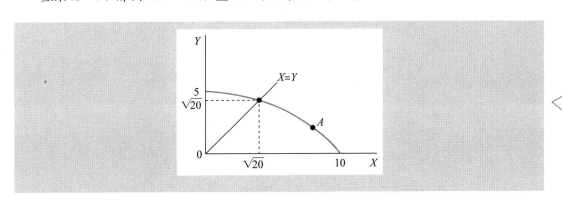

b. 如果只生产 X，那么 $X=10$。所以能够以 $X+Y=10$ 的任何一个组合进行交易。

c. 因为消费者想要相同数量的 X 和 Y，所以有 $X=Y=5$。

d. 放弃交易的成本将是 X 损失 $5-\sqrt{20}\approx0.53$。Y 的损失也是同样的数值。

第 2 章

2.1　a. 能够购买的苹果数量是 $\dfrac{8.00\ 美元}{每个苹果\ 0.40\ 美元}=20$ 个苹果。

b. $\dfrac{8.00\ 美元}{每个香蕉\ 0.10\ 美元}=80$ 个香蕉。

c. 10 个苹果的成本是：

10 个苹果×每个苹果 0.40 美元＝4 美元，所以还有 8 美元－4 美元＝4 美元可用

于花费在香蕉上，这意味着可以购买的香蕉数量是 $\dfrac{4\ 美元}{每个香蕉\ 0.10\ 美元}=40$ 个香蕉。

d. 减少购买一个苹果有 0.40 美元可用于购买香蕉，因此能够多购买

$\dfrac{4\ 美元}{每个香蕉\ 0.10\ 美元}=4$ 个香蕉。

e. 8 美元＝0.40 美元×苹果数量＋0.10 美元×香蕉数量＝$0.40A+0.10B$。

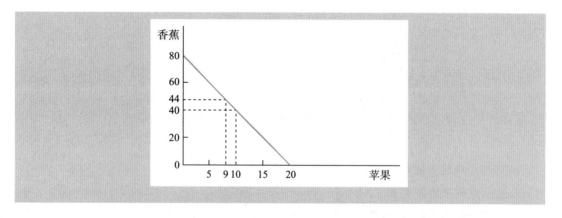

2.3　a. 如果 $U=\sqrt{C\cdot D}$ 无差异曲线是双曲线，则他的无差异曲线如下图所示。

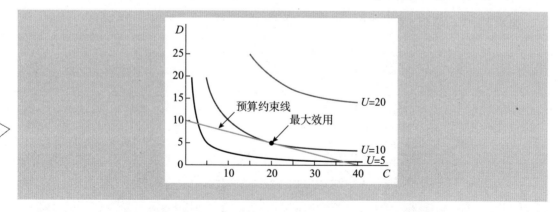

b. 预算约束是 $200=5C+20D$，如图形所示。

c. 200 美元可以购买 $10D$。其中 $D=10$、$C=0$ 且 $U=0$。

d. 参见图形。如果将 100 美元花在 C 上，将 100 美元花在 D 上，那么只能购

买 $C=20$、$D=5$，无差异曲线明显低于 $U=20$。

e. 当 $C=20$、$D=5$ 时，$U=10$。

f. 为了表示 e 问的效用水平是最大的，试下以下数据：

$$C=40, D=0, U=0$$

$$C=24, D=4, U=\sqrt{96}<10$$

$$C=16, D=6, U=\sqrt{96}<10$$

$$C=0, D=10, U=0$$

所以在 $C=20$、$D=5$ 时所得效用水平看起来是最大的。

2.5

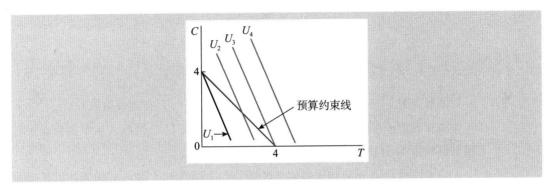

a. 在这里无差异曲线是一条直线，斜率是 $-4/3$，因而 MRS 是 $4/3$。

b. 因为一单位茶比一单位咖啡提供更多的边际影响，所以当两种产品的价格相等时她将会把她所有的资金花在茶上。因而 $T=4$，$C=0$。

c. 图形表明无差异曲线比预算约束线更陡峭，所以最大化发生在 T 轴上。

d. 当有更多收入的时候，她将持续只购买茶。如果咖啡的价格降至 2 美元，那么咖啡将会是获得效用的更廉价方式——一单位咖啡能够以 2 美元的代价获得 3 单位效用，所以咖啡的效用成本是每单位 2/3 美元。而茶的效用成本是每单位 3/4 美元。

2.7

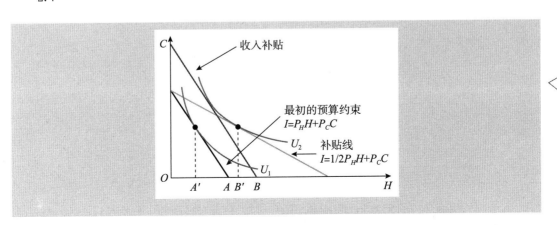

因为 $AB < A'B'$，所以收入补贴更廉价。收入补贴会更小，因为它并没有扭曲市场价格。补贴会更加昂贵，因为它鼓励人们购买更多的受补贴的产品，即使它并不是真的更便宜。

2.9

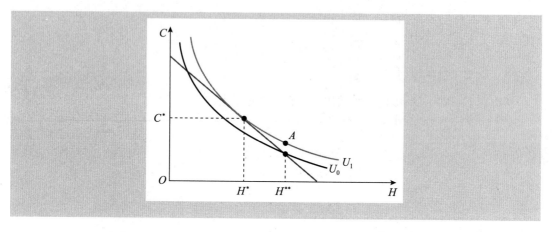

a. 图形表明了一个未受约束选择将是选择 C^*、H^*，得到效用水平 U_1。

b. 如果政府要求购买 H^{**}，效用水平将会下降至 U_0。低收入水平消费者最有可能面临约束 $H \geqslant H^{**}$。

c. 为了回到 U_1，预算约束必须允许这个人达到 A 点。收入必须增加以使得预算约束穿过 A 点。

d. 新的预算必须拥有同样的 C 截距并且穿过 A 点。

第3章

3.1　a. $I = 200$ 美元；$S = J$。

$P_S S + P_J J = 20S + 20S = 200$；$40S = 200$；$S = 5$，$J = 5$。

b. $P_S S + P_J J = I$；$20S + 30S = 200$；$50S = 200$，$S = 4$，$J = 4$。

c.

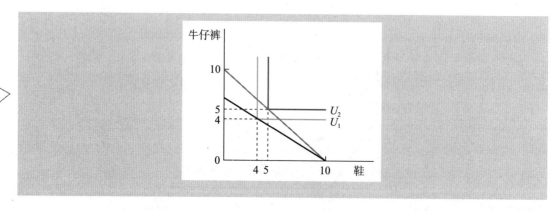

伊丽莎白的无差异曲线是 L 形的，因为只有当鞋子和牛仔裤是以一比一的比例

购买时她才会获得效用。10双鞋子和5条牛仔裤带来的效用,跟5双鞋子和5条牛仔裤带来的效用一样。

d.从U_2到U_1的变化完全归结为收入效应。不存在替代效应,因为伊丽莎白坚持一个固定的牛仔裤和鞋子的比例。

3.3 a.他必须在每个三明治原料上支出0.10美元,因此,当每周有3美元时,他能够购买15个三明治。这些将需要15盎司的果冻和30盎司的花生酱。

b.现在他必须在每个三明治的果冻上支出0.15美元,在花生酱上支出0.10美元。因而他现在只能够购买12个三明治——12盎司果冻(花费1.80美元)和24盎司花生酱(花费1.20美元)。

c.为了重新购买15个三明治,他将需要收入3.75美元。因而他需要0.75美元的补偿。

d.图形表明了三明治的投入要素是以固定比例进行消费的。

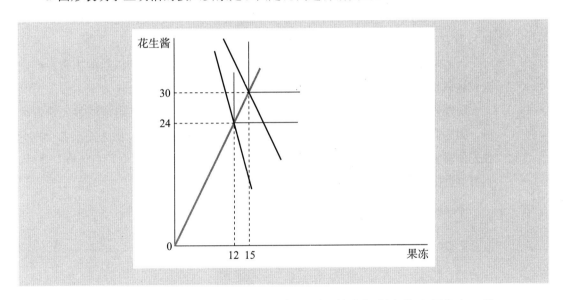

e.这实际上是对花生酱和果冻三明治的需求问题。他会把所有收入都花在三明治上。需求曲线是$Q=3/P$(其中,P是花生酱和果冻三明治的价格)。

f.在这里并不存在替代效应。b问中所购买的果冻下降的原因单纯是收入效应。

3.5 a.这只是一个定义问题——从一个具体的效用最大化的点开始,常规需求曲线在保持收入和其他价格不变时检验价格变化的结果,补偿需求曲线则在保持效用和其他价格不变时检验价格变化的结果。

b.补偿需求曲线并不包含收入效应。因而,它在给定价格变化时的影响将会小于常规需求曲线下的影响(假定产品是正常产品)。

c.因为补偿需求曲线的构建能够基于任一效用水平,也因为效用水平会随着常规需求曲线的变化而变化,所以在常规需求曲线上的任何一点均可以作为构建唯一补偿需求曲线的基础。

d. 欧文对基安蒂红葡萄酒并不存在替代效应。在基安蒂红葡萄酒消费的通常水平上，他的补偿需求曲线是完全缺乏弹性的。基安蒂红葡萄酒消费量的变化将会改变效用水平，并且表示一条不同的补偿需求曲线。欧文对基安蒂红葡萄酒的常规需求曲线并不是完全缺乏弹性的，因为当该酒的价格发生变化时，它也会产生收入效应。

3.7　a. $P=0$，$Q=20$。

b. $Q=0$，$P=20$。

c. $P \cdot Q = 20P - P^2$。以下给出部分数值：

$P=2$，$PQ=36$；$P=4$，$PQ=64$；$P=6$，$PQ=84$；$P=8$，$PQ=96$；$P=10$，$PQ=100$；$P=12$，$PQ=96$；$P=14$，$PQ=84$；$P=16$，$PQ=64$；$P=18$，$PQ=36$。

d. 从这一计算当中可以看到当 $P=10$ 时，总支出达到最大。这一情形可以通过总支出表达式对价格进行计算得到证明。

e. 在这一新的需求曲线下，价格和数量截距都翻倍。总支出现在变成 $PQ = 40P - 2P^2 = 2(20P - P^2)$。所以，在每个价格水平下，总支出是 c 问的两倍。同样，当 $P=10$、$PQ=200$ 时，总支出最大化。

3.9　a. 因为市场需求曲线是个人需求曲线的水平加总，所以总的消费者剩余面积将只是每个消费者剩余面积的加总。

b. 图形表明，在一条完全缺乏弹性的需求曲线下，消费者剩余的损失是最大的，因为需求量并没有减少。当需求更有弹性时，损失会变小，因为需求者会减少他们所需求的产品数量（并且把资金花在其他地方）。从直觉来看，当价格上升时，具有弹性需求的人会避开，而缺乏弹性的人则不会。

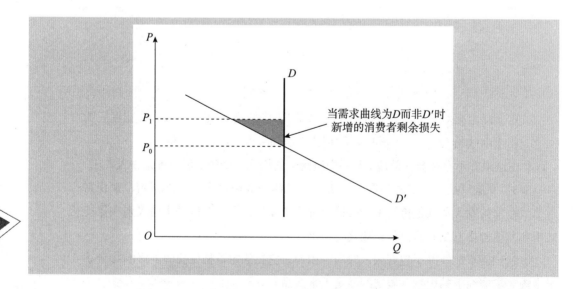

c. 上面的图形表明，如果需求是完全缺乏弹性的，那么表述是对的。但是，如果需求不是完全缺乏弹性的，那么价格上升导致购买量减少将会使得总支出的变化小于消费者剩余的损失。事实上，如果需求是富有弹性的，那么价格上升将实际上

造成总支出下降，即使仍然有消费者剩余损失。

第 4 章

4.1　a. 从赌局 1 和 2 中所获得的期望收益分别如下：

$$\left(\frac{18}{38}\right)(+1\,000)+\left(\frac{20}{38}\right)(-1\,000)\approx-52.6$$

$$\left(\frac{1}{38}\right)(17\,500)+\left(\frac{37}{38}\right)(-500)\approx-26.3$$

它们均是负的，并不是公平赌局所要求的零值。

b. 从赌局 1 和 2 中所得到的期望效用分别为：

$$\left(\frac{18}{38}\right)\sqrt{11\,000}+\left(\frac{20}{38}\right)\sqrt{9\,000}\approx99.61$$

$$\left(\frac{1}{38}\right)\sqrt{27\,500}+\left(\frac{37}{38}\right)\sqrt{9\,500}\approx99.27$$

赌局 1 的期望效用更高，所以温应该选择赌局 1。

c. 不参与赌局所获得的期望效用是 $\sqrt{10\,000}=100$，它高于赌局 1 或 2 的期望效用。

4.3　a. $E(U)=0.75\log(10\,000)+0.25\log(9\,000)=3.988\,6$。

b. 有保险的 $E(U)=\log(9\,750)=3.989\,0$。因而 $U_w>U_{w\cdot_o}$。

c. 将会支付至 $U_w=U_{w\cdot_o}$ 处，所以让 $3.988\,6=\log(10\,000-P)$，在那当中 P 是保费成本。$10^{3.988\,6}=10\,000-P=9.741$，所以 $P_{\max}=259$ 美元。

d. 公平保险：$E(L)=0.3\times1\,000=300$ 美元。因为 300 美元>259 美元，他将不会购买这一保险，即使它是一个公平保险。这是一个道德风险的例子。

4.5　a. $U=\ln(18\,000\ 美元)=9.798$。

b. $U=\ln(18\,300\ 美元)=9.815$。

c. 如果莫利为这次行程投资 100 美元，那么如果疯狂艾迪没有提供电视机，她将拥有 17\,900 美元，如果它提供电视机，那么她会拥有 18\,200 美元。$E(U)=0.5\ln(17\,900)+0.5\ln(18\,200)=9.801$。因为这超过 a 问的效用，因此值得为这次行程投资。

4.7　a. 奖金的期望值是 7\,500 美元。期权的价格是 $(0.5\times0)+(0.5\times8\,000)=4\,000$(美元)。所以购买期权并不值得。

b. 拥有期权时会降低收入波动（将只在 3\,500 美元和 10\,500 美元之间变化，而非在 0 美元和 15\,000 美元之间变化），所以一个特别厌恶风险的竞争者将会选择期权，即使期权是处在一个完全不公平的价格上。

4.9　a. 对于第一个效用函数，$\sqrt{I}=0.5\sqrt{116\,000}+0.5\sqrt{98\,000}$，这意味着 $I=106\,800$，它确定性地等价于 6.8% 的收益。同样的计算可以表明，对于第二个

效用函数的确定性等价收益率是 6.6%，第三个是 6.2%。在任何效用函数水平上，股票相对于债券均会提供一个更高的确定性等价收益率。

　　b. 这一极端的效用函数对于股票所包含的确定性等价收益率是 3.2%，仍然高于债券。

第 5 章

5.1　a. A 选择"上"，B 选择"左"。

b. A 的占优策略是"上"，B 没有占优策略。

5.3　a.

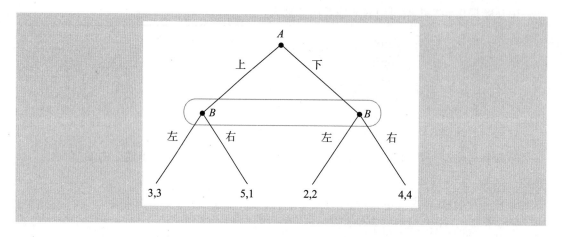

b.

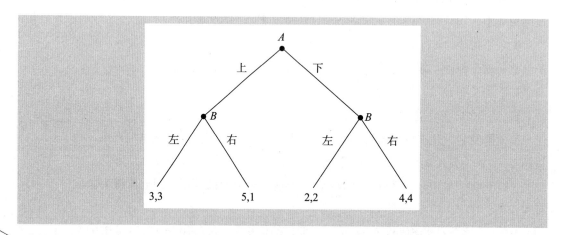

c.

		B			
		左|上 左|下	左|上 右|下	右|上 左|下	右|上 右|下
A	上	<u>3</u>, <u>3</u>	3, <u>3</u>	<u>5</u>, 1	<u>5</u>, 1
	下	2, 2	<u>4</u>, <u>4</u>	2, 2	<u>4</u>, <u>4</u>

存在两个纳什均衡：首先，A 选择"上"，B 选择"左|上，左|下"；其次，A 选择"下"，B 选择"左|上，右|下"。第二个是子博弈完美纳什均衡。

5.5　a.

		B	
		偷懒	工作
A	偷懒	0, 0	4, −2
	工作	−2, 4	1, 1

b.两人都偷懒。

c.偷懒对于两人来说都是占优策略。该博弈类似于囚徒困境博弈。

5.7　a.使用画线法表明背叛对于两个人来说都是占优策略，两人均选择背叛是一个纳什均衡。

b.均衡所得到的期望收益是

$$1+g×1+(g^2)×1+(g^3)×1+\cdots$$
$$=1×(1+g+g^2+g^3+\cdots)$$
$$=1/(1-g)$$

如果参与人在第一期偏离从而选择了背叛，那么他或她在第一期的收益将是 3，之后各期均为 0。为了使触发策略成为一个均衡，$1/(1-g)⩾3$，这意味着 $g⩾2/3$。

c.预期均衡收益与 b 问一样，为 $1/(1-g)$。如果参与人偏离了针锋相对策略，那么他或她在第一期会赚得 3，在第二期会赚得 0，然后参与人重新回到初始均衡的期望收益

$$3+g×0+(g^2)×1+(g^3)×1+\cdots$$
$$=2+1+g×(1-1)+1×(g^2+g^3+\cdots)$$
$$=2-g+1×(1+g+g^2+g^3+\cdots)$$
$$=2-g+1/(1-g)$$

当这一偏离的收益将会少于均衡收益时，$2-g⩽0$，这意味着 $g⩾2$。这是不可能的，因为 g 是一个概率。所以参与人通过无声地使用针锋相对策略并不能够维持合作。

5.9　a.存在四个纯策略纳什均衡，一个纳什均衡是三家店铺没有一家位于商场，另外三个纳什均衡是两家位于商场第三家不位于商场（因此有三个不同的纳什均衡，每个纳什均衡是店铺 A、B 和 C 的其中一家不位于商场）。

b.它们通过合作性行动可能达成三个结果中的一个，其中两家店铺位于商场，第三家不位于商场。在这些结果中最高的总收益为 4。位于商场的店铺可以付钱给

不位于商场的店铺，可能每个参与人支付 2/3，从而使得总剩余被平均分配。

第 6 章

6.1 a. $K=6$，$q=6K+4L=6\times6+4L=36+4L$。

如果 $q=60$，$4L=60-36=24$，$L=6$。

如果 $q=100$，$4L=100-36=64$，$L=16$。

b. $K=8$，$q=6K+4L=6\times8+4L=48+4L$。

如果 $q=60$，$4L=60-48=12$，$L=3$。

如果 $q=100$，$4L=100-48=52$，$L=13$。

c. $RTS=2/3$。如果 L 增加 1 单位，通过减少 2/3 单位的 K 可以维持 q 不变。

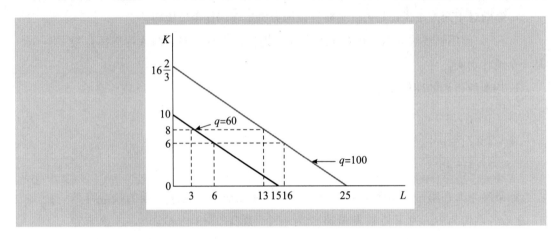

6.3 a.

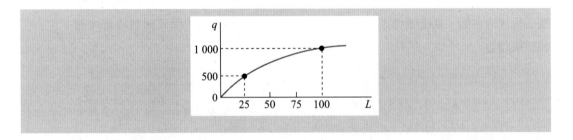

b. $AP_L=\dfrac{q}{L}=\dfrac{100}{\sqrt{L}}$。

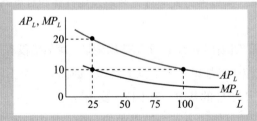

c.图形如上所示。因为 AP_L 在各处是递减的，因此增加的一个工人的贡献必然小于现有工人的平均值，它会使得平均值下降。因而，边际生产率必然小于平均生产率。在这里 $MP_L = (1/2)AP_L$。

6.5　a.

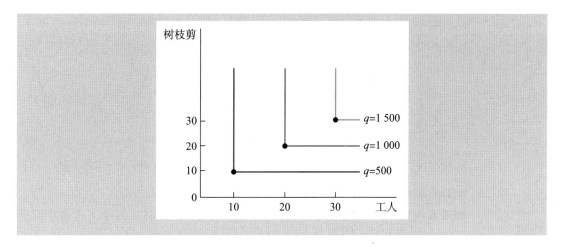

企业将会在等产量曲线的顶点处从事生产。

b.雇用 20 个工人，$q = 1\,000$。

c.取决于所销售的葡萄的价格是否超过平均成本。

d.

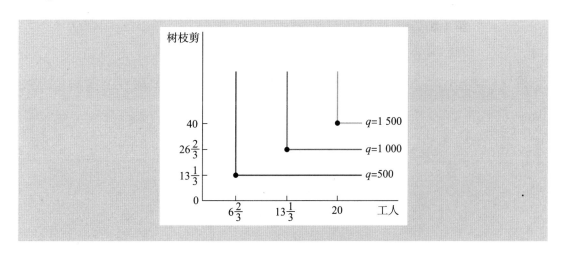

选择将取决于树枝剪的成本和心灵手巧的工人的工资。

6.7　a.在式（6.7）中，$A = 10$，$a = b = 1/2$。

b.如果我们使用 $2K$、$2L$，有 $q = A(2K)^a(2L)^b = 2^{a+b}AK^aL^b$，并且如果 $a + b = 1$，那么它将是两倍的 AK^aL^b。

c 和 d.从 b 问的答案可知，如果 $a + b < 1$ 或者 $a + b > 1$，那么它将遵从产量将会小于或者大于原来的两倍。

e.函数能够表示出任何所想要的规模报酬，这取决于 a 和 b 的数值。

6.9 a. $q = 100\sqrt{KL} = 1\,000$，所以 $\sqrt{KL} = 10$，或者 $KL = 100$。

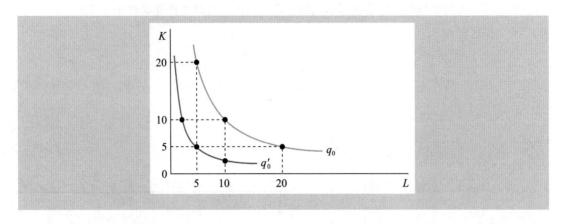

b. $K = 10$，$L = 10$，每个工人每小时的 $AP_L = q/L = 1\,000/10 = 100$（盒）。

c. 如果 $q = 200\sqrt{KL} = 1\,000$，那么 $\sqrt{KL} = 5$，或者 $KL = 25$。

如果 $K = 10$，$L = 2.5$，那么现在等产量曲线移动至 q_0'。每个工人每小时的 $AP_L = q/L = 1\,000/2.5 = 400$（盒）。

d. $q = (1.05)^t 100\sqrt{KL} = 1\,000$，所以 $\sqrt{KL} = 10/(1.05)^t$，或者 $KL = 100/(1.05)^{2t}$。因而要求生产 1 000 单位产量的资本和劳动数量随着时间的推移下降了。如果 $K = 10$，$L = 10$，$AP_L = 1\,000(1.05)^t/10 = 100(1.05)^t$。因而劳动力的平均生产率会随着时间的推移以每年 5% 的速度增长。

第 7 章

7.1 a.

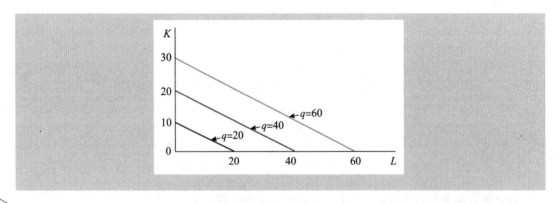

$RTS = 1/2$，因为如果 L 增加一单位，在维持 q 不变时 K 能够减少 $1/2$。

b. 因为 $RTS = 1/2 < w/v = 1$，所以厂商将只使用 K。对于 $q = 20$，$K = 10$；对于 $q = 40$，$K = 20$；对于 $q = 60$，$K = 30$。厂商的扩展线只是简单的 K 轴。

c. 如果 $v = 3$ 美元，$RTS = 1/2 > w/v = 1/3$，厂商将只使用 L。对于 $q = 20$，$L = 20$；对于 $q = 40$，$L = 40$；对于 $q = 60$，$L = 60$。现在厂商的扩展线是 L 轴。

7.3 a. 这是一条立方的成本曲线，它类似于 7.3 节中的形状。

b. $AC = TC/q = q^2 - 30q + 350$。

这是一条抛物线，它在对称轴处达到最小值：

$$q = -(-30)/2 = 15$$

当 $q = 15$ 时，$AC = 225 - 450 + 350 = 125$。

c. 当 $q = 15$ 时，$MC = 3 \times 225 - 900 + 350 = 125$。

d.

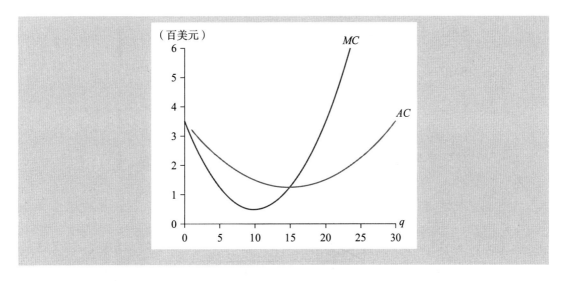

7.5　a. $q = 2\sqrt{K \cdot L}$。$K = 100$，$q = 2\sqrt{100 \cdot L}$。

$q = 20\sqrt{L}$。$\sqrt{L} = \dfrac{q}{20}$。$L = \dfrac{q^2}{400}$。

$STC = vK + wL = 1 \times 100 + \dfrac{q^2}{100} = 100 + \dfrac{q^2}{100}$。

$SAC = \dfrac{STC}{q} = \dfrac{100}{q} + \dfrac{q}{100}$。

b. $SMC = \dfrac{q}{50}$。

如果 $q = 25$，$STC = 100 + \dfrac{(25)^2}{100} = 106.25$。

$SAC = \dfrac{100}{25} + \dfrac{25}{100} = 4.25$。

$SMC = \dfrac{25}{50} = 0.5$。

如果 $q = 50$，$STC = 100 + \dfrac{(50)^2}{100} = 125$。

$SAC = \dfrac{100}{50} + \dfrac{50}{100} = 2.50$。

$SMC = \dfrac{50}{50} = 1$。

如果 $q=100$，$STC=100+\dfrac{(100)^2}{100}=200$。

$SAC=\dfrac{100}{100}+\dfrac{100}{100}=2$。

$SMC=\dfrac{100}{50}=2$。

如果 $q=200$，$STC=100+\dfrac{(200)^2}{100}=500$。

$SAC=\dfrac{100}{200}+\dfrac{200}{100}=2.50$。

$SMC=\dfrac{200}{50}=4$。

c.

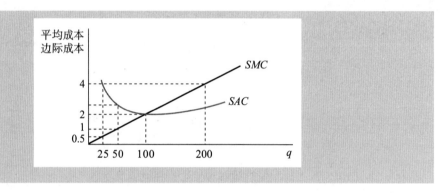

d. 只要多生产一单位的边际成本位于平均成本曲线以下，平均成本就会下降。同样，如果多生产一单位的边际成本高于平均成本，那么平均成本将会上升。因而，SMC 曲线必须与 SAC 曲线相交于它的最低点。

7.7 成本最小化要求每家工厂的劳动边际产量相等。如果劳动力在一家工厂比另一家工厂更具有生产力，那么通过调动工人将可以降低成本。

a. $MP_{L_1}=MP_{L_2}$。$5/2\sqrt{L_1}=5/\sqrt{L_2}$。

$2\sqrt{L_1}=\sqrt{L_2}$，$L_2=4L_1$。

$q_1=5\sqrt{L_1}$，$q_2=10\sqrt{L_2}=10\sqrt{4L_1}=20\sqrt{L_1}$。

因此，$q_2=4q_1$。

b. $4q_1=q_2$，因而 $q_1=q/5$，$q_2=4q/5$，其中 q 是总产量。

$STC\,(工厂\,1)=25+wL_1=25+\dfrac{q_1^2}{25}$。

$STC\,(工厂\,2)=100+wL_2=100+\dfrac{q_2^2}{100}$。

$STC=STC\,(工厂\,1)+STC\,(工厂\,2)$

$=25+\dfrac{q_1^2}{25}+100+\dfrac{q_2^2}{100}$

$$=125+\frac{(q/5)^2}{25}+\frac{(4q/5)^2}{100}$$

$$=125+\frac{q^2/25}{25}+\frac{16q^2/25}{100}$$

$$=125+\frac{q^2}{125}。$$

$$MC=\frac{2q}{125}。\ AC=\frac{125}{q}+\frac{q}{125}。$$

$$MC(100)=\frac{200}{125}=1.6\ 美元。$$

$$MC(125)=2\ 美元，MC(200)=3.20\ 美元。$$

c. 因为规模报酬不变，所以在长期中人们可以改变资本 K。因此生产在哪里进行真的不重要。产量可以在每家工厂中平均分配，或者只在一家工厂里生产所有产量。

$$TC=K+L=2q，AC=2=MC$$

d. 如果存在规模报酬递减现象，那么应该将产量在两家工厂中平均分配。此时 AC 和 MC 不再是固定不变的，它们是 q 的增函数，因此两家工厂规模都不宜过大。

7.9 现在 $K=L$，所以 $q=20L$。

$TC=vK+wL=5K+5L=10L$，所以 $TC=0.5q$，$AC=TC/q=0.5$。

$MC=\Delta TC/\Delta q=0.5$。

这些成本是它们之前的一半。

b. 所有成本都将会以每年 r 的比率下降。

第 8 章

8.1 a. 令 $P=MC$，$20=0.2q+10$。$q=50$。

b. 最大化利润 $=TR-TC$

$$=(50\times20)-(0.1\times50^2+10\times50+50)$$

$$=1\ 000-800$$

$$=200。$$

c.

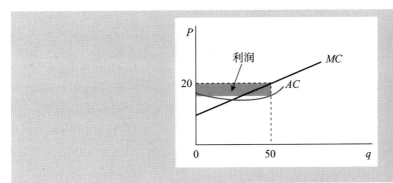

8.3　a.假定需求曲线拥有线性形式 $P=c-dQ$，那么边际收益则为 $MR=c-2dQ$。求解需求曲线的 Q 截距可得到 $Q=0 \Rightarrow c=dQ^* \Rightarrow Q^*=c/d$。对 MR 进行同样计算可得到 $MR=0=c-2dQ^{**} \Rightarrow Q^{**}=c/2d$，正如所显示的结果。

b.当 $MR=0$ 时总支出实现最大化。

c.如果需求是无弹性的，那么提高价格将会增加支出；如果需求是有弹性的，那么降低价格将会增加支出。这两者均无法实现，因为总支出处于最高点。

d.首先，求解 P：$P=48-Q/2 \Rightarrow MR=48-Q$。如果 $P=0$，则 $Q^*=96$。当 $Q^{**}=48$ 时，$MR=0$。在 $Q=48$ 时，$P=24$，总支出是 1 152。这是同一条需求曲线所实现的最大支出。

8.5　a.令 $AC=MC=c$，并且假定需求是 $Q=a-bP$。企业现在应该收取 $P=c$ 并且生产的总产量将是 $Q=a-bc$。

b.因为 $MR=\dfrac{a}{b}-\dfrac{2Q}{b}$，所以当 $Q=\dfrac{a}{2}$ 时，$MR=0$，因而 $P=\dfrac{a}{2b}$。

c.同样的分析现在也适用于这一特殊情形，即 $PQ-cQ=0.01PQ$。因而 $\dfrac{P-c}{P}=0.01$。

d.它将只生产一单位。价格将是 $\dfrac{a-1}{b}$，单位利润将是 $\dfrac{a-1-bc}{b}$。

e.a 问的答案是竞争性的答案，利润将为零。b 问的利润并非最大化利润，因为 $MR=0<c$。c 问的利润也不是最大化的，因为 $MR<c$。d 问的利润明显并没有最大化，因为企业生产第二单位将会获得更低的单位利润。

8.7　a.贝斯的供给函数是 $q=5P-50$。

如果 $P=15$，则 $q=25$；如果 $P=25$，则 $q=75$。

b.当 $P=15$ 时，$\pi=15 \times 25-362.5=375-362.5=12.5$。

当 $P=25$ 时，$\pi=25 \times 75-1 362.5=1 875-1 362.5=512.5$。

平均 $\pi=(512.5+12.5) \div 2=262.5$。

c.如果 $P=20$，则 $q=50$，$\pi=1 000-800=200$。父亲的交易使得贝斯的境况变糟糕了。

d.

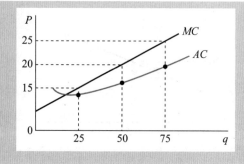

因为高利润与高的 P 和 q 值的组合相关，所以让价格波动更有利可图。

8.9   a. $STC = vK + wL = 10 \times 100 + wL = 1\,000 + 5L$

但是 $q = 10\sqrt{L}$，所以 $L = \dfrac{q^2}{100}$。

因而 $STC = 1\,000 + q^2/20$。

b. 使用 $P = MC$。

$20 = 0.1q$，所以 $q = 200$。$L = \dfrac{q^2}{100}$，所以 $L = 400$。

c. 如果 $P = 15$，$P = MC$ 意味着 $15 = 0.1q$，或者 $q = 150$，$L = 225$。

d. L 从 400 减至 225 时成本将是 175。当 $q = 150$ 时，利润 $= TR - TC = 15 \times 150 - (1\,000 + 0.05q^2) = 2\,250 - (1\,000 + 1\,125) = 125$。在支付了解雇成本 175 后，企业将会导致 50 的损失。要注意，如果企业持续雇用 400 个工人，它将不会有解雇成本，并且利润 $= TR - TC = 15 \times 200 - [1\,000 + 0.05 \times (200)^2] = 3\,000 - (1\,000 + 2\,000) = 0$，它比 d 问要好。当产出水平是 180（$L = 324$）时企业将会得到全部利润。

第 9 章

9.1   a. 让供给等于需求可以找到均衡价格：

$$Q_S = 1\,000 = Q_D = 1\,600 - 600P$$
$$1\,000 = 1\,600 - 600P$$
$$600 = 600P$$
$$P = 1$$

b. $Q_S = 400 = 1\,600 - 600P \Rightarrow 600P = 1\,200 \Rightarrow P = 2$。

c. $Q_S = 1\,000 = 2\,200 - 600P \Rightarrow 1\,200 = 600P \Rightarrow P = 2$。

$Q_S = 400 = 2\,200 - 600P \Rightarrow 600P = 1\,800 \Rightarrow P = 3$。

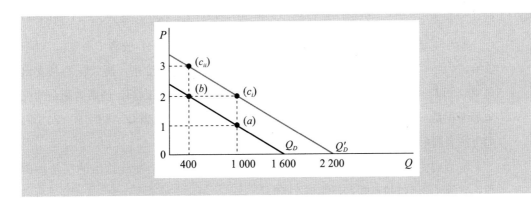

d. 只有当 $P \geqslant 0.5$ 时，供给量才是正的。

e. 让需求量等于供给量：$1\,600-600P=-1\,000+2\,000P\Rightarrow P=1$，$Q=1\,000$。

f. 现在 $2\,200-600P=-1\,000+2\,000P\Rightarrow3\,200=2\,600P\Rightarrow P=32/26=1.23$。

g. 在此处价格上升较小，因为价格上升导致供给增加以满足增加的需求，而前面的供给并没有受到价格影响。

9.3　a. 利润最大化要求 $P=SMC=0.01q^2+0.4q+4=(0.1q+2)^2$。求解 P 可得到 $0.1q+2=\sqrt{P}\Rightarrow q=10\sqrt{P}-20$。

b. 有 100 家企业时，供给则为 $Q=100q=1\,000\sqrt{P}-2\,000$。

c. 让供给等于需求：$1\,000\sqrt{P}-2\,000=-200P+8\,000\Rightarrow P=25$，$Q=3\,000$。

d. 现在 $1\,000\sqrt{P}-2\,000=-200P+11\,200\Rightarrow P=36$，$Q=4\,000$。因为每家企业现在生产 40，所以总收入是 $1\,440$。$STC=703$，所以短期利润是 737。

9.5　a. 在长期均衡处，$AC=P$ 并且 $MC=P$，所以 $AC=MC$。

$$0.01q-1+\frac{100}{q}=0.02q-1$$

$$\frac{100}{q}=0.01q$$

$$\frac{10\,000}{q}=q，所以\ q^2=10\,000，q=100$$

$$AC=0.01\times100-1+\frac{100}{100}=1-1+1=1$$

$$MC=0.02\times100-1=2-1=1$$

b. 在长期，$P=MC$；$P=1$。

$Q_D=2\,500\,000-500\,000\times1=2\,000\,000$ 加仑。市场供给为 $2\,000\,000$ 加仑，所以有 $2\,000\,000/100=20\,000$ 个加油站。

c. 在长期，因为 AC 曲线不变，所以 $P=1$ 美元。

$Q_D=2\,000\,000-1\,000\,000\times1=1\,000\,000$ 加仑；$\dfrac{1\,000\,000}{100}=10\,000$ 个加油站。

9.7　a. 在 $Q=400$ 时，由需求曲线得到 $400=1\,000-5P$，或者 $P=120$。对于供给，$400=4P-80$，或者 $P=120$。因而，P 是一个均衡价格。西兰花的总支出是 $400\times120=48\,000$。对于需求曲线，当 $Q=0$ 时 $P=200$。因而，消费者剩余的三角形面积是 $0.5(200-120)\times400=16\,000$。对于供给曲线，当 $Q=0$ 时 $P=20$。因而生产者剩余是 $0.5(120-20)\times400=20\,000$。

b. 当 $Q=300$ 时，剩余的总损失将是由需求曲线和供给曲线给出的三角形面积，它等于 $0.5(140-95)\times100=2\,250$。

c. 当 $P=140$ 时，消费者剩余是 $0.5(200-140)\times300=9\,000$，生产者剩余是 $0.5(95-20)\times300+45\times300=24\,750$。消费者损失 $7\,000$，生产者获得 $4\,750$，净损

失是 2 250。当 $P=95$ 时，消费者剩余是 $0.5(200-140)\times300+45\times300=22\,500$，生产者剩余是 $0.5(95-20)\times300=11\,250$。消费者赚得 6 500，生产者损失 8 750，净损失于是为 2 250。

d. 当 $Q=450$ 时，需求价格是 110，供给价格是 132.50。剩余总损失是 $0.5(132.5-110)\times50=562.50$。当价格位于 110 和 132.5 之间时，损失是由消费者和生产者分担的。

e.

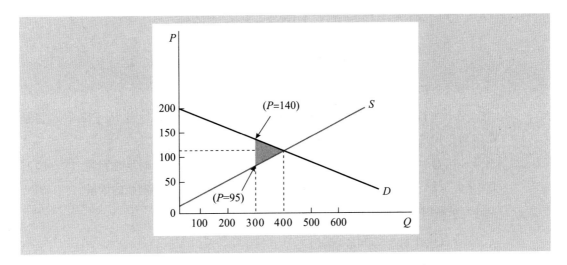

9.9 a.

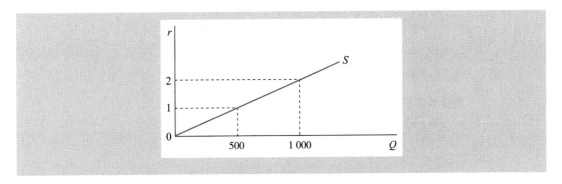

b. 因为 $P=AC=10+r=10+0.002Q$，把它代入需求：$Q=1\,050-50P=1\,050-500-0.1Q$，或者 $1.1Q=550$，$Q=500$。

因为每家企业生产 5 张 DVD，所以有 100 家企业。版税 $r=0.002\times500=1$，所以 $P=11$。

c. 当 $Q=1\,600-50P$ 时，同样代入可得到 $Q=1\,600-500-0.1Q$，或者 $1.1Q=1\,100$，$Q=1\,000$。所以现在有 200 家企业，$r=0.002\times1\,000=2$，因而 $P=12$。

d.

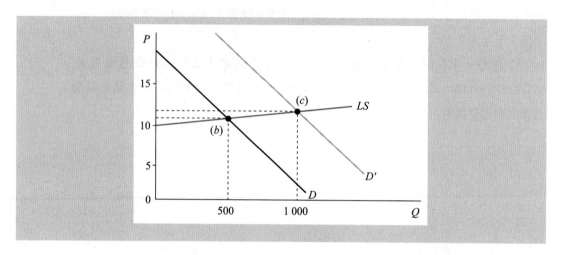

当 $P=11$ 时生产者剩余是 $0.5(11-10)\times 500=250$。当 $P=12$ 时，它是 $0.5(12-10)\times 1\,000=1\,000$。

e. 当 $Q=500$ 时版税是 500。当 Q 从 500 上升到 $1\,000$ 时增加量是 $(2-1)\times 500+0.5(2-1)(1\,000-500)=750$，它正好是 d 问中生产者剩余的增量。

f. 征税时需求现在变为

$$Q=1\,600-50(P+5.5)$$

因为 $P=10+0.002Q$，这意味着

$$Q=1\,600-500-0.1Q-275$$

或者

$$1.1Q=825,\ Q=750,\ P=11.5$$

消费者价格是 17。

g. 征收的总税收是

$$5.5\times 750=4\,125$$

消费者支付 $(17-12)\times 750=3\,750$，生产者支付 $(12-11.5)\times 750=375$。消费者剩余现在是 $0.5(32-17)\times 750=5\,625$，而它先前是 $0.5(32-12)\times 1\,000=10\,000$，所以损失是 $4\,375$；$3\,750$ 是税收收入，而 625 来自先前放弃的交易。生产者剩余是 $1\,000$；现在它是 $0.5(11.5-10)\times 750=562.5$，损失了 437.5。

h. 生产者剩余的所有损失是版税的损失。现在 $r=0.002\times 750=1.5$，而它先前是 $r=2$。损失是 $(2-1.5)\times 750+0.5(2-1.5)\times 250=375+62.5=437.5$。

第 10 章

10.1 a. M 和 C 的生产可能性边界如图形所示：

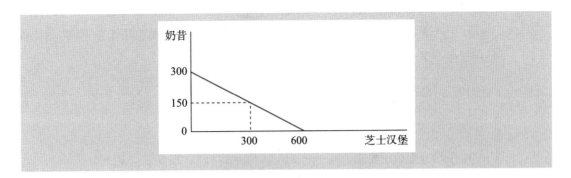

b. 如果人们想要 $M=\dfrac{1}{2}C$ 并且技术要求 $C+2M=600$，那么 $C+2\left(\dfrac{1}{2}C\right)=600$，$2C=600$，或者 $C=300$。$M=150$。

c. 负斜率 $=RPT=\dfrac{1}{2}$。如果效率不变，$RPT=MRS=P_C/P_M$，所以 $P_C/P_M=\dfrac{1}{2}$。

10.3 a. 边界是一个四分之一的椭圆：

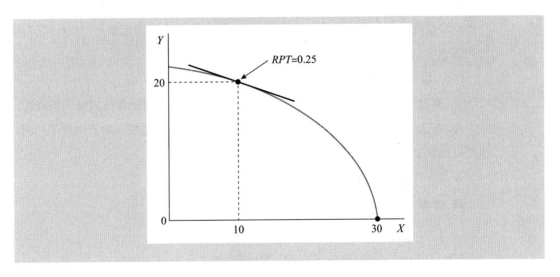

b. 如果 $Y=2X$，$X^2+2(2X)^2=900$。$9X^2=900$；$X=10$，$Y=20$。这一点如 a 问的边界所示。

c. 如果 $X=9$ 处在生产可能性边界上，那么 $Y=\sqrt{819}=20.25$。如果 $X=11$ 处在边界上，那么 $Y=\sqrt{779}=19.75$。因而 RPT 等于 $-\dfrac{\Delta Y}{\Delta X}=\dfrac{0.50}{2}=0.25$。

10.5 a. $P_X P_Y=3/2$，因为只取决于劳动力的生产技术的 $RPT=-\dfrac{\Delta Y}{\Delta X}=-\dfrac{(-3)}{2}$。

b. 如果工资 $=1$，史密斯在 X 上支出 3，在 Y 上支出 7；琼斯在 X 上支出 5，在 Y 上支出 5。在 X 上的总支出是 8，在 Y 上的总支出是 12。总支出等于总收入（20）。因为工资 $=1$，所以 X 的平均成本是 $1/2$，Y 的平均成本是 $1/3$。所以 $P_x=$

$1/2$，$P_Y=1/3$。在这些价格下，史密斯需要 $6X$，$21Y$；琼斯需要 $10X$，$15Y$。

c. 生产 $X=16$，$Y=36$ 的 20 小时劳动的分配如下：8 单位用于生产 X，12 单位用于生产 Y。

10.7　总共 200 磅的食物，$U_1=\sqrt{F_1}$，$U_2=\frac{1}{2}\sqrt{F_2}$。

a. 每个 100 磅有 $U_1=10$，$U_2=5$。

b. 平均分配效用要求 $\sqrt{F_1}=\frac{1}{2}\sqrt{F_2}$，$F_1=1/4F_2$；$F_1=40$，$F_2=160$。

c. 当 $U_2\geqslant5$ 时，最优选择是 $U_2=5$，因为超额食物带给个体 1 更多效用。因而，$F_2=100$，$F_1=100$。

d. 可能个体倾向于最大化总效用。这会得到一个非常不平等的结果：$F_1=160$，$F_2=40$，$U_1=4\sqrt{10}$，$U_2=\sqrt{10}$，但是 $U_1+U_2=5\sqrt{10}=15.8$，它超过了其他部分的值。

10.9　a~d：构建过程近似于遵循埃奇沃思交易图的构建过程。

e. 埃奇沃思方盒图的无效率点是可能增加两种产品产量的配置点。在生产可能性边界内的点拥有同样的特征。

f. ⅰ.埃奇沃思方盒图的轴是有效的配置。

ⅱ.有效配置位于埃奇沃思方盒图的主对角线上。生产可能性边界是一条直线。

ⅲ.在这一情形下生产可能性边界也是一条直线。只有在投入要素密度不同时，生产可能性边界才呈现凹形。

ⅳ.生产可能性边界将是凸的。

第 11 章

11.1　a. 为了得到最大化利润，令 $MR=MC$。

$MR=53-2Q=MC-5$。$Q=24$，$P=29$。

$\pi=TR-TC=24\times29-24\times5=696-120=576$。

消费者剩余 $=\frac{1}{2}(53-29)\times24=288$。

b. $MC=P=5$，$Q=48$。

c. 消费者剩余 $=\frac{1}{2}\times(48)^2=1\,152$。

$1\,152>$利润＋消费者剩余 $=576+288=864$。

无谓损失 $=1\,152-864=288$。

同样地，$1/2\Delta Q\cdot\Delta P=(1/2)\times24\times24$。

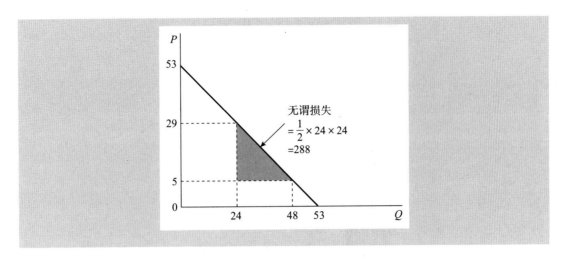

11.3　a. $AC=MC=10$，$Q=60-P$，$MR=60-2Q$。

为了利润最大化，$MC=MR$。

$10=60-2Q$, $2Q=50$, $Q=25$

$P=35$

$\pi=TR-C=25\times35-25\times10=625$

b. $AC=MC=10$，$Q=45-0.5P$，$MR=90-4Q$。

为了利润最大化，$MC=MR$，$10=90-4Q$，$80=4Q$，$Q=20$，$P=50$。

$\pi=20\times50-20\times10=800$

c. $AC=MC=10$，$Q=100-2P$，$MR=50-Q$。

为了利润最大化，$MC=MR$，$10=50-Q$，$Q=40$，$P=30$。

$\pi=40\times30-40\times10=800$

d.

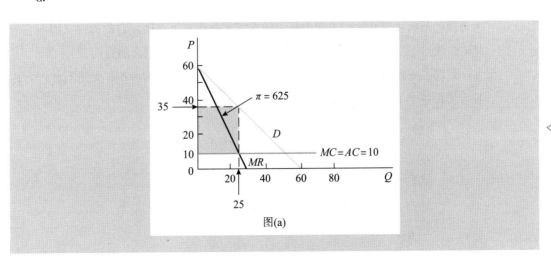

图(a)

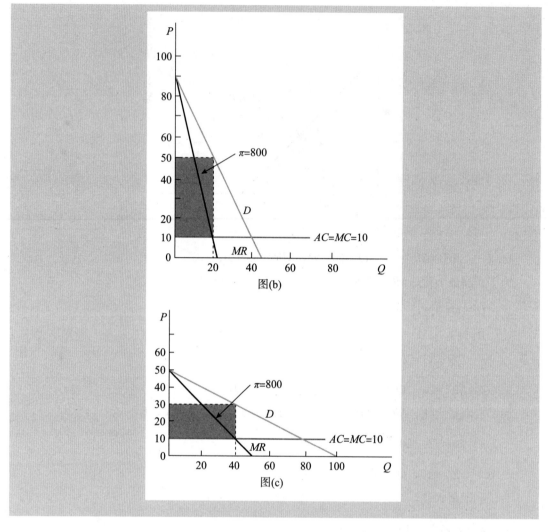

垄断企业的供给曲线是需求曲线上对应着利润最大化的单个点。任何试图连接市场需求曲线的均衡点（价格/产量点）的做法几乎没有任何意义，并且会产生一个奇怪的形状。对此的一个理由在于随着需求曲线发生移动，它的弹性（因而它的 MR 曲线）往往会发生变化，这会带来更大的价格和产量组合的变动。

11.5 一家拥有多个工厂的垄断企业仍然会选择在 $MR=MC$ 处进行生产，而且会使得各个工厂的 MC 相等。

$$MR=100-2(q_1+q_2),\ MC_1=MC_2$$
$$q_1-5=0.5q_2-5,\ q_1=0.5q_2$$
$$MR=100-2(0.5q_2+q_2)$$
$$MR=MC_2,\ 100-2(1.5q_2)=0.5q_2-5$$
$$3.5q_2=105$$

得到 $q_2=30$，$q_1=15$，因此 $Q_T=45$。

11.7　$Q_D=1\,000-50P$；$MR=20-Q/25$；在完全竞争条件下 $MC=10$；在垄断条件下 $MC=12$。

a. 完全竞争条件：

$$P=MC=10$$
$$Q_D=1\,000-50\times10=500=Q_S$$

垄断条件：

$$MC=MR$$
$$12=20-Q/25$$
$$300=500-Q$$
$$Q=200$$
$$200=1\,000-50P$$
$$50P=800$$
$$P=16$$

b. 由于垄断而导致的消费者剩余损失很容易从图形中获得（阴影部分）。阴影部分面积$=(16-10)\times200+(1/2)(16-10)(500-200)=1\,200+900=2\,100$。如果垄断者的 $MC=10$，那么这一面积远大于消费者剩余损失。

c.

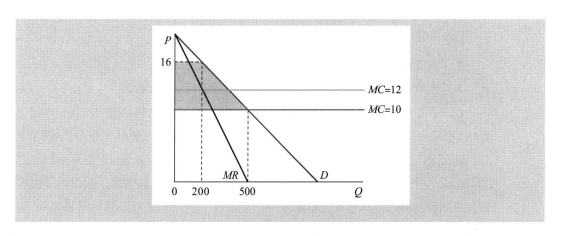

11.9　a. 令 MR 等于 MC 可得到 $Q^*=3$。因而 $P^*=5$ 并且利润是 9。从 100 个消费者处所获得的利润是 900。

b. 在价格为 2 时个体消费者剩余是 18，它是所能够征收的最高入场费。在 100 个这样的消费者条件下，利润是 $100\times18=1\,800$（所有利润均来自入场费，因为在饮料方面不存在任何边际利润）。

c. 在 b 问的定价方案下，多增加 15 个消费者的利润等于 $115\times18=2\,070$。在每杯饮料价格是 3 美元的条件下，每个初始消费者购买 5 杯饮料，而每个新消费者购买 13 杯饮料。总共销售出 $100\times5+15\times13=695$（杯）饮料，每杯饮料的边际利润是 1 美元。人场费不得不降低至 12.50 美元以免吓退初始消费者（这是初始消费者在 3 美元价格下的消费者剩余）。来自人场费和饮料的总利润是 $695 + 155 \times 12.50 = 2\,632.50$。

第 12 章

12.1　a. 纳什均衡是两者均选择低价格。

b. 你能够将"低价"重新标示为"高产量"，将"高价"标示为"低产量"。

12.3　方程（12.4）表明了给定需求曲线下古诺企业 A 的边际收益是

$$120 - 2q_A - q_B$$

让这一边际收益等于边际成本 30 可得到

$$120 - 2q_A - q_B = 30$$

这意味着

$$90 - 2q_A - q_B = 0$$

同样，对于企业 B，

$$90 - 2q_B - q_A = 0$$

同时求解上述两个方程可得到

$$q_A^* = q_B^* = 30$$

行业产量是 $30 + 30 = 60$。

为了找到 P，求解 $60 = 120 - P$，意味着 $P = 60$。

企业利润 $= (60 - 30) \times 30 = 900$。行业利润 $= 2 \times 900 = 1\,800$。

12.5　a. 存在着许多纳什均衡。企业 A 收取的任何价格均是从 8.02 美元到 10.01 美元（包含）之间的每个一美分增量。企业 B 收取的价格比企业 A 低 1 美分。除了最高的价格（即企业 A 收取 10.01 美元、企业 B 收取 10 美元）行动之外，企业 A 的所有行动均是弱占优策略。企业 B 获得所有的需求。假设剩下的答案均是纳什均衡。抛开与大量均衡相关的复杂性不说，学生意识到价格将在 10 美元附近，并且低价格企业将会获得所有销售就足够了。

b. 企业 A 获得零利润，企业 B 每单位赚得

$$10 - 6 = 4$$

并且出售

$$Q = 500 - 20 \times 10 = 300$$

单位，总利润是

$$4 \times 300 = 1\,200$$

c.在伯特兰悖论中价格等于边际成本，而在这里价格等于高成本企业的边际成本。正如伯特兰悖论一样，其中一家企业赚得零利润，但是与伯特兰悖论不一样的是，其中另一家企业赚得正利润。

12.7 对式（12.15）两边同时除以 π_M，重新调整表明对于 $N \leqslant 1/(1-g)$，合谋是可维持的。上边界的图形如下：

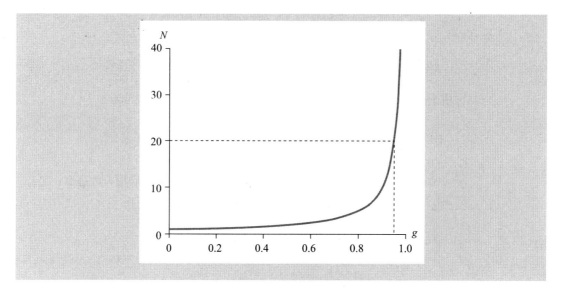

正如虚线所示，对于 $g=0.95$，20 家企业或者更少企业能够维持合谋。

12.9 首先假定 $F_I > 2\,000$，那么在位者 I 将不会进行掠夺。如果进入者 E 进入的话，那么 E 赚得 $1\,600-K>0$，所以它会进入。接下来假定 $F_I<2\,000$。如果 E 进入的话，那么 I 将会掠夺。E 如果进入的话会赚得 $-K-F_E<0$，因此它不会选择进入。在上述每种情形当中均没法观察到掠夺行为。在 I 将倾向于掠夺的唯一情形当中（如果 $F_I<2\,000$），E 不进入，因而将不会有企业进行掠夺。

第 13 章

13.1 a.当有 5 个工人时，应该依次把他们放在边际产量较高的地方。第一个工人去 A 农场，第二个去 B 农场，第三个去 A 农场，第四个去 C 农场，第五个去 A 农场。

产量 $=21+8+5=34$，最后一个工人的边际产量为 4。

b. $P \cdot MP_L = 1.00$ 美元 $\times 4 = 4.00$ 美元 $=w$。

共有 5 个工人，所以工资支出是 $wL=20$ 美元。

利润 $\pi = TR - TC = PQ - wL = 34$ 美元 -20 美元 $=14$ 美元。

c.第一个工人（农场 A）的 MVP 是 10 美元，第二个工人（农场 B）是 8 美元，第三个工人（农场 A）是 7 美元，第四个工人（农场 C）是 5 美元，第五个工人（农场 A）是 4 美元。当工资为 5 美元时，会雇用 4 个工人。当工资为 4 美元时，会雇用 5 个工人。当工资为 3 美元时，第二个工人会被雇用于 B 农场。

13.3　a. 由于 $w=v=1$ 美元，因此 K 和 L 将会按照 $1:1$ 的比例投入使用：

$$TC=w \cdot L+vK=L+K=2L$$

所以

$$AC=\frac{2L}{q}=\frac{2L}{\sqrt{KL}}=\frac{2L}{\sqrt{LL}}=2$$

并且

$$MC=2$$

b. 由于 $P=2$，所以需求量 $Q=400\,000-100\,000 \times 2=200\,000$。

$$q=\frac{200\,000}{1\,000}=200$$

$q=200=\sqrt{L \cdot K}=L$，所以雇用 200 个工人，整个行业的雇用人数是 200 000。

c. 当 $w=2$ 美元、$v=1$ 美元时，成本最小化要求 $K/L=2$。

$$TC=wL+vK=2L+K=4L=2\sqrt{2}q$$

所以

$$AC=MC=2\sqrt{2}$$

d. $P=2\sqrt{2}$，$Q=400\,000-100\,000 \times 2\sqrt{2}=117\,157$。

$q=117.2$，$L=117.2/\sqrt{2}=83$。

总雇用人数是 83 000 个工人。

e. 如果在新工资水平处 $Q=200\,000$，那么行业雇用的工人数量是 $L=\dfrac{200\,000}{\sqrt{2}}=$

141 000。所以如果 Q 不变，减少的 59 000 个工人＝替代效应，减少的 58 000（$=141\,000-83\,000$）个工人是低产出的结果，也就是产出效应。

13.5　a. 需求 $K=1\,500-25v$；

　　　供给 $K=75v-500$。

让供给量等于需求量可以找到均衡

$$75v-500=1\,500-25v$$
$$100v=2\,000$$
$$v=20$$
$$K=1\,000$$

b. 现在需求是 $K=1\,700-25v-300g$。

如果 $g=2$，那么 $K=1\,700-25v-600=1\,100-25v$。

新的均衡将是

$$75v-500=1\,100-25v$$

$$100v=1\,600$$

$$v=16$$

$$K=700$$

如果 $g=3$，那么需求是 $K=1\,700-25v-900=800-25v$，均衡是

$$75v-500=800-25v$$

$$100v=1\,300$$

$$v=13$$

$$K=475$$

c. 图形将这些变化的均衡表示为需求沿着一条固定的供给曲线发生移动。

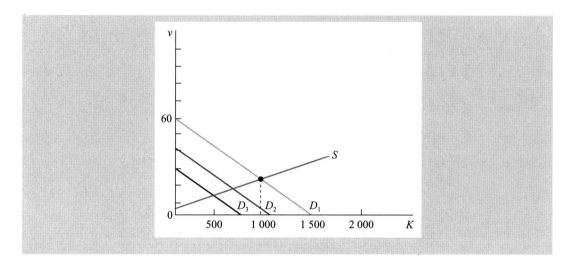

13.7   供给 $L=80w$，$ME_L=\dfrac{L}{40}$；

需求 $L=400-40MVP_L$。

a. $40MVP_L=400-L$

$$MVP_L=10-\frac{L}{40}$$

使用利润最大化条件

$$\frac{L}{40}=10-\frac{L}{40}\cdot\frac{2L}{40}=10$$

$$L=200$$

从供给曲线得到 w

$$w = \frac{L}{80} = \frac{200}{80} = 2.50（美元）$$

b. 对于卡尔服装厂来说，劳动的边际支出现在等于最低工资，并且在均衡时，劳动的边际成本将会等于劳动的边际产品收益。

$$w_m = ME_L = MVP_L$$
$$w_m = 3.00（美元）$$

卡尔服装厂的需求   供给

$L = 400 - 40 MVP_L$ $L = 80w$

$L = 400 - 40 \times 3$ $L = 80 \times 3$

$L = 280$ $L = 240$

需求＞供给。卡尔服装厂将雇用 240 个工人，没有失业。为了研究最低工资的效应，试一下 3.33 美元和 4.00 美元。

$$w_m = 3.33（美元）$$
$$L = 400 - 40 \times 3.33 = 267$$
$$L = 80 \times 3.33 = 267$$

需求＝供给，卡尔服装厂将雇用 267 个工人，没有失业。

$$w_m = 4（美元）$$
$$L = 400 - 40 \times 4.00 = 240$$
$$L = 80 \times 4.00 = 320$$

供给＞需求，卡尔服装厂将雇用 240 个工人，失业人数＝80 人。

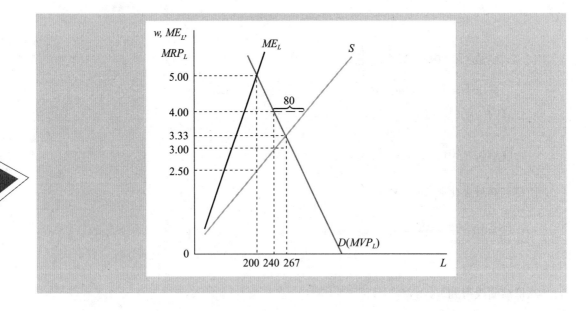

c. 在完全竞争条件下，最低工资意味着更高的工资，但是更少的就业人员。在垄断条件下，最低工资可能导致更高的工资和更多的就业人员，正如 b 问所研究的一些情形。

13.9　a. 预算约束 $C=w(24-H)+10$。

b. 由于史密斯太太的偏好，她坚持将潜在收入（$w\times24+10$）的一半用于消费，一半用于闲暇。这意味着对于所有的工资水平，消费的价值＝闲暇的价值（例如，$w\cdot H$），即

$$C=wH$$

将预算约束 C 代入可得

$$w(24-H)+10=wH$$
$$24-H+10/w=H$$
$$2H=24+10/w$$
$$H=12+5/w$$

当 $w=1.25$ 美元时，$H=16$，$C=1.25\times(24-16)+10=20$。

当 $w=2.50$ 美元时，$H=14$，$C=2.50\times(24-14)+10=35$。

当 $w=5.00$ 美元时，$H=13$，$C=5.00\times(24-13)+10=65$。

当 $w=10.00$ 美元时，$H=12.5$，$C=10.00\times(24-12.5)+10=125$。

c. 下图显示了当工资水平上升时史密斯太太选择行为的变化。当 w 上升时，用于闲暇的时间降至 12。

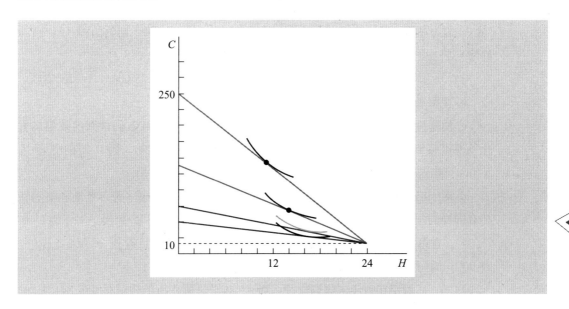

d. 史密斯太太的劳动供给曲线可以直接从 b 问的数据中得到，它向上倾斜，且随着 w 的上升，逐渐趋向于 12。

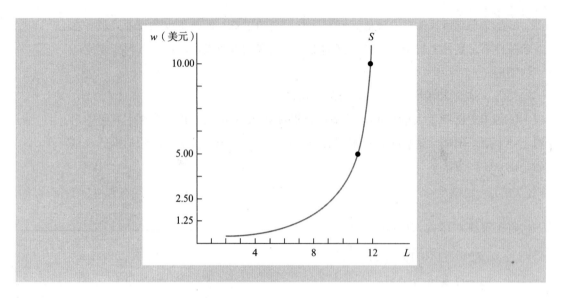

e. b 问的代数表明休闲的需求现在为

$$H=12+10/w$$

$$L=24-H=12-10/w$$

因而，在每个工资水平处，与更高收入保证相对应的是劳动供给更少。

第 14 章

14.1　a. 预算约束表明支出的现值必须和收入的现值相等，但是并不要求在两期中收入必须和消费相等。

b. 如果个人在第 0 期有储蓄，那么在第 1 期其消费必然超过收入。

c. 因为在第 0 期的储蓄 (Y_0-C_0) 获得了利息，因此在第 1 期负储蓄 (C_1-Y_1) 的情况下，可以支出更多。

14.3　a. 收入的现值是 50 000＋55 000/(1＋r)＝50 000＋55 000/1.1＝100 000。

b. 普鲁登斯拥有 $MRS=1+r$，或者 $C_1/3C_0=1.1$。

c. 预算约束的当期现值是 100 000＝$C_0+C_1/1.1$。使用从 b 问得到的效用最大化条件可得到 100 000＝$C_0+3.3C_0/1.1$，因而 $C_0=25\ 000$。第 0 期的储蓄是 25 000。在这些储蓄条件下 $C_1=55\ 000+25\ 000\times1.1=82\ 500$。

d. 对于格利特，$MRS=3C_1/C_0=1.1$。把它代入预算约束（普鲁登斯和格利特拥有同样的预算约束）得到 100 000＝$C_0+1.1C_0/3.3=4C_0/3$。因而，对于她 $C_0=75\ 000$。在第 0 期储蓄是 −25 000。格利特借了 25 000 并且返还 25 000×1.1＝27 500。因而 $C_1=55\ 000-27\ 500=27\ 500$。

14.5　a. 假定在每年末收到收益，当 $r=0.1$ 时所获得的现值是 486 841 美元。这少于购买当前 10 辆收集车所需要的 500 000 美元。当 $r=0.08$ 时，未来收益的现值是 520 637 美元，这意味着投资将是盈利的。

14.7　a. 价格应该是 4 000/(1.05)^{25}＝4 000/3.386 4＝1 181。

b. 稀缺性成本＝1 181－100＝1 081。

c. 假定实际生产成本仍然是 100 美元，25 年后的稀缺性成本是 3 900 美元。

d. 在 50 年后价格是 1 181×(1.05)^{50}＝4 000×(1.05)^{25}＝13 545。

14.9　本题的错误在于计算过程中假设你借了 10 000 美元，为期 3 年。因为偿还计划也包括了对 10 000 美元的偿还，因此你实际的借款额仅仅是该数额的一半而已。假设你在每个月的月初支付这 315 美元，那么贷款的实际利率是 8.7%，远高于 5% 的机会成本。

第 15 章

15.1　a. 图形的方程是 S_1＝750，S_2＝500＋40q，并且 S_3＝60q，如下图所示。

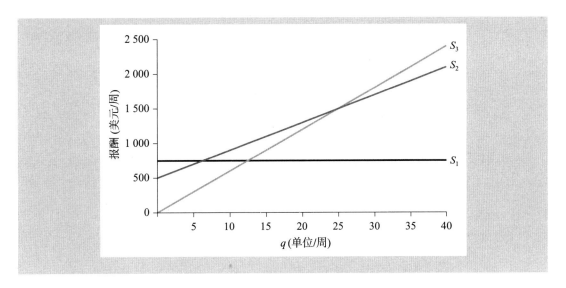

b. 令本的努力水平的边际成本（1 美元）跟他的边际收益相等，$1＝MP_E \cdot b＝\dfrac{b}{2\sqrt{E}}$，这意味着 $\sqrt{E}＝b/2$。把它代入产出函数 $q＝\sqrt{E}＝b/2$。本的产出是每个激励策略下的 b 值的一半：第一个策略是 0，第二个策略是 20，第三个策略是 30。

c. 莎拉从第一个策略中所获得的利润是－750，而从第二个策略中所获得的利润是

$$100×20－(500＋40×20)＝700$$

从第三个策略中所获得的利润是 100×30－60×30＝1 200。

因此，第三个策略是她的最优选择。

15.3　从习题 15.2 的 a 问可知，如果克莱尔获得企业利润的一半，她从付出努力中所获得的期望效用是 250。如果她不付出努力，那么她的效用是 400/2＝200＜250。所以她将会付出努力。我们在习题 15.2 中看到她将会接受合同。

在获得 1/4 利润份额情形下，由习题 15.2 的 a 问可知，她工作的期望效用是 75。她从不工作中所获得的期望效用是 400/4＝100＞75。克莱尔将接受合同并且不

付出努力。为了让克莱尔付出努力，她的收入份额必须满足

$$0.5 \times (1\,000s) + 0.5 \times (400s) - 100 \geqslant 400s，或者\ s \geqslant 1/3$$

b. 如果她努力工作，那么她从奖金中所获得的期望效用是

$$0.5 \times (100s) - 100 = -50$$

如果她不努力工作，那么她的效用是 0。因此，她将不会努力工作。（向她支付固定报酬将不会改变答案。）能够诱使她努力工作的奖金 b 必须满足

$$(0.5)b - 100 \geqslant 0$$

也就是说，$b \geqslant 200$。她将不需要一份固定报酬，因为奖金将给她与她的外部选项至少一样多的期望效用。

15.5　a. 小杯：8 盎司，售价为 80 美分。

大杯：10 盎司，售价为 1.50 美元。

消费者没有获得净剩余。雅哈布咖啡店从小需求者那儿赚得

$$50 \times (0.80 - 8 \times 0.05) = 20（美元）$$

利润，而从大需求者那儿赚得

$$100 \times (1.50 - 10 \times 0.05) = 100（美元）$$

利润，合计 120 美元。

b. 大需求者将获得

$$8 \times 0.15 - 0.80 = 0.40 > 0$$

美元的净剩余。

c. 8 盎司杯的售价是 0.80。10 盎司杯的价格满足

$$0.5 \times 10 - p \geqslant 0.40（美元）$$

在右边的项 0.40 美元是大需求者从购买 8 盎司杯（参见 b 问）中获得的净剩余。这一价格的最高值是 $p = 1.10$（美元）。雅哈布咖啡店的利润是从 8 盎司杯销售中获得 20 美元（可见 a 问）加上从大需求者处获得的

$$100 \times (1.10 - 0.50) = 60（美元）$$

利润合计是 80 美元。

d. 6 盎司杯以售价 60 美分被卖给小需求者，获得利润

$$50 \times (0.60 - 0.30) = 15（美元）$$

大需求者将从消费 6 盎司杯中获得净剩余

$$6 \times 0.15 - 0.60 = 0.30$$

大杯的售价必须满足

$$10 \times 0.15 - p \geqslant 0.30(美元)$$

这一最高价格是 $p = 1.20$（美元）。来自大需求者的利润是

$$100 \times (1.20 - 0.50) = 70(美元)$$

总利润是 85 美元，大于 c 问的利润。

15.7　a. 均衡是每个人都按自己的估值出价。支付的价格将是 100 万美元，除非双方有高估值，在后一情形当中价格将是 200 万美元。因而期望收益是

$$(3/4) \times 1 + (1/4) \times 2 = 1.25(百万美元)$$

　　b. 在三个竞标人情形下，如果至少有两人有最高估值，那么支付的价格将是 200 万美元，否则是 100 万美元。至少有两人拥有高估值的概率是 1/2。你能够通过列举 $2^3 = 8$ 种同样可能性的估值数列（LHL、HHL 等）并且注意到有一半人有两个或者更多高估值 H 得到答案。期望收益将会等于 $(1/2) \times 2 + (1/2) \times 1 = 1.5$（百万美元）。当有 N 个竞标人时，期望收益将以 N 倍增加。计算至少有两个高估值的概率将是一个困难的数学练习，我们并不预期学生能够求解。为准确起见，期望收益能够表示为

$$\left[1 - (N+1)\left(\frac{1}{2}\right)^N \right] \times 2 + (N+1)\left(\frac{1}{2}\right)^N \times 1(百万美元)$$

　　c. 由收益等价定理，来自第一价格密封拍卖的期望收益跟来自第二价格密封拍卖的期望收益是一样的。

15.9　a. $(1/4) \times 100 + (3/4) \times 200 = 175$。

　　b.

$$200 - c_L \geqslant 100$$

并且

$$200 - c_H < 100$$

或者由以上两式得到

$$c_L \leqslant 100 < c_H$$

　　c. 存在一个混同均衡，在那当中双方均接受教育。这是一个均衡，只要企业的信念是不接受教育的工人是没有生产率的。通过在这一均衡中接受教育，低技术工人获得报酬

$$175 - c_L = 175 - 50 = 125$$

如果低技术工人没有接受教育，那么他或她的报酬是 $100 < 125$。所以低技术工

人将确实会偏好接受教育。当然，高技术工人也会接受教育，因为他或她接受教育的成本更低。

同时也存在双方均不接受教育的一个混同均衡。如果企业认为接受教育的工人中高能力和低能力的可能性是一样的，那么它就是一个均衡。此时不存在教育的回报，因而两种类型的工人在均衡中均将不接受教育。

第 16 章

16.1　a. $MC=0.4q$，$P=20$ 美元。设 $P=MC$，$20=0.4q$，$q=50$。

b. $MCS=0.5q$。设 $P=MCS$，$20=0.5q$，$q=40$。

c. 最优产出水平是 $q=40$，生产的边际成本是 $MC=0.4q=0.4\times40=16$，所以征收的税收 $t=20-16=4$（美元）。

d. 略。

e.

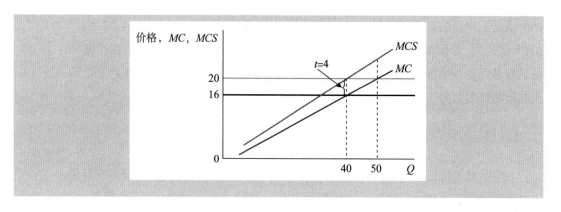

16.3　$AC=MC=10\ 000/$口井。

a. 每口井产生的收益 $=10\ 000=100q=50\ 000-100N$，$N=400$。在此存在一个外部性，因为钻另外一口井会减少所有井的产量。总产量是 40 000。

b. 将会在井的 $MVP=MC$ 处生产。

$MVP=50\ 000-200N=10\ 000$，$N=200$。现在总产量将是 60 000。

c. 让税收 $=X$。当 $N=200$ 时，每口井合意的收益 $-X=10\ 000$。当 $N=200$ 时，每口井的平均收益 $=30\ 000$。征收 $X=20\ 000$。

16.5　a. 为了实现利润最大化，令 $P=MC$，$50=30+0.5Q$。因此当 $Q=40$ 时，将有足够的蜜蜂对 10 英亩大的果园进行授粉。

b. 果园所有者将对每个蜂箱支付 25 美元。一个 20 美元的补贴将会导致每个蜂箱的总收入是 70，并且利润最大化将使得 $70=30+0.5Q$，或者 $Q=80$——有足够的蜜蜂对全部 20 英亩大的果园进行授粉。

16.7　a. 个体 A 的边际估值 $=P=100-q_A$；个体 B 的边际估值 $=P=200-q_B$。因为蚊虫控制的公共品性质，这些估值应该"垂直"加总。

边际价值$=300-2q$（因为$q_A=q_B$）。让它等于边际成本 50，可得到$q=125$。

b. 搭便车问题将会导致没有任何产量。每个人都希望搭其他人的便车。

c. 总成本$=50\times125=6\ 250$（美元）。A 在需求曲线下的面积等于 5 000 美元，B 则等于 17 188 美元。其中一个解将是按这些价值的比例分担成本。

16.9　a. 这一游泳池是排他性的，不像许多公共品。然而，它是非竞争性的，因为多一个使用者的边际成本是零。

b. 家庭作为整体将乐意为这一游泳池每天支付 6 000 美元，而家庭每天只需要花费 5 000 美元，所以建造这一游泳池将会改善资源配置。

c. 这些价格均不能够涵盖游泳池的成本。1 美元或者 0 美元的价格将是有效的，但是它会让游泳池在亏损处运营。

d. 一种有效的定价方案将要求那些对游泳池估值更高的人支付更多。因而并不存在既能覆盖游泳池成本，又能实现资源的有效配置的定价方案。

e. 当游泳池是由 2 000 个家庭使用时，它的经济价值将实现最大化。然而，为了避免在亏损处运营，对于那些对游泳池的估值为 3 美元的人来说，还是有必要要求他们支付这样一个金额。

第 17 章

17.1　a. 第一个奖金的计算公式是 100 000d，第二个奖金的计算公式是 $2^{d-1}/100$。

b.

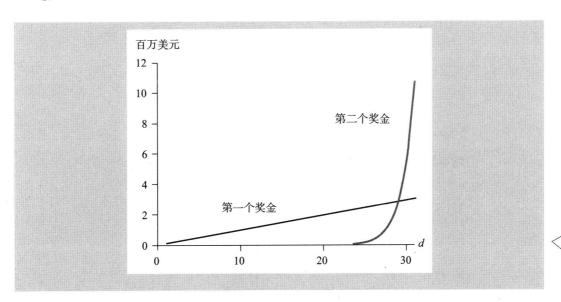

c. 曲线交于 29 天和 30 天之间。在短时间跨度内第一个奖金更好，在更长时间跨度内第二个奖金更好。

17.3　a. 两人都会选择背叛。

b.

		B	
		背叛	沉默
A	背叛	1, 1	0, −3
	沉默	−3, 0	2, 2

现在存在两个均衡：双方都背叛，或者双方都沉默。

c.

		B	
		背叛	沉默
A	背叛	1, 1	3, −3
	沉默	−3, 3	2, 2

跟 a 问一样，双方都背叛。

17.5　a. 参与人 1 提出一个低分配方案；参与人 2 接受任一出价。

b.

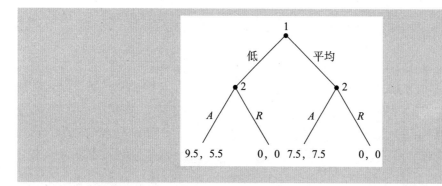

均衡与 a 问一样。

c.

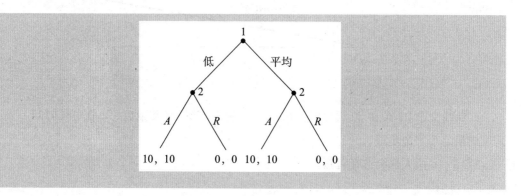

现在，除了 a 问的均衡外，还有另一个均衡，即参与人 1 提出一个平均分配方案，参与人 2 接受任一出价。

d.

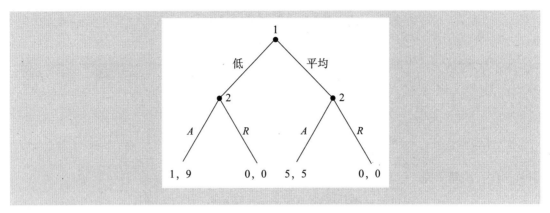

在均衡中，参与人 1 提出一个平均分配方案，参与人 2 接受任一出价。自相矛盾的是，如果参与人 2 接受低分配方案，参与人 2 获得一个更高的货币收益但是更低的效用水平。

17.7　a.如果 $s<b$，那么威尔做复习备考计划，并且会完成他的计划。

b.如果 $s<b$，那么贝基做复习备考计划，但是她只有在 $s<wb$ 时才会完成计划。

17.9　a.皮特从赌局 A 中所获得的预期效用是 10 000＋(1/2)×250－(1/2)×2×100＝10 025，而从赌局 B 中所获得的是 10 030，所以他会选择 B。

b.皮特从赌局 C 中所获得的预期效用是 10 100＋(1/2)×150－(1/2)×2×200＝9 975，而从赌局 D 中所获得的是 10 100－2×70＝9 960，所以他会选择 C。

c.皮特从赌局 A 和 C 中得到相同的财富，从赌局 B 和 D 中得到的财富也一样。

小测验答案

第1章

1.1 生产可能性曲线之所以被称为"边界",是因为它显示了在其他产品的产量保持不变的情况下(通常假设资源的可获得性也保持不变),一种产品可以达到的最高产出水平。当该"边界"是凹形的时,表明随着 X 产量的增加,生产 X 的机会成本也是增加的;当该"边界"是凸形的时,表明随着 X 产量的增加,生产 X 的机会成本是递减的。当 X 的生产表现出明显的规模经济时就会出现这种情况。

1.2 供给曲线和需求曲线表明经济参与人对各种价格水平的自愿反应,因此,两条曲线的交点表示交易双方都是满意的。而 P 和 Q 的其他组合都不在该点上,它表明至少有一方处在非自愿选择的位置上。

1.3 消费者收入、和计算机相关的产品的价格以及人们的偏好都可能会改变需求曲线,而那些影响到计算机生产成本的因素都可能会改变供给曲线。计算机价格却不会改变这两条曲线,因为这两条曲线本身就反映了需求者和供给者对所有可能价格水平的反应。

1A.1 截距和因变量具有相同的单位,都是每周 100 000 磅。斜率是自变量变化一单位所引起的因变量的变化量——价格每上升 1 美元,每周产出就变动 5 000 磅。如果用"磅"来计算比目鱼的产量,用"美分"来计算其价格,那么方程可表示为 $Q=100\,000+50P$。

1A.2 如果 $Y=-5X/6+10$,那么当 $X=12$ 时 $Y=0$。比较这些图形可以发现,通过适当改变 Y 轴截距的平行移动可以带来 X 轴截距的同样变化。

1A.3 这里,每额外一工人小时就会使葡萄的产量增加 20 磅,平均生产率由下式给出:$Q/L=100/L+20$。因此,当 $L=10$ 时,平均产量的值为 30;当 $L=20$ 时,平均产量的值为 25;当 $L=50$ 时,平均产量的值为 22。

1A.4 为了让 Y 保持在 3 处,Z 从 9 减少至 3 将要求 X 从 1 增加到 3。为了保持 Y 等于 3,如果 Z 进一步减少至 1,那么 X 将不得不上升至 9。更一般地讲,如果 $Y=3$,那么 X 必须等于 $9/Z$。

1A.5 图 1A-6 中曲线向外移动的原因是方程 $X+Y=3$ 的截距变为 5。这个变化是在其他条件不变情况下常量保持不变所发生的变化。图 1A-6 就像一个市场，其中需求增加了，可能的原因是消费者收入的增加。

1A.6 方法 1 中影响花椰菜需求的许多其他因素很可能随着时间的推移发生了变化，因此这些点将不会出现在同一条需求曲线上。方法 2 中的平均化过程或许使情况有所好转，但是认为那些影响花椰菜需求的不可测因素在这个平均化过程中会互相抵消，是不大可能的。

第 2 章

2.1 完备性意味着位于图形中第一象限内的所有点都是可以进行比较排序的。也就是说，如果点 $(X_1，Y_1)$ 是优于点 $(X^*，Y^*)$ 的，那么其他在问号区域内的点只要满足 $X \geqslant X_1$ 且 $Y \geqslant Y_1$，也都是优于点 $(X^*，Y^*)$ 的。

2.2 斜率为正的无差异曲线意味着在增加对 X 的消费的同时还要增加对 Y 的消费，只有这样才能保证消费者效用的提高。但是这同时意味着只增加对 X 的消费或只增加对 Y 的消费会降低消费者效用，这和经济"产品"的定义是相悖的。没法计算 E 点和 F 点的 MRS，因为这些点所在的无差异曲线是未知的。我们仅仅知道 E 点在 U_1 以上，F 点在 U_1 以下。

2.3 本题中的预算约束线是一条直线，飞盘所在轴的截距是 5，沙滩球所在轴的截距是 10。收入加倍将会使这两个截距都加倍。产品价格翻倍也将会使得预算约束线回到初始位置。

2.4 在这些价格水平下，消费者通过放弃购买 1 张 DVD 可以多购买 1.7 张 CD，或者放弃购买 1.7 张 CD 可以多购买 1 张 DVD。如果边际替代率是 2 张 CD 换 1 张 DVD，那么消费者将愿意放弃更多的 CD 来换取 DVD。因此，为了实现效用最大化，他或她应该购买较少的 CD、较多的 DVD。

2.5 1.在图 2-8（c）中，效用最大化的条件是：如果 $MRS > P_X/P_Y$，即使 $Y=0$，那么 $Y=0$ 也是最好的选择。在图 2-9（c）中，由于是相同的产品，因此 $MRS=1$，所以如果 $P_X/P_Y>1$，最好的选择是 $X=0$。本书作者从来不吃利马豆，因为 $P_{利马豆}/P_Y>MRS$，即使在利马豆=0 的情况下。然而，利马豆的价格通常是正的，因此总有人会吃这些可怕的豆子。

2.在图 2-9（d）中，不管价格比率为多少，均衡点总是位于无差异曲线的顶点处。不管左脚上的鞋和右脚上的鞋各自的价格是多少，人们总是以"双"为单位来消费它们，除非他或她支付不起一双鞋的价格。

第 3 章

3.1 在第一个例子中，住房和其他产品都会随着收入按一定比例增加。在第二个例子中，直到住房达到"充裕"水平之后，此时不需要再购买任何住房，其他额外收入全部用于购买其他产品，这时其他产品才会随着收入按一定比例增加。

3.2　1.各种品牌的汽油属于完全替代品，所以任何一次价格的重大变化都会导致需求者转向成本较低的品牌。

2.大的零售商通常会以较低的价格出售和地方零售商相同的产品，因为产品本身是完全替代品，所以需求者会选择价格较低的零售商。

3.3　茶叶价格下降的替代效应会减少人们对咖啡的购买，但收入效应会增加人们对咖啡的购买（假设咖啡属于正常产品）。奶油价格的下降会增加人们对咖啡的购买，因为它们是互补品。奶油价格下降带来的正的收入效应也会增加人们对咖啡的购买（同样，假设咖啡属于正常产品）。在这两个例子中，收入效应的方向是一致的，但是替代效应的方向是不同的。

3.4　报告者 1 没有弄明白沿着橘子需求曲线的移动（霜冻提高成本导致这一移动）和需求曲线本身的移动之间的区别。曲线没有移动，所以结果没有"降低价格"。报告者 2 也混淆了需求量下降和保持较低需求水平的关系。霜冻导致沿着需求曲线的移动可以被更正常的收成所逆转。注意描述的这些事件可以怎样用图形说清楚。

3.5　消费者剩余是通过需求曲线测量的，而需求曲线的轴线分别是价格（美元/单位）和数量（单位）。因此，区域面积的测量单位是美元/单位×单位＝美元。也就是说，消费者剩余是以货币为单位测量的。它可以和其他货币数字进行比较。如果价格上升 10%，那么消费者剩余的下降幅度远远大于 10%，因为数量也会跟着下降。

3.6　情形 1 将会向外移动肉豆蔻的需求，因而在每个价格水平下，所需求的数量每年将会增加 200 万磅。也就是说，曲线将会水平地向右移动 200 万磅数量。情形 2 将会在每个数量水平上向上移动肉豆蔻的需求 1 美元。也就是说，曲线将会在垂直方向上向上移动 1 美元。

3.7　1.在图 3-13（a）中，价格的下降会导致总支出的下降，需求是缺乏弹性的。在图 3-13（b）中，价格的下降会导致总支出的增长，需求是富有弹性的。

2.市场价格变动 1% 所带来的总支出的百分比变化可以由 $1+e_{Q,P}$ 表示：

$$\frac{\Delta PQ/(PQ)}{\Delta P/P}=\frac{(\Delta P\cdot Q+\Delta Q\cdot P)/(PQ)}{\Delta P/P}=1+\frac{\Delta Q/Q}{\Delta P/P}$$

由此，这一信息将会得到需求价格弹性的精确估计值。

3.8　如果每种产品的需求收入弹性都大于 1，那么收入增加 1% 会导致总支出的增长超过 1%，考虑到预算约束条件，这是不可能的。如果每种产品的需求收入弹性都小于 1，那么收入增加 1% 会导致总支出的增长低于 1%，还有一部分收入未用于支出（在单一时期模型中，这将不能实现效用最大化）。如果 95% 的收入都用于住房支出，当收入增加时，如此高的需求收入弹性会导致住房支出很快就耗尽了收入。比如，一个消费者的收入为 100 美元，其中 95 美元花费在住房上。如果住房的需求收入弹性为 2，那么收入增加 10%（达到 110 美元）会使得住房支出增加 20%（达到 114 美元）。因此，住房支出超过了收入，这是不可能的。

3.9 啤酒价格的下降会促使消费者用啤酒代替比萨饼。同时啤酒价格的下降提高了消费者的整体购买力，这又会增加人们对比萨饼的消费。替代效应和收入效应的方向是相反的。当所有价格和收入都上升 10% 时，需求是不会发生变化的，因此，这三个弹性数值之和必定为 0。

第 4 章

4.1 1.1.0。

2.200 美元。

3.100 美元。

4.2 如果函数是凸形的（而不是图 4-1 中的凹形），那么他或她就是风险偏好者。

4.3 1.在两种情况下赌博的期望值都是零，但是在只掷一次硬币的情况下，结果的可变性要高得多。

2.在两种排队方式下，等待服务的预期时间是一样的，但是在每个柜员前都设有排队路线的方式的结果的可变性要高。很多人都普遍担心自己选择了错误的排队路线。

3.本书作者认为比赛中的任何得分都含有一定的随机性因素。因此，进球较多的比进球较少的比赛更能说明球员的技术好（当然了，一些球迷可能不太赞同）。

4.4 1.题中提到的交易是以 1 亿美元购买一部电影。这个交易的预期值取决于电影的预期收入以及卢卡斯拍这部电影的概率。这两个因素都增加了该项交易价值的可变性，这项期权的持续期很可能是无限的。

2.期权的价值等于电影的预期收入减去 1 亿美元的现值再乘以电影拍成的概率。

4A.1 1.不存在风险是因为不管哪种结果出现，C 都是一样的。

2.斜率为 $-0.6/0.4 = -1.5$，此人可以用 1 单位 C_1 换取 1.5 单位 C_2，因为状态 1 发生的可能性更大。

3.要找到无差异曲线的斜率，就要先从确定性世界中观察到 C_1 和 C_2 之间的 MRS。然后通过将该 MRS 调整为发生状态的概率比 $0.6/0.4$ 来考虑不确定性。

4.在 E 点，$C_1 = C_2$，所以它们之间的 MRS 必然是 -1。在第 3 题中，无差异曲线的斜率正好是概率比的 -1 倍，即 $-0.6/0.4$，在第 2 题中我们得到了公平斜率 -1.5。

4A.2 （略）

第 5 章

5.1 1.$(1/2) \times 1 + (1/2) \times (-1) = 0$。

2.$(1/2) \times (-1) + (1/2) \times 1 = 0$。

3.第1问和第2问表明，不管硬币出现正面还是反面，A 的期望收益总是 0。因此，混合策略下 A 的期望收益是 $(1/2)\times0+(1/2)\times0=0$。

5.2　1.不。

2.不。如果一个参与人拥有一个占优策略，那么他或她在博弈中利用占优策略会获得比其他任何策略都要高的期望收益，因此他或她会以 1 的概率采取占优策略。

5.3　1.支付矩阵（2，1）涉及两个不同的纳什均衡。第一，不管 A 怎么做，B 总是选择芭蕾舞；第二，B 总是跟随 A 的选择。这是两个非常不同的策略。

2.一共有三种方式可以让 B 选择芭蕾舞。一是他自己可以采取只选择芭蕾舞的策略；二是他跟随 A 的策略，而 A 有可能选择芭蕾舞；三是他可以选择跟 A 相反的策略，而 A 有可能选择拳击比赛。要想清楚地知道 B 采取何种策略，就需要明确知道跟随 A 的任何行为的完备计划。

5.4　1.$g=0$。

2.宽容会使维持合作变得更加困难，只有惩罚的威胁才能阻止参与人背离合作。宽容降低了惩罚的严厉性，不太严厉的惩罚的阻吓价值也较小。

5.5　已知三个函数，令边际收益和边际成本 0 相等，可得：

$$120-2s_A-s_B-s_C=0, \quad 120-s_A-2s_B-s_C=0, \quad 120-s_A-s_B-2s_C=0$$

联立解方程组可得 $s_A^*=s_B^*=s_C^*=30$。

第 6 章

6.1　在情形 1 中，劳动的边际产量是每小时 50 个苹果，劳动的平均生产率随着 L 的增加而降低，这是因为固定的数字 10 被越来越多的劳动平分。在情形 2 中，劳动的边际产量是每分钟擦拭 5 本书，劳动的平均生产率随着 L 的增加而增加，这是因为固定的数字"-10"被越来越多的劳动平分。

6.2　这里的 RTS 是：1/2 小时的劳动时间可以代替一把大铲子。只挖一个洞的等产量曲线只包括两个独立的点：（1）1 小时，小铲子；（2）1/2 小时，大铲子。一个工人利用一把小铲子在 1/2 小时内只能挖 1/2 个洞，如果此时他或她换成大铲子，剩下的 1/2 个洞在 1/4 小时内就能完成。因此，该项生产技术将使用 3/4 小时的劳动。

6.3　1.很明显，K 和 L 加倍后产出也会加倍，因此该函数属于规模报酬不变的类型。

2.该函数假设 K 和 L 是完全替代品。其边际替代率是一个常数，不会随着 L 的增加而减少。

3.该函数意味着可以在不使用劳动的情况下生产出 q——一种不可能的情况。

6.4　1.至少有一部分是技术进步，尽管也存在着某些替代。

2.至少有一部分是技术进步，尽管也存在着某些替代。

3. 几乎全部属于资本对劳动的替代。

4. 几乎全部属于技术进步。

第 7 章

7.1 支付房租是为了获得住房服务，那些居住在自己房屋中的人同样需要为这种服务付费，只不过支付的形式是他们放弃了投入在房屋上的资金所带来的收益。因此，问题的关键是哪种住房服务能够提供一个较低的成本（包括机会成本）。还清房贷把显性的利息成本转化为隐性的（人们放弃了利用被房屋占用的资金进行投资所获得的收益）。如果机会成本和贷款成本相同，那么还清贷款没有任何意义。

7.2 1. 在固定比例的情况下，10 小时劳动和 20 单位资本可以生产出 100 单位产出，总成本是 $10 \times 10 + 20 \times 4 = 180$。如果资本租金上升为 10，企业将继续采用相同的固定投入比例，但是此时的总成本增加为 300。

2. 该生产函数的 RTS（L 对 K）是 2。也就是说，额外 1 单位劳动可以替代 2 单位资本。当 $w = 10$、$v = 4$ 时，成本最小化要求企业只使用资本：如果企业采用 20 单位资本来生产 100 单位产出，那么总成本是 80（如果企业只使用劳动，那么成本将是 100）。如果 v 上升到 10，那么劳动就是相对较廉价的投入品，此时企业将使用 10 小时劳动，成本为 100。

7.3 1. 平均分为 $(80 \times 5 + 60 \times 2)/7 = 520/7 = 74.3$。

2. $(520 + 3x)/10 = 80$，$3x = 280$，$x = 93.3$。

3. 当边际分值低于平均分值时，平均分值将下降；当边际分值高于平均分值时，平均分值将上升。

7.4 1. 在除了 q^* 以外的任何产量水平下都有 SAC 大于 AC，因为在其他所有产量水平下厂商使用的资本投入量都不能达到成本最小化。

2. 当 $q > q^*$ 时，SMC 大于 MC。这是因为在短期中（某些投入品是固定的），可变投入品的报酬递减作用比在长期中更加显著。

3. K 增加到 K^* 以上将会导致 SAC 和 SMC 沿着 AC 曲线向右移动。

7.5 总成本中劳动成本所占的比例越大，那么工资上升对总成本的影响就越大。如果企业能够用资本替代劳动，那么成本增长的程度就会得到改善。

第 8 章

8.1 1. 当平均收益和平均成本之间的差距最大时，每单位产品的利润才最大，而此时边际收益和边际成本不一定相等。虽然 $MR = MC$ 规则降低了每单位产品的利润，但是它增加了总利润。

2. 因为价格等于平均收益，因此，题中提到的规则实际上会使得每单位产品的利润最大化。当平均收益固定时，最小化平均成本将会达到同样的目的。然而，出于第 1 题中所提到的原因，这并不能保证总利润的最大化。

8.2　1.人们对任意长途线路的需求都是富有弹性的，但是当对所有长途线路都涨价时，需求是缺乏弹性的。

2.同样的观点在这里仍然适用，人们对任意一个城镇中餐馆的需求均是富有弹性的，但是如果税收增加是全州性的，那么消费者将很难避开税收。

8.3　1.式（8.9）意味着 $MR/P=1+1/e$，因此，需求越是缺乏弹性（假设 $e<-1$），MR/P 的比率就越小。

2.式（8.9）意味着当 e 保持不变时，P 的百分比变化和 MR 的百分比变化是一样的。当 e 发生变化时，这两个百分比变化就不再相同。

8.4　1.固定成本的增加既不会影响到 SMC，也不会影响到停止营业点。

2.该罚款可以被视为一项固定成本，因此不会对供给决策产生影响。每日罚款在 Whoppers 的供给决策中仍然可被视为一项固定成本。但是它将促使厂商采用一种新的、较少产生垃圾的包装材料。

第9章

9.1　1.当只有 100 个竞标牌举起来的时候。

2.当举起来的竞标牌增加到 100 个的时候。（这两个价格相同吗？）

9.2　1.农场主得不到 3.25 美元，尽管他或她的成本可能需要这么多，因为任一个购买者都能够以 3 美元的价格得到他需要的玉米。

2.如果销售者可以在其他地方获得 3 美元的价格，那么销售者不会以 2.75 美元的价格卖给这个慈善机构（除非帮助穷人的行为能给销售者带来效用）。

9.3　1.价格将上升到 7 美元。需求量为 3，供给量为 5－2＝3。

2.利用表 9-2 采用试错法可知当购买者支付 8 美元的价格、出售者接受 4 美元的价格时可以产生必要的税收"楔子"。在这种情况下，需求量和供给量都是 2。

9.4　1.是的，需求向外移动引致了沿着（缺乏弹性的）供给曲线的移动，它大体上提高了价格。

2.是的，水力压裂法向外移动了供给曲线，引致了沿着缺乏弹性的需求曲线的移动，因而价格变得更低。

9.5　1.如果行业的扩张不会引起任何投入品价格的上升，那么长期供给曲线是完全弹性的。

2.随着对种植土豆的土地的需求增加，土地的价格会相应上升。这是土豆价格上升的唯一原因。生产者剩余就是土豆所有者获得的额外的租金，这个租金并没有导致价格上升，相反，租金只是价格上升的结果。

9.6　1.因为短期供给比长期供给缺乏弹性。

2.需要检验一下长期供给曲线向上倾斜的原因。造成长期供给曲线向上倾斜的要素所有者将会支付生产者的税收份额。

9.7　1.消费者剩余是 $\frac{1}{2}\times(10-7)\times3=4.5$。生产者剩余是 $\frac{1}{2}\times(5-2)\times3=$

4.5。税收总额是 6。因此，总剩余加上税收总额等于 15。在课税之前，消费者剩余是 8，生产者剩余是 8。课税带来的无谓损失是 1。这也可以通过下式计算：$\frac{1}{2} \times t \times \Delta Q = \frac{1}{2} \times 2 \times 1 = 1$。

2.如果税率是 4，$P - 2 = 10 - (P + 4)$，得 $P = 4$；$P + t = 8$；$Q = 2$。无谓损失是 $\frac{1}{2} \times t \times \Delta Q = \frac{1}{2} \times 4 \times 2 = 4$。消费者剩余是 $\frac{1}{2} \times (10 - 8) \times 2 = 2$，生产者剩余是 $\frac{1}{2} \times (4 - 2) \times 2 = 2$。税收总额是 8。三者相加是 12，和无税收时相比，征税后的总剩余损失是 4。

3.在有税情况下，比如说税率是 8，则 $Q = 0$。所有生产者剩余和消费者剩余都会失去。税收总额也是 0。

9.8　1.相对于自由贸易状态，国内生产者不支付这一税收。假定国外供给曲线是无限弹性的，国外生产者也不会支付税收。关税完全由国内消费者支付。

2.由于关税引致了生产者剩余的增加，并会传导到那些要素上，于是导致了向右上方倾斜的长期供给曲线。

3.两个区域都是消费者剩余损失，这一损失既没有被企业占有，也没有被政府占有。

第 10 章

10.1　出现第二条供给曲线的主要原因是允许番茄行业的劳动力市场做出回应。番茄采摘工的工资上升会导致供给曲线移动。考察需求移动效应的模型没有考虑这些劳动力市场效应，这将低估需求上升对番茄价格的影响。

10.2　1.仅仅边界上 $X = Y$ 的点有经济效率。

2.边界上 $X = 2Y$ 的点是无效率的，因为如果增加 Y 的生产，减少 X 的生产，直到 $X = Y$ 这一点，效用将得到改进。

10.3　X 的初始价格将低于均衡价格。Y 的初始价格将高于均衡价格。提高 P_X，降低 P_Y，将使两个市场同时恢复均衡。

10.4　1.唯一有效率的点是史密斯得到全部的 X，琼斯得到全部的 Y。

2.在这种情形下，只有在方盒图对角线上的点是有效的。

3.在这种情形下，方盒图中所有的点都是有效的。

10.5　a.纯粹的通货膨胀将不会对相对价格产生影响，因而在一个正确的供求曲线图上，供给曲线和需求曲线都不会移动。

b.如果供求曲线图（不正确地）将名义价格标示在纵轴上，那么纯粹的通货膨胀将导致供求曲线同比例上升，但均衡数量保持不变。

第 11 章

11.1　1.垄断受产品需求曲线的约束。这一曲线提供了可能的价格-数量组合——一旦选择了某个变量，另一个也同时得以确定。

2.在价格决定中，利润最大化规则仍然体现为 $MR=MC$ 这一思想。若略微降低价格所带来的额外收益（价格变化量必然为正，因为垄断者仅仅在需求曲线富有弹性的部分运营）正好等于生产额外的产出（这些产出肯定能被卖出）所带来的额外成本，那么价格就得以确定。

11.2　1.需求的增加将会导致 MR 曲线向外移动。如果 MC 曲线具有正的斜率，那么产量将会增加。因为 MR 也增加了，因此除非需求弹性发生很大变化，否则 P 也会上升（见第 2 问）。

2.尽管当 MR 曲线沿着一条具有正斜率的 MC 曲线向外移动时产量会增加，但是如果需求变得更富有弹性，价格本身可能会下降。因为 $MR=P(1+1/e)$，因此当 $(1+1/e)$ 大幅增加时，即使 MR 也增加，P 仍然会下降。

11.3　消费者剩余的无谓损失主要是指消费者效用的损失，消费者获得的效用比在完全竞争市场条件下要少。垄断利润是消费者剩余向垄断企业的转移，它们不属于无谓损失的一部分。

11.4　1.每个市场中的价格依赖于需求曲线的斜率及其水平。

2.垄断企业在两个市场中都应该将价格设定在 $MR=MC$ 处。如果两个市场的弹性不同，这并不意味着 MC 较高的市场价格水平也较高。

11.5　当平均成本曲线呈现 U 形时，将不存在监管困境，监管者可以令 $P=MC=$ 最小平均成本，从而可在经济利润为零的条件下达到有效状态。如果 P 小于 AC，则会出现亏损。很明显，我们还可以将 P 设定在停止营业点以下。

第 12 章

12.1　1.企业 B 的最优反应曲线将会向着原点移动，企业 A 的最优反应曲线将不会发生变化。新的纳什均衡是企业 B 新的最优反应曲线和企业 A 不变的最优反应曲线的交点。在新的纳什均衡点上，企业 A 的产出增加，企业 B 的产出减少。

2.如果两家企业的边际成本都增加了，那么它们的最优反应曲线都会向着原点移动。在新的纳什均衡下，两家企业的产量都降低，反之亦然。需求曲线截距的增大会导致两家企业的最优反应曲线都偏离原点向外移动，在新的纳什均衡下，两家企业的产量都增加。

12.2　它不可能是一个纳什均衡，因为企业将价格定在边际成本处，只能获得零利润，但是如果一家企业的价格稍高于边际成本同时又低于另一家企业的价格，那么它将获得正的利润。

12.3　1.企业 B 的最优反应曲线将会向上移动，企业 A 的最优反应曲线保持不变。在新的纳什均衡点处，两个厂商面临着更高的价格。

2.两家企业的最优反应曲线都将偏离原点向外移动。在新的纳什均衡点处，两家企业面临更高的价格。成本下降会带来相反的效果。需求曲线截距增大会导致两家企业的最优反应曲线都偏离原点向外移动，且带来更高的纳什均衡价格。两大产品替代性下降带来的影响是难以确定的。考虑一下最正确的方式，它很可能导致最优反应曲线向外移动，并使得纳什均衡价格提高。

12.4　1.这类广告的增加会使得产品之间的替代性加大，并加剧产品在第二阶段的价格竞争。意识到这种影响，企业将缩减广告开支以使竞争不那么激烈并保持更高的价格。

2.这类广告会产生和第1题相反的效果。

12.5　1.企业 A 需要生产更多的产出来阻止企业 B 的进入（复杂的计算结果显示企业 A 需要生产 67 单位产出来阻止企业 B 的进入）。

2.企业 A 仅仅需要 60 单位产出就可以阻止企业 B 的进入。这刚好也是垄断企业的产量水平。这意味着企业 A 只需要忽略企业 B 的存在，像垄断企业那样运行就足以阻止企业 B 的进入。

12.6　1.向下倾斜的需求曲线和自由进入（所以获得零利润）。

2.潜在的损失就是产品多样性的损失。在垄断竞争模型中，单家企业面临的需求曲线被认为是向下倾斜的，这主要是由于我们假设各企业之间至少存在着轻微的产品差异。如果只有一家企业存在，消费者就损失了企业提供的产品的多样性，因此也损失了一部分消费者剩余。

第 13 章

13.1　1.垄断企业将在满足 $w=MR\cdot MP_L$ 的水平下雇用劳动力，并利用满足 $v=MR\cdot MP_K$ 的资本。因为 $MR<P$，MP_L 和 MP_K 必须比完全竞争情形下的要更高，因而企业必须雇用更少的要素投入。

2.两种投入要素的边际生产率必须更高。

13.2　1.工资上升将不会带来替代效应，但是工资上升会使汽油价格上升，因此对汽油的需求将下降，且对加油工人的需求也下降。

2.由于生产过程的固定比例特征，我们仍然不必考虑替代效应。工资上升 10% 将会使汽油价格上升 3.33%，汽油的购买量下降 1.67%，同时这将导致加油工人的雇用量也下降 1.67%。因此，需求价格弹性为 $-0.167(=-1.67/10)$。

13.3　像任何税收一样，12% 的总税收的实际税负归宿取决于供给和需求的弹性。

13.4　是的，图 13-5 中存在着一个三角形的无谓损失，类似于垄断带来的无谓损失。其中一部分损失由供给者承担，他们接受的工资水平低于完全竞争情形下的工资水平。一部分由需求者承担，它们不能将其在完全竞争情形下得到的全部剩余转化为垄断利润。

13A.1　1.在无差异曲线中，工资上升的收入效应和替代效应使劳动供求数量在 7 小时劳动处达到均衡。

2.当无差异曲线与闲暇轴相交时，斜率要比现行工资水平下的更陡。

13A.2　对工资征收比例税实际上降低了工资水平，这将在劳动供给中产生收入效应和替代效应——替代效应支持较少的劳动供给，收入效应支持较多的劳动供给。一次总付税不会带来替代效应，只有收入效应支持更多的劳动供给。

第 14 章

14.1　1.C_1 实际上比 C_0 "更便宜"，因为在购买 C_1 之前可以获得利息。如果 $r=0.10$，C_1 的相对价格是 $1/1.1=0.909$。克制住不购买 0.909 单位 C_0 可以使此人得到 1 单位 C_1。

2.r 的上升会降低 $1/(1+r)$，比如，当 $r=0.15$ 时，C_1 的相对价格是 0.870，比 0.909 要小。价格降低带来的收入效应和替代效应都使此人消费更多的 C_1。然而，对 C_0 的影响却是不确定的：C_0 的相对价格提高带来的替代效应会降低对 C_0 的消费，而收入效应会增加对 C_0 的消费（因为本例中更高的利率水平增加了此人的购买力）。

14.2　单纯的通货膨胀既不会影响到式（14.1）中的实际利率水平，也不会影响到折旧率。它会提高机器价格 P 和厂商产品的价格 P^*，提高的幅度是一样的。因此，在 $MVP_K=v=P(r+d)$ 中，通货膨胀对两边都有影响，但影响又相互抵消了。所以，厂商的资本使用决策不会发生变化。

14.3　很明显，这笔支付的现值并不是 2 000 万美元。为了计算现值，我们有必要假设一个具体的名义利率（因为彩票的支付额也是名义上的）。比如名义利率为 5%、连续 20 年每年支付 100 万美元的现值是 1 250 万美元，远少于 2 000 万美元。当名义利率为 10% 时，现值只有 850 万美元。

14.4　1.和一家完全竞争企业一样，资源的有限性也为垄断企业带来了机会成本问题。

2.如果假设垄断企业未来的价格水平和完全竞争企业一样，那么资源价格按利率的速度上升的事实意味着在所有时期中，垄断价格都要和完全竞争的价格相同。此时，企业不能运用它的垄断力量。

14A.1　如果 1 美元投资 3 年，那么展开后的式子有下列含义：

a.1——到期归还的本金。

b.$3i$——本金在各年的利息。

c.$3i^2$——第 1 年的利息在第 2 年获得的利息加上第 1 年的利息在第 3 年获得的利息加上第 2 年的利息在第 3 年获得的利息，总和等于 $3i^2$。

d.i^3——第 1 年的利息投资后第 2 年获得的利息再投资后第 3 年获得的利息。

14A.2　当利率水平为 5% 时，5 年后的 1 000 美元的现值是 784 美元（见表 14A - 2），25 年后的 3 000 美元的现值是 $3\times295=885$ 美元。因此等待是有价值的。当利率为 10% 时，5 年后的 1 000 美元的现值是 621 美元，25 年后的 3 000 美元的现值是 277 美元。在更高的利率水平下，等待显然是不值得的。

14A.3　1.将年利息支付额增加到 65 美元会将收益率提高到 4.97%。

2.将到期偿付额增加到 1 100 美元会将收益率提高到 4.76%。

3.将债券期限缩短到 15 年会将收益率降低到 4.50%（因为收到的支付额更少且 1 000 美元的债券面值会被更早归还）。

14A.4　我们假设机器的租赁价格每期以 d 的速度下降，这就解决了折旧问题。因此，在第 n 期，式（14A.37）中的分子变为 $v/(1+d)^n$，从而该式变成 $\sum_{i=1}^{n} v/(1+r)^i(1+d)^i$。因为 $(1+r)(1+d) \approx (1+r+d)$，该式可以近似于 $\sum_{i=1}^{n} v/(1+r+d)^i$，取 n 趋于无穷时式的极限，得 $P = v/(r+d)$，这刚好就是式（14.2）。

第 15 章

15.1　需要支付给管理者足够的薪水才能保证他或她在本企业而不在其他企业工作。企业希望管理者付出的努力越多，它支付给管理者的薪水就越高。因此，尽管总利润可能增加到 E，高于 E^*，但是利润（边际产品价值减去管理者报酬）却不会增加。

15.2　1.他的报酬在努力水平（总报酬减去总努力成本）为三单位时是最高的：$900-525=375$。在最后一单位处，他的边际报酬大于他的努力水平的边际成本。

2.在缺乏固定费用的条件下，工人在第 1 问中的报酬是 375 美元。管理者能够对工人收取 75 美元作为工人加盟企业的费用，并且仍然优于替代方案。

15.3　1.该咖啡店能够对放有一个咖啡球的咖啡收取 1.50 美元，并且让低价值类型消费者购买它。这可为高价值类型消费者提供 0.50 美元的消费者剩余，因而放有三个咖啡球的咖啡最多可以卖到 4 美元，并且让高价值类型消费者以 4 美元购买它。从高价值类型消费者处获得的利润是 $4-3 \times 0.50 = 2.50$(美元)；从低价值类型消费者处获得的利润是 $1.50-0.50 = 1$(美元)，总利润是 290 美元。

2.该咖啡店能够对放有三个咖啡球的咖啡的高价值类型消费者收取 4.50 美元，并且从每个高价值类型消费者处赚得 $4.50-3 \times 0.50 = 3$(美元)，总利润是 300 美元。

15.4　参与人 2 的出价有三个范围：第一，参与人 2 能够在 50 以下出价；第二，在 50 和 70 之间出价；第三，在 70 以上出价。首先，如果参与人 2 在 50 以下出价，参与人 1 将会赢得标的物，不管他或她出价 50 还是 70 都将支付其他参与人的出价水平。其次，如果参与人 2 的出价在 50 和 70 之间，那么参与人 1 若出价 70，将会赢得标的物并且赚得一个负的剩余（等于他或她的估值 50 和参与人 2 的出价之间的差额）；如果出价 50，将会失去标的物并且赚得零剩余。最后，如果参与人 2 的出价超过 70，那么参与人 1 将会丧失标的物并且不需要支付任何东西，不管他或她的出价是 50 还是 70。

15.5　1.卖家知道汽车是否受到精心照护、是否经历过交通事故、是否易于破损以及在不同驾驶情况下的性能等等。

2.高质量汽车的卖家和买家都能从解决柠檬问题中获益。柠檬问题导致了双方都受益的交易无法执行。文中提供了一些解决办法：卖家信誉，买家了解各种质量指标，独立维修站的鉴定（由买家或卖家雇用），卖家的退款保证，卖家提供的汽车维修历史，等等。

15.6　1.不会。如果存在分离均衡，高技术工人更倾向于分离而不是混同。较高的工资水平要弥补他们较高的教育成本。但是低技术工人可以从模仿高技术工人的教育水平中获得好处，他们可以获得和高技术工人一样的工资水平且支付较低的教育成本。

2.会。例如，存在着一个两种类型的工人都不能获得教育的混同均衡，这种均衡可以由以下观点得到支持：一个受过教育的劳动者成为高技术工人和低技术工人的可能性是一样的（所以教育并不能改变企业的最初观念）。

第16章

16.1　这些无谓损失是相对于另一种均衡状态下消费者的效用损失，正如垄断情形下那样。

16.2　1.在没有具有法律约束力的财产权的情形下，科斯类型的交易是不会发生的，因为交易双方都不能确定对方会遵守合约。

2.当交易成本很高时，产权的分配就起到关键作用。产权应该被分配给最有可能将外部性内部化的一方。这种观点对于学习法律和经济学非常重要。

16.3　1.在三种策略下，企业都可以自由选择成本最小化的控制措施。要求所有企业拥有特定的技术并不一定能带来成本最小化。

2.在这三种市场导向的策略中，任何一种策略都不需要政府知道企业具体的成本函数。

16.4　1.搭便车现象出现的原因是个人在没有支付成本的情况下，能从公共品中获得好处。公共品是非排他性的。如果排他是可能的（即使产品具有非竞争性），那么生产也可以发生于"俱乐部"当中。

2.要使非竞争性产品实现效率，就要求对每一个使用者索取零价格。在这种价格水平下就没法支付产品的生产成本，除非消费者消费产品像加入俱乐部那样，需要支付入会费。

第17章

17.1　1.略。

2.准确奖金是 $10\,000 \times 2^{(31-1)/2}$，接近 3.28 亿美元。

17.2　A 与有确定性结果的 B 拥有相同的期望收益。拥有标准的凹形效用函数的一个风险厌恶者将偏好 B 而非 A（可见代表性图形图 4-1）。对于 C 和 D 的比较也同样成立。

17.3　1.为了利用框架效应，支持者将会引用 61% 的支持数据。

2.反对者将会引用 39% 的反对数据。

17.4　参与人 1 选择 E 的收益是 99。参与人 1 选择 C 的期望收益是 $(1-p) \times 98 + p \times 100$，其中 p 是参与人 2 选择 C 的概率。如果 $p > 1/2$，那么参与人 1 将选择 C。

17.5　学习的成本必须少于 15。

17.6　1.当参与人 1 选择图 17-4 中的 E 时，收益将保持不变。当参与人 2 选择 E 时，收益需要进行调整，即从两个参与人的收益中减去 3。

2.现在，不管什么时候给予他们行动的机会，参与人都偏好 C 而非 E。博弈将会一直持续至结束，每个参与人都将赚得 100。公平偏好可以解释为什么博弈不会像蜈蚣博弈一样立即结束。

中国人民大学出版社经济类引进版教材推荐

经济科学译丛

20世纪90年代中期，中国人民大学出版社推出了"经济科学译丛"系列丛书，引领了国内经济学汉译名著的第二次浪潮。"经济科学译丛"出版了上百种经济学教材，克鲁格曼《国际经济学》、曼昆《宏观经济学》、平狄克《微观经济学》、博迪《金融学》、米什金《货币金融学》等顶尖经济学教材的出版深受国内经济学专家和读者好评，已经成为中国经济学专业学生的必读教材。想要了解更多图书信息，可扫描下方二维码。

 经济科学译丛书目

金融学译丛

21世纪初，中国人民大学出版社推出了"金融学译丛"系列丛书，引进金融体系相对完善的国家最权威、最具代表性的金融学著作，将实践证明最有效的金融理论和实用操作方法介绍给中国的广大读者，帮助中国金融界相关人士更好、更快地了解西方金融学的最新动态，寻求建立并完善中国金融体系的新思路，促进具有中国特色的现代金融体系的建立和完善。想要了解更多图书信息，可扫描下方二维码。

 金融学译丛书目

双语教学用书

为适应培养国际化复合型人才的需求，中国人民大学出版社联合众多国际知名出版公司，打造了"高等学校经济类双语教学用书"系列丛书，该系列丛书聘请国内著名经济学家、学者及一线授课教师进行审核，努力做到把国外真正高水平的适合国内实际教学需求的优秀原版图书引进来，供国内读者参考、研究和学习。想要了解更多图书信息，可扫描下方二维码。

 高等学校经济类双语教学用书书目

北京市版权局著作权合同登记号　图字：01 - 2015 - 3026

Supplements Request Form (教辅材料申请表)

Lecturer's Details（教师信息）			
Name: (姓名)		**Title:** (职务)	
Department: (系科)		**School/University:** (学院/大学)	
Official E-mail: (学校邮箱) **Tel:** (电话)		**Lecturer's Address / Post Code：** (教师通信地址/邮编)	
Mobile: (手机)			

Adoption Details（教材信息）　　原版□　　翻译版□　　影印版 □

Title: (英文书名) **Edition:** (版次) **Author:** (作者)	
Local Publisher: (中国出版社)	

Enrolment: (学生人数)		**Semester:** (学期起止日期)	

Contact Person & Phone/E-Mail/Subject:
(系科/学院教学负责人电话/邮件/研究方向)
（我公司要求在此处标明系科/学院教学负责人电话/传真及电话和传真号码并在此加盖公章.）

教材购买由 我□　我作为委员会的一部分□　其他人□[姓名：　　　　] 决定。

Please fax or post the complete form to（请将此表格传真至）：

CENGAGE LEARNING BEIJING
ATTN : Higher Education Division
TEL: (86) 10-82862096/ 95 / 97
FAX : (86) 10 82862089
EMAIL: asia.infochina@cengage.com
www. cengageasia.com
ADD: 北京市海淀区科学院南路 2 号
融科资讯中心 C 座南楼 12 层 1201 室　100190

Note: Thomson Learning has changed its name to CENGAGE Learning.

VERIFICATION FORM / CENGAGE LEARNING